U0541850

经以济世
建行尚来
贺教育印
惠及文向项目
心王玉成

李建林 [seal] 题

教育部哲学社會科學研究重大課題攻關項目

"十三五"国家重点出版物出版规划项目

深化医药卫生体制改革研究

RESEARCH ON DEEPENING THE REFORM OF HEALTHCARE SYSTEM

孟庆跃

等 著

中国财经出版传媒集团

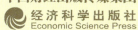

经济科学出版社
Economic Science Press

图书在版编目（CIP）数据

深化医药卫生体制改革研究/孟庆跃等著．—北京：
经济科学出版社，2016.8
教育部哲学社会科学研究重大课题攻关项目研究成果（09JZD0031）
ISBN 978 - 7 - 5141 - 7132 - 7

Ⅰ．①深…　Ⅱ．①孟…　Ⅲ．①医疗保健制度 - 体制
改革 - 研究 - 世界　Ⅳ．①R199.1

中国版本图书馆 CIP 数据核字（2016）第 173425 号

责任编辑：段　钢
责任校对：徐领柱
责任印制：邱　天

深化医药卫生体制改革研究

孟庆跃　王　健　魏　建　孙　强　等著

经济科学出版社出版、发行　新华书店经销

社址：北京市海淀区阜成路甲 28 号　邮编：100142

总编部电话：010 - 88191217　发行部电话：010 - 88191522

网址：www. esp. com. cn

电子邮件：esp@ esp. com. cn

天猫网店：经济科学出版社旗舰店

网址：http：//jjkxcbs. tmall. com

北京季蜂印刷有限公司印装

787 × 1092　16 开　33.5 印张　620000 字

2016 年 12 月第 1 版　2016 年 12 月第 1 次印刷

ISBN 978 - 7 - 5141 - 7132 - 7　定价：83.00 元

（图书出现印装问题，本社负责调换。电话：010 - 88191510）

（版权所有　侵权必究　举报电话：010 - 88191586

电子邮箱：dbts@ esp. com. cn）

课题组主要成员

课题总负责人

　　孟庆跃

成员

王　健	魏　建	孙　强	贾莉英	刘延伟	金　铭
柳俊杰	孙晓杰	李　慧	宋奎勐	袁　璟	王海鹏
常　捷	王　箐	左根永	李　凯	李　成	杨慧云

编审委员会成员

主　任　周法兴

委　员　郭兆旭　吕　萍　唐俊南　刘明晖

　　　　刘　茜　樊曙华　解　丹　刘新颖

总　序

哲学社会科学是人们认识世界、改造世界的重要工具，是推动历史发展和社会进步的重要力量，其发展水平反映了一个民族的思维能力、精神品格、文明素质，体现了一个国家的综合国力和国际竞争力。一个国家的发展水平，既取决于自然科学发展水平，也取决于哲学社会科学发展水平。

党和国家高度重视哲学社会科学。党的十八大提出要建设哲学社会科学创新体系，推进马克思主义中国化时代化大众化，坚持不懈用中国特色社会主义理论体系武装全党、教育人民。2016年5月17日，习近平总书记亲自主持召开哲学社会科学工作座谈会并发表重要讲话。讲话从坚持和发展中国特色社会主义事业全局的高度，深刻阐释了哲学社会科学的战略地位，全面分析了哲学社会科学面临的新形势，明确了加快构建中国特色哲学社会科学的新目标，对哲学社会科学工作者提出了新期待，体现了我们党对哲学社会科学发展规律的认识达到了一个新高度，是一篇新形势下繁荣发展我国哲学社会科学事业的纲领性文献，为哲学社会科学事业提供了强大精神动力，指明了前进方向。

高校是我国哲学社会科学事业的主力军。贯彻落实习近平总书记哲学社会科学座谈会重要讲话精神，加快构建中国特色哲学社会科学，高校应需发挥重要作用：要坚持和巩固马克思主义的指导地位，用中国化的马克思主义指导哲学社会科学；要实施以育人育才为中心的哲学社会科学整体发展战略，构筑学生、学术、学科一体的综合发展体系；要以人为本，从人抓起，积极实施人才工程，构建种类齐全、梯队衔接的高校哲学社会科学人才体系；要深化科研管理体制改革，发挥高校人才、智力和学科优势，提升学术原创能力，激发创新创造活力，建设中国特色新型高校智库；要加强组织领导、做好统筹规划、营造良好学术生态，形成统筹推进高校哲学社会科学发展新格局。

哲学社会科学研究重大课题攻关项目计划是教育部贯彻落实党中央决策部署的一项重大举措，是实施"高校哲学社会科学繁荣计划"的重要内容。重大攻关项目采取招投标的组织方式，按照"公平竞争，择优立项，严格管理，铸造精品"的要求进行，每年评审立项约40个项目。项目研究实行首席专家负责制，鼓励跨学科、跨学校、跨地区的联合研究，协同创新。重大攻关项目以解决国家现代化建设过程中重大理论和实际问题为主攻方向，以提升为党和政府咨询决策服务能力和推动哲学社会科学发展为战略目标，集合优秀研究团队和顶尖人才联合攻关。自2003年以来，项目开展取得了丰硕成果，形成了特色品牌。一大批标志性成果纷纷涌现，一大批科研名家脱颖而出，高校哲学社会科学整体实力和社会影响力快速提升。国务院副总理刘延东同志做出重要批示，指出重大攻关项目有效调动各方面的积极性，产生了一批重要成果，影响广泛，成效显著；要总结经验，再接再厉，紧密服务国家需求，更好地优化资源，突出重点，多出精品，多出人才，为经济社会发展做出新的贡献。

作为教育部社科研究项目中的拳头产品，我们始终秉持以管理创新服务学术创新的理念，坚持科学管理、民主管理、依法管理，切实增强服务意识，不断创新管理模式，健全管理制度，加强对重大攻关项目的选题遴选、评审立项、组织开题、中期检查到最终成果鉴定的全过程管理，逐渐探索并形成一套成熟有效、符合学术研究规律的管理办法，努力将重大攻关项目打造成学术精品工程。我们将项目最终成果汇编成"教育部哲学社会科学研究重大课题攻关项目成果文库"统一组织出版。经济科学出版社倾全社之力，精心组织编辑力量，努力铸造出版精品。国学大师季羡林先生为本文库题词："经时济世 继往开来——贺教育部重大攻关项目成果出版"；欧阳中石先生题写了"教育部哲学社会科学研究重大课题攻关项目"的书名，充分体现了他们对繁荣发展高校哲学社会科学的深切勉励和由衷期望。

　　伟大的时代呼唤伟大的理论，伟大的理论推动伟大的实践。高校哲学社会科学将不忘初心，继续前进。深入贯彻落实习近平总书记系列重要讲话精神，坚持道路自信、理论自信、制度自信、文化自信，立足中国、借鉴国外，挖掘历史、把握当代，关怀人类、面向未来，立时代之潮头、发思想之先声，为加快构建中国特色哲学社会科学，实现中华民族伟大复兴的中国梦作出新的更大贡献！

教育部社会科学司

前 言

卫生改革是世界性难题，也一直是研究的热点。在教育部哲学社会科学研究重大课题攻关项目支持下，我们开展了本研究。研究的总目标是围绕深化医疗卫生服务体制需要研究的重点和难点问题，通过理论和实证研究，为完善和推进卫生改革提供证据和信息。研究的具体目的包括系统总结国际卫生改革的理论、经验和教训；研究促进基本公共卫生服务逐步均等化关键理论和技术问题；提出公立医院产权改革和治理结构的框架和模式；分析国家基本药物政策实施及其效果。

本研究采用系统综述分析的方法，总结了国内外医改主要政策和发展。同时，采用定量研究方法，最大程度地运用定量证据，以翔实的数据提高政策建议的针对性。本研究利用定性研究，包括知情者访谈、专家咨询和政策研讨等，对如何深化医疗卫生体制进行了深入分析和讨论，以厘清和提炼政策思路，并对定量资料进行解释和深化。

研究报告共分十二章。第一章在总结"医改"进展的基础上，分析了进一步改革所面临的主要挑战，提出了"医改"今后一个阶段的主要策略和政策。第二章至第五章是基本公共卫生服务均等化研究，本研究利用多学科方法，分析了确定基本公共卫生服务包的总体思路，测算了基本公共卫生服务均等化服务项目成本，探讨了基本公共卫生服务均等化筹资政策研究。第六章是基层卫生机构能力和人力资源研究，该部分分析了"医改"以来基层医疗卫生服务体系建设情况，包括资金投入、基本设施建设、人员队伍建设等，研究了"医改"以来基层卫生服务体系建设与服务功能和人员能力变化之间的关系。第七章至第九章是公立医院研究，以"退出—呼吁"理论为工具，综合规

1

范分析和实证分析的研究方法，研究了引进竞争和患者呼吁对医院市场绩效的影响。第十章至第十二章是国家基本药物政策研究，主要内容包括基本药品供应保障政策研究、基本药品的价格政策研究、基本药物合理使用评价研究等。

医药卫生体制改革是一项长期的系统工程。从日益增长的医疗卫生服务需求以及国际卫生改革的经验角度，可以说"医改"永无止境。本项目主要研究活动是在 2010～2012 年开展的，这个阶段也是我国"医改"快速变化时期，"医改"设计和实施方案不断进行调整，因此，许多当时设计和开展的研究内容，当今来看有些已经在研究意义等方面发生了很大变化。此外，由于"医改"内容的复杂性，本研究仅从基本公共卫生服务均等化、基层医疗卫生服务体系、公立医院、基本药物政策等改革中选取了部分主题，并未反映出"医改"的全貌。由于水平所限，内容难免存有谬误，敬请读者批评指正。

孟庆跃

2016 年 4 月

摘　要

本研究的目标是围绕深化医疗卫生体制改革需要研究的重点和难点问题，通过理论和实证研究，为制度完善和决策提供证据和信息。具体目的包括：系统总结国际卫生改革的理论、经验和教训，为深化我国卫生改革提供参考；研究促进基本公共卫生服务逐步均等化的关键理论和技术问题；分析基层卫生服务机构的功能与人力资源情况；提出公立医院产权改革和治理结构的框架和模式；提供国家基本药物政策研究的知识和证据。

本研究采用定量与定性相结合的方法。一是用系统综述分析的方法，系统分析了国内外"医改"主要政策，总结了现有研究，保证了研究在较高的基础上。二是采用定量研究，主要通过收集家庭和机构定量信息，完成研究内容中有关率、比例、频度、数量等指标的收集工作，这一部分主要是提供证据信息，同时也为理论研究提供证据支持。三是利用定性研究，对如何深化医疗卫生体制改革进行深入分析和讨论，以产生完善进一步深化改革的政策思路，同时作为定量研究的补充，对定量资料进行解释和深化，包括知情者访谈、专家咨询和政策研讨。

研究结果紧紧围绕上述研究目标，共分十二章对"医改"现状、挑战和政策建议进行了系统的总结和呈现。

第一章是概述，在总结"医改"进展的基础上，分析了进一步改革所面临的主要挑战和困难，提出了"医改"今后一个阶段的主要策略和政策。在此基础上，又分别从几个重要维度，提出了具体意见和建议。

第二章至第五章是基本公共卫生服务均等化研究，本研究利用多学科方法，对基本公共卫生服务均等化制度层面从各个维度进行了分析阐述；分析了确定基本公共卫生服务包的标准、原则、内容，并在此基础上明确界定基本公共卫生服务需要均等化的地区和领域；测算了基本公共卫生服务均等化服务项目成本；探讨了基本公共卫生服务均等化筹资政策研究。利用山东和宁夏调查资料，对两个不同经济发展区域开展和完善基本公共卫生服务均等化制度提出了建议。

第六章是基层卫生机构能力和人力资源研究，此部分描述和分析了"医改"以来基层医疗卫生服务体系建设情况，包括资金投入、基本设施建设、人员队伍建设等；调查和分析了基层医疗卫生机构服务功能开展和人力资源能力状况及其影响因素；通过与 2008 年研究结果比较，分析"医改"以来基层卫生服务体系建设与服务功能和人员能力变化之间的关系；提出了完善基层卫生服务体系建设、加强基层医疗卫生机构功能和人员能力的政策建议。

第七章至第九章是公立医院研究，利用"退出—呼吁"理论为工具，综合规范分析和实证分析的研究方法，研究了引进竞争和患者呼吁对医院市场绩效的影响。新"医改"的着眼点主要集中于改善医疗机构的外部制度环境。公立医院实际上是其所处制度环境的应对者，外部制度环境深刻影响着公立医院的绩效。探究公立医院现存的诸多问题，追根溯源都在于医院的外部治理。因此，改善医院绩效，必须要调整外部治理，从实质上突破"医改"瓶颈。

第十章至第十二章是国家基本药物政策研究，主要内容包括基本药品供应保障政策研究，基本药物有效生产保障目标、药品流通效率的提高、药品采购标准，科学有效的基本药品生产、流通和采购机制；基本药品的价格政策研究，包括研究我国目前的药品政府定价机制、政策环境、实施效果及影响因素，改革药品价格形成机制，探索科学的药品定价办法；基本药物的合理使用评价研究，研究基本药物不合理使用的类型、程度和影响因素，提出有效提高药品合理使用的干预性政策措施，并建立区域性的药品合理使用监测与评价网络。

在附录中，系统总结和呈现了典型国家和苏东地区"医改"基本情况。

本研究采用综合方法，瞄准我国重要"医改"内容，聚焦"医改"关键问题，从理论和实证对"医改"进行剖析，对深化和完善"医改"提出了建议。鉴于"医改"的长期性和复杂性，以及本书实施期间中国"医改"的变化，还有许多空间有待进一步研究。

Abstract

The aim of this study is to provide evidences and informations for system perfection and decision-making focusing on the vital and difficult problems about deepening the reform of healthcare system through theoretical and empirical research. The specific objectives are to summarize the theory, experiences and lessons of international healthcare reform systematically, which can provide references for deepening the healthcare system reform in China; to study the key theory and technical problems about promoting the gradual equalization of basic public health services; to analyze the function of the basic health service institutions and human resource situation; to put forward the framework and model of property right reform and governance structure of public hospitals; to provide knowledge and evidence of National Essential Drug Policy.

Methods of quantitative and qualitative analysis are used in this study. First of all, using the method of Systematic Review Analysis, the main policies of healthcare reform at home and abroad are systematically analyzed, and the existing research results are summarized. Secondly, quantitative research method is used to collect quantitative data from households and institutions, including rate, ratio, frequency, quantity, etc. in order to provide evidential information and evidential support for theoretical research. Thirdly, qualitative research method is used, to deeply analyze and discuss how to deepen the reform of healthcare system, and perfect the policy-thinking of the further reform. At the same time, as a supplement to the quantitative research, qualitative results can interpret and enforce the quantitative data, including Insider Interview, Expert Consultation and Policy Discussion.

The research results are divided into twelve chapters to systematically summarize and analyze the present situation, challenges and policy recommendations of healthcare reform closely around the research objectives.

The first chapter is an overview. In this part, the major challenges and difficulties faced by the further reform are analyzed on the basis of summarizing the progress of healthcare reform, and the major strategies and policies in the next stage of healthcare reform are put forward. Based on that, specific comments and suggestions are respectively presented.

Chapter 2 to chapter 5 is the study of the equalization of basic public health services. In this part, we analyzed the equalization system of the basic public health services at the institutional level in different ways; and we analyzed the standards, principles and contents of the basic public health service package, and based on that, defined the areas of the equalization of basic public health services; estimated the cost of the equalization of basic public health services; and explored the equalization research of the basic public health services. Based on the investigation data of Shandong and Ningxia, we gave some suggestions on developing and improving the equalization of basic public health services in two different economic level provinces.

The sixth chapter is about the ability and human resources research on the primary health institutions. This part analyzed the construction of primary health service system since the healthcare reform began, including capital investment, the construction of basic facilities, staff development and so on. It also investigated and analyzed the service function, capacity of human resources and influencing factors of primary health institutions. Compared with the results of a study in 2008, it analyzed the relationship between the construction and service function of primary health service system and the change of personnel ability. Policy recommendations were put forward to improve the construction of primary health service system and strengthen the functions of primary health institutions and personnel ability.

Chapter 7 to chapter 9 is the study of the public hospitals. This part analyzed the influence of competition mechanism and patient's appeal on market performance of the hospital by using the "withdrawal-appeal" theory and methods of comprehensive and empirical analysis. The focus of the new healthcare reform is to improve the external system environment of medical institutions. Public hospital is actually the responder of its system environment. The external system environment has a profound impact on the performance of public hospitals. The source of many problems on public hospital lies in the external management. Therefore, it is necessary to adjust the external management to improve the hospital performance, and to break through the bottleneck of healthcare reform.

Chapter 10 to Chapter 12 is the policy research of National Essential Drugs, including the policy research of supply guarantee of essential drugs, the effective production security goal of essential drugs, the improvement of drugs circulation efficiency, the drugs purchasing standard and the scientific production, circulation and purchasing mechanisms of essential drugs. It is focusing on the study of price policy of essential drugs, including China's current pricing mechanism, policy environment, implementation effect and influencing factors of drugs, the reform of drug price formation mechanism and exploration of scientific methods of drug pricing. It also aims to the evaluation study of rational use of essential drugs, including the study of types, extent and influencing factors of unreasonable use of essential drugs, the raising of interventional policies and measures for effectively improving rational drug use and the establishment of a regional monitoring and evaluation network of rational drug use.

In the appendix, the author systematically summarizes and presents the basic situation of healthcare reform in typical countries and the eastern regions of Soviet Union.

Aiming at the important content of healthcare reform in China and focusing on the key problems of healthcare reform, this study analyzes the healthcare reform from two aspects of theoretical and empirical evidences, and puts forward suggestions for deepening and perfecting healthcare reform by using the comprehensive methods. Because of the long-term and complexity of the healthcare reform, and More changes of China's healthcare reform during the period of carrying out this research, a lot of space is left for further research.

目　录

Contents

Contents

第一章

概　述

第一节　中国卫生改革历程

中国卫生改革分为两个阶段，即 20 世纪 80 年代初开始的卫生改革初步探索阶段和 2003 年以来卫生改革不断深化阶段。1949～1979 年中国建立起了基本的卫生体系，为卫生改革和发展奠定了基础。

一、中国卫生体系发展时期（1949～1979 年）

新中国成立初期经济体制和治理模式主要借鉴苏联社会主义制度模式，其特征是公有制取代私有制，实行高度集权的计划经济体制，通过政治化和领导指示推动重要经济和社会工作。在此体制下，卫生体系在宏观上属于高度集权下的统一规划、统一管理和统一发展。

在 1950 年第一届全国卫生会议上，明确了中国卫生工作的三大方针，即面向"工农兵"、预防为主、中西医结合。所谓面向"工农兵"，主要强调卫生服务的主要对象是基本的人民大众；预防为主是在当时卫生资源极度匮乏、传染病流行的情况下开展卫生工作的方向；中西医结合明确了卫生服务的方式。在 1952 年第二届卫生工作会议上，又增加了卫生工作与群众运动相结合，即强调社会动员等方式开展公共卫生工作。

在卫生服务供方体系建设方面，中国重视农村基层卫生组织建设。1952 年，中国 90% 的地区已经覆盖了县级医疗机构；1953 年在省、地（市）、县三级建立卫生防疫站（现在疾病预防控制中心的前身）；通过公私合办、私人联合和群众筹资等形式，建设了农村乡卫生所、集体诊所和个体诊所等。1965 年，为了改变医疗资源主要集中在城市的问题，毛泽东提出"把医疗卫生工作的重点放到农村去"，基本建设和医疗卫生人员配置主要向农村倾斜，培养一批"农村也养得起"的医生，即后来的赤脚医生，是其中重要的政策和举措之一。1965～1975 年，农村乡镇卫生院床位数占全部医疗卫生机构床位数的百分比从 13% 提高到 35%（中国卫生统计年鉴，2005）；村村建立了卫生室，村村都有赤脚医生。农村和城市以国有和集体所有为主体的三级医疗卫生保健网络基本建成。

在卫生经济政策上，对公立医院和诊所以及防疫机构，政府提供建设经费和人员经费，免征税收。对公立医院和诊所通过政府补贴、价格和药品加成得到补偿。价格由政府管控、药品加成率由政府规定。对严重影响健康的传染病控制免费提供服务，如 1950 年开始免费普种牛痘疫苗和卡介苗、1966 年开始免收血吸虫病人的检查和治疗费用等。

中国自 20 世纪 50 年代中期即开始了医疗保障制度建设，主要是农村合作医疗、公费医疗和劳保医疗制度建设。合作医疗是山西、河南等地农民在 50 年代中期农业合作化中自发组织的互助医疗的筹资形式，此后随着集体经济的快速发展，合作医疗在全国迅速推广，1962 年合作医疗已经覆盖接近 50% 的行政村，1976 年覆盖了 90% 的行政村（周寿祺，2002）。合作医疗筹资主要来源于村乡集体经济和个人，覆盖最基本的医疗卫生服务。公费医疗自 1952 年开始建立，覆盖对象是各级政府工作人员、事业单位人员、大专院校学生等，政府根据各个单位编制人数拨付资金，负责报销门诊和住院费用。劳保医疗制度 50 年代初开始建立，对象是在全民所有制单位工作的人员，以及县（区）以上集体经济所有制单位工作的人员。上述人员供养的直系亲属可报销 50% 的医疗费。劳保医疗经费的来源是本单位的收入，劳保医疗经费属于职工福利基金的一部分，按照工资总额和国家规定的比率提取；如果超支，由单位承担；医疗经费专款专用，单位统一使用，由各个单位负责管理。

在这个时期，中国在经济发展水平极为落后、卫生资源极为匮乏的情况下，通过加强基层卫生组织建设、重视预防和开展大规模的群众卫生运动，以及建立起低水平、广覆盖的农村合作医疗和城市公费与劳保医疗制度，迅速改善了人民健康水平，初步建立了卫生服务和筹资体系。

二、各阶段主要卫生改革

（一）卫生改革初步探索阶段（1980～2002 年）

中国卫生体系在改革开放前得到了初步发展，但是也积累了很多问题，包括经济发展水平低和政府财政能力有限，以及限制其他非公有社会资源进入卫生领域，医疗卫生技术条件较差、医疗卫生服务供给水平和质量较低、卫生机构可持续发展的能力不强、人民群众健康需求尚不能得到很好的满足。

中国经济改革和开放为卫生体系发展和改革提出了要求和创造了条件。这一阶段的卫生改革主要是适应社会主义市场经济体制的建立，逐步认识卫生事业发展的规律，改革的核心内容包括卫生机构补偿机制、医疗保障制度建设等。

在卫生经济政策改革方面，主要是对公立医疗卫生机构经济补偿机制进行了调整，主要是加大了价格收费和药品加成的补偿力度。1978 年之前，公立医院 50% 以上的收入来自政府预算（王绍光，2005）。受到经济改革和政府投入政策调整的影响，1980 年公立医院收入中只有 30% 来自政府预算。1985 年国务院批转卫生部《关于卫生工作改革若干政策问题的报告》，其核心思想是放权让利、扩大医院自主权，即医院可以留存使用医院收支结余，医院在扩展规模、购置设备和服务方式等方面具有自行决定的权利。1989 年国务院批转了卫生部、财政部等部门《关于扩大医疗卫生服务有关问题的意见》，进一步明确医疗服务价格改革和医疗卫生机构通过市场收费补偿等政策，强调了市场收费在医院经济运营中的主体作用。1992 年，国务院下发《关于深化卫生医疗体制改革的几点意见》，强调医疗卫生机构"建设靠国家，吃饭靠自己"，进一步明确了国家对公立医院投入的范围，即基本建设由政府投入、医院运行费用包括人员部分收入需要依靠价格和药品加成。这一时期的改革，政府的主导思想是"给政策不给钱"，其目标是提高医疗卫生机构经济运行效率和活力，增加全社会对医疗卫生的投入，解决医疗卫生机构发展所需要的经济支持问题。

卫生经济政策改革为医疗机构发展释放了经济活力，卫生资源数量和质量得到了显著提升和改善，同时也出现了医疗费用快速攀升、居民医疗经济负担加重、居民卫生服务可及性得不到提高等问题。1996 年 12 月，中共中央、国务院召开全国卫生工作会议，由此形成的中共中央、国务院《关于卫生改革与发展的决定》于 1997 年 1 月发布。此决定提出了卫生改革与发展的基本原则，即坚持为人民服务的宗旨，正确处理社会效益和经济收益的关系，把社会效益放在首位，防止片面追求经济收益而忽视社会效益的倾向，卫生发展体现社会公平；提出政府对发展卫生事业负有重要责任，优先发展和保证基本卫生服务，加强基层卫生组织能力建设；提出建立农村医疗保障制度，深化城镇职工基本医疗保险制度改革。作为贯彻中共中央、国务院《关于卫生改革与发展的决定》的总体文件，国务院办公厅于2000年2月转发国务院体改办、卫生部等八部委《关于城镇医药卫生体制改革的指导意见》。由于各种原因，特别是缺乏足够的政策环境，所提出的许多改革策略和政策并没有完全得到落实，如农村医疗保障制度建设、社区卫生体系建设等。

在医疗保障制度建设方面，城乡医疗保障制度均经历了发展的困难时期。随着农村集体经济的解体，农村合作医疗失去了经济支撑，加之政府对合作医疗发展的政策不明确，合作医疗制度受到极大影响，覆盖率从1976年的90%下滑到1985年的5%左右，合作医疗只在少数地区运行（周寿祺，2002）。政府从20世纪90年代初开始，试图通过政策引导、资金补助等方式进行合作医疗制度重建，但在当时经济社会发展政策背景下，在政策层面缺乏对合作医疗的广泛共识，缺乏对此制度的足够的政治支持和经济支撑，合作医疗一直处在低谷运行。2002年，农村医疗保障制度建设出现政策转折点，同年10月，中共中央、国务院颁布《关于进一步加强农村卫生工作的决定》，要求到2010年，在全国农村基本建立起适应社会主义市场经济体制要求和农村经济社会发展水平的农村卫生服务体系和农村合作医疗制度，明确指出要逐步建立以大病统筹为主的新型农村合作医疗制度。

公费医疗和劳保医疗存在的制度缺陷在新的经济体制下日益放大，主要体现在：以单个单位为基础的医疗保障，缺乏风险共担的基本机制，以市场经济为导向的改革使不同的单位特别是企业间的经济能力差别较大，有些企业失去了支撑劳保医疗的经济能力；制度设计上缺乏对参保者和医疗服务提供者的有效约束，费用攀升较快，资源浪费较大；管理和服务社会化程度低，政府和企业经济负担较重；经济改革之后出现的新的所有制形式的企业没有纳入公费和劳保医疗制度中，劳动保护出现空白。为了解决上述问题，这一时期主要改革包括：1985年，政府明确改革的方向是建立社会统筹制度和个人共负医疗费用。1993年，劳动部出台《关于职工医疗保险制度改革的试点意见》，并于1994年年底在江苏镇江和江西九江开始试点，成为"两江"试点。"两江"试点明确了公费和劳保医疗制度中国家、单位和个人共同承担医疗费用的原则；建立起资金统筹和个人账户保险模式；公费和劳保医疗保险基金筹集方式和基本结构统一。1998年12月，国务院发布《关于建立城镇职工基本医疗保险制度的决定》，明确了医疗保险制度改革的目标任务、基本原则和政策框架，在中国全面推开城镇职工基本医疗保险制度。

在这个阶段，卫生资源总量得到迅速提升，医疗卫生机构的建设和技术条件得到显著性改变，医疗卫生技术人员的工作积极性得到提高，医疗卫生服务总体供给能力加强。但也出现了许多问题：农村合作医疗制度解体，绝大多数农村居民失去了医疗保障；以单个企业单位为基础的劳保医疗制度运行遭遇经济困境，保障能力严重缺乏。这个阶段后期进行的公费和劳保医疗制度改革，以及建立新型农村合作医疗制度的决定，为完善中国基本医疗保险体系奠定了基础。

（二）卫生改革深化阶段（2003 年至今）

2003 年，中国共产党第十六届三中全会提出科学发展观，即"坚持以人为本，树立全面、协调、可持续的发展观，促进经济、社会和人的全面发展"，为中国经济社会发展在方向上进行了明确。中国政府强调经济社会和谐发展、强化"以人为本"执政理念，以及卫生体系面临的诸多挑战和社会压力，成为这一时期卫生改革的主要推动力。

2003 年 SARS 暴发是对中国卫生体系和既往政策的一次严峻考验，这一事件直接从客观上加速了卫生体制改革的进程。2005 年 7 月，《中国青年报》刊出由国务院发展研究中心负责的医药卫生体制改革研究报告，提出了既往卫生改革不成功的结论，对推动新一轮医疗体制改革发挥了重要的作用。2006 年 9 月，中国政府成立了由多部委组成的医药卫生体制改革协调小组，国家发展和改革委员会主任及卫生部部长共同出任组长。2006 年 10 月，中央政治局第 35 次集体学习，胡锦涛明确了医药卫生体制改革的目标和方向，明确提出建立健全覆盖城乡居民的基本医疗卫生制度。2007 年年初医药卫生体制改革协调小组委托多家机构进行独立研究，为决策提供参考。期间医药卫生体制改革草案广泛征求社会意见，充分听取各界声音。

2009 年 3 月，中共中央、国务院发布《关于深化医药卫生体制改革的意见》，其基本目标是到 2020 年，建立起覆盖城乡居民的基本医疗卫生制度；其基本任务是建立起比较完善的公共卫生服务体系和医疗服务体系、比较健全的医疗保障体系和比较规范的药品供应保障体系；实现上述目标和完成改革任务主要通过卫生人力资源建设、卫生筹资改革、医疗卫生机构管理体制和运行机制改革等八项策略和政策。改革明确了基本医疗卫生服务制度是公共产品，全民应当享有；确定了"保基本、强基层、建机制"的改革策略。

这一时期是中国医疗卫生体系建设快速发展的时期。随着国家基本医疗保险体系的建设和发展，以及"医改"对医疗卫生新增投入，医疗服务需求和利用增长迅速，医疗卫生机构进一步扩展。由于 SARS 的影响，国家重视了公共卫生机构的建设，加强了对公共卫生机构的投入；可以说，这个时期是公共卫生机构建设和发展的黄金阶段，县及县以上疾病预防控制机构在基本建设、工作条件等方面发生了根本性变化。

在农村医疗保障制度建设方面，2003 年 1 月，国务院办公厅转发卫生部、财政部和农业部的《关于建立新型农村合作医疗制度的意见》，明确提出新型农村合作医疗制度是由政府组织、引导、支持，农村居民自愿参加，个人、集体和政府多方筹资，以大病统筹为主的农村居民医疗互助共济制度。从 2003 年起，新型农村合作医疗制度开始试点。2006 年 1 月，卫生部、国家发展和改革委员会等七个部委局联合下发《关于加快推进新型农村合作医疗试点工作的通知》，要求在试点基础上，完善制度设计，加大政府经济支持力度，加快新型农村合作医疗制度覆盖的速度，提出到 2008 年实现新型农村合作医疗（简称新农合）全面覆盖。新型农村合作医疗制度主要依靠政府筹资。2009 年以来，政府进一步加大对农村医疗保障制度投入，不断完善新农合管理制度。

在城镇医疗保障制度建设方面，在城镇职工基本医疗保险制度稳步推进的基础上，2007 年，国务院出台《关于开展城镇居民基本医疗保险试点的指导意见》，提出了城镇居民医疗保险试点基本要求，包括目标原则、指导思想、操作指南和管理，开始为城镇人口中所有非在业人群包括儿童和老人建立基本医疗保险制度。城镇居民基本医疗保险制度的筹资和管理类似新型农村合作医疗制度，由政府和个人共同筹资，以解决重大疾病费用负担为目标。城镇居民基本医疗保险制度的建立标志着中国已经形成了覆盖所有人口的基本医疗保险体系。

在中国共产党十八届三中全会《全面深化改革若干重大问题的决定》中，提出了整合城乡基本医疗保险制度、统筹推进综合改革、深化基层医疗卫生机构综合改革等一系列政策。

三、主要卫生改革内容

近期是指 2009 年 3 月以来中国开始新一轮卫生改革的阶段。这一阶段改革的核心是，坚持把"基本医疗卫生制度作为公共产品向全民提供"作为核心理念，按照保基本、强基层、建机制的基本原则，健全全民医保体系，巩固完善基本药物制度和基层运行新机制，积极推进公立医院改革，统筹推进基本公共卫生服务均等化等相关领域改革。

（一）基本医疗保障制度改革

基本医疗保障制度主要是指新型农村合作医疗、城镇职工基本医疗保险、城镇居民基本医疗保险三项基本医疗保险制度，以及城乡医疗救助制度。前三项保险制度在 2009 年"医改"前已经得到较大发展，"医改"的主要任务是在制度和机制建设等方面促进医疗保险体系的进一步完善。

基本医疗保险制度改革主要围绕以下几个方面：

1. 扩大医疗保障制度人群覆盖面

2009~2011 年主要改革措施是继续增加政府投入，重点关注弱势人群参保问题。第一，在政府资金支持下，将 800 多万关闭破产企业退休人员和困难企业职工纳入城镇职工基本医疗保险；第二，全面推开城镇居民基本医疗保险，主要解决老人、残疾人和儿童基本医疗保险问题；第三，制定基本医疗保险关系转移接续办法，解决农民工等流动就业人员基本医疗保障关系跨制度、跨地区转移接续问题；第四，针对贫弱人群的城乡医疗救助制度覆盖全国所有困难家庭。2012 年和 2013 年，改革的主要任务是在实现了人群高覆盖（人群覆盖率 90% 以上）的基础上，巩固扩大基本医疗保障制度覆盖面，主要措施包括继续增加政府投入，对贫弱人口加大医疗救助强度，对重点人群包括城市农民工、非公有制经济组织从业人员、灵活就业人员以及学生和学龄前儿童等参保采取针对性措施，继续推进关闭破产企业退休人员和困难企业职工等困难群体参保等。

2. 提高医疗保障制度费用分担水平

通过增加医疗保障经费、控制基金结余率等措施，提高参保者补偿水平。财政对新农合补助标准，2010 年为每人 120 元，2012 年为每人 240 元，2013 年为每人 280 元。新农合基金当年结余率原则上控制在 15% 以内。对贫困人口、低收入重病患者、重度残疾人和低收入家庭老年人，其参保费用由医疗救助资金负担，进一步减少其就医的自负费用。

3. 扩大医疗保障制度服务覆盖面

基本医疗保险服务覆盖面从保住院向既保住院又保门诊发展，从只保基本医疗服务向既保基本又保大病发展。2012 年，新农合开始建立大病保障机制，利用基本医疗保险基金购买商业大病保险或者建立补充医疗保险，目的是解决重大疾病患者因病致贫问题。包括儿童白血病、尿毒症、乳腺癌等 20 种疾病纳入重大疾病保障中进行试点。2013 年继续开展 20 种重大疾病保障试点。

4. 制度监管

2009~2011 年，提出了供方支付制度改革、简化患者费用补偿程序和解决流动人口就医报销等措施，主要目的是控制费用和方便居民就诊；2012 年，加大支付制度改革力度，明确提出基本医疗保险制度要积极推行按人头付费、按病种付费、按床日付费和总额预付等支付方式改革；2013 年，提出结合门诊统筹按人头付费、结合门诊大病和住院推行按病种付费等更为具体的支付方式改革。

（二）国家基本药物制度和基层医疗卫生机构运行机制改革

此领域改革主要包括以下七个方面。前三项主要是国家基本药物制度改革；后四项主要是基层医疗卫生机构运行机制改革。因为基本药物制度改革首先从基层医疗卫生机构开始，也是基层医疗卫生机构运行机制改革的重要内容，所以自2012年起，这两项改革作为一个整体进行推进。

1. 建立和完善国家基本药物目录遴选和调整机制

建立基本药物目录定期调整和更新机制。2012年，根据2009年版基本药物目录使用情况，增补和规范用药目录，形成了2012年版基本药物目录，以满足基层卫生机构用药需求。

2. 改革药品采购机制

2009年规定，政府举办的医疗卫生机构使用的基本药物，由省级人民政府指定的机构公开招标采购，并由招标选择的配送企业统一配送。省级人民政府根据招标情况在国家指导价格规定的幅度内确定本地区基本药物统一采购价格。2012年，对基本药物采购机制进行进一步改革，包括药品采购数量和价格挂钩、质量优先兼顾价格等政策。

3. 基层医疗卫生机构优先使用基本药物

2009~2011年，推进政府举办的基层医疗卫生机构按购进价格实行零差率销售基本药物。所有零售药店和医疗机构均应配备和销售国家基本药物，基本药物全部纳入基本医疗保障药品报销目录，报销比例明显高于非基本药物。2012年，在乡镇和社区卫生机构实行零差率销售基本药物的基础上，开始推进村卫生室实行基本药物零差率销售，并落实对村医的经济补偿政策。对于非政府办基层医疗卫生机构，2012年提出通过政府购买的方式，鼓励其实施基本药物零差率销售制度。

4. 基层医疗卫生机构体系建设

2009~2011年，改革的主要目标是完善农村县、乡、村三级医疗卫生服务网络；重点支持城乡基层卫生机构包括农村县乡村卫生机构和城镇社区卫生机构建设；支持边远地区村卫生室建设和支持困难地区城市社区卫生服务中心建设。2012年和2013年继续强化对乡镇卫生院的建设，并加强对基层卫生机构开展中医药服务能力建设。

5. 基层卫生机构医疗卫生队伍建设

2009~2011年，开始实施免费为农村基层卫生机构定向培养卫生人员，2011年国务院出台关于建立全科医生制度的指导意见，明确了全科医生培养制度、执业方式等政策措施。2012年"医改"提出加强以全科医生为重点的基层卫生人员建设，继续为中西部卫生院定向免费培养医学生。对基层卫生机构现有人员培训是提高卫生人员能力的重要内容，2009～2013 年，各级政府投入资金组织各种形式的在岗培训。此外，实施城市医院对口支援农村医院政策，即要求每所城市三级医院与三所左右的农村县级医院建立长期技术援助关系，提升农村县级医院服务能力。

6. 基层卫生机构筹资机制

明确政府补助、服务收费（包括医疗保险收费和公共卫生服务补偿）等方式作为基层卫生机构主要筹资方式。最重要的改革是，药品加成收入不再作为基层卫生机构主要的筹资渠道。政府负责举办的乡镇卫生院、城市社区卫生服务中心和服务站按国家规定核定的基本建设、设备购置、人员经费及所承担公共卫生服务的业务经费，按项目补助或者按购买服务等方式补助；对非政府举办的基层医疗卫生机构提供的公共卫生服务，采取政府或者基本医疗保险购买服务的方式给予补偿。2013 年开始，筹资机制改革强调对村医的补偿，明确村医在公共卫生补偿基金中的分配比例、明确财政对村卫生室实施药品零差率的补偿。

7. 基层医疗卫生机构运行机制

实施的改革包括双向转诊制度、基层卫生机构首诊制度，基层卫生机构和人员绩效考核机制，以及基层卫生人员收入分配机制。2012 年明确提出基层机构人员收入分配以服务数量和质量为基础、向核心和骨干卫生技术人员倾斜等。

（三）基本公共卫生服务均等化制度建设

促进城乡居民逐步享有均等化的基本公共卫生服务，是中国"医改"的重要目标，基本要求是"补助城乡统一，标准逐步提高，内容不断扩充"（孙志刚，2014）。基本公共卫生服务均等化制度包括两类服务，基本公共卫生服务项目和重大公共卫生项目。

1. 基本公共卫生服务项目

建立国家基本公共卫生服务项目，服务项目由政府财政全额支持向全体居民提供。中央财政通过转移支付支持经济欠发达地区基本公共卫生服务项目的提供。基本公共卫生服务项目根据项目的成本效果、健康影响和筹资水平等因素，由各业务相关部门和国家公共卫生专家组确定，项目范围随着经费的增长而逐步扩充。目前服务内容包括家庭健康档案、妇幼保健、计划免疫、老年健康服务、慢病防控、健康教育等项目。基本公共卫生服务经费标准 2009 年人均 15 元，2011 年人均 25 元，2013 年为人均 30 元。

2. 重大公共卫生项目

在实施结核病、艾滋病等重大疾病防控项目的基础上，2009 年开始逐步增加项目，包括为 15 岁以下人群补种乙肝疫苗，消除燃煤型氟中毒危害，农村妇女孕前和孕早期补服叶酸预防出生缺陷，贫困白内障患者复明，以及农村改水改厕等。

（四）公立医院改革

公立医院改革是中国"医改"的重点，也是最大难点。中国公立医院改革以坚持公立医院公益性为改革方向，基本要求是"内增活力，外加推力，上下联动"（孙志刚，2014）。主要改革包括以下三个方面。

1. 县级公立医院改革试点

2012 年开始，国家选择 300 余家县级公立医院开展改革试点。试点的主要内容包括：（1）改革补偿机制：将公立医院补偿由服务收费、药品加成收入和财政补助三个渠道改为服务收费和财政补助两个渠道，去除"以药补医"；（2）调整医药价格：取消药品加成，提高诊疗费、手术费和护理费，降低大型设备检查费用；（3）以基本医疗保险制度为平台，通过支付制度改革等方式，控制医药费用，提高服务质量；（4）其他：明确政府对医院的投入责任，改革医院内部管理制度等。

2. 城市公立医院改革试点

国家选择 17 个城市，自 2010 年开始进行改革试点。试点的主要内容包括：探索医药分开模式；探索破除"以药补医"的医院补偿机制；探索医务人员工资分配制度和药品采购制度等方面的改革。

3. 加快形成多元办医格局

自 2009 年开始，要求调整现有医院所有制结构，提出按照区域卫生规划，明确辖区内公立医院的设置数量、布局、床位规模、大型医疗设备配置和主要功能，把部分公立医院转制为民营医疗机构；提出大力发展非公立医疗机构，放宽社会资本举办医疗机构的准入，鼓励有实力的企业、慈善机构、基金会、商业保险机构等社会力量以及境外投资者举办医疗机构，鼓励具有资质的人员依法开办私人诊所。2012 年，进一步提出大力发展非公立医疗机构，具体政策包括要求地方政府出台鼓励社会资本办医的实施细则，鼓励公立医院较密集的地区利用社会资本参与部分公立医院所有制转型。

（五）中国卫生改革的保障机制

为了保证卫生改革实施，中国采取了一系列措施，主要如下：

1. 建立组织和领导体系

成立跨部委的国务院深化医药卫生体制改革领导小组，协调各个部门改革活动。与各省（区、市）成立省一级跨部门深化医药卫生体制改革领导小组，统筹本地区"医改"工作。

2. 建立目标责任和绩效考核体系

在年度"医改"工作计划中，明确中央各相关部委"医改"任务，并进行跟踪和评价；每年国务院深化医药卫生体制改革领导小组与各省（区、市）医药卫生体制改革领导小组签订责任书，明确各个地区年度需要完成的"医改"任务，并对任务完成情况监测评价。建立"医改"实施监测信息系统，对主要指标定期考核和评估。

3. 经济投入保障

为实施"医改"活动，在政府原有卫生投入不变的情况下，新增财政投入。中央新增投入主要投向经济欠发达地区。

4. 宣传和引导

在"医改"政策解读、"医改"经验介绍等方面，通过各种媒体进行宣传，加深社会对"医改"的理解，加强各方面参与"医改"的积极性。

第二节 "医改"进展和面临的挑战

一、"医改"取得的主要进展

（一）医疗保障制度得到完善、巩固和提升

三项基本医保参保（合）人数达到13.3亿，参保（合）率连续三年稳定在95%以上，其中新型农村合作医疗参合率2013年达到98.7%；筹资水平不断提高，新农合全国平均人均筹资从2010年的157元增加到2013年的370元，2013年城镇（城乡）居民医保人均筹资达到400元；保障水平不断提高，新农合、城镇（城乡）居民医保、城镇职工医保住院实际补偿比分别从2010年的43.06%、46.75%、71.2%提高到2013年的56.6%、56.7%、73.2%；针对流动人口的服务和补偿办法不断创新，截至2013年年底，65.5%的城镇（城乡）居民医保统筹地区和90.2%的新农合统筹地区实现省内异地就医点对点即时结算（报）；所有省份都开展了城镇（城乡）居民大病保险。

11

（二）基本药物制度、基层运行新机制和基本公共卫生服务均等化制度得到进一步巩固完善

基本药物制度框架初步建立，基本药品零差率政策提升了服务体系的公益性，基层卫生机构公共卫生服务能力和积极性提高，各地积极探索分级诊疗、基层机构"健康守门人"等机制建设。基本公共卫生服务经费不断增加，2013 年提高到人均 35 元，服务内容继续拓展、服务质量不断提高，基本公共卫生服务均等化水平持续提高。

（三）基层医疗卫生服务体系条件得到一定改善

中央投入 700 多亿元支持 2 400 多所县级医院和 4 万多所基层医疗卫生机构建设。启动了以全科医生为重点的基层医疗卫生人才队伍建设，2011～2013 年共培养农村订单定向免费医学生 1.6 万名。

（四）卫生资源总量继续增长

编制全国医疗卫生服务体系规划纲要（2015～2020 年），明确了医疗服务体系功能、规模和布局。制定出台了《医教协同深化临床医学人才培养改革的意见》，实现了住院医师规范化培训和临床医学大教育的紧密衔接。2013 年卫生技术人员数从 2010 年的 587.6 万人增长到 721.1 万人，医院床位数从 2010 年的 478.7 万张增长到 618.2 万张，每千人口卫生技术人员数和床位数达到中等发展中国家水平。

（五）政府卫生投入实现了历史性快速增长

2009～2013 年，政府卫生支出从 4 816 亿元提高到 9 546 亿元，几乎翻了一番。政府卫生支出占卫生总费用的比例从 27.5% 提高到 30.14%，占比明显提高，为卫生改革和发展提供了经济保障。卫生改革和发展目标纳入政府经济社会发展目标，并且成为指导和考核政府工作的重要内容，卫生发展在社会发展中的地位和作用得到前所未有的加强。

（六）居民卫生服务利用大幅度提升，因经济困难应就医而未就医的比例大幅下降

全国医疗卫生机构诊疗人次由 2010 年的 58.4 亿增加到 2013 年的 73.1 亿，居民年平均就诊由 4.4 次提高到 5.4 次，年均增长 8.4%；住院量由 1.42 亿人次增加到 1.92 亿人次，居民年住院率从 10.59% 提高到 14.1%，年均增长 11.7%。与 2008 年相比，2013 年因经济困难而未住院的比例明显降低，由 2008 年的 70.3% 下降到 2013 年的 43.2%，下降了近 27 个百分点。

二、"医改"面临的主要挑战

（一）医疗卫生服务需求和供给总量失衡加剧

过去的九年，是我国居民医疗服务需求增长最快的时期。2004～2013 年入院人数由 0.67 亿增长到 1.92 亿，九年增长了 187%。而 1994～2004 年十年间，入院人数只增长了 34%（从 0.5 亿增长到 0.67 亿）；门诊服务需求同样快速增长，2004～2013 年诊疗人次由 39.91 亿增长到 73.14 亿，九年增长了 83.26%，而 1994～2004 年的十年间诊疗人次基本没有变化（从 22.42 亿增长到 22.03 亿）。随着医疗保障制度水平的继续提高、人口老龄化程度的不断加深，"十三五"时期医疗服务需求总量将继续维持在较高水平，预计到 2020 年，居民平均就诊次数将达到 5.5～6 次，住院率将达到 14%～16%，年诊疗人次将超过 80 亿，年住院人次将超过 2 亿。

虽然存在一定程度的不必要和过度医疗服务需求，但需求提高在本质上反映了人民群众对提升健康水平的追求。在需求规模发生巨大变化的同时，医疗服务供给能力却因体系结构不合理和优质人力资源匮乏等原因而严重滞后。2004～2013 年，入院总人数增加了 187%，但同期卫生技术人员数只增加了 60.74%，执业（助理）医师数仅增长了 39.82%。由于培养周期长、激励机制缺失、执业环境恶化等因素的影响，优质卫生技术人员数量并没有与医疗需求同步增加，严重影响服务供给能力的提升。

（二）卫生资源和服务利用继续向高层次医疗机构集中

基层医疗卫生机构能力不足、高层次医疗服务机构功能定位不清、医疗卫生服务缺乏整合，是目前我国医疗卫生服务体系存在的最大问题。卫生技术人员数量和质量直接决定医疗卫生服务能力，而服务能力则直接决定居民就医流向。"医改"以来，虽然政府对基层医疗卫生机构基础设施和人才队伍建设进行了大量投入，但总体而言，卫生资源配置与服务需求倒挂的态势并没有改变，特别是基层医疗卫生机构中最薄弱的环节——卫生队伍仍未得到实质性加强，基层服务能力依然薄弱。

2009～2012 年，县及县以上医院主要卫生资源数量增长均快于基层医疗卫生机构。例如，2005～2009 年基层医疗卫生机构每千人口卫生技术人员年均净增 0.09 人，2009～2012 年则降到年均净增 0.05 人。2005～2009 年县及县以上医院每千人口卫生技术人员年均净增 0.14 人，2009～2012 年则提高到年均净增 0.22 人，净增人数高于前一个时期。同样趋势，2009～2012 年每千人口基层卫生机构床位数增加了 0.15 张，但同期每千人口县及县以上医院床位数增加了 0.73 张；从质量上看，基层医疗卫生机构人员质量变化并不显著，甚至有所降低，如乡镇卫生院卫生技术人员中大学本科、专科学历占比 2005～2009 年分别提高了 3.1 个和 13.1 个百分点，而 2009～2012 年仅分别提高了 0.8 个和 2.3 个百分点，远均低于上个阶段。

医疗卫生服务利用也继续向高层次医疗机构集中。2009～2013 年，乡镇卫生院和村卫生室诊疗人次占比分别从 15.98% 和 28.28% 下降到 13.78% 和 27.50%，乡镇卫生院入院人数占比从 28.73% 下降到 20.49%。在城市，住院病人也在向三级医院集中。

资源和服务利用向高层次医疗机构集中的主要原因有：第一，随着医疗保障水平的提高和人民生活水平的改善，居民对优质医疗服务的需求急剧增加，但公立医院集聚最优质资源和技术、基层医疗卫生机构人才短缺和能力不足的局面难以在短期内改变，医保制度缺乏对患者流向的合理引导，以及在服务衔接整合和就诊秩序引导等方面缺乏明确的政策和有效的措施，促使患者向高层次医院集中。第二，基层医疗卫生机构普遍实行的收支两条线制度在减少服务过度提供等问题的同时，也抑制了自身发展的经济活力，影响了医疗服务提供的积极性；基本药物制度在提高基层用药规范性的同时，也在一定程度上影响了基层医疗服务能力；绩效工资政策影响了基层卫生机构骨干人员的收入，促使优质人力资源流失。第三，县及县以上医院医疗服务需求激增，在缺乏合理规划和硬性约束的条件下，其扩大规模的冲动不断增强，出现卫生技术骨干逐级虹吸现象，基层优质卫生技术人员的流失又进一步推升了患者向上流动。

卫生资源和服务利用向高层级机构过度集中导致了政府在资源配置和就诊分布上的失控，并由于卫生资源垄断造成市场失灵。分级诊疗、双向转诊和基层首诊制等改革由于基层服务能力不能得到群众认可而难以实质性推进；县级医院和三级公立医院人满为患，服务供不应求，其本身缺乏改革的动力和压力，公立医院改革各项任务难以取得预期效果；优化资源配置、加强资源整合的任务，也受制于供需失衡问题而难以实现。

实现卫生资源下沉和患者分流将带来巨大的社会和经济效益。根据 2013 年全国就诊和住院分布及各层级间费用数据计算：若住院下沉 5%，门诊下沉

20%，即基层住院和门诊量占比分别达到30%和80%，可节省医药费用1 870.7亿元（不包括患者交通、食宿等间接费用，下同）；若住院下沉10%，门诊下沉30%，即基层住院和门诊量占比分别达到35%和90%，可节约医药费用2 888.7亿元。通过改革投入机制，利用患者分流所节约费用中的很少一部分就可支持基层医疗卫生机构实现良性发展。

（三）医疗卫生服务供给主体单一，难以满足多元化、多层次健康需求

随着我国经济融入全球化的程度不断加深和中高收入人群迅速增加，多元化、高层次健康服务需求增长迅速，高端医疗保健需求规模巨大。2013年，我国民营医院数量虽然已占到医院总数的45.78%，但床位数占比仅为15.57%，诊疗人次占比仅10.47%，入院人数占比仅12.08%。社会办医的制度和政策壁垒需要进一步破除，在保障群众基本医疗卫生需求的同时，需要进一步发挥市场作用，增加健康服务供给，满足多元化、多层次健康服务需求，更好地保障基本医疗卫生服务的公益性。

（四）城乡基本医疗保障制度间差异持续扩大，影响社会和卫生领域的公平性

统筹整合城乡医疗保障制度是"医改"既定的重要任务之一，但至今仍缺乏顶层设计和整合路径。新型农村合作医疗、城镇（城乡）居民基本医疗保险和城镇职工基本医疗保险在筹资、服务和管理等方面的差异持续加深。2009年新型农村合作医疗与城镇职工基本医疗保险人均筹资额的差距为1 970.8元，2013年差距扩大到2 202.6元。人均筹资水平的差异决定了不同制度下参保（合）者所能享受的福利水平，既是卫生筹资制度不公平的表现，也进一步导致了卫生服务利用的不公平。2013年，新型农村合作医疗住院实际补偿比城镇职工医保低16.6个百分点。城乡基本医疗保障制度管理分离还导致了重复参保、重复补贴、重复建设和管理效率低下等问题。

（五）医保制度未能有效发挥促进体系有效运行和合理分流患者的作用

医保经费已经成为医疗机构主要收入，可以充分利用服务购买能力和政策对医疗服务供需双方进行积极引导。但现有医保制度在资金管理能力等方面明显不足，在供方支付制度、需方补偿机制、费用增长测算和监管、服务质量改善等方面，需要继续改革和提高，以实现增效和持续发展的目标。

（六）城乡医疗保障制度分设严重影响主要卫生改革的推进

城乡医疗保障制度分设也影响到"医改"其他重要改革任务的顺利推进。例如，由于没有城乡统一的支付和补偿制度，难以建立统筹和有效的医疗服务供需双方激励机制，分级诊疗、基层首诊和双向转诊等项改革难以落实。再如，由于城乡医保支付制度独立设计、组织和实施，降低了支付制度改革的整体效果，也难以利用医保制度推动公立医院改革。目前多地已经开展了城乡医疗保障制度整合实践，但由于缺乏国家层面的总体设计和政策支持，其社会效果需要科学客观分析。城乡基本医疗保障制度分离也不利于控制医疗费用和提升医疗服务质量。

（七）医疗与医保分管体制成为制约卫生改革发展的体制性障碍

在医疗与医保分管体制下，保障群众健康的职责被分解到若干相互独立的部门，割裂了医疗保障、医疗服务监管和群众健康权益之间的内在联系，既削弱了基金支付对医疗机构行为的调控作用，也削弱了医疗机构行为对基金安全的保障作用，不利于医疗、医保两大体系的协调发展。同时，随着全民医保体系的建立，医疗保障已成为医疗服务市场最重要的调控手段。在医疗与医保分管体制下，政府难以有效灵活运用医疗保障和服务监管两种调控手段，既弱化了政府的宏观调控能力，也使政府难以同步推动两项制度改革，影响了医药卫生体制改革成效。

第三节　深化医药卫生体制改革建议

一、医药卫生体制改革内外环境分析

（一）全面建成小康社会对卫生和健康事业发展提出了更高要求

全面建成小康社会为实现全民健康创造了外部条件，并要求全民公平共享卫生发展成果。

第一，全国建成小康社会为真正实现全民健康奠定坚实的经济和社会基础。实现全民健康的第一步是居民整体健康水平的提高，而健康水平提高必须以经济社会的持续、稳定、健康发展为前提。到 2020 年我国全面建成小康社会时，以 2014 年 GDP 总量和人均 GDP 分别为 690 831 亿元和 46 531 元为基期，按照年均 7% 的增长率计算，我国 2020 年将分别达到 955 159 亿元和 69 831 元。其中 GDP 总量在稳固排名第二的基础上，与总量第一的美国的差距进一步缩小。同时，通过对反映经济社会发展综合水平的人类发展指数（包括经济、健康和教育三个方面的发展）的预测研究表明，2020 年中国将进入"高人类发展阶段"。因此，经济社会可持续发展将为今后我国全民健康总体水平的提高奠定基础。

第二，全国建成小康社会要求改善健康公平、全民共享卫生发展成果。全国建成小康社会的本质是全民共同发展、共同富裕、共享发展成果。这意味着，要真正建成全面小康，不仅要求全民各尽所能，共同发展经济社会，共同创造社会财富；更要求全民共得其所，共同分享发展成果，共同实现富裕与繁荣。相应地，要实现真正意义上的全民健康，不仅在于居民整体健康水平的提高，更是要求全民共享卫生发展成果，更加注重健康公平，强调不同地区、不同人群健康水平的差异不断缩小。根据《中国卫生和计划生育统计年鉴 2014》数据，1991 ~ 2013 年，反映健康水平的四个变量——新生儿死亡率、婴儿死亡率、5 岁以下儿童死亡率和孕产妇死亡率的总体水平每年都大幅度下降，但是城乡之间的差异依然较大，且存在波动趋势。这表明，根据全面建成小康社会的本质来看，实现真正意义上全民健康的关键在于改善健康公平性，降低不同地区、不同人群健康水平的差异。

（二）经济发展新常态有利于促进健康服务业发展和卫生发展模式的转变

经济发展新常态的四个特征：一是经济从高速增长转向中高速增长；二是经济发展方式正从规模速度型粗放增长转向质量效率型集约增长；三是经济结构正从增量扩能为主转向调整存量、做优增量并存的深度调整；四是经济发展动力正从传统增长点转向新的增长点。

（1）短期内经济增速放缓不会造成政府财政支出增长大幅度下降，不会对卫生改革发展产生重大影响。随着我国经济发展进入"新常态"，经济从高速增长转向中高速增长，可能会影响今后一段时间国家财政支出总额的增长速度。这一境况将会蔓延至医疗卫生领域中，主要表现为财政卫生支出增长速度可能相应地趋缓。实际上，我国经济发展进入"新常态"以后，虽然经济增长速度下降，但是中国经济的基本面没有改变；同时，由于财政支出惯性增长和财政赤字的扩大，财政支出增长水平始终快于经济增长水平。2007 ~ 2014 年，我国经济增长速度虽然从 14.16% 下降至 7.35%，但是财政支出与 GDP 的比例却从 18.73% 增长至 23.83%，在一定程度上反映了我国财政支出增长不会立即受到经济增速趋缓的显著影响。在短期内，财政卫生支出增长不会显著下降。

（2）卫生与健康发展离不开持续的财政投入，政府职能转变过程中财政支出结构变化使卫生投入增长面临机遇。卫生事业作为一项民生工程，涉及全体人民福祉，政府肩负不可推卸的责任，特别是保障基本医疗卫生服务提供。2009～2013 年，财政卫生支出年均增长率为 20.0%，高于同期财政支出 16.4% 的增长率。卫生投入增长在政府职能转变和建设公共管理型政府的进程中面临机遇。政府由经济建设型和行政管理型向公共服务型转变，最终都落脚在政府财政活动上，尤其是财政支出结构安排。因为财政支出结构反映的不仅是政府向公众提供什么样的公共服务，更反映了政府在整个经济社会中承担的职能和充当的角色。在全国建设小康社会的过程中，强调全民共享经济发展成果，其中重要表现之一就是财政支出结构从过去以基础建设为主逐渐向民生事业倾斜。

（3）转变经济发展方式客观上要求加强对健康人力资本的投资，有利于促进健康服务业发展和医疗卫生服务模式转变。党的十八大报告指出，以科学发展为主题，以加快转变经济发展方式为主线，是关系我国发展全局的战略抉择。转变经济发展方式的立足点是提高经济增长质量，而提出经济增长质量的重点在于改善宏观经济的稳定性、促进自主创新、提高要素生产率和促进经济结构的优化升级。

第一，实现转变经济发展方式，必须要投资于健康，增加健康资本存量。提高经济增长质量，客观上要求提高劳动生产率和全要素生产率，而其前提是人力资本存量的增加。劳动者的人力资本存量主要由健康、知识、技能和工作经验等要素构成。虽然这些要素的增进都会提高个人的生产率，但唯有健康存量，决定着个人能够花费在所有市场活动和非市场活动上的全部时间。

第二，完成经济结构调整和经济增长动力转变，要求发展以健康需求为导向的健康服务业。经济结构调整和经济增长动力转变的根本在于，使经济发展更多依靠内需特别是消费需求拉动，更多依靠现代服务业和战略新兴产业带动。2013年国务院《关于促进健康服务业发展的若干意见》认为，健康服务业主要包括医疗服务、健康管理与促进、健康保险以及相关服务，涉及药品、医疗器械、保健用品、保健食品、健身产品等支撑产业。可见，健康服务业是一种典型的现代服务业和战略新兴产业。随着经济社会发展和人们生活水平的普遍提高，居民健康需求将会呈现快速增长的态势。与发达国家相比，我国健康服务业的发展存在很大潜力。

第三，经济发展新常态要求转变卫生发展方式，更加注重医疗卫生服务质量和效益的提升。要适应经济发展新常态、实现医疗卫生事业与经济社会协调发展，医疗卫生发展不能仅仅依赖于国家和社会的高投入，而要更加注重从体系和服务结构调整中提高医疗卫生服务的效率；医疗卫生发展不能再走追求简单规模扩张的发展模式，而要走集约式发展道路，依靠医疗技术进步，提高全要素生产效率，集中力量提升健康促进和服务的质量水平。

（三）城镇化、人口老龄化及信息技术革命化进程的加快，要求建立更加公平、高效、整合的医疗卫生服务体系

（1）在新型城镇化进程中，如何提高医疗资源配置公平性和流动人口医疗卫生服务利用均等化存在政策和制度障碍。狭义的城市化是农村人口转变为城镇人口的过程，是人口不断向城市集聚的过程，一般用城市化率衡量；广义的城市化是由农村人口和各种生产要素不断向城镇集聚而形成的经济结构、生产方式、生活方式等向城市演变的过程。因此，城市化更多的是指社会经济变迁的过程。新型城镇化的"新"就是改变过去片面注重追求城市规模扩大、空间扩张，不以"人"为中心的城市发展理念和发展方式。从社会学视角来看，城市化是社会现代化的组成部分，其核心是民众的平等和权利。对于医疗卫生领域而言，城镇化的影响主要体现在以下两个方面。

第一，城市规模的不断膨胀可能会加剧城乡和不同地区医疗卫生资源配置的差距。改革开放以来，我国城镇化水平有了大幅度提高，城镇人口比重由1978年的17.9%增长到2013年的53.7%。2014年颁布的《国家新型城镇化规划（2014～2020年）》制定了城镇化的战略目标：2020年城镇化率达到60%，2030年达到70%，届时，我国将基本完成城镇化任务。

第二，流动人口在流入地如何享有与户籍人口同等的医疗卫生服务存在制度障碍。一方面，流动人口医疗保障待遇与当地居民存在差异；另一方面，我国流动人口规模巨大，大多数农民工的医疗保障形式是在户籍所在地参加了新型农村合作医疗，其保障水平不仅与城镇职工医保存在很大差异，而且由于医保的转移接续和异地结算问题始终没有得到有效解决，从而损害了流动人口的利益。

（2）人口老龄化对医疗保障基金和老年照护服务提供形成挑战，要求建立整合型的医疗卫生服务体系。我国2010年进入老龄社会，2013年65岁以上人口已占到总人口的9.67%，预计到2020年将占到总人口的12%～13%。与其他国家相比，一是我国人口老龄化速度快，二是老年人口高龄化趋势明显。老年人口较差的健康状况导致其对医疗服务需求较大，从而对医疗保障基金形成压力。老年人慢性病患病率通常是总人口的2～3倍；同时，随着寿命的延长，老年人口带病周期增长，疾病严重程度更高。有研究表明，国际上老年人人均医疗费用通常是一般人群的3～5倍。随着人口老龄化的加速和高龄化趋势加强，老年人口医

疗服务费用迅速攀升，这将对医疗保障基金形成越来越大的压力。

（3）信息技术引发的产业变革，将会促进医疗信息资源共享和医疗服务提供模式革新。云计算是互联网时代信息基础设施与应用服务模式的重要形态，是新一代信息技术集约化发展的必然趋势。它利用分布式计算和虚拟资源管理等技术，通过网络将分散的信息通信技术资源集中起来形成共享的资源池，并以动态按需和可度量的方式向用户提供服务。云医疗包括云医疗健康信息平台、云医疗远程诊断及会诊系统、云医疗远程监护系统以及云医疗教育系统等。信息技术将可能在以下几个方面对医疗卫生服务提供产生影响：第一，信息技术可以促进医疗信息资源共享；第二，信息技术创新医疗服务模式；第三，通过远程医疗云平台扩大医疗服务范围，移动医院模式将打破传统的医疗模式，有望成为一种未来发展趋势。

（四） 健康挑战依然严峻

（1）慢性病疾病负担日益加重。我国已经完成从高出生率、高死亡率、传染性疾病和营养不良为主的疾病模式向低出生率、低死亡率、慢性病为主的疾病模式转变。高速的经济增长、迅速的城镇化、大规模人口流动，以及快速人口老化等因素，与生活方式和人口模式转型相关的疾病和危险因素成为最重要的健康问题。慢性病所导致的死亡已经占到我国总死亡的85%，导致的疾病负担已占总疾病负担的70%。我国现有慢性病确认患者超过2.6亿，慢性病发病人数快速上升。以肿瘤为例，近20年来我国癌症发病率呈逐年上升趋势，发病率年平均增长为4%。由于导致慢性病发病主要因素在短时期内难以改变，我国慢性病高发趋势在"十三五"期间还将延续。

（2）新发传染病仍不容忽视。新发传染病仍然是潜在的严重威胁，如高致病性禽流感、手足口病、输入性脊髓灰质炎病例，以及人感染H7N9禽流感疫情等，均引起了全国性的高度关注。非洲部分地区暴发的埃博拉病毒疫情值得关注。

（3）健康危险因素亟待控制。吸烟、酗酒、不合理膳食、缺少锻炼是中国最重要的慢性病影响因素。空气污染和家庭室内空气污染也已经成为重要的健康危险因素。改变不良生活行为需要社会和个人共同承担责任，需要卫生服务体系调整功能和改变服务模式。

（4）疾病经济负担攀升迅速。在疾病模式转变、人口老龄化、医学技术发展和服务需求增加等因素影响下，卫生总费用攀升，疾病经济负担加重，医药费用控制难度加大。2004~2013年，我国卫生总费用由7 590亿元上升到31 669亿元，九年翻了两番多。

二、核心建议

总结我国六十年卫生改革发展的经验，借鉴国际卫生改革发展实践，遵循卫生事业改革发展规律，解决卫生事业发展中的重点问题，是提出"十三五"时期卫生事业发展基本思路的主要依据。卫生事业是重大民生问题，必须坚持为人民健康服务的宗旨，无论是深化医药卫生体制改革还是引入市场机制发展健康服务业，都必须以提升全民健康素质和水平为根本出发点和落脚点，把社会效益放在首位，不能简单模仿和照搬经济领域改革模式和经验。建立覆盖城乡居民的基本医疗卫生制度、实现人人享有基本医疗卫生服务是社会发展的必然要求。必须坚持公共医疗卫生的公益性质，强化政府责任，把基本医疗卫生制度作为公共产品向全民提供。要区分基本和非基本健康服务，在基本医疗卫生领域必须由政府发挥"兜底"作用，保障人民群众基本医疗卫生服务需求。现代疾病模式和健康社会决定因素，需要更加重视预防、更加重视基本卫生服务的提供，从注重疾病诊断治疗向预防为主、防治结合转变，推动卫生工作重心下移、卫生资源下沉，从根本上解决目前大医院人满为患和卫生资源配置不合理的问题。

人民群众医疗卫生服务需求与医疗卫生服务供给之间的矛盾是现阶段我国卫生领域的主要矛盾。这一矛盾主要表现为以下方面：一是优质医疗资源供给不足和供给单一与人民群众日益增长的健康需求之间的矛盾；二是医防分割、上下分离、服务分散碎片化的卫生服务体系不能适应现代社会健康需求；三是城乡分离的基本医疗保障制度不能适应社会公平发展。当前卫生事业改革和发展中的问题千头万绪，核心是抓住和化解上述主要矛盾。

（一）进一步厘清卫生事业改革发展的基本思路

按照党的十八大和十八届三中、四中全会总体部署，立足于社会主义初级阶段基本国情，稳中求进，以科学引导需求、优化服务供给为切入点，统筹推进各项改革发展任务。以健康促进为核心，实施慢性病综合防控、重大疾病防治、健康老龄化、健康妇幼等重大发展战略，使主要健康问题得到初步控制。以强化基层卫生人才队伍建设、提升基层服务能力为重点，加快完善医疗卫生服务体系功能和结构，构建与居民健康需求相匹配、体系完整、分工明确、功能互补、密切协作的整合型医疗卫生服务体系。以整合城乡基本医疗保险制度为抓手，进一步提升全民医保体系建设，基本建立覆盖城乡居民的基本医疗卫生制度，实现人人公平享有基本医疗卫生服务。

没有全民健康，就没有小康；没有小康，也难以实现全民健康。卫生体系外因素对实现全民健康非常重要，将健康融入所有政策、在公共政策中体现出健康追求的价值导向，是全民健康的重要推动力量。宏观经济社会政策，包括收入分配及转移支付政策、缩小教育水平差距等政策，能够从根本上改善社会公平；健康促进政策，包括在学校教育中普及健康教育、改水改厕、环境治理、创建文明健康社会等，能够更加针对当前主要健康问题和风险，更加有利于贫困弱势人群健康促进。全面体现健康价值的公共政策体系需要多部门合作和全社会参与，是在政府主导和推动下的全民健康运动。

（二）聚焦重大健康问题，不断提高人民群众健康水平

针对主要健康问题和影响因素及其变化趋势，实施慢性病综合防控战略和重大疾病防治战略，启动健康老龄化和健康妇幼战略，完善国家基本公共卫生服务项目，提高人均基本公共卫生服务经费，在"十三五"期末达到 80 元以上，继续实施国家重大公共卫生服务项目，推动区域公共卫生服务资源整合，建立食品安全风险监测和评估体系，进一步完善综合监督体系。

健康社会的形成是健康中国建设的重要内容。改善健康环境，丰富爱国卫生运动内涵，巩固"国家卫生城市"成果和发挥"健康城市"建设的带动作用，加强环境卫生管理，改善城市健康环境，提高城市生态文明程度。普及健康生活方式，积极倡导健康生活行为，塑造全体居民健康生活方式，培育健康文化理念，提高居民健康管理能力。选择社区、学校和工作场所作为建设健康社会的主要平台，提升重点人群健康素养水平。

（三）提升基层服务能力，构建整合型医疗卫生服务体系

以基层卫生人力建设为重中之重，把优质资源引向基层。改革现有分配制度，调整基层医疗卫生机构收支两条线和绩效工资等政策，缩小不同层级医疗机构间实际收入差距水平，较大幅度提高基层卫生服务人员收入水平，使乡镇卫生院和社区卫生服务机构卫生人员收入水平不低于同区域县级和区级医院人员收入水平。完善基层卫生技术人员职称晋升政策，建立与不同层级医疗卫生服务岗位和功能相适应的职务评价体系，提高基层卫生人员稳定性和积极性。提高基层医疗卫生机构的医疗服务能力，平衡医疗和预防服务，增加居民对基层医疗卫生机构医疗服务的利用。加强基层卫生人才建设，到 2020 年基本实现城乡每万名居民拥有 2～3 名合格的全科医生。

推动各级医疗机构落实功能定位，推进全科（乡村）医生签约提供健康管理和基本医疗服务，在加强基层卫生人员能力的同时，发挥医疗服务价格和医保支付的引导作用，建立基层首诊和双向转诊为基础的分级诊疗制度。建设区域性互

联互通信息平台和远程医疗服务平台，开展信息惠民工程居民健康卡建设专项，促进数据整合和信息共享，稳步推进健康医疗大数据应用。

探索强化医防有效协同合作的体制机制，明确医疗卫生机构的疾病预防服务功能，落实各级各类机构疾病防控职责。在有条件的地区，建立县域内或区域性医疗卫生服务中心，统筹提供符合健康需求的医疗卫生服务。

（四）整合城乡基本医疗保险制度，进一步提升基本医疗保障制度运行质量

推进城乡居民基本医疗保障制度整合，在制度层面实现城乡居民医保平等。整合管理职能和经办资源，在报销目录、补偿比例、支付制度、管理服务、结算办法等方面实现统一。将整合城乡居民基本医疗保险制度与分级诊疗、公立医院改革等结合起来，实现医疗、医保联动。探索城乡"三保合一"、建立统一的城乡医疗保障制度，鼓励有条件的地区试点探索建立城乡统筹的居民基本医疗保险制度，在"十三五"期末形成国家基本医疗保障制度基本建设框架。

进一步提升基本医疗保障制度运行质量。建立与经济社会发展水平相适应的长效筹资机制，不断提高保障水平。建立异地就医结算机制，提高医疗费用结算便利性。健全重特大疾病保障机制，全面实施城乡居民大病保险，完善疾病应急救助制度。

（五）全面落实"医改"重点任务，推进体制机制创新

统筹推进医疗保障、医疗服务、公共卫生、药品供应、监管体制综合改革，完善医药卫生管理、运行、投入、价格、监管体制机制。全面推进公立医院改革，推进综合改革，破除以药补医，理顺医疗服务价格，建立科学的医疗绩效评价机制和适应行业特点的人事薪酬制度。基本建立住院医师规范化培训制度和专科医师规范化培训制度。继续巩固完善基本药物制度和基层运行新机制。推动药品流通领域和药品价格管理改革，完善公立医院药品招标采购办法，完善以急（抢）救药品为重点的短缺药品供应保障机制。

（六）推动健康服务业发展，更好地满足多元化、多层次健康服务需求

鼓励社会办医，优先支持社会力量举办非营利性医疗机构，鼓励社会资金投向老年护理、口腔保健、康复、临终关怀等资源稀缺及满足多元需求服务领域，多种形式参与公立医院改制重组。鼓励医师到基层多点执业，促进优质医疗资源

平稳有序流动。加强全行业监管，促进社会办医健康发展。积极推进医养结合。加快医疗旅游业发展，出台鼓励性政策措施，建立医疗旅游准入、监管和评价机制。

（七）完善卫生法制体系，科学引领卫生改革发展

推动出台《基本医疗卫生法》，保障群众健康权益。推进重点领域卫生法律法规的制定修订工作。做好部门规章立、改、废、释。加强规范性文件清理审查，把所有规范性文件纳入合法性审查范围。继续精简和清理取消卫生行政审批事项，建立健全行政审批公开制度。整合基层监督执法资源，加强事中、事后监管。

三、具体建议

（一）完善基本公共卫生服务均等化制度

（1）量入为出筹资。根据"医改"整体部署和安排财政能力，可以设定不同的筹资水平，如人均40元、人均60元、人均80元等，并在此筹资水平上，确定公共卫生服务包的内容。虽然本书并没有从严格意义上对公共卫生服务根据其重要程度进行排序，但是可以据此通过进一步专家咨询和讨论，确定服务项目。

（2）回归服务成本，保障现有项目持续有效规范地开展。国家基本公共卫生服务实施以来，对于服务百姓、建设基层医疗服务队伍起到了很大的促进作用。为了保证持续性，应稳步推进，给目前主要靠行政力量推动的工作以真正的动力。因此，如果新增经费低于人均10元，不建议新增加服务项目，将新增经费主要用于现有服务项目的深化、巩固和规范。

（3）充分发挥新增经费的作用。增加的经费主要用于：提高现有项目服务人群范围及覆盖率；提高现有项目的服务质量和服务频率；提升基层卫生人员服务能力；支持重点服务项目与重点地区和人群。

（4）提高基层卫生人员能力，调动人员积极性。按照服务内容和质量要求，进一步提升基层医生队伍的能力。从职责赋予、职责落实、考核结果、待遇和未来发展等方面综合确定基层医生队伍的待遇，调动他们的积极性，保证基本公共卫生服务有效落实。

（5）加强对基本公共卫生服务均等化重要性的认知，保障基本公共卫生服务

的实施有法可依；强化资金监管手段，确保资金足额到位和有效使用；转变基层
卫生人员观念，充分发挥基层卫生服务机构的功能；加大宣传，有针对性地加强
健康教育，提高全体居民健康意识，关注重点人群，增强农村居民认可度；推进
信息化进程，全面提升基本公共卫生信息化管理水平。

（二）深化公立医院治理改革

（1）深化医院市场改革的原则。深化医药卫生体制改革离不开"退出—呼
吁"组合。尽管医院市场存在不同于一般产品市场的特点，但竞争仍然是我国医
院市场上不可或缺的绩效激励机制。引入竞争可以改变医院的激励，形成医疗服
务的标尺竞争，约束医生的不合理医疗行为，达到控制医疗费用，提高效率或改
善质量的目的。有必要改变医院市场片面竞争的现状，"放开一片"，建立一个投
入主体多样、服务对象相对分离、各个层次充分展开竞争的开放体系。

（2）以竞争为主线，重塑全行业规制。鼓励竞争并不意味着撒手不管。政策
运行环境影响竞争运行效果。竞争的效果与竞争形态、医院市场的外部环境密切
相关。放开市场的前提是政府能够有效进行全行业规制。明确管制主体。我国医
疗卫生行业规制的一个显著特点是卫生行政部门既是规制者，又是公立医院的所
有者。规制部门与医疗机构政事不分、管办不分。此外，我国医疗服务业规制还
存在多部门规制的特点。规制权力分散，分工不明造成了规制效率的低下。必须
将政府的规制者职能和所有者职能分离，建立一个专业、独立的规制机构，集中
执行规制权利，保障规制者的中立地位和规制的有效性。鉴于医疗卫生服务的专
业性和复杂性，主张由卫生行政部门全权、集中监管卫生行业。同时卫生行政部
门退出公立医院微观运行的管理范围。卫生行政部门不再作为公立医院所有者，
直接拥有和控制医院，断绝与医疗机构的经济利益关联。

（3）将患者"退出—呼吁"纳入医院管理制度。对公立医院进行产权制度
改革，建立法人治理结构是割断政府与医院的经济利益纽带，实现管办分开的必
要要求。只有明晰公立医院产权，建立科学规范的法人治理结构，公立医院才能
成为市场竞争的真正主体，实现公立医院的自主经营。研究表明，在我国当下的
医院市场上，理事会治理模式最为恰当。在日常的经营管理过程中，医院也要以
市场为准绳，遵循市场规律。人力资本的非市场化降低了人力资本的流动性，不
但使医生被医疗机构套牢，还使医生主要不是按能力获得报酬，医生提供优质医
疗服务的积极性不高。实现人力资本的市场化需要做到：以市场评价为基础，建
立以能力为主的评价体系；实现医生的自由流动，允许多点执业。

（4）完善保险制度，加紧第三方机构的建设，强化竞争和患者集体呼吁的效
果。价格管制并不能解决"看病贵，看病难"的问题。低收入人群医疗服务可及

性差，同我国社会医疗保障的低覆盖面直接相关。扩大社会医保覆盖面，补偿需方才是增加医疗服务可及性的关键。提高并稳定城乡三项基本医疗保险参保率，完善全民参保机制、筹资缴费机制，稳步提高保障水平。除了扩大医保覆盖面之外，还需要进一步完善我国的医保制度。研究表明，我国的医保制度既没有起到激励医院有效竞争的作用，也没有组织患者进行集体呼吁。我国现行的医保制度实行以成本为基础的支付制度，缺乏相关质量的管理，不能促进竞争、改善质量。患者先行支付使我国居民以单个消费者的身份，接受医疗服务，缺乏与医院的谈判能力。基于成本的论量计酬制使医疗保险机构把自己放在了患者管理者的层面上，缺乏帮助患者呼吁的必要行为。有必要在扩大医保覆盖面的同时，完善我国医疗保障制度的设计。

（三）加强基层卫生体系建设

（1）促进基层卫生服务体系建设。进一步完善基层卫生机构补偿政策，在加大投入的同时，建立可持续发展的筹资机制，改善基层卫生机构的财务状况，提高其生存和发展的能力；探索不同地区因地制宜的社区卫生机构发展策略，在允许多种所有制形式并存的情况下，完善政府补助政策，保证基本医疗卫生服务的提供；基层卫生体系建设需要整体规划和与其他改革相衔接。

（2）完善基层卫生机构功能。界定和明确基层卫生机构服务功能，从服务体系的角度对基层卫生机构的角色给予定位。需要从整个卫生服务体系的角度，根据不同地区的特点，对基层卫生机构以及其他类型卫生机构的功能进行界定，并据此制定相应的经济政策和评估机制，以最大限度和合理地发挥基层卫生机构的作用。基层卫生机构医疗和公共卫生服务功能需要均衡发展，重医轻防和重防轻医的现象都应避免。基层卫生机构的功能不应当从一个极端走向另一个极端，医防之间应当互相衔接、互相促进，而不是分裂。如果基本医疗服务都不能很好地提供，从长远讲，也难以做好公共卫生工作，如慢性病防控就需要医防一体化。卫生服务功能的核心是质量，"医改"初期主要关注公共卫生服务的覆盖面。随着"医改"深化，基层卫生机构如何通过人员队伍建设、服务规范培训、激励机制的完善，提高基本卫生服务提供的质量，是需要重点解决的问题。对目前质量方面的问题进行评估总结，寻找其中主要影响因素，制定和采取针对性的政策和措施，逐步提高服务质量。

（3）提高基层卫生人力资源能力。继续推动目前有关基层卫生队伍建设政策和措施的落实。通过各种努力，落实已经制定的为基层卫生机构培养人才、留住人才、改善人才工作和生活条件的政策和措施，使其效果逐步显现。建设基层卫生人员队伍需要整体规划，政策落实需要以人为核心。对基层卫生人员需求、供给进行规划研究，在此基础上，制定更为长远的人力资源发展策略。在基层卫生体系投入方面，需要以人为核心，而不是以设备和房屋建筑为核心，充分发挥人的积极性和主动性。改进基层卫生人员培训方式和内容，以基层卫生人员需求为导向，提高培训的质量。开发建设面向基层卫生机构的培训材料，建设一支了解基层和热爱基层的培训队伍，建立起以基层卫生人员需求为导向的培训体系。

（四）完善基本药物政策

（1）充分发挥政府的主导性的作用，加强对基本药物的招标、采购、配送和合理用药的监督管理，制定相应法律法规；同时要加大对基本药物制度的财政投入，促进基本药物制度的推广实施和完善。

（2）在现有基本药物招标配送体系的基础上，要着重考虑技术招标，提高基本药物的质量层次水平；同时注意各相关政策的协调一致，保证基本药物配送的及时性；加强对基层地区基本药物的宣传教育，促进基本药物的使用。

（3）建立科学的药品定价方法，科学测算，合理加价；同时加强对农村地区低收入人群的关注和财政补助，提高低收入人群的药品可负担性，保护其公平的获得基本药物和享受医疗卫生服务的权利。

（4）强化基层医护人员和群众合理用药知识的宣传教育，树立合理用药的理念，促进其对基本药物的认可和接受，同时加强对处方的监督管理，并制定相应的奖惩措施，规范处方用药，减少药品的不良反应，促进合理用药。

第四节　需要继续深入研究的问题

医药卫生体制改革是一项长期的系统工程。从日益增长的医疗卫生服务需求以及国际卫生改革的经验角度，可以说"医改"将永无止境。本书是在我国"医改"快速演变的背景下开展的，当时设计的研究内容有些已经在研究意义等方面发生变化，仅作参考；由于"医改"内容的复杂性，本书从基本公共卫生服务均等化、基层医疗卫生、公立医院、基本药物政策等改革中截取了部分内容，有许多研究内容需要继续扩展和深化。需要继续深入研究的问题包括：

（1）健康中国建设与医疗卫生改革的关系研究。健康中国建设将是国家战略，医疗卫生改革如何与健康中国建设衔接，既服务于健康中国建设的大局，又充分利用这一机遇突破"医改"中的重点和难点问题，值得从政策层面和操作层面进行研究。

（2）医疗卫生服务供需平衡研究。供需平衡是实现医疗卫生体系健康发展的基础。如何实现供需平衡需要研究需求行为、筹资制度和能力、医疗卫生服务供给政策和能力、医疗卫生服务供给与需求匹配等问题，也需要在宏观层面研究如何实现医疗卫生服务需求和供给的有效协调。

（3）医疗卫生体系整合研究。医疗卫生服务体系整合是应对主要健康问题的必由之路。促进防治结合、医疗卫生服务纵向和横向整合，需要研究整合的策略、模式、机制、条件和效果，为突破目前医疗卫生服务体系建设多头管理和缺乏协调发展等问题提供依据。

（4）卫生筹资体系整合研究。我国卫生筹资制度碎片化现象严重，包括医防筹资渠道分立、基本医疗保险制度尚未整合、卫生公共支出政出多门等，严重影响了筹资公平和效率的实现，有必要研究卫生筹资制度整合的策略和路径。

第二章

基本公共卫生服务均等化理论研究

公共卫生是一个国家或地区群体健康的基本保障，是直接关系到每一个公民身体健康和生命安全的头等大事，也是社会进步和人的全面发展的重要标志。让人民群众公平享有基本公共卫生服务是社会和谐稳定的重要基础，是提高全民健康水平的前提条件。

第一节　基本公共卫生服务均等化的内涵及意义

一、基本公共卫生服务均等化的内涵

国际上，公共卫生服务从提出到发展历时六十年。公共卫生服务的概念最早源于温斯洛（Winslow）于 1952 年提出的改善健康的 5 大公共卫生干预措施（Winslow，1952）。世界银行《1993 年世界发展报告》首先提出基本公共卫生服务包的概念，这一概念包含一揽子基本公共卫生和医疗服务项目。

世界卫生组织（WHO）一直比较关注公共卫生。1978 年 9 月 12 日《阿拉木图宣言》以"初级卫生保健"为主题，提出了"人人享有健康（Health for All）"的目标，强调了基本卫生服务的公平和均等。众所周知，每年 4 月 7 日的世界卫生日，WHO 都会以当年国际上密切关注的卫生相关内容为主题，做出相应的报

告。1981 年，WHO 提出的主题是"2000 年人人享有健康"；1983 年 WHO 的主题再次提出"2000 年人人享有健康，倒计时正式开始"；2008 年题为"初级卫生保健：过去重要，现在更重要"的世界卫生报告，再次重申了人人享有卫生保健的目标，同时提出了实现这一目标所要坚持的四项核心原则：全民保健，以人为本的服务，有益的公共政策和卫生事业发展的领导力。基本公共卫生服务是达到 21 世纪"人人享有健康（Health for All）"政策的重要组成部分，同时也是建设可持续卫生系统的基本要素。

对于基本公共卫生服务均等化的内涵，不同学者从不同的角度进行了表述。乔俊峰认为"均等化"是在承认地区、城乡、人群存在差别的前提下，保障所有国民都享有一定标准之上的基本公共服务，其实质是强调"底线均等"（乔俊峰，2009）。于风华认为基本公共卫生服务均等化是指政府在不损失效率的前提下，按照公平、公正的原则为社会公众提供基本的、在不同阶段具有不同标准的、大致均等的公共卫生服务和基本医疗服务（于风华，2009）。沈楠认为基本公共卫生服务均等化是指政府要为社会公众提供基本的、在不同阶段具有不同标准的、最终大致均等的公共卫生和基本医疗（沈楠，2008）。刘琼莲认为基本公共卫生服务均等化是要尽量使全体社会成员大致均等地享有物质与非物质医疗卫生方面的基本公共服务，是基本医疗卫生服务方面的"底线"均等（刘琼莲，2009）。兰迎春和王敏提出基本卫生服务包括基本公共卫生服务和基本医疗服务两大类，均等化包含居民享受基本公共服务的机会均等、享受公共服务的结果均等以及尊重社会成员的自由选择权（兰迎春，2009）。罗鸣令和储德银认为基本公共医疗卫生服务主要包括疾病预防控制、健康教育、妇幼保健、精神卫生等多方面内容（罗鸣令，2009）。陈蓓蓓认为完整的基本公共卫生服务应该包括基础性公共卫生服务、基本医疗卫生服务和公共卫生教育（陈蓓蓓，2009）。庄琴通过分析上海市嘉定区公共卫生服务均等化的实践，提出实现公共卫生服务均等化的理念应是：每个公民享受公共卫生资源的机会均等，接受公共卫生服务的权益平等，服务提供者的服务水平相对平衡（庄琴，2009）。部分学者采用的是国务院深化医药卫生体制改革领导小组办公室的意见，是指全体城乡居民，无论其性别、年龄、种族、居住地、职业、收入，都能平等地获得基本公共卫生服务。可从两个角度理解：从保障公民健康权益的角度看，意味着人人享有服务的权利是相同的；从服务的内容看，是根据居民的健康需要和政府的财政承受能力确定的，既有面向人群的公共卫生服务，也有面向个体的公共卫生服务（冯显威，2009；蒲川，2010），其目标是保障城乡居民获得最基本、最有效的基本公共卫生服务，缩小城乡居民差距，最终使老百姓不得病、少得病、晚得病、不得大病。

综上所述，学者比较认同基本公共卫生服务由政府主导，但是对于服务内容则存在差异。基本公共卫生服务项目的深化和扩展应该根据我国经济发展水平、人民健康需求以及政府财政能力来共同确定的，是一个动态发展的过程，强调"底线均等"。

二、实现基本公共卫生服务逐步均等化的意义

虽然新中国成立后我国的卫生工作取得了举世瞩目的成就，但是随着社会的发展与环境的变化，新的问题不断涌现。诸如：（1）人口老龄化进程加快。我国60岁以上老年人口每年以3.2%的速度增长，预计到2020年60岁以上老年人口占总人口的16.1%。（2）新老传染病共存。结核病患者全国约有450万人，仅次于印度。艾滋病患者约有65万人，而乙肝病毒携带者约占世界的1/3，此外手足口病、SARS等一些新发的传染病也不断威胁着我国人口的健康。（3）慢性病问题突出。据国家卫生部基层卫生与妇幼保健司官员刘利群介绍，慢性病已经成为影响中国人健康的第一疾症，目前中国慢性病患者已经超过了2亿人，占到了中国总人口的20%多，仅恶性肿瘤、脑血管病、心脏病三项慢性病死亡人数就已占到了中国目前因病死亡人数的63.40%。其中高血压患者最多，超过1亿人，并仍以每年2.5%的速度递增，而我国人群高血压知晓率、治疗率和控制率仅为30.2%、24.7%和6.1%。第二位的是糖尿病患者，发病率已从1979年的1%上升到现在的5%，目前我国糖尿病患者已经超过5 000万人，并且每年还以150万～200万人的幅度递增。（4）妇女儿童疾病发病率仍较高。据统计，我国每年有20万～30万先天畸形儿出生，约占每年出生人口总数的4%～6%，先天残疾儿童总数高达80万～120万。乳腺癌和宫颈癌发病率呈上升趋势，分别从1998年的7.7万～10万和9.7万～10万上升到2008年的11.1万～10万和14.9万～10万。这些问题给我国卫生事业的发展都带来了巨大挑战。基本公共卫生服务逐步均等化的实施为这些问题的解决提供了契机，具有重要意义。

（一）有利于改善卫生服务的公平性和可及性

健康权是人的基本权利之一，把基本公共卫生服务作为公共产品向全民提供，是实现人人享有基本卫生保健目标的基础。关注弱势群体的基本公共卫生服务，建立健全相应的保障制度，有利于改善人群之间的卫生服务差距，促进卫生服务公平性的实现。政府主导基本公共卫生服务，作为基本公共卫生服务卫生资源的主要来源和投资主体，向全民提供基本公共卫生服务，有利于体现政府"以人为本"的执政理念和履行全心全意为人民服务的宗旨；有利于促进各级政府及

其有关部门的沟通和协作，切实履行其职责，创造健康的生活环境、良好的健康行为和生活方式以及和谐的就医环境；有利于转变政府职能，向"公共服务型政府"转变，强化政府的社会管理和公共服务职能，提供优质的基本公共卫生服务产品，推进服务性政府的建设和发展。

（二）有利于提高卫生服务资源的利用效率

公共卫生服务作为一种成本低、效果好、社会效益回报周期相对较长的服务，从理论上说，对公共卫生事业不多的投入，可以极大地减少疾病的经济和社会负担，换来远大于投入水平的社会效益（代会侠，2008）。通过实施基本公共卫生服务项目，可以有效地干预城乡居民健康危险因素，有效地预防和控制主要传染病及慢性病，有效地应对突发公共卫生事件，保障居民的身心健康。

目前，把逐步实现基本公共卫生服务均等化作为五项措施之一来抓，体现了预防为主。通过动员全社会参与，强调预防为主，提高公众对基本公共卫生服务的认识，建立合理的卫生资源配置模式，既符合卫生工作的内在规律，又可以提高医疗卫生资源的利用效率，使有限的卫生资源得到最优配置，满足人民群众的多层次、多样化的医疗卫生需求。由于我国的卫生资源配置主要集中在城市大医院，地区之间、城乡之间的卫生资源配置不合理，促进基本公共卫生服务逐步均等化，可以改变基层卫生服务机构卫生资源投入不足的现状，坚持以公共卫生机构、农村卫生机构和城市社区卫生机构为服务主体，预防为主，防治结合，实现"小病不出门，大病进医院"的合理医疗服务模式，有利于减轻国家、社会和个人的疾病负担，提高城乡居民的健康意识和健康水平，缩小城乡之间、人群之间、地区之间的卫生服务差距。

（三）有利于进一步建立多层次的医疗保障体系

由于我国城市化水平低、居民收入差距大、农业人口和非正规就业人口多，在相当长的时间内，全国难以建立起统一的、城乡一体化的社会医疗保障制度。医疗卫生保障改革和发展应立足"人人享有基本卫生保健"的目标，逐步实现基本卫生服务均等化，满足群众的基本卫生和医疗需要，才能逐步完善多种形式的医疗保障制度，构建覆盖城乡居民、比较完整、具有中国特色的健康保障体系（中国卫生统计年鉴，2009）。

（四）有利于推进医疗卫生改革进程

党的十七大报告中提出了全面建设小康社会的卫生发展目标——人人享有基

本医疗卫生服务。基本医疗卫生服务包括公共卫生服务和基本医疗服务。人人享有基本医疗卫生服务是实现"人人享有基本卫生保健"目标的必经阶段，加快推进基本公共卫生服务项目和重大公共卫生项目的实施，能使国民切实享受到基本公共卫生服务项目的益处，让人民群众切实看到各级政府在履行其承诺，提高政府在"新医改"中的号召力和信度，有助于扎实推进"新医改"的各项工作；有助于增强人民群众对"新医改"的信心，调动人民群众的积极性和热情，理解"医改"、拥护"医改"、积极参与"医改"，完成"新医改"的各项工作和任务，实现人人享有基本医疗卫生服务的卫生发展目标。

为全体国民提供均等化的公共卫生服务，是"以人为本"执政理念的重要体现，也是政府公共服务职能的重要内容之一。促进基本公共卫生服务均等化，提高卫生服务公平性和可及性，是促进城乡、区域经济社会统筹协调发展，加快实现我国政府承诺的千年发展目标的必要措施与重要体现，对于实现人人享有基本医疗卫生服务的改革目标具有十分重要的意义。

第二节　基本公共卫生服务均等化理论基础与标准

一、基本公共卫生服务均等化理论基础

健康是人全面发展的基础，是社会经济发展的源泉，关系着社会稳定、家庭和谐幸福。全民健康水平的不断提高，是人民生活质量改善的重要标志，是中国特色社会主义现代化建设的重要目标（兰迎春，2009）。2009年4月，中共中央、国务院《关于深化医药卫生体制改革的意见》首次提出"基本公共卫生服务均等化"的目标，将"促进基本公共卫生服务逐步均等化"作为《医药卫生体制改革近期重点实施方案（2009～2011）》的五项改革重点之一。

本章利用福利经济学理论、公平正义理论、公共产品理论以及公共财政理论探析基本公共卫生服务逐步均等化的理论基础，构建基本公共卫生服务逐步均等化的理论框架，为基本公共卫生服务均等化提供理论支撑。

（一）福利经济学理论

福利经济学将寻求"最大化的社会经济福利"作为目标，主要研究的问题有：如何进行资源配置以提高效率；如何进行收入分配以实现公平；如何进行集

33

体选择以增进社会福利，提出帕累托最优标准、补偿原则、社会福利函数等一系列理论分析工具及有关建设福利国家的政策措施（中国财政学会"公共服务均等化问题研究"课题组，2007）。福利经济学理论为基本公共卫生服务均等化的开展提供了理论依据。

1. 庇古福利经济学与基本公共卫生服务均等化

庇古创建了完整的福利经济学理论体系，被誉为"福利经济学之父"。他把"福利"分为两类：广义的"福利"，即"社会福利"；狭义的"福利"，即"经济福利"，其中能够直接或间接用货币测量的部分为经济福利（庇古，2006）。为了实现福利的最大化，庇古考虑了两个问题：（1）个人实际收入的增加会使其满足程度增大；（2）转移富人的货币收入给穷人会使社会总体满足程度增大。由此，庇古依据边际效用基数论提出两个基本福利命题：（1）国民收入总量越大，社会经济福利就越大；（2）国民收入分配越是均等化，社会经济福利就越大。他认为，经济福利在相当大的程度上取决于国民收入的数量和国民收入在社会成员之间的分配情况。

公共服务是国民收入和社会福利的媒介，国民收入越大，公共服务总量越大，社会福利也就越大，为基本公共卫生服务项目的扩展和深化提供了理论基础。国民收入为基本公共卫生服务项目的扩展和深化提供了经济基础，是其价值的主要来源。基本公共卫生服务项目的扩展和深化将随着国民收入总量的增加而增加，社会福利也将随着基本公共卫生服务项目的扩展和深化而增加。庇古认为，国民收入分配均等化能够增进社会福利，他将收入分配与资源配置联系起来考虑，兼顾了效率与公平，但其倡导国民收入分配均等化的观点并不可取，因为收入均等化会损失效率，一般市场经济国家不会选择（于树一，2007）。基本公共卫生服务作为一种社会资源，进行公平有效的配置，能够增进社会福利、促进社会福利最大化和社会发展。政府应在充分考虑居民健康需求的前提下，通过公共财政手段配置基本公共卫生服务资源，达到均等化的目的，实现"底线均等"。这是基本公共卫生服务均等化的合理选择，能够较好地实现公平和效率的统一。

2. 新福利经济学与基本公共卫生服务均等化

20世纪三四十年代兴起的新福利经济学以无差异曲线分析法为基本分析手段，以序数效用论为理论基础，以帕累托最优化理论为理论出发点。因在帕累托的标准（如果至少有一个人的境况好起来而没有一个人的境况坏下去，整个社会的境况就算好起来）上存在分歧，新福利经济学分化为"补偿原则论派"和"社会福利函数论派"。

补偿原则论派以卡尔多的虚拟补偿、希克斯的长期补偿和西托夫斯基双重检验标准的补偿为代表，认为如果生产和交换的任何改变使一部分人的福利增加而使另一部分人的福利减少，那么，只要增加的福利超过减少的福利，就可认为这种变革是可取的。其核心思想是只要坚持效率原则，国民收入就能较快增长，个人福利就会大幅提高（井润生，2002）。补偿原则虽然以效率为核心，但是为政府财政转移支付提供了理论基础。因地区经济发展水平差异、城乡二元结构等因素影响，基本公共卫生服务在地区之间、城乡之间、人群之间的可及性、公平性方面存在较大差距。政府可以借助公共财政的财政转移支付手段缩小差距，消除不利影响，满足居民基本公共卫生服务健康需求，提高人群的健康水平，增进社会福利。转移支付政策虽然会改变原来的利益结构，使部分社会成员的效用损失，但与增加的社会福利相比，损失较小（解垩，2008）。

社会福利函数论派以柏格森、萨缪尔森为代表，认为社会福利是社会所有个人购买的商品和提供的要素以及其他变量的函数，是一个多元函数；要使社会福利到达最优极大值，则经济效率是必要条件，合理分配是充分条件。虽然阿罗不可能定理已经证明了符合相应条件的社会福利函数并不存在，但是其基本思想对基本公共卫生服务均等化具有借鉴意义。社会福利函数理论强调个人选择的偏好性和收入分配合理化。收入分配的"合理化"，而不是平均化，对于个人选择的偏好性而言，基本公共卫生服务的选择和需求具有多样性，简单平均分配服务不一定能保证增进社会福利。因此，考虑到个人需求差异性的基本公共卫生服务均等化，而不是平均化，具有合理性和可操作性。

1998 年的诺贝尔经济学奖获得者阿马蒂亚·森对"福利"的理解是：创造福利的并不是商品本身，而是它带来的那些机会和活动，这些机会和活动建立在个人能力的基础上。阿马蒂亚·森关注个人生存和发展的能力；关注基本的价值判断，关注真正意义上的人；关注公平、正义等与福利攸关问题，与以往福利经济学所倡导的重物质利益、财富、经济增长、效率以及收入均等化所不同。关注个人和发展的能力，要为个人创造良好的生活和生存环境。与健康息息相关的医疗卫生服务环境，是个人和发展能力的保障。基本公共卫生服务均等化可以合理配置医疗卫生资源，改变"倒三角"的模式。政府可以通过基本公共卫生服务均等化，完善医疗保障机制，向社会提供合理有序的就医环境，保障居民的身体健康，提高居民的社会生活能力以及个人发展能力。

无论是庇古的国民收入增长和分配平均理论，还是补偿论的效率原则、社会福利函数论的合理分配以及阿马蒂亚·森的"能力中心"观，都对基本公共卫生服务均等化理论具有指导意义。

（二）罗尔斯的公平正义理论

罗尔斯提出正义的两个原则：每个人对与所有人所拥有的最广泛平等的基本

自由体系相容的类似自由体系都应有一种平等的权利；社会和经济的不平等应这样安排，在与正义的储存原则一致的情况下，适合于最少受惠者的最大利益以及依系于在机会公平平等的条件下职务和地位向所有人开放，即第一个原则：平等自由原则；第二个原则：差别原则和机会平等原则（约翰·罗尔斯，1988）。其中，第一个原则优先于第二个原则，而第二个原则中的机会平等原则又优先于差别原则。健康权是人的基本权利，基本公共卫生服务项目的最终目标是保障居民健康。每个人都有平等的权利来享受社会提供的基本公共卫生服务，不应因性别、年龄、种族、居住地、职业及收入水平的差异而排除在基本公共卫生服务范围之外，剥夺其享有基本公共卫生服务的权利和自由；居民健康需求具有差异性，某些成员可能不愿意享受社会提供的基本公共卫生服务，而是根据自己的能力和意愿享受更高级的卫生服务，我们应该尊重这些成员的自由选择权，体现了平等自由和机会均等的原则。基本公共卫生服务项目既有面向全体居民的，如建立居民健康档案、开展疾病预防的健康教育等，又有面向不同群体的，如预防接种、妇幼保健、老年保健等，体现了公平主义中的差别原则。

（三）公共产品与公共财政理论

依据公共产品理论，属于公共产品之一的基本公共卫生服务，如果单纯靠市场提供会出现"搭便车"的现象，就无法满足社会公众的健康需求。对于公共物品的定义，经典的表述是 1954 年 11 月萨缪尔森在《经济学与统计学评论》上发表的《公共支出的纯理论》一文，指出纯公共物品是指每个人对这种产品的消费，都不会导致其他人对此产品的消费的减少。由定义可以看出，公共物品包括两个基本属性：（1）非竞争性，即某一个人或厂商享用公共物品或服务的同时，并不排斥和妨碍别人或别的厂商的享用，而且也不会减少其他人或其他厂商享用这种物品的数量和质量；（2）非排他性，即在技术上不可能将拒绝为它支付费用的个人或者厂商排除在公共物品或服务的收益范围之外。马斯格雷夫等人从公共产品关联度方面对它的特性作了进一步阐述：一种纯粹的公共产品在生产或供给的关联性上具有不可分割性，一旦提供给社会的某些成员，在排斥其他成员的消费上显示出不可能或无效。因此，以萨缪尔森和马斯格雷夫为代表的经济学家认为公共物品有三个特性：非竞争性、非排他性和效用的不可分割性（黄敏姿，2009）。1965 年，布坎南在《俱乐部的经济理论》一文中指出，萨缪尔森定义的公共产品是"纯公共产品"，在现实社会中，大量存在的是介于公共物品和私人物品之间的"准公共产品"或"混合产品"。准公共产品具有有限的非竞争性和局部的非排他性。属于纯公共品和全国性公共品交集性质的公共品供给决策由公共选择的政治程序来决定，这种公共品的产出一般通过一致同意的原则确定适当规模的税收来满足，税收的相对无偿性又决定了公共品也必须均等化，虽然国家征税以后税款为国家所有，既不需要偿还，也不需要对纳税人付出任何代价，但从财政活动的整体来考察，税收又具有对全体国民享受公共产品利益的返还性，在这种情况下，税收是通过财政支出对全体纳税人的一般性返还，而不是对每个纳税人的分别返还，更不是按照每个人的纳税额的多寡返还相应的公共品利益。Tiebout 的迁移下的公共选择模型也暗含了公共品均等化含义。他假设双重身份者（即具有消费者和投票者双重身份的人）能够充分无成本地流动，并掌握收入—支出模式差异的完全信息，公共品是通过一次性税收提供资金的，进而他认为社区间的竞争将使各种不同的公共产品被提供出来，居民们将通过迁移（用脚投票）显示出他们对这些公共品的偏好。最终，这种公共选择中的"退出"机制约束将会使各地居民享受到大致均等的公共品利益（解垩，2008）。

为了缩小地区、城乡和人群之间的差距，以及弥补基本公共卫生服务市场失灵，需要政府主导，满足群众的需求。政府在提供基本公共卫生服务的过程中，主要靠财政转移支付来实现其功能。公共财政理论和补偿理论为政府实现转移支付提供了理论依据。

公共财政是指以国家为主体，通过政府的收支活动，集中一部分社会资源，用于履行政府职能和满足社会公共需要的经济活动。基本公共卫生服务均等化是公共财政公共性和非盈利性原则的重要体现，是公共财政"一视同仁"服务的延伸，深化了公共财政职能。

1. 公共性原则

公共性是公共财政的标志性特征，即公共财政着眼于满足社会公共需要。公共财政的职能范围是以满足社会公共需要为口径界定的，凡不属于或不能纳入社会公共需要领域的事项，财政就不去介入；凡属于或可以纳入社会公共需要领域的事项，财政就必须涉足。主要体现在公共财政目标的公共性、收入的公共性以及支出的公共性：（1）公共财政把满足社会公共需要作为组织国家财政活动的主要目标或基本出发点，并着力创造公平竞争、协调有序的经济发展环境和稳定、有序、公平、公正的社会环境，因此，财政目标具有公共性，这是现代市场经济条件下财政运行的基本取向，也是公共财政活动应遵循的指导性原则。（2）公共收入来自两部分，其一是凭借公共产权取得的国有资产收益，其二是凭借公共权力取得各种税费收入。公共收入广泛来源于社会经济生活中的各市场主体、法人实体和城乡居民，可以有效调节全社会的分配，因而公共收入具有公共性。（3）公共财政的基本职责是维持国家政权机构的运转，以及为满足社会公共需要而提供公共产品和公共服务，这些职责决定了公共支出的目的在于维护社会公平与稳定、促进社会进步。决定了公共支出的投向重点是公共领域，因而公共支出具有公共性（刘晓倩，2006）。

基本公共卫生服务是公共财政用来满足社会公共需要的载体，通过公共财政筹集公共收入和进行公共财政支出而实现，其目标是保障城乡居民获得最基本、最有效的公共卫生服务，缩小城乡居民基本公共卫生服务差距，使广大居民不得病、少得病。均等化并不等于绝对平均，并不是强调所有国民都享有完全一致的基本公共服务，而是在承认地区、城乡、人群存在差别的前提下，保障所有国民享有一定标准之上的基本公共服务。这对公共财政的收入和公共支出提出了不同程度的要求，各地政府应根据自己的经济实力和财政收入，在保证"底线均等"的前提下，扩大基本公共卫生服务的范围。

2. "一视同仁"原则

张馨教授在其所著的《公共财政论纲》中指出，政府为市场提供服务时的"一视同仁"，是通过公共支出、公共收入和政府对市场的规范作用等表现出来的。从公共支出来看，要确保政府服务的"一视同仁"，就必须具体体现在公共支出的安排和使用上，要求着眼于所有的市场活动主体，而不是只考虑某一经济成分，或者某些阶层、某些集团和某些个人的要求和利益，要以社会利益和公共需要为目的，来安排公共支出；从公共收入来看，政府的公共收入直接取之于私人和企业，必须适用同一的法律和制度来对待一切的市场主体；从政府对市场的规范作用来看，政府所建立的所有法律法规和制度等，适用于所有市场主体，以确保所有的市场主体能够依据同一的规则和标准，去开展公平的市场竞争。

"一视同仁"服务的本质就是均等化的基本公共卫生服务。从公共支出、公共收入和政府对市场的规范作用等表现来看，政府及其公共财政应为不同利益集团、不同经济成分、不同社会阶层提供一视同仁的基本公共卫生服务。政府的财政收入来源于民，应该用之于民。针对公共卫生服务，应该从公民的健康出发，科学合理安排公共卫生经费，不应因性别、年龄、种族、居住地、职业及收入水平等的差异被排除在基本公共卫生服务范围之外。同时，应该尽快明确基本公共卫生服务的服务标准，为公民提供统一的服务规范。

3. 基本公共卫生服务均等化是公共财政职能的深化

公共财政是追求非营利性和规范化、法制化的财政模式，它具有提高资源配置的总效率、实现社会公平分配、促进经济稳定增长等职能。公共财政的资源配置职能是指财政通过收支活动对全社会的资源进行合理整合，引导资源的流向，与市场共同作用使社会总资源实现最优配置。公共财政的收入分配职能是指财政通过公共收入和公共支出来再分配社会产品，调整要素收入使之与要素投入相对称，并将社会的收入差距维持在各阶层居民可以接受的范围内，以实现经济公平和社会公平的目标。公共财政的宏观经济稳定与发展职能是指财政通过制定和执行财政政策，调整财政收支活动，对人们的生产、消费、储蓄、投资等行为发生影响，使社会失业率、物价水平、国际收支差额保持在合理区间内，保持经济稳定增长（刘晓倩，2006）。

基本公共卫生服务均等化的主要实现手段是财政转移支付，转移支付具有较强的收入分配功能，是公共财政履行收入分配职能的重要手段，有助于实现公共财政的收入分配职能；基本公共卫生服务均等化的实施有利于提高国民的健康水平，有利于实现社会的稳定和宏观经济的发展，从而推动公共财政的促进经济稳定增长的职能的实施；公共财政为全社会提供基本公共卫生服务，必然有利于医疗卫生资源的合理流动，改善地区、城乡和人群之间的差距，使医疗卫生资源达到最佳配置，有助于实现公共财政的资源配置职能。

庇古的福利经济学理论和罗尔斯的公平正义理论，要求弥补基本公共卫生服务的可及性和公平性，缩小地区之间、城乡之间、人群之间的差距。就保障公民健康权益而言，符合罗尔斯的自由平等原则；就服务的内容而言，符合罗尔斯差别和机会均等以及庇古福利经济学的理论。补偿原则和公共产品理论，要求政府通过公共财政的手段，向社会提供基本公共卫生服务，满足人群健康需要，完善保障"能力中心"观的医疗保障机制，增进社会福利。

二、基本公共卫生服务均等化的标准

公共卫生服务均等化是现代文明的一杆"标尺"。早在 20 世纪 50 年代，世界卫生组织和联合国儿童基金会就发现，以城市为中心、以医疗为导向、带有明显医学精英主义色彩的卫生服务体系无法满足一些新独立的国家的人民基本的卫生服务需要。为改善这一状况，世界卫生组织、联合国儿童基金会等国际组织在这些国家推动了许多纵向健康项目（如以消灭"疟疾运动"为代表的自上而下的控制单一疾病的项目）。但是，这些组织后来发现，如果没有当地持续存在的"卫生基础设施"，这些纵向健康项目的健康结果不会持久（Liu Guisheng，2008）。随后，两个国际组织组成了联合考察组，对包括中国在内的 9 个发展中国家的卫生投入和健康成就进行了总结，撰写了《在发展中国家满足基本卫生服务需求的选择》的报告（汤胜蓝，2007）。1978 年召开的国际初级卫生保健大会，发布了著名的《阿拉木图宣言》，提出了"2000 年人人健康"这一目标，初级卫生保健作为"人人健康"目标的基本策略和关键途径，得到了与会的 134 个世界卫生组织成员的承认。这一宣言强调了卫生事业的核心价值：在经济社会可承受的范围内，追求全体人民获得卫生服务尤其是基本卫生服务的公平性。《阿拉木图宣言》的发布和初级卫生保健概念的出台，标志着从国际卫生组织层面，已经开始努力倡导公共卫生服务均等化。

由于不同国家、不同地区、不同人群所面临的卫生问题是不同的，因此基本公共卫生服务应该是有针对性的，而不是所有的国家、地区和人群都是一样的。

公共卫生服务是诸多公共服务中的一个方面，基本公共卫生服务均等化属于基本公共服务均等化的范畴，在研究公共卫生服务均等化问题时，讨论"公共服务均等化"是逻辑起点。近年来，国内学者对公共服务均等化已有较多研究，多数学者对公共服务均等化的一般内涵，观点比较一致。公共服务均等化可以简单定义为：在一个国家内，处于不同地区的所有居民都能享受到大体相等的基本公共服务。然而国内学者对公共卫生服务均等化覆盖对象、涵盖内容、均等的内涵以及均等化评价等方面尚存一定争议。

（一）覆盖对象

国内学者普遍认为均等化应当覆盖国内居住的中国公民，争议在于是否要把居住在本国的外国人和居住在国外的中国公民涵盖或者排除。

楼继伟认为，一个国家的公民无论居住在哪个地区，都有平等享受国家最低标准的基本公共服务的权利（楼继伟，2006）。安体富认为，公共服务均等化应当包括地区之间的均等、城乡之间的均等和人与人之间的均等（安体富，2010）。荆丽梅认为，公共服务均等化应重点体现地域性和人性化，除覆盖本国居住的中国公民外，还应将居住在中国的外国人也涵盖在内，同时将居住在国外的中国公民排除在外（荆丽梅，2009）。

（二）内涵标准

大多数学者认为均等化是一个相对的概念，而非绝对平均。均等一般可分为机会均等和条件均等，前者主要强调过程的公平，后者主要强调结果的均等，是一种实质上的均等。至于公共卫生服务领域应采用何种均等判断准则，国内学者的看法并不完全一致。

常修泽认为，基本公共服务均等化的内涵应包括全体公民享有的基本公共服务的机会和原则均等，结果大体相等，社会在提供大体均等的基本公共服务成果的过程中要尊重某些社会成员的自由选择权（常修泽，2007）。陈昌盛等认为，在坚持平等自由原则基础上，公共卫生服务的提供在群体间可以存在差异，这种差异必须有助于社会最弱势群体状况的改善（陈昌盛，2007）。刘新建等认为，对有关生存的公共卫生服务应遵循结果均等原则，有关发展的公共卫生服务应遵循机会均等原则（刘新建，2007）。刘琼莲认为，基本公共卫生服务均等化是政府为保证所有公众拥有最基本的健康生存权而做出的施政导向，基本公共卫生服务的均等化不是基本公共卫生服务的平均化（刘琼莲，2009）。沈楠认为，所谓的"均等化"是在承认地区、城乡、人群存在差别的前提下，保障所有国民都享有一定标准之上的基本公共卫生服务，其实质是强调"底线均等"（沈楠，2008）。基本公共卫生服务均等化是指政府要为社会公众提供基本的、在不同阶段具有不同标准的、最终大致均等的公共卫生和医疗服务。均等化的标准不是一成不变的。它根据经济发展水平和财力水平的变化而变化，最初可能是低水平的保底，然后逐步提高到中等水平。基本公共服务均等化的最终衡量标准不是数字上的大体相等，而是群众的满意度和社会的和谐程度以及国民素质的普遍提高。

加拿大是最早实施均等化的国家之一，也是现今在公共卫生服务均等化方面做得较好的国家。在加拿大《宪法》中，均等化包括三层含义，即居民福祉机会平等、通过经济发展减少机会差别以及所有加拿大居民享有质量适度的基本公共服务。即不管人们居住在哪里，都可以享受联邦政府的均等化项目。《加拿大卫生法》规定，所有居民有免费享受必要医疗服务的权利（王芳，2010）。这些必要的医疗服务，包括几乎所有的医院、医生（包括某些口腔外科）和诊断服务以及省医保计划提供的初级保健服务。

澳大利亚政府在再分配中也较早明确了"均等化"的概念，即强调使公共服务结果均等化、每个社会成员都能享受基本均等的公共服务（王芳，2010）。澳大利亚政府一贯坚持的观点是，既然各州和地方居民按照相同的个人所得税法纳税，那么他们所享用的公共服务水平就不应该存在明显的差异。

（三）效果评价

国内学者通常从财政均等化程度与公共卫生服务水平两方面着手，设计定性和定量的判断指标，以此反映公共卫生服务均等化的程度，得出了比较一致的结论，即公共卫生服务在地区间、城乡间存在较明显的不均等现象。但是判断指标的取舍，学者们尚未完全统一。

刘宝等从公共卫生服务筹资、公共卫生服务资源、公共卫生服务提供以及公共卫生服务结果（健康结果）4个方面建立38个指标，设计了基本公共卫生服务均等化评价指标体系。此指标体系把公平筹资作为均等化服务提供的前提，重点关注公共卫生服务结果即健康结果（刘宝，2009）。王雍君用城乡人均享有的医疗卫生资源（包括医生、护士及医疗设施及设备等）之比、城乡居民人均可支配收入等的比较得出城乡间公共服务的差距（王雍君，2006）。于风华等利用山东卫生财务数据资料，剖析政府卫生投入和资源配置方面存在的非均等状况，认为政府卫生投入和资源配置上的非均等，会导致卫生服务提供合理利用上的非均等（于风华，2009）。

公共卫生服务系统旨在保障公众健康和疾病预防的活动。公共卫生服务均等化包括提供公平、及时性公平、筹资公平这三个方面的内容。基本公共卫生服务均等化是指政府要为社会公众提供基本的、在不同阶段具有不同标准的、最终大致均等的公共产品和公共服务。基本公共服务均等化就是要使全体公民都能得到可获得性、非歧视性和可接受性的基本公共服务（公共产品），是每个公民都可以享受到均等化、普遍化、一体化的基本公共服务。

第三节 基本公共卫生服务均等化的筹资与服务包

一、基本公共卫生服务均等化的筹资

2003 年"非典"之后，公共卫生服务的地位和作用引起政府和社会的高度重视，政府在公共服务筹资中责任逐渐明确，公共卫生投入逐步加大，特别是正在实施的"医改"，进一步明确了"公共卫生服务主要通过政府筹资，向城乡居民均等化提供"的核心政策。

《关于深化医药卫生体制改革的意见》和《医药卫生体制改革近期重点实施方案（2009~2011 年）》进一步明确了公共卫生服务筹资政策，主要包括三个方面：一是专业公共卫生服务机构的人员经费、发展建设和业务经费由政府全额安排，按照规定取得的服务收入上缴财政专户或纳入预算管理，逐步提高人均公共卫生经费，健全公共卫生服务经费保障机制；二是 2009 年人均基本公共卫生服务经费标准不低于 15 元，到 2011 年不低于 20 元（2011 年卫生部将人年均基本公共卫生服务经费标准由 15 元提高至 25 元）；三是对公立医院承担的公共卫生任务给予专项补助，保障政府指定的紧急救治、援外、支农、支边等公共服务经费。

（一）公共卫生服务资金的来源

资金的来源可以从两方面来分析，一方面是资金的性质，即什么样的资金用于公共卫生服务；另一方面是资金的渠道，即资金在哪个层级筹集，这决定着筹资的职权和责任划分，是与一个国家的财政体制、公共卫生服务管理体制和提供机制相联系的。

计划经济时期，我国公共卫生服务资金的来源主要是政府投入。各级政府共

同承担公共卫生筹资责任，但由于当时是统收统支体制，实际上是全国统筹，中央政府统一配置人、财、物资源，这样，客观上中央政府担负起了供给大部分卫生公共产品的责任并能有效地向下分配大部分的卫生资源，同时，保障了不同地区的居民公平地获取这些卫生资源，使各地居民能享受到基本均等的、免费的公共卫生服务。在1980年以前，乡镇卫生院提供预防保健服务的所有经费均由政府经费补偿；1978年以前，乡村医生提供预防服务的所有费用由集体和乡政府承担。

随着经济体制的改变，公共卫生服务筹资政策发生了变化，资金的来源也随之改变。从20世纪80年代初我国实行"分灶吃饭"的财政包干制，到1989年，公共卫生服务经费改为差额拨款甚至自收自支，越来越依靠"创收"来解决，业务收入成了公共卫生服务资金的重要来源（雷海潮，2005）。再到现在，公共卫生服务机构的资金来源主要包括政府投入、业务收入和其他收入三大类。目前，政府投入主要包括政府预算拨款和专项经费投入；业务收入主要包括体检收入、有偿服务收入和监督监测收入等；其他收入包括租金、接受捐赠、附属单位经营收入等。

国外公共卫生服务资金的来源主要为政府投入，另外还包括医疗保险金、捐助资金等。政府投入来源于税收，包括一般税收、专项税等。政府投入公共卫生服务的渠道和方式因国家不同而有所差异。在澳大利亚，政府公共卫生服务投入通过联邦、州或区域、地方三级政府筹集和提供。联邦政府承担重要的筹资责任，通过"公共卫生结果资助协议"向州或区域、地方政府提供资金以改善公共卫生服务能力；州或区域、地方政府也通过自身财力资助支持相应的公共卫生服务。不同级次政府的公共卫生服务活动通过"国家公共卫生伙伴关系"进行协调。NPHP是澳大利亚卫生部长会议下设的一个委员会。在美国，公共卫生管理体制采取垂直管理体系，公共卫生服务经费纳入联邦政府预算。例如，CDC系统从中央垂直延伸到地方，形成一个完整的网络。资金由中心主任做出预算，按规定程序申报，经审定后列入政府预算（James W. Buehler，2007）。在瑞典，公共卫生服务资金主要由县议会政府承担，全国性服务项目通过国家补助资金提供（PRESIDENT'S BUDGET，2008）。

（二）公共卫生服务资金的支付

资金的支付主要包括三个要素，即谁支付（支付主体）？支付给谁（支付受体）？如何支付（支付方式）？从支付方式看，目前主要有总额预付制、按条目预算、按照绩效支付、按人头支付、按服务项目付费、薪金制等形式（于保荣，2007）。

总额预付制是公共卫生服务提供者在一定时期被支付固定数额的资金，提供者可以自由使用预算资金。总额预付按照确定预算金额的依据，可以分为按照历史消耗确定的总额预付、按照从事的工作确定的总额预付、按照工作人员确定的总额预付、按照服务数量确定的总额预付和按照服务提供者的绩效确定的总额预付等。

按条目预算是指提供者在一定的时期内（通常是 1 年）被支付一定数额的资金，这些资金用于确定的服务项目，资金总量分成很多项目，如人员工资经费、药品经费、设备经费和维护经费等，并且每项资金都是专用的，不能挪用到其他项目。

按照绩效支付是依据卫生服务提供者的工作绩效对其进行支付的方式。按照绩效支付可以用于支付提供者个人或者卫生服务提供者组织。支付者为指定的服务项目设定一个目标，绩效就是提供者完成任务的情况。对于不同服务内容，绩效的考核指标也不同。

按人头支付是指支付者按照服务覆盖人群一定的人均金额标准支付给服务提供者，服务提供者负责为其覆盖人群提供相应的卫生服务；无论是否每个覆盖人群都得到了卫生服务，提供者都可以得到相应的支付。每个人头的支付标准可以是一个相同的费用水平，也可以是依据登记人口的相对危险度、经过风险调整后的费用水平。

按服务项目付费是指支付者按照提供者提供的服务项目进行支付。按服务项目付费是病人、保险公司支付医生、医院的传统方式，支付的服务包括治疗服务和预防性服务。

薪金制是对卫生工作者报酬的支付方法，这种支付方式的依据是卫生工作者的工作时间。薪金制支付卫生工作者在计划卫生保健体制下非常普遍，是卫生服务机构支付其员工的方法，即便是对卫生服务机构采取按照总额预付制、按服务项目付费、按人头支付等方式。薪金制一般与按照绩效支付联合使用。

（三）公共卫生服务资金的监督

从介入监管的时段划分，资金的监管方式可分为事前监督（对资金是否需要投入进行评估论证）、事中监督（资金使用是否符合有关规定）和事后监督（对资金使用安全和效果进行检查、评价）。

我国公共卫生服务资金的监管可分为一般监管和专项监管。一般监管指按照国家的财政法规进行的常规检查，主要对公共卫生服务机构资金使用是否合规，是否安全进行查究，在这方面，政府的审计、财政、监察、卫生等部门，党的纪检部门，人大、政协的有关部门，均有职责（杨焕族，2003）。专项监管是指对重大公共卫生服务专项资金进行的检查、评价工作。2008 年 1 月，财政部、卫生部制定下发了《城市社区公共卫生服务专项补助资金管理办法》（以下简称《办法》），要求各级财政、卫生部门加强对专项补助资金的管理，确保专项补助资金全部用于为社区居民提供公共卫生服务，不得以任何形式截留、挤占和挪用专项补助资金，不得将专项补助资金用于社区卫生服务机构基础设施建设、设备配备、人员培训等其他支出，也不得用于社区卫生以外的其他支出。对截留、挤占和挪用专项补助资金的，要按照有关法律法规严肃处理；对虚报、瞒报有关情况骗取上级专项补助资金的，除责令其纠正外，将相应核减上级专项补助资金，并按规定追究有关单位和人员责任。2008 年 4 月，卫生部印发了《公共卫生项目支出绩效考评暂行办法》，要求各地公共卫生项目支出绩效考评工作作为加强公共卫生资金管理的重要内容，增强绩效考评管理意识，积极推进项目支出绩效考评工作的开展，提高项目支出效益，更好地为人民健康服务。此《办法》明确了公共卫生项目支出绩效考评的项目界定、考评依据、考评原则；对考评内容和方法、考评指标、考评工作的组织实施、考评结果的应用等都做了详细的规定。

国外公共卫生服务资金的监管与国家的政治经济体制密切相关。美国健康与人类服务部（HHS）下设总监办公室（OIG），其使命是保证健康与人类服务部项目的完整实施，保护项目受益人的健康和福利。OIG 有责任向部长和国会报告项目管理存在的问题和改进的建议，其职责通过此办公室分布在全国的审计、调查、检查等职能机构来完成。在英国，国家审计办公室代表议会对公共卫生服务支出进行检查，审计委员会作为独立的团体负责确保公共资金的花费经济、有效率、有效果，为公众提供高质量的服务。国家审计办公室和审计委员会对国家卫生服务体系进行年底检查，查明收入状况，检查财务管理情况及存在的问题，评价上一年度所提建议的落实程度等，并提交联合报告（Financial Management in the NHS，NHS（England）Summarised Accounts 2004 – 05，2006）。

二、基本公共卫生服务包

基本公共卫生服务包是指根据一定的分类方法将一些拟提供的基本公共卫生项目看作是一个"包裹"，充分利用以服务包形式提供公共卫生服务的优点，达到优化资源共享、降低服务成本、提高服务效率的目的（杨亚婷，2007）。基本公共卫生服务包，已达到体现优先重点，完善资源配置的目的。

（一）国内关于公共卫生服务包研究的基本情况

徐凌中、王兴洲等利用政策分析模型制定母婴保健保偿制度时，认为在确定服务包时，应根据需方的偏好和支付意愿确定；并给出了每一服务包总分值的计算方法、每一服务包平均成本的计算方法、支付供给意愿以及每一服务包平均总成本的综合分析策略（徐凌中，2001）。

2003 年，刘远立、程晓明等在《贫弱人群医疗救助基本服务包的设计》一文中，提出了针对贫困人群医疗救助基本服务包的设计的一般程序和原则，包括决策的空间（覆盖谁、覆盖条件、包括什么服务、覆盖到什么程度、怎样覆盖）和决策的原则（专家决策、成本效益原则、济贫原则、政治可行性原则）。在研究沈阳、成都贫困人口的基础上，提出了城市贫困人口拟定的基本服务包：（1）预防服务；（2）慢性病管理；（3）计划生育和生殖健康保健服务；（4）家庭保健；（5）精神卫生服务等内容（刘远立，2003）。

马安宁、郑文贵等在《"国民基本卫生服务包研究"概述》中将基本卫生服务包分为国家基本卫生服务包和地方基本卫生服务包，着重研究了广义的国家基本卫生服务包，并将国家基本卫生服务包分为五级。其中公共卫生服务属于一级包，主要是由政府出资、社区卫生服务机构提供的纯公共卫生产品，包括社区健康信息统计、重点传染病监测、传染病疫情处理、健康教育等服务项目。二级包是在一级包的基础上，增加急性传染病防治、急性传染病管理、计划免疫接种、应急接种与强化免疫、慢性病病人管理等准公共卫生服务项目（马安宁，2008）。

（二）国际关于公共卫生服务包研究的基本情况

世界银行在《1993 年世界发展报告》中，首先把服务包的概念引入卫生系统，首次提出了基本公共卫生服务包扩大计划免疫、学校卫生项目、控制吸烟及饮酒项目、艾滋病预防、其他公共卫生干预；基本医疗服务包包括结核病化疗、儿童综合病管理、计划生育、性病治疗、产前检查及分娩、有限急诊治疗（蔡伟芹，2008）。

1997 年 WHO 组织了 67 个国家 145 位专家在全球范围内就基本公共卫生功能和内涵进行研究，并于 1998 年确定包括：（1）健康状况监测；（2）传染性和非传染性疾病的预防、监测和控制；（3）健康促进；（4）公共卫生立法和管理；（5）对弱势群体和高危人群的个人卫生服务；（6）职业卫生；（7）环境保护；（8）特定公共卫生服务（Holly Wong，1999）。

"泛美卫生组织"在此期间对"基本公共卫生"功能框架除了以上 8 项外，还增加了健康的社会参与、提高公共卫生政策与机构进行公共卫生规划与管理的能力、评估和提高必要卫生服务的公平可及性、公共卫生人力资源开发与培训、个人和人群卫生服务的质量保证等多项内容。

美国国际开发署提出的"基本卫生服务包"包括：（1）生殖保健；（2）儿

童保健；（3）有限医疗服务；（4）传染性疾病控制；（5）行为改变的交流（行为干预）等5项内容。澳大利亚联邦政府的卫生项目主要有4类：（1）国家卫生项目（包括：健康促进项目、医疗服务项目、家庭和儿童项目、老年服务项目、残疾人服务项目、协调服务项目等6项）；（2）口腔服务项目；（3）老年服务项目。法国的公共卫生项目与上述相似但更加细化。

墨西哥于2003年把卫生服务划分为两大类：第一类为"纯公共卫生产品和服务"，包括健康促进与健康教育、疾病预防与控制和明显外部性的个人卫生服务等具有普遍覆盖、公平和社会保障性特点；第二类为"一般性的个人卫生服务"，包括预防、诊断、治疗和康复等。第一类由联邦财政提供经费，向全体公民免费提供，第二类通过大众健康保险负责筹资，按规定进行免费或部分自费服务。泰国于2001年提出了一项名为"30铢计划"的全民健康保险，即公民在每次看病中只要交30铢后，将获得所有公共卫生项目及大多数指定范围的免费诊疗项目。印度政府用一个"综合服务包"的形式来界定基本卫生服务内容，包括：核心服务包（包括公共卫生项目）；基本服务（基本医疗项目）；二级服务包（专科医疗项目）。亚洲的其他发展中国家均根据各个国家不同的卫生状况，制定相应服务包（罗乐宣，2008）。

（三）我国基本公共卫生服务均等化实施内容

伴随着将健康作为人全面发展的基础和坚持公共医疗卫生公益性质的医药卫生改革的进展，近年来我国政府将基本公共卫生服务均等化作为社会发展和人民共享改革成果的发展目标之一，并不断推进实现这一目标的进程。

2006年中共十六届六中全会审议通过了《中共中央关于构建社会主义和谐社会若干重大问题的决定》，在论述加强医疗卫生服务时，强调要坚持公共医疗卫生的公益性质，明确了社会主义市场经济条件下公共医疗卫生事业的性质定位问题。同时，强调要深化医疗卫生体制改革，强化政府责任，严格监督管理，建设覆盖城乡居民的基本卫生保健制度，为群众提供安全、有效、方便、价廉的公共卫生和基本医疗服务。

2007年5月，卫生部根据《中共中央关于构建社会主义和谐社会若干重大问题的决定》和《中华人民共和国国民经济和社会发展第十一个五年规划纲要》，制定了《卫生事业发展"十一五规划纲要"》，明确提出：缩小城乡之间、区域之间、人群之间卫生服务差距，努力实现人人公平享有基本卫生保健目标。

2007年10月，党的十七大政治报告把基本公共服务均等化放在重要位置，作为与基础卫生医疗同样重要的基本公共服务，实现均等化是贯彻落实科学发展观的内在要求，也是推进以民生为重点的社会建设的基础性工作。

2008 年年初，在全国卫生工作会议上，国务院副总理吴仪提出："必须把发展农村卫生和社区卫生作为长期的战略重点，努力实现基本医疗服务均等化。"

2009 年 4 月，《中共中央、国务院关于深化医药卫生体制改革的意见》和《医药卫生体制改革近期重点实施方案（2009～2011 年）》发布，提出将促进基本公共卫生服务逐步均等化，作为五项重点改革之一。中共中央、国务院提出的《关于促进基本公共卫生服务均等化的实施意见》明确了实施国家基本公共卫生服务项目、重大公共卫生服务项目和提高服务能力等任务。

2009～2011 年重点抓好五项改革：第一，加快推进基本医疗保障制度建设；第二，初步建立国家基本药物制度；第三，健全基层医疗卫生服务体系；第四，促进基本公共卫生服务逐步均等化；第五，推进公立医院改革试点。"新医改"的第十三到第十六条明确提出了促进基本公共卫生服务均等化的四个目标：健全城乡公共卫生服务体系，逐步扩大国家公共卫生服务项目范围，向城乡居民提供疾病防控、计划免疫、妇幼保健、健康教育等基本公共卫生服务；实施国家重大公共卫生专项，有效预防控制重大疾病；进一步提高突发重大公共卫生事件处置能力，逐步缩小城乡居民基本公共卫生服务差距，提高全民健康水平；完善公共卫生服务经费保障机制，加强绩效考核，提高服务效率和质量。

2011 年 5 月，卫生部发出通知指示，国家人均基本公共卫生服务经费标准由每年 15 元提高至 25 元。同时，在《国家基本公共卫生服务规范（2009 年版）》的基础上，对已有服务规范内容进行了补充和完善，制定了《国家基本公共卫生服务规范（2011 年版）》，增加了新的服务类别和项目，使基本公共卫生服务更加全面、规范和进一步发展。

2012 年 3 月，卫生部"十二五"规划中进一步明确指出，公共卫生服务体系更加完善，基本医疗卫生服务可及性显著增强，加强公共卫生服务体系建设，重点改善疾病预防控制、精神卫生、妇幼卫生、卫生监督、卫生应急、职业病防治、采供血、健康教育等专业公共卫生机构的设施条件。

2013 年 3 月，第十二届全国人民代表大会第一次会议国务院总理温家宝的政府工作报告，对政府工作的建议中提出，人均基本公共卫生服务经费标准由 25 元提高到 30 元。

从服务包的内容看，2009 年，医药卫生体制改革明确提出，建设覆盖城乡居民的公共卫生服务体系，建立健全专业公共卫生服务网络，完善以基层医疗卫生服务网络为基础的医疗服务体系的公共卫生服务体系，提高公共卫生服务和突发公共卫生事件应急处置能力，促进城乡居民逐步享有均等化的基本公共卫生服务。同年，卫生部制定《国家基本公共卫生服务规范（2009 年版）》，规定了 9 类 33 项服务；2011 年，卫生部在 2009 年版服务规范的基础上新增了几项服务，形成《国家基本公共卫生服务规范（2011年版）》，将基本公共卫生服务增加至10类41项服务，主要包括：建立居民健康档案，健康教育，预防接种，0~6岁儿童保健，孕产妇保健，老年人保健，高血压、糖尿病患者健康管理，重性精神疾病患者健康管理，传染病和公共卫生事件应急处理，卫生监督协管。

基本公共卫生服务主要由乡镇卫生院、村卫生室、社区卫生服务中心（站）负责具体实施。村卫生室、社区卫生服务站分别接受乡镇卫生院和社区卫生服务中心的业务管理，合理承担基本公共卫生服务任务，其他基层医疗卫生机构也可按照政府部门的部署来提供相应的服务。

从基本公共卫生服务均等化提出历程可以看出中央政府对人民群众的健康越来越重视，基本公共卫生服务均等化的政策制定工作也在进一步补充、发展和完善之中。

第四节　我国基本公共卫生服务均等化存在问题及实现路径

一、我国基本公共卫生服务均等化存在问题

健康是人的基本权利，是经济社会发展的基础和目标，基本卫生服务是保护和促进健康的重要途径，是人人应当享有的公共产品（孟庆跃，2012）。然而，随着我国经济实力和财政实力快速增长而做大的"经济蛋糕"和"财政蛋糕"，在社会成员之间的分享存在不公平的现象，不同区域、不同群体民众间享受公共产品服务的差距不断扩大，特别是公共卫生服务领域的不公平以及公众满意度尤为明显。

基本公共卫生服务是一种典型的公共产品，主要应该由政府提供人力、物力、财力支持。但是根据2000年世界卫生组织（WHO）对191个会员的卫生筹资公平性评估的结果表明，我国排列在第188位，属于世界上最不公平的国家（韩俊，2007）。我国的公共卫生发展严重滞后，群众不能平等享受到公平、有效和可持续的基本公共卫生服务。2012年6月27日，中国社会科学院财经战略研究院发布了2007~2012年《中国公共财政建设报告（全国版）》，报告显示，社会公众对9项公共服务的满意度方面，义务教育排名最高，医疗卫生排名最低，并且在6个年度中均排名倒数第一，这说明医疗卫生服务是当前公共服务的薄弱环节，需要引起政府的重视，规范公共卫生服务，加大对公共卫生服务的投入和

管理。

我国公共卫生服务的不均等体现在城乡之间、地区之间，也体现在不同人群之间（管仲军，2010）。主要表现为：第一，医疗保障不均等。在我国，医疗保障的不均等在新中国成立后其实一直存在的，因为城市和农村实行的医疗保障制度并不相同。第二，资源配置不均衡。床位以及卫生人力的数量与分布是衡量一个国家与地区公共卫生服务水平高低及公共资源配置均衡与否的一个重要标准。纵观我国公共卫生事业发展历程，每千人口医院和卫生院床位数在城市和农村以及东中西部的分布明显不均衡。第三，服务可及性不平等。服务可及性指的是，如果已经提供了某些或者某种服务（可得性），考虑地理的远近和费用的负担两个方面，服务的利用者和潜在利用者能否利用这些或者这种服务。第四，健康结果不均等。城乡之间医疗保障、卫生筹资、资源配置、服务提供及健康素养的不均等，最终必然会出现对基本公共卫生服务利用的不均等，从而导致健康结果的不均等。

于风华研究认为基本公共卫生服务非均等化的现状还表现在政府卫生投入与经济发展增幅非均等；不同级别的机构之间政府投入非均等（于风华，2009）。谢标以武汉市为例，通过分析发现武汉市城乡之间公共卫生和基本医疗水平存在差距（谢标，2009）。杨宜勇和刘永涛利用各省的统计数据分析显示：我国基本公共卫生服务省际差距较大，一是经济发达地区要好于经济落后地区；二是北方地区要好于南部地区；三是西南边陲地区公共卫生服务较为落后（杨宜勇，2008）。

2009年，卫生部发布首次《中国居民健康素养调查》显示：城市居民健康素养水平9.94%，明显高于农村3.43%的比例，地域东、中、西部依次递减。肖文涛指出，实现均等化不仅要重视提升政府基本公共服务供给能力，而且要重视提高社会公众享受能力（肖文涛，2008）。路冠军通过皖北三县的调查，发现农村基本公共卫生服务难以有效供给，主要存在经费紧张、人才短缺和设备落后等问题（孙逊，2009）。谢娟等对农村贫困地区乡级卫生院与教育机构人力状况对比分析后指出，卫技人员素质不高的现象比数量不足更为严重，卫生人力系统各项政策缺位及缺乏（谢娟，2009）。李玲提出，公共卫生服务是缩小城乡差别一个非常好的切入点，要让老百姓得到相同的基本公共卫生服务，否则现在所有的政策仍是在扩大差别。因此加强对农村基本公共卫生服务的研究有着重大意义。

研究表明，城乡二元结构差异是造成城乡差异的主要根源。刘金伟、谢标、赵云旗认为"二元经济结构"是导致城乡公共服务非均等化的根源（谢标，2009；赵云旗，2010）；罗鸣令和储德银认为城乡二元经济结构所导致的城乡二元医疗卫生机构是影响我国实现基本医疗卫生服务均等化的重要原因，表现在医疗卫生资源的城镇"集约化"和农村地区"空心化"（罗鸣令，2009）；和立道认为公共卫生供给呈现巨大城乡差距的真正原因在于制度层面上，主要是我国国家发展战略导致政策偏向形成的二元经济社会结构、财税分配体制的缺陷、公共服务供给机制自身存在的问题等因素。1994 年我国实行分税制改革后，明确划分了各级政府的财政来源，中央财政比重增强，而事权却层层下放。乔俊峰认为公共卫生服务的事权主要由县、乡基层财政来承担，而相应的财权却不能相应匹配，分权化改革是公共卫生服务不均等的制度根源（乔俊峰，2009）。对于公共财政投入不足，荆丽梅通过政府在提供公共产品方面的财政比例，说明政府在公共卫生服务提供上的责任缺失（荆丽梅，2009）；沈楠从均等化角度对公共财政支出结构进行了探析，阐述了公共卫生支出总体规模不足、地区间支出结构失衡和城乡间支出分配不均三方面的公共卫生支出结构性问题（沈楠，2008）。于风华认为政府没有承担其主要责任；政府间财政转移支付规模小；政府卫生支出没有更多向弱势群体倾斜是政府卫生投入过低、卫生资源配置非均等化的原因（于风华，2009）。谢标认为缺乏统一标准、提供方式单一化、政府间权责关系混乱也是武汉市城乡基本公共服务非均等化的原因（谢标，2009）。柳劲松认为财政能力的不均等化，是实现同一县域内乡镇基本公共服务均等化的最大障碍（柳劲松，2009）。

二、我国基本公共卫生服务均等化实现路径

对于如何实现公共卫生服务均等化，学者们主要从以下几个方面展开论述：推动政府转型、加快建设公共服务型政府、完善促进公共服务均等化的公共财政制度、构建公共服务的多元供给机制、提高基层卫生机构的公共卫生提供能力、培育居民的健康素养、加强公共卫生服务的成本核算、实施激励机制与绩效考核，通过改革支付机制、监管机制与评价机制，促进基本公共卫生服务均等化工作的落实。

（1）公共财政是实现基本公共卫生服务均等化的有力保障。荆丽梅等总结了我国公共卫生服务均等化的现状和问题，分析了公共财政体制对均等化的影响，认为实现公共卫生服务均等化，政府公共财政需承担更大的责任，同时要加快公共财政立法保证均等化的实现（中国财政学会"公共服务均等化问题研究"课题组，2007）。陈昌盛认为，由于公共产品通常具有正外部性，内部化政策即让更高级次的政府来提供这种公共产品，是保证公共服务供给中的基本公平和正义的有效机制（肖林生，）。

（2）通过机制建设，真正落实预防为主，改变长期形成的"重医轻防"痼疾。沈楠分析我国公共卫生支出结构存在问题后，提出适当调整财政支出结构，将财政收入的增量更多地用于公共医疗卫生领域，同时加大一般性转移支付力度，规范专项专款和补助的使用（沈楠，2008）。胡善联通过总结重庆市公共卫生服务券制度，认为发放公共卫生服务券是公共卫生服务制度的一种创新，是实现公共卫生服务均等化的手段之一，由原来投入供方的机制，转变为投向需方，确保居民获得基本公共卫生服务机会的公平性和可及性，促进卫生机构之间的公平竞争（井润生，2002）。调整医疗支出使用策略，由"重治疗"转向"重预防"（罗鸣令，2009）。

（3）建立财权与事权相匹配、利贫的财政分配机制。于风华提出健全事权与财权相匹配的财政体制，中央承担更大的卫生投入责任，改变目前"财权上收，事权下放"的局面，同时提出根据"公平和效率"的原则，重点倾向于弱势群体，建立利贫的财政分配机制（于风华，2009）。

（4）设计合理的中央与地方转移支付形式是解决地区间差异的有效手段。罗鸣令和储德银从公共财政和民生财政角度提出：第一，中央财政应加强对医疗卫生的支出，同时加强一般性转移支付，以增强地区基层财政的保障能力；第二，通过增加相关方面的转移支付将更多有效的财政资金投向"老少边穷"地区和社会各类弱势群体（罗鸣令，2009）。乔俊峰分析公共卫生服务均等化现状和不均等化的制度根源后，提出设计合理的中央转移支付制度，弥补纵向和横向财政的困境和不均等（乔俊峰，2009）。和立道分析我国公共卫生服务供给均等化现状后，从财政分配体制上提出中央到省级应该提高一般性转移支付的比重，规范和清理专项转移支付，从省到市、县一级则因地制宜地建立一些适合本省、本市实际情况的项目以专项转移支付形式向下一级政府拨款（和立道，2009）。陈蓓蓓在分析我国公共卫生服务城乡差距后，提出完善财政转移支付制度，加大对农村公共卫生服务的转移制度力度，并且建立转移支付的长效机制（陈蓓蓓，2009）。

（5）明确政府公共卫生支出结构是优先解决重要问题、提高资源利用效率的关键。沈楠指出，对政府公共卫生支出结构的合理调整则是实现基本公共卫生服务均等化的必由之路（刘晓倩，2006）。冯显威建议，促进基本公共卫生服务逐步均等化的政策措施是对基本公共卫生服务内容实施项目化管理，增加针对重大疾病和主要健康危险因素的国家重大公共卫生服务项目，加强城乡基本公共卫生服务能力建设，完善城乡基本公共卫生服务经费保障机制（于树一，2007）。

（6）关注农村地区、弱势人群与重大疾病的防控。基本公共卫生服务资源的公平配置是保证基本公共卫生服务均等化的先决条件，虽然许多学者建议加大投入，强化政府责任，然而在积极鼓励社会、市场、个人进入卫生领域，多渠道筹资的情况下如何保障资源分配的公平又调动市场的积极性，如何在保障公平的前提下使稀缺的公共卫生服务资源得到最充分有效的利用，探索卫生资源公平分配与有效利用的新路径显得迫切而重要。俞卫通过一个模拟的理想筹资水平，分析对地方财政的压力，提出中央转移支付重点用在建立全国统一对弱势人群（如儿童）重大疾病的保障体系；各省、市和自治区的财政政策主要侧重基本医疗卫生服务的地方均等化（俞卫，2009）。柳劲松通过分析云南玉龙纳西族自治县9个乡镇，提出中央政府应对相对落后的民族地区的农村卫生服务提供更多的财力支持，担负起主体责任（柳劲松，2009）。谢标通过分析武汉市基本公共卫生和基本医疗非均等化的现状和成因后，提出提高公共卫生和基本医疗支出比重，增大卫生经费总量确保卫生经费"三增长"；中央财政新增财力重点帮助农村地区解决财力不足问题和建立监督评价体系（谢标，2009）。

（7）采取有效财政保障，全面提升国民健康素养。刘钟明从制定有财力保证的规划、逐步缩小投入差距、设立专项经费、重视对健康教育与健康促进的投入和对于不同类的项目实行不同的支付与结算方式方面提出了财政保障的措施（刘钟明，2009）。

（8）提高基层医疗卫生机构的服务能力与积极性。卫生人员作为卫生服务的直接提供者，在很大程度上决定着服务的数量、质量、方式和成本，合理和有效的激励机制可以通过影响卫生人员的行为改善卫生服务绩效，提高基层医疗卫生服务人员的积极性。

（9）加强基本公共卫生服务的法制化建设。我国学者普遍认为从保障公民的均等健康权看，人人享有的权利是相同的，但是权利如何保障？如何法制化？研究还比较薄弱，应主要集中于如下几方面：一是逐步健全与完善与基本医疗卫生制度、经济社会发展相协调的基本公共卫生法律制度；二是将中央和地方政府在基本公共卫生服务中的财政分担、职责分工纳入法制化轨道；三是政府和市场在公共服务市场化过程中的职能法制化；四是探索多渠道的健康法制宣传渠道。

（10）促进基本公共卫生服务均等化政策与其他相关政策的综合衔接。随着我国社会的转型，在卫生改革的同时，有关部门启动了多个相关领域的改革，包括城乡户籍制度改革、收入分配制度改革、财政制度以及公共服务政府制度等的改革，这些改革皆有助于消除基本公共卫生服务地区差异与城乡差异。随着"医改"的进行，五项改革重点逐步推进，使基本公共卫生服务与医疗服务、医疗保障、药品保障等能够无缝衔接，实现人人享有基本医疗卫生服务的新"医改"目标。

第三章

山东两县基本公共卫生服务项目
实施现状与深化改革研究

第一节　研究背景与目的

山东省地处中国东部沿海，东邻黄、渤海，西接中原腹地，南连江浙沪，北通京津塘，与日本列岛、朝鲜半岛隔海相望，是我国的经济大省、人口大省。全省东西最长距离700公里，南北420公里，陆地面积15.71万平方公里，近海海域17万平方公里，人口9 470.3万，辖17个市、140个县（市、区）。2014年年末常住人口9 789.43万人，参保人数7 885.8万人。其中，城镇居民参保人数2 127.8万人，农村居民参保人数5 758万人。

2014年全省实现生产总值（GDP）59 426.6亿元，人均生产总值60 879元，公共财政预算收入5 026.7亿元，公共财政预算支出7 175.9亿元，其中医疗卫生支出203.5亿元。全省居民人均可支配收入20 864元，城镇居民人均可支配收入29 222元，农村居民人均可支配收入11 882元。皆高于全国的平均水平。

随着全国"医改"的深入，山东省也大力推进基本公共卫生服务均等化的改革。2009年2月19日，山东省卫生厅厅长包文辉在全省疾病预防控制工作会议上指出，促进基本公共卫生服务均等化，是全面贯彻以预防为主的卫生工作方针，促进健康公平的重要举措。2009年9月山东省卫生厅出台了《山东省基本公共卫生服务项目实施方案》，旨在深化山东省医药卫生体制改革，做好全省基本公共卫生服务工作。2010年9月卫生厅出台的《2010～2011年山东农村基本公共卫生服务项目实施方案》，提出强化基本公共卫生服务项目绩效考核，之后又出台了一系列文件来完善基本公共卫生服务的实施。但是，究竟实施的情况如何，实施中存在什么问题，尚缺乏文献梳理与实证研究。

一、研究背景

基本公共卫生服务的实施主体主要是在基层医疗卫生机构。国内相关研究显示，基本公共卫生服务项目实施以来取得了一定的成就，但是在开展基本公共卫生服务过程中存在一些不足，制约了基本公共卫生服务项目的实施进展和服务质量。

基本公共卫生服务正在逐步走向全覆盖，效果开始显现。江启成等研究指出，基本上完成了年度既定的目标，效果较好，基本公共卫生服务均等化制度的全覆盖框架基本形成，但是也发现存在一些问题（江启成，2010）。仇爱红、杨树圣分析指出了姜堰市基本公共卫生服务工作实践及成效，提高了服务质量和服务能力（仇爱红，2011）。

在"量"上快速推进，但"质"上有待提高。段孝建等通过对黑龙江、安徽和广东29家社区卫生服务机构分析可知，9项基本公共卫生服务中建立居民健康档案、健康教育、老年人保健和慢性病管理的覆盖率达到了100%，慢性病患者的管理率仅约为40%，重性精神病管理率低于10%，新生儿访视率、孕产妇产前管理率和产后访视率均约为20%，在"量"上取得显著成效，但在"质"上存在较多问题（段孝建，2012）。

公共卫生人员数量、质量、职能与分布皆存在问题，制约了基本公共卫生服务均等化的发展。池思晓研究指出，我国从事公共卫生服务的人员不足、卫生人力资源的整体素质和职业化水平较低以及每千人口卫生技术人员的数量在城乡之间、不同区域间分布不均等，对我国基本公共卫生服务均等化提出了挑战（池思晓，2010）。胡雪影等分析指出，人力资源相对不足、素质不高、结构不合理，是基本公共卫生服务均等化顺利开展的重要障碍，影响工作质量（胡雪影，2011）。仇爱红、耿引红指出人员结构不合理，缺乏全科医师和公共卫生医师、人员编制不确定（耿引红，2010）。王惠指出我国基层医疗机构存在人力资源严重不足、基层医务人员能力不足、医疗职能转变不明晰等基本公共卫生服务的现状（王惠，2011）。

社区卫生服务机构的专业公共卫生人员缺乏与结构不合理。李永斌等通过分析全国 36 个城市（区）所有社区卫生服务机构显示，三年来各项基本公共卫生服务量增长迅速，中心和站慢性病有效控制率分别为：高血压 72.22% 和 71.15%、糖尿病 70.95% 和 68.36%，但是社区预防保健人员（尤其是专业公共卫生人员）配置不足，人员学历和职称水平低以及配置结构不合理，兼职人员比例高，而且有一定比例的临聘人员，影响了公共卫生人才队伍的稳定和服务提供的实效（李永斌，2010）。李善鹏等分析青岛市社区卫生服务机构指出医护人员专科学历和中级职称比重大，分别占 41.37% 和 33.53%，亟待引进高学历和高级职称人员以及全科医师、妇儿及公共卫生医师等预防保健人员配置偏低，导致部分服务功能服务下沉，影响服务质量（李善鹏，2011）。

农村卫生人员的数量、质量与管理严重制约农村公共卫生工作的开展。梅崇敬等研究指出，通过 3 年的实施，农村公共卫生服务环境大为改观，服务水平明显提高，农村居民项目覆盖率达 100%，但是存在服务队伍素质不高的问题，难以高质量完成项目任务（梅崇敬，2009）。蔡玉胜研究指出，村卫生室平均每个仅有 2 人，乡村医生和卫生员占 95%，执业医师、助理医师占 4.9%，农村医疗技术力量薄弱，基本公共卫生服务能力不足的问题越来越突出（蔡玉胜，2010）。杨树圣分析指出，农村卫生机构技术力量薄弱，乡村医生年龄偏大、学历偏低，接受和运用新知识及新技术的能力有限，以及乡村医生身份不明、职责不清和工资待遇缺乏，保险、养老保险没有着落等问题（仇爱红，2011）。

绩效考核是确保基本公共卫生服务项目顺利实施的有效手段（段孝建，2012）。在基本公共卫生服务项目绩效考核过程中，取得了一定效果，但是仍然存在一些不足。

迫切需要建立科学的绩效管理机制，提高公共卫生服务质量。李永斌等通过分析全国 36 个城市（区）所有社区卫生服务机构显示，基本公共卫生服务体制已基本构建，但相应补偿机制尚未完备，有效的监管机制尚未建立，尤其是缺乏针对社区基本公共卫生服务绩效考核体系（李永斌，2011）。胡雪影等在分析宿迁市基本公共卫生服务均等化现状时指出，目前没有一个比较完善的公共卫生服务质量评价体系或者考核机制（胡雪影，2011）。

部分地区绩效考核的机制已初步建立。梅崇敬等指出东台市强化了项目的督查和考评，健全和完善项目考核评估机制，出台并下发了《东台市农村基本公共卫生服务项目工作绩效考评和专项资金核拨管理办法》，建立了市对镇、镇对村督查考评模式，制定了镇、村督查考评量化表，市卫生局对镇每半年督查考评 1 次，项目专项资金使用管理账目每半年互审 1 次，镇对村每季督查考评 1 次，市卫生局严格按考评办法，将各镇督查考评结果与专项经费的分配和核拨紧密结合，以充分发挥项目资金的最大效益（梅崇敬，2009）。江启成等研究指出，定期的考核、监督工作已经形成制度，将岗位绩效工资和考核结果结合，达到促进人员工作积极性的目的（江启成，2010）。

发挥绩效考核的激励作用，解决面临的问题。安徽省财政厅课题组调研指出，为保障九项基本公共卫生服务项目有效实施，在充分调研和总结政府购买城市社区公共卫生服务经验的基础上，出台了《安徽省基本公共卫生服务项目资金管理暂行办法》和《安徽省实施基本卫生服务项目考核办法（试行）》，推动建立政府购买基本公共卫生服务机制，加强项目实施情况绩效考核，严格落实考核结果和补助经费直接挂钩机制，但存在资金使用不到位、资金监督不及时、资金绩效不明显和资金管理不稳定的问题（安徽省财政厅课题组，2011）。

绩效考核体系需要进行验证与调整。杨小林等研究指出，云南省被调查社区卫生服务中心城镇的妇幼保健成本高于乡村，但是考核标准相同，不符合实际情况（杨小林，2011）。梁娴等研究指出，成都市公共卫生考核体系执行过程中存在考核标准同专业机构工作要求不统一和重复考核的问题（梁娴，2011）。

此外，基本公共卫生服务项目还存在服务理念不到位、政府支持力度不够、工作不规范和开展不平衡、农村卫生投入严重不足和卫生机构逐利倾向明显等问题（蒲川，2010；仇爱红，2011；耿引红，2010；王惠，2011）。

综上所述，在开展基本公共卫生服务过程中，基层卫生服务人员起着至关重要的作用，多数研究浅谈人员不足、结构配置不合理的问题，未对基层医疗机构卫生服务人员做详细深入定量分析；目前基本公共卫生服务项目考核评价体系不完善，缺乏有效的监管机制和资金绩效不明显，缺乏对基本公共卫生服务绩效考核较为全面的梳理和深入分析以及对农村基层医疗机构卫生服务人员工作积极性的分析。

二、研究目的

本研究的总目标是通过分析农村基层医疗机构基本公共卫生服务项目实施现状和绩效考核运行情况，发现存在的困难和不足，为政府完善基本公共卫生服务项目政策提供政策建议和参考依据。

具体目的：

（1）了解调查县基层医疗机构基本公共卫生服务项目实施现状，分析存在的困难；

（2）分析调查县基层医疗服务机构公共卫生服务提供能力；

（3）分析调查县基层医疗服务机构服务项目绩效考核运行情况；

（4）综合现状，针对存在的问题，提出深化改革的意见和建议。

57

第二节 资料来源与方法

一、资料来源

资料来源于 2011 年 7 月在淄博市沂源县、菏泽市单县开展的机构知情人访谈和机构问卷调查。资料主要包括现有文献、关键人物访谈、机构问卷调查以及政府文件、报告、总结、图片。

二、研究方法

（一）文献分析法

利用中国知网（CNKI）、万方、山东大学学位论文、全国优秀硕士博士论文以及 Proquest、Elsevier Science 等数据库，网络搜索引擎百度和 GOOGLE，以及卫生部、卫生厅、卫生局网站，新闻报道，检索并收集本研究所涉及的相关文献资料，在此基础上，进行整理、分类、归纳、总结，了解目前基本公共卫生服务项目实施现状和绩效运行等情况。

（二）现场调查研究

1. 样本选择原则

（1）项目实施情况：由于在现场调查时间、基本公共卫生服务项目实施时间较短，地方经济发展水平和领导重视程度存在差距，各机构对基本公共卫生服务政策的理解和执行存在差异，使各地在开展基本公共卫生服务项目过程中水平层次不一。为了获得基本公共卫生服务项目实施现状和绩效考核等详尽资料，发现存在的问题，使本研究更具有现实意义，通过与负责基本公共卫生服务项目的省卫生厅领导沟通，由其推荐实施基本公共卫生服务项目较好的地方。

（2）经济发展水平和资金配套差异性：2009 年人均基本公共卫生服务项目经费为 15 元，到 2011 年人均基本公共卫生服务经费 25 元，由中央、省级、市级、县级财政共同配套。山东省政府出台《关于明确基本公共卫生服务省级补助标准的通知》明确了 17 个城市基本公共卫生服务经费补助比例，其中淄博补助 30%、菏泽补助 70%。同时，依据不同地理位置和地方经济水平的差异，选择中部淄博沂源县和西部菏泽单县，目的是了解在现有经济水平和项目资金配套的条件下，探究不同地区基本公共卫生服务项目实施现状和绩效考核运行情况。

2. 机构调查

依据研究目的及其各机构在基本公共卫生服务项目中的不同职责，分别调查了沂源县和单县的卫生局、疾病预防控制机构、妇幼保健院、乡镇卫生院、村卫生室。共调查 2 个卫生局、2 个疾病预防控制机构、2 个妇幼保健机构、6 个乡镇卫生院、16 个村卫生室（见表 3 - 1）。

表 3 - 1　　　　　　　　调查机构样本量情况　　　　　　　单位：个

地区	卫生局	疾病预防控制机构	妇幼保健院	乡镇卫生院	村卫生室
沂源	1	1	1	3	9
单县	1	1	1	3	7
合计	2	2	2	6	16

3. 关键知情人访谈

利用半结构式访谈提纲，对卫生局、疾病预防控制机构、妇幼保健院、乡镇卫生院、村卫生室等不同单位的负责人和具体服务项目负责人进行访谈，了解目前基本公共卫生服务项目实施进展和实施过程中遇到的问题以及绩效考核运行情况。访谈对象样本量情况见表 3 - 2。

表 3 - 2　　　　　　　　访谈对象样本量情况　　　　　　　单位：人

地区	卫生局	疾病预防控制机构	妇幼保健院	乡镇卫生院	村卫生室
沂源	3	2	1	7	8
单县	1	4	1	7	7
合计	4	6	2	14	15

4. 调查内容和调查工具

（1）调查表主要内容：根据研究目的和各机构不同职责，设计不同调查表，主要包括县卫生资源及公共卫生服务情况信息调查表、机构开展公共卫生服务情况调查表（机构包括疾病预防控制机构、妇幼保健院、乡镇卫生院、村卫生室）。调查表内容主要包括：

县卫生资源及公共卫生服务情况信息表：县人口情况、县经济情况、政府卫生经费投入情况、基本公共卫生项目负责单位、基本公共卫生服务开展情况项目统计表。

机构开展公共卫生服务情况调查表：机构基本情况、机构人力资源情况、机构设备配备情况、机构收支情况、基本公共卫生服务项目开展情况统计表、基本公共卫生服务项目培训情况。

（2）关键人物访谈主要内容：利用半结构式访谈提纲，对卫生局、疾病预防控制机构、妇幼保健院、乡镇卫生院、村卫生室等不同单位的负责人和具体服务项目负责人进行访谈。访谈内容包括个人基本情况、个人工作情况、公共卫生服务包情况、公共卫生服务规范情况、本机构职责、机构服务能力情况、经费保障情况、机构考核情况、人员激励机制情况以及长效机制建设等多方面内容。

5. 现场调查

现场调查由当地卫生行政部门相关领导根据研究目的和访谈对象的要求进行协调安排。两县共 6 名调查员，每县 5 天，前两天在县里分别对卫生局、疾病预防控制机构和妇幼保健院进行深入访谈和机构问卷调查填写，后 3 天分别对乡镇卫生院和村卫生室相关人员进行访谈和机构调查问卷填写。

三、资料的质量控制

（一）机构问卷质量控制

为确保调研资料的质量，从调查问卷设计开始到最终的资料录入，都采取了严格的质量控制措施：

（1）问卷设计阶段：结合文献资料和专家意见，课题组成员多次讨论修改机构调查问卷中存在的不足，直至定稿。

（2）现场调查阶段：在卫生局、疾病预防控制中心、妇幼保健院、社区卫生服务中心或乡镇卫生院、社区卫生服务站或村卫生室机构问卷调查过程中，由课题组成员负责机构问卷调查表填写的指导、逻辑性检查，保证问卷质量。对于调查过程中发现的问题和调查问卷中遇到的不同情况及时反馈汇总，讨论之后统一处理，并及时通知调查员以保证第二天调查工作的顺利开展。

（3）资料整理阶段：资料录入由参加调查的人员开展，数据录入前对录入人员统一培训，遇到问题由小组成员统一处理。对于发现的问题，与原始资料进行核对以保证资料录入的准确性。资料录入完成后，对数据库进行详细的逻辑校对，如发现问题，再次与原始资料核对并及时修改。

（二）访谈资料质量控制

（1）访谈提纲设计阶段：根据研究目的，结合文献信息和专家意见，设计、反复推敲和修改，设计针对不同机构和人员的访谈提纲。

（2）培训阶段：访谈前对访谈员进行培训，培训访谈技巧和本项目的相关知识，并且要求访谈员详细了解访谈提纲的内容。

（3）现场调查阶段：访谈时征求被访谈人员的意见，进行录音，根据设计好的半结构化访谈提纲，结合访谈人员的思路，详细了解基本公共卫生服务项目相关信息。同时，收集关于基本公共卫生服务均等化的政府文件、报告、总结、图片等相关资料。

（4）资料整理阶段：访谈结束当天，由访谈人员采用全转录的方法进行信息整理，如果发现有遗漏或是问题不明确的话，第二天进行补充，最后由研究人员根据各地收集的材料和访谈员的记录内容进行整理和分析。

四、资料分析

（一）关键人物访谈资料整理分析

利用定性分析软件 Weft QDA，以卫生局、疾病预防控制机构、妇幼保健院、乡镇卫生院和村卫生室以及 9 类服务项目为分类组，整理和归纳定性访谈资料，分析基本公共卫生服务项目实施现状及其绩效考核等情况。

（二）定量数据资料整理分析

将原始资料编码整理后，输入计算机，用 Microsoft Access 软件建立数据库，录入完成后进行简单分析和逻辑校对。同时，利用洛伦兹曲线和基尼系数分析医生、护士、公共卫生人员和医技人员、村医配置的公平性。

1. 统计描述

描述性统计分析的主要内容包括：农村基层医疗机构服务人口数；人力资源构成状况；卫生技术人员职称、学历和年龄构成；9 类基本公共卫生服务项目服务数量。数值变量主要采用均数描述，分类变量主要采用率和构成比进行描述。

2. 洛伦兹曲线

洛伦兹曲线（Lorenz Curve），是研究国民收入在国民之间的分配问题，洛伦兹曲线弯曲程度越大，收入分配越不平等；反之，洛伦兹曲线弯曲程度越小，收入分配越平等。

本研究将各个机构人均所拥有的卫生人力资源（医生、护士、防保人员以及医技人员、村医）由小到大排列，然后分别计算和上述排列顺序相对应的机构人口累计百分比和人力卫生资源（医生、护士、防保人员以及医技人员、村医）累计百分比，根据两者的对应关系在直角坐标图上绘制曲线，即洛伦兹曲线。曲线上每一点表示人口累计百分比与人力卫生资源（医生、护士、防保人员以及医技人员、村医）累计百分比之间的对应关系。

3. 基尼系数

基尼系数由意大利经济学家基尼于 1912 年提出，根据洛伦兹曲线提出的定量测定收入差异程度的指标，取值范围是 0 ~ 1，数值越低，表明财富在社会成员之间的分配越公平，反之亦然。按照联合国有关组织规定：基尼系数若低于 0.2 表示绝对公平；0.2 ~ 0.3 表示比较公平；0.3 ~ 0.4 表示相对公平；0.4 ~ 0.5 表示差距较大；0.5 以上表示差距悬殊。本研究中以 2010 年农村基层医疗机构服务人口数基数，通过基尼系数分析两县卫生人力资源（医生、护士、防保人员以及医技人员、村医）配置的公平性。

本研究采用的计算方法：

$$G = \sum W_i Y_i + 2 \sum W_i (1 - V_i) - 1 \tag{3-1}$$

其中，W_i 为各地区人口占总人口的比重；Y_i 为各地区某一卫生资源指标数值占相应卫生资源指标总数的比重；$V_i = Y_1 + Y_2 + \cdots + Y_i$，为卫生资源占有的累计百分比。

第三节 结果与分析

一、调查县基本情况

沂源县地处鲁中腹地，隶属于淄博市，位于淄博、泰安、莱芜、临沂、潍坊 5 个地级市的结合部。县域东西长 55.6 公里，南北宽 52.2 公里，总面积 1 636 平方公里，辖 11 个镇，633 个行政村。2010 年常住人口数为 54.95 万人。2010 年，全县生产总值达到 163.10 亿元，地方财政收入 9.55 亿元。拥有 2 所医院、1 所疾病预防控制中心、妇幼保健院和卫生监督所，1 家社区卫生服务中心和 7 家社区卫生服务站，13 所乡镇卫生院和 980 家村卫生室。疾病预防控制中心工作人员数为 77 人，妇幼保健院和乡镇卫生院人员人数分别为 53 人和 505 人，村卫生室人员数为 1 176 人。

单县位于山东省西南部，苏鲁豫皖四省八县交界处。县域东西横距 50 公里，南北纵距 33 公里，总面积 1 702 平方公里，辖 20 个乡（镇），502 个行政村。2010 年常住人口数为 106.32 万人。2010 年，全县生产总值达到 140 亿元，地方财政收入 10.10 亿元。拥有 2 所医院，1 所疾病预防控制中心、妇幼保健院、卫生监督所和精神病院，2 家社区卫生服务中心和 5 家社区卫生服务站，21 所乡镇卫生院和 274 家村卫生室。疾病预防控制中心工作人员为 89 人，妇幼保健院和乡镇卫生院人员数分别为 158 人和 1 509 人，村卫生室人员数为 1 198 人。

二、农村基本公共卫生服务项目组织管理

基本公共卫生服务项目组织管理体系

现场调查地区卫生局按照要求，结合本地区的实际情况制定了基本公共卫生服务实施方案，编制了基本公共卫生服务项目考核评价指标等配套政策文件，采取了不同的组织管理模式开展基本公共卫生服务项目。

沂源县采取多部门管理模式，9 类服务项目由卫生局基层卫生管理科、防保科，疾病预防控制中心和精神病防治机构部门负责，如图 3 - 1 所示。

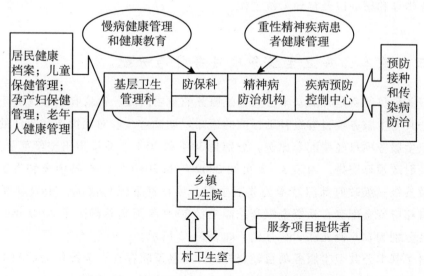

图 3 - 1 沂源县基本公共卫生服务管理模式

单县采取分级管理模式，卫生局成立"公共卫生服务项目办"负责协调、督导和组织大型考核，9 类基本公共卫生服务项目分别由疾病预防控制中心和妇幼保健院负责组织实施，如图 3 - 2 所示。

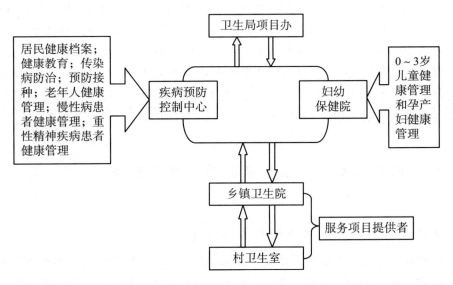

图 3 - 2　单县基本公共卫生服务管理模式

虽然两县基本公共卫生服务项目管理模式不同，但是具体基本公共卫生服务项目由乡镇卫生院和村卫生室负责提供；专业机构承担着乡镇卫生院和村卫生室的业务指导和培训以及督导考核工作。

三、基本公共卫生服务项目筹资与分配

服务项目经费是开展基本公共卫生服务的重要保障。省政府文件《关于明确基本公共卫生服务项目省级补助标准的通知》明确省政府对淄博市和菏泽的基本公共卫生服务项目经费配套比例，分别是 30% 和 70%，并且指出差额部分由市、县两级财政预算安排。由表 3 - 3 可知 2009 年和 2010 年调查县中央和省级、市级以及县级三级政府部门基本公共卫生服务项目资金配套情况，2009 年单县市级没有相应资金配套，从资金配套总额来看 2009 年配套总额高于 2010 年，沂源和单县分别为 6.6 万元和 256 万元，如表 3 - 3 所示。

对于基本公共卫生服务项目经费补助，单县反映存在资金拨付滞后和不足的现象。同时指出，在开展服务项目过程中，缺乏培训、督导以及考核评估配套运行管理经费。

表 3 - 3　　　　　　　　基本公共卫生服务项目资金筹集情况　　　　单位：万元

调查县	2009 年				2010 年			
	中央省级	市级	县级	合计	中央省级	市级	县级	合计
沂源	202.3	201.5	388.6	792.4	202.9	200.1	382.8	785.8
单县	822	0	441	1 263	567	15	425	1 007

　　单县卫生局公共卫生项目办主任谈道："2009 年的经费大概是在 2010 年到位的，2010 年的是 2011 年到位的，从上级到下级都是滞后一年，15 元国家给了 10.5 元，去年市里给了 1 元，县里 3.5 元，市里两年就给了 15 万元，2009 年、2010 年的钱还没全部到位，拨了百分之七八十，但是剩下的什么时候给不清楚；官方认可的数字是统计局上报的，按 98 万人口算，实际我们的常住人口和总人口都比这个多，现在发补助的人口比实际人口少，而且基本公共卫生服务项目培训、督导都没有经费。"

　　沂源卫生局防保科主任谈道："基本公共卫生服务项目培训，县里没有专项培训经费"，沂源县妇幼保健院副院长持有同样的观点："在开展服务项目过程中没有经费补助，妇保院通过平时的医疗收入来解决，这些问题要是迟迟得不到解决，妇保院就会入不敷出了，建议就是要多给我们拨付工作经费。"

四、基本公共卫生服务项目实施情况

（一）居民健康档案

1. 居民健康档案的建立和保管

　　两县在居民健康档案的建立方式和保管方法上存在显著差异：沂源采取由村医建档和分类保管的方式；单县采取由村卫生室协助，乡镇卫生院负责建档和分类保管的方式。

　　沂源县卫生局基层卫生管理科科长谈道："居民健康档案的建立首先对乡镇卫生院进行培训，然后乡镇卫生院再对村医培训，由村医入户建档，建好的档案在村卫生室保存，分类进行管理。"单县采取首次建档原则上由乡镇卫生院负责，村卫生室协助，通过周期性健康体检、院内外医疗卫生服务、入户调查等多种形式，获取农民健康基本信息，完成建立农村居民健康档案，并且健康档案统一存放在乡镇卫生院。

　　村医建档和分类管理，便于村医随访并及时更新，但是不利于居民健康档案

65

的有效监管；乡镇卫生院建档和分类管理的方式，利于居民健康档案管理，但是不便于村医随访及时更新。

图3-3分析显示，调查县6乡镇卫生院居民健康档案建档率存在较大差距，沂源县高于单县，居民建档率介于31.4%～81.8%；居民健康档案合格率较高。

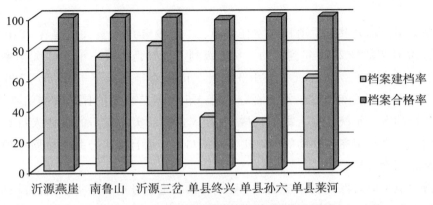

图3-3　居民健康档案建档率和合格率

在居民健康档案建立和管理过程中存在居民配合积极性不高、外出打工管理难度大的问题：

（1）健康意识淡薄，建档积极性不高。

农村居民健康意识淡薄，单纯认为没有疾病就是健康，缺乏预防保健观念，加之不了解居民健康档案的真正意义和用途，影响了居民建档的积极性，建档过程中出现配合不积极的现象。

单县莱河乡镇卫生院院长谈及身体比较健康的人群对建档工作认识不足，不理解"。沂源县三岔乡南流水村村医和燕崖镇村医持有同样的观点："村民认识不足，有的人怕查出有病，治不了，不如不查，入户建档配合度不是很高。"针对居民健康意识薄弱的问题，需要采取多种宣传措施，提高居民健康意识和对健康档案的认知。

（2）外出打工和流动人口档案管理难度大。

农村基层医疗机构卫生服务人员反映，长期外出打工和流动人口居民健康档案管理难度大。现场调查数据显示，2010年长期在外打工率（离家半年以上）最高达到33%，最低为3.5%，给居民健康档案管理带来诸多不便。

沂源县三岔乡村医座谈谈道："长期在外工作，健康档案随访填不上"以及单县莱河乡镇村医座谈同样认为"人口流动性比较大，农村人员电话更换频繁，经常联系不到人，给居民健康档案管理带来许多不便"。

2. 居民健康档案的利用更新

利用方面，现场收集到政府文件资料规定，居民在接受医疗卫生服务时，医疗机构工作人员应当调取并查阅健康档案，及时记录、补充和完善健康档案。但是现场调查发现，与政府文件规定有较大差距，居民健康档案利用困难，动态管理更新不及时。

沂源县燕崖镇乡镇卫生院院长认为"工作量较大，工作人员精力不够，电子档案动态管理更新不是很及时，使用不是很到位"。单县莱河乡镇村医座谈中谈及"我们村卫生室建好档案，在卫生院保管，而且是纸质的，得不到及时的更新"。单县莱河乡镇卫生院院长、终兴卫生院分管妇幼工作院长持有同样的观点，"居民健康档案最大的问题还是档案不能及时更新，配套不到位，真正利用很困难除非科室、医院、乡村医生配电脑，与新农合真正结合在一起"，指出信息建设配套不到位制约了居民健康档案的有效利用和及时更新。

纸质档案繁琐，工作量大，影响到了居民健康档案的及时更新。

单县孙六镇村医座谈谈道："居民健康档案欠规范，上级定的标准要规范，要有统一的标准，有时会有改动，而且每个人要填好多表格，一个小时都填不完，如有老年人保健表、随访表、年体检表、管理表、健康体检表等，有的病人自己一个人就要填 9 张表。"同时，三岔村村医座谈也反映了同样的问题："有的一个人最多有 7 本档案，一个数据有时连续填 10 次，随访一次，有时一晚上表都填不起来。"

3. 居民健康档案信息化

在居民健康电子档案信息化方面，两县存在明显差别，各有一套居民健康档案电子系统，缺乏统一标准。沂源县依托"慢性病管理系统"建立电子居民健康档案，但是在电子档案录入和管理过程中，村卫生室工作人员反映部分村医年龄大和纸质版、电子版双重录入问题，增加了村卫生室工作人员的工作量。

沂源县燕崖镇村医谈及"在电子档案建立过程中，录入时由于年龄过大，有难度"以及三岔村村医座谈提及"电子档案和纸质档案的双重填写，增加了村医的工作量"。

单县采用省级设计的软件系统，但是由于档案软件系统设计不合理，录入的居民健康电子档案信息不能得到有效利用，制约了居民电子档案的有效开展。

单县卫生局公共卫生项目组主任谈及"单县是菏泽市唯一——家利用省里的健康档案进行电子档案输入的，但是省里设计的网络不行，我们输入了 30 万份，乡镇卫生拿出 1 万元建立这个网络，纸质的已经建立起来的，然后进行信息输入，考核时纸质的没有算，纸质的和电子的才算是一份完整的档案，到去年 10 月的时候信息就乱了，9 月考核时还有的信息，10 月就没有了，丢了上万份，我们就停止了"，以及孙六镇公共卫生项目组副主任反映了同样的问题"电子健康档案从 2010 年刚开始，召集了很多人往里录入但是网络很不稳定，后期又作废了，并且数据库设计上有很多漏洞，如填上身高和体重，BMI 就应该自动跳转，现在不是，系统里只要有一个没有填，就不能保存"。

研究结果表明，居民健康意识淡薄，档案更新利用不及时，信息系统不完善、缺乏统一标准以及外出打工和流动人口问题，制约了居民健康档案的有效管理。同时，纸质版居民健康档案内容繁琐，科室、医院、村卫生室之间不能及时沟通；医务人员就诊时利用居民健康档案意识淡薄以及农村居民电话号码更换频繁，影响到了居民健康档案的及时更新，甚至长时间有的居民健康档案得不到及时更新和利用，变成了"死档"，有违居民健康档案建立的初衷。

（二）健康教育

国家基本公共卫生服务规范（2011）要求：第一，健康知识讲座每个乡镇卫生院每月至少举办 1 次，有 2 所乡镇卫生院没有达到要求。健康教育讲座活动举办次数平均 10.8 次，平均参加人数 11 665 人。第二，健康公众咨询活动每个乡镇卫生院每年至少开展 9 次。调查机构健康咨询活动平均举办 6.8 次，与要求有一定差距，平均参加人数 12 546 人。第三，健康教育宣传栏每个乡镇卫生院不少于 2 块、每个机构每 2 个月最少更换 1 次健康教育宣传栏内容，宣传栏板数都达到要求，但是更新次数有 1 所乡镇卫生院没有达到要求。宣传栏板块数平均有 17.2 块，宣传栏更新次数平均 72 次。第四，健康教育发放资料包括健康教育折页、健康教育处方和健康教育手册等，平均发放健康教育资料 30 512 份，最多发放健康教育资料 47 560 份，最少为 10 000 份，如表 3 - 4 所示。

表 3 - 4　　　　　　　　健康教育开展情况

调查县	乡镇	讲座活动		咨询活动		宣传栏		资料发放数（份）
		次数	参加人数	次数	参加人数	板块数	更新次数	
沂源	燕崖	18	1 100	10	2 010	46	184	10 000
	南鲁山	6	2 650	6	2 348	16	64	20 000
单县	终兴	12	3 450	6	7 500	8	12	25 000
	孙六	12	402	6	145	2	12	25 000
	莱河	6	50 725	6	50 725	14	88	47 560
平均		10.8	11 665	6.8	12 546	17.2	72	30 512

注：三岔乡负责人不在现场，数据无法收集。

1. 健康教育形式

现场调查发现，乡镇卫生院健康教育形式具有灵活性和多样性。除采用健康教育宣传栏之外，还借助电影文化下乡活动、村委会选举以及集市机会，深入社区、学校、市场开展健康教育活动，发放宣传单、举办健康讲座和健康咨询活动。

沂源县燕崖乡镇卫生院分管公共卫生的院长谈及"我们利用文化局电影下乡之前的一段时间，播放健康教育宣传片，大概十分钟左右，一般宣传的内容包括健康生活方式，慢病管理等健康知识，同时由乡镇卫生院牵头，利用百姓赶集的时间，到集市上进行宣传指导，发放宣传单"。

单县莱河镇乡镇卫生院分管院长提及"有集市时，我们就利用集市人比较多比较集中的优势来进行健康教育，给他们查体时也会进行健康教育，村居委会选举时，顺带着教育，平时会发放宣传单，并偶尔义诊"。

同时，还借助卫生宣传日机会，开展相关卫生健康知识讲座。单县孙六镇乡镇卫生院公共卫生项目组主任谈及"2010年10月10日是世界精神卫生日，我们利用这个机会，每个乡镇都巡回了一次"。

在健康教育方面，村卫生室设有"健康教育室"，配备电视和DVD、宣传栏等，通过开展健康讲座、发放宣传单以及广播、看病带教方式开展健康教育活动。

单县莱河镇村医座谈谈及"发放宣传单，通过广播等各种方法多次宣传，也有面对面解释相关的健康知识，有时病人看病拿药时，顺便讲解健康知识"。

沂源县燕崖镇村医提及"在健康教育方面：对村民宣传教育，发放健康教育相关材料，定期组织村民进行健康教育，我们村卫生室有专门的健康教育室，有电视机，我们播放CD，每次大概能组织40~50人"。

对于健康教育宣传材料，采取的是县级提供和自己印刷的方式。单县疾病预防控制机构慢病科科长谈及"健康教育宣传资料印刷好给下边，下边自己有时也印"；沂源县土门卫生院副院长谈及"健康教育主要是根据县给我们的素材，我们做成宣传板报等一些具体的工作，村医主要是发放材料"。

2. 健康教育过程中的不足

在健康教育过程中，村民文化水平低、健康教育人员少影响了健康教育的实施进展和质量：

（1）村民文化水平低，健康教育认识不足，配合积极性不高。

在实施健康教育过程中，百姓文化水平低，农民健康意识薄弱，健康教育认识不足，在开展健康教育过程中配合积极性不高。

沂源县燕崖镇乡镇卫生院院长谈及"健康教育遇到的问题就是村民不能好好坐下来听讲座和培训的内容，组织不了全部的人都来听讲座，配合积极性不高"。对于发放的健康教育宣传单，沂源县村医反映农村居民不阅读，沂源县三岔乡村医座谈"发放的宣传单,居民不看"。

由于年轻人外出打工和务农,参加健康讲座的绝大部分是老年人,对宣讲内容理解比较困难,增加了健康教育工作的难度。

单县终兴卫生院公共卫生项目办主任谈及"健康教育遇到的问题是百姓文化低,特别是老年人,听不懂"。

(2)健康教育工作人员少,素质低。

高素质健康教育人才,对推进健康教育工作起着重要作用。但是,通过现场调查发现,健康教育人员素质低、人员不足,影响了健康教育的质量。

单县孙六镇卫生院公共项目组主任谈及"健康教育方面有两个负责健康教育,工作量大,健康教育整体上无论是技术人员还是面对的人群,素质都不高,沟通困难,以卫生院入手,1个乡镇有20个社区,1个月1次,1年12次的话,都轮不过来,力量上比较渺小"。

小结:在开展健康教育方面,调查机构采用灵活、多样的健康教育方式,宣传健康教育知识,起到了一定效果。但是,由于村民文化水平低,健康教育人员素质低、人员少的问题,影响到了健康教育的质量和实施进展。

(三)预防接种

预防接种作为传统的公共卫生服务项目,开展较早,农村居民比较认可。在开展预防接种的过程中,村卫生室主要承担发放预防接种通知单的职责。乡镇卫生院则负责实施预防接种和数据上报等工作,其中,一类疫苗免费接种,二类疫苗自愿接种。

在预防接种方式上两县略有不同,单县预防接种实施单程预约的方式,而沂源县则采用按旬接种的方式。由于6所乡镇卫生院辖区内服务人口数不同,预防接种人才数存在差距,如图3-4所示。

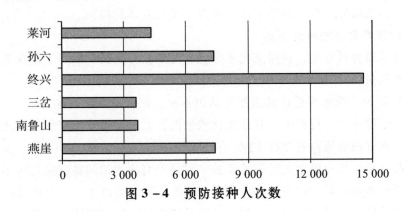

图3-4 预防接种人次数

单县疾病预防控制中心免疫规划工作人员谈及"现在搞乡镇接种门诊，现在倡导一个单程预约，这个时候打了，预约下个时候，现在县里可以通过短信发布消息，通过多样化的形式，提高接种率，我们县里的接种率要达到95%以上"。

沂源县燕崖卫生院防保科工作人员谈及"预防接种包括常规和强化。常规每月5、15、25冷链运转日，根据儿童年龄和免疫情况通知，乙肝随时接种；强化2010年9月10~13日，麻疹和脊灰疫苗强化，项目乙肝补种2009年补种1994年和1995年出生的，共189人，511针次；2010年补种1996~2001年出生的，共151人，323针次"。

（四）传染病防治

1. 传染病的实施

在传染病防治过程中，村医的职责主要是发现传染病患者，并及时报告给乡镇卫生院。

单县终兴镇村医座谈谈及"主要负责传染病的筛查及转诊工作，对发病者进行筛查，发现需要上报的法定非传染病多采取电话的方式上报中心卫生院"，以及沂源三岔镇村医座谈持有同样的观点"发现患者并及时报给卫生院"。

乡镇卫生院对于辖区内发现的法定传染病人和疑似病人，进行登记造册，并且通过网络、电话以及传真的方式及时上报，并且参与传染病的防治与处理和村医的宣传培训等。沂源县燕崖镇乡镇卫生院防疫科陈主任谈及"在管理方面，发病期间入户消毒并指导传染病预防，如果在家休养的话，让其在家隔离7天"。

传染病同预防接种一样作为传统的公共卫生服务实施项目，实施效果较好，传染病报告率和及时报告率都能达到100%，如图3-5所示。

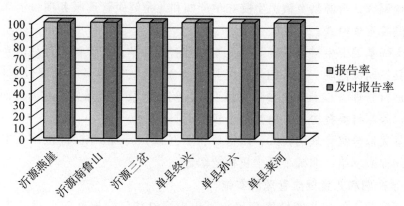

图3-5 传染病报告率和及时报告率

2. 传染病实施存在的问题

传染病防治作为实施已久的公共卫生服务项目，仍然存在经费不足、防护用品简陋的问题。

单县疾病预防控制中心防疫科科长谈及"传染病防治遇到的问题是经费投入不是很足，我们要到下面去用人用车比较紧张，人员补助较少，药品紧张"。

沂源县三岔乡卫生院公共卫生科主任说及"传染病个人防护用品简单，隔离衣不行"。

（五）孕产妇和儿童健康管理

表 3 - 5 分析显示，多数机构儿童系统管理率介于 20% ~ 50%，新生儿访视率、孕产妇产前健康管理率、产后访视率能达到 80% 以上，其中，新生儿访视率和产后访视率最高为 91.7%。

表 3 - 5 孕产妇和儿童健康管理开展情况 单位：%

调查县	乡镇	儿童系统管理率	新生儿访视率	产前健康管理率	产后访视率
沂源	燕崖	43.6	86.0	87.6	85.3
	南鲁山	44.2	81.7	83.3	81.7
单县	终兴	28.6	54.5	60.1	53.7
	孙六	31.3	91.7	85.8	91.7
	莱河	40.1	89.4	89.3	89.3

注：三岔乡负责人不在现场，数据无法收集。

1. 孕产妇和儿童健康管理管理模式

现场调查，沂源县乡镇卫生院在孕产妇和儿童健康管理服务项目上采取委托妇幼保健院管理模式。

卫生局基层卫生科科长谈及"儿童保健管理和孕产妇保健管理是由乡镇卫生院委托县妇幼保健院，与县妇幼保健院签订合同后，再由县妇幼保健院对儿童、孕产妇进行管理"以及沂源县燕崖镇卫生院院长谈及"儿保妇保这两方面，我们和县妇保院签订委托协议，由他们全权负责"。

单县采取分级管理的模式，实行村、乡（镇）、县医疗保健机构分工负责的三级妇幼保健网络，明确了各个机构的职责。

2. 孕产妇和儿童健康管理的实施

在开展孕产妇和儿童健康管理的过程中，单县妇幼保健院项目办主任谈及"儿童保健管理主要是发放儿童保健手册，宣传儿童保健相关知识，填写儿童保健档案，同时建立电子档案，而后报给档案工作室，进行存档；孕产妇保健管理主要是给孕产妇建立健康档案，建卡，每三个月通知其做一次身体检查。"

沂源妇幼保健院副院长提及"给妇女儿童建立电子健康档案，配备了打印机、电脑、读卡器、POS机等，给每个就诊的妇女儿童配备一张电子信息卡，就诊时插上卡，读出信息，了解情况后给她们看病"。

3. 实施孕产妇和儿童健康管理遇到的困难

（1）怀孕信息不易获取。

在开展孕产妇和儿童健康管理过程中，单县卫生工作人员反映外出打工的和超生的人员的怀孕信息不易获取。

单县终兴卫生院分管妇幼工作院长谈及"怀孕信息难摸底，因为有的偷偷摸摸生孩子；外出打工怀孕信息难摸"。

（2）工作人员不足。

现场调查发现，开展孕产妇和儿童健康管理的工作人员不足。

单县终兴卫生院丁主任谈及"儿童保健我们有3个医生，其中两个不懂业务的，专门录入数据，儿保需要增加医生"以及莱河镇卫生院分管妇幼项目人员谈及"儿童保健方面服务对象是出院后42天的新生儿访视，2次；1岁之内4次查体，分别是3月、6月、8月和12月；总的是从出生到3岁，共有8次查体，现在人员较少"。

沂源妇幼保健院副院长持有同样的观点"在开展服务过程中主要问题是人员不够，其次是没有工作经费补助"。

（六）老年人健康管理

现场调查发现，与国家基本公共卫生服务规范（2011）中要求对辖区内65岁以上老年人进行健康管理要求相比，调查地区对老年人健康管理年龄扩展至60岁及以上。在老年人健康管理过程中，乡镇卫生院主要负责1年1次免费健康查体和健康指导以及指导村卫生室对老年人开展健康生活方式和健康状况评估；村卫生室主要负责生活健康指导、季度随访以及宣传动员查体，沂源县三岔村村医座谈谈及"在老年人健康管理方面主要负责随访、药物指导、日常指导"。

1. 老年人查体方式

在老年查体过程中，乡镇卫生院实行医院查体和上门服务的两种查体方式。

沂源县卫生局防保科主任谈及"去乡镇卫生院查体，查体的时候车接车送，一个老年人查体，起码有两个家人护送"。

单县终兴卫生院分管妇幼工作副院长提及"对于不能来卫生院查体的老年人，我们带着仪器去查"。

图 3 - 6 分析显示，调查地区老年人健康体检率和健康管理率具有明显差距，最高为 96%，最低为 69%。

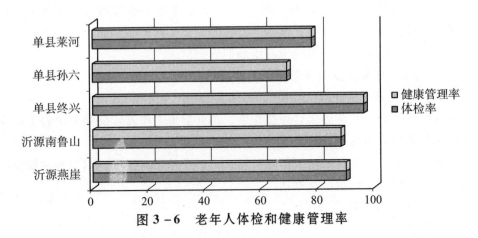

图 3 - 6　老年人体检和健康管理率

2. 老年人健康查体存在的问题

（1）部分老年人配合积极性不高。

在老年人健康查体过程中，多数老年人是积极配合的。单县终兴镇卫生院公共项目办主任谈及"除非外出打工，老百姓查体比较配合，全镇 9 000 多老人，查体率达到 98%"以及沂源土门卫生院副院长谈及"80%～90%老年人都愿意来体检，也比较配合"。

但是，也存在部分老年人配合不积极的现象。单县终兴乡镇卫生院蔡院长谈及"有的老年人不来，医院去找，说没病查什么，更有的顽固不化就是不查"以及终兴镇村医座谈谈及"只有一部分理解并认识该体检意义的老人主动去体检，有的老年人需要上门动员五六次才会去体检"。说明部分老年人对健康查体认识不足，对健康查体存在消极对待的态度，需要加大宣传和动员力度。

（2）查体成本高于财政补助标准。

老年人健康查体项目包括常规体格检查、心电图以及 B 超等多项检查，实际成本远远高于财政补助标准。

单县终兴卫生院丁主任反映"老年人查体，按行政村查体，查了 2 个多月，一个老年人补 40 元远远不够"。

（七）慢性病患者健康管理

通过表 3 - 6 分析结果显示，高血压患者、糖尿病患者健康管理率都在 95%以上。其中，高血压患者和糖尿病患者规范化健康管理率多数达到 90%，有两所卫生院能到达 100%规范化管理。

表3-6　　　　　乡镇卫生院慢性病患者健康管理开展情况

调查县	乡镇	高血压患者健康管理		糖尿病患者健康管理	
		健康管理率（％）	规范健康管理率（％）	健康管理率（％）	规范健康管理率（％）
沂源	燕崖	100	96.1	96.6	94.5
	南鲁山	100	94.3	100	92.3
	三岔	100	95.9	100	93.1
单县	终兴	100	100	100	100
	孙六	100	100	100	100
	莱河	100	94.9	97.3	95.3

现场调查发现，慢性病患者健康管理两县都开展较早，但是在开展慢性病患者健康管理方面仍存在差异。

1. 单县慢性病患者健康管理

单县慢性病已开展5～6年，最初是建立慢性病门诊，先选2～3个乡镇试点，然后推广，后来基本公共卫生服务项目实施以后，及时调整工作。

单县疾病预防控制中心慢病科主任谈及"慢性病管理方面已开展5～6年，建立慢性病门诊，先选2～3个乡镇试点（选的是工作认真负责、技术好的），然后推广。后来和上级要求不符，及时调整工作，开展健康教育等"。

但是，在开展慢性病患者管理过程中，仍然存在人员不足、设备缺乏的问题，给慢性病患者随访和规范管理带来了一定困难。

单县终兴卫生院公共卫生项目办主任谈及"慢病方面人员不够；设备设施不行，只有血糖仪、血压计，应该加强设备设施建设"。

单县在开展慢性病患者健康管理过程中，对筛查出来患者免费发放4种高血压和3种糖尿病基本药物。但是，普遍反映药物品种单一，治疗效果不好。

单县孙六镇村医座谈中提及"高血压病人去卫生院领药，给的药和品种太少，现在老百姓的生活水平高了，嫌药不好，药的治疗作用不大，再就是老年人领药不太方便。"终兴卫生院公共卫生项目办主任持有同样观点："用药太单一，老百姓吃着不管用，刚开始说效果好，一年后不管用了"。

单县慢性病患者居民健康档案存放在卫生院，每次去卫生院拿走健康档案后，再去随访，给村医随访带来不便。

单县终兴卫生院公共卫生项目办主任谈及"档案存放在卫生院，村医每次来卫生院拿走档案，再去随访，这样太麻烦"。

2. 沂源慢性病患者健康管理

沂源县慢性病患者健康管理是在 2007 年慢性病卢森堡项目基础上开展的，建立了慢性病管理系统，开展慢性病综合防治。

沂源县卫生局防保科主任谈及（"慢病不只是针对基本公共卫生服务项目里的病人管理，我们叫慢病综合防控，2007 年开始的卢森堡项目，从健康教育入手让患者自己管理自己，让他们知道不健康饮食容易导致慢性病，然后做一些干预（膳食干预、健康干预），再一对一慢病管理。糖尿病管理 5.1 万多人，高血压管理 6 万多人。"）

针对慢性病患者健康管理，沂源县还建立了自我管理的方式，由村医负责将患者进行分组，每组 10～30 人，进行自我管理。

燕崖镇乡镇卫生院防疫科主任提及 "早在慢病这方面，我们乡卫生院教育慢病患者自我管理，组织 15～20 人一组，每两个月讲解慢病知识，健康教育，并让个人讲解自己的体验"。

土门卫生院院长谈及 "慢病防治组织十几个人 1 个小组，自我管理，相互监督，由村医组织，进行讲解"。三岔乡南流水村村医谈及 "针对慢病有小组自我活动管理，一组有 20～30 个人，效果还不错"。

同时，在调查过程中还发现，部分村民质疑乡村医生的服务能力和水平。南鲁山镇黄崖村村医访谈 "活动都开展了，我去量血压，他们说我量得不准，要县医院的人来，他们就信，他们本身不信任我们"。

（八）重性精神病患者健康管理

在开展重性精神病患者健康管理过程中，两县采取的管理模式不同：单县由疾病预防控制中心牵头实施，负责项目的宣传、培训、组织和协调，制订实施方案以及考核验收和日常管理工作，并且建立了以孙溜精神病院为依托，社区卫生服务中心（站）、乡镇卫生院和村卫生室共同管理的机制。为此，孙溜精神病院专门成立了"精神疾病管理办公室"，负责全县的技术指导、质量控制、业务培训以及患者的随访、档案管理等工作；沂源县则有精神病专科医院负责牵头实施。

1. 患者信息获取方式和随访

（1）患者信息获取。

在开展重性精神病患者健康管理过程中，对于重性精神病患者的筛查主要是通过排查和医院反馈途径获取精神病患者信息。

沂源县土门乡镇卫生院院长访谈中提及 "从 2010 年年底开始，共查出 5 700 多人，一是通过住院病人、上级医院传过来的信息；二是排查的方式，通过乡镇的村卫生室和社区、民政渠道、医保等各种渠道，有部分是由乡医入户调查，最后确诊"。

单县疾病预防控制中心慢病科主任和终兴卫生院公共卫生科主任同样指出"精神病人信息来源社区医生排查和精神病院"。

（2）患者随访。

对于筛查出来的重性精神病患者，由乡镇卫生院和村卫生室共同完成随访工作，采用入户和电话随访的方式。

单县孙六镇卫生院院长提及"随访是通过精防医生，他们是通过各村的村医，方式一般是见见病人，找不到人就电话随访监护人，问问最近的情况、是不是按时吃药了、有没有过于冲动的行为"；终兴镇村医座谈谈及"随访主要是对已确诊病人督导其按时服用药物，另外还安排相关病人到专科医院就诊，同时还要做家属的思想工作，以免贻误诊疗时机"。

沂源县土门乡镇卫生院院长谈及"现在的随访工作是由乡医开展，不涉及精神疾病的针对服务，他们只要了解病人的基本情况就行"。

如图3-7所示，在重性精神病患者健康管理过程中，患者健康管理率和规范健康管理率，多数机构开展得较好。但是，农村基层医疗机构卫生服务人员仍然普遍反映重性精神病患者健康管理是最难开展的工作，沂源县土门卫生院副院长谈到"精神疾病比较特殊，谁做难度都比较大"。

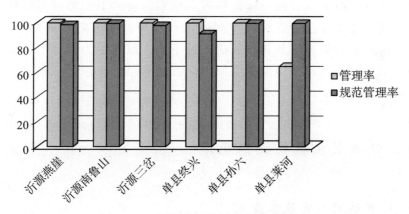

图3-7　重性精神病患者开展情况

2. 开展过程中存在的困难

（1）农村居民认识不足。

在农村，精神性疾病患者往往会受到歧视，患有精神病患者家庭会感到"脸上无光"、"没有颜面"，特别是对于年轻人而言，如果被知患有精神性疾病，会影响到以后的结婚、日常生活，导致获取信息困难。

77

单县终兴镇村医座谈"重性精神病牵涉到个人隐私，尤其是年轻人问题，工作开展存在不配合，病人抵触"；沂源县土门卫生院院长谈及同样问题"重性精神病老百姓对工作比较排斥，年轻的人怕影响不好，能得到治疗的比率比较少"。

农村居民对重性精神病认识得不到位，致使患者及其家属在重性精神性病患者健康管理过程中不积极配合，抵触心理，甚至不承认家中患有精神性疾病患者，都影响到了重性精神病患者的健康管理。

（2）服务能力和服务水平欠缺。

除农村居民对精神疾病认识不足以外，农村基层医疗机构卫生服务人员服务能力、服务水平不足以及缺乏专门业务人员和设备设施，影响着重性精神病患者健康管理质量。

单县终兴卫生院丁主任谈及"重性精神性疾病主要问题是没有业务人员，技术欠缺，乡镇卫生院和村都不懂，咱们讲的效果不好"以及孙六镇卫生院院长谈及"重性精神性疾病规定6种方法，检查的适宜技术掌握不到位，只知道有精神疾病，但具体是哪一类辨别不出来，是不是重性精神疾病也不好掌握，也不知道怎么将严重程度分级"。

小结：作为传统的公共卫生服务项目的传染病防治和预防接种实施得比较好，而重性精神病患者健康管理反映开展难度最大。农村基层医疗机构作为基本公共卫生服务项目的一线提供者，他们的公共卫生服务提供能力在实施基本公共卫生服务项目过程中发挥着重要作用。通过定性资料分析可知，农村基层医疗机构卫生服务人员反映人员不足、服务能力和水平欠缺是影响基本公共卫生服务项目开展的主要原因，农村居民意识淡薄也是制约服务项目实施的障碍。

五、公共卫生服务提供能力

（一）乡镇卫生院基本情况

1. 乡镇卫生院机构类型和收支管理方式

所调查样本县6所乡镇卫生院中有1家是中心卫生院，其余5家是一般乡镇卫生院；在财务收支管理方式上，5家采取的是差额预算拨款的方式，1家乡镇卫生院是自收自支的形式。

2. 乡镇卫生院辖区村卫生室数量

调查显示，样本县6所乡镇卫生院辖区内行政村个数最多46个，最少18

个，平均 30.5 个；村卫生室个数平均为 30.3 个，最少 12 个，最多 63 个；除单县孙六镇村卫生室一体化管理率为 56.3% 外，其余全部实现 100% 村卫生室一体化管理，如表 3-7 所示。

表 3-7　　　　　　　　　2010 年辖区内村卫生室情况　　　　　　　　单位：个

调查县	乡镇	行政村个数	村卫生室个数	村卫生室一体化个数
沂源	燕崖	46	63	63
	南鲁山	23	35	35
	三岔	37	41	41
单县	终兴	39	15	15
	孙六	18	16	9
	莱河	20	12	12
合计		183	182	175

3. 乡镇卫生院辖区内服务人口数

由表 3-8 可知，样本县 6 所乡镇卫生院服务人口数最多为 82 435 人，最少 18 940 人，平均服务人口数为 40 163 人；0~3 岁儿童平均服务人数为 1 363 人，最多为 3 572 人，最少为 371 人；老年人人口数平均为 5 187 人，最多为 9 612 人，最少为 2 112 人；孕产妇人数最多为 729 人，最少 216 人，平均为 425 人；高血压患者平均服务人口数为 2 487 人，最少 452 人，最多为 7 045 人；糖尿病患者最多服务人口数为 2 589 人，最少 78 人；重性精神病患者服务人数最多为 434 人，最少为 45 人，平均服务人数为 194 人。

表 3-8　　　　　　　　　2010 年乡镇卫生院服务人口状况

调查县	乡镇	服务人口数	0~3岁儿童人数	老年人数	孕产妇人数	高血压患者人数	糖尿病患者人数	重性精神病患者人数
沂源	燕崖	29 229	413	2 901	270	2 066	146	131
	南鲁山	18 940	371	2 112	216	1 120	78	115
	三岔	23 229	488	—	—	1 479	145	96
单县	终兴	82 435	3 572	9 612	729	2 760	660	343
	孙六	32 859	1 216	5 192	310	452	185	45
	莱河	54 286	2 120	6 120	599	7 045	2 589	434
合计		240 978	8 180	25 937	2 124	14 922	3 803	1 164

4. 乡镇卫生院业务用房面积

（1）总体业务用房面积：如图 3 - 8 所示，6 所乡镇卫生院业务用房面积平均为 2 901.1 平方米，最大为 5 600 平方米，最小为 1 623 平方米，均符合中华人民共和国卫生部 2008 年《乡镇卫生院建设标准》的最低要求。

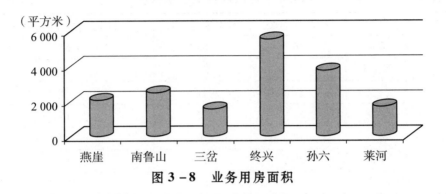

图 3 - 8　业务用房面积

（2）人均业务用房面积：以 2010 年 6 所乡镇卫生院服务人口数为基数，测得人均业务用房面积最大为 0.14 平方米，最小为 0.03 平方米，如图 3 - 9 所示，表明 6 所乡镇卫生院人均业务用房面积具有一定差距。

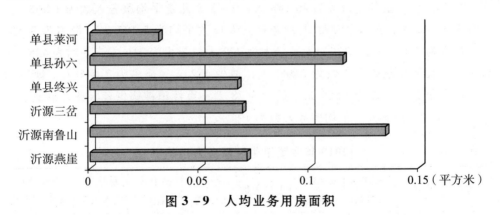

图 3 - 9　人均业务用房面积

5. 乡镇卫生院人力资源现状

基本公共卫生服务项目涉及群体性服务项目（如建立健康档案、健康教育和传染病防治）、重点人群服务项目（如儿童健康管理、孕产妇健康管理、老年人健康管理、重性精神疾病健康管理、慢性病健康管理以及预防接种）。在开展基本公共卫生服务过程中，需要不同领域、不同层次卫生人员之间相互配合、协同完成。

单县莱河乡镇卫生院分管妇幼工作人员谈及"学的护理专业，现在主要分管妇幼工作"；沂源县土门乡镇卫生院妇保工作人员提及"除了负责

妇保工作之外，还兼职办公室和仓库工作"；沂源土门卫生院副院长谈及
"60 岁以上老年人免费体检项目包括内科、心肺、B 超、化验等"；单县终
兴卫生院公共卫生服务项目办主任谈及"慢性病通过门诊、查体方式等方
式确诊"。

通过卫生服务人员访谈可知，基本公共卫生服务项目是一项综合工程，
需要卫生人员共同参与到项目之中，服务好农村居民健康需求，推进基本公
共卫生服务向前发展。因此，本研究分别从人员职称、人员学历、人员年龄
结构构成角度分析目前医生、护士、防保人员、医技人员的服务能力和服务
水平。

（1）乡镇卫生院人力资源构成情况。

据调查，6 所乡镇卫生院在岗工作人员共 412 人，人数最多 161 人，
最少 25 人，其中合同聘用人员 175 人（终兴中心卫生院实行全员聘用
制），占 42.5%。临床医生共 155 人，占在岗工作人员的 38%；公共卫生
人员 32 人，占 7.8%，如表 3 - 9 所示。可知，乡镇卫生院公共卫生人员
构成比例最低。

表 3 - 9　　　　　　　　乡镇卫生院人力资源数量情况　　　　　单位：%

调查县	乡镇	医生	护士	公共卫生人员	医技人员	行政、工勤	合计
沂源	燕崖	12 （48.0）	5 （20.0）	4 （16.0）	3 （12.0）	1 （4.0）	25
	南鲁山	17 （50.0）	12 （35.3）	2 （5.9）	3 （8.8）	0	34
	三岔	14 （43.8）	6 （18.8）	3 （9.4）	6 （18.8）	3 （9.4）	32
单县	终兴	60 （37.3）	52 （32.3）	10 （6.2）	8 （5.0）	31 （19.3）	161
	孙六	25 （30.5）	24 （29.3）	5 （6.1）	9 （11.0）	19 （23.2）	82
	莱河	27 （34.6）	24 （30.8）	8 （10.3）	5 （6.4）	14 （17.9）	78
合计		155 （37.6）	123 （29.9）	32 （7.77）	34 （8.3）	68 （16.5）	412

（2）卫生技术人员公平性分析。

本研究采用洛伦兹曲线和基尼系数分析 6 所乡镇卫生院医生、护士、公
共卫生人员以及医技人员的公平性。以 2010 年 6 所乡镇卫生院服务人口数
为基数，计算医生、护士、公共卫生人员和医技人员的基尼系数，分别为
0.12、0.19、0.06、0.24，均小于 0.3，配置比较公平；然后以人口累计百
分比为横轴，分别以医生、护士、公共卫生人员以及医技人员累计百分比为
纵轴，绘制洛伦兹曲线，如图 3 - 10 ~ 图 3 - 13 所示。按照服务人口计算，

各乡镇卫生院医生、护士、公共卫生人员以及医技人员在各乡镇配置比较公平。

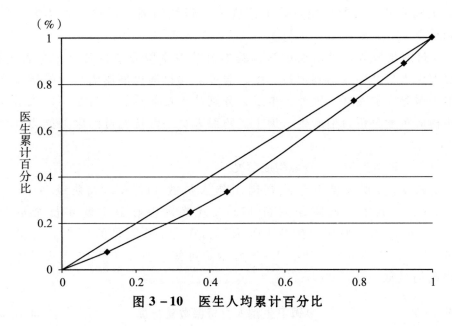

图 3 – 10　医生人均累计百分比

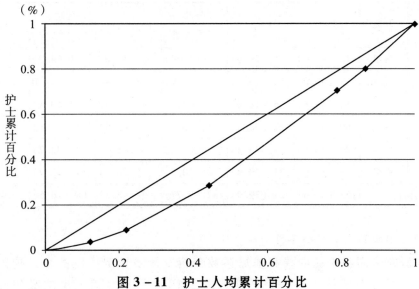

图 3 – 11　护士人均累计百分比

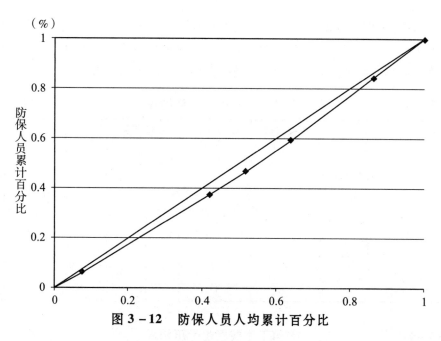

图 3 - 12　防保人员人均累计百分比

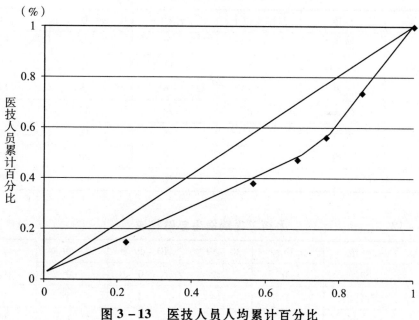

图 3 - 13　医技人员人均累计百分比

（3）医生职称、学历、年龄状况。

表 3 - 10 ~ 表 3 - 12 分析结果显示，乡镇卫生院医生初级职称占 61.9%，中级职称占 34.2%，高级职称占 2.6%，无职称人员占 1.3%；乡镇卫生院医生学历大专占 36.1%，中专占 54.2%，本科及以上学历占 9.7%；乡镇卫生院医生年

83

龄结构以 30～39 岁为主，占 59.4%，年龄＜30 岁、40～49 岁、50～59 岁比例分别为 9.7%、22.6%、8.4%。可知，乡镇卫生院职称以初级职称为主，高级职称构成比例较低；学历以中专为主，本科及以上学历构成比例低。

表 3 - 10 　　　　　　　　　　乡镇卫生院医生职称构成　　　　　　　　单位：人

调查县	乡镇	高级职称	中级职称	初级职称	其他	合计
沂源	燕崖	0	6	6	0	12
	南鲁山	1	8	7	1	17
	三岔	1	5	8	0	14
单县	终兴	2	22	36	0	60
	孙六	0	7	17	1	25
	莱河	0	5	22	0	27
合计		4	53	96	2	155

表 3 - 11 　　　　　　　　　　乡镇卫生院医生学历构成　　　　　　　　单位：人

调查县	乡镇	本科及以上	大专	中专	合计
沂源	燕崖	3	7	2	12
	南鲁山	4	11	2	17
	三岔	3	6	5	14
单县	终兴	0	20	40	60
	孙六	5	5	15	25
	莱河	0	7	20	27
合计		15	56	84	155

表 3 - 12 　　　　　　　　　　乡镇卫生院医生年龄构成　　　　　　　　单位：人

调查县	乡镇	＜30 岁	30～39 岁	40～49 岁	50～59 岁	合计
沂源	燕崖	0	12	0	0	12
	南鲁山	0	14	3	0	17
	三岔	0	11	2	1	14
单县	终兴	7	37	12	4	60
	孙六	5	10	7	3	25
	莱河	3	8	11	5	27
合计		15	92	35	13	155

（4）护士职称、学历、年龄状况。

职称构成：护士初级职称占 63.4%、中级职称占 35.0%、无职称占 1.6%；学历构成：中专学历占 80.5%，大专、本科及以上分别为 10.6% 和 8.9%；年龄构成：护士以 30～39 岁和 <30 岁为主，分别占 40.7% 和 35%，年龄 40～49 岁、50～59 岁比例分别为 20.3%、4%，如表 3－13～表 3－15 所示。护士职称以初级职称为主，缺乏高级职称人员；本科及以上学历构成比例较低，以中专学历为主。

表 3－13　　　　　　　　　乡镇卫生院护士职称构成　　　　　单位：个

调查县	乡镇	中级职称	初级职称	无职称	合计
沂源	燕崖	3	2	0	5
	南鲁山	3	7	2	12
	三岔	5	1	0	6
单县	终兴	20	32	0	52
	孙六	8	16	0	24
	莱河	4	20	0	24
合计		43	78	2	123

表 3－14　　　　　　　　　乡镇卫生院护士学历构成　　　　　单位：个

调查县	乡镇	本科及以上	大专	中专	合计
沂源	燕崖	1	3	1	5
	南鲁山	4	6	2	12
	三岔	5	0	1	6
单县	终兴	0	1	51	52
	孙六	1	3	20	24
	莱河	0	0	24	24
合计		11	13	99	123

表 3－15　　　　　　　　　乡镇卫生院护士年龄构成　　　　　单位：个

调查县	乡镇	<30 岁	30～39 岁	40～49 岁	50～59 岁	合计
沂源	燕崖	1	4	0	0	5
	南鲁山	7	3	2	0	12
	三岔	0	6	0	0	6

续表

调查县	乡镇	<30 岁	30～39 岁	40～49 岁	50～59 岁	合计
单县	终兴	13	25	12	2	52
	孙六	10	6	6	2	24
	莱河	12	6	5	1	24
合计		43	50	25	5	123

（5）公共卫生人员职称、学历、年龄状况。

由表 3－16～表 3－18 分析结果显示，6 家乡镇卫生院共 32 名公共卫生人员，公共卫生人员以初级职称和中专学历为主，占 68.8%，无高级职称人员，大专、本科及以上学历人数较少；年龄以 30～39 岁为主，占 53.1%。

表 3－16　　　　　　乡镇卫生院公共卫生人员职称构成　　　　单位：个

调查县	乡镇	中级职称	初级职称	无职称	合计
沂源	燕崖	0	4	0	4
	南鲁山	1	1	0	2
	三岔	2	1	0	3
单县	终兴	0	10	0	10
	孙六	2	3	0	5
	莱河	3	3	2	8
合计		8	22	2	32

表 3－17　　　　　　乡镇卫生院公共卫生人员学历构成　　　　单位：个

调查县	乡镇	本科及以上	大专	中专	其他	合计
沂源	燕崖	0	2	2	0	4
	南鲁山	1	1	0	0	2
	三岔	0	2	1	0	3
单县	终兴	0	0	10	0	10
	孙六	1	1	3	0	5
	莱河	0	0	6	2	8
合计		2	6	22	2	32

表 3 - 18　　　　　　乡镇卫生院公共卫生人员年龄构成　　　　单位：个

调查县	乡镇	< 30 岁	30 ~ 39 岁	40 ~ 49 岁	50 ~ 59 岁	≥60 岁	合计
沂源	燕崖	1	3	0	0	0	4
	南鲁山	0	2	0	0	0	2
	三岔	0	2	1	0	0	3
单县	终兴	1	5	3	0	1	10
	孙六	0	3	1	1	0	5
	莱河	0	2	4	2	0	8
合计		2	17	9	3	1	32

（6）医技人员职称、学历、年龄状况。

6 家乡镇卫生院共 34 名医技人员，以初级职称和中专学历为主，分别占 70.6% 和 50%，无高级职称人员，大专、本科及以上学历人数较少；年龄以 30 ~ 39 岁为主，占 38.2%，如表 3 - 19 ~ 表 3 - 21 所示。

表 3 - 19　　　　　　乡镇卫生院医技人员职称构成　　　　单位：个

调查县	乡镇	中级职称	初级职称	无职称	合计
沂源	燕崖	0	3	0	3
	南鲁山	2	1	0	3
	三岔	3	3	0	6
单县	终兴	0	8	0	8
	孙六	3	6	0	9
	莱河	0	3	2	5
合计		8	24	2	34

表 3 - 20　　　　　　乡镇卫生院医技人员学历构成　　　　单位：个

调查县	乡镇	本科及以上	大专	中专	其他	合计
沂源	燕崖	0	2	1	0	3
	南鲁山	0	3	0	0	3
	三岔	3	3	0	0	6
单县	终兴	0	0	8	0	8
	孙六	1	1	7	0	9
	莱河	0	0	1	4	5
合计		4	9	17	4	34

表 3 – 21　　　　　　　　　乡镇卫生院医技人员年龄构成　　　　　　单位：个

调查县	乡镇	<30 岁	30 ~ 39 岁	40 ~ 49 岁	50 ~ 59 岁	合计
沂源	燕崖	1	1	0	1	3
	南鲁山	1	1	1	0	3
	三岔	0	5	1	0	6
单县	终兴	2	0	0	6	8
	孙六	1	5	3	0	9
	莱河	1	1	0	3	5
合计		6	13	5	10	34

　　小结：基层卫生技术人员服务能力直接影响着农村基本公共卫生服务项目的实施质量。作为反映人力素质关键指标的学历和职称，在开展基本公共卫生服务过程中能够反映出他们的业务水平。分析结果显示，两县 6 所乡镇卫生院医生、护士、公共卫生人员以及医技人员职称结构均以初级职称为主，缺乏高级职称人员；学历层次以中专学历为主，大专、本科及以上学历人数较少；年龄结构以 30 ~ 39 岁为主，年龄结构较为年轻化，有利于基本公共卫生服务项目提供的持续性。

　　6. 乡镇卫生院公共卫生设备设施配置情况

　　依据江苏省乡镇卫生院公共卫生设备配备参考标准和卫生部 2008 年《乡镇卫生院建设标准》中乡镇卫生院主要医疗设备基本配置品目，选取了 19 项开展基本公共卫生服务项目所需基本设备设施，目的是了解样本地区公共卫生所需基本设备设施配置情况。从调查结果分析，健康教育宣传栏、打印机、电话、计算机、电视机、VCD 或 DVD、冷藏包、血压计、血糖仪、冰箱、显微镜公共卫生服务设备设施配置齐全。通过表 3 – 22 可知，6 所乡镇卫生院心电图机、数码照相机、口腔综合治疗台、多普勒胎儿听诊器等公共卫生服务设备设施配备存在差距，配备不齐全。

表 3 – 22　　　　　　　　　　　基本设备设施配备情况　　　　　　　　单位：个

调查县	乡镇	喷雾器	心电图机	温度记录仪	妇科检查床	产床	多普勒胎儿听诊器	数码照相机	口腔综合治疗台
沂源	燕崖	1	1	1	1	0	1	1	1
	南鲁山	0	1	0	0	0	0	1	0
	三岔	1	2	0	1	1	1	0	1

续表

调查县	乡镇	喷雾器	心电图机	温度记录仪	妇科检查床	产床	多普勒胎儿听诊器	数码照相机	口腔综合治疗台
单县	终兴	2	3	1	2	2	2	1	1
	孙六	1	2	0	1	1	1	1	0
	莱河	0	1	0	1	0	1	1	0
合计		5	10	2	6	4	6	5	3

（二）村卫生室基本情况

1. 乡村医生数量和服务人口数

调查发现，16 所村卫生室共 54 名村医，最多人数为 8 名，最少 1 名村医，按 2010 年服务人口数计算乡村医生在各村的基尼系数为 0.25，小于 0.3，绘制洛伦兹曲线，如图 3 - 14 所示，表明农村地区乡村医生配置比较公平。

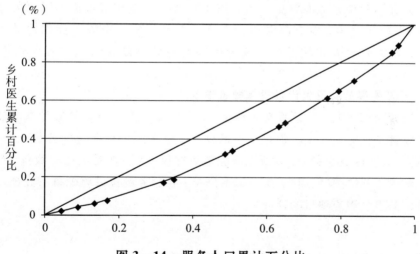

图 3 - 14　服务人口累计百分比

同时发现，每所村卫生室平均服务人口数 1 916 人，最多服务 4 650 人，最少服务 503 人；每位乡村医生平均服务 568 人。沂源县燕崖镇村医谈及"人员不够用，而且年长的村医干活不是很方便"以及单县终兴镇村医谈及"人手不足，工作量大，如建档，还有门诊、宣传、消毒等工作都要开展"。

2. 乡村医生年龄构成

16 所村卫生室共有 54 名乡村医生，年龄最大值为 68 岁，最小值为 28 岁，

89

平均值为 44.61 岁，中位数为 41.5 岁。如图 3 - 15 所示，40~50 岁年龄段人数居多，<30 岁人数比例较小，≥60 岁人口比例较大，年龄分布结构不合理，不利于基本公共卫生服务项目的可持续性。

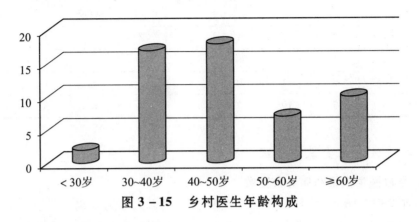

图 3 - 15　乡村医生年龄构成

3. 乡村医生学历和专业结构

乡村医生学历以中专学历为主，共 49 人，占 90.7%；其次为初中及以下学历 4 人，占 7.41%；大专学历 1 人，占 1.85%；专业构成方面，以西医专业为主，占 89.13%；其次为中西医结合专业，占 8.70%；中医专业比例最低，占 2.17%。中医专业人才缺乏，不利于中医药在居民健康管理过程中的推广和应用。

4. 村卫生室公共卫生设备设施配备情况

居民健康档案柜、健康教育宣传板、电脑、血压计、身高体重计基本公共卫生服务设备设施配置齐全。但是，血糖仪、心电图机、冷藏包配置具有差异性。现场调查 16 所村卫生室中，2 所没有配置血糖仪，3 所没有配置冷藏包，6 所村卫生室配置了心电图机。村卫生室基本公共卫生服务设备设施配备不齐全，不利于基本公共卫生服务项目的开展。

六、基本公共卫生服务项目培训情况

农村基层医疗机构卫生技术人员学历和职称层次水平较低，通过培训可以提高卫生技术人员的服务能力和服务水平。单县卫生局公共卫生项目办主任谈及"培训是关键，技术指导也是关键"。

在现场调查过程中，基层医疗服务机构卫生工作人员采取逐级培训的方式，由卫生局、疾病预防控制机构、妇幼保健院组织外地专家或是本机构人员对乡镇卫生院工作人员进行培训，然后由乡镇卫生院对辖区内村卫生室工作人员进行培训。但是，在培训过程中，缺乏针对性和专业性，效果仍不理想。

沂源县南鲁山土门乡镇卫生院防保工作人员提及"公共卫生服务项目的培训少，有限制，像计划免疫就让科长去，慢病就让分管领导去，具体干活的没有参加，这不好"。

单县孙六镇卫生院院长谈及"培训也有，对象包括乡医和精防医生（原来干内科的，或者相关的科室），但是效果不怎么理想，从2010年10月开始，已培训5次了。培训是局里组织，我们院只负责培训讲解，乡镇卫生院培训好之后，再对各镇的村医培训；也想过找村医直接培训，但是人多了之后，效果就更不好了。培训之后，一些常识性知识，大家都知道了，但是太专业的知识，还是不行"。

七、基本公共卫生服务项目绩效考核

基本公共卫生服务项目绩效考核的目的是更好地推进落实基本公共卫生服务项目，提高农村基层医疗机构公共卫生服务提供能力和工作积极性，并通过绩效考核结果与项目经费补助相挂钩的方式来提高基本公共卫生服务质量和水平，增进居民健康，提高公众健康安全保障水平。

（一）绩效考核的认识

对于实施的基本公共卫生服务项目绩效考核制度，农村基层医疗机构卫生服务人员评价较高，认为起到了促进、激励作用，并且可以通过绩效考核发现基本公共卫生服务项目实施过程中存在的不足，根据考核意见，不断完善基本公共卫生服务要求、提高服务质量，是一个进步和完善的过程。

沂源县南鲁山镇卫生院公共卫生人员谈及"考核用途一是找工作中的缺点，促进工作更加完善；再一个就是牵扯到公共卫生经费这块。考核基本上没有问题，干好了就是干好了，都很清楚"。

沂源县三岔乡村医座谈提及"考核细则密密麻麻，很好，考核制度很完善"，沂源县南鲁山镇村医谈及"考核不超过4次，乡镇卫生院、市里、县里各一次，都是看考核的相关文件来检查实际操作情况，这样考核对老百姓有好处"。

单县孙六镇卫生院公共卫生项目组副主任谈及"上级对我们半年一次大检，一个季度至少一次督导，有考核标准，县里对我们检查的时候，我们就对村里检查，考核就是查找不足的过程，也是个进步的过程"。

单县莱河镇卫生院分管妇幼工作人员提及"考核结果会排名次，开会时让排名靠前的介绍先进经验，这个算是精神奖励吧"。

（二） 绩效考核基本情况

2010 年 12 月，卫生部和财政部出台《关于加强基本公共卫生服务项目绩效考核的指导意见》和 2011 年 6 月出台了《关于开展 2010 年度国家基本公共卫生服务项目考核的通知》，提出了绩效考核的内容、考核对象、考核时间以及考核方法和结果应用，强化对基本公共卫生服务项目数量和质量的考核评估，并且提出了 2010 年国家基本公共卫生服务项目考核参考指标。两县结合自身实际情况制订了相应考核方案，沂源出台了《沂源县基本公共卫生服务项目考核方案（施行）》、单县制订了《单县基本公共卫生服务项目考核方案》等，明确了绩效考核的内容、考核主体和对象、考核时间以及考核方式和结果应用。

沂源县卫生局基层卫生科科长谈及"考核内容包括工作进展、质量和效果，考核的标准是按照国家省级的考核规范，结合本地的实际情况制定"。

（三） 绩效考核的主体和对象

两县在考核主体上略有差异，沂源县由县卫生局和县财政局联合成立县基本公共卫生服务项目考核领导小组，考核人员由卫生局相关科室、县疾控中心、县妇保院相关专业人员以及县财政局人员共同组成；单县由县卫生局公共卫生项目办组织县疾控中心、县妇保院以及县直有关专家组成考核组。基本公共卫生服务项目考核对象是一致的：承担基本公共卫生服务项目的基层医疗机构，即乡镇卫生院、村卫生室。

沂源县卫生局防保科主任谈及"局领导带队，抽调局里人员和专业机构人员进行考核。村卫生室有乡镇卫生院考核，咱们考核乡镇卫生院的时候，抽查村，一年考核 2 次"。

单县妇幼保健院项目办主任谈及"我们妇保院与卫生局和疾控中心联合组成大的监督考核组，对乡镇卫生院和村卫生室进行考核，所有乡镇全部考核，对村的考核是抽查的形式"。

（四） 绩效考核内容

基本公共卫生服务考核的内容主要包括组织管理、资金管理、服务项目完成的数量和质量情况以及实施效果。两县 9 类基本公共卫生服务项目完成的标准和指标有所差异，如居民健康档案沂源县明确要求电子档案达到 60% 以上；而单县由于缺乏居民电子健康档案系统，未列入考核指标等。从实施效果看，主要指标有知晓情况和满意度，与国家要求考核的项目实施效果一致，单县同时将健康知识掌握情况作为考核依据。项目组织管理和资金管理方面，沂源县考核内容与国家要求一致，涉及项目管理、资金分配、人员培训、督导考核等以及资金拨付、使用、核算等，单县明确将领导重视程度作为项目组织管理考核的一个内容。在基本公共卫生服务项目考核表中，单县明确列出了项目管理和资金管理的考核指标；而沂源县在这两方面没有明确指标内容，各机构执行程度不同，不利用基本公共卫生服务项目的有效管理。

单县基层卫生服务人员反映绩效考核方案存在细节不完善的地方，应与个人工作分工相结合。单县疾病预防控制中心慢性病管理科科长谈及"考核方案细节问题没有考虑，下一步细的考核方案要具体到每个人，工作量要与分工相结合"。

同时，考核过程中发现基本公共卫生服务项目存在服务不规范、随访不及时的问题。单县卫生局公共卫生项目办主任谈及"考核过程中发现问题，像妇幼，虽然数量上都能达到，但是存在服务不规范的问题以及目前难度较大，还有在随访服务上，乡村医生忙，好在卫生室设置得不很远，十五分钟就能到，平时拿药，门诊就随访了"。

（五）考核时间和考核方式

两县在基本公共卫生服务项目考核时间上存在不同，考核组每年进行 2 次考核，即半年 1 次考核和年终考核。沂源考核领导小组在每年的 7 月上旬和下年的 1 月上旬对承担基本公共卫生服务项目的基层医疗机构进行考核；单县考核组在每年第二季度末和第四季度末对承担基本公共卫生服务工作的基层医疗机构进行考核。考核组依据基本公共卫生服务项目考核标准，通过现场检查、查阅资料、电话调查、问卷调查等方法，对承担基本公共卫生服务项目的基层医疗机构进行考核和调查。

（六）考核结果应用

根据基本公共卫生服务项目考核方案的要求，绩效考核结果主要作为基本公共卫生服务项目资金补助的依据，同时作为社会监督、公共卫生服务项目改进和奖励惩罚的依据。单县还设立了公共卫生服务项目工作责任追究制度，将考核结果作为单位负责人或直接工作人员年度工作绩效的依据，与国家要求的类似。

沂源县卫生局基层卫生科科长提及"考核的结果要汇报上级，提出需要整改的问题及建议"，以及燕崖镇乡镇卫生院防疫科主任提及"考核的结果与绩效挂钩，按照结果拨付经费"。单县疾病预防控制中心慢性病管理科科长谈及"按照考核方案，考核结果及时反馈，然后依据考核结果进行修改，同时作为经费拨付和奖惩制度的依据"，以及卫生局公共卫生项目办主任谈及"我们考核督导有奖罚的、有责任追究、谈话诫勉制度、定期考核制度，现在这些都在运行中，我们都有服务对象的电话，我们都会监测，这样也便于我们服务"。

单县采取工作责任追究制度强化了农村基层医疗机构单位负责人或工作人员的服务意识，提高了基本公共卫生服务项目的重视程度，保证了基本公共卫生服务项目的有序开展。而沂源县则存在部分农村基层医疗机构负责人重视程度不够的问题，沂源县三岔乡卫生院公共卫生科访谈"领导说不要干得太好，也不要干得太差，差不多就行"，不利于农村基本公共卫生服务项目质量的提高和改进。

同时，单县农村基层医疗机构卫生服务人员反映绩效考核结果存在奖惩执行不到位的问题，不利于调动农村基层卫生机构和卫生服务人员的工作积极性和主动性。单县终兴卫生院妇幼工作分管院长谈及"规定根据考核结果发钱，光说处罚但是没有落实，积极性受到影响"。

绩效考核明确了考核的内容、时间、方式方法，给农村基层医疗机构卫生服务人员明确了基本公共卫生服务的工作目标，有利于推进基本公共卫生服务项目的实施进程，同时将考核结果作为基本公共卫生服务项目经费补助的依据，改变了传统上"被动服务"的局面，提高了农村基层医疗机构卫生服务人员的工作积极性和主动性。

（七）绩效考核对工作积极性的影响

实施基本公共卫生服务项目绩效考核制度，将考核结果与基本公共卫生服务项目经费相挂钩是为了提高农村基层医疗机构卫生服务人员的工作积极性和主动性。但是，调查发现农村基层医疗机构卫生服务人员工作积极性不高，制约了农村基本公共卫生服务项目的有效开展。

山东省卫生厅出台的《2010～2011年山东农村基本公共卫生服务项目实施方案》提出乡、村服务机构原则上以2:1比例对预拨的基本公共卫生服务资金进行分配。沂源县按照20%的比例确定村卫生室基本公共卫生服务项目经费；单县按照7:3的比例划拨乡镇卫生院和村卫生室基本公共卫生服务项目经费。

沂源县卫生局防保科主任谈及"按照考核标准，基本公共卫生服务经费乡镇卫生院80%、村卫生室20%"；单县卫生局公共卫生项目办主任谈及"我们村卫生室的收支都在这里，乡镇卫生院给他们发，根据省里文件要求和工作量，村卫生室占到30%，乡镇卫生院占70%"。

乡村医生在提供基本公共卫生服务项目的同时，还要肩负着农村基本医疗服务项目。他们反映基本公共卫生服务实施以来工作量增加了，但是补助少，积极性不高。单县终兴卫生院分管妇幼工作院长谈及"因为补助少，乡村医生积极性不高，给他们说这是职责，必须干"；沂源三岔村医座谈持有同样的观点"与以前从事基本医疗相比，基本公共卫生服务项目增加以后，工作量相比增加了 2～3 倍，特别是老年人、高血压、糖尿病患者随访后，晚上要填写纸质和电子档案。补助的钱不是很少，而是太少，太可怜，去年拨了了几百元钱，整个家庭靠我们养活，工作积极性不高。同时没有生活保障，特别是养老保险问题，期望解决后顾之忧，只要吃饱饭就能干好活"。

2010 年乡村医生基本公共卫生服务项目经费多数集中在 500～1 000 元，如图 3－16 所示。

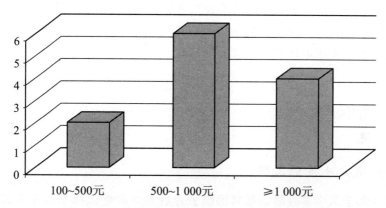

图 3－16　基本公共卫生服务项目经费补助

由此可知，基本公共卫生服务项目补助少、工作量大是影响乡村医生工作积极性的主要原因，同时乡村医生缺少保障机制，尤其是养老保险。乡村医生是开展基本公共卫生服务项目的"主力军"，应该健全乡村医生保障机制。

同样，基本公共卫生服务项目实施以来，乡镇卫生院卫生服务人员反映工作量明显增加，单县莱河镇卫生院工作人员谈及"自基本公共卫生服务 2010 年 4 月份实施以来，感觉工作量明显增加，任务繁重，工作量增加了 40%～50%，但是收入比较低"，以及南鲁山土门乡镇卫生院防保科人员谈及"公共卫生这块，工作人员的经费不到位，乡镇卫生院工作人员付出高，工资低，影响工作积极性"。现场调查可知，乡镇卫生院月平均工资多介于 1 000～2 000 元，低于山东省城镇单位就业人员月平均工资 2 776.8 元。可知，乡镇卫生院卫生服务人员工作量大、工资低是影响基本公共卫生服务项目开展的主要原因。

基本公共卫生服务项目绩效考核的目的是提高农村基层医疗机构卫生服务人员的工作积极性和主动性，更好地开展基本公共卫生服务项目，以满足农村居民多样性的医疗卫生服务需求。样本县通过实施绩效考核的方式，促进了 9 类基本公共卫生服务项目的实施进展。但是，在实施过程中，绩效考核不完善、绩效考核奖惩执行不到位以及农村基层医疗机构卫生服务人员付出和收入不成正比是制约农村基本公共卫生服务项目有效开展的原因。

第四节 讨 论

卫生部《十二五规划纲要》指出"十二五"期间要逐步提高基本公共卫生服务均等化水平，大幅提高人均基本公共卫生服务项目经费标准和逐步扩大基本公共卫生服务内容并确保覆盖全体居民。了解现阶段农村基本公共卫生服务项目实施现状和绩效考核运行情况，对实现基本公共卫生服务的目标具有重要意义。

一、方法学

（一）研究地点的选择

本研究在选取样本县时，紧紧围绕研究目的，最终选择了山东沂源和单县。首先是基本公共卫生服务项目受实施时间、领导重视程度以及政策执行主观理解程度的差异等因素制约，各地基本公共卫生服务项目执行水平参差不齐，运用专家推荐的方法，选择实施项目较好的山东沂源和单县，对于研究基本公共卫生服务实施现状具有很大借鉴意义；其次，沂源和单县处于山东中部和西部地区，分别代表不同地区的经济水平，有利于研究不同经济水平条件下基本公共卫生服务项目实施状况和绩效考核运行情况。

（二）研究对象和机构的选取

9类基本公共卫生服务项目涉及不同层次的医疗卫生服务机构，从组织管理、经费筹资、项目执行、业务培训指导和考核方面，需要不同层次、不同水平的医疗卫生服务机构共同协作完成。因此，本研究选择卫生局、疾病预防控制机构、妇幼保健院、乡镇卫生院和村卫生室等医疗服务机构，目的是从不同层面了解各机构在承担基本公共卫生服务项目中的职责，全面梳理基本公共卫生项目实施的状况。特别是，对乡镇卫生院和村卫生室的选取，分别从实施基本公共卫生服务项目较好、一般、较差不同角度选取乡镇卫生院和村卫生室，深层次了解农村基层医疗机构开展基本公共卫生服务项目实施现状以及实施过程中存在的困难。

（三）研究方法的选择

蒋辉采用基尼系数分析我国执业（助理）医师、注册护士的公平性。张彦琦等采用基尼系数和洛伦兹曲线从人口分布角度分析卫生技术人员、执业（助理）医师和注册护士等卫生资源的配置公平性。王春晓等利用基尼系数和洛伦兹曲线分析广东省珠三角地区卫生执法人力资源配置公平性评价的效果。从测量方法及研究进展情况来看，多数研究采用极差法、洛伦兹曲线和基尼系数、集中指数法测量卫生服务的公平性，并且基尼系数作为国际上用来衡量资源分配不公平程度的统计分析指标，目前已有许多学者将它用于评价卫生人力、床位数及设备的公平性研究。本研究利用洛伦兹曲线和基尼系数分析样本地区医生、护士、防保人员、医技人员、乡村医生之间配置的公平性，符合目前测量医疗卫生资源公平性统计分析要求。

二、公共卫生服务提供能力不足

卫生人力资源是医疗卫生服务的基础（Justin Oliver Parkhurst，2005），是实现农村卫生事业可持续发展的关键（胡晓，2011）。卫生人力数量是否充足，质量是否合格，结构是否合理，分布是否均衡，直接影响卫生服务提供的数量与质量，影响国家经济发展和社会稳定（徐立柱，2006）。基层卫生人员是居民享受基本卫生服务的一线人员，他们的技术服务能力直接影响着农村基本公共卫生服务项目实施质量（闫凤茹，2011；胡晓，2011）。目前基层医疗机构卫生人员素质偏低、人员结构不合理、人员分布不平衡以及队伍不稳定制约了基层医疗卫生事业的发展（李永斌，2011）。本研究显示6所乡镇卫生院医生、护士、公共卫生人员以及医技人员均以初级职称和中专学历为主。这与国内同类研究的结论基本一致（闫凤茹，2011；胡晓，2011；姜晓明，2001；刘国祥，2007；张晓凤，2012；周伟，2011；曲江斌，2006；杜倩，2011），基层卫生技术人才短缺，大专及本科学历比例低，初级职称比例占大多数；年龄层次结构不合理，年龄结构偏大。同时，研究还发现，农村基层医疗机构公共卫生设备配备不齐全，配备具有差异性，难以满足基本公共卫生服务工作需求。

分析其原因：第一，在农村，缺乏固定的经费保障、人才管理和使用政策不配套，乡镇卫生院和村卫生室的工作环境、薪金、福利、培训和发展的机会等均较差；乡村医生的身份不明，缺乏基本的养老保障，难以吸引和留住人才（朱晓丽，2011）。第二，编制总额不足，当前，乡镇卫生院的编制一直沿用20世纪80年代制定的编制标准，30多年来没有进行新的调整。随着经济社会的不断发展，

人民群众卫生服务需求的不断提高，以及医疗卫生机构的不断改革与发展，80
年代的编制标准远远不能适应现代医疗需要。第三，我国仍然存在"重治轻防"
的观念，全科医生的薪金、福利和培训的机会等均不及大医院的专科医生，卫生
技术人员不愿意做全科医生，使我国目前全科医生短缺，难以满足机构公共卫生
服务工作量的增加和病人健康管理工作模式转变的需要（朱晓丽，2011）。

2009~2011 年基本公共卫生服务项目全面实施仅 3 年时间，没有成熟经验可
借鉴，各地在开展基本公共卫生服务工作方面都是在摸索中前进，对基本公共卫
生服务工作规范和政策理解带有明显的主观性，实施差异性很大。农村基层医疗
机构卫生服务人员的服务能力和服务水平以及对基本公共卫生服务规范的理解和
态度直接关系着基本公共卫生服务项目提供的数量和质量，关系着农村基本公共
卫生服务项目整体实施进程，因此，强化农村基层医疗机构医务人员的全面培
训，提高他们的服务能力和服务水平至关重要。

三、服务项目经费不足、拨付滞后

完善的法律法规在开展公共卫生活动中起着非常重要的作用（G. Howse，
2009）。基本公共卫生服务项目经费是开展服务项目的重要保障，因此，需要完
善相关政策法规，保证经费足额、及时和持续。在调查过程中发现，基本公共卫
生服务项目经费采用预拨方式，但是经费额度不足、拨付滞后，影响了服务项目
开展的效果。这与朱晓丽、胡雪影等研究指出项目资金不能足额、及时到位相似
（朱晓丽，2011；胡雪影，2011）。分析其原因：第一，可能是 1994 年推行分税
制财政体制，致使财权上移、事权下移，基层政府财权与事权不相匹配，基层政
府基本公共卫生服务项目经费不足；第二，由于资金管理办法和绩效考核制度不
完善，部分地区的基本公共卫生服务专项资金滞留在市级财政部门或卫生行政部
门，资金拨付延迟（朱晓丽，2011）。

基本公共卫生服务项目从组织管理到具体实施，涉及不同的卫生服务部门和专
业卫生机构，如疾控中心、妇幼保健院等。随着各项基本和重大公共卫生项目的逐
步展开，这些项目的组织、培训和管理任务越来越重，但对省、市、县级的培训、
督导、考核等管理经费没有明确规定，使项目实施与监督考核都难以落到实处。

四、信息化系统建设滞后、缺乏统一标准

信息化建设对于实现基本公共卫生服务均等化具有重要的技术支撑作用，它
可应用于基层卫生服务机构日常的服务和管理工作，即将服务内容、流程、服务

收费、居民健康及日常管理有机融合，不仅有助于完善和规范服务功能、提高服务质量，甚至引领服务流程和规范的再造，推动服务体系的深入发展，对于提高管理水平、增强行政决策能力、推动区域资源共享、促进卫生信息系统的整体进展有重要意义（朱晓丽，2011）。但是，从现场调查来看，信息化建设滞后，缺乏统一信息化标准，软件设计不合理，信息资源利用不足，信息资源难以共享。这与梁鸿、刑聪艳、从卫春、蓝剑楠等研究结论相似（耿引红，2010；刑聪艳，2011；从卫春，2010；蓝剑楠，2010）。

分析其原因：第一，政府经费投入不足，信息化建设配套设施不足，信息系统尚未实现对接，利用率较低；第二，基层医疗服务机构管理者和卫生服务人员对于居民健康管理意识差，未能将信息化建设与卫生服务相联系并有效使用，使健康档案流于形式（朱晓丽，2011）。

五、居民健康意识淡薄，接受服务项目不积极

研究发现，一是农村居民健康意识较差，大多数居民仍认为"没有病就是健康，小病可以忍，大病才到医院"（高斌，2010）。还有人认为，查出有病，反正也治不起，眼下还能劳动，不如不查，万一查出有病还多个心理负担（贾先文，2009）。二是农村居民比较保守，普遍存在"家丑不可外扬"的心态，在社区服务站收集档案健康资料时，居民担心某些个人信息外泄，大多采取回避的方法，或者是避重就轻，隐瞒病史，使居民健康档案的推行严重受阻（文育锋，2011）。可能原因包括：第一，农村人口数量庞大，居民文化水平低，对健康认识不足或是存在狭隘的健康意识；第二，农村居民，特别是年轻人，忙于外出打工或务农，接受健康教育的机会较少，健康知识缺乏。

六、领导重视程度不够，绩效考核不完善

在开展基本公共卫生服务过程中，农村基层医疗机构领导者和管理者的态度在很大程度上影响着基本公共卫生服务项目的实施状况。调查发现，部分单位负责人对于基本公共卫生服务重视程度不够，仍存在"重医疗轻预防"的现象。很重要的一个原因是基本公共卫生服务项目经费补助较低，临床工作仍是基层医疗机构收入的主要来源。

绩效考核是确保基本公共卫生服务项目顺利实施的有效手段（段孝建，2012），通过绩效考核，可以提高农村基层医疗机构卫生人员的工作积极性和主动性。研究发现，定期的考核、监督工作已经形成制度，将岗位绩效工资和考核

结果结合，达到促进人员工作积极性的目的。但是，由于基本公共卫生服务项目实施时间短，考核制度及其实施环境不健全，涉及面不广，绩效考核评价指标体系不健全，尚处于探索阶段，致使考核方案细节不完善和奖惩执行不到位（马才辉，2012）。例如，研究发现，收入和付出不成正比是影响开展基本公共卫生服务项目工作积极性的主要原因；卫生行业存在着人事管理方面的"二元结构"，村级卫生人员作为"体制外"人员，没有享受到与其职业身份相适应的待遇（孟庆跃，2010），养老保险和基本生活保障问题是影响乡村医生工作积极性的一个重要因素（吉俊敏，2010）。

第五节　结论与建议

一、多项措施并举，提升卫生人员服务能力

农村基层医疗机构卫生人员距离群众最近，在开展基本公共卫生服务中具有不可替代的作用。因此，加强农村基层医疗机构卫生人员服务能力建设势在必行。

（一）采取多种措施，鼓励和吸引人才到基层服务

首先，鼓励和引导高校毕业生到农村基层医疗机构服务，继续推进"三支一扶"等各项支农政策，对于到农村基层医疗机构服务的高校毕业生，给予各项政策优惠，例如，职称晋升免试外语和计算机应用能力、提供安家费、设置高岗位津贴补助等政策，稳定人心，留住人才。

其次，采取城市支援农村的政策，建立对口支援。鼓励和倡导县级医院与乡镇卫生院和村卫生室建立对口支援，采取走下去定点帮扶、城市医生晋升前到乡镇卫生院和村卫生室服务等方式，提高农村基层医疗卫生机构人员素质。

最后，探索适宜定向培养模式，增加基层机构卫生人员数量。建立适宜农村模式的定向免费医务人员培养模式，政府每年从当地初中、高中毕业生中招收一批定向免费培养生，与其签订协议书，负责学习期间的学费、生活费等，毕业之后返回当地基层医疗机构工作，提供各项生活、工作等保障措施，并且对于这部分人优先安排规范化培训，完成身份的转变和服务能力的提升。

（二） 完善规范化的培养计划

针对目前在岗的卫生服务人员，完善规范化的培养、培训计划，提高他们的医疗服务能力，满足基本公共卫生服务项目的要求。第一，完善继续教育和学历教育规划。设计完善、合理、可行、易操作的继续教育和学历教育规划，对开展基本公共卫生服务项目较好的农村基本医疗服务机构和服务人员，由政府资助继续教育和学历教育名额，同时照常发放学习期间的工资、福利等，把继续教育和学历教育作为基本公共卫生服务项目激励措施之一，借此提高服务人员的基本公共卫生服务能力、服务的积极性和主动性。第二，完善培训规划，提升服务能力。基本公共卫生服务涉及面广，涉及领域多，通过城市对口支援、外请专家、选送相关人员参加上级培训、专题培训等模式，提高医务人员的服务能力和服务水平。同时，借助城市对口支援的优势，开展实践技能培训，提高医务人员的理论水平和实践操作能力，也可以适时在工作开展较好的乡镇卫生院和村卫生室召开现场观摩和经验交流会，作为精神激励的一种方式。

二、构建基本公共卫生服务项目经费保障机制

充足的服务项目经费是开展服务的重要保障，建立政府财政投入的制度化、规范化和法制化势在必行。首先，明确地方各级财政投入责任，强化地方财政投入的制度化管理，基本公共卫生所需经费全部纳入各地政府财政预算，预算与决算由人大审查，保障资金投入的稳定性，确保足额、及时的基本公共卫生服务项目补助资金。其次，设立基本公共卫生服务资金专户，加强资金监管，做到专款专用，减少中间环节的流失，对滞留、截留、挤占、挪用和未按规定足额配套的部分，问责一把手。同时，建立对市、县基本公共卫生服务经费使用情况和地方配套资金到位情况的奖惩机制（吉林省扎实推进基本公共卫生服务均等化，2011）。最后，规范基本公共卫生服务项目经费使用、分配，设立完善的考核机制，项目经费要与基本公共卫生服务项目考核结果相挂钩，建立以奖代补的政策，对实施项目较好的农村基层卫生服务机构给予奖励；同时，应确保其他运行和管理经费，如信息化软件维护费、工作人员劳务费、培训费用、相关设备设施损耗更新等。

三、推进信息化进程，全面提升基本公共卫生信息化管理水平

基本公共卫生服务内容多、工作量大，特别是建立居民健康档案这个最基本的环节，管理信息量相当庞大，如果不借助现代网络计算机技术，仅依靠常规的手段根本无法进行有效管理，需要推进基本公共卫生服务信息化进程，提升信息化管理水平。首先，基本公共卫生服务信息化建设需要大量资金的投入，建议政府增加财政资金投入，开发设计合理、适宜、持续的信息系统软件，同时要为农村基层医疗卫生机构配备相应的硬件设备设施，为建立基本公共卫生服务信息化提供基础条件。其次，建立统一的居民电子健康档案管理制度，规范档案的建立、管理、更新和使用等，统一组织对基层机构医疗卫生服务人员电子档案的培训。最后，优化整合现有资源，提高信息使用效率。要以居民健康档案信息系统为主，与现有的预防接种系统、新农合系统等卫生管理信息化软件进行优化整合，共同纳入大卫生信息化建设的框架下，实现一处录入、多处共享的目标，减轻基层录入的工作量。要与门诊诊疗系统相衔接，鼓励和倡导医疗卫生单位医务人员合理使用基本公共卫生服务信息系统。

四、加大宣传，增强农村居民健康意识，提高居民认可度

从现场调查的情况来看，农村居民对于开展时间较长的预防接种和传染病相关工作接受程度较高，但是对于其他几项基本公共卫生服务项目的认可度较低。农村居民文化程度相对较低，健康意识淡薄，对基本公共卫生服务项目不是很了解、认可程度较低，尤其是重性精神性疾病患者健康管理，因此，农村居民特别是身体健康的年轻人，对医务人员开展基本公共卫生服务存在抵触心理，出现不积极配合的现象。鉴于此，需要通过多种宣传渠道，加大宣传力度，增强居民认可度。建议政府部门调整舆论导向，在加强医务人员政策宣讲、理论灌输的同时，充分利用电视、广播、网络、报纸等途径，加强对公众基本公共卫生服务的政策宣传，使其自觉、乐意接受并对其进行有效监督（娄二朋，2010），调动基层医疗卫生机构医务人员工作的积极性和主动性，促进基本公共卫生服务有序合理可持续地开展和实施。

五、建立完善的考核机制，促进基本公共卫生服务的可持续发展

完善的绩效考核制度，是促进基本公共卫生服务均等化的重要手段。首先，根据考核反馈结果，不断完善基本公共卫生服务考核方案、考核指标和标准，建立适宜农村基层医疗机构的绩效考核机制。同时，随着基本公共卫生服务项目的不断扩展和成熟，调整考核内容、考核指标和标准，增加新增项目和重点项目的权重。其次，建立完善与绩效考核相挂钩的拨付机制、投入机制，保证绩效考核服务经费及时、足额到位，保障基本公共卫生服务资源的有效、合理利用；同时，完善奖惩机制，对于实施情况较好的机构给予及时奖励，对于实施不好的机构给予相应惩罚。

六、研究的特点与需要进一步研究的问题

（一）特点

本研究采用定性分析和定量分析相结合的方法，对样本县基本公共卫生服务项目的组织管理、经费筹资与分配、项目的具体开展和绩效考核进行全面梳理，能够较全面了解两县基本公共卫生服务实施现状及绩效考核运行情况，分析在实施项目过程中存在的不足和问题，为合理制定有效措施以此来更好地推进基本公共服务项目提供强有力的依据。

（二）局限性

由于基本公共卫生服务项目实施时间较短，各地经济发展水平和领导重视程度不同，使地区之间基本公共卫生服务项目开展情况差异较大。本研究仅对山东省2个县的基本公共卫生服务实施情况进行了分析，尽管样本量小，研究结果有一定局限性，但通过阅读大量文献，发现本研究结论与全国多数地区的基本公共卫生工作开展情况是相吻合的，对全国也具有一定指导与借鉴意义。

（三）需进一步研究的问题

一是需要扩大样本量，对实施情况不同的地区进行同样问题的实证研

究，以全面掌握可能存在的问题；二是需要详细测算基本公共卫生服务的成本，使资金的筹集与分配更科学；三是需要加强对基层医疗卫生服务机构人员配置与服务能力的研究，以保证改革方案的落实；四是需要加强基本公共卫生服务绩效考核方案与考核结果应用的研究，以激发职工的工作积极性，提高有限资源的使用效率。

第四章

宁夏三县区基本公共卫生服务
实施现状及深化改革研究

第一节 研究背景与目的

一、研究背景

宁夏回族自治区是全国五个少数民族自治区之一，位于黄河中上游，接近中国版图几何中心。东邻陕西省，西北部接内蒙古自治区，南部与甘肃省相连，属于我国西部欠发达地区。全区地域面积 6.64 万平方公里，辖 5 个地级市，22 个市县（区）。2014 年年末全区常住人口 661.54 万人，参加基本医疗保险人数 578.6 万人。其中，参加城镇职工基本医疗保险 116.12 万人，参加居民基本医疗保险 462.48 万人。

2014 年全区实现生产总值 2 752.10 亿元，人均生产总值 41 834 元，完成公共财政预算总收入 565.02 亿元，全年公共财政预算支出 1 000.49 亿元，其中医疗卫生支出 64.56 亿元。全体居民人均可支配收入 15 907 元，农村常住居民人均可支配收入 8 410 元，城镇常住居民人均可支配收入 23 285 元，皆低于全国的平均水平。

2009 年国家"新医改"政策出台之后不久，宁夏回族自治区卫生厅妇女保健与社区卫生服务处（宁妇社）根据国家公布的实施规范，结合宁夏的经济实力、地方特点和人群健康状况，于 9 月制定了《关于推进宁夏基本公共卫生服务逐步均等化实施意见》（宁妇社〔2009〕385号），意见中明确了指导思想和原则、工作目标、实施内容、实施步骤、具体措施、工作保障六个方面的内容。之后相继出台的相关文件主要有：宁夏回族自治区关于深化医药卫生体制改革近期五项重点实施方案（2009~2011年）（宁政发〔2009〕104号）；自治区人民政府办公厅转发关于实施妇幼卫生"四免一救助"的意见的通知（宁政办发〔2009〕190号）；关于印发《2009年中央补助地方公共卫生专项资金宁夏农村妇女乳腺癌检查项目管理方案》的通知（宁卫规财〔2009〕341号）自治区卫生厅等；三厅局关于印发推进宁夏基本公共卫生服务逐步均等化实施意见的通知（宁卫妇社〔2009〕385号）；宁夏回族自治区进一步深化基层医疗卫生机构综合改革的实施意见（宁"医改"小组〔2010〕1号）；自治区财政厅和自治区卫生厅关于基层医疗卫生机构基本公共卫生服务绩效考核与财政补助暂行办法（宁财〈社〉发〔2010〕277号）；宁夏回族自治区城市社区卫生服务机构基本公共卫生服务绩效考核的指导意见（宁卫妇社〔2010〕311号）；宁夏回族自治区乡镇卫生院和村卫生室基本公共卫生服务绩效考核指导意见（宁卫农卫〔2010〕313号）。这些政策的出台为宁夏回族自治区各类公共卫生服务项目的开展提供了保障，使其有据有依、有章可循。

二、研究目的和意义

（一）研究目的

本研究通过对宁夏地区基本公共卫生服务均等化数据的分析，采用扎根理论总结宁夏三县区基本公共卫生服务均等化现状，分析三县区基本公共卫生服务实施效果，揭示宁夏基本公共卫生服务均等化实施过程中存在的问题，提出合理的建议，为深化发展宁夏基本公共卫生服务提供依据。

具体研究目的如下：

（1）描述宁夏三县区基本公共卫生服务均等化实施现状；

（2）分析宁夏三县区基本公共卫生服务实施效果；

（3）综合现状，针对存在的问题，提出深化改革的意见和建议。

（二）研究意义

公共卫生服务的研究比较早，但是对基本公共卫生服务均等化进行规模化研究的历史较短，国际上的专家和学者从2000年开始对公共卫生服务进行大规模的系统研究（J. K. Harris，2012）。

通过文献检索发现，在研究角度方面，目前大部分学者详细分析基本公共卫服务某个具体方面的微观研究，而对基本公共卫生服务项目宏观的实施现状和效果分析的研究较少。许敏兰、罗建兵从公共卫生经费和公共卫生资源视角分析了我国公共卫生服务的区域均等化（许敏兰，2010）；黎国庆、袁兆康、周伟等人分析了卫生服务能力建设情况对乡镇卫生院服务功能开展的影响（黎国庆，2011）；娄二朋分析了我国基本公共卫生服务建设中政府的职责；何寒青研究了浙江省农村卫生服务项目的成本和分类情况（娄二朋，2010）；刘延伟重点研究了基本公共卫生服务均等化中卫生资源的公平性和绩效考核情况（刘延伟，2012）。

在研究对象方面，目前大部分学者对较发达地区的基本公共卫生服务均等化情况的研究较多，但是对西部地区的基本公共卫生服务均等化的现状和效果研究相对较少，尤其是对宁夏回族自治区的研究少之又少。文献检索结果显示，相关度大的研究有三篇。苗壮从筹资的角度分析了宁夏回族自治区农村的基本公共卫生服务（苗壮，2012）；李林贵、张俊华从基本公共卫生服务制度、与新型农村合作医疗保险的关系、公共卫生筹资方面对宁夏开展人人享有基本医疗卫生服务进行了探索和思考（李林贵，2010）；张文礼、谢芳从卫生费用、卫生资源、健康水平、服务可及性和均等化五个方面分析了宁夏基本医疗卫生服务均等化情况（张文礼，2012）；张泽勤等对宁夏妇幼健康 10 年的状况进行分析（张泽勤，2009）。

在研究方法方面，当前的研究多数采用定量方法进行局部的描述性研究，缺少定性与定量结合的深入研究。通过文献分析，主要的研究方法为：（1）定量数据分析，如描述统计（郝玉刚，2010；肖力，2010；梁娴，2012）、基尼系数和洛伦兹曲线公平性分析（王芳，2011）、比较分析法（尹栾玉，2011）；（2）描述因果关系（李晓红，2011）；（3）成本效果分析或成本效益分析（朱成明，2011）。

结合宁夏回族自治区的实际，选取宁夏回族自治区三县区进行调研，收集整理资料后，通过相关指标评价分析，发现项目实施过程中存在的问题，提出相应的解决措施，及时总结经验、规范项目管理，保证服务项目资金安全和发挥效益，促进"医改"惠民政策的有效落实，从而进一步加强完善基本公共卫生服务项目管理。

第二节　资料来源与方法

一、资料来源

课题组于 2011 年 8 月在宁夏回族自治区银川市兴庆区、银川市永宁县和吴忠市盐池县三地通过知情人访谈和机构问卷调查现场收集数据资料。资料主要包括现有文献、关键人物访谈信息、机构问卷调查数据以及政府文件、报告、总结、图片。

二、研究内容和调查对象

（一）研究内容

本研究调查时间为 2011 年 8 月，虽然 2011 年版的《国家基本公共卫生服务规范》已经颁布，但是调研时还未真正在基层落实，因此本章主要研究的基本公共卫生服务项目以 2009 年版《国家基本公共卫生服务规范》为标准，9 类 33 项基本公共卫生服务项目，具体如图 4 - 1 所示。

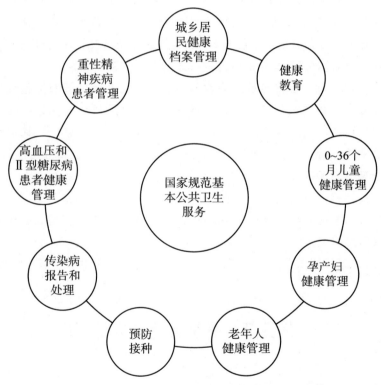

图 4 - 1　2009 年版国家规范基本公共卫生服务

（二）调查对象

宁夏回族自治区在《宁夏卫生资源配置标准及重点配置规划（2010 ~ 2015

年)》中提出，根据各市县经济社会发展水平高低、居民健康状况、卫生资源现状将全区各市县由高到低分为一类、二类、三类三个等级的区域。结合专家推荐的原则，本研究选取了一类地区银川市兴庆区、二类地区银川市永宁县和三类地区吴忠市盐池县的相关基本公共卫生服务机构和人员作为主要的调研对象。

1. 调查机构

根据研究目的及不同机构在促进基本公共卫生服务逐步均等化工作中的不同职责，三县区同样选取卫生局、疾病预防控制中心、妇幼保健院、社区卫生服务中心（乡镇卫生院）和社区卫生服务站（村卫生室）作为调研对象。其中需要说明的是，兴庆区是宁夏回族自治区唯一的一个没有妇幼卫生保健所的县区；永宁县卫生局的内部考核和领导检查工作时间与调查时间冲突，因此没有开展调查。具体调查机构如表4-1所示。

表4-1　　　　　　　　调查机构样本情况

地区	卫生局	疾病预防控制中心	妇幼保健院	社区卫生服务中心（乡镇卫生院）*	社区卫生服务站（村卫生室）*	合计
兴庆区	1	2	0	0	2	5
永宁县	0	1	1	2	3	7
盐池县	1	1	1	2	4	9
合计	2	4	2	4	9	21

注：兴庆区调查机构指社区卫生服务中心和社区卫生服务站；永宁县和盐池县调查机构指乡镇卫生院和村卫生室。

根据调查设计，应收问卷数为21，实收问卷数为18，问卷回收率为85.71%，未回收的原因是由于调查时间和部分机构的内部考核时间冲突。详细回收问卷数如表4-2所示。

表4-2　　　　　　　　回收机构问卷情况

地区	卫生局	疾病预防控制中心	妇幼保健院	社区卫生服务中心（乡镇卫生院）*	社区卫生服务站（村卫生室）*	合计
兴庆区	1	0	0	0	2	3
永宁县	0	1	1	2	3	7
盐池县	1	0	1	2	4	8
合计	2	1	2	4	9	18

注：兴庆区调查机构指社区卫生服务中心和社区卫生服务站；永宁县和盐池县调查机构指乡镇卫生院和村卫生室。

2. 调查人员

利用半结构化访谈提纲,对当地卫生局、疾病预防控制中心、妇幼保健院、社区卫生服务中心(乡镇卫生院)、社区卫生服务站(村卫生室)等不同机构的负责人和具体服务项目负责人进行访谈,了解目前基本公共卫生服务项目的实施进展,在实施过程中遇到的问题以及如何更好地实施基本公共卫生服务的意见建议等。访谈对象样本量具体情况如表4-3所示。

表4-3 调查人员数量

地区	卫生局	疾病预防控制中心	妇幼保健院	社区卫生服务中心(乡镇卫生院)*	社区卫生服务站(村卫生室)*	合计
兴庆区	3	4	4	0	8	19
永宁县	0	1	1	4	3	9
盐池县	2	3	2	3	3	12
合计	5	8	7	7	13	40

注:兴庆区调查机构指社区卫生服务中心和社区卫生服务站;永宁县和盐池县调查机构指乡镇卫生院和村卫生室。

三、资料收集方法

(一)调查工具

根据研究目的和基本公共卫生服务机构的不同职责,研究人员自行设计机构调查表和相关人员的访谈提纲。

1. 机构调查表主要内容

根据研究目的和各机构不同职责,调查表主要包括县(区)卫生资源及公共卫生服务情况信息调查表、机构开展公共卫生服务情况调查表(机构包括疾病预防控制中心、妇幼保健院、社区卫生服务中心或乡镇卫生院、社区卫生服务站或村卫生室)。调查表内容主要包括:

(1)县(区)卫生资源及公共卫生服务情况信息表:县(区)人口情况、县(区)经济情况、政府卫生经费投入情况、基本公共卫生项目负责单位、基本公共卫生服务开展情况项目统计表。

(2)机构开展公共卫生服务情况调查表:机构基本情况、机构人力资源情况、机构设备配备情况、机构收支情况、基本公共卫生服务项目开展情况统计表、基本公共卫生服务项目培训情况。

2. 关键人物访谈主要内容

本研究利用半结构化访谈提纲，对卫生局、疾病预防控制中心、妇幼保健院、社区卫生服务中心或乡镇卫生院、社区卫生服务站或村卫生室等不同单位的负责人和具体服务项目负责人进行访谈。访谈内容包括个人基本情况、个人工作情况、辖区内基本公共卫生服务均等化工作进展情况、公共卫生服务包内容、公共卫生服务包规范、机构职责、服务能力、公共卫生服务工作方式转变、经费保障、机构考核制度、人员激励措施、长效机制建设十二个方面。

（二）现场调查

现场调查是在宁夏回族自治区卫生厅支持下，由当地卫生行政部门领导帮助协调安排。现场调查共有5名调查员参加，每个地方用5天的时间进行调查，前两天在县里分别对卫生局、疾病预防控制中心和妇幼保健院进行访谈和机构问卷调查填写，后3天分别对社区卫生服务中心或乡镇卫生院和社区卫生服务站或村卫生室相关人员进行访谈和机构问卷的填写。

1. 机构问卷填写

调研人员将机构问卷发给相关人员，让其现场单独填写，对于不清楚的地方，给予回答并指导其填写机构问卷调查表。填写完毕后，再次检查问卷的质量，发现问题，及时改正，并当场收回问卷。

2. 面对面访谈

面对面访谈分为单独访谈和集体访谈。在本研究中，单独访谈和集体访谈同时运用，对卫生局、疾控中心、妇幼保健院和乡镇卫生院的相关人员的访谈，采取单独访谈的方式；随机抽取三个村的村医，通知统一的时间，采取座谈的方式进行访谈。在访谈过程中，调研人员专心听取，全面记录，并在恰当的时候提出相应的问题，以鼓励访谈人员继续讲解。

（三）资料的质量控制

具体资料收集和整理流程如图4-2所示。资料的质量控制方法如第二部分所述。

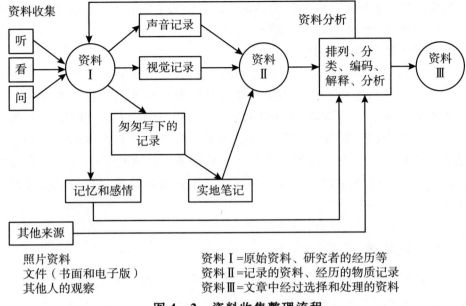

资料Ⅰ＝原始资料、研究者的经历等
资料Ⅱ＝记录的资料、经历的物质记录
资料Ⅲ＝文章中经过选择和处理的资料

照片资料
文件（书面和电子版）
其他人的观察

图 4－2　资料收集整理流程

四、资料分析

运用 WORD 办公软件将访谈资料全转录为 . doc 的文件，结合 Weft QDA 定性分析软件，将访谈信息分类整理，在经典扎根理论研究方法论的指导下展开分析，即由最初的研究兴趣将研究者引入研究情境，通过对基本公共卫生服务开展较好的典型地区进行深入访谈调研，总结调查地区基本公共卫生服务现状和问题，并进一步研究。

（一）文献分析法

文献分析法贯穿研究的全过程。通过 CNKI、万方、PubMed 等数据库的系统检索，查找国内外关于基本公共卫生服务均等化的相关文章，整理并归纳总结，形成对基本公共卫生服务均等化的认识。通过卫生部和宁夏回族自治区卫生厅等相关部门的权威资料总结分析宁夏回族自治区当前基本公共卫生服务均等化实施现状及存在问题，寻求相应对策。

（二）统计描述法

描述性统计分析的主要内容包括三县区人口和经济发展情况、卫生资源情况、9 类基本公共卫生服务项目服务数量和服务比率进行相关描述。

基本公共卫生服务效果需要长时间的实施才能有所体现，本研究参照卫生部于 2011 年 6 月发出的《关于开展 2010 年国家基本公共卫生服务项目考核的通知》（附录 2）中项目执行情况指标，结合本研究获得数据情况，制定出本研究项目实施效果分析指标，见表 4 - 4。

表 4 - 4　　　　　基本公共卫生服务项目实施效果分析指标

服务类别	进程指标
居民健康档案管理	健康档案建档率
	健康档案合格率
预防接种	接种率
	建证率
传染病防治	传染病疫情报告率
	传染病疫情及时报告率
0～36 月儿童健康管理	新生儿访视率
	儿童系统管理率
孕产妇健康管理	孕产妇系统管理率
老年人健康管理	65 岁及以上老年人体检率
	老年居民健康管理率
高血压患者健康管理	高血压患者健康管理率
	高血压患者规范管理率
	管理人群血压控制率
糖尿病患者健康管理	糖尿病患者健康管理率
	糖尿病患者规范管理率
	管理人群血糖控制率
重性精神疾病患者管理	重性精神疾病患者管理率
	重性精神疾病患者规范管理率

（三）扎根理论研究方法

扎根理论是一种研究方法论，其基本研究逻辑是：通过深入访谈，收集数据和资料，通过对数据间的不断比较，进行抽象化、概念化的思考和分析，从数据资料中归纳提炼出概念和范畴并在此基础上构建理论。

1. 扎根理论基本思想

扎根理论最初由格拉泽和施特劳斯（Barney Glaser and Anselm Strauss）两位

学者在研究关于临终照护机构的研究中发展出来，并于 1967 年正式提出扎根理论（Grounded Theory，GT）。它是一种运用归纳、分析、比较手段从资料中形成或发现理论的方法（L. Dellve，2002）。发展至今，通过两位学者及其他许多学者多年的探索和研究对扎根理论进行了不断的补充与完善，最后，施特劳斯和科尔宾（Strauss and Corbin）将扎根理论定义为：用归纳的方式，对现象加以分析整理获得结果，即扎根理论是经由系统化的资料搜集与分析，发掘和发展，并已暂时地经过验证的理论。研究者不是先有一个理论然后去验证它，而是强调此理论根植于所搜集的现实资料以及资料与分析的持续互动之中。

2. 扎根理论的核心和操作程序

扎根理论研究方法的核心主要由三种译码程序组成：开放式译码（Open Coding）、轴式译码（Axial Coding）和选择性译码（Selective Coding），使原始数据逐渐概念化、范畴化，再对原始数据进行关联和验证，使理论得以建构。

三种编码程序间的界线并非固定不变；不是说研究者要按研究的三个阶段分别使用这三种程序。在译码时，很可能开始用一种译码方式，突然不知不觉地由一种转到另一种译码，尤其是在开放式译码与主轴译码间，这种更迭是允许的。

学者潘伟迪（Pandit）以图清楚地说明了扎根理论的操作流程（N. Pandit，1996），如图 4 - 3 所示。

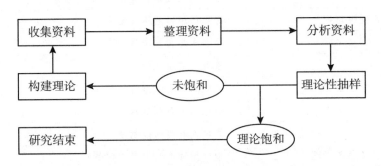

图 4 - 3　扎根理论的操作流程

3. 扎根理论对本研究的适用性

扎根理论主要适用于研究个体对真实世界的解释或看法。扎根理论在国外广泛用于护理学、社会学、人类学、心理学、教育学等方面的定性研究，被认为是定性研究方法中最科学的方法之一；在国内，扎根理论在教育学（杨素娟，2009）、护理学（李军文，2008）、社会学（何雨，2009）、人类学（朱敏，2009）、心理学（孟娟，2008；张婕，2012；刘海燕，2012）等领域也得到了广泛的应用。在管理学领域，国内外研究者讨论了扎根理论分析策略在管理学研究

中的普适性（杨飞，2008），医学研究者也尝试将扎根理论用于管理学研究之中（谢震铨，2010；杨飞，2008）

通过梳理关于扎根理论现有研究文献的基础上，发现有两种主要的扎根理论适用情景。第一种适用情景是按照时间顺序对已发生的事件进行回顾，并且在回顾过程中展现相关事件的因果关系。而第二种情景是基于现象提出理论概念并进行明晰化，从实践中挖掘概念的内涵和外延。这里所说的概念往往是一些已有文献没有提及的新概念或虽已提出但仅有很少介绍的概念，或者是一些以往的概念界定已经不能满足现阶段需要的概念。对于这样的概念，研究者会扎根于相关的实际情况进行全新的诠释或重新诠释。本章采用第二种情景的扎根理论研究方法。

在公共卫生或者卫生管理领域，运用扎根理论的研究较少，尤其是对"新医改"中出现的基本公共卫生服务均等化的研究未曾出现。因此，本研究运用扎根理论研究方法，对所调查的宁夏三县区基本公共卫生服务组织管理情况编码分析，形成当地基本公共卫生服务提供框架，为卫生服务提供者明确责任目标，为需求者建立清晰的服务指南。

第三节　结果与分析

一、调查地区基本情况

兴庆区位于宁夏平原中部，隶属银川市，是银川市的政治、经济、文化、教育、金融和商贸中心，东与内蒙古自治区鄂托克前旗接壤，西临唐徕古渠，南北分别与灵武市、永宁县、贺兰县、平罗县接壤。永宁县地处宁夏平原中部，东邻黄河，西倚贺兰山，是宁夏回族自治区首府银川市的郊县，位于银川市区以南。盐池县位于宁夏东部，东邻陕西定边县，南倚甘肃环县，北与内蒙古鄂托克前旗接壤。

截至2010年年底，盐池县的地域面积最大，永宁县次之，兴庆区面积最小；总人口数兴庆区最多，永宁县次之，盐池县最少；各县区生产总值和财政总收入同样都是兴庆区最多，永宁县次之，盐池县最少。详细数据如表4-5所示。

表 4 - 5 　　　　　2010 年三县区地域、人口和经济发展情况

地区	总面积（平方公里）	下辖单位数（个）			总人口数（万人）	地区生产总值（亿元）	财政总收入（亿元）
		乡	镇	街道办事处（村）			
兴庆区	790	2	2	11（31）	67.83	318.19	60.05
永宁县	1 020	1	5	（84）	21.83	76.42	13.63
盐池县	8 661.3	4	4	（101）	14.66	35.02	9.47

二、三县区基本公共卫生服务的组织保证

通过对调研收集整理的访谈资料进行扎根分析总结出，兴庆区、永宁县和盐池县基层卫生机构之间协调合作的模式框架是相同的，基本公共卫生服务均等化实施过程中包括决策层、管理层和执行层三个主要提供层次，如图 4 - 4 所示。

决策是管理者从事管理工作的基础，是衡量管理者水平高低的重要标志之一，是决定各项管理工作成败的关键，在管理活动中具有重要的地位与作用（周三多，2006）。在对健康管理的过程中，决策也承担着重要的作用。本研究中的决策层主要是指国家和宁夏回族自治区制定的政策文件或规范，以及政府对基本公共卫生服务均等化的财政投入和设施支持。决策层具体职责如表 4 - 6 所示。

表 4 - 6 　　　　　决策层职责和代表性论述

决策层职责	代表性论述
制定政策文件	宁夏回族自治区妇保院李院长："从 2008 年开始有这个意向，2009 年正式下发有关'四免一救助'的相关文件"
建设基层卫生服务体系	兴庆区卫生局赵局长："2002 年正式成立兴庆区，所以职能等都在调整，2003 年成立医疗机构，成立了卫生院，2005 年成立了监督和疾控机构"
财政投入，设施保障	益康社区卫生服务站站长："政府出钱租的房子，政府正在想办法把所有地方都买下来。" 盐池县卫生局公共卫生科科长："卫生厅统一弄软件……"

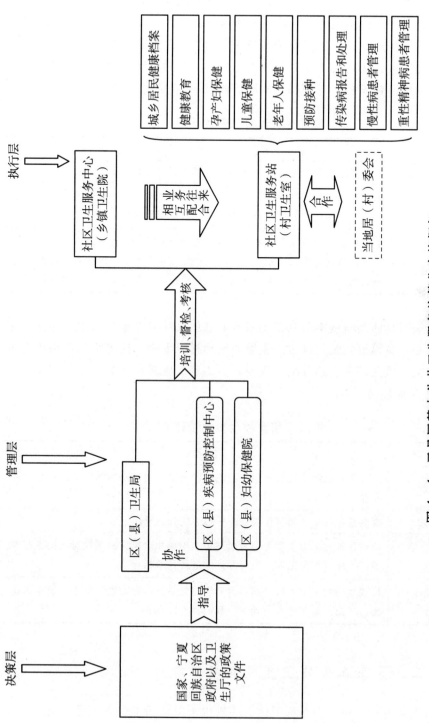

图4-4 三县区基本公共卫生服务均等化实施框架

制定完善的决策之后，在执行之前，需要由管理层级对有限的卫生资源进行合理配置，使其最大限度地为城乡居民提供优质高效的基本公共卫生服务。卫生局在基本公共卫生服务提供的过程中担任了管理资源的重要角色。政府机构制定政策，通过卫生局，传达到下属的卫生服务机构；同时基层卫生服务提供机构接受来自卫生局的具体安排。管理层具体职责如表4-7所示。

表4-7　　　　　　　　　　管理层职责和代表性论述

管理层职责	代表性论述
组织协调	兴庆区卫生局马主任：……组织协调各部门间的合作关系……
考核、督检和技术指导	永宁县妇幼保健所所长：考核乡上工作，对乡上工作督导检查，培训保健员，办理培训班，邀请儿童专家、妇科专家讲解知识
业务培训	永宁县疾控中心主任：我们从整体上把握并开展工作，培训方面，我们办班，分别对院长、专干、保健医生等分级培训，自治区和市疾控中心相关科室的科长和专家，还有我们县疾控的人员组成专家组进行培训

执行层是指具体实施基本公共卫生服务的基层医疗卫生单位，主要包括社区卫生服务中心、乡镇卫生院、社区卫生服务站和村卫生室，这些机构开展串巷入户、健康体检、建立档案、追踪随访等服务，主动提供基本公共卫生服务。执行层具体职责如表4-8所示。

表4-8　　　　　　　　　　执行层职责和代表性论述

执行层职责	代表性论述
为居民提供服务	长城花园社区卫生服务站：我们的职责就是给社区内居民提供医疗服务和他们所需要的公共卫生服务
提交相关报表	盐池县花马池乡镇卫生院：……报表比较繁琐……
接受监督、考核和指导	长城花园社区卫生服务站：银川市卫生局和金凤区的疾控对我们进行考核。上级机构会定期进行督导，并进行技术指导
多部门合作，资源共享	长城花园社区卫生服务站：居委会打电话告诉我们谁有啥事；老年人讲座，居委会有老年人活动室，我们也可以利用

三、三县区基本公共卫生服务提供能力

宁夏同其他地区一样，由基层卫生服务机构来提供基本公共卫生服务。卫生服务机构总数、每万人口卫生机构数，都表现为盐池县最高，永宁县次之，兴庆

区最少；卫生技术人员总数表现为兴庆区最多，永宁县次之，盐池县最少；每万人口卫生技术人员数表现为永宁县最多，盐池县次之，兴庆区最少。详细数据如表4-9和表4-10所示。

表4-9　　　　　2010年三县区卫生服务机构情况

地区	卫生机构数（个）									每万人口卫生机构数（个）
	公立医院	疾病预防控制中心	妇幼保健院（所）	卫生监督所	社区卫生服务中心	社区卫生服务站	乡镇卫生院	村卫生室	合计	
全国	20 918	3 513	3 025	2 992	33 000		38 000	648 000	937 000	6.99
兴庆区	4	1	0	1	11	24	4	34	79	1.16
永宁县	2	1	1	1	0	0	8	76	89	4.21
盐池县	3	1	1	1	0	1	8	99	114	7.77

表4-10　　　　　2010年三县区卫生服务人员情况

地区	服务人口（万人）	卫生技术人员总数（人）	每万人口卫生技术人员数（人）
全国	134 091	5 876 000	43.82
兴庆区	67.83	1 430	21.08
永宁县	21.83	535	25.30
盐池县	14.66	310	21.12

调查地区每万人口卫生机构数与全国每万人口卫生机构数相比，兴庆区只有全国的0.17倍，永宁县是全国的0.61倍，盐池县是全国的1.11倍；同时调查地区每万人口卫生技术人员数与全国每万人口卫生技术人员数相比，兴庆区是全国的0.48倍，永宁县是全国的0.58倍，盐池县是全国的0.48倍，分析可以看出，三县区卫生资源与全国水平相比有一定的差距。

四、三县区基本公共卫生服务筹资与分配

卫生筹资是医疗卫生保障措施中的一个重要部分。在当今社会，经济低迷的同时卫生费用不断升高，随着人口老龄化、慢性病不断增加以及新的昂贵的治疗措施的出现，对卫生筹资的需求日显紧迫。基本公共卫生服务除了非竞争性、非排他性和外部性等特点之外，最大的特点就是国家为居民购买卫生服务，居民不

需要额外支付卫生费用。

研究者通过调研，对于三县区真正落实的经费额度以及如何分配，有了一定的认识。通过表 4-11 中的访谈信息及编码的分析可以得知，三县区卫生机构服务人员都了解基本公共卫生服务的经费补助及分配标准。目前，三县区基本公共卫生服务经费筹资及分配主要表现为：（1）采用打包付费制和预付制；（2）对公共卫生服务补助呈现逐年增长的趋势。需要特别说明的是，由于盐池县领导的重视和县财政的支持，盐池县在国家规定的补助标准人均 25 元的基础上，再增加 1 元，以便基层机构能够更好地提供服务。具体访谈信息如表 4-11 所示。

表 4-11　　　　　三县区基本公共卫生服务筹资分配情况

地区	访谈信息	编码
兴庆区	卫生局赵局长："筹资这块今年是 25 元，去年是 15 元，2009 年 9 元。25 元里边有 20 元是中央给的，3 元是自治区的，2 元是银川市和兴庆区配套的。" 卫生局马主任："村卫生室：过去每月补助 400 元，今年补助 500 元。公共卫生服务经费：村卫生室按照服务人口×7 元（去年）的标准补助，今年是服务人口×13 元；乡镇卫生院按照服务人口×8 元（去年）的标准补助，今年是服务人口×12 元"	从中央到地方经费配套标准； 经费拨付标准
	益康社区卫生服务站站长："我们有一点治疗费，公卫补偿从 2007 年开始，经费每年基本翻一番，2007 年公卫上的经费拨了 4 万元，医疗上 2 万元；公卫经费 2008 年拨了 8 万多元，2009 年 15 万多元，2010 年也十几万元吧。"	呈现逐年增长的趋势
	区卫生局马主任："2010 年 15 元的标准才拨了 8 元，还有 7 元没有拨付。本级服务机构财政没有补助。" 区卫生局赵局长："现在能保障人头工资，乡镇卫生院都保障百分之百，但是办公经费没有保障，村医没有保障，上上周刚研究了，区财政给每个卫生院拨付办公经费，大概 5 万元，卫生院的车都配上了。"	补助未及时到位； 没有办公经费的补助
永宁县	疾控中心主任："预防接种有专款补助，2003～2004 年，山区每人补助 1 元，川区每人补助 0.5 元；到 2007 年，所有的都是 1 元；2008 年，扩大计划免疫，国家每人补助 2 元。2009 年下半年实现公共卫生均等化后，所有经费打包人均 9 元；2010 年，人均提高到 15 元（乡镇 7 元，村医 8 元），2011 年，人均提高到 25 元。"	预防接种补助逐年增加； 打包付费，从 2009 年起逐年增多

地区	访谈信息	编码
永宁县	胜利乡八渠村村医："国家钱越来越多，到我这里越来越少。公共卫生服务经费按人头拨付，2009 年拨付了 2 万元，2010 年拨了 9 000 元，2011 年到现在拨付了 1 758 元。"	国家补助增多，基层经费却减少
盐池县	县卫生局局长："基本公共卫生服务项目 26 元，县上多拿 1 块钱，因为过去健康教育这块没钱，要从公共卫生经费里提出，没有减负，最后县政府多投 1 块钱，给各乡镇卫生院配个照相机、培训、治疗等方面，县长特别支持。提出治病不如防病的理念。公共卫生服务项目经费，年初预拨 70%（包括乡村两级），包括基本医疗也预拨，30% 考核，今年已经预拨下去。"	县领导，县财政支持；预付制
	王乐井乡卫生院院长："15 元的情况下，村医经费 8 元，乡卫生院经费 7 元，都能到位。2011 年 26 元，其中乡 12 元、村 13 元，健康档案纸质 1 元，其中 6 元预付，都已经到位，乡卫生院的钱用于日常开支。" 王乐井村村医所说，"按人头补助，拿不到 8 元，到手里也只有 6 元，乡镇卫生院告诉我们，其中 1 元资料、宣传费用等，另 1 元不是很清楚。"	乡和村分配明确，部分经费到位；经费未完全到位
	卫生局公共卫生科相关人员："卫生院零利润，主要靠公共卫生服务经费运营，虽然今年涨了但是还是不够。" 王乐井村卫生室村医："村卫生室冬天取暖费很大。钱不够用，1 吨煤炭 800 多元，一冬天要用 3 吨或 4 吨，还有油费、通讯费等。"	靠经费运营；没有配套经费

　　虽然有关基本公共卫生服务的筹资和分配标准规定明确，但在落实的过程中存在一些问题：（1）落实的基层经费没有完全及时到位；（2）没有办公和相关配套经费的补助。

　　在访谈过程中，部分人员从自身的角度提出了相关建议：（1）不要采用打包付费制，最好按项目付费；（2）为基层卫生服务人员提高保障，如养老问题；（3）解决服务提供过程中的办公和相关配套经费。

五、基本公共卫生服务项目实施进展

　　基本公共卫生服务均等化政策旨在保障并促进居民的身心健康（赵红，

121

2010)。对于一项政策而言，方案确定的作用只占10%，其余90%则取决于有效的执行力度（戴玺文，2009）。基本公共卫生服务是政府投资的一项惠民工程，严格认真执行基本公共卫生服务项目，才能让城乡居民公平享受健康权利，才能给城乡居民带来健康利益。

（一）城乡居民健康档案

1. 城乡居民健康档案开展现状

在建立居民健康档案方式方面，兴庆区通过门诊、义诊、与居委会合作的方法，永宁县和盐池县采用健康体检的方式建立档案；永宁县按户建档，盐池县一人一档。在健康档案服务人群方面，兴庆区和永宁县为全体人群建立档案，而盐池县针对45岁以上人群建立健康档案。在健康档案电子化和信息化方面，兴庆区实现健康档案电子化和信息化管理，并由专人录入健康档案信息，保证健康档案的质量；永宁县和盐池县未实现电子化和信息化管理，但是盐池县健康档案电子化在计划中。

虽然在健康档案的建立方式、针对人群和信息化管理方面，三县区各不相同，但是在健康档案的保管方面，三县区都是以乡镇卫生院为主要管理机构，实现乡镇的统一保管要求。三县区具体访谈信息如表4-12所示。

表4-12   访谈信息及编码1

地区	访谈信息	编码
兴庆区	区卫生局副局长："我们下辖4个乡镇，43个村卫生室，居民的健康档案由卫生院录入并管理，部分人群的电子档案建好。" 长城花园社区卫生服务站站长："建档方式以门诊建档和义诊（义诊利用周末时间，进行基本医疗如测量血压等＋宣教）建档两种方式为主。" 长城花园社区卫生服务站王晓丽："居委会知道居民信息。"	档案建立方式：门诊、义诊、居委会获取信息；卫生院保存和管理档案
	区卫生局副局长："网络化能给我们工作提供方便，我们建立了'银川市公共卫生信息平台'，这个平台只落实到社区。" 长城花园社区卫生服务站王晓丽："居民24 000人，建立了15 000人，前年开始不填写纸质版，2010年全部以电子版为主，当时录入的时候基本信息找的大学生录入的。" 益康社区卫生服务站相关人员："现在全部都信息化了，有专门的人录入信息。"	档案电子化信息化；专人录入，保证质量

续表

地区	访谈信息	编码
永宁县	望洪乡镇望洪村卫生服务站村医："2007 年、2008 年基本上就健全了，都是年年体检，针对所有村民，都是免费的，体检的时候就建档了，服务的人群大概是 5 000 多人。" 胜利乡卫生院相关人员："以乡镇卫生院为主，2006 年开始（建档）到 2009 年建起来。" 胜利乡杨显村卫生室："以户为单位建好档案。"	档案建立方式：体检；以乡镇卫生院为主，按户建档
	胜利乡杨显村卫生室："没有实现信息化管理。" 望洪乡镇望洪村卫生服务站村医："档案还没有信息化，健康档案不常用。"	未实现信息化，未使用
盐池县	县卫生局公共卫生科科长："社区 2008 年按户建档，现在变成一人一档。" 疾病预防控制中心综合科科长："45 岁以上一定要建档，体检后建档。" 王乐井乡镇各村医："卫生院建立，在村卫生室、村委或庄头建档。" 王乐井乡卫生院："档案 2007 年建立。"	针对 45 岁以上人群通过体检建档；由乡镇卫生院建立；一人一档
	县卫生局公共卫生科科长："电子档案未开展，无软件系统。" 疾病预防控制中心综合科科长："我们下一步的计划就是建立健康档案和电子档案，由乡镇来建立。" 花马池裕兴村村医："没有实行信息化，虽然很多方面都精简了，大家也都说信息化好，看到乡镇卫生院的人，纸质的要写，电子的也要，就觉得太麻烦了。"	未实现信息化；计划将档案电子化

2. 城乡居民健康档案实施效果

根据宁夏回族自治区卫生厅提供的关于基本公共卫生服务项目实施情况统计数据，分析绘制出 2010 年三县区居民健康档案总体建档率和档案合格率的统计描述图，如图 4 – 5 所示。据图可知，三县区健康档案新建率达到国家要求 3%，档案的合格率都高于 90%，远远超过国家的目标要求 50% 的合格率。从总体建档率上看，永宁县居民健康档案的服务效率高于兴庆区和盐池县。

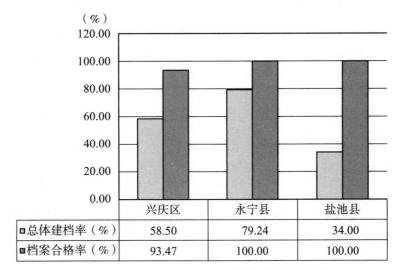

（%）	兴庆区	永宁县	盐池县
■总体建档率（%）	58.50	79.24	34.00
■档案合格率（%）	93.47	100.00	100.00

图 4 - 5　2010 年三县区居民健康档案建立情况

3. 城乡居民健康档案存在的问题

由表 4 - 13 中的访谈信息及编码的分析，可以看出三县区居民健康档案管理存在的问题：缺少信息化管理和日常管理经费；部分居民对档案认可度不高；流动人口不便管理；健康档案科学性和完整性不高；健康档案未利用，成为"死档"。上述问题的存在，使健康档案形式化，违背了建立居民健康档案的根本目的。

表 4 - 13　　　　　　　　　　访谈信息及编码 2

地区	访谈信息	编码
兴庆区	区卫生局副局长："我们区卫生局，社区服务中心，卫生院希望信息互通，但经费不足。" 长城花园社区卫生服务站站长："入户难，辖区居民年轻为主，白天无人，晚上不开门，有的态度强硬，不需要社区卫生服务。" 长城花园社区卫生服务站王晓丽："有少部分人害怕泄露信息；老干部不认可，认为有定点医院，有专门管理，不需要你们管理。"	缺少经费； 态度问题，入户难； 居民担心信息泄露； 部分人员不认可
宁县	胜利乡卫生院院长："开始建立的时候村民不认可；未建立档案的人员包括空挂户（即户口在但人不在）和流动人口。档案没有利用，'死档'。"	认可度不高；流动人口和空挂户难以管理；档案未利用

地区	访谈信息	编码
盐池县	县卫生局局长："电子化这块，信息系统虽然项目上有，但是公共卫生都没有，包括健康档案，纸质档案都在乡镇卫生院，都是'死档'。" 疾控中心综合科科长："建好之后没有真正使用，成为'死档'，而且信息不科学不完整。" 王乐井村医："纸质档案不方便；电子档案可以节省时间。人口流动性大，个别档案不健全，大约60%外出，有的常年不回家或是打电话不回来；经费问题，村民不集中，汽车油钱、电话费等。"	档案未利用；信息科学性和完整性不高；纸质档案不便利用；流动人口不便管理；缺少经费

（二）健康教育

1. 健康教育开展现状

健康教育内容丰富，方式灵活多变，可以贯穿于所有基本公共卫生服务项目中。本研究中的三县区在健康教育方面都是根据当地实际情况，开展了适合当地特点的健康教育服务。

在健康教育内容和规范方面，三县区按照要求，根据当地实际健康状况积极宣传、规范定期宣传。在健康教育形式方面，三县区采取的主要形式包括：发放印刷宣传资料；播放音像资料；制定健康展板、宣传栏；举办健康知识大讲堂；开展健康咨询。需要特别说明的是银川市电视台专门开设健康教育频道，兴庆区和永宁县利用文艺演出的机会宣传健康教育知识；永宁县与当地爱卫办合作进行健康教育；盐池县由于地广人稀，人群集中度不高，利用宣传车进行移动宣传，同时，通过发送手机短信向居民宣传健康知识。由于健康教育是一项需要长期不断宣传的持久性工作，因此，目前兴庆区通过5年的健康教育，居民行为改变、意识提高；通过永宁县两个村不同宣传媒介的比较发现，现代化媒介宣传效果比传统宣传效果好。具体访谈信息及编码如表4-14所示。

表4-14 访谈信息及编码3

地区	访谈信息	编码
兴庆区	区卫生局赵局长："我们的健康教育是通过各种渠道改变饮食习惯，合理膳食、良好习惯的养成、健康知识的了解。" 益康社区卫生服务站站长："健康教育的宣传版都有明确的要求，长1.2米，要离地1.5米"	健康教育内容和规范：日常健康习惯；按要求制定宣传板

续表

地区	访谈信息	编码
兴庆区	区卫生局赵局长："第一是培训干部、村医，同时也培训家庭主妇，师资是乡镇卫生院的院长和局里的干部，这是去年干的事情，都是各级政府投入，第二个渠道是引起他们注意的项目，看电影之前放，也就是多分钟。" 区卫生局马主任："2008年、2009年农民健康教育活动，骨干培训，文艺演出。" 益康社区卫生服务站站长："健康教育要买礼品，去动员人来参加。我们要委托居委会来开展健康教育，他们那里有投影仪、会议室。" 长城花园社区卫生服务站站长："主要采用大课堂形式，有专门会议室；发放小礼品包括牙刷、牙膏、洗衣粉等。" 长城花园社区卫生服务站高晓燕："每月都有健康展板，卫生日门诊，每年有2次的健康教育大课堂，发放健康教育宣传册"	健康教育形式：所涉人群培训；播放影音资料；文艺演出；礼品吸引；大课堂；健康展板；发放宣传册
	区卫生局赵局长："有个农民健康的促进行动，一共有5年的时间，农民也了解了一些，如吃碘盐、知识的知晓率、是否共用毛巾，知识知晓都达到了80%，比如都知道水果不洗吃了不好。" 区卫生局马主任："有的意识提高"	健康教育效果：长时间教育，行为改变，意识提高
永宁县	胜利乡八渠村医："宣传栏每2~3个月更新一次；主要宣传流行病、夏季肠胃炎等内容。" 望洪乡镇望洪村卫生服务站相关人员："健康教育一年至少一次"	教育内容和规范：常见疾病；定期更新教育
	疾病预防控制中心主任："宣传教育，材料印制发放，展板是按照县卫生局的要求，乡镇上自己做。县卫生局爱卫办也参与此项工作。" 望洪乡镇望洪村卫生服务站相关人员："宣传，要挨家入户的宣传，发宣传画、书等，年年都发。2009年、2010年在宣传上下了不少工夫，地方台上播了一些健康教育的，银川有个健康教育台。" 胜利乡八渠村村医："主要通过宣传栏、宣传资料、健康讲座等方式进行健康教育，宣传资料，最好通俗易懂，而且大部分都是自己制作的；通过媒体宣传可以，但是白天看电视的较少，晚上还可以；利用歌舞团唱出来更好。" 胜利乡杨显村村医："出板报，群众就医时，有什么问题及时解答，算是进行健康咨询了，另外我们还有健康教育大课堂"	健康教育形式：宣传材料；健康展板；与爱卫办合作；银川健康教育台；健康讲座；文艺演出；健康咨询

续表

地区	访谈信息	编码
永宁县	望洪乡镇望洪村卫生服务站相关人员："人们的意识强多了，电视、报纸上都有，现在人们水果不洗都不吃了，家里都是两个菜板了，现在年轻人都注意卫生了。" 胜利乡八渠村村医："效果不是太好，例如：宣传资料发到农民手中，有时碰到他，问问情况，他们说都不知道扔到哪里了"	健康教育效果：传统宣传资料效果不如现代媒体宣传
盐池县	花马池乡卫生院书记："宣传包括健康教育，每一期一个板报相关知识进行健康教育宣传。这些东西都在健康教育规范里，每月都有健康教育计划，有各种资料小样和展板对计划进行宣传实施。" 疾病预防控制中心综合科："健康教育由疾控中心牵头，根据当地情况选择适当的教育方式"	教育内容和规范：结合当地实际，规定内容；疾控中心主导；
	王乐井村医："办报、下村宣传或是集中宣传等，有 10 个或是 8 个在一起聊天，过去给他们讲讲。通过手机短信，这个 7 月才开始的。" 王乐井乡卫生院院长："从 2008 年开始健康教育，主要是培训村医，开例会的时候顺带培训，例会是 1 个月 1 次，随机抽查村民，考察村医的工作，我们会发放资料，资料是从县里领取的，另外还有大讲堂进行宣讲宣教，用 U 盘在宣传车上宣传，各个村卫生室都有电视，可以播放健康教育宣传片，我们卫生院还有健康教育展板、宣传栏，定期更新宣传内容。" 疾病预防控制中心综合科："用宣传车移动宣传，我们还设置大课堂，老年人开会时健康咨询"	健康教育形式：办报；参与式宣传；手机短信宣传；培训村医；健康讲堂；宣传车移动宣传；播放音像资料；健康咨询
	王乐井村医："起作用了，起码都知道低盐饮食等，群众比较认可。" 疾病预防控制中心综合科："知识点太多，居民记不住，居民的素质不高；要求太高，推人太快，效果不好，生活习惯不易改变；宣传的过程由县推动乡再推动村，一次循环下来要 2 个月"	健康教育效果：内容多；速度快；周期长，效果不好

2. 健康教育存在问题

健康教育内容多、对象多、方式多，各种因素可能会影响健康教育的开展，三县区在健康教育宣传的过程和效果方面存在的问题主要是：（1）时间配合不当，召集居民困难；（2）居民关注度和配合度不高；（3）居民接受能力有限，落实率和行为形成率需要较长时间。具体访谈信息及编码如表 4 - 15 所示。

127

表 4 - 15　　　　　　　　　　**访谈信息及编码 4**

地区	访谈信息	编码
兴庆区	区卫生局赵局长:"落实的问题,行为形成率的问题,相对于宁夏来讲,农民的文明程度还是比较高的。" 益康社区卫生服务站站长:"健康日来的人都是年龄偏大的。" 长城花园社区卫生服务站站长:"召集居民非常困难;效果也一般,大多数人不愿意参加"	落实率和行为形成率; 接受能力有限; 召集困难
永宁县	胜利乡八渠村村医:"百姓认识不够。健康讲座听得很少,因为大家忙着挣钱,关注的少,即使发洗衣粉都不来"	关注度不够
盐池县	王乐井乡卫生院院长:"老百姓不是很配合;到下面宣传时交通不是很方便。" 王乐井村村医:"原因人口流动性大;农忙,人不一定在家,本来一天完成,需要几天完成。" 花马池乡镇裕兴村村医:"健康教育群众并没有热情,对健康教育不以为然,健康教育的效果不明显,主要是居民的健康意识差"	配合度不高;交通不便;流动人口;时间配合不当,浪费时间;健康意识差

(三) 0~36 个月儿童健康管理

1. 0~36 个月儿童健康管理开展现状

宁夏特有的"四免一救助"是针对妇幼开展的专项服务,其中保障儿童健康的措施主要是免费新生儿三种疾病筛查和治疗,即对新生儿先天性甲状腺功能低下、苯丙酮尿症、先天性听力障碍三种疾病开展筛查,对患儿免费给予治疗。本研究调查三县区将"四免一救助"与 0~36 个月儿童健康管理相结合,保障当地的儿童健康。

在儿童健康系统管理方面,三县区都为辖区内儿童建立健康档案、体检手册、疫苗接种证。在儿童健康管理执行方面,兴庆区对辖区内新生儿进行访视,并做简单的体检,为辖区内的所有 0~36 个月儿童,包括外来儿童和流动儿童接种疫苗;永宁县由县保健所指导,村卫生室引导,乡卫生院主导,对辖区内 0~36 个月儿童开展体检和随访工作,由于宣传监督工作到位,永宁县儿童保健事故少、效果好;盐池县卫生服务提供人员,认识到儿童保健的重要性,尤其是对流动儿童的健康管理,在体检和随访中按照儿童保健管理规范开展工作。具体访谈信息及编码如表 4-16 所示。

表 4 – 16　　　　　　　　　访谈信息及编码 5

地区	访谈信息	编码
兴庆区	长城花园社区卫生服务站相关人员"我们给 0～4 岁的儿童建立儿保手册，新生儿 3、6、9 个月定期随访，给他们体检，建立体弱儿童的专门档案并专门管理，我们还会定期电话随访"	建立儿保手册；新生儿随访；重点儿童专门管理
	长城花园社区卫生服务站相关人员："访视时对黄疸、腹泻之类查看，身高、体重检查等"	参照标准，制定访视内容
	长城花园社区卫生服务站相关人员："满月打预防针，办疫苗接种证，辖区疫苗都是我们接种，有时也接种外来人员。" 长城花园社区卫生服务站高晓燕："新生儿出生后 30 天，给小孩建卡并管理，第一针免费接种，我们也会到学校查验是不是 0～6 岁的儿童应该接种的都能按时按计划接种"	新生儿和婴幼儿的健康管理：接种疫苗； 流动或外来儿童的管理
永宁县	望洪乡卫生院妇幼负责人："儿童体检都是来乡里体检，以前在村里质量和积极性都不高。" 望洪乡望洪村卫生服务站村医："儿童打针我们要发通知"	卫生院负责体检；村卫生室负责通知
	妇保所所长："县保健所进行业务指导，乡镇卫生院有专门妇幼专干，至少 2 人包括 1 个妇保 1 个儿保；村有保健员。县保健院通知儿童体检，具体工作由乡卫生院来做，体检内容有身高、体重、电脑评价仪、血色素、乙髓灰质炎等，并向家长宣传健康知识。1 岁及以下，4 次/年。1～2 岁，2 次/年，2～3 岁，1 次/年，另外还包括入学体检，管理率达 99%"	保健所指导，乡卫生院主导，村卫生室引导；参照标准，对儿童体检；管理率高
	望洪乡卫生院妇幼负责人："妇保从七几年的时候就有了，但是效果从 2003 年才看出来，2003 年以后，孕产妇、新生儿很少出事，基本上都没有，这都是保健人员宣传和督导的结果"	开展时间久，效果显著，很少发生事故；监督
盐池县	妇保所保健科科长："负责给他们体检，0～1 岁，一季度体检一次，有村医来做，2～3 岁，半年一次体检，3～6 岁，一年一次体检，另外，0～5 岁的儿童，每个季度都要随访一次，给他们建档和体检册"	规范体检和随访；建立档案
	县卫生局公共卫生科科长："儿保原来就开展，只是更规范化了"	规范化
	花马池乡裕兴村村医："这边人口流动性大，儿保很重要"	流动儿保重要性

2. 0～36 个月儿童健康管理实施效果

儿童是祖国未来的栋梁，对儿童健康的管理一直是国家卫生行政部门关注的焦点，尤其是婴幼儿的健康管理，相对于其他基本公共卫生服务项目来说，开展的时间比较长，因此三县区的儿童系统管理率都比较高，兴庆区和永宁县的新生儿访视率和 0 ~ 36 个月儿童系统管理率达 99% 以上，盐池县的新生儿访视率和 0 ~ 36 个月儿童系统管理率分别为 92.61% 和 90.59%，都达到国家规定的目标要求 85%。具体的管理率如图 4 - 6 所示。

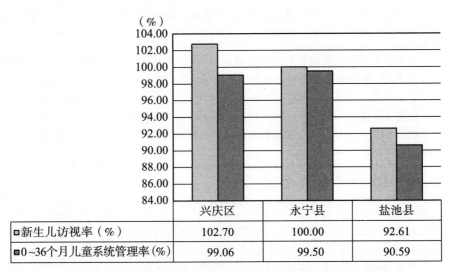

（%）	兴庆区	永宁县	盐池县
□新生儿访视率（%）	102.70	100.00	92.61
■0~36个月儿童系统管理率(%)	99.06	99.50	90.59

图 4 - 6 2010 年三县区 0 ~ 36 个月儿童健康管理情况

3. 0 ~ 36 个月儿童健康管理存在问题

儿童健康管理工作开展时间长，效果明显，但在日常管理中还是存在一些问题：工作复杂，报表繁琐，需要人力和时间；没有实现网络化，不能信息共享；缺少经费，流动儿童管理困难；缺少设备，体检率和次数不能达标。具体访谈信息及编码如表 4 - 17 所示。

表 4 - 17　　　　　　　　　　**访谈信息及编码 6**

地区	访谈信息	编码
兴庆区	长城花园社区卫生服务站相关人员："没有网络，占用时间长，需要每周都去各个医院抄人数，然后每周三集中去银川市妇幼保健院，将所属辖区的妇儿信息抄回，根据登记地址和相关信息去访视，但是留的电话通常老人的电话，所以上门的时候不接受，经过再三调和后再上门访视"	未实现网络化，浪费人力和时间；上门访视困难
永宁县	县妇保所相关人员："永宁县在这方面的工作看似比较简单，真正实施起来是需要大量的人力和精力来完成"	需要大量人力和时间

地区	访谈信息	编码
盐池县	疾病预防控制中心疾控科："流动儿童不好管理，我们是按人头给经费，村医不理解，他们管理的人口有时不在村里或是别的地方到村里打，有的在外地上学，假期回来打疫苗，他们的服务经费不在本村里，还是要给他们打。我们这里有移民村，管理的流动儿童数比实际管辖的儿童还要多呢，这样很不公平。" 花马池乡卫生院妇保人员："0~7岁的儿童不好管理，流动性大，要求对儿童的体检率要达到80%，达不到不行，上级要求满1周岁的要每年查4次，2周岁的要2次，3~7岁的要每年1次。要求我们去体检，但是没有设备，根本没有办法体检。报表太多，都要手工填写，如《早产儿登记册》《新生儿汇总表》《小儿生病登记册》《出生缺陷登记册》《新生儿登记册》《儿童死亡登记册》《低体重儿童登记册》《0~4岁儿童登记册》《0~7岁儿童登记册》"	移民村，流动儿童多，不便管理； 没有流动儿童经费； 缺少设备，体检率和体检次数不达标； 报表繁琐

（四）孕产妇健康管理

1. 孕产妇健康管理开展现状

孕产妇是重点人群中的重点，孕产妇的健康管理关系到下一代人的健康大计，因此，历年来国家和各地妇幼机构对孕产妇的管理甚为关注和谨慎。

"四免一救助"中保障孕产妇健康的服务项目主要是指：（1）孕产妇在乡镇住院分娩实行全免费。在县级医疗机构住院分娩的，南部山区八县和红寺堡开发区实行全免费；川区县（市、区）个人只缴纳300元，其余实行免费。在市级（含市级）以上医疗机构住院分娩发生产妇急救的给予适当救助。（2）对城乡符合法定年龄的新婚夫妇实行免费婚前医学检查。本研究中调查的三县区在自治区妇幼保健院的指导下，从2009年正式学习文件并贯彻执行。

在孕产妇健康系统管理方面，三县区都为辖区内孕产妇建立保健卡，逐户访视并填写表格。在孕产妇产前检查和产后访视方面，兴庆区由社区卫生服务站的护士负责，按照规范的访视项目，分类访视；永宁县通过保健员的督导，保障孕产妇的产前检查和产后访视，尤其是对高危孕产妇健康进行严格管理，筛查为高危孕产妇后，有专干护理，并建立急救圈，给予财政补助，由保健员进行家庭访视；盐池县由乡医产前检查，村医产后访视，严格要求需要上报的材料，保证孕产妇信息的准确性。对孕产妇健康管理的获得效果方面，兴庆区和永宁县居民意

131

识提高，负担减轻，欢迎访视，对此项服务的感触颇深。具体访谈信息及编码如表 4 – 18 所示。

表 4 – 18　　　　　　　　　访谈信息及编码 7

地区	访谈信息	编码
兴庆区	长城花园社区卫生服务站站长："每周三集中去银川市妇幼保健院，将所属辖区的妇儿信息抄回，根据登记地址和相关信息去访视"	登记信息，逐户访视
	长城花园社区卫生服务站产后访视人员："顺产访视 3 次，剖腹产访视 2 次。产妇访视内容：伤口恢复情况，喂乳情况、宣教、母乳喂养指导。我们机构产后访视主要是靠护士干，只能负责一些基本的检查，有听诊器、血压计等，其余的干不了"	规范内容，分类访视；护士负责产后基本检查
	长城花园社区卫生服务站产后访视人员："效果好，第一次访视后，第二次就很受欢迎"	效果明显
永宁县	望洪乡卫生院妇幼负责人："孕产妇都要去县、乡医院检查，保健员就是起督导作用，看看谁没去就督促他们去。免费发放叶酸，随访摸底。平时孕产妇要建卡，整个产前检查就是包括建卡和量血压"	督导产前检查；发放叶酸；建卡
	妇保所所长："早期检查，保健员早育发现 12 周，摸底，建卡，首次产查并转抄查后结果，第二次督促其到乡查体，产前检查 5 次。" 高危筛查："10 年孕产妇 1 900 个，高危 400 个；保健员或者妇幼专干护送高危孕妇到县妇幼保健所或者县医院。高危 1 例 2.3 万元左右（合作医疗 + 大病救助），15 分钟急救圈子，中央代表团 2009 年赠救护车每乡 1 辆。产后 3 次访视，妇幼保健员到家中访视"	孕早期建卡，产检；高危孕产妇管理；筛查→专干护理；补助；急救圈；家庭访视
	望洪乡卫生院妇幼负责人："产后访视就是去量血压，最好每个保健员都配多普勒，现在用的还是听诊器，光用这个还是不行，每个保健员配有血压计、听诊器和儿童秤"	产后访视，设备配备
	望洪乡卫生院院长："健康意识不一样了；个人负担，大病、高龄产妇等，特别是山区农村妇女，过去在家里就是一把剪刀，现在产前、产后访视、叶酸补服，有人关心你，政府在关心你，感触特别深"	意识提高，减轻负担，感触颇深

地区	访谈信息	编码
盐池县	妇保所保健科科长："从 2009 年开始这项工作，住院全免，中央补助 400 元，孕产妇产前在乡镇卫生院检查 5 次，产后由村医访视 3 次。2008 年我们开始使用孕产妇系统管理登记册，由村医登记个人的信息，上报乡镇卫生院，然后再上报给我们妇保所。怀孕 12 周内须建好保健手册，同时要上报纸质的材料，如果没有及时完成工作，要扣分。我们在建保健手册和产后访视的时候会对其进行健康教育的宣传"	乡医产前检查，村医产后访视；住院分娩免费；孕早期建立保健手册；上报材料要求严格

2. 孕产妇健康管理实施效果

孕产妇健康管理的工作开展时间久，各方面的系统管理比较成熟。本研究调查的三县区孕产妇系统管理率较高，兴庆区和永宁县系统管理率为 100%，做到不遗漏一人；相比较之下，盐池县略低，孕产妇系统管理率为 95.83%，但也达到国家规定的目标要求 85%。具体的管理率如图 4-7 所示。

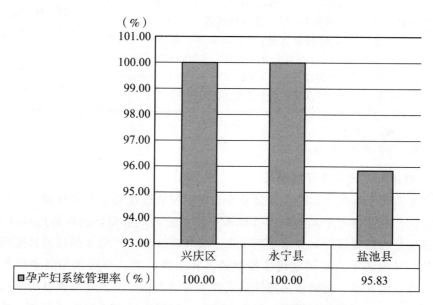

（%）	兴庆区	永宁县	盐池县
■孕产妇系统管理率（%）	100.00	100.00	95.83

图 4-7　2010 年三县区孕产妇系统管理情况

3. 孕产妇健康管理存在问题

通过对三县区相关卫生服务提供人员的访谈分析可知，孕产妇健康管理还存在一些问题：（1）缺少人员，补助经费不足；（2）外出和流动孕产妇不便管理；（3）报表繁琐，工作量大。具体访谈信息及编码如表 4-19 所示。

表 4 - 19 访谈信息及编码 8

地区	访谈信息	编码
兴庆区	长城花园社区卫生服务站产后访视人员："人员不足，家庭访视卡有四个表（表格复杂）：产妇表、新生儿基本情况表和访视表、计划生育表，访视后要先建立家庭档案，然后再填产妇表"	表格繁琐
永宁县	望洪乡卫生院妇幼负责人："资金给得少，产后访视要管很多问题，整个工作量大，但是统计的工作量少，虽然给得多了，但实际上还是少了，没有按妇幼占的17%发。产前检查虽然免了100元，但是有的人查的勤，这100元远远不够，整个时期（从怀孕到产后）检查下来要花一千多，这个费用还挺高的。" 妇保所所长："外出打工的人，信息联系不上，通知不到；有些通知到了，但是人没到；孕产妇的意识和基本卫生知识不足"	经费不足；外出人口不便管理；意识不足
盐池县	妇保所保健科科长："流动人口大，监测较难；山区地域面积大，一些乡医的保健知识弱，意识差；人员不够，设备资金不够；没有网络直报系统，工作开展困难。" 花马池乡卫生院妇保人员："报表太多，都要手工填写，如《孕产妇登记册》《高危个案登记册》《孕检卡》《孕产妇死亡登记册》《高危转诊登记册》《15~49岁育龄妇女登记册》《孕产妇汇总表》《叶酸登记表》《高危管理评分表》"	流动人口不便管理；保健意识不足；人员不够，经费不足；未实行网络化，工作困难；报表繁琐

（五）老年人健康管理

1. 老年人健康管理开展现状

老年人劳碌大半生，推动社会发展，国家特别重视老年人的健康。本研究中所调查的三县区对老年人的健康管理水平差别较大，从调研获得信息可以看出，兴庆区老年人健康管理服务水平高于永宁县和盐池县。兴庆区和盐池县按照管理规范为辖区内老年人提供常规体检服务，并更新档案。兴庆区与当地居委会合作，实现资源共享；将确诊为慢性病的老年人纳入相应的慢病患者健康管理，并实现分级管理。永宁县基层卫生机构为老年人提供生活方式的指导服务。盐池县在财政支持和政府推动下，由村医为老年人提供健康管理服务，如常规体检、健康指导。从老年人健康管理的效果来看，兴庆区的老年人认可并主动寻求服务，而盐池县某村医却认为，没有必要专门提供老年人健康管理。具体访谈信息及编码如表 4 - 20 所示。

表 4 - 20　　　　　　　　　访谈信息及编码 9

地区	访谈信息	编码
兴庆区	长城花园社区卫生服务站王晓丽："管理 2 127 个老年人，基本检查（血压、身高、心率、血糖、心电图等）一般能做，但是 B 超、X 光线、生化做不了，也与人员有关。每年体检 1 次，我们管理的社区比较高档，有的老年人条件好的，老年人单位组织体检，相关体检信息给我们，我们录入，有些单子体检信息我们给予解释；条件不好的社区进行一般体检。1 季度 1 次随访，每年 4 次，随访录入机子。随访内容：体重、血压、依从性服药情况、原发病有没有变化、抑郁程度（一般做得少，主要因为不配合）等，听力、口腔、运动能力判断才开始培训，因为还没有这些器材。2009 年规范化以后，65 岁以上老年人，1 级高血压 1 季度 1 次；二级高血压 2 个月 1 次；三级高血压 1 个月 1 次。（分级管理）糖尿病：1 个月 1 次电话随访，没有查血糖。与居委会合作：如有时居委会打电话告诉我们谁有啥事；老年人讲座，居委会有老年人活动室，我们也可以利用；有些老年人的资料我们是互补的，达到资源共享"	每年一次基本检查；随访并更新信息；确诊为慢性疾病的老年人纳入相应的慢病患者健康管理；对慢病老年人规范分级管理与当地居委会合作，实现资源共享
兴庆区	长城花园社区卫生服务站王晓丽："虽然我们不能完全管，但是老年人还是比较认可的，不舒服随时来量血压或是打电话上门服务"	认可并主动寻求服务
永宁县	胜利乡八渠村村医："主要承担生活方式指导"	生活方式指导
盐池县	县卫生局局长："国家层面上体检，通过前期的宣传资料普查，8 月 8 日开始，65 岁以上，县财政投入 100 万元，人均 200 多元。" 王乐井乡卫生院："每周工作 6 天，主要是进行 B 超、心电图等，体检在卫生院进行，怕承担风险，都是由村组织就近体检，以政府推动为主，由村医和村干部来召集老人。" 花马池乡裕兴村村医："去年开始，主要包括常规检查、听力、口腔、测量血压、体重、身高、宣传健康知识等"	常规项目体检，财政投入；政府推动，基层行动
盐池县	花马池乡裕兴村村医："上边要求做很多资料，有些资料没必要做，老年人保健没有必要专门做"	认为不必要

2. 老年人健康管理实施效果

宁夏各地都认真执行以政府推动为主的老年人健康管理，三县区完成的老年人体检率和老年人健康管理率如图 4 - 8 所示。国家规定老年人体检率和健康管理率的目标要求为 60%，兴庆区和盐池县达到目标要求，而永宁县老年人体检

135

率和健康管理率都为 55.11%，未达到国家规定的目标要求。2010 年三县区老年人体检率和管理率如图 4-8 所示。

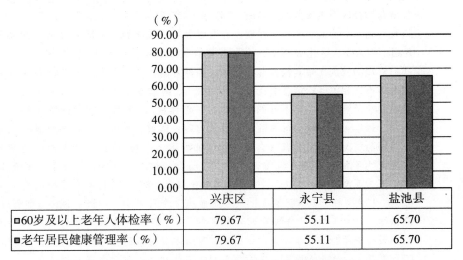

（%）	兴庆区	永宁县	盐池县
□60岁及以上老年人体检率（%）	79.67	55.11	65.70
■老年居民健康管理率（%）	79.67	55.11	65.70

图 4-8　2010 年三县区老年人健康管理

3. 老年人健康管理存在问题

老年人健康信息录入健康档案后，需要定期体检，及时记录更新相关信息，老年人健康管理过程中存在的问题，导致了管理不成熟。主要的问题有：（1）经费、人员和设备缺失；（2）老年人思想和行为转变难；（3）山区交通不便，老年人出行不易；（4）老年人外出，无法纳入管理；（5）部分领导对此项工作重视度不高。具体访谈信息及编码如表 4-21 所示。其中，领导的重视程度与基本公共卫生服务项目进展密切相关，由于永宁县领导对老年人健康管理的重视度不高，使永宁县老年人体检率和健康管理率低于兴庆区和盐池县，同时也未达到国家规定的目标要求。

表 4-21　　　　　　　　　访谈信息及编码 10

地区	访谈信息	编码
兴庆区	长城花园社区卫生服务站王晓丽："有些老年人没有经费去体检，比如有高血压，半年检查一次血脂，我们社区站测不了；人员不足，忙的时候有的漏访"	经费不足；人员配备和设备配置不够
永宁县	胜利乡杨显村村医："老年人保健遇到的问题主要是缺少设备，没有经费，上级没有提出要求"	设备和经费不足；领导重视度不高

地区	访谈信息	编码
盐池县	王乐井乡卫生院："老人思想很难转变，对村医不信任，难以改变行为。" 此辖区 2 030 平方公里，最远村 20 公里需要 1 个小时。 花马池乡裕兴村村医："有的老年人常年不在家，60% 在外边，有的全家出去打工或是小孩在城里上学，搬进城里边"	思想行为改变难； 交通不便； 部分老年人外出

（六）预防接种

1. 预防接种开展现状

预防接种服务面对的主要人群是儿童，这是一项开展时间较长的卫生服务项目，目前整体上来说，分工明确，操作规范，管理清晰。通过对表 4-22 中访谈信息及编码的分析可以看出，本研究调查的三县区，在预防接种方面的工作是一致的。三县区都是由社区卫生服务站或村卫生室医务人员统一领取疫苗后，定期为相关人群提供预防接种服务。兴庆区在国家统一平台上，录入有关接种信息，实现信息化管理；对未及时接种疫苗的儿童通过电话追踪随访；同时还支援突发事件，提供应急和应时免疫。盐池县通过长时间的预防接种服务，居民在认识上有很大的提升，积极主动要求接种。

表 4-22　　　　　　　　　　访谈信息及编码 11

地区	访谈信息	编码
兴庆区	长城花园社区卫生服务站高晓燕："这方面国家有统一的平台，要求接种卡、证、网上信息都一致。" 益康社区卫生服务站相关人员："现在全部都信息化了，有专门的人录入信息"	信息化，统一管理
	益康社区卫生服务站相关人员："这里周二、周四搞计划免疫，2004 年就很规范了，以前就有微机录入，先去登记，然后录入微机，之后再来我这里打针，现在来打的人少了，各个医院都在地段上成立社区服务站，所以现在的人少了。疫苗都是全区统一的。" 长城花园社区卫生服务站高晓燕："如果有突发的事件，我们有应急接种和应时免疫"	定期接种；规范管理； 区域接种；统一疫苗； 突发应急接种
	益康社区卫生服务站相关人员："每个儿童每年要有 2~3 次的电话随访，问他们没有来打疫苗的原因，他们都是去哪里打的，这些都要知道"	随访

137

续表

地区	访谈信息	编码
永宁县	胜利乡杨显村村医:"我从卫生院领取疫苗后,通知人群到村卫生室集中接种"	统一领取疫苗,村医接种
盐池县	花马池乡卫生院相关人员:"城里的人都来这里接种,办预防接种证,每个月10日、11日为接种日,接种的人数要占总接种人数的一半吧"	接种证管理;定期接种
	疾病预防控制中心疾控科科长:"只承担二类疫苗,但是来的人不多,乡村都有接种点"	村接种一类疫苗;二类在疾控
	疾病预防控制中心疾控科科长:"群众的认识有变化了,以前是上门还不让服务,现在都是家长给村医打电话,问什么时候给他家孩子接种,他们该享受哪些服务也都清楚"	认识提升;主动接种

2. 预防接种实施效果

全国预防接种率和建证率都在95%以上,同时国家规定的预防接种率和建证率都是95%。本研究中的三县区的接种率和建证率都高于全国平均水平,兴庆区的接种率达到100%,永宁县和盐池县接种率达到98.5%,建证率都达100%。具体接种率和建证率如图4-9所示。

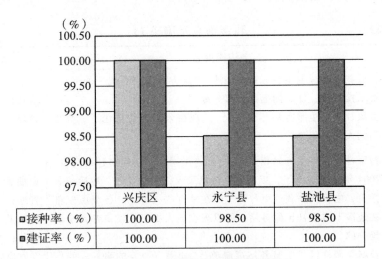

（%）	兴庆区	永宁县	盐池县
接种率（%）	100.00	98.50	98.50
建证率（%）	100.00	100.00	100.00

图4-9 三县区预防接种情况

3. 预防接种存在问题

预防接种开展时间长,相比较其他服务项目而言,在管理和执行方面都比较成熟,但是还是存在一些问题。在调查过程中,兴庆区相关服务人员并未提出预防接种方面存在的问题。分析表 4 - 23 中的访谈信息及编码，可以看出永宁县和盐池县存在的问题主要是：（1）服务经费减少；（2）流动儿童管理困难；（3）报表繁琐，填写复杂，整理耗时。

表 4 - 23　　　　　　　　　访谈信息及编码 12

地区	访谈信息	编码
永宁县	胜利乡卫生院："工作不困难，但是流动儿童难管理，接种率跟不上。" 胜利乡八渠村村医："做报表，通知预防接种，以前一针 2 元，如果接种 400 针，那就补助 800 元，现在都在公共卫生服务经费里"	流动儿童接种困难；经费减少
盐池县	花马池乡镇卫生院相关人员："报表比较繁琐，现在打一个防疫针就要四个程序，包括建卡、又是纸、针，还有输微机，这还不包括打针前的预算。村医接种完上来的报表也要整理，一个月下来都没有空闲的时间，很多工作都堆积下来"	报表繁琐，需要填写纸质和电子表格

（七）传染病报告和处理

1. 传染病报告和处理开展现状

传染病是由各种病原体引起的能在人与人、动物与动物或者人与动物之间互相传播的一类疾病，因此，传染病防治是一项关乎全国乃至全世界人群健康的卫生服务项目。传染病防治是获得正的外部效应的典型示例（潘明星，2008），三县区在《国家基本公共卫生服务规范（2009 年版）》的指导下，积极开展传染病的防治与处理。兴庆区基层服务机构配合疾病预防控制中心的工作，入户随访传染病患者；对突发传染病做出应急措施，如消毒。发现疑似传染病患者，永宁县疾病预防控制中心将疑似病例送至银川市疾病预防控制中心复核，如果确诊为传染病患者，由患者所在地的社区卫生服务站或村卫生室负责具体管理，统一发药，定期随访；另外，乡镇卫生院通过学校进行宣传教育。在传染病的报告方面，盐池县设备配备到位，由社区（村）到疾病预防控制中心通过网络层层上报，方便快捷。具体访谈信息及编码如表 4 - 24 所示。

表 4 - 24　　　　　　　　　访谈信息及编码 13

地区	访谈信息	编码
兴庆区	长城花园社区卫生服务站高晓燕："对于传染病患者，我们每天上午或者下午会配合疾控中心入户随访"	配合工作，入户随访
	长城花园社区卫生服务站高晓燕："有传染病突发的时候，我们督导学校的消毒工作"	指导处理突发事件

139

地区	访谈信息	编码
永宁县	疾病预防控制中心负责人："从2007年开始，负责AIDS、鼠疫等重大传染病的初筛，到市级复核，发现病例，由属地管理"	筛查复核确认后，属地管理
	胜利乡卫生院："将疑似结核病病例转诊到疾控中心并由其发药，然后由村医进行随访和管理，通常3～4天进行随访或者入户或者电话。" 望洪乡镇望洪村村医："肺结核的人要1个月1次随访，看看他们的吃药情况，看看有无副作用"	转诊疾控并发药；村医随访和日常管理；特殊传染病要严格随访
	胜利乡卫生院："利用学校，每年春季到学校，针对传染病进行宣教"	学校宣教
盐池县	疾病预防控制中心相关负责人："传染病管理我们只接受医疗机构的报告。2005年开始网络直报，全县8个乡镇都可以，村报乡，乡里再报到我们这里。这方面的设备更新了，网络直报使报告率上升了，方便快捷，下边的人员用得也比较好，现在有电脑了，2005年、2006年国家统一配置的"	疾控接受报告；网络层层上报；设备更新，提高报告率

2. 传染病报告和处理实施效果

2010年兴庆区发现传染病203例，永宁县发现传染病180例，盐池县发现传染病197例，传染病人数不多，且疫情上报率达90%以上，即报告率均为100%，传染病得到及时治疗控制，没有造成伤害。具体传染病疫情报告率和及时报告率如图4-10所示。

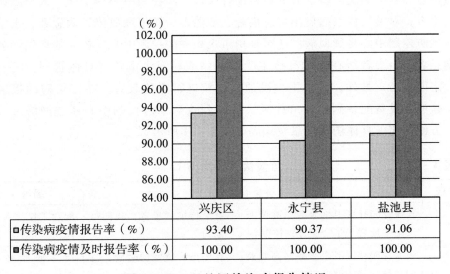

	兴庆区	永宁县	盐池县
■传染病疫情报告率（%）	93.40	90.37	91.06
■传染病疫情及时报告率（%）	100.00	100.00	100.00

图4-10 三县区传染病报告情况

3. 传染病防治和处理存在问题

对表 4 – 25 中的访谈信息分析可以看出，传染病防治和处理方面存在的问题主要包括：（1）缺少公共卫生专职人员；（2）交通不便，随访耗时；（3）患者服药依从性差。

表 4 – 25　　　　　　　　　**访谈信息及编码 14**

地区	访谈信息	编码
兴庆区	长城花园社区卫生服务站相关人员："随访时有些人的家比较远，时间上比较紧"	交通不便，随访耗时
永宁县	疾病预防控制中心负责人："主要问题是现在疾控只有兼职人员，没有专职的公共卫生服务人员。" 胜利乡卫生院："病人依从性不强，因为药物副作用很强，病号难受后就将药断掉，年龄大的更难管理，不在意健康和生命"	没有专职人员；服药依从性差

（八）高血压和Ⅱ型糖尿病患者健康管理

1. 高血压和Ⅱ型糖尿病患者健康管理开展现状

慢性疾病种类较多，但是由于高血压和Ⅱ型糖尿病是比较普遍的慢性非传染性疾病，因此，卫生行政部门将高血压和Ⅱ型糖尿病列为基本公共卫生服务项目。通过对表 4 – 26 中关于慢性病患者健康管理的访谈信息及编码分析可以看出，三县区对慢性病患者健康管理开展了相应的服务项目。兴庆区相关服务提供人员为降低疾病发病率，通过电话、门诊和入户随访的方式对慢性病患者给予高度重视和严格管理。永宁县为慢性病患者建立健康档案，定期通过电话随访；高血压分级管理，Ⅱ型糖尿病定期管理；免费发药和体检；慢性病患者生活指导和干预；慢性病防治健康宣传。永宁县由村医对慢性病患者进行电话、门诊和入户随访，对全人群进行防治宣传。永宁县和盐池县居民对慢性病管理认可度比较高，普遍反映得到实惠。

表 4 – 26　　　　　　　　　**访谈信息及编码 15**

地区	访谈信息	编码
兴庆区	益康社区卫生服务站站长："降低高危人群的发病率，我们两万多人，管理 1 000 多，来的人多，电话、门诊随访的多，入户的是那些行动不便的"	目的明确；以电话和门诊随访为主，特殊人群入户随访

续表

地区	访谈信息	编码
永宁县	胜利乡卫生院药房姚主任："纸质版的慢病管理卡，2007年乡村医生开始协助工作，乡医先把档案建好，然后建档下放到村卫生室，村医把档案管好的同时进行随访，现在都属于规范性管理，乡医3个月1次随访；他们把名单报上来，上边有电话，我们通过电话随访"	规范建立和保存纸质档案；定期电话随访
	望洪乡镇望洪村村医："管理的慢病有272人，根据分级而入户，三级的高血压，糖尿病要月月管理。为患者免费发四种药；用高血压一卡通就可以到乡镇卫生院免费体检一次。" 胜利乡卫生院："宣教内容公民健康素养66条，包括合理膳食、慢性病防治等。" 胜利乡卫生院药房姚主任："对35岁以上高危人群进行生活干预和生活指导，今年以后半年做两次，但是基本上是1季度1次"	分级管理；免费发药和体检健康宣传；定期慢病干预和生活指导
	胜利乡卫生院药房姚主任："效果很好，国家投资多，B超、心电图检查出了很多病，老百姓还是钱少，通过体检得到大大实惠"	百姓反映效果好，得到实惠
盐池县	县卫生局公共卫生科科长："百姓需求较多的项目包括慢病随访……" 花马池乡卫生院相关人员："慢病就是要随访高血压、糖尿病、重型精神病、包虫病，通过电话、入户，有的是就诊的时候随访的，高血压、糖尿病的村医随访"	百姓需求；村医通过电话、门诊、入户随访
	王乐井村医："慢病防治宣传和随访。" 王乐井村医："有一定效果，起码都知道低盐饮食等，群众比较认可"	健康宣传；随访群众认可；

2. 高血压和Ⅱ型糖尿病患者健康管理实施效果

图4-11和图4-12显示，三县区高血压和Ⅱ型糖尿病的管理率、规范管理率和控制率都比较高，但是永宁县和盐池县高血压患者和糖尿病规范管理率略低，主要是由于人口流动和外出，不便于追踪管理；由于患者服药依从性不高，影响了永宁县高血压患者的血压控制率和Ⅱ型糖尿病患者的血糖控制率。

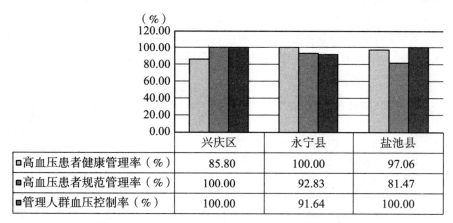

	兴庆区	永宁县	盐池县
▢高血压患者健康管理率（%）	85.80	100.00	97.06
▢高血压患者规范管理率（%）	100.00	92.83	81.47
▢管理人群血压控制率（%）	100.00	91.64	100.00

图 4 – 11　三县区高血压患者健康管理情况

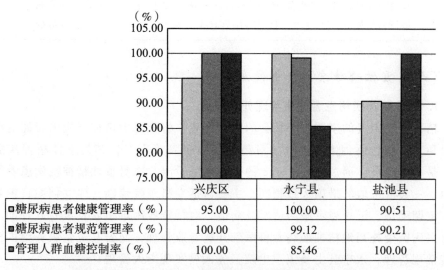

	兴庆区	永宁县	盐池县
▢糖尿病患者健康管理率（%）	95.00	100.00	90.51
▢糖尿病患者规范管理率（%）	100.00	99.12	90.21
▢管理人群血糖控制率（%）	100.00	85.46	100.00

图 4 – 12　三县区Ⅱ型糖尿病患者健康管理情况

3. 高血压和Ⅱ型糖尿病患者健康管理存在问题

虽然居民对慢性病健康管理有良好的认可度，但是具体提供慢性病健康管理的服务人员提出了在实施服务中存在的问题：（1）工作人员少，经费不足，不能满足服务需求；（2）患者服药依从性差，思想行为改变难；（3）外出和流动人口管理难度高。访谈信息及编码如表 4 – 27 所示。

表 4 – 27　　　　　　　　　　访谈信息及编码 16

地区	访谈信息	编码
兴庆区	长城花园社区卫生服务站："人员少，工作量大；患者自律性差，不主动体检，打电话也不查体，只有出现严重症状后才就诊；经费不到位，如免费测量血糖，主要靠垫付，但医院也不补助"	人员少；患者自律性差；经费不足
永宁县	胜利乡八渠村和望洪乡镇望洪村村医："人口流动性大，有的人年初去打工，年底才回来。随访最难的是 40～60 岁人群，因为外出打工或是下地干活，不容易找。有的人就是不想吃药，或者恢复一点就停了，我们告诉他们不能停药，他们就反驳，个别人会忘记，我们会提醒"	外出和流动人口多，不便管理；依从性、自律性差
盐池县	王乐井乡卫生院："由乡诊断后村医管理，但是老人思想很难转变，对村医不信任，难以改变行为。" 花马池乡卫生院相关人员："人员流动性比较大，导致监测不到。" 乡镇卫生院书记："全县 752 个高血压，46 个糖尿病，按规范进行村级随访。人员少，我们防保只有 3 个人"	老年人思想、行为难改变；流动人口多，不能监测；人员少

（九）重性精神疾病患者健康管理

1. 重性精神疾病患者健康管理开展现状

精神疾病患者的家属担心社会的异样眼光，将家庭中精神疾病患者的情况视为隐私，不愿告诉他人，因此，对精神疾病患者管理，尤其是重性精神疾病患者，是一个难点。通过对表 4 – 28 的分析可以看出，在对重性精神疾病患者管理方面，三县区采取的措施大致相同，主要包括专科医院诊断，建立档案，免费发药，定期随访，记录患者服药情况及病情，对特殊或困难患者发放专款补助。其中，兴庆区委托当地精神疾病专科医院开展专业管理，而公共卫生服务提供机构开展常规管理；永宁县由乡镇卫生院医务人员实现专人管理。

表 4 – 28　　　　　　　　　　访谈信息及编码 17

地区	访谈信息	编码
兴庆区	益康社区卫生服务站站长："重性精神病的管理从 2007 年、2008 年开始，2009 年规范的，委托区段的专科医院管理，定期诊断来复核，免费发放药品，我们负责筛查。" 长城花园社区卫生服务站王春香："对辖区内的精神疾病患者建立健康档案和电子档案；定期随访，一季度一次，对于重性的精神疾病患者一个月随访一次"	委托专科医院管理；免费发药 建立档案；定期随访

续表

地区	访谈信息	编码
兴庆区	长城花园社区卫生服务站王春香："按时发放药物，观察吃药后的情况，把情况再反馈给疾控中心，每季度体检的体检单也是本社区卫生服务站发给患者或家属，还有对精神疾病患者的家属进行精神疾病相关的健康教育"	发放药物，观察情况并反馈；健教宣传
	长城花园社区卫生服务站王春香："只要患者能按时吃药，一直不停药，病情能得到控制，对精神疾病患者的管理，就能提高居民的健康水平"	按时吃药，控制病情
永宁县	胜利乡卫生院："程序是村医摸底—建立档案—由专门精神病专家进行确诊—凭借贫困户、低保证或者残疾证等领取国家免费药品（每人补助 2 000 元）。—村医每季度一次随访，对其服药情况、病情、家属咨询、通知检查等"	程序清楚，分工明确；专款补助
	望洪乡望洪村村医："免费发药，每个村有 1～2 个病人，医改后就一直免费，这个由乡镇卫生院的专人负责，有时候会跟他们一块去"	专人负责，免费发药
盐池县	花马池乡镇卫生院书记："按上一级要求，村一级筛查，我们盐池县宁安医院做鉴定，宁安医院是精神病专科医院。我们集中下来进行诊断，我们乡筛选了 104 人，确诊了 17 例，对这 17 例进行建档管理。" 县疾控中心综合业务科科长："从 2010 年开始开展此项服务，筛查 202 人，确诊 160 人，我们疾控中心负责管理和业务指导，癫痫患者范围扩大，实现了信息化管理"	严格鉴定；确诊建档； 信息化管理，指导下级
	花马池乡镇卫生院书记："村医进行随访，服药是疾控中心免费发药，发到病人家属手里，村医督导服药，我们起到督导随访作用，随访的信息用纸记录下来"	免费发药；村医督导；记录信息
	县疾控中心综合业务科科长："他们有专款补助，贫困患者住院补助 2 000 元"	转款补助

2. 重性精神疾病患者健康管理实施效果

精神疾病患者管理不善，可能会给社会造成严重的伤害或损失，应该对每一位精神疾病患者进行严格规范管理。图 4 - 13 显示，三县重性精神疾病患者管理率达 92% 以上，规范管理率达 100%。重性精神疾病患者人数少；政府给予高度重视，为其免费发药是有效管理的原因。

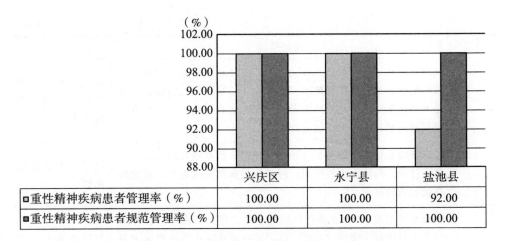

地区	重性精神疾病患者管理率（%）	重性精神疾病患者规范管理率（%）
兴庆区	100.00	100.00
永宁县	100.00	100.00
盐池县	92.00	100.00

图 4 - 13　三县区重性精神疾病患者健康管理情况

3. 重性精神疾病患者健康管理存在问题

重性精神疾病患者健康管理具有特殊性，分析表 4 - 29 中的访谈信息及编码，在开展工作的过程中，存在的问题主要是：（1）没有精神疾病专业服务人员，能力有限；（2）患者及家属的配合度不高；（3）补助金额不高，名额不够；（4）流动精神疾病患者不便管理。

表 4 - 29　　　　　　　　访谈信息及编码 18

地区	访谈信息	编码
兴庆区	长城社区卫生服务站相关人员："觉得毕竟不是精神方面的专业人员，而且对患者的了解不够深。" 益康社区卫生服务站站长："我们做的时候配合度很难，他们的家人都失去了信心，家人带过来检查很难"	非专业； 配合度不高
永宁县	胜利乡卫生院院长："项目免费治疗 2 个，管理 13 个；无专业技术，无专业背景管理人员，有些任务如表格填写都难以完成"	免费名额有限； 非专业，任务难完成
盐池县	县卫生局公共卫生科科长："乡镇卫生院从事精神卫生人员包括县医院服务能力和水平不行。" 县疾控中心综合业务科科长："我们没有专门的药师，不好管理；补助没有及时到位；另外还有一个问题，确诊癫痫病例 150 多例，只有 25 个贫困患者能免费发药，其他的人需要自己买药，对家庭来说，是很大的负担。" 花马池乡卫生院书记："重性精神疾病比较难开展，难点是人员流动比较大造成很大困难，有时服务跟不上"	人员能力不高； 没有专人管理； 补助不及时；免费名额有限； 流动人口难以管理

六、激励机制与绩效考核

绩效考核与激励机制从来都是相辅相成、相互促进的。

实行激励机制的最根本的目的是正确地引导卫生服务人员的工作动机，使他们在实现卫生服务需求的同时实现自身的需要，增加工作满意度，从而使他们的积极性继续保持和发扬下去。卫生系统的激励机制一旦形成，它就会内在地作用于卫生组织体系本身，使卫生组织机能处于一定的状态，并进一步影响着卫生组织体系的生存和发展。

三县区在激励方面，采取的措施大致相同，主要包括：（1）实行绩效工资，按劳分配；（2）物质激励和精神激励相结合；（3）积极性有提高，但还需进一步加强。具体访谈信息如表 4 - 30 所示。

表 4 - 30 **访谈信息及编码 19**

地区	访谈信息	编码
兴庆区	兴庆区疾控王主任："我们的激励措施就是物质惩罚：开会迟到一次罚款 100 元；晚送月报表一次罚款 100 元；数据错误罚款 100 元；如果数据逻辑有错误，那就不好意思了，记过。" 长城花园社区卫生服务站相关人员："基本工资占 70%，绩效工资占 30%，积极性有影响。人人享有基本医疗费，由卫生局负责，哪些做得不好，不达标，就扣钱"。精神奖惩方面，"医院和卫生局都有评优，医院有 4 个社区，每年评选 1～2 个先进社区；卫生局有优秀社区医生等。咱们社区每年都有荣誉。有点儿影响，但是积极性不是很高"	物质惩罚；基本工资 + 绩效工资；卫生局考核；精神奖励；积极性影响不大
永宁县	望洪乡镇望洪村医："工资每个月 1 500 元加年底绩效，每个月、每半年和年底都有考核，这几个月都没有发奖金，应该是年底发，现在还可以，每个月都会按时发 1 500 元，去年上边拨款是三个月一起发的，现在比以前好了，每个月都有工资，今年比去年高点。工资的增加是很大的激励。" 望洪乡镇卫生院院长："去年绩效工资还不是不能把乡医管好。" 胜利乡杨显村村医："我们的工资是开一张处方 1 元，新农合也补助 1 元，乡医补助 300 元，还有就是公共卫生经费，2009 年是 6.7 元/人，2010 年是 5 元/人。这样下来一年的工资就八千多，有事还用各种借口扣点钱，真正发到手的工资就不多了"	实行绩效工资；年底奖金；工资增加，激励作用明显；绩效工资需要提升；到手工资不多

续表

地区	访谈信息	编码
盐池县	县卫生局公共卫生科科长："绩效工资绩效30%，但是绩效方案都是各医院自己制定，局里不干预，人员绩效工资去年后半年才实行。积极性：鼓舞作用，多劳多得。有荣誉，根据自己干的工作，年终单位有如卫生先进工作等，这些不一定是从事公共卫生，其他人员也有。" 疾病预防控制中心疾控科负责人："去年下半年开始绩效工资，从政府发工资开始，村医的积极性就提高了"	实行绩效工资； 绩效方案自订； 精神激励； 提高积极性

　　绩效考核是通过确定考核标准、选定考核方法、分析考核结果和采取绩效改进措施等的一系列活动，对卫生组织的整体运营做出的概括性考核。绩效考核的目的是为卫生组织管理提供科学依据，探索在投入一定的情况下，实现最佳的社会产出和经济产出。

　　三县区在绩效考核方面的工作主要包括：（1）定期考核与不定期考核相结合，按照规范严格考核；（2）行政单位和专家组，自上而下逐级考核；（3）考核结果与奖惩措施相挂钩。具体访谈信息如表4-31所示。

表4-31　　　　　　　　**访谈信息及编码20**

地区	访谈信息	编码
兴庆区	益康社区卫生服务站站长："有中期考核和年底考核，年底考核的是组织专家下来考核，抽查，每一项都有要求。" 兴庆区卫生局副局长："我们考核卫生院，按照他们的工作量（数量、质量、满意度）拨款。绩效工资考核、公共卫生服务考核，一个月一次，对乡镇卫生院的具体工作都要考核。尤其是对卫生院法人的管理水平、工作情况考核"	定期考核，规范要求； 逐级细节考核
永宁县	县疾控中心负责人："自治区、市疾控对我们业务指导，我们县疾控行政上属于县卫生局。我们也会对下级的工作考核，考核的结果上报县卫生局，然后在反馈到乡、村。" 县妇保所所长："我们妇保院保健部的专家，组成小组督导下面的工作，一般是1年考核2次，半年1次，还有不定期考核。" 胜利乡镇卫生院药房姚主任："卫生局考核，1季度1次（季度工作考核），半年考核和年终考核，70%正常发，通过年底考核结果发给你30%绩效，干不好要扣钱。考核后排名：永宁有8个乡镇卫生院，第一名发100%，第二名发90%，第三名发85%，三名以后没干好的还要从30%里扣1%"	考核和业务指导相结合，结果反馈； 专家小组，定期和不定期相结合； 考核成绩不好，扣发绩效工资；

续表

地区	访谈信息	编码
盐池县	县疾控中心疾控科负责人："我们对村里的考核是半年一次，两个月会到村里督导一次，每一次发现的问题，连续重复两次以上就会有相应的惩罚，考核时由一个村医加上乡镇卫生院一个人，我们这边有 2 个人，在乡镇卫生院抽签决定去哪个村。考核最大的作用是工作的督导，自己对下边的工作也有个数。" 妇保所保健科高科长："对乡卫生院，村卫生室考核，通过入户抽查的方式进行，考核的结果当面提出，并指导工作；如果做得不够好，是要扣分的，年底评先评优的时候会作为参考"	考核，督导；发现同样的问题，惩罚措施；入户抽查；考核扣分，与评先评优挂钩

在对考核结果处理方面，兴庆区的考核结果直接反馈到市里，兴庆区卫生局在此过程中的作用是协调市卫生局与下级卫生服务提供机构之间的关系。这样导致管理体系建设不健全，行政管理上比较混乱，兴庆区卫生局副局长认为："市级卫生局可以将考核权限逐步放到区卫生局。"

通过对访谈信息的分析，可以看出三县区在激励机制和绩效考核方面存在同样的问题，虽然目前激励机制包括物质和精神激励两方面，但是奖励额度不大，对基层卫生服务人员工作积极性没有很大影响；基层工作量大，任务繁重，用职工工资进行的考核工作没有作用。值得说明的是，兴庆区疾病预防控制中心场所和设备配置不到位，经常耽误单位的正常工作。具体访谈信息如表4－32所示。

表4－32　　　　　　　　访谈信息及编码21

地区	访谈信息	编码
兴庆区	兴庆区卫生局副局长："考核中发现的问题：人员少，工作质量有影响；村医的积极性不高，因为他们日常的开销是自己垫付，经费兑现的时间长。" 疾控中心主任："我们接受上级的考核，但是我们的考核结果是倒数第一，这个我们也没有办法，你想想，我们是市所在地社区的疾控，没有正规的办公场所，什么都没有配备到位"	人员少影响工作质量的提高；村医积极性不高；工作场所和设备不到位
永宁县	胜利乡镇卫生院药房姚主任："先进个人，没有影响，工作量大。" 望洪乡镇卫生院院长："太频繁，负担太重，国家落实任务不督导又不行"	精神奖励影响不大；工作量大；考核频繁

地区	访谈信息	编码
盐池县	县疾病预防控制中心结核病科相关人员："有先进科室等荣誉，一年1次，奖励三五百元，没有啥意思。建议提高奖金，因为现在干得工作越多，出错也多，挨得批评也多。" 县妇保所保健科高科长："……绩效工资制度，但是对工作积极性影响不大。我们现在经常加班，就是评先进的时候会有一定的优势，其他的没什么。" 花马池乡镇卫生院相关人员："用职工的钱来考核职工，是起不到作用的"	激励不能提高积极性，需提高奖励；激励制度对积极性影响不大；考核不起作用

在制定激励措施时，应该充分考虑到各个层级卫生服务人员的情况，特别是基层卫生服务机构，要保证基层卫生服务人员的积极性，更好地为居民提供基本公共卫生服务。正如花马池乡镇卫生院书记的建议，要分清楚公共卫生服务经费的用处，他是这样说的："公共卫生服务这部分，其中多少能够收支两条线，多少用于诊疗，多少上缴财政，财政返还的资金中多少用作绩效考核，这样才合情合理，才能提高职工积极性。"

第四节　讨　　论

基本公共卫生服务均等化政策旨在保障并促进居民的身心健康（陈昌锋，2008）。对于一项政策而言，方案确定的作用只占10%，其余90%则取决于有效的执行力度（健康报，2010）。基本公共卫生服务是政府投资的一项惠民工程，严格认真执行基本公共卫生服务项目，才能让城乡居民公平享受健康权利，才能给城乡居民带来健康利益。

基本公共卫生服务项目是通过定性与定量的方法，通过实地调查基层卫生服务机构开展公共卫生服务的现状、服务能力以及农村居民的实际需要制定的（吕雪丽，2004）。调查三县区实施的基本公共卫生服务项目，既考虑了国家卫生部制定的9项基本公共卫生服务，又分别结合了三县区的经济发展水平及县政府现有财力；既充分考虑了当前基层卫生服务提供机构开展基本公共卫生服务的现状，又考虑到基层卫生服务机构未来的发展方向。

一、研究对象和研究方法

宁夏回族自治区根据各市县经济社会发展水平高低、居民健康状况、卫生资源现状将全区各市县由高到低分为一类、二类、三类三个等级的区域。本研究选取了一类地区银川市兴庆区、二类地区银川市永宁县和三类地区吴忠市盐池县，这三个县区具有一定的代表性。本研究选取的访谈对象是从事基本公共卫生服务的具体实施人员，他们提供的访谈信息准确度较高，能够反映当前本地区基本公共卫生服务的真实情况。

在扎根理论方法流程中，理论抽样达到饱和，实地研究才算结束。所谓理论抽样饱和是指当搜集到的数据不能再产生新的理论见解时，或者不能再揭示核心理论类属的新属性时，类属就"饱和"了。本研究通过对不同层级卫生服务人员的访谈，从不同角度对基本公共卫生服务项目相关问题进行了深入了解，除去重复的观点之外，不再产生新的观点，达到了理论抽样饱和，从而结束实地研究。

二、三县区基本公共卫生服务均等化实施进展

基本公共卫生服务从 2009 年 4 月正式提出到目前为止已开展一段时间，从全国各地实施的情况来看，基本公共卫生服务逐步均等化的工作渐渐步入正轨，成为基层卫生服务机构的常规性工作。

按照基本公共卫生服务均等化服务的对象，可以将基本公共卫生服务分为三大类，即面向全体居民的服务，包括建立居民健康档案和健康教育；重点人群健康管理，包括儿童健康管理、孕产妇健康管理和 65 岁以上老年人健康管理；疾病预防控制，包括预防接种、传染病防治、慢性病患者管理和重性精神疾病患者健康管理。

在面向全体居民的服务方面，调查三县区都有开展居民健康档案和健康教育服务。三县区建立居民健康档案都落实到社区卫生服务站和村卫生室，但建档率高低不一；兴庆区通过电子档案进行管理，永宁县和盐池县并没有实现健康档案信息化管理。调查三县区采用了发放宣传资料，进行健康咨询，开展健康大讲堂等常规性工作，对本地居民进行健康教育。除了常规性工作，每个地区根据当地特点，从不同方面，采取不同的方法，发挥创新性。兴庆区通过发放小礼品、文艺演出等方式吸引居民的注意力，将健康教育内容渗入活动中，达到理想的教育效果。值得一提的是，兴庆区有每周电影，相关部门在电影开场前几分钟，播放健康教育宣传视频，这一举措，得到居民的一致好评。盐池县由于地广人稀，因

此当地卫生行政部门用宣传车进行移动宣传，发送手机短信，确保更多的人能接收到健康教育相关知识。

在重点人群健康管理方面，调查三县区都有开展 0～36 个月儿童健康管理、孕产妇健康管理和 65 岁以上老年人健康管理这三项基本公共卫生服务。三县区儿童健康管理率和新生儿访视率都达 90% 以上；孕产妇产前健康管理率达 95%以上；老年人健康管理率稍低于前两个重点人群的管理率，目前只能达到 55%以上，兴庆区的老年人管理率是三县区中最高的，但也只达到 79.67%，这主要与老年人难以改变长期形成的生活习惯和行动不便等因素有关。永宁县在孕产妇保健管理方面，开展了国家基本公共卫生服务规范中没有规定的项目，即高危孕产妇筛查管理，由保健员或者妇幼专干护送高危孕妇到县妇幼保健所或者县医院，并且保证高危孕产妇有十五分钟急救圈和高标准的补助。仅此一项服务就需要大量的人力和精力，对于基层卫生人力资源不是足够丰富的卫生服务系统，这是一项比较具有挑战性的任务。

在疾病预防控制服务方面，调查三县区都有开展预防接种、传染病报告和处理、慢性病患者健康管理和重性精神疾病患者健康管理这三项基本公共卫生服务。我国的预防接种工作从 20 世纪 70 年代后期起步，通过 20 余年的努力，有效控制了疫苗可预防传染病的传播，提高了我国人均期望寿命，收到了明显的社会效益和经济效益（周作卿，2007）。从实际调查收集到的数据可知，三县区预防接种率都在 98.5% 以上，预防接种建证率都为 100%。兴庆区除常规性为儿童预防接种外，还对其进行统一信息化管理和应对突发紧急情况。改革之前，传统的预防接种都是县疾控中心或者防疫站下发宣传单，通知相关人员在规定的时间内到规定的地点接种，但是如今的预防接种方式已大有改观，永宁县和盐池县预防接种工作是由村医开展相关工作，并且值得一提的是，现在居民预防接种的观念越来越强，已经变被动免疫为主动接种。传染病报告和处理工作方面，三县区的疾病报告率都达 90% 以上，且各个地方都各有特色：兴庆区为患者建档并开展随访工作，同时还支持突发传染病的工作；永宁县对重大疾病进行筛选，对特殊的病人采取特殊的照顾；盐池县在传染病报告中实现了网络直报。慢性病的治疗是一个长期的过程，因此对于慢性病患者的健康管理，需要大量的人力和精力。三县区的慢病管理率还是很高的，但是真正实现规范管理的管理率各有千秋。目前，三县区面临的主要问题是缺少卫生服务人员；有些患者的自律性比较差，很难实现病情控制；外出和流动人口难以追踪管理；慢病管理经费不到位，管理工作并不能真正落实到位。精神疾病一直是大家所避忌的话题，一旦精神疾病患者疏于管理，就会给社会带来比较严重的损失。三县区从 2009 年实施精神疾病患者管理以来，精神疾病患者的管理率都高达 92% 以上，兴庆区和永宁县达到 100%。三县区的基层公共卫生服务人员定期发放药物，督促吃药并对家属进行健康教育；盐池县在这方面有专项补助，可以减轻一些家庭的经济负担。从某种程度上讲，控制好精神疾病患者的病情，就是对社会和谐发展做出一定程度的贡献。

三、三县区基本公共卫生服务均等化实施效果

促进基本公共卫生服务均等化是体现公共卫生的公益性质、促进社会和谐的重要民生举措（封苏琴，2012）。实施基本公共卫生服务均等化的目的是保障城乡居民获得最基本、最有效的基本公共卫生服务，缩小城乡居民基本公共卫生服务的差距，使大家都能享受到基本公共卫生服务，最终使老百姓不得病、少得病、晚得病、不得大病（彭梅，2011）。为获得良好的基本公共卫生服务效果，即达到基本公共卫生服务的目的，提高居民的满意度，全国各基层卫生服务机构都在大力实施基本公共卫生服务，为居民提供服务，本研究中所调查的三县区也是如此。

从基本公共卫生服务实施开始到现在，已经获得一定的效果，这不仅体现在健康档案建档率、重点人群系统管理率、慢性病患者管理率等数量性指标上，亲身体验过基本公共卫生服务的居民对此也很满意，并表示愿意主动寻求基本公共卫生服务。

基本公共卫生服务是一项"政府搭台、卫生唱戏、部门配合、社会支持"的惠民服务（陈昌锋，2008）。在国家政策的影响下，基层卫生机构的便捷性和基层卫生人员提供服务的积极性，是居民对基本公共卫生服务满意度提高的主要原因。基层卫生服务机构在居民中的影响力有所改善，益康社区卫生服务站站长做过比较，以健康教育为例，与当地居委会同时邀请居民参加健康教育活动，在参加活动的人员中，此社区卫生服务站邀请的居民多于当地居委会，直接说明，社区卫生服务站的影响力高于行政单位的影响力。从另一层面上讲，通过基本公共卫生服务均等化的实施，居民对基本公共卫生服务的认可度和满意度有所提高，同样是基本公共卫生服务均等化实施所获得的效果。

四、三县区基本公共卫生服务均等化实施存在的主要问题

2009 年，在"看病难"和"看病贵"的医疗环境中，新基本医药卫生体制改革的提出，让全国人民看到了预防疾病、享有健康的希望。各省区市在实施"医改"方案的同时，根据地方居民健康特点提出相应的特色服务，宁夏提出将

社会经济政策。但是，我国的医疗保障制度长期以来"重城镇轻农村""重治疗轻预防"，并且即使在城镇内部非就业人员也未被纳入医疗保障制度之中。一个远未实现全覆盖的医疗保障制度必然会影响到基本公共卫生服务的均等化。未来我国的医疗保障制度如何将基本公共卫生服务纳入保障体系是值得深入研究的重要问题。

第五节　结论与建议

　　基本公共卫生服务是一项长期性的艰巨任务，但是同时也是提高人群健康水平、促进社会和谐发展的关键，需要循序渐进，分阶段实现。如何加强这些项目的管理及运作，保持其有效性及持续性是个关键的问题。在提高基本公共卫生服务均等化思想认识的前提下，建立健全法律制度，扩展整理卫生资源，强化资金监管的手段，加强教育宣传力度，转变观念，充分发挥基层卫生服务机构的功能，逐步促进基本公共卫生服务均等化的实现。

　　通过对国家基本公共卫生服务项目开展情况和实际效果的考核，发现项目实施中存在的问题，提出解决问题的意见和建议，及时总结经验，规范项目管理，保证项目资金安全和发挥效益，促进"医改"惠民政策的有效落实。

一、加强领导对基本公共卫生服务均等化重要性的认知，建章立制保障基本公共卫生服务的实施有法可依

　　目前，从全国层面来看，公共卫生服务体系是由专业的公共卫生服务机构和医疗机构中的公共卫生服务功能组成。在基本公共卫生服务项目推广的过程中，农村由于受到条件和观念等的影响，执行起来，难度高于城市。可能会导致城市提供的基本公共卫生服务越来越好，而农村的改观却有限，这样就违背了基本公共卫生服务推广的原意。因此，政府部门、卫生行政部门和其他相关部门要深入认识均等化的意义和重要性。首先，要加强理论学习，明确基本公共卫生服务均等化的内涵；其次，要认识到公共卫生是人民群众健康的"第一道防线"，可以预防疾病的发生，公共卫生的存在对居民健康有着重要的意义；最后，要将学习到的知识和认识到的重要意义与实际结合，应用到具体的执行工作过程中，解决实际问题。

　　公共卫生作为一项公共政策，政府应该承担主要的责任，但是，有效的实施

又依赖于个人、社区和多部门的广泛参与。基本公共服务是为全体居民谋福利的公益性事业，而基本公共卫生服务作为基本公共服务中一项重要内容，应该提高其规划层次，逐步建立基本公共卫生服务均等化的法律体系，使基本公共卫生服务均等化成为政府的法定义务，加大资金投入的稳定性。

二、提高卫生服务人员保障措施与工作积极性

让－皮埃尔·普利埃尔和帕特金夏·埃尔南德斯等（Jean－Pierre Poullier and Patricia Hernandez et al.，2002）对全球191个国家的研究显示，健康支出规模与人口健康产出之间呈正相关关系；在健康支出规模相近的情况下，卫生资源配置效率对居民健康产出具有显著影响（P. PEAN－PIERRE，2002）。卫生资源配置包括卫生人才队伍和卫生机构的建设。公共卫生体系建设，人才是关键（肖焕波，2007）。在全国范围内选择卫生管理人才和技术骨干，作为重点培养对象，将他们培养为基本公共卫生服务技术带头人，对现有的卫生技术人员进行培训和业务指导。宁夏作为西部地区，可以用一些优厚的政策待遇吸引人才。另外，要改善基层公共卫生服务人员的薪资待遇，为他们缴纳社会保险，提高他们工作的积极性，让他们真心实意留在基层，为基层的卫生事业贡献自己的力量。

三、强化资金监管手段，确保资金足额到位和有效使用

基本公共卫生服务资金足额补助、及时到位是基层卫生服务机构开展基本公共卫生服务的基础，有利于调动基层卫生服务机构的积极性，促进机构落实基本公共卫生服务。在中央政府增加资金投入的基础上，明确地方财政的责任和投入时间，加强制度化管理，确保地方财政配套资金足额及时到位。强化资金管理手段，完善资金管理机制。（1）大部分地区，资金分配和绩效考核挂钩，但绩效考核一般是在基本公共卫生实施之后，考核结束再发放补助，必然会导致资金不能及时足额到位。笔者觉得可以考虑先发放补助，让其放开手实施基本公共卫生服务，然后再对绩效考核成绩比较好的基层卫生服务机构给予一定的奖励，以奖代替资金补助。（2）政府在确保其他经费，如基层卫生服务的人员经费、工作培训经费、房屋和设备等基础设施经费，充分投入的情况下，明确基本公共卫生服务项目经费使用范围，并按照要求严格考核。（3）建立严格奖惩制度，对滞留、截留、挤占、挪用经费和未按规定足额配套地方资金的，由财政和卫生行政部门联

合督办，限期解决。

四、转变基层卫生人员观念，充分发挥基层卫生服务机构的功能

将医疗保障制度如新农合与基本公共卫生服务相结合，逐步转变为健康保障制度，需要从以下几个方面实施：首先，转变观念，摒弃现有制度下的"重治疗轻防保""重专科服务轻初级健康保健服务"的传统观念，逐步转到以"预防保健"和"初级健康保健服务"为重点的观念上来，将"治未病"的理念发扬光大。其次，开发预防保健和初级健康保健服务的潜在功能。基层医疗机构的特点是集多项功能于一身，如预防、医疗、康复、体检、健康教育、传染病防治、慢性病防治、老年人健康管理、孕产妇产后访视等。居民在基层卫生服务机构能够方便快捷获取健康知识，减少疾病和意外伤残发生的概率，同时充分合理利用了卫生资源。

五、针对性加强健康教育，关注重点人群，提高全体居民健康意识

健康教育能用最小的投入获得最明显的公共卫生效果，健康教育贯穿于所有公共卫生服务项目过程中，可以时刻为居民提供健康教育或咨询活动，因此，健康教育是基本公共卫生服务项目中不可缺少的重要组成部分，在提高居民健康素养、倡导健康生活方式、预防控制传染病和慢性病等方面发挥着不可替代的作用。人群在接受相关知识时，特别关注对自己有益的内容，因此，在宣传过程中应特别制定针对重点人群（尤其是流动人口）的宣传内容。各级政府应该制定完善的健康教育规范，充分重视健康教育的宣传活动，利用各种形式进行健康宣传。提高全体居民健康知识知晓率，对于增强全体居民健康素养、提高全体居民健康水平、保证基本公共卫生服务项目顺利开展及稳步推行、促进社会和谐起到重要的推动作用。

六、本研究的特点与需要进一步研究的问题

（一）特点

第一，扎根理论在社会学、教育学、护理学等研究领域都已经得到了越来越

广泛的运用并取得了丰硕成果，在国际管理学界，运用扎根理论的研究也越来越多，但这一方法论在国内学界尚未得到广泛重视，研究成果极少。本研究运用扎根理论基本思想总结出基本公共卫生服务提供框架，厘清公共卫生服务体系中各层服务机构的职责。

第二，本研究采用定性资料分析和定量数据分析相结合的方法，研究了宁夏三县区基本公共卫生服务工作从公平性、资金管理情况、项目执行情况和项目实施效果等方面进行了全面的梳理，全方位了解基本公共卫生服务的实施效果、存在的问题，为下一步合理调整基本公共卫生服务的实施方向提供了强有力的依据。

（二）局限性

本研究选取的样本数量较少，研究结果可能无法代表整个宁夏回族自治区基本公共卫生服务项目开展情况，应该加大样本量，了解更全面的信息。基本公共卫生服务实施效果的体现需要较长的时间，调研时基本公共卫生服务正式实施三年，未能完全显现效果，本研究只能用服务项目过程指标来描述实施效果。

（三）需要进一步研究的问题

除了前述需进一步研究的问题外，从管理角度，尚需对基本公共卫生服务的组织管理模式进行比较分析，如何充分发挥专业公共卫生机构与基层医疗机构的联合作用，以保证服务的质量；从需方看，应进一步研究如何提高居民的健康意识，提高对公共卫生服务的依从性，尤其是在少数民族居住地区；从制度之间的衔接看，应加强基本公共卫生服务均等化制度与其他所有制度的无缝衔接，真正实现大卫生概念，让所有的制度都考虑辖区居民的健康；应建立基本公共卫生服务均等化实施效果追踪评价的长效机制，研究实施效果的科学评价指标体系。

第五章

公共卫生服务均等化服务项目成本测算研究

第一节 研究背景与目的

2009 年 3 月，中共中央、国务院出台了《关于深化医药卫生体制改革的意见》，提出要全面加强公共卫生服务体系建设，确定公共卫生服务范围，促进基本公共卫生服务逐步均等化。在国务院颁布的《医药卫生体制改革近期重点实施方案（2009～2011 年)》中，明确从以下四个方面着手，促进基本公共卫生服务逐步均等化。包括：（1）基本公共卫生服务内容项目化，按项目为城乡居民免费提供基本公共卫生服务；（2）增加国家重大公共卫生服务项目；（3）加强公共卫生服务能力建设；（4）建立城乡基本公共卫生服务经费保障机制，提高公共卫生服务经费标准。为了保证此四项措施的落实，要求 2009 年人均基本公共卫生服务经费标准不低于 15 元，覆盖 9 大类服务；2011 年不低于 25 元，共覆盖 10 大类 41 项服务。

2011 年是"十二五"的开局之年，也是三年"医改"试点结束之年，基本公共卫生服务均等化的实施充分体现了我国"十二五"发展规划中要求的"完善公共服务体系，坚持民生优先，更加注重发展成果的普惠性，促进经济社会发展良性互动"的愿景，是我国"预防为主"的卫生工作方针的真正落实，是解决居民健康问题的最有效措施。来自各个方面的信息都反映出，老百姓确实从中得到了很大实惠。在现场调查过程中，多次听到基层机构人员反映，基本公共卫生服务的实施是一项"老百姓乐死，基层医务人员累死"的活动。这也从另一侧面反映出此项工作的必要性。但要维持其长期持续发展，还有许多问题需要解决。

基本公共卫生服务均等化是一个动态发展的过程，根据公民的健康需要和政府的财政承受能力来确定。2009 年国家财政收入达到 68 518.3 亿元，预计我国 2011 年财政收入将达 10 万亿元。财政收入的增加将为基本公共卫生服务均等化提供强有力的财力保障。随着卫生改革的进一步深入，政府对公共卫生服务均等化制度的投入肯定将持续增加，但是，在一定时期内，资源总是有限的，卫生服务提供能力也是一定的，究竟投入多少、投向哪里才能使有限的资源发挥更有效的作用，也即如何把投入转化为有效的服务。要解决此问题，首先迫切需要解决的是支持哪些服务及其成本是多少。我国基本公共卫生服务发展指导思想是："十二五"期间以对现有服务规范深化扩展为主，特别是对民众感受和体会较深的服务，规范服务内容，提升服务质量，突出服务效果。同时，随着筹资水平的提高，逐步扩展基本公共卫生服务的范围。

本研究是在上述指导思想的前提下，对现有基本公共卫生服务项目规范深化与扩展，对其成本进行研究分析，为未来公共卫生服务项目的实施提供依据。受卫生部基层与妇幼卫生司委托，本研究的具体目的包括：

（1）综述基本公共卫生服务在服务包设计和筹资测算方面的研究经验和成果；

（2）提出"十二五"期间基本公共卫生需要扩展、深化、增加的服务；

（3）估算基本公共卫生服务需要的成本。

第二节　资料来源与方法

一、工作思路

本研究的基本思路如图 5 - 1 所示。确定主要健康和公共卫生问题：根据现有资料分析，研究者首先提出目前的公共卫生问题，并对这些公共卫生问题对健康的危害程度，根据已有的经验研究，进行具体说明，将这些问题列出；之后通过专家咨询，对列出的问题作出补充并根据其危害程度进行排序，确定基本公共卫生干预项目。同时，根据现有资料和有关研究，并通过对公共卫生服务技术人员访谈，列出目前正在实施的公共卫生干预项目，并对其内涵作出说明。列出针对主要健康和公共卫生问题的基本公共卫生干预项目，对这些列出的干预项目根据其性质进行分类，并整理成表。通过专家咨询，选出主要的和重要的干预项目。

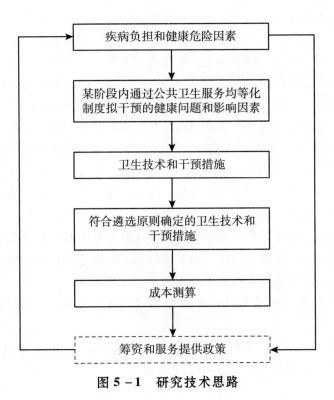

图 5 - 1　研究技术思路

二、资料来源和研究方法

资料主要来源于三个途径：现有文献、专题研讨会与专家调查。资料收集和研究方法包括以下几个方面。

（一）文献分析法

利用中国知网、万方数据库查阅相关文献资料，收集、分析、归纳、总结基本公共卫生服务均等化在服务包设计和成本测算方面的方法和成果；了解目前国内关于基本公共卫生服务包的界定方法、界定原则以及服务包种类；整理分析基本公共卫生服务项目成本测算的主要结果。

（二）专题研讨

召开了两次研讨会。第一次研讨会讨论研究总体设计、课题关键技术环节、开展本研究需要把握的主要原则等。第二次会议研讨内容包括以下几个方面：现有项目规范问题及其相关成本；服务目标在 2012 年和 2015 年的提升；新增服务内容；成本估算方法。两次会议参会人员包括卫生部妇社司领导、专家组成员、课题组成员，共计 20 余人。

（三）专家咨询法

依据专家的理论基础和实践经验，利用函调的方式，向专家发放"基本公共卫生服务项目内容扩展与成本专家咨询表"，估算基本公共卫生服务项目的实际成本以及需要规范和深化的服务项目。

（四）基本公共卫生服务包的确定方法

首先收集专家和基层医疗机构代表建议扩展的服务项目；其次根据专家的意见和与已有服务项目的关联性及其成本，对所有新扩展的服务项目排出优先顺序；最后根据服务项目的优先顺序确定 2012 年和 2015 年的服务包。

（五）成本估算法

依据卫生部 2011 年基本公共卫生服务成本测算方法，通过"基本公共卫生服务项目内容扩展与成本专家咨询表"收集到的成本资料，估算 2012 年和 2015 年的成本。对于专家认为必须支出的设备折旧成本、培训成本、管理成本、监管成本、CPI 影响，根据专家建议的比例进行估算。

三、专家调查

（一）基本公共卫生服务领域专家

通过发邮件、打电话、发短信的方式与卫生部国家基本公共卫生服务领域 31 位专家取得联系，发放"基本公共卫生服务项目内容扩展与成本专家咨询表" 31 份，主要对目前的 10 大类 41 项服务项目内容扩展和成本信息进行调研。其中 25 位专家给予了回复，回复率为 80.6%。在回复的 25 份调查表中，24 份有效，有效应答率为 96%。

（二） 基层医疗机构代表

通过打电话、发邮件等联系方式，向卫生部国家基本公共卫生服务项目基层医疗卫生机构代表发放"基本公共卫生服务项目内容扩展与成本专家咨询表"9份，回收有效问卷 8 份；同时，利用 2011 年暑假调研的机会，通过电话联系方式，分别咨询了山东、宁夏基层医疗卫生服务机构相关工作人员，其中山东 4人，宁夏 1 人，共获得有效调查问卷 13 份。调查基层代表名单见附录 1。

基层医疗卫生机构代表是基本公共卫生服务项目的执行者，在收集相应的成本信息时都是根据实际运行情况进行测算。在报告第一部分列举了以下四位代表的做法：河南省登封市大金店镇梅村卫生室乡村医生郭光俊、浙江省桐乡市石门镇中心卫生院院长江建忠、天津市津南区北闸口镇卫生院院长宫敬义、北京复兴医院月坛社区卫生服务中心主任杜雪平。

四、成本估算方法

成本分为两个部分：一是基本公共卫生服务提供需要的成本，按照目前成本内涵和服务内容估算；二是实施基本公共卫生服务的支持性成本，这些成本未包含在目前提供服务的成本中，但对于服务的实施属于必要成本，包括卫生技术人员人力成本、办公费用、监管费用、物价因素等。本研究对于这两类成本分别进行了估算。

目前政府预算支持的是基本公共服务提供成本，支持性成本由其他渠道筹集。

（一） 基本公共卫生服务提供需要的成本

1. 文献方法

运用文献分析方法，研究现有文献基本公共卫生服务成本测算的成果。依据服务项目吻合性、测算信息明确性、服务机构限定性的文献纳入标准，筛选现有文献。已有文献研究在成本测算方法上主要采用分步分摊法，分摊系数的确定方法依据时间或科室人员数计算系数，或是请专家进行估算。借助已有文献研究成果，在计算人均服务经费过程中，考虑到物价、监管、管理以及配套设备对成本的影响，在包含人力成本的情况下，最后计算得出现在提供的基本公共卫生服务包人均累积成本为 42 元，不含监管费与管理费的人均累积成本为 40 元。在考虑了文献研究的局限性后，此结果作为进一步测算的基础。

2. 基层卫生组织的测算

基层医疗卫生机构代表是基本公共卫生服务项目的执行者，在收集相应的成本信息时都是根据实际运行情况进行测算。以下列举了4位基层代表的做法。

河南省登封市大金店镇梅村卫生室乡村医生组织3~4名村医，通过讨论、反复阅读方式，对"新建居民健康档案"增加健康查体成本，高血压健康体检、糖尿病健康体检增加"心电图（10元）"查体项目，同时提交了一份《基本公共卫生服务贵在落实——对农村基本公共卫生服务实施的建议》建议书。

浙江省桐乡市石门镇中心卫生院根据本乡镇实际情况，在对10大类41项服务项目服务价格根据本院实际收费进行调整的基础上，测算了本乡镇在2011年如果全部完成卫生部所规定的目标要求所需要的成本。有21项服务项目估算的实际成本比卫生部测算的单位成本要高。测得2011年全镇需要公共卫生服务经费400万元，人均需77元。按照卫生部测算的人均25元经费计算，被低估了200%。

天津市津南区北闸口镇卫生院院长通过卫生院工作人员测算后，填写"基本公共卫生服务项目内容扩展与成本专家咨询表"，扩展了基本公共卫生服务项目内容，修改了部分基本公共卫生服务项目成本测算说明，同时提出检查设备应考虑设备折旧，否则应按医疗收费价格标准核算成本。

北京复兴医院月坛社区卫生服务中心主任利用研究生课题"北京社区卫生服务成本核算研究（历时4年，已结题）"的数据，测算了北京市基本公共卫生服务项目实际成本，数据准确。但因其测算数据中包括工作人员的人力成本信息，测算实际成本均明显高于卫生部测算及其他专家估算的单位成本。所以在本研究中计算成本时未利用此信息。

（二）支持性服务需要的成本

在专家研讨会、本次调查以及文献研究中，一致认为应当考虑支持性服务的提供和成本，以保证服务项目的顺利实施及其效果，包括：（1）卫生人员人力成本：在所有项目中体现，发挥项目的激励作用。按人均总成本的20%计。（2）相关设备的损耗和更新：计算机、办公设备等。按人均总成本2%计。（3）培训成本：按人均总成本的5%计。（4）管理成本：按人均总成本的3%计，包括资料保存与反馈管理成本，人群资料反馈和体检预约等管理工作等。（5）监管成本：按人均总成本的1%计。（6）通货膨胀指数：按照物价指数（CPI）计算，或者将其转换为人均总成本比例（人均总成本的2%左右）。

第三节　公共卫生服务均等化服务项目成本测算结果

一、现有基本公共卫生服务项目扩展和规范

（一）基本公共卫生服务现有项目规范与深化

1. 基本公共卫生服务现有项目实施问题

《国家基本公共卫生服务规范（2009年版）》与《国家基本公共卫生服务规范（2011年版）》的发布，对于规范服务项目的实施具有重要的指导作用，但由于规范下发时间短及缺乏应有的培训，基层医生对所有服务项目的认识尚不到位，以致在执行过程中存在诸多问题。课题组在山东和宁夏共6个县区的基本公共卫生服务运行情况调研发现，目前的主要工作还停留在只重视数量，不重视规范、质量与效果，调查地区尚没有遵照规范的要求做到位。存在的主要问题如下：（1）基层卫生机构人员服务提供能力有限；（2）基层卫生机构人员规范化培训需要加强；（3）目前执行的基本公共卫生服务包经费存在成本低估；（4）对经费补偿不及时影响基层人员的工作积极性；（5）机构间或部门间的协调管理不顺畅，特别是基层卫生机构与专业卫生机构（疾病控制、妇幼等）需要协调；（6）绩效考核机制不健全；（7）公共卫生服务与医疗保障机制衔接问题；（8）基本公共卫生服务与重大公共卫生服务如何衔接问题。

2. 基本公共卫生服务现有项目规范与深化专家意见

由于上述问题的存在，影响了现有基本公共卫生服务项目的规范与服务目标的实现。公共卫生服务项目规范和深化需要条件，部分专家提出如下建议，以促进公共卫生服务提供的质量，包括：（1）增加成本投入，保障经费；（2）项目内容扩展需要循序渐进，不能急于求成；（3）相应设备要配套；（4）健康教育与咨询指导迫切需要技术培训；（5）人员能力是质量与效果的"瓶颈"；（6）监督、绩效考核常态化；（7）项目开展宜根据需求与提供情况因地制宜，不可"一刀切"。

（二）现有基本公共卫生服务需扩展内容

通过咨询专家，在原来10类41项服务的基础上，又扩展了26项服务内容，

再加上原有的 4 项中医药服务项目，共计 71 项，如表 5 - 1 所示。从不同服务类别增加项目数量看，健康教育扩展了 5 项，增加项目数最多；其次是预防接种和中医药服务，分别增加了 4 项。

表 5 - 1　　　　　现有基本公共卫生服务类别扩展的服务项目

服务类别	项目名称
建立居民健康档案	居民电子档案录入与整理
	信息系统维护更新
健康教育	发放健康教育模具
	发放健康知识普及手册
	居民健康知识知晓率与行为形成率评估
	电话咨询
	健康教育人员学习培训费
预防接种	入托入学查验接种证及补种
	流动儿童主动搜索
	应急接种与强化免疫
	计划免疫资料统计评价管理
0～6岁儿童健康管理	高危儿管理
	死亡监测
孕产妇保健	孕前三个月健康管理
高血压患者健康管理	高血压、高血脂筛查
	高血压患者尿蛋白、血糖测定
糖尿病患者健康管理	糖尿病筛查
	糖尿病患者饮食指导与血糖监测
	小组互动式健康教育
重性精神疾病患者健康管理	应急处置
	家庭干预
	康复训练
卫生监督协管	卫生监督协管项目落实情况评估
中医药服务	居民冬病夏治中医健康干预
	亚健康人群中医健康指导
	脂肪肝人群中医健康干预
	高血脂人群中医健康干预

（三）现有服务在 2012 年和 2015 年服务目标的提升

经过与会专家研讨，确定 10 类服务在 2012 年和 2015 年的服务目标提升程度如表 5-2 所示，健康档案、老年人保健、高血压、糖尿病的服务目标均有不同程度提升，服务人口数增加，相应增加服务成本。

表 5-2　　　　　　　　各类服务项目实施目标

服务类别	2011 年目标	2012 年目标	2015 年目标
1. 健康档案维护（%）	50	55	70
2. 预防接种（%）	95	95	95
3. 0~6 岁儿童保健（%）	85	85	85
4. 孕产妇保健（%）	85	85	85
5. 老年人保健（%）	60	60	70
6. 高血压患者健康管理（万人）	4 500	5 500	8 000
7. 糖尿病患者健康管理（万人）	1 500	1 800	2 800
8. 重性精神疾病患者健康管理（万人）	300	300	300
9. 传染病和突发公共卫生事件报告和处理［机构数（万个）］	72	机构数	机构数
10. 卫生监督协管（机构数万个）	72	机构数	机构数

二、规范和扩展现有基本公共卫生服务项目与所需成本

在前面分析中，报告了扩展服务和提升服务目标的结果。为了扩展深化现有服务项目，规范服务内容，建议新增若干项服务项目，并根据项目的优先性，建议在现有 41 项的基础上，2012 年和 2015 年分别再将 17 项和 30 项服务项目纳入服务包中，使服务包中的服务项目总数分别达到 58 项和 71 项。在扩展服务项目内容的同时，提高 2012 年和 2015 年服务项目实现的目标。如老年保健覆盖率由 2011 年的 60% 提高到 2015 年的 70%；高血压患者健康管理人数由 2011 年的 4 500 万人提高到 2012 年的 5 500 万人和 2015 年的 8 000 万人。

按照目前测算口径和成本内容，测算得出 2011 年、2012 年和 2015 年人均基本公共卫生服务实际成本分别为 38 元、56 元和 77 元。2011 年成本测算值比人均 25 元公共卫生资金高出 13 元。表 5-3 是建议纳入的服务项目及其成本测算结果。

表 5 – 3   **"十二五"期间基本公共卫生服务均等化服务项目和成本**

单位：元/人

服务类别	项目名称	说明	2012 年人均成本	2015 年人均成本
建立居民健康档案	新建居民健康档案	已有	0.66	0.66
	居民健康档案维护	已有	4.40	5.60
	居民电子档案录入与整理	新增	0.11	0.10
	信息系统维护更新	新增	0.73	0.73
健康教育	个体化健康教育	已有	1.40	1.19
	发放印刷资料	已有	2.64	2.25
	购买音像资料	已有	0.08	0.07
	播放音像资料	已有	0.32	0.27
	设置健康教育宣传栏	中心和卫生院	0.05	0.04
		站和村卫生室	0.35	0.30
	开展公众健康咨询	已有	0.65	0.55
	举办健康知识讲座	中心和卫生院	0.30	0.25
		站和村卫生室	1.37	1.16
	发放健康教育模具	新增	4.13	3.52
	发放健康知识普及手册	新增	3.39	2.89
	居民健康知识知晓评估	新增	0.01	0.01
	电话咨询	新增	0.51	0.44
	健康教育人员学习培训费	新增	0.32	0.27
预防接种	预防接种管理	已有	0.58	0.69
	预防接种	已有	1.40	1.67
	疑似预防接种异常反应处理	新增	0.0003	0.0003
	入托入学查验接种证及补种	新增	0.12	0.15
	流动儿童主动搜索	新增	0.04	0.04
	应急接种与强化免疫	新增	0.19	0.23
	计划免疫资料统计评价管理	新增	0.37	0.44

服务类别	项目名称	说明	2012 年人均成本	2015 年人均成本
0~6 岁儿童健康管理	新生儿家庭访视	已有	0.31	0.31
	新生儿满月健康管理	已有	0.19	0.19
	婴幼儿健康管理	不同月龄	0.19	0.19
		不同月龄	0.91	0.91
		不同月龄	0.90	0.89
	学龄前儿童健康管理	新增	0.92	0.92
	高危儿管理	新增	0.002	0.002
	死亡监测	新增		0.02
孕产妇保健	孕早期健康管理	已有	1.36	1.36
	孕中期健康管理	已有	1.27	1.27
	孕晚期健康管理	已有	1.02	1.02
	产后访视	已有	0.37	0.37
	产后 42 天健康检查	已有	0.32	0.32
	孕前三个月健康管理	新增	—	2.34
老年人保健（65 岁及以上人群）	老年人生活方式和健康评估	已有	0.57	0.49
	体格检查	已有	1.61	1.38
	辅助检查	已有	7.78	6.69
	健康指导	已有	0.43	0.37
高血压患者健康管理	随访评估	已有	2.91	3.61
	健康体检	已有	1.00	1.24
	高血压、高血脂筛查	新增	—	1.46
	高血压患者尿蛋白、血糖测定	新增	0.61	0.75
糖尿病患者健康管理	随访评估	已有	1.52	2.01
	健康体检	已有	0.26	0.34
	糖尿病筛查	新增	0.18	0.24
	糖尿病患者饮食指导与血糖监测	新增	0.27	0.35
	小组互动式健康教育	新增	—	0.18

服务类别	项目名称	说明	2012 年人均成本	2015 年人均成本
重性精神疾病患者健康管理	信息管理	已有	0.05	0.04
	随访评估	已有	0.46	0.39
	健康体检	已有	0.12	0.10
	应急处置	新增	0.22	0.19
	家庭干预	新增	0.11	0.09
	康复训练	新增	0.11	0.09
传染病和公共卫生应急处理	社区服务中心和乡镇卫生院	已有	0.90	0.77
	社区卫生服务站和村卫生室	已有	1.45	1.23
卫生监督协管	社区服务中心和乡镇卫生院	已有	0.77	0.66
	社区卫生服务站和村卫生室	已有	1.40	1.19
	卫生监督协管项目评估	新增	0.01	0.01
中医药服务	0~6 岁儿童中医健康指导	已有	—	1.15
	孕产妇中医健康指导	已有	—	0.15
	老年人中医健康指导	已有	1.34	1.15
	高血压患者中医健康干预	已有	0.51	0.63
	Ⅱ型糖尿病患者中医健康干预	已有	—	0.24
	居民冬病夏治中医健康干预	新增	—	4.5
	亚健康人群中医健康指导	新增	—	8.40
	脂肪肝人群中医健康干预	新增	—	1.23
	高血脂人群中医健康干预	新增	—	3.20
项目数合计			58	71
成本合计			56	77

三、新增基本公共卫生服务及其成本

(一) 疾病负担分析

在背景材料中,给出了世界卫生组织(WHO)测算的中国和世界在 2002 年导致 DALY 损失最多的前 50 位疾病。从表中可以看出,前 20 位疾病造成我国的 DALY 损失占 57.3%,前 50 位疾病造成我国的 DALY 损失占 81.6%。考虑资源的有限性及疾病的可预防干预性,应从前面影响较大的疾病中,循序渐进逐步扩大服务范围。表 5-4 是慢性病患病情况。

171

表 5－4　　　　　　　2008 年慢性病患病率及构成

单位：‰，%

顺位	合计			城市			农村		
	疾病名称	患病率	构成	疾病名称	患病率	构成	疾病名称	患病率	构成
1	高血压	54.9	27.5	高血压	100.8	35.7	高血压	38.5	22.6
2	胃肠炎	10.7	5.4	糖尿病	27.5	9.7	胃肠炎	11.7	6.9
3	糖尿病	10.7	5.4	缺血性心脏病	15.9	5.6	类风湿性关节炎	11.3	6.6
4	类风湿性关节炎	10.2	5.1	脑血管疾病	13.6	4.8	椎间盘疾病	9.3	5.5
5	脑血管疾病	9.7	4.9	椎间盘疾病	10.2	3.6	慢性阻塞性肺病	8.5	5.0
6	椎间盘疾病	9.5	4.8	慢性阻塞性肺病	7.9	2.8	脑血管疾病	8.3	4.9
7	慢性阻塞性肺病	8.3	4.2	胃肠炎	7.9	2.8	胆结石及胆囊炎	5.2	3.1
8	缺血性心脏病	7.7	3.8	类风湿性关节炎	7.2	2.5	糖尿病	4.8	2.8
9	胆结石及胆囊炎	5.1	2.6	胆结石和胆囊炎	5.0	1.8	缺血性心脏病	4.8	2.8
10	消化性溃疡	3.3	1.7	白内障	3.0	1.1	消化性溃疡	3.5	2.1
11	泌尿系统结石	2.0	1.0	前列腺增生	2.9	1.0	泌尿系统结石	2.2	1.3
12	前列腺增生	1.7	0.9	消化性溃疡	2.8	1.0	贫血	1.8	1.1
13	白内障	1.7	0.9	哮喘	2.5	0.9	肺源性心脏病	1.6	1.0
14	贫血	1.6	0.8	肾炎和肾病变	2.1	0.7	乙型肝炎	1.4	0.8
15	哮喘	1.6	0.8	慢性咽喉炎	1.6	0.6	肾炎和肾病变	1.4	0.8

资料来源：第四次国家卫生服务总调查报告。

课题组认为在"十二五"期间应迫切纳入管理和预防的疾病，包括脑血管疾病、慢阻肺、缺血性心脏病三种疾病。这些疾病的患病率与死亡率均较高，造成的疾病负担较重。从其预防措施看，皆可进行有效干预。此外，通过主要危险因素对疾病负担贡献的百分比分析（见表5-5），认为还应包括超重与肥胖、高血脂两种危险因素。年龄、性别、家族史是这三类疾病不可干预因素，吸烟、糖尿病、高血压、过量饮酒、肥胖、缺乏运动、精神因素、血脂异常是可干预的因素。

表5-5   主要危险因素对疾病负担贡献的百分比   单位：%

发展中国家				发达国家	
高死亡率国家		低死亡率国家			
营养不良	14.9	饮酒	6.2	吸烟	12.2
不安全性行为	10.2	高血压	5.0	高血压	10.9
不卫生饮用水	5.5	吸烟	4.0	饮酒	9.2
固体燃料室内污染	3.7	营养不良	3.1	高胆固醇	7.6
缺锌	3.2	超重	2.7	超重	7.4
缺铁	3.1	高胆固醇	2.1	蔬菜水果低摄入	3.9
维生素A缺乏	3.0	固体燃料室内污染	1.9	缺乏体育锻炼	3.3
高血压	2.5	蔬菜水果低摄入	1.9	药物成瘾	1.8
吸烟	2.0	缺铁	1.8	不安全性行为	0.8
高胆固醇	1.9	不卫生水	1.7	缺铁	0.7

资料来源：WHO，2005。

（二）干预措施

通过检索相关文献，发现针对上述危险因素的干预措施最重要的是改变居民的行为生活方式，如吸烟、酗酒、缺乏体育锻炼、不健康饮食（高盐、高脂）等不良习惯，传统的干预措施是健康教育，但在实际操作中，健康教育的效果并不理想。如何在服务包设计中完善健康教育的服务项目与服务内容，也是当前迫切需要解决的问题。应从疾病的界定、诊断标准、诱因、危害、预防以及治疗等多方面进行宣教，让群众有个全面的了解。

（三）新增服务的人均成本

由表5-6可知，估算超重与肥胖人均成本为2.16元，高血脂人均成本为4.18元，脑血管疾病患者健康管理人均成本为5.24元，慢性阻塞性肺疾病患者健康管理人均成本 2.12 元，缺血性心脏病患者健康管理人均成本 0.39 元。同时开展上述服务所需增加的人均成本约为 14 元。可根据所筹资金总量及干预措施的重要性增加服务内容。

表 5 - 6　　　　　　　　　新增服务内容人均服务成本估算　　　　　单位：元

新增服务类别	服务项目	服务内容及实现目标	测算说明	估算 2011 年人均成本
1. 超重与肥胖	筛查	利用体重指数（BMI = 体重（kg）/[身高（m）]²）作为筛查标准，超重：24 ≤ BMI < 28；28 ≤ 肥胖，筛查疾病患者	—	—
	预防超重与肥胖（健康教育）	宣传肥胖与超重的危害，倡导人们改变生活方式，如注意膳食平衡、增加体力活动，戒烟、限酒和限盐等	—	—
	随访评估与干预	对纳入管理的肥胖与超重病人每年进行至少 4 次面对面随访。每次随访测量血压、体重、身高、腰围，计算 BMI。并根据随访评估情况对肥胖与超重患者进行生活方式干预等。把信息填写在随访表中	每年进行 4 次随访，每次 17 元，包括人力成本、病情询问、相关检查、健康教育和指导。肥胖全年目标人群约 1 亿人，预计目标覆盖率约为 40%	2.16
2. 高血脂	预防高血脂（健康教育）	宣传高血脂的危害，倡导人们合理膳食、注意生活方式规律性，适当参加体育运动，定期体检等	—	—
	随访评估与干预	对纳入高血脂等病人每年进行至少 4 次面对面随访，检测总胆固醇（TC）、甘油三酯（TG）、高密度脂蛋白胆固醇（HDL - C）、低密度脂蛋白胆固醇（LDL - C）等。并根据随访评估情况对肥胖与超重患者进行生活方式干预等。把信息填写在随访表中	每年进行 4 次随访，每次 17 元，包括人力成本、病情询问、相关检查、健康教育和指导等。全年目标人群约 8 000 万人，预计目标覆盖率约为 60%	2.45

新增服务类别	服务项目	服务内容及实现目标	测算说明	估算2011年人均成本
2. 高血脂	健康体检	每年为超重与肥胖进行1次健康检查。内容包括体温、脉搏、呼吸、血压、血糖、身高、体重、腰围、心脏、肺部、腹部等常规体格检查。把信息填写在高血脂患者的健康体检表中	每年1次，每次17元，包括人力成本，通信，一次性耗材、常规体格检查、指导和健康教育等。全年目标人群约1.6亿人，预计目标覆盖率约为85%	1.73
3. 脑血管疾病患者健康管理	筛查	明确脑血管疾病的诊断，通过检查血压、CT、眼底检查、血常规、脑血管造影、血脂、血糖等项目进行测定筛查疾病患者	每年一次，包括血常规、CT（150元）、血压、血糖、身高、体重、腰围等筛查项目	3.34
	随访评估与干预	通过入户随访、电话随访、门诊随访等形式。随访评估干预由经过统一培训的医师负责，视病情需要，每季度上门1次。干预内容包括：医患交流、心理干预、生活行为干预、家庭环境干预、健康知识宣传、检查用药情况以及前段时间干预措施执行情况（依从性）、制订今后干预计划等。把信息填写在随访表中	每年进行4次随访，每次17元，包括人力成本、病情询问、相关检查、健康教育和指导。全年目标人群约3 500万人，预计目标覆盖率约为85%	1.52
	健康体检	督促或组织患者每年进行1次较全面的健康体检，体检可与随访相结合。包括血常规、血糖、血生化检查、头颅CT、脑电图、颈部血管B超、经颅多普勒等检查	每年1次，17元/人次，包括人力成本，通信，一次性耗材、常规体格检查、指导和健康教育等。全年目标人群约3 500万人，预计目标覆盖率约为85%	0.38

新增服务类别	服务项目	服务内容及实现目标	测算说明	估算2011年人均成本
4. 慢性阻塞性肺疾病患者健康管理	筛查	明确慢性阻塞性肺疾病的诊断，通过视诊、听诊、触诊、叩诊、听诊等方式，以及肺功能检查、胸部X线检查、血气检查等方式筛查疾病患者	每年1次，包括血常规、胸部X线检查、血压、血糖、身高、体重、腰围等筛查项目	0.22
	随访评估与干预	通过入户随访、电话随访、门诊随访等形式。随访评估干预由经过统一培训的医师负责，视病情需要，每季度上门1次。干预内容包括：医患交流、心理干预、生活行为干预、家庭环境干预、健康知识宣传、检查用药情况以及前段时间干预措施执行情况（依从性）、制订今后干预计划等。把信息填写在随访表中	每年进行4次随访，每次17元，包括人力成本、病情询问、相关检查、健康教育和指导。全年目标人群约3 500万人，预计目标覆盖率约为85%	1.52
	健康体检	每年为慢性阻塞性肺疾病患者进行1次健康检查。内容包括体温、脉搏、呼吸、血压、血糖、身高、体重、腰围、心脏、肺部、腹部等常规体格检查。把信息填写在患者的健康体检表中。全年目标人群约3 500万人，预计目标覆盖率约为85%	每年1次，17元/人次，包括人力成本，通信，一次性耗材、常规体格检查、指导和健康教育、胸部X线检查等。全年目标人群约3 500万人，预计目标覆盖率约为85%	0.38
5. 缺血性心脏病患者健康管理	筛查	明确缺血性心脏病的诊断，通过X线检查、心电图检查、血清酶学检查等辅助方式筛查疾病患者缺血性心脏病患者。缺血性心脏病人群约为640万人	每年1次，包括血常规、心电图检查、血压、血糖、身高、体重、腰围等筛查项目	0.04

续表

新增服务类别	服务项目	服务内容及实现目标	测算说明	估算 2011 年人均成本
5. 缺血性心脏病患者健康管理	随访评估与干预	通过入户随访、电话随访、门诊随访等多种形式。干预由经过统一培训的医师负责，视病情需要，每季度上门 1 次。干预内容包括：医患交流、心理干预、生活行为干预、家庭环境干预、健康知识宣传、检查用药情况以及前段时间干预措施执行情况（依从性）、制订今后干预计划等。把信息填写在随访表中	每年进行 4 次随访，每次 17 元，包括人力成本、病情询问、相关检查、健康教育和指导。全年目标人群约 6 406 752 人（1 334 740 000 × 4.8‰），预计目标覆盖率约为 85%	0.28
	健康体检	督促或组织患者每年进行 1 次较全面的健康体检，体检可与随访相结合。内容包括身高、体重、血压、血糖、心电图、血常规、大生化、心脏彩超等检查，把信息填写在患者的健康体检表中	每年 1 次，每次 17 元，包括人力成本，通信，一次性耗材、常规体格检查，指导和健康教育、心电图等。全年目标人群约 6 406 752 人（1 334 740 000 × 4.8‰），预计目标覆盖率为 85%	0.07
成本合计				14.09

四、支持性活动及其成本

专家咨询和调研报告发现，基本公共卫生服务的实施需要许多支持性活动和条件。目前实施中存在的问题，包括基层卫生机构人员服务能力欠缺、基本公共卫生服务成本低估、绩效考核未能完全落实、监管不到位等，均与支持性活动开展的程度有关。建议增加的支持性条件包括卫生技术人员激励机制的补偿、设备折旧、培训费用、日产管理支出、监管和物价变化。

在发给专家和基层代表的问卷中，有如下问题："2011 年基本公共卫生服务经费人均补偿为 25 元，要求开展 10 类 41 种服务项目。根据已有信息，可能会因为成本低估影响了基本公共卫生服务提供的质量和规范程度，如果成本被低估，您认为低估程度大约为____%"。综合所调查 24 位专业专家和 13 位基层专家意见，25 元的公共卫生服务经费低估的比例为 30% ~ 300%。说明低估成本确实是影响项目规范和深化的一个重要原因。

根据测算，前述支持性活动的成本 2011 年、2012 年和 2015 年分别约为 13 元、19 元和 34 元。这些成本有些已有其他渠道的经费给予了保证，有些还缺乏明确的补偿政策。结果如表 5 - 7 所示。

表 5 - 7　　　　　　　　支持性活动及其人均成本　　　　　　　单位：元

支持性要素	2011 年	2012 年	2015 年
人力成本	5.62	8.31	11.56
设备折旧	1.12	1.66	2.31
培训费用	2.81	4.15	5.78
管理费用	1.69	2.49	3.47
监管费用	0.56	0.83	1.16
CPI 影响	1.12	1.66	9.25
合计	12.92	19.10	33.53

五、基本公共卫生服务项目成本地区间差异

公共卫生服务提供成本与人力成本、材料价格、服务半径有关。而服务半径会影响到包括人力成本在内的总成本。目前全国人均同样水平的筹资是否合理，除了其他因素外，忽略了各地区服务成本的差异。

本研究没有获得足够的数据来说明地区间成本差异的程度，难以得出地区间成本总差异程度的结论。但是根据现有信息，可以认为东、中、西部地区人均公共卫生服务成本有一定差距。例如，西部地区发放健康教育模具成本高于东中部，是东部的 6.5 倍、中部的 4.7 倍；西部地区发放健康知识普及手册成本是东部、中部的 3 倍左右；东部地区疑似预防接种异常成本（156 元/例）远远高于中部（20 元/例）、西部（58 元/例）；中西部地区孕早期健康管理成本差别不大，但明显低于东部（162.6 元/人次）；西部地区产后访视成本（50 元/人次）高于中部（30 元/人次）、东部（33.8 元/人次）；西部地区重型精神病随访评估成本（55 元/人次）高于东中部；西部地区乡镇卫生院和社区卫生服务中心传染病防治和公共卫生事件应急处理成本明显高于东中部，是东中部的 2.5 倍左右；西部乡镇卫生院和社区卫生服务中心卫生监督协管成本是东中部的 2.5 倍。

第六章

基层卫生机构能力和人力资源研究

第一节　研究背景与目的

第四次（2008）国家卫生服务调查结果表明，我国基层卫生服务体系建设需要加强、服务功能需要进一步加强、人力队伍的能力需要提高。特别是中西部地区基层卫生机构开展基本卫生服务的能力明显偏弱，农村基层卫生机构服务能力与城市基层卫生机构相比更为薄弱。影响基层卫生机构功能的主要因素为人员数量不足、人员能力不强、缺乏基本设备、缺乏运转资金等。加强基层卫生服务体系建设、完善基层卫生机构服务功能、提高基层卫生人员能力是"医改"重点活动内容，也是实现"医改"目标的重要策略和措施。

"医改"意见提出，要完善以基层医疗卫生服务网络为基础的医疗服务体系的公共卫生服务功能，进一步明确公共卫生服务体系的职能、目标和任务，优化人员和设备配置；要大力发展农村医疗卫生服务体系，加快建立健全以县级医院为龙头、乡镇卫生院为骨干、村卫生室为基础的农村三级医疗卫生服务和预防保健网络；要制订和实施人才队伍建设规划，重点加强公共卫生、农村卫生、城市社区卫生专业技术人员和护理人员的培养培训，鼓励优秀卫生人才到农村、城市社区和中西部地区服务。

基层医疗服务体系建设是近三年重点抓好的五项重点工作之一，主要包括以下四个方面。

第一，完善农村三级医疗卫生服务网络。发挥县级医院作用；完善乡镇卫生院、社区卫生服务中心建设标准；支持边远地区村卫生室建设。

第二，加强基层医疗卫生队伍建设。制定并实施免费为农村定向培养全科医生和招聘执业医师计划；用三年时间，分别为乡镇卫生院、城市社区卫生服务机构和村卫生室培训医疗卫生人员 36 万人次、16 万人次和 137 万人次；每所城市三级医院要与 3 所左右县级医院（包括有条件的乡镇卫生院）建立长期对口协作关系；提高县级医院医生水平；落实好城市医院和疾病预防控制机构医生晋升中高级职称前到农村服务一年以上的政策；鼓励高校医学毕业生到基层医疗机构工作。从 2009 年起，对志愿去中西部地区乡镇卫生院工作三年以上的高校医学毕业生，由国家代偿学费和助学贷款。

第三，改革基层医疗卫生机构补偿机制。政府负责其举办的乡镇卫生院、城市社区卫生服务中心和服务站按国家规定核定的基本建设、设备购置、人员经费及所承担公共卫生服务的业务经费，按定额定项和购买服务等方式补助；医务人员的工资水平，要与当地事业单位工作人员平均工资水平相衔接；实行药品零差率销售后，药品收入不再作为基层医疗卫生机构经费的补偿渠道；政府对乡村医生承担的公共卫生服务等任务给予合理补助，补助标准由地方人民政府规定。

第四，转变基层医疗卫生机构运行机制。基层医疗卫生机构要使用适宜技术、适宜设备和基本药物；乡镇卫生院和城市社区卫生服务机构要转变服务方式；开展社区首诊制试点，建立基层医疗机构与上级医院双向转诊制度；完善收入分配制度，建立以服务质量和服务数量为核心、以岗位责任与绩效为基础的考核和激励制度。

本部分的主要目的是通过调查研究，评估"医改"在基层卫生机构和队伍建设中开展的主要活动，在改善基层医疗卫生机构服务功能和人员能力方面取得的进展，为促进"医改"顺利健康发展提供依据。

具体研究目标包括：第一，描述和分析"医改"以来基层医疗卫生服务体系建设情况，包括资金投入、基本设施建设、人员队伍建设等；第二，调查和分析基层医疗卫生机构服务功能开展和人力资源能力状况及其影响因素；第三，通过与 2008 年专题研究结果比较，分析"医改"以来基层卫生服务体系建设与服务功能和人员能力变化之间的关系；第四，提出完善基层卫生服务体系建设、加强基层医疗卫生机构功能和人员能力的政策建议。

第二节　资料来源与方法

一、资料来源与研究现场

调查的基层卫生机构类型包括社区卫生服务中心和乡镇卫生院。本次面上数据样本量，乡镇卫生院机构总数是 304 个，其中东部 86 个，中部 101 个，西部 117 个；社区卫生服务中心机构总数是 117 个，其中东部 63 个，中部 27 个，西部 27 个，如表 6-1 所示。

表6-1　　　　　　　　　面上调查机构样本量*

地区分类	城市社区卫生服务中心	农村乡镇卫生院
东部	63	86
中部	27	101
西部	27	117
合计	117	304

注：*对全国 31 个省区市的东中西部地区分类如下。东部地区包括 11 个省市，分别为北京市、天津市、河北省、辽宁省、上海市、江苏省、浙江省、福建省、山东省、广东省、海南省。中部地区包括 8 个省市，分别为山西省、吉林省、黑龙江省、安徽省、江西省、河南省、湖北省、湖南省。西部地区包括 12 个省市自治区，分别为内蒙古自治区、广西壮族自治区、重庆市、四川省、贵州省、云南省、西藏自治区、陕西省、甘肃省、青海省、宁夏回族自治区、新疆维吾尔自治区。

基层卫生机构功能和人力资源能力研究专题调查数据主要用于基层卫生机构服务提供和功能分析、卫生人员能力分析等。研究现场根据地理位置和经济发展水平，选择了吉林省、陕西省、山东省、重庆市、安徽省，每个省/直辖市选择 1 个城市区和 2 个农村县。资料来源包括对城乡社区卫生服务中心、乡镇卫生院和村卫生室的机构调查、人员调查，以及相关专题研究调查方法。

（一）基层卫生机构抽样和样本

按照地理位置和经济发展水平，选择了吉林省、陕西省、山东省、重庆市、安徽省进行专题调查。每个省/直辖市选择 1 个城市区和 2 个农村县进行调查。

181

吉林省城市抽取了四平市铁东区，农村选择了东丰县和延吉市；陕西省城市选择了宝鸡市金台区，农村选择了眉县和汉阴县；山东省城市选择了青岛市市北区，农村选择了招远市和梁山县；重庆市城市选择了沙坪坝区，农村选择了万州区和忠县；安徽省城市抽取了安庆市大观区，农村选择了庐江县和固镇县。

共调查了社区卫生服务中心18家，乡镇卫生院30家，村卫生室151家，如表6-2所示。

表6-2　　　　　　　　　　专题调查机构样本量

省份	城市社区卫生服务中心	农村乡镇卫生院	农村卫生室
吉林	5	6	30
陕西	3	6	30
山东	2	6	32
重庆	5	6	30
安徽	3	6	29
合计	18	30	151

（二）基层卫生人员问卷调查抽样和样本

社区卫生服务中心、社区卫生服务站和乡镇卫生院调查当日在岗的所有医生、护士和防保人员均参加基层卫生人员的问卷调查；每个乡镇抽取5名村医参加调查。共调查823人，其中医生282人（34.3%）、护士235人（28.6%）、防保人员154（18.7%）、村医152（18.5%），如表6-3所示。

表6-3　　　　　　　　　　基层卫生人员调查人数

	医生	护士	防保人员	村医	合计
按地区					
吉林	48	46	36	30	160
陕西	43	31	28	30	132
山东	44	46	28	31	149
重庆	94	66	30	31	221
安徽	53	46	32	30	161
按机构类型					
社区卫生服务中心	102	112	54	—	268
乡镇卫生院	180	123	100	—	403
村卫生室	—	—	—	152	152
合计	282	235	154	152	823

（三）关键知情者访谈样本

访谈的对象包括区/县卫生局卫生行政管理人员、基层卫生机构负责人、医生、防保人员和村医。在每个县/区访谈 1~2 名卫生局的卫生行政管理人员，在每个社区卫生服务机构和乡镇卫生院访谈 1 名机构负责人、1 名医生和 1 名防保人员，在每个乡镇选择 1 名村医访谈。

共访谈 194 人，其中卫生行政管理人员 24 人，基层卫生机构负责人 47 人，医生 48 人，防保人员 46 人，村医 29 人，如表 6－4 所示。

表 6－4 关键知情者访谈人数

省份	卫生行政管理人员	基层卫生机构负责人	医生	防保人员	村医
吉林省	6	11	11	11	5
陕西省	5	9	9	7	6
山东省	4	8	8	9	6
重庆市	5	10	11	11	6
安徽省	4	9	9	8	6
合计	24	47	48	46	29

二、调查工具和调查内容

调查工具包括基层卫生机构调查表、基层卫生人员调查表，以及关键知情者的访谈提纲。

（一）基层卫生机构调查表

包括乡镇卫生院/社区卫生服务中心、村卫生室两类。调查的内容包括机构的设置运行情况、拥有卫生人员的数量和结构、人员培训情况、机构收支情况、服务功能的开展情况和未开展原因。

（二）基层卫生人员调查表

分为医生、护士、防保人员、村医四类。调查的内容包括卫生人员的年龄、性别等基本信息、教育培训情况、工作活动的时间分布，以及基本医疗和卫生知识掌握情况测试题。

183

（三） 关键知情者访谈

根据不同的访谈对象设计相应的访谈提纲，包括卫生行政管理人员、基层卫生机构负责人、医生、防保人员、村医五类。主要了解知情者对于基层卫生机构服务功能开展和卫生人员能力的看法及当前存在的问题和面临的主要困难。

三、调查方法与质量控制

（一） 调查前做好调查工具的设计

课题组多次论证调查方案，对调查工具进行设计并进行反复讨论和修改。

（二） 培训调查员

调查员和访谈人员均由山东大学的教师和研究生担任，并由课题组成员进行了统一培训。

（三） 组织保障和现场协调

调查前与当地卫生局负责人就调查方案进行讨论和部署安排。由卫生局相关负责人进行组织协调，并派专人引导，落实调查任务。

（四） 调查方式

社区卫生服务机构、乡镇卫生院由调查员直接到机构现场进行调查，村医则统一集中到乡镇卫生院进行调查。机构问卷由机构派专人填写，调查员负责解释、回收问卷。卫生人员调查表，由机构负责将要调查的卫生人员集中起来，调查员统一发放问卷，并对问卷内容进行解释说明，监督调查对象现场答题。对不方便集中答题的机构，由机构负责人引导，调查员将问卷发放到每一个调查对象的手中，解释说明问卷，监督其回答问题。关键知情者访谈由课题组成员直接采访被调查对象，依据访谈提纲进行面对面访谈，采取现场记录访谈内容并录音的方式。

（五） 检查核对及复查回访

当问卷回收时，由调查员对调查内容进行检查，发现问题立刻向调查对象询问。调查完成后，由课题组成员对问卷进行二次审核，对发现的问题通过电话向调查对象回访。

（六）资料录入和整理

资料录入由山东大学的在校研究生进行二次录入，录入前对所有录入人员进行统一培训；并在录入程序的设计上对主要字段设置了逻辑校对，以减少录入错误。访谈录音资料由直接访谈者根据录音文件进行整理录入。

第三节　城乡基层卫生服务体系建设研究

这一部分主要采用两个方面的指标说明基层卫生服务体系建设的基本情况，以及与"医改"前相比的变化情况。一是调查和分析基层卫生机构投入以及收支，二是基层卫生机构设备配置情况。前者可以比较综合反映对基层卫生机构投入的强度和经济运行状态，后者可以反映基层卫生机构服务条件及其水平。

一、基层卫生机构投入和经济运行

（一）乡镇卫生院

截至 2011 年调查时，全国乡镇卫生院收支管理仍有半数以上实行差额预算拨款（61.2%）；西部地区以全额预算拨款方式为主，接近 60%。但是，与 2008 年相比，2011 年全国全额预算拨款方式的卫生院增加了 14.9%，其中，东、中、西部地区采取全额预算拨款的卫生院数量分别增加了 9.7%、12.9% 和 21.7%，如表 6-5 所示。

表 6-5　　　　乡镇卫生院不同收支管理方式的构成比　　　　单位：%

收支管理方式	全国		东部		中部		西部	
	2008 年	2011 年	2008 年	2011 年	2008 年	2011 年	2008 年	2011 年
全额预算拨款	17.0	31.9	7.7	17.4	0.0	12.9	37.3	59.0
差额预算拨款	73.6	61.2	80.3	72.1	91.8	80.2	54.3	36.8
自收自支	8.6	6.6	10.3	9.3	7.2	6.9	8.2	4.3
承包经营	0.9	0.3	1.7	1.2	1.0	0.0	0.0	0.0

（二）社区卫生服务中心

与 2008 年相比，全国社区卫生机构 2011 年采取自收自支方式的社区卫生服务中心的数量下降了 10.6%。其中，东、中、西部地区采取自收自支方式的社区卫生服务中心的数量分别下降了 9.5%、11.7% 和 13%；采取全额预算拨款的社区卫生机构数量与 2008 年相比，2011 年增加了 10.2%，如表 6-6 所示。

表 6-6　　社区卫生服务中心不同收支管理方式的构成比　　　单位：%

收支管理方式	全国		东部		中部		西部	
	2008 年	2011 年	2008 年	2011 年	2008 年	2011 年	2008 年	2011 年
全额预算拨款	14.8	25.0	11.1	21.0	17.6	29.6	16.7	29.6
差额预算拨款	47.0	55.2	53.3	58.1	50.0	48.1	36.1	55.6
自收自支	27.8	17.2	28.9	19.4	26.5	14.8	27.8	14.8
承包经营	0.9	0.0	0.0	0.0	0.0	0.0	2.8	0.0
其他	9.6	2.6	6.7	1.6	5.9	7.4	16.7	0.0

政府对基层卫生机构的财政投入主要包括医疗卫生支出、基本建设支出、村医补助经费、基本公共卫生补助经费以及重大公共卫生项目补助经费，其中医疗卫生投入资金最多，其次为基本建设，如表 6-7 所示。与 2008 年相比，2010 年政府卫生资金的各项投入都有所增加，但从投入比例来看，基本公共卫生补助和重大公共卫生项目补助资金投入比例较大。

**表 6-7　　　　2008 年和 2010 年平均各县区政府卫生
投入的总体分布**　　　单位：万元

	2008 年	2010 年	差值 （2010～2008 年）	%
政府预算医疗卫生支出	6 338.3	10 209.0	3 870.7	61.1
政府投入的基本建设支出	1 318.3	2 037.1	718.8	54.5
村医补助经费	422.8	457.5	34.7	8.2
基本公共卫生补助经费	353.1	843.8	490.7	138.9
重大公共卫生项目补助经费	87.7	295.3	207.6	236.7

表6-8列出了各级政府投入的比例，2010年各级政府对基层卫生服务机构建设（包括基础建设、设备建设、信息网络建设）的投入，东部地区基层卫生服务机构建设主要来源于县市级政府财政投入，占总投入44%，中、西部地区主要来源于国家财政投入，分别占财政总投入的42%和54%。与2008年相比，2010年国家投入比例东部和西部地区分别减少了3.9%和1.0%，中部地区增加了3.0%；省级投入比例东中西部地区分别增加了3.2%、6.0%和0.1%。

表6-8　　　　　各级政府对基层卫生服务机构建设投入比例　　　　单位：%

	全国		东部		中部		西部	
	2008年	2010年	2008年	2010年	2008年	2010年	2008年	2010年
国家投入占总投入的比例	38.6	38.4	20.3	16.4	39.0	42.0	54.7	53.7
省级投入占总投入的比例	21.3	24.4	20.9	24.1	23.3	29.3	19.8	19.9
地市级投入占总投入的比例	9.0	4.7	8.1	6.1	10.7	2.4	8.1	5.6
县市级投入占总投入的比例	26.9	29.6	40.4	44.4	22.1	23.2	18.5	21.5
乡镇（街道）投入占总投入的比例	1.2	2.1	5.3	6.6	0.0	0.0	0.4	0.1
其他投入占总投入的比例	3.6	9.3	5.6	5.8	5.0	5.0	0.4	1.63

（三）基层卫生机构经济运行

（1）基层卫生机构收入。与2007年相比，2010年社区卫生服务中心平均收入减少了15.4%，中心卫生院和一般卫生院则分别增加了36.4%和119.5%；从各项收入比例来看，2010年各类基层医疗卫生机构业务收入占总收入的比例分别减少了10%~20%。财政补助收入所占比例有所增加，社区卫生服务中心、一般卫生院分别增加了17.7%和13.3%，如表6-9所示。

表 6 - 9　　　　2007 年和 2010 年基层卫生机构平均收入及其构成　　　单位：%

机构类型	总收入合计（万元）		财政补助占总收入的比例		上级补助占总收入的比例		业务收入占总收入的比例	
	2007 年	2010 年	2007 年	2010 年	2007 年	2010 年	2007 年	2010 年
社区卫生服务中心	1 529.1	1 293.0	15.5	33.2	1.8	1.2	82.7	63.0
中心卫生院	422.4	576.2	21.2	33.6	2.4	1.2	76.3	61.7
一般卫生院	134.3	294.9	25.0	38.3	1.2	1.7	73.8	56.3

（2）基层卫生机构收支状况。2010 年全国乡镇卫生院收大于支的比例与 2007 年相比下降了 21%。东、中、西部与全国的趋势基本一致，如表 6 - 10 所示。

表 6 - 10　　　　　　2007 年和 2010 年乡镇卫生院收支状况　　　单位：%

收支比较	全国		东部		中部		西部	
	2007 年	2010 年	2007 年	2010 年	2007 年	2010 年	2007 年	2010 年
收大于支	61.6	40.6	61.7	39.2	63.9	40.2	59.8	42.4
收支平衡	11.3	24.8	6.1	21.7	15.5	25.3	12.9	26.2
收小于支	27.0	34.7	32.2	39.2	20.6	31.4	27.3	31.4

社区卫生服务中心收大于支的比例 2010 年与 2007 年相比下降了 11.8%，收小于支的比例增加了 21.6%，如表 6 - 11 所示。

表 6 - 11　　　　　　2007 年和 2010 年社区卫生服务中心
收支比较　　　单位：%

收支比较	全国		东部		中部		西部	
	2007 年	2010 年	2007 年	2010 年	2007 年	2010 年	2007 年	2010 年
收大于支	59.5	47.7	60.0	50.0	48.5	37.5	69.7	52.0
收支平衡	16.2	6.3	24.4	4.8	12.1	16.7	9.1	0.0
收小于支	24.3	45.9	15.6	45.2	39.4	45.8	21.2	48.0

二、基层卫生机构设备配置情况

如表 6 – 12 所示，与 2008 年面上数据相比较，2011 年拥有各种设备的乡镇卫生院比例基本都有所增加，拥有心电监护仪、呼吸机、救护车的卫生院分别增加了 30% 、32.3% 、31% 。平均每个乡镇卫生院拥有设备数量也有所增加，其中计算机和电冰箱分别增加了 12 台和 3.5 台。

表 6 – 12　　　　　　　　　　乡镇卫生院拥有设备情况

设备名称	有设备的乡镇卫生院比例（%）		乡镇卫生院平均拥有数量（台）	
	2008 年	2011 年	2008 年	2011 年
200 ~ 500mA 医用 X 线诊断机	73.9	83.3	0.74	0.97
心电图机	87.7	96.7	0.88	1.43
呼吸机	28.7	60.0	0.29	0.63
心电监护仪	43.3	73.3	0.43	1.4
B 超	91.1	93.3	0.91	1.57
离心机	73.6	83.3	0.74	0.97
自动生化分析仪	59.0	76.7	0.59	0.83
分光光度计	36.7	36.7	0.37	0.37
麻醉机	28.9	53.3	0.29	0.57
电冰箱	98.3	100.0	0.98	4.3
救护车	39.0	70.0	0.39	0.9
洗胃机	67.9	76.7	0.68	1.03
多普勒胎儿听诊器	58.5	60.0	0.58	0.7
计算机	95.1	100.0	0.95	13.07
妇科检查床	94.3	86.7	0.94	1.4
尿分析仪	74.5	96.7	0.74	0.97
简易手术床	75.1	76.7	0.75	1.13

社区卫生服务机构也有同样的趋势，2011 年与 2008 年相比，除了呼吸机、B超、分光光度计、麻醉机、尿分析仪和简易手术床等设备外，其他设备社区卫生服务中心拥有的比例都有增加。绝大部分设备的数量也有增加，如表 6 – 13 所示。

表 6 – 13 社区卫生服务中心拥有设备情况

设备名称	有设备的社区中心比例（%）		社区卫生服务中心平均拥有数量（台）	
	2008 年	2011 年	2008 年	2011 年
200～500mA 医用 X 线诊断机	74.8	82.4	0.75	0.88
心电图机	98.3	100.0	0.98	1.53
呼吸机	40.9	33.3	0.41	0.29
心电监护仪	53.9	72.2	0.54	1.59
B 超	92.2	88.9	0.92	1.18
离心机	81.7	83.3	0.82	0.94
自动生化分析仪	71.3	83.3	0.71	0.88
分光光度计	37.4	33.3	0.37	0.29
麻醉机	38.3	27.8	0.38	0.29
电冰箱	97.4	100.0	0.97	3.82
救护车	38.3	50.0	0.38	0.65
洗胃机	47.0	61.1	0.47	0.59
多普勒胎儿听诊器	43.5	44.4	0.43	0.41
计算机	96.5	94.4	0.97	16.88
妇科检查床	93.0	94.4	0.93	1.53
尿分析仪	86.1	77.8	0.86	0.76
简易手术床	66.1	50.0	0.66	0.53

注：2008 年数据来自面上调查，2011 年数据来自专题调研。

三、结论与建议

（一）主要进展

（1）财政补偿政策发生了根本性变化，政府对基层卫生机构筹资方面的主导作用开始显现，依靠药品等业务收入的趋势出现转折；

（2）体系建设投入力度较大，基层卫生机构设备条件得到进一步加强，硬件建设速度较快，已经达到提供医疗服务的基本水平；

（3）公共卫生服务投入增速明显，国家对西部投入持续增加，保证了"医改"基层卫生体系建设任务的完成；

（4）村卫生室在"医改"中得到了更多的资金和条件支持，这在历史上并不多见。

（二）主要问题

（1）城市社区卫生服务机构发展政策有待明确，保证基本卫生服务的提供。社区公立卫生服务机构在某些地区所占比例偏低，部分社区卫生服务中心和大部分社区卫生服务站为个人举办或企业卫生机构转型，政府投入不足，公益性难以充分体现。需要明确社区机构建设政策和投入政策。

（2）有的地区在建设新的卫生院或者偿还卫生院债务方面仍然困难重重。

（3）一些由公立医院承办的社区卫生服务机构，缺少开展公共卫生服务的积极性。这些机构没有开展公共卫生的精力和积极性，因为没有相应的编制，也缺乏明确的政策要求。

（三）建议

（1）在体系建设效果评估基础上，有针对性地进行基础设施投入，提高投入的产出效益；

（2）进一步完善基层卫生机构补偿政策，在加大投入的同时，建立可持续发展的筹资机制，改善基层卫生机构的财务状况，提高其生存和发展的能力；

（3）探索不同地区因地制宜的社区卫生机构发展策略，在允许多种所有制形式并存的情况下，完善政府补助政策，保证基本医疗卫生服务的提供；

（4）基层卫生体系建设需要整体规划和与其他改革衔接。

第四节　基层卫生服务机构功能研究

本节主要描述和分析基层卫生机构服务功能及其变化情况，包括服务功能界定、基层卫生机构服务功能总体分析、公共卫生服务功能开展的情况，并根据存在的问题提出建议。

一、基层卫生机构基本服务功能界定

本次调查将基层卫生服务机构基本服务功能分为基本医疗服务和基本公共

卫生服务两大类，其中，基本医疗服务功能包括化验检查、常见病诊疗、家庭诊疗及转诊三大类；基本公共卫生服务功能包括预防接种、传染病防治、慢病及精神疾病管理、妇幼保健及老年人保健、健康教育、健康管理及其他六大类。

在界定基层卫生服务机构基本服务功能项目的优先等级时，本研究主要以卫生部确定的国家基本公共卫生服务项目、重大公共卫生服务项目以及《基层卫生机构功能和人力资源研究专题报告》为依据。通过课题组研究讨论，将各功能项目按优先程度分为一级、二级两个等级。一级项目是指可以基本满足居民最基本的健康需求、政府通过公共筹资具有相应支付能力、目前绝大多数基层卫生服务机构已经普遍开展且各地区差异不大、全体居民应人人享有的最低保障的适宜卫生技术；二级项目是指现阶段多数基层卫生服务机构应当且能够开展，但可能受到当地社会经济条件制约而存在地区差异的适宜卫生技术。

凡是属于《基层卫生机构功能和人力资源研究专题报告》中划分为一级的项目在本研究中依然界定为一级项目，同时我们将本研究中属于国家基本公共卫生服务和重大公共卫生服务的服务项目也界定为一级项目。两个等级的项目都是基本医疗卫生服务项目，但是一级为最应优先开展和保证的项目，二级是其次需要优先开展和保证的项目。

乡镇卫生院、社区卫生服务中心的一级卫生服务项目共68项，其中基本医疗服务23项，基本公共卫生服务45项。在23项基本医疗服务项目中，包括化验检查项目9项、常见病诊疗项目11项、家庭诊疗及转诊项目3项；在45项基本公共卫生服务项目中，包括预防接种项目11项、传染病防治项目3项、慢病及精神疾病管理项目6项、妇幼保健及老年人保健项目9项、健康教育项目8项、健康管理及其他项目8项。具体项目内容如表6-14所示。

表6-14　　乡镇卫生院和社区卫生服务中心基本服务功能一级项目

服务	功能	项目内容
基本医疗服务（23）	化验检查（9）	血压测量、X线检查、常规心电图检查、B超常规检查、血常规、尿常规、便常规、血糖、肝功能检查
	常见病诊疗（11）	针灸、按摩手法治疗、妇科检查、乳房检查、高危妊娠筛查、尿妊娠检查、止血、缝合、包扎、恶性肿瘤的晚期非手术治疗和临终关怀、院前急救
	家庭诊疗及转诊（3）	转出服务、转入服务、家庭出诊

续表

服务	功能	项目内容
基本公共卫生服务（45）	预防接种（11）	免疫接种建卡、接种卡介苗、百白破疫苗、脊髓灰质炎疫苗、麻疹疫苗、乙肝疫苗、乙脑疫苗、A群流脑疫苗、A＋C群流脑疫苗、甲肝疫苗、麻腮风疫苗
	传染病防治（3）	结核病人管理、对结束治疗的结核病人访视、艾滋病病人管理
	慢病及精神疾病管理（6）	高血压筛查、高血压管理、糖尿病筛查、糖尿病管理、精神卫生管理对象建档、精神病人访视
妇幼保健及老年人保健（9）		孕产妇系统管理、产前检查、高危孕妇评估及转诊、产后访视、妇女增补叶酸预防神经管畸形、新生儿访视、7岁以下儿童保健系统管理、登记管理辖区60岁及以上老年人、组织老年人一般体格检查
	健康教育（8）	孕产期保健指导、老年人疾病预防和自我保健等健康指导、性病和艾滋病健康教育、结核病防治健康教育、高血压预防与控制指导、糖尿病预防与控制指导、精神病防治宣教、吸烟控制
	健康管理及其他（8）	居民健康体检、居民健康档案的建立、居民健康档案的随访、追踪和更新、居民健康档案在诊疗和疾病防治工作中的应用、疾病恢复期康复、社区康复训练指导、突发公共卫生事件监测、辖区健康和卫生信息的搜集和整理

注：括号内为对应的具体服务项目数。

乡镇卫生院、社区卫生服务中心的二级卫生服务项目共39项，其中基本医疗服务20项，基本公共卫生服务19项。在20项基本医疗服务项目中，包括化验检查项目5项、常见病诊疗项目13项、家庭诊疗及转诊项目2项；在19项基本公共卫生服务项目中，包括预防接种项目7项、慢病及精神疾病管理项目4项、妇幼保健及老年人保健项目5项、健康教育项目3项。

村卫生室的38项基本卫生服务项目中有一级项目30项，其中基本医疗服务6项，基本公共卫生服务24项；有二级项目8项，其中基本医疗服务3项，基本公共卫生服务5项。具体项目内容如表6-15所示。

表6-15　　　　　　　　村卫生室基本服务功能

优先等级	功能	项目内容
一级项目（30）	基本医疗服务（6）	家庭出诊、常规使用门诊登记本、使用门诊处方、常见病的中医药诊疗、针灸、按摩手法治疗
		预防接种：计划免疫接种通知下达、计划免疫接种
		传染病防治：传染性疾病报告登记、结核病人监督管理
	基本公共卫生服务（24）	慢病及精神疾病管理：高血压筛查、高血压病例管理及随访、糖尿病筛查、糖尿病病例管理及随访、精神卫生管理对象建档、精神病人访视
		妇幼保健及老年人保健：儿童定期体格检查、产前检查、产后访视、登记管理本村60岁及以上老年人、组织老年人一般体格检查
		健康教育：设置健康教育宣传栏、定期更新健康教育宣传栏内容、组织控烟活动、老年人疾病预防和自我保健等健康指导
		健康管理及其他：居民健康档案的建立、居民健康档案的随访、追踪和更新、居民健康档案在诊疗和疾病防治工作中的应用、突发公共卫生事件监测、辖区卫生信息资料收集上报
二级项目（8）	基本医疗服务（3）	骨伤科疾病手法治疗、家庭护理和家庭病床
	基本公共卫生服务（5）	妇幼保健：妇科病检查
		健康教育：组织健康知识讲座、科学育儿指导、健康饮食指导、合理锻炼指导

注：括号内为对应的具体服务项目数。

二、基层卫生机构基本服务功能开展总体情况

在基层卫生机构功能现状分析中，乡镇卫生院和社区卫生服务中心采用面上机构调查数据进行分析。本次面上数据样本量，乡镇卫生院机构总数是304个，其中东部86个，中部101个，西部117个；社区卫生服务中心机构总数是117个，其中东部63个，中部27个，西部27个。

农村卫生室的功能分析使用的是专题调查数据。本次专题调查共调查村卫生室151家，吉林、陕西、重庆各30家、山东32家、安徽29家。

（一）2010年基层卫生机构基本服务功能开展总体情况

总体上看，对于本研究选定的基本服务项目，乡镇卫生院和社区卫生服务中心平均可以开展80%左右，其中，基本医疗服务项目的开展比例低于公共卫生服务项目10多个百分点，基本医疗服务项目的开展比例均在73%左右，而公共卫生服务项目的开展比例在85%左右。在每一类服务中，一级项目的开展比例要明显高于二级项目的开展比例。

对于本研究中选定的村卫生室应该开展的基本卫生服务项目，被调查的村卫生室平均可以开展80%左右，公共卫生服务项目的开展比例明显高于基本医疗服务项目的开展比例。村卫生室开展公共卫生服务项目的比例达到了86.3%，而基本医疗服务项目的开展比例却比较低，仅刚刚超过60%，如表6-16所示。

表6-16　　　　基层卫生机构2010年服务项目开展比例　　　　单位：%

项目类别	乡镇卫生院	社区卫生服务中心	村卫生室*
基本医疗服务	73.7	72.2	61.2
一级项目	85.0	83.6	75.5
二级项目	60.6	59.5	33.1
公共卫生服务	84.8	85.1	86.3
一级项目	92.0	89.9	89.0
二级项目	66.8	74.1	72.7
所有项目合计	80.9	79.8	80.1
一级项目	89.8	87.8	86.2
二级项目	63.9	66.3	57.4

注：*由于村卫生室各类服务所包含的项目内容和数量与其他两类机构不同，因而，村卫生室服务项目开展比例与其他两类机构不可比。

从全国范围来看，2010年社区卫生服务中心开展各类别服务项目的比例差别不大，除公共卫生服务二级项目外，其他各类别服务项目的开展比例在东、中、西部之间差异不显著，如表6-17所示。2010年社区卫生服务中心开展公共卫生服务二级项目的比例在地区间有显著差异，东部开展比例最高，比开展比例最低的西部高出15%。

表 6 - 17　　　　　社区卫生服务中心 2010 年服务项目开展比例　　　单位：%

项目类别	总体	东部	中部	西部
基本医疗服务	72.2	72.4	72.5	71.2
一级项目	83.6	84.3	81.6	83.8
二级项目	59.5	58.9	62.1	57.9
公共卫生服务	85.1	87.4	83.8	81.0
一级项目	89.9	90.6	90.6	87.7
二级项目	74.1	80.1	68.8	65.1
所有项目合计	79.8	81.0	80.3	76.3
一级项目	87.8	88.2	88.5	86.1
二级项目	66.3	68.7	66.1	60.5

2010 年乡镇卫生院开展各类服务项目的比例在全国范围内差异较大，均具有显著意义。东部地区的乡镇卫生院在所有类别的服务项目的开展比例上均高于另两个地区。基本医疗服务项目的开展比例，东部比中部高 6.8%，比西部高 15.5%，如表 6 - 18 所示。相比较而言，三个地区乡镇卫生院开展公共卫生服务项目的比例差异要小一些，开展比例最高的东部也仅比开展比例最低的西部高出 5.7%。

表 6 - 18　　　　　乡镇卫生院 2010 年服务项目开展比例　　　　单位：%

项目类别	总体	东部	中部	西部
基本医疗服务	73.7	81.9	75.1	66.4
一级项目	85.0	91.3	86.3	79.3
二级项目	60.6	70.7	62.1	51.8
公共卫生服务	84.8	87.4	85.8	81.7
一级项目	92.0	92.8	91.7	91.7
二级项目	66.8	74.1	72.0	57.0
所有项目合计	80.9	85.8	82.1	75.6
一级项目	89.8	92.5	90.2	87.3
二级项目	63.9	73.2	66.9	54.6

（二）2010 年与 2007 年基层卫生机构服务功能开展情况比较

由于本研究与 2008 年的研究在基本服务项目的选择、项目的分类等存在一定的差异，因而，在与上次研究的结果进行比较时，我们依据本次研究对基本服务项目的界定和分类，剔除两次研究无法对应的服务项目，仅选择两次研究中完全一致的项目进行比较。乡镇卫生院和社区卫生服务中心服务功能中共剔除 7 项公共卫生服务项目，最终选定 100 项两次研究一致的项目纳入比较。村卫生室服务功能中共剔除 10 项公共卫生服务项目，最终选定 28 项服务纳入比较。

与 2007 年数据比较发现，乡镇卫生院和社区卫生服务中心在各类别服务项目的开展比例上均有明显提高。总体上看，乡镇卫生院 2010 年开展项目的比例比 2007 年提高了 23.7%，而社区卫生服务中心 2010 年开展项目的比例比 2007 年提高了 14.5%，如表 6－19 所示。

表 6－19　　乡镇卫生院及社区中心服务项目开展比例两年度比较　　单位：%

项目分类	乡镇卫生院			社区卫生服务中心		
	2007 年	2010 年	2007～2010 年	2007 年	2010 年	2007～2010 年
基本医疗服务	56.4	73.7	17.3	63.4	72.2	8.8
一级项目	71.2	85.0	13.8	73.9	83.6	9.7
二级项目	39.4	60.6	21.2	51.4	59.5	8.1
公共卫生服务	55.9	84.0	28.1	64.9	84.1	19.2
一级项目	62.5	92.3	29.8	69.8	89.3	19.5
二级项目	42.8	66.8	24.0	55.0	74.1	19.1
所有项目合计	56.5	80.2	23.7	64.4	78.9	14.5
一级项目	66.1	89.0	23.6	71.4	87.1	15.7
二级项目	41.4	63.9	22.5	53.5	66.3	12.8

从功能分类来看，基本医疗服务项目开展比例的提高幅度均低于公共卫生服务项目开展比例的提高幅度，公共卫生服务项目开展比例的提高幅度平均比基本医疗服务项目开展比例的提高幅度高 10 个百分点，可以发现，最近的几年中，基层卫生服务机构明显加强了公共卫生服务功能的开展。

从不同地区间社区卫生服务中心服务项目的开展比例两年间的变化幅度来看，中部地区提高最为明显，整体上提高了 21.6 个百分点，而西部地区整体上提高了 13.8 个百分点，东部地区提高了不足 9 个百分点，导致这种差异的主要原因是东部地区 2007 年开展比例就比较高，高于其他两个地区，如表 6－20 所示。

表6-20　　　　　　　**不同地区社区卫生服务中心服务项目**

开展比例两年度比较　　　　单位：%

项目分类[1,2]	东部			中部			西部		
	2007年	2010年	2007~2010年	2007年	2010年	2007~2010年	2007年	2010年	2007~2010年
基本医疗服务	65.5	72.4	6.9	59.8	72.5	12.7	64.2	71.2	7.0
一级项目	76.9	84.3	7.4	69.8	81.6	11.8	73.8	83.8	10.0
二级项目	52.5	58.9	6.4	48.3	62.1	13.8	53.1	57.9	4.8
公共卫生服务	75.7	86.7	11.0	55.7	82.7	27.0	59.0	79.4	20.4
一级项目	80.2	90.1	9.9	61.8	90.1	28.3	63.3	86.5	23.2
二级项目	66.7	80.1	13.4	43.5	68.8	25.3	50.3	65.1	14.8
所有项目合计	71.5	80.2	8.7	57.7	79.3	21.6	61.3	75.1	13.8
一级项目	78.9	87.7	8.8	65.0	87.8	22.8	67.2	85.2	18.0
二级项目	59.9	68.7	8.8	46.2	66.1	19.9	51.9	60.5	8.6

　　对于不同地区乡镇卫生院服务项目的开展比例，两年间提高最大的依然是中部地区。从基本医疗服务项目的开展比例来看，东部地区和西部地区非常接近，两年间提高幅度都约为19%，西部地区提高比例低于其他两个地区约4个百分点。而公共卫生服务方面，西部地区开展比例的提高最为明显，而东部地区提高比例最小，如表6-21所示。

表6-21　　**不同地区乡镇卫生院服务项目开展比例两年度比较**　　单位：%

项目分类[1,2]	东部			中部			西部		
	2007年	2010年	2007~2010年	2007年	2010年	2007~2010年	2007年	2010年	2007~2010年
基本医疗服务	62.7	81.9	19.2	56.0	75.1	19.1	51.2	66.4	15.2
一级项目	76.2	91.3	15.1	70.7	86.3	15.6	67.1	79.3	12.2
二级项目	47.2	70.7	23.5	39.0	62.1	23.1	32.9	51.8	18.9
公共卫生服务	64.0	86.7	22.7	55.4	85.3	29.9	49.5	80.7	31.2
一级项目	70.4	92.7	22.3	60.6	92.0	31.4	57.2	92.1	34.9
二级项目	51.2	74.1	22.9	44.9	72.0	27.1	34.0	57.0	23.0
所有项目合计	63.9	85.3	21.4	56.0	81.6	25.6	50.2	74.7	24.5
一级项目	73.1	92.4	19.3	64.7	90.2	25.5	61.0	87.0	26.0
二级项目	49.6	73.2	23.6	42.4	66.9	24.5	33.4	54.6	21.2

总体上看，村卫生室 2010 年开展各类项目的比例比 2007 年有了大幅提高，其中一级项目开展比例提高了约 25 个百分点，二级项目开展比例提高了约 13 个百分点，如表 6-22 所示。

表 6-22　　　　　村卫生室服务项目开展比例两年度比较　　　　单位：%

项目等级	村卫生室		
	2007 年	2010 年	变化幅度
基本医疗服务	60.6	61.2	0.6
一级项目	80.0	75.5	-4.5
二级项目	21.7	33.1	11.4
公共卫生服务	51.1	83.9	32.8
一级项目	50.3	86.3	36.0
二级项目	55.8	70.0	14.2
所有项目合计	54.1	76.4	22.3
一级项目	58.4	83.1	24.7
二级项目	38.7	51.4	12.7

从功能分类来看，基本医疗服务项目的开展情况在两年间变化不大，甚至在一级项目上，2010 年的开展比例还有所降低。基本公共卫生服务项目的开展比例提高显著，整体上提高了 30% 以上，其中，公共卫生服务一级项目的开展比例提高了 36.0%，二级项目开展比例也提高了近 15%。从开展水平上看，目前村卫生室的公共卫生服务功能比较完善，公共卫生服务项目的开展比例已经接近85%，而基本医疗服务功能在最近几年中基本没有改善，依然处于较低的水平，无法保障居民的基本医疗服务需要。

（三）基层卫生机构基本服务功能开展程度

为了反映基层卫生服务机构开展基本服务的程度和质量，本研究选定了主要的基本医疗服务量和公共卫生服务指标进行了分析。从表 6-23 中我们可以看到，乡镇卫生院和社区卫生服务中心的门诊人次数在三年间均有提高，出院人数方面，乡镇卫生院 2010 年的数量比 2009 年有所降低，而社区卫生服务中心出院人数在三年内缓慢增长。

表 6 – 23   **基层卫生机构基本服务开展程度**

项目	乡镇卫生院			社区卫生服务中心		
	2008 年	2009 年	2010 年	2008 年	2009 年	2010 年
平均门诊人次数（人次）	21 492	23 811	26 036	61 514	68 888	71 987
平均出院人数（人）	993	1 149	1 113	359	415	438
健康档案建档率（％）	11.3	19.7	44.9	34.2	43.9	56.7
0～36 个月儿童规范管理率（％）	80.0	82.6	85.6	87.2	91.3	92.3
60 岁及以上老年人健康管理率（％）	30.2	42.7	64.0	54.4	58.8	64.1
高血压患者规范管理率（％）	74.7	81.5	86.2	75.5	78.3	79.0
糖尿病患者规范管理率（％）	76.1	84.4	87.9	76.9	76.4	77.7
重性精神疾病患者规范管理率（％）	74.5	78.3	89.3	77.0	81.0	83.2

公共卫生服务方面，乡镇卫生院和社区卫生服务中心各项服务的开展程度在三年间均有不同程度的提高。乡镇卫生院健康档案建档率和老年人健康管理率提高的程度最大，2010 年比 2008 年提高了 30 多个百分点，而社区卫生服务中心健康档案建档率提高最多，2010 年比 2008 年提高了 22.5％。虽然两类机构的健康档案建档率和老年人管理率在三年间均有较大的提高，然而与其他项目相比，这两项指标的水平依然较低，尚需进一步加强。

村卫生室 2010 年平均诊疗人次数为 4 964 人，其中出诊人次数为 771 人。公共卫生服务方面，村卫生室的健康档案建档率水平还较低，平均为 53.6％。其他几项公共卫生服务开展的程度都比较高，其中，高血压、糖尿病及精神疾病患者的管理率都在 90％左右，结核病患者管理率最高，基本都达到或接近 100％。

三、公共卫生服务功能开展情况分析

（一）社区卫生机构开展一级公共卫生服务项目

2010 年社区卫生服务中心对公共卫生服务功能一级项目的开展比例都较高，

有接近60%的被调查机构能够开展所有45项一级项目中的90%及以上，能够开展80%及以上一级项目的机构比例接近90%，所有被调查机构都可以开展至少半数的公共卫生服务功能一级项目。在开展比例最高的"90%及以上"等级，三个地区的开展机构比例均约60%，基本没有差异，如表6-24所示。

表6-24　　　　社区中心2010年公共卫生服务功能一级项目
开展的机构比例 　　　　　　　　　　　　单位:%

公共卫生功能一级 项目开展比例	合计	东部	中部	西部
90%及以上	59.0	58.9	60.0	58.3
80%及以上	88.6	94.6	88.0	75.0
70%及以上	96.2	98.2	96.0	91.7
60%及以上	99.0	100	96.0	100
50%及以上	100	100	100	100

就慢病管理而言，社区中心2010年的开展机构比例都比较高，均在85%以上，其中高血压管理和糖尿病病例管理的比例都为100%，如表6-25所示。与2007年相比，各类服务项目的开展机构比例均有明显提高，其中精神卫生管理对象建档和精神病人访视的提高比例达到了30%左右。

表6-25　　　　社区中心慢病及精神疾病管理一级项目
开展机构比例 　　　　　　　　　　　　单位:%

服务项目	2007年	2010年
高血压筛查	78.4	99.1
高血压管理	87.1	100
糖尿病病筛查	71.6	87.6
糖尿病病例管理	83.6	100
精神卫生管理对象建档	62.9	93.7
精神病人访视	59.5	88.5

（二）乡镇卫生院开展一级公共卫生服务项目

在公共卫生服务功能方面，2010年被调查的卫生院中有34.3%的机构能够开展64项公共卫生服务中的至少90%，能够开展64项服务中至少80%的机构达到所有机构的75.5%，而能够开展64项服务中70%及以上的机构达到

201

了所有机构的90%及以上。在开展项目比例较高的两个等级，三类地区的机构
比例具有统计学差异，东部最高，西部最低。东部有超过半数的机构集中在
"90%及以上"等级上，而在西部仅有不足20%的机构分布在此等级上，如表
6-26所示。

表6-26　　　　乡镇卫生院2010年公共卫生服务功能不同开展
等级上的机构比例　　　　　　　　　单位：%

公共卫生功能开展项目比例	合计	东部	中部	西部
90%及以上	34.3	51.4	36.0	18.6
80%及以上	75.5	84.7	80.0	64.0
70%及以上	94.0	90.3	97.3	94.2
60%及以上	96.6	94.4	97.3	97.7
50%及以上	98.3	97.2	98.7	98.8

在慢病管理项目中，除精神病人访视外，其他项目2010年乡镇卫生院开展
的机构比例均在90%以上，如表6-27所示。与2007年相比，2010年乡镇卫生
院开展慢病管理的比例提高极为明显，尤其是精神卫生管理对象建档，从2007
年的不足20%提高到了2010年的94.3%。

表6-27　　　　　　乡镇卫生院慢病管理开展机构的比例　　　　单位：%

服务项目	2007年	2010年
高血压筛查	42.2	95.4
高血压管理	35.6	95.4
糖尿病筛查	27.3	91.4
糖尿病病例管理	28.7	94.1
精神卫生管理对象建档	18.1	94.3
精神病人访视	18.1	88.8

（三）村卫生机构开展一级公共卫生服务项目

本研究共选定村卫生室公共卫生服务功能29项，其中一级项目24项，二级
项目5项。有接近半数的被调查卫生室能够开展29项服务中的至少90%，约
80%的卫生室能够开展29项公共卫生服务功能中的80%及以上，接近90%的卫
生室能够开展至少70%的公共卫生服务功能，如表6-28所示。

表 6 - 28　　村卫生室 **2010** 年公共卫生服务功能开展的机构比例　　单位：%

开展项目比例	合计
90% 及以上	47.2
80% 及以上	79.9
70% 及以上	88.9
60% 及以上	93.8
50% 及以上	94.4

2010 年村卫生室开展慢病及精神疾病管理各项服务的比例都很高，基本上绝大多数村卫生室都开展该类服务。在高血压与糖尿病的筛查与管理方面，2010年开展机构比例较 2007 年均有非常明显的提高，尤其是糖尿病的筛查与管理，从 2007 年的不足 20% 提高到 2010 年的 90% 以上（见表 6 - 29）。

表 6 - 29　　　　村卫生室慢病管理具体项目开展机构比例　　单位：%

服务项目	2007 年	2010 年
高血压筛查	49.5	96.7
高血压管理及随访	34.1	96.7
糖尿病筛查	15.4	93.4
糖尿病病例管理及随访	19.7	93.4
精神卫生管理对象建档	—	92.1
精神病人访视	—	92.7

四、结论与建议

（一）主要进展

（1）基层卫生机构在短短时间内，服务功能有较大加强，服务内容扩展迅速。特别在基本公共卫生服务提供方面，大多数基层卫生机构能够开展大部分基本公共卫生服务。基本公共卫生服务均等化工作发挥了重要的引导和推动作用。

（2）基层卫生机构重医轻防的状况开始得到扭转，在政策激励下，基层卫生机构对公共卫生工作越来越重视。改革前，因补助政策不到位，基层卫生机构主要依赖医疗服务，卫生机构缺乏开展公共卫生服务工作的动力，也难以从中得到补偿方面的保证。"医改"从资金补助和政策要求两个方面改善了基层卫生机构基本公共卫生服务提供的状况，初步显现"要我做公共卫生"到"我要做公共卫生"的转变。

（3）基层卫生机构服务功能的转变为积极防治慢病等主要健康问题奠定了基础。我国卫生服务体系从整体上还缺乏对慢病有效防治的能力，基层卫生机构尤甚。虽然基层卫生机构慢病防治质量还需要提高，但是在"医改"初期，基层卫生机构慢病防治的意识得到了加强，技术水平有所提高，几乎所有机构都能提供常见慢病的管理工作，为探索建立我国慢病防控体系奠定了基础。

（4）基层卫生机构服务功能的转变体现了"医改"在投入机制和评价机制等方面的探索和初步成效。基层卫生机构服务功能变化主要是卫生人员行为改变，而这些改变与目前对公共卫生的投入和评价机制有密切关系，如按绩效支付体系的改革和探索，将公共卫生服务提供的数量和质量与经济补偿挂钩，大大调动了卫生机构和人员提供公共卫生服务的积极性。

（二）主要问题

（1）基本卫生机构医疗服务功能逐渐被忽视。基层医疗机构普遍将公共卫生作为基层的首要任务，部分地区对基本医疗服务提供功能认识逐渐缺乏，部分医疗机构出现基本医疗服务功能萎缩、科室减少、设备搁置的现象。尤其是全额拨款、药品实行零差率销售的乡镇卫生院，出现了不愿意提供医疗服务的现象，导致医疗服务质量下降，病人转向上一级医疗机构就诊。在加强公共卫生服务的同时，应当关注基本医疗服务的提供，否则会影响基层卫生机构整体功能的发挥。

（2）质量和服务规范问题。许多地方疲于应付完成上面的工作要求，但很多工作仅仅限于开展了所要求的内容，但开展的质量和规范程度都难以得到保证。有的服务项目需要比较专业的人才，而全部由基层卫生机构承担，限于能力，必然出现质量问题，如重症精神疾病的管理等工作。

（3）基层卫生机构仍然需要强有力的政策、制度和资金支持。"医改"强基层策略从服务功能方面收到了一定成效。但是，由于对基层卫生机构欠账较多，短时间内很难从根本上完成对体系的完善，还需要针对存在的问题，从政策和经济支持等方面继续加大力度。例如，村医承担了很多公共卫生服务项目，工作量增加，但村医的身份问题一直没有实质性突破；又如，基层卫生机构为了完成规定任务，耗费了大量管理费用，但这些费用难以得到支持。

（三）建议

（1）界定和明确基层卫生机构服务功能，从服务体系的角度对基层卫生机构的角色给予定位。基层卫生机构是卫生服务体系的重要组成部分，但不是全部。需要从整个卫生服务体系的角度，根据不同地区的特点，对基层卫生机构以及其他类型卫生机构的功能进行界定，并据此制定相应的经济政策和评估机制，以最大限度和合理地发挥基层卫生机构的作用。

（2）基层卫生机构医疗和公共卫生服务功能需要均衡发展。"重医轻防"和"重防轻医"的现象都应避免。基层卫生机构的功能不应当从一个极端走向另一个极端，医防之间应当互相衔接、互相促进，而不是分裂。如果基本医疗服务都不能很好地提供，从长远讲，也难以做好公共卫生工作，特别是慢病防控本身就需要医防一体化。

（3）卫生服务功能的核心是质量。"医改"初期主要关注公共卫生服务的覆盖面。随着"医改"深化，基层卫生机构如何通过人员队伍建设、服务规范培训、激励机制的完善，提高基本卫生服务提供的质量，是需要重点解决的问题。对目前质量方面的问题进行评估总结，寻找其中主要影响因素，制定和采取针对性的政策和措施，逐步提高服务质量。

第五节　基层卫生机构人力资源研究

一、基层卫生机构人员数量和稳定性

（一）基层卫生人员数量

2010 年农村乡镇卫生院和城市社区卫生服务中心卫生技术人员与服务人口之比较 2008 年有所提高，农村乡镇卫生院从千人均 0.86 人提高到 1.14 人；城市社区卫生中心从千人均 0.80 人提高到 1.10 人。东部千人均卫生人员数明显高于其他两个区域，如表 6 – 30 所示。

表 6 – 30　　　　　**城乡基层卫生人员服务人口比**　　　单位：‰

地区	农村乡镇卫生技术人员/服务人口		城市社区卫生技术人员/服务人口	
	2008 年	2010 年	2008 年	2010 年
合计	0.86	1.14	0.80	1.10
东部	1.02	1.30	1.26	1.36
中部	0.83	1.16	0.62	0.76
西部	0.81	1.02	0.79	0.85

（二）上级机构下派或对口支援

城市医院对口支援农村、上级医疗机构支援基层卫生机构是加强基层医疗卫生队伍建设的一项重要措施。从表 6－31 可以看出，这项政策的覆盖面不大，2010 年接收到对口支援的机构数占总调查机构数不到 10%。大部分医疗机构在 2008～2010 年并没有上级下派来的对口支援人员。但是，从趋势上看，2010 年比 2008 年有明显增加。

表 6－31　　　　　基层卫生机构有上级机构下派人员或
对口支援的机构比例　　　　　　　　　单位：%

机构类型	2008 年	2009 年	2010 年
社区卫生服务中心	5.6	11.1	11.1
乡镇卫生院	10.0	23.3	16.7
村卫生室	2.6	3.3	5.3

（三）卫生人员稳定性

1. 卫生机构人员流入流出

调查的 18 家社区卫生服务中心三年内共流入 53 名人员，流失 33 名。30 家乡镇卫生院三年内共流入 121 名，流失 62 名。151 家村卫生室，三年内只有 13 名流入人员和 8 名流出人员。村卫生室在人员流动方面接近静止，如表 6－32 所示。

表 6－32　　　　2008～2010 年基层卫生机构平均流入和流出人员数

机构类型	流入人数	流出人数	平均每年净流入
社区卫生服务中心	3	2	0.3
乡镇卫生院	4	2	0.7
村卫生室	0.09	0.05	0.01

注：人员流出不包括正常退休人员。

流出人员中 40 岁以下者占了绝大部分。社区卫生服务中心流失人员的平均年龄为 30 岁；而乡镇卫生院流失人员平均年龄为 35 岁，近一半的流失人员集中在 30～39 岁年龄段。

2. 卫生人员离职意愿

相当一部分基层卫生技术人员表示想要离开本单位（离职意愿）。相对来说，医生离职意愿较高，而护士和防保人员的离职意愿较低。从不同机构来看，村卫生室则超过 46.4% 的人员表示想要离开目前的单位，如表 6 – 33 所示。

表 6 – 33　　　　　不同基层卫生机构人员离开本单位到

其他单位工作的意愿　　　　单位：%

机构类型	很不想要	不太想要	一般	有些想要	非常想要
社区卫生服务中心	46（17.2）	99（36.9）	55（20.5）	63（23.5）	5（1.9）
乡镇卫生院	86（21.4）	109（27.1）	70（17.4）	104（25.9）	33（8.2）
村卫生室	31（19.9）	27（17.9）	23（15.2）	58（38.4）	12（8.0）

　　40 岁以下年龄段人员的离职意愿更加强烈，表示非常想要离开的比例最高。此外，随着学历水平的提高，表示很不想要离开本单位的人员比例在下降，而表示非常想要离开的比例在上升。总的来看，学历高者离职的意愿更高。收入也是影响离职意愿的重要因素，对收入非常不满意的卫生人员中，有 54.8% 的人员表示想要离开现在工作单位。

二、基层卫生人员知识能力和培训

（一）基本医疗卫生技术人员知识能力

　　本次调查采用书面测试考察基层卫生人员对基本医疗卫生知识熟悉掌握程度。

　　针对医生和防保人员设计了两份测试题，医生 30 道问题、防保 25 道问题，由单选题和多选题组成，内容主要为基本医疗知识和基层卫生人员工作中需要经常用到的医疗卫生专业知识。本次调查采用的测试工具和测试方法均与 2008 年卫生服务总调查专题调查采用的工具和方法相同。

1. 医生基本医疗和卫生知识掌握情况

　　医生测试平均分数只有 62.0 分。社区卫生服务中心和乡镇卫生院的医生平均分和及格率非常接近。村卫生室医生的平均分相对较低，为 58.0 分，只有 49.7% 的村医达到 60 分以上。此次调查的三类基层卫生机构医生的测试得分均低于 2008 年数据的测试得分，但降低的幅度很小，如表 6 – 34 所示。

表 6 – 34　　　　　　基层卫生机构医生知识测试平均分和及格率

	平均分		及格率（%）	
	2008 年	2011 年	2008 年	2011 年
社区卫生服务中心	64.8	62.0	68.4	67.0
乡镇卫生院	65.7	62.0	72.6	67.1
村卫生室	60.0	58.0	53.6	49.7

　　30 ~ 39 岁的医生的测试成绩最好，40 岁以上医生的测试成绩下降，特别是乡镇卫生院和村卫生室 50 岁以上医生的及格率很低。卫生技术人员测试成绩随学历的提高而提高，尤其本科学历医生的及格率大大高于本科以下学历者。

　　将测试题目按内容进行分类，医生对传染病和急诊急救知识的回答情况稍好，对慢性非传染性疾病防治方面的题目回答正确率刚过 50%，而中医药和预防保健方面的知识回答情况则较差，正确率仅为 39.2% 和 25.2%。同时，基层医生在诊断和治疗处理方面的题目回答较好，但用药方面的知识掌握较差。

2. 防保人员基本防保知识掌握情况

　　防保人员的测试平均分 64.9 分，60 分以上者占 60.1%。社区卫生服务中心防保人员的测试结果要好于乡镇卫生院人员。乡镇卫生院防保人员的知识测试得分低于 2008 年的结果，如表 6 – 35 所示。30 ~ 39 岁年龄段的乡镇卫生院防保人员测试成绩最好，其次为 30 岁以下年龄段，40 岁及以上年龄段的防保人员的及格率较低。乡镇卫生院防保人员的测试成绩随学历水平的提高而提高。

表 6 – 35　　　　　　基层卫生人员知识测试平均分和及格率

	平均分		及格率（%）	
	2008 年	2011 年	2008 年	2011 年
社区卫生服务中心	—	67.2	—	62.3
乡镇卫生院	64.9	63.7	67.1	59.0

（二）基层卫生机构人员培训情况

1. 基层卫生人员培训数量

　　表 6 – 36 是 2010 年基层卫生机构参加上级机构培训情况。社区卫生服务中心参加省、市级培训的比例相对较高，只有不到 40% 的比例参加过区级培训；在参加过培训的社区卫生服务中心中，市级培训的平均培训人数要高于区级和省

级培训。乡镇卫生院主要参加县、市级的培训，只有不到50%的乡镇卫生院能够参加省级及以上组织的培训，在参加培训的乡镇卫生院中，县级培训的平均培训人数要高于省级和市级培训。村卫生室外出参加的培训大部分是在乡镇卫生院开展的，参加县级组织的培训的村卫生室不到50%。

表6-36 　　　　　 2010年基层卫生机构到上级机构参加
　　　　　　　　　　　　培训的比例和平均培训人数

培训层级	参加培训的机构所占比例（%）	参加培训的机构平均培训人数
社区卫生服务中心		
区级培训	38.9	5
市级培训	72.2	11
省级培训	77.8	2.5
乡镇卫生院		
县级培训	66.7	7
市级培训	66.7	3
省级培训	46.7	2
村卫生室		
县级培训	49.0	2
乡镇卫生院	82.8	1

注：＊数据来自专题数据，人数为中位数。

从表6-37中可以看出，过半数的社区卫生服务中心的护士和防保以及乡镇卫生院的防保人员认为"医改"之后培训的数量有所增加，绝大多数村卫生室的村医认为"医改"之后培训的数量有所增加，而大部分社区卫生服务中心的医生以及乡镇卫生院的医生和护士则认为"医改"之后培训的数量有所减少。

表6-37 　　　2010年基层卫生人员对"医改"后培训数量评价 　　　单位：%

机构	人员类别	培训数量是否增加	
		是	否
社区卫生服务中心	医生	48.5	51.5
	护士	55.5	44.5
	防保	66.0	34.0

续表

机构	人员类别	培训数量是否增加	
		是	否
乡镇卫生院	医生	46.1	53.9
	护士	42.6	57.4
	防保	59.6	40.4
村卫生室	村医	77.0	23.0

注：数据来自专题数据。

2. 基层卫生人员认为最适宜的培训方式

从表6-38可以看出，社区卫生服务中心的医生、护士都倾向于进修，防保人员选择在岗培训的比例较大。乡镇卫生院的护士选择在岗培训和进修的比例相差不大，而医生更倾向于进修；乡镇卫生院防保人员和村医比较认同在岗培训的方式。

表6-38　　　　**2010年基层卫生人员认为最适宜的培训方式**　　　单位：%

机构		脱产	在岗培训	进修	其他
社区卫生服务中心	医生	16.8	34.7	48.5	0.0
	护士	20.5	29.5	49.1	0.9
	防保	13.0	56.9	25.9	2.0
乡镇卫生院	医生	9.4	30.0	60.0	0.6
	护士	11.4	43.9	43.1	1.6
	防保	14.3	61.2	24.5	0.0
村卫生室	村医	5.9	56.6	36.2	1.3

注：数据来自专题数据。

3. 基层卫生人员对培训效果的评价

从表6-39可以看出，大多数的卫生人员认为目前的培训效果一般或者是比较好。认为培训效果非常好的村医数量较多。与2008年的数据相比：认为培训效果好的社区卫生服务中心的医生比例有了较大幅度的上升，而认为培训效果好的社区卫生服务中心防保人员比例上升不大；认为培训效果好的乡镇卫生院的医生和护士以及防保人员比例都有较大幅度的提高。

表6-39 　　　　　2010年基层卫生人员对培训效果的评价 　　　单位：%

机构		非常不好	不太好	一般	比较好	非常好
社区卫生服务中心	医生	1.0	11.8	45.1	42.2	0.0
	护士	0.9	1.8	42.7	47.3	7.3
	防保	0.0	7.4	42.6	40.7	9.3
乡镇卫生院	医生	5.6	10.2	37.5	38.6	8.0
	护士	5.2	5.2	53.0	31.3	5.2
	防保	1.0	6.1	42.9	42.9	7.1
村卫生室	村医	2.6	9.2	26.3	49.3	12.5

注：数据来自专题数据。

4. 基层卫生人员对"医改"后培训质量变化的评价

从表6-40可以看出，社区卫生服务中心的大部分护士和防保人员认为"医改"之后培训的质量有所提高，而医生认为培训质量提高的比例稍低；乡镇卫生院的大部分防保人员认为"医改"之后培训的质量有所提高，认为"医改"之后培训质量提高的医生和护士只占大约一半的比例；村卫生室的绝大多数村医都认为"医改"之后培训的质量有所提高。

表6-40 　　　　　2010年基层卫生人员对"医改"
后培训质量评价 　　　单位：%

机构	人员类别	培训质量是否提高	
		是	否
社区卫生服务中心	医生	45.0	55.0
	护士	63.3	36.7
	防保	62.3	37.7
乡镇卫生院	医生	48.0	52.0
	护士	49.2	50.8
	防保	62.9	37.1
村卫生室	村医	80.0	20.0

注：数据来自专题数据。

5. 培训中存在的主要问题

从表6-41可以看出，时间太短、缺乏实践是卫生人员共同认为列在前两项的培训的主要问题，护士、防保、村医认为速度太快是位于第三位的培训的主要问题，而医生则认为形式化气氛太浓是位于第三位的主要问题。

211

表 6-41　　　　　　**2010 年基层卫生培训中的主要问题**　　　　单位：%

培训中的主要问题	医生	护士	防保	村医
时间太短	44.2	44.3	54.8	52.0
缺乏实践	47.3	49.4	44.5	52.0
形式化气氛太浓	27.0	17.3	19.4	12.0
培训速度太快	21.6	30.4	44.5	36.0
重视不够	17.9	15.6	7.1	5.3
重点不突出	14.9	11.4	8.4	17.3
学非所用	14.5	8.4	6.5	7.3
课程内容太多	11.8	12.7	23.9	18.0
没有书本与讲义	7.8	10.1	8.4	5.3
其他	5.4	8.9	3.9	1.3

注：数据来自专题数据。

三、基层卫生技术人员工作量和时间分布

（一）基层卫生人员工作量

通过问卷调查，了解基层卫生人员近期平均每天工作小时数、平均每周工作天数及平均每月在单位值夜班次数的情况，如表 6-42 所示。数据显示，基层卫生机构卫生技术人员工作强度比较大，每天平均超过八小时、每周超过五天。

表 6-42　　　　　　　　　**基层卫生人员工作量**

机构类型	人员类型	平均每日工作时间（小时）	平均每周工作天数	平均每月值夜班次数
社区卫生服务中心	医生	8.3	5.5	2.1
	护士	7.9	5.4	2.2
	防保	8.1	5.5	0.4
	合计	8.1	5.4	1.8

机构类型	人员类型	平均每日工作时间（小时）	平均每周工作天数	平均每月值夜班次数
乡镇卫生院	医生	8.5	6.1	5.8
	护士	8.3	5.8	5.3
	防保	7.9	6.1	1.6
	合计	8.3	6.0	4.6
村卫生室	村医	12.3	6.9	18.8
总计		8.9	5.9	6.3

村卫生室医生平均每日工作时间明显多于社区卫生服务中心和乡镇卫生院人员，乡镇卫生院的医生和护士人员的平均每日工作时间略高于社区卫生服务中心相应人员，而社区卫生服务中心的防保人员平均每日工作时间略高于乡镇卫生院防保人员。在平均每周工作天数上，乡镇卫生院三类人员均多于社区卫生服务中心相应人员。在平均每月值班次数方面，村卫生室医生远多于其他两类机构人员，这可能与很多村卫生室同时还作为村医的住所有关，乡镇卫生院三类人员的值夜班次数明显多于社区卫生服务中心相应人员。

（二）基层卫生服务人员工作时间分布

1. 基层卫生机构医生工作时间分布

乡镇卫生院、村卫生室和社区卫生服务中心医生的工作活动分布相近，排在前三位的主要工作活动都是疾病诊疗和处理、预防保健和文书处理，三类机构医生用于疾病诊疗处理的时间都占全部工作时间一半左右，其中乡镇卫生院医生这一比例相对略低，如表6－43所示。

表6－43　　基层卫生服务机构医生各项工作活动占总工作时间的比例　　单位：%

机构	乡镇卫生院		村卫生室		社区卫生服务中心	
	2008 年	2011 年	2008 年	2011 年	2008 年	2011 年
疾病诊疗和处理	52.6	49.0	63.2	50.5	58.8	50.8
病人诊断及治疗	33.2	30.9	43.0	31.8	34.9	31.9
患者沟通	16.3	15.4	11.5	10.6	21.1	15.9
出诊	3.1	2.7	8.7	8.1	2.8	2.9

续表

机构	乡镇卫生院		村卫生室		社区卫生服务中心	
	2008 年	2011 年	2008 年	2011 年	2008 年	2011 年
文书处理	20.0	16.7	6.8	7.4	13.9	13.2
预防保健活动	12.0	18.2	13.9	24.4	14.4	21.9
卫生宣教、健康教育	5.0	7.4	5.5	7.7	6.3	7.2
随访、访视	4.0	4.8	4.2	7.8	4.4	6.3
健康体检、评估	2.5	5.1	2.7	4.5	3.1	6.8
免疫接种	0.5	1.0	1.5	4.5	0.6	1.6
学习培训	3.1	4.0	3.8	4.1	2.6	3.5
行政管理、会议	2.3	3.3	2.3	3.2	4.1	3.4
工作期间休息	8.5	6.4	8.7	7.2	4.6	4.5
其他	1.4	2.4	1.4	3.1	1.6	3.5

预防保健活动三类机构医生所用时间比例相近，其中，村卫生室医生这一比例最高，乡镇卫生院医生此比例相对最低。在文书处理上，乡镇卫生院和社区卫生服务中心医生用时相近，乡镇卫生院医生用时最多，村卫生室医生用时则远少于其他两类机构医生。在与患者沟通方面，村卫生室医生用时比例明显少于其他两类机构医生，而乡镇卫生院和社区卫生服务中心医生在这一比例上相近。相反，在出诊上，村卫生室医生用时比例明显高于其他两类机构医生，而乡镇卫生院和社区卫生服务中心医生在这方面用时相近。在预防保健活动中，村卫生室医生用于免疫接种的时间远高于乡镇卫生院和社区卫生中心的医生，在随访和访视活动上，村卫生室医生所用时间也是最多的。

与 2008 年数据相比，2011 年调查的三类基层卫生服务机构医生用于预防保健活动的时间比例明显提高，从比例上来看，村卫生室医生此比例提高最大。三类机构医生用于疾病诊疗和处理的时间则有不同程度降低，其中村卫生室和社区卫生服务中心医生这一比例降幅较大。三类机构医生用于学习培训的时间比例都有所提高。

2. 基层卫生机构防保人员工作时间分布

乡镇卫生院和社区卫生服务中心防保人员用于传染病防治、信息收集整理、健康体检与评估、卫生宣教与健康教育及妇幼卫生方面的时间比例是相对较高的。比较而言，社区卫生服务中心防保人员在健康体检与评估上用时明显高于乡镇卫生院防保人员；乡镇卫生院防保人员在妇幼保健上用时多于社区卫生服务中心防保人员，如表 6-44 所示。

表 6 – 44　　　　　　基层卫生服务机构防保人员各项工作活动
占总工作时间的比例　　　　　单位：%

机构	乡镇卫生院		社区卫生服务中心	
	2008 年	2011 年	2008 年	2011 年
疾病诊疗	2.6	3.0	8.4	0.9
传染病防治	27.7	23.8	34.9	25.8
卫生宣教、健康教育	7.9	10.7	8.5	10.4
妇幼卫生	8.0	10.7	7.8	7.4
健康体检、评估	7.0	8.6	10.6	14.4
突发性事件应对	5.9	3.1	2.6	3.4
公共卫生督导	5.0	4.7	2.8	3.5
学校卫生、职业卫生和环境卫生	4.9	2.5	2.5	1.5
慢性病预防控制管理	3.1	6.7	1.0	5.8
地方病、寄生虫防治	2.5	1.9	1.5	1.2
信息的收集、整理、上报与统计分析	11.0	10.4	6.2	11.2
与其他人员、部门协调沟通	3.1	3.6	3.2	2.0
学习培训	4.1	3.5	3.0	2.3
行政管理、会议	3.0	1.7	1.1	1.5
工作期间的休息	3.2	2.8	5.1	2.4
其他	1.0	2.1	0.9	6.0

与 2008 年相比，乡镇卫生院和社区卫生服务中心防保人员在传染病防治、学校卫生、职业卫生与环境卫生，地方病、寄生虫病防治方面的用时比例都不同程度有所下降，而卫生宣教、健康教育，健康体检、评估，慢性病预防控制管理方面用时比例都有所增加，其中慢性病预防控制管理用时比例增幅较大，社区卫生服务中心防保人员此比例更是从 1.0% 上升至 5.8%。社区卫生服务中心防保人员用于疾病诊疗的时间比例下降很大，从 2008 年占全部工作时间的 8.4% 下降到 2011 年的 0.9%，而乡镇卫生院防保人员这一比例略有增长。

四、结论与建议

（一）主要进展

（1）"医改"采取了多种措施为基层卫生机构吸引和留住人才，如定向培养、招聘执业医师、对口支援和提供编制等，这些政策在一定程度上已经开始贯彻和实施。虽然这些政策全面落实和发挥作用还需要时间，但是方向是正确的，得到了基层卫生机构的充分肯定，只要落到实处和长期坚持，将从根本上改变现有基层卫生人员的状况。

（2）政府通过加大投入提高基层卫生人员的待遇，改善工作条件和环境，将有利于基层卫生机构留住卫生技术人员。在初期，由于人员待遇和环境条件短时间内没有发生根本性变化，留住人员的效果还有待时日，但这些措施将对卫生技术人员产生重要作用。

（3）基层卫生人员培训活动强度加大，对提高卫生人员质量发挥了一定的作用。"医改"以来，在政府专项资金支持下，不同形式的培训活动数量有所增加，效果得到一定程度的认可。对口支援对于提高基层卫生机构人员质量也有一定的作用。

（4）利用基层卫生机构提供基本公共卫生服务促进了卫生技术人员工作内容多样化和社会化，有利于基层卫生机构社会功能的发挥。卫生技术人员工作时间分布近两年发生了明显变化，公共卫生工作内容显著增加，与基层卫生机构功能变化趋势一致。

（二）主要问题

（1）卫生人力资源是最重要的资源，也是短期内在质量上难以实现根本性变化的资源，需要有更长远的规划和更加积极的政策。例如，对于基层卫生人员的规模和结构，需要有至少10年的规划，并分析实现规划所需要的政策和措施。又如，根据规划，基层卫生机构人员每年应当净流入多少人员。

（2）由于人才队伍建设是一个长期的过程，"医改"政策措施的实施效果还需要进一步观察和评价，政策需要连贯和坚持。人才政策切忌朝令夕改，切忌追求短期成效。

（3）充分认识基层卫生机构吸引和留住人才的困难和制度"瓶颈"。"医改"虽然对改善基层卫生机构人才环境有帮助，但是一些更根本性的、深层次的问题并没有得到有效解决。例如，基层机构难以吸引和留住人才，一方面是由于基层卫生机构待遇较低、发展机会较少等；另一方面，人员编制缺乏等制度性原因，使基层卫生机构难以吸引和留住人才。

（4）基层卫生技术人员工作强度和压力较大，从改革中受到的鼓舞有限，长此以往将影响队伍的稳定性和工作积极性。所有层次和类型基层卫生技术人员都超负荷工作，处于非正常工作状态，容易产生职业倦怠，也会成为人员队伍不稳定的因素。

（三）建议

（1）继续推动目前有关基层卫生队伍建设政策和措施的落实。通过各种努力，落实已经制定的为基层卫生机构培养人才、留住人才、改善人才工作和生活条件的政策和措施，使其效果逐步显现。

（2）建设基层卫生人员队伍需要整体规划，政策落实需要以人为核心。对基层卫生人员需求、供给进行规划研究，在此基础上，制定更为长远的人力资源发展策略。在基层卫生体系投入方面，需要以人为核心，而不是以设备和房屋建筑为核心，充分发挥人的积极性和主动性。

（3）改进基层卫生人员培训方式和内容，以基层卫生人员需求为导向，提高培训的质量。开发建设面向基层卫生机构的培训材料，建设一支了解基层和热爱基层的培训队伍，建立起以基层卫生人员需求为导向的培训体系。

第七章

我国医院的竞争理论与实证

本章集中对中国医院市场的竞争特征进行理论分析与解释，并进行实证检验，目的在于更深入理解中国医院市场的竞争特点。同时发现强化竞争优势，消除竞争弊端的方向，为医院改革提供支持。

第一节　研究背景与目的

健康是人类全面发展的基础，保障健康具有举足轻重的作用，关系国计民生，关系国家经济的发展，关系和谐社会的构建。医院是我国医疗服务体系的主体，是为人群提供基本医疗服务至关重要的环节；医院深刻影响着基本卫生服务体系的构建。其他体系的建立和配套政策的落实都离不开医院这个平台。医院绩效于深化医药卫生体制改革，保障健康意义重大。

近年来，我国医院市场的微观运行有了较大改观。医疗设备更新换代，医疗技术日新月异，医院管理日趋科学，医院和医生的收入明显增加。而医院市场的宏观效率并没有相应的改善。医疗服务的公平性下降，卫生投入的宏观效率低下，患者对"看病难，看病贵"的怨声载道始终没有缓解。

微观与宏观效率的不一致以及宏观效率的低下与医院所处的外部治理环境不无关系。竞争贫乏造就了"一支独大""有恃无恐"的公立医院；市场主导的筹资和补偿机制产生了"自负盈亏"的公立医院和逐利的营利医院；行政化的政府管理模式扭曲了公立医院的管理；不合理的定价机制诱使过度医疗和医疗不足并存；资源配置的失衡奠定了三级医院的竞争优势，医保支付制度进一步加剧了这种失衡，导致了局部"看病难"的问题。

深化医院市场改革，改善医院市场的绩效绝非简单地堵住医院管理的某一个漏洞。仅仅关注医院内部管理，不足以解决上述体系的弊病。以往实行的住院医师培训、医疗服务质量管理、医疗服务信息化、集团化等措施并未从根本上触及深层次的、关键的问题。突破医院市场改革的"瓶颈"需要从医院的外部治理环境入手，打破医院市场现行的宏观运行模式。

尼尔等（Neill et al.，2008）提出：在质量竞争的医院市场上，与其关注医院内部管理，毋宁更好地考虑外部环境。温莎和韦斯特拉特（Ouellette and Vierstraete，2004）也指出宏观管理方面的缺陷可能是医院无效运行的重要原因。在我国学界，医院外部治理环境的重要性获得了一致认可。尽管"市场主导派"和"政府主导派"在改革方式的选择上，始终是针尖对麦芒的，但两者均十分重视外部治理环境的调整。

我们从外部治理环境这一角度切入，寻找解决我国医疗服务市场存在的若干问题的工具，激励医院和医生积极参与到医院市场绩效的改革中来，使医院体系能以可靠的质量和合理的费用不断满足人民群众不同层次的医疗服务需求。由于城市医院与农村医院存在显著的不同，本章的研究视角仅限于城市医院市场。

事实上，早在20世纪80年代，我国就开始将竞争引进医院市场。我国市场化的经济体制改革赢得了举世瞩目的成就，实现了经济的腾飞，推动了巨大的社会进步（Ravallion and Chen，2007）。我国也希望借助医疗卫生体制的"市场化"来改善我国医疗服务的供给效率。以政府为主导，中央政府和各地方政府对医院的宏观管理政策、微观运行制度进行了一系列改革。医院从外部治理环境到内部治理结构发生了大规模的变化。在"市场化"改革方向的引导下，政府减少了对医院的补贴，不给钱，替之以给政策；改革了公费医疗制度；实行"权力下放""股份制合作制改造""产权制度改革"等。

公立医院由吃预算变成了自主经营、自负盈亏，公立医院积极参与医院市场的竞争，多管齐下，争取患者；民营医院和诊所从无到有，打破了国有医院和集体医院一统天下的局面，形成了政府举办的非营利性医院、民办非营利性医院与营利性医院并存的格局。民营医院凭借灵活的治理机制，显著改善了管理效率和运行效率，在一定程度上，形成了为冗长的多重代理关系和所有者缺位所拖累的公立医院的外在竞争压力。

然而改革结果也存在诸多令人困惑和不尽如人意的地方。营利资本在主导医疗领域——综合医疗服务领域发展缓慢，甚至可以说是举步维艰，作用有限；而在基层医疗领域却成为主导者，营利资本在专科医疗领域的发展也相对较快。以"市场"为方向、引进竞争的医疗改革还出现了"看病难、看病贵"，医疗市场效率低下，服务公平性不足，过度医疗等诸多弊病。

公立医院现行的激励约束机制难以保障公立医院实现公益性的管理目标。医疗供给体系饱受指责与争议。国务院发展研究中心课题组（2005）对此项改革的定论为"从总体上讲，改革是不成功的"。在我国医院市场上，完全依靠市场竞争并不能确保我国医院市场的绩效。

2009 年，新一轮的医药卫生体制改革应运而生。新一轮的公立医院改革在政府的主推下，先后出台了《中共中央国务院关于深化医药卫生体制改革的意见》《医药卫生体制改革近期重点实施方案（2009～2011 年）》《2011 年公立医院试点改革安排》等政策篇件，配套调整医院的外部治理环境和内部治理结构。在实施各项便民惠民措施的基础上，将体制机制的综合改革作为此次"医改"的"重头戏"，着力推进；在延续医院市场竞争的基础上，开始考虑患者呼吁的作用。

2009 年 3 月，《中共中央国务院关于深化医药卫生体制改革的意见》明确提出，要"鼓励和引导社会资本发展医疗卫生事业。积极促进非公立医疗卫生机构发展，形成投资主体多元化、投资方式多样化的办医体制……鼓励社会资本依法兴办非营利性医疗机构。国家制定公立医院改制的指导性意见，积极引导社会资本以多种方式参与包括国有企业所办医院在内的部分公立医院改制重组。"

《2011 年公立医院试点改革安排》将营利性和非营利性分开视为基本原则，鼓励和引导社会资本发展医疗卫生事业，形成公立医院与非公有医院相互促进、共同发展的多元办医格局。

引入竞争并不是单纯地放开市场。《2011 年公立医院试点改革安排》还推动管办分开，政事分开，协调外部治理环境和内部治理结构，保证市场机制的运转。管办分开方面，设立专门的管理机构，履行政府办医的职责，卫生行政部门的主要任务则集中于全行业管理；政事分开，实现法人治理，建立理事会，实行院长聘任制和总会计师制度，建立以公益性为核心的绩效评价体系；医药分开，完善补偿政策。

第二节　竞争的作用及其边界

自 20 世纪 80 年代以来，我国以"市场化、商业化"为方向的医疗体制改革颇受诟病。很多学者将我国医疗市场存在的"看病难、看病贵"等问题归咎于此。那么，究竟竞争能否在医疗市场中发挥作用？怎样发挥作用？竞争发挥作用的条件限制又是什么？这是我们在推动新一轮"医改"过程中必须明确的问题，关系"医改"大方向，直接影响"医改"效果。

国外学者对竞争在医疗市场上的效应的研究是我们重要的理论起点。但由于美国、英国等发达国家的医疗市场与中国国情存在明显差别，因此我们不能照搬国外的研究结论，何况国外也没有一致的结论。因此，本节试图将我国医疗体制的特点融入布莱克等（Kurt R. Brekke et al.，2008）构建的医疗机构竞争模型，描述我国医院市场竞争的形态和效果。

一、基于我国竞争特点设置模型

在布莱克等（Kurt R. Brekke et al.，2008）模型的基础上，我们建立了管制约束下医院市场的竞争模型，并根据我国医院市场的实际情况做了如下改动：（1）考虑了异质患者。由于我国医保尚未实现全覆盖，还存在若干民众没有医疗保险的情况，这部分民众的就医行为区别于医保患者，患病时可能囿于医疗费用不会就医，因此本章将患者区分为有医保的患者和没有医保的患者，分别考虑两者的医疗服务需求。（2）考虑我国公立医院自负盈亏的特点和我国的管制方式，重新设定了医院的收入函数。我国医院市场实行以成本为基础的补偿制度，公立医院能够获得一部分政府投入。不同医疗产品的补偿水平有所不同，基本医疗产品的边际补偿较低，而特需医疗服务、检查等医疗产品的补偿水平较高，根据上述特点，将医院的收入定为固定收入和变动收入两部分，后者是与产品的价格相关的一个函数。

假设此医疗市场上，共有 n 家医院均匀分布在一个周长为 1 的圆圈上。患者是异质的："L"型和"H"型，前者不拥有医疗保险，后者拥有医疗保险。这两类患者也均匀散落于圆圈周围。当患者购买医疗服务时，选择使其效用最大的医院就医，其中"L"型患者也可以选择不就医。坐落于 x 的"H"型患者和"L"型患者前往位于 l_i 的医院 i 就医的效用函数分别为：

$$U^H(x, l_i) = V - \tau |x - l_i| + q_i \qquad (7-1)$$

$$U^L(x, l_i) = v - \tau |x - l_i| + q_i \qquad (7-2)$$

其中，$|x - l_i|$ 为就医距离，反映了产品的差异度；τ 为交通成本系数，给定医院数量，τ 衡量医院市场竞争程度，τ 变小，竞争更激烈[①]；$V - v$ 反映了异质

---

① 在我国医院市场上，医院的进入和退出都受管制，医院数量较为稳定，因此没有考虑医院数量对医院竞争的影响。

患者 L、H 在获得相同医疗服务以及其他条件相同的情况下，因为医疗保险导致患者承担的医疗费用不同而产生的效用差别；q_i 为医院 i 提供的医疗服务的质量；患者 L 可能不会选择就医，均衡时患者 L 就医与不就医的效用无差异，即 $v - \tau x_i^L + q_i = 0$，可得 $x_i^L = \dfrac{(v + q_i)}{\tau}$，令医院 i 面临的"L"型患者的需求为 $X_i^L = 2x_i^L = \dfrac{2(v + q_i)}{\tau}$，患者 L 的医疗服务需求的质量敏感性较高。由于医院的间距恒为 $\dfrac{1}{n}$，当"H"型患者选择相邻的医院 i（距离为 x_i^H）和医院 j 就医的效用无差异时，$V - \tau x_i^H + q_i = V - \tau\left(\dfrac{1}{n} - x_i^H\right) + q_j$，即 $x_i^H = \dfrac{q_i - q_j + \dfrac{\tau}{n}}{2\tau}$，令医院 i 面临的"H"型患者需求为 $X_i^H = 2x_i^H = \dfrac{q_i - q_j + \dfrac{\tau}{n}}{\tau}$。将患者的数量标准化为 1，"H"型患者的比重为 λ，L 型患者的比重为 $1 - \lambda$，医院 i 面临的市场需求为：

$$X_i = \lambda X_i^H + (1 - \lambda) X_i^L = \dfrac{2(1 - \lambda) v + q_i(2 - \lambda) - \lambda q_j}{\tau}$$

$$+ \dfrac{\lambda}{n}, \quad \dfrac{\partial X_i}{\partial q_i} = \dfrac{2 - \lambda}{\tau}, \quad \dfrac{\partial X_i}{\partial q_j} = \dfrac{-\lambda}{\tau} \tag{7-3}$$

假设医院提供的医疗服务质量与本期投资增量和投资折旧相关。投资包括设备的购买和改进、人力投资、雇用优秀的医生、加强对医务工作人员的培训等。设医疗质量的改变为：

$$\dot{q}_i(t) = I_i(t) - \delta q_i(t) \tag{7-4}$$

其中，$I_i(t)$，$q_i(t)$ 为本期医院的投资和医疗质量，δ 为折旧系数。假设医疗服务质量存在最小值，则有 $q_i(t) > \underline{q}_i > 0$，$q_j(t) > \underline{q}_j > 0$。

管制使我国医院的进入成本很高，不存在医院退出机制，医院有持久经营的偏好，假设医院拥有无限的存续期。本节没有考虑不同产权主体目标函数的差别，认为医院追求利润最大化。尽管我国医院绝大多数为非营利医院，面临"不分配约束"，但达根（Duggan，2002）对美国加州医院 1990～1996 年数据的研究表明：随着营利医院比例提高，非营利医院对经济激励的反应和营利医院十分接近。更为重要的是，我国医院获得的政府投入极为有限，医院实际上是自负盈亏主体，市场激励明显，因此假设医院追求长期利润的最大化。令 ρ 为利率，$\pi_i(t)$ 为医院每一期的利润，医院 i 的长期目标函数为 $\int_0^{+\infty} \pi_i(t) e^{-\rho t} \mathrm{d}t$。

医院 i 的即期目标函数为：

$$\pi_i(t) = R + (1+s)pX_i(q_i(t), q_j(t)) - C(I_i(t), X_i(q_i(t), q_j(t)), q_i(t)) - F$$

$$(7-5)$$

其中，p 为医疗服务的管制价格，$X_i(q_i(t), q_j(t))$ 为患者对医院 i 此医疗服务的需求，$R + spX_i(q_i(t), q_j(t))$，$s \in [-1, 1]$ 为医院从政府、医疗保险等第三方获得的转移支付；F 为固定成本；$C(I_i(t), X_i(q_i(t), q_j(t)), q_i(t))$ 为医院 i 提供此医疗服务的变动成本。假设此变动成本取决于 $I_i(t)$，$X_i(q_i(t), q_j(t))$，$q_i(t)$，医疗服务需求的边际成本为常数 c，

$$C(I_i(t), X_i(q_i(t), q_j(t)), q_i(t))$$

$$= cX_i(q_i(t), q_j(t)) + \frac{\alpha}{2}I_i(t)^2 + \frac{\beta}{2}q_i(t)^2 + \gamma q_i(t)I_i(t) \qquad (7-6)$$

$C_{I_i} > 0$，$C_{I_iI_i} = \alpha > 0$，$C_{q_i} \geqq 0$，$C_{X_i} > 0$，$C_{X_iq_i} = C_{X_iI_i} = 0$。

假设医院在制定决策时，设定一个长期计划并予以执行。

二、竞争条件下医院的均衡解

给定上述假设条件，医院 i 的最优问题求解为：

$$\text{Maxi} \int_0^{+\infty} \pi_i(t)e^{-\rho t}dt \qquad (7-7)$$

$$\text{s. t. } \dot{q}_i(t) = I_i(t) - \delta q_i(t) \qquad (7-8)$$

$$\dot{q}_j(t) = I_j(t) - \delta q_j(t) \qquad (7-9)$$

$$\underline{q_i} > 0 \qquad (7-10)$$

$$\underline{q_j} > 0 \qquad (7-11)$$

当期的汉米尔顿函数为：

$$H_i = R + (1+s)pX_i(q_i(t), q_j(t)) - C(I_i(t), X_i(q_i(t), q_j(t)),$$

$$q_i(t)) - F + u_i(I_i - \delta q_i) + u_j(I_j - \delta q_j) \qquad (7-12)$$

求解：

$$\partial H_i/\partial I_i = 0 \qquad (7-13)$$

$$\partial H_i/\partial q_i = \rho u_i - \dot{u}_i \qquad (7-14)$$

$$\partial H_i/\partial u_i = 0 \qquad (7-15)$$

$$\partial H_j/\partial q_j = \rho u_j - \dot{u}_j \qquad (7-16)$$

可得：

$$u_i = C_{I_i} \qquad (7-17)$$

$$\dot{u}_i = -\frac{2-\lambda}{\tau}[(1+s)p - C_{x_i}] + C_{q_i} + (\rho+\delta)u_i \qquad (7-18)$$

$$\dot{q}_i(t) = I_i(t) - \delta q_i(t) = 0 \qquad (7-19)$$

$$\dot{u}_i = \frac{\lambda}{\tau} \left[(1+s)p - C_{x_i} \right] + (\rho + \delta) u_j = \frac{\lambda}{\tau} \left[(1+s)p - c \right] + (\rho + \delta) u_j \qquad (7-20)$$

令 $\lim\limits_{t \to +\infty} q_i(t) u_i = 0$，$H_i'' < 0$，求解医院的最优决策。

由 $u_i = C_{I_i}$ 可知：

$$\dot{u}_i = C_{I_i I_i} \dot{I}_i + C_{I_i q_i} \dot{q}_i \qquad (7-21)$$

又因为 $\dot{q}_i(t) = I_i(t) - \delta q_i(t)$，所以有：$\dot{u}_i = C_{I_i I_i} \dot{I}_i + C_{I_i q_i} (I_i(t) - \delta q_i(t))$

$$(7-22)$$

将 $u_i = C_{I_i}$，$\dot{u}_i = -\dfrac{2-\lambda}{\tau} \left[(1+s)p - C_{x_i} \right] + C_{q_i} + (\rho + \delta) u_i$ 代入式（7-22）并

整理得：

$$\dot{I}_i = \frac{-\dfrac{2-\lambda}{\tau} \left((1+s)p - C_{X_i} \right) + C_{q_i} + (\delta + \rho) C_{I_i} - C_{I_i q_i} (I_i - \delta q_i)}{C_{I_i I_i}} \qquad (7-23)$$

$$= -\frac{2-\lambda}{\tau \alpha} (1+s)p + \frac{2c(2-\lambda)}{\tau \alpha} + (\delta + \rho) I_i$$

$$+ \frac{1}{\alpha} \left[\beta + (2\delta + \rho) \gamma \right] q_i \qquad (7-24)$$

$\dot{I}_i = 0$ 和 $\dot{q}_i(t) = I_i(t) - \delta q_i(t) = 0$ 描述了均衡。由假设条件可知，此医院市场存在稳定均衡。均衡状态下，有：

$$I_i^* = \frac{(2-\lambda)((1+s)p - 2c)\delta}{\tau [\beta + (\delta + \rho) \alpha \delta + (2\delta + \rho)\gamma]} \qquad (7-25)$$

$$q_i^* = \frac{I_i^*}{\delta} = \frac{(2-\lambda)((1+s)p - 2c)}{\tau [\beta + (\delta + \rho) \alpha \delta + (2\delta + \rho)\gamma]} \qquad (7-26)$$

τ 越小，竞争越激烈。由医院投资和质量的均衡解式（7-25）、式（7-26）可知，只有医院出售医疗服务获得的边际补偿超过边际成本的两倍，竞争才会使医院增加质量投资，改善质量。反之，医院对此医疗服务的投资将仅限于弥补折旧，维持最低医疗服务质量，竞争不会改善质量。竞争迫使医院提高质量来争取患者是有条件的。我国基本医疗产品的补偿较低，甚至低于边际成本，医疗检查以及高端医疗产品的补偿较高。因此，竞争可以提高高端医疗产品和检查的质量，却不能提高基本医疗产品的质量。

随着竞争程度的增强，某种医疗服务的补偿高出成本越多，用于这种医疗服务的投资增长速度就会越快。医院出于利润动机就会过分关注于投资利润率高的医疗产品及其质量改善。但在这种情况下，竞争压力所导致的质量改善未必是社会最优选择。在我国医疗服务市场上，高端医疗服务的利润率较高，随着竞争激

烈化，医院引进高端设备的积极性较强，进一步挤占了基本医疗的投资。当各家
医院均选择投资高端医疗产品，放弃基本医疗产品时，医疗费用就会持续上涨。
这是我国近年来一直主张价格管制的重要理由之一。

提高质量（β）或投资（α）的边际成本越高，均衡质量和投资水平越低。我
国医院具有不同的等级，不同等级医院获取资源的能力不同，投资设备、病房的边
际成本不同。三级医院获得政府支持和资源的难度越低，均衡质量较高，三级医院
处于竞争优势。而医疗保险补偿政策对患者前往三级医院体系就医设置的自付比例
差别较小，自由就医的患者仍会选择三级医院就医，导致"看病难"的问题。

保险覆盖率（λ）与质量成反比。随着保险覆盖率的增加，均衡质量和投资
下降。享受保险降低了患者医疗产品需求的质量弹性，而我国现行的医疗补偿制
度并不能激励医院改善质量。这意味着我国不应单纯地追求扩大医疗覆盖率，还
应注意调整医疗的补偿方式。均衡质量与质量的折旧程度 δ 负相关，但与投资的
关系不明。

结 论

竞争在医院市场存在积极效果，然而竞争不是万能的，竞争也未必越强越
好。竞争有效作用的发挥受到诸多条件限制。政策运行环境是影响医院市场竞争
效果首当其冲的因素：医疗服务的定价机制，医疗机构评价体系以及医保补偿制
度均影响着市场竞争的效果。发挥竞争的积极效果需要科学定价，公正评价医疗
机构以及改善医保补偿制度。然而，"自上而下"实现上述政策调整却非"纸上
谈兵"那般容易。这首先是由医疗服务本身的特性决定的。医疗服务存在不确定
性，多因多果，产出主要是非物化，且多以为负向标准来衡量。政策运行机制调
整的结果常常有悖于初衷；此外，政策运行调整需要多部门、多利益主体的配
合。政府和医院、患者间存在信息不对称也加大了政策运行调整的难度。

本节在模型推导过程中没有考虑产权差别对竞争效应的影响。第三节将着重
分析所有制与医院市场竞争的交互影响。

第三节　营利资本不均衡发展：中国医院市场的典型特征一

医疗领域营利资本的发展极不平衡是中国医院市场的一个典型特征。主导医
疗领域——综合医疗服务领域营利资本发展缓慢，甚至可以说是举步维艰，作用
有限。2009 年，非营利医院的诊疗人次数是营利医院诊疗人次数的 24 倍，非营

利综合性医院的诊疗人次数是营利综合医院的 58 倍①。而营利性医疗机构却逐渐占据了基层卫生服务领域的"天下"。统计发现，2009 年，营利诊所、卫生室和医务室的诊疗人次数为 359 876 948，几乎是公立诊所、卫生室和医务室的诊疗人次的 3 倍。营利门诊部的诊疗人次数是非营利性门诊部的 1.33 倍。营利资本在专科医疗领域发展也较快。2009 年营利医院诊疗人次数在美容医院中占比为 42.5%，在整形外科医院中占比为 79.5%，在口腔医院中占比为 29.6%，在骨科医院中占比为 24.0%②。

现有的理论观点难以解释医疗领域营利资本发展不平衡的状态。主流经济学将营利性经济组织视为生产及资源配置的核心。产权经济学认为营利资本产权边界清晰，能够激励追求利润最大化的所有者有效生产（Grossman and Hart，1986；Hart，1995；Hart，Shleifer and Vishny，1997）。

那么，营利资本在医疗服务领域到底能否发挥作用？营利资本为什么在中国医疗服务的主导市场——综合医院服务领域进展缓慢，为什么在基层医疗服务领域却占据主导地位？在多种所有权并存的医院产业，不同产权主体是否具备相互竞争的条件，其竞争行为的后果又是什么是本节研究的主要问题。

一、 医疗领域营利资本的效率：文献综述

已有不少文献分析营利资本是否适合进入医疗领域及其进入后的效率问题，理论分析的结论较为一致，即在医疗服务领域，营利资本不具有效率优势，因此应减少进入。

支撑这个判断的理由主要有三点：第一，消费者健康状况的不确定性以及医疗卫生服务供需双方严重的信息不对称使医疗产品难以通过市场有效供给（Arrow，1963）。信息不对称会导致严重的委托代理问题（Culyer，1989），引致"供给诱导性需求"（Shain and Roemer，1959；Evans，1974；Fuchs，1978），降低医疗服务的质量。相关学者（Grossman and Hart，1986；Hart，1995；Hart，Shleifer and Vishny，1997）应用产权理论对医院所有权的分析也认为医疗领域的营利资本会凭借信息不对称过分强调成本控制而忽视了质量。第二，具有较强正外部性的医疗服务无法按照"谁受益，谁分担"的原则进行补偿（Feldstein，1988）。营利部门以消费者支付能力为基础提供医疗产品，会使医疗卫生服务供给不足，产生效率损失。第三，尽管市场上存在数量较多的医疗服务提供者，但是由于患者和医生能够出行的距离有限，医疗机构具有较强的地域垄断性，市场

①②　2010 年《中国卫生统计年鉴》。

集中度高。一定区域内，一定数量的医疗机构占据了大部分的市场份额，垄断着当地的医疗服务市场（Luft and Maerld，1985）。在垄断环境下，营利资本提供医疗服务的价格可能过高。

学者进一步通过实证研究考察医疗领域营利资本的效率，但遗憾的是实证研究还没有一致结论。营利资本的效率是高、是低，还是不显著，各有文献支持。

（一）营利医院的效率较低

赫尔曼等（Ettner and Hermann，2001）对 1989～1991 年老年精神病患者的数据的研究，表明营利医院和非营利医院质量（30 天内再次住院的比例）没有差异，但后者日均住院成本较低。部分文献发现非营利医院的成本并不比营利医院高（Ettner and Hermann，2001；Zuckerman，et al.，1994），但相对质量，非营利医院却较高（Mark，1996；Lien et al.，2008）。纵观加利福尼亚、佛罗里达和得克萨斯州营利医院和非营利医院的老年医疗保健成本，前者比后者的平均成本高出 4%（Lewin et al.，1981）。连等（Lien et al.，2008）对中国台湾 1996～2002 年心肌梗死病例的研究发现非营利医院病人出院后 1、6、12 个月的死亡率比营利医院低约 3%，但就成本而言，并没有显著差异。韦斯布罗德和施莱辛格（Weisbrod and Schlesinger，1986）等认为非营利医院效率较优的原因在于非营利医院不会过分关注经济效率。研究发现，营利性养老组织就存在将过分关注管理"效率"，忽视照顾患者的倾向（Rose - Ackerman，1996；Weisbrod，1988；Holtman and Ullman，1993）。此外，非营利医院不会利用信息优势侵占患者利益，也提高了非营利医院效率（Weisbrod，1988）。

（二）营利医院的效率较高

部分文献发现营利医院投入产出效率更高（Culter and Horwitz，1998；Kessler and McCellan，2002）。营利医院药物服务的效率明显高于非营利医院（Wilson and Jadlow，1982）。当非营利医院基于财务考虑，转变为营利组织后，其成本有所降低。凯斯勒和麦克兰（Kessler and McCellan，2002）对美国 1985～1996 年老年心脏病患者的费用支出、一年死亡率和复诊率的研究不仅表明发现营利医院费用较低，还发现多种所有制医疗组织并存具有成本溢出效应。多种所有制医院并存的地区的医疗支出要低 2.4%。卡尔特和霍维茨（Culter and Horwitz，1998）发现非营利医院转化为营利医院后，其对成本的关注和良好表现会刺激其他非营利医院，模仿营利医院的营利模式。不过所有制是否并存与患者出院后的长期健康状况的关系并不明显。

（三）营利与非营利医院之间没有明显差异

部分文献发现两类医院在质量、成本和提供救济服务等方面都不存在实质差别（Sloan, et al., 2001；Silverman and Skinner, 2001；Duggan, 2000；Picone, 2002）。基于系统分析方法的研究表明：难以确定非营利医院和营利医院在成本、质量、效率等方面的差异（Rosenau and Linder, 2003；Shen, et al., 2006；Eggleston et al., 2008）。斯隆等（Sloan et al., 2001）利用 NLYCS 数据，分析了美国 1982～1994 年四类疾病的治疗情况，发现在最初治疗的 6 个月里，两者的费用没有明显不同。

哈特和莫尔（Hart and Moore, 1990）以及斯隆（Sloan, 2000）更是指出，许多文献重点探讨了营利和非营利医院之间的差别，但并没有有力证据表明医疗组织效率与所有权直接相关，不能表明所有权是差异背后的关键因素。

二、不可核实质量与所有制差别

医疗产品是一种信任商品，部分质量是可核实的，部分质量是不可核实的。不可核实的质量难以通过立约（Non-contractible）的方式予以保证，存在契约不完全。即使签约后患者能够感受到医疗服务不可核实质量的优劣，也很难被法院等第三方验证。在面对质量不可核实且较低的医疗服务时，患者难以通过第三方救济的方式来保护自身的权益。因此，患者倾向于选择与那些质量有保证的医疗机构签约来获取医疗服务，以保护自身权益。这即相关学者（Easley and O'Hara, 1983；Hansmann, 1996；Glaeser and Shleifer, 2001）提出的"合约失灵"思想。以此为基础，我们进一步说明医疗服务质量不可核实的特征对签约后营利资本和非营利资本提供医疗服务的影响。

令患者与医疗机构签约，事先付款购买医疗机构一单位的医疗服务。假定合约价格为 p_1，此医疗服务确定可核查部分为 Q_1。假设医疗服务的买方市场是竞争性的市场，市场主体是理性的。营利机构和非营利机构是同质的生产者，不考虑组织所有权和经营权分离的情况。营利资本的企业家追求净效用的最大化，其净效用为利润减去努力程度；非营利组织的盈利不可分配且管理者没有剩余所有权，管理者只能通过增大在职消费来获得事后的侵权利益。利润越多，非营利机构管理者借助利润能够获得的在职消费（如较少的工作时间和较好的办公条件就越方便）越多，因此非营利机构管理者的净效用为利润能够转化为在职消费的数量减去努力程度。因为公开市场交换也能够获得同样的在职消费，且选择范围广，风险小，管理者宁愿获得利润，而非在职消费。所以管理者从利润转化的在职消费中获得的效用小于管理者从同等数目的利润中获得的效用，假设在职消费和现金流是线性关系，令在职消费 $= d \times$ 利润，$0 < d < 1$[①]。

在提供医疗服务的过程中，医疗机构可以选择如此履约——即保证医疗服务的可核实质量，同时降低不可核实部分的质量，以降低医疗服务总成本获得更多利润（Glaeser and Shleifer，2001）。由于患者能够感受到却不能证实医疗机构降低了不可核实质量，因此患者难以约束医疗机构降低成本的机会主义行为。

假定医疗机构的履约成本为 $K(Q_1)$；此外，医疗机构付出努力 e 进行成本管理创新，能够节约医疗机构的成本 $C(e)$ [$C'(e) > 0$，$C''(e) < 0$，$C(0) > 0$，and $C'(0) = \infty$]，而降低成本往往同时导致不可核实质量的下降，假设不可核实质量下降水平与努力程度 e 线性相关（Hart，Shleifer and Vishny，1997），$e = n(Q_C - Q_2)$，$0 < n$。此时，医疗服务的成本为 $K(Q_1) - C(e)$。

医疗机构所能获得的利润为 $p_1 - K(Q_1) + C(e)$。营利机构企业家的效用函数为所获得的利润减去努力程度，即 $p_1 - K(Q_1) + C(e) - e$。给定合约价格，营利机构企业家选择努力程度来确定最大的效用，其一阶条件为：$C'(e^*) = 1$。当医疗机构是非营利机构时，非营利机构管理者无法获得现金，只能增加在职消费，最大化效用 $d[p_1 - K(Q_1) + C(e)] - e$ 的一阶条件为 $dC'(e^{**}) = 1$。

由于 $C'(e) > 0$，$C''(e) < 0$，$0 < d < 1$，因此 $e^* > e^{**}$，$C(e^*) > C(e^{**})$。也即营利资本用于成本抑制的努力高于非营利机构，营利机构降低成本的激励较强，相应降低的成本也较多。所以给定合约价格，非营利机构的供给成本 $[K(Q_1) - C(e)]$ 高于营利机构。又因为 $e = n(Q_C - Q_2)$，所以营利机构不可核实质量低于非营利机构的不可核实质量。产权的界定影响了医疗服务的质量。

给定医疗服务的价格，非营利机构的质量高于营利机构的质量，营利机构在签订合约后会产生机会主义行为。营利机构在履约过程中，过分追求了成本的降低，不顾患者利益提供了较低的不可核实质量。非营利机构管理者由于不能获得剩余所有权，只能通过增大在职消费来获得事后的侵权利益。在职消费给予管理者的消费激励低于利润的激励，非营利机构对医疗服务质量不可核实成本的挤压水平小于利润激励下营利资本的挤压水平。当 d 取值极低时，非营利机构管理者从在职消费中获得的效用水平相应极低，此时非营利机构管理者出现机会主义行为的激励也极低。由此非营利机构这一组织特征本身就成为医疗服务质量较高的一个外在的可观察的信号。关心质量的患者会根据医疗机构的组织特征对医疗机构履约的医疗服务质量进行判断，营利机构不具有竞争优势。

---

① 当非营利机构出现严重的内部人控制问题，内部人的合谋可能使管理层肆意扩大在职消费，以致超出利润的界限，出现负利润经营以获得更高水平在职消费的情况。此时在职消费超过了利润的金额。本章没有考虑此情形，而是按照（Glaeser and Shleifer，2001）的逻辑继续采用在职消费低于利润的假设。

上述推理过程也可以用来说明员工的就业选择行为。员工的努力程度可以影响医疗机构提供的医疗产品的可核实和不可核实质量，医疗机构据此确定员工薪酬。相比非营利机构，营利机构采取事后机会主义行为、不认可员工的努力、侵占员工利益、降低员工薪酬的激励更强。由此，员工更愿意将人力资本投资于非营利机构，更愿意到非营利医疗机构工作①。

上述两个方面共同作用决定在医疗服务市场上非营利机构天然具有优势，营利资本并不能获得其在普通商品市场上的优势。然而，上述分析主要着眼于医疗产品和营利资本的特点，并没有考虑营利资本的进入对市场结构和市场竞争水平的影响，也没有考虑市场机制反过来对营利资本行为的影响。下一步本节分析了在一定的市场条件下，营利资本能够建立质量信誉时营利资本的发展。

三、市场信誉、不可核实质量与医疗领域营利资本

具有持续经营偏好的医疗机构为了在医疗市场上正常运行，维持并扩大其市场份额，在一定市场条件下，有激励建立并维持质量信誉，发送质量信号以同非营利机构展开错位竞争，获得长期收益最大化。信誉作为一种重要的无形资产，能够约束和激励营利性医疗机构，替代显性激励，减少上述机会主义行为（Holmström，1982）。营利医疗机构通过建立信誉，可以自我约束以消除不可核实质量较低的形象，改变其在医疗服务市场中的不利局面。市场机制可以有效弥补营利资本在医疗市场的自身缺陷，市场机制和营利资本相辅相成。营利资本进入医疗市场提高了市场竞争程度，推动市场机制的建立；市场机制激励营利资本在医疗市场形成质量声誉，发送质量信号，从而打破营利资本在医疗市场的发展障碍，促使其顺利发展。

（一）营利医疗机构建立信誉的市场条件

一定程度上营利医疗机构具备建立信誉的内在市场激励：第一，营利医疗机构在进入医疗领域的过程中会产生大量的沉没成本且医疗营利机构所处的市场结构决定了先进入的医疗机构具有一定的市场先入优势，这决定了医疗营利资本具有持续经营的偏好。第二，营利机构与患者之间在一些领域必须形成长期关系才能生存，这在社区医院、村卫生所、门诊部等基层医疗领域有着显著体现。它们

---

① 我国营利性医疗机构人才匮乏现象严重，大部分的医疗人才集中在公立医院中。营利性医疗机构如没有雄厚的经济实力作支撑，就难以吸引高级医学人才和提升医技实力。营利机构的年轻医技人员中，本科毕业的少，很多是大专生及中专生。

都面临有限的患者，患者群体基本上是固定的，医疗机构和患者之间产生了稳定的长期关系。第三，医疗营利机构的机会主义行为能被观察到且能够惩罚营利机构的机会主义行为。尽管医疗产品的部分质量不能立约，难以核实，但患者在接受服务的过程中能够感受到，并且患者的体验还能够传播给其他患者（如口耳相传、网络传播等），这样更多的患者能够获得医疗机构行动的噪声信号。患者可以采取"触发战略"并通过各种途径表达自己就医的主观感受，进而影响自身未来以及他人的就医选择，惩罚医疗机构的机会主义行为。蒲柏（Pope，2009）对美国老年人医疗数据的实证研究表明：年度医院排名对医院非急诊就医人数及收入有显著的正向影响。市场机制的建立赋予了患者更大的市场力量，有利于打破医患双方的不平等市场地位，减少信息不对称，加速信息流动。如果营利医院的进入真正形成了公立医院的竞争压力，营利医院的成本、质量能够提供公立医院绩效的市场参照系，一定程度上可以解决医患、医院和政府信息不对称的治理难题，促使患者能够更有效地发现机会主义行为并通过履行选择权惩罚机会主义行为。

（二）信誉有助于提高营利机构医疗服务不可核实质量

不考虑医疗机构的所有制变更情况，合约不变。若医疗机构的质量和价格相匹配，即医疗机构提供的医疗质量和合约价格满足此式 $p_1 = Q_1 - m(Q_c - Q_2)$（Q_c 是常数，是不可核实质量的最大值。Q_2 是不可核实质量，$m > 0$ 是患者对不可立约质量 Q_2 的偏好程度），我们就称医疗机构建立了"质量信誉"。反之，医疗机构没有建立信誉，未来每一期收益都会回到一次性交易时的情形。医疗机构管理者追求长期效用最大化。管理者本期和未来效用均会影响医疗机构本期医疗服务的质量，由此将医疗机构的"信誉"——患者的偏好引进医疗机构管理者的决策过程。

若营利医疗机构企业家保持信誉能够获得较高的长期收益，此时，营利机构企业家签约后会在维持"质量信誉"的前提下，确定一单位医疗服务的质量。最大化企业家的效用函数：

$$Q_1 - m(Q_c - Q_2) - K(Q_1) + C[n(Q_c - Q_2)] - n(Q_c - Q_2) \qquad (7-27)$$

一阶条件为 $C'[n(Q_c - Q_2^f)] = C'(e^f) = 1 + \dfrac{m}{n}$。建立信誉的营利机构在确定成本抑制努力水平的时候，要考虑成本抑制行为对不可核实质量的影响（n）以及患者对不可核实质量 Q_2 的偏好程度（m），避免一意孤行降低成本。与不考虑建立信誉的营利机构的一阶最优条件 $C'(e^*) = 1$ 相比，因为 $m > 0$，$0 < n$，$C''(e) < 0$，所以 $e^* > e^f$，也即建立了信誉的营利机构减少了过分进行成本抑制的努力，提高了医疗服务的不可核实质量。更重要的是，此时营利医疗机构的定价行为也包含质量因素，信誉能够促使营利机构减少"敲竹杠"的机会主义行为，有效扭转营利机构在医疗市场的不利局面。

当然，要保证营利医疗机构医疗服务的不可核实质量为 Q_2^f，而非偏离到一次性最优时的不可核实质量，需要满足下述条件：假设医疗机构的存续期限为 $t = 1, 2, 3, \cdots, T$，r 是贴现因子，

$$\frac{1}{1-r}\{Q_1 - m(Q_c - Q_2^f) - K(Q_1) + C[n(Q_c - Q_2^f)] - n(Q_c - Q_2^f)\} >$$
$$Q_1 - m(Q_c - Q_2^f) - K(Q_1) + C[n(Q_c - Q_2^*)] - n(Q_c - Q_2^*) +$$
$$\frac{r}{1-r}\{p_1 - K(Q_1) + C[n(Q_c - Q_2^*)] - n(Q_c - Q_2^*)\} \qquad (7-28)$$

将建立"质量信誉"的营利机构的医疗服务质量与不考虑"质量信誉"的非营利机构的医疗服务质量相比较。非营利机构提供的医疗服务的质量 $(dC'(e^{**}) = 1)$ 未必大于营利机构的质量 $\left\{C'[n(Q_c - Q_2^f)] = C'(e^f) = 1 + \dfrac{m}{n}\right\}$，成本也未必大于营利机构。从而，一旦营利机构满足建立信誉的条件，营利机构和没有建立信誉的非营利机构的医疗服务质量优劣差异，成本区别均不再明显。

综上所述，建立了信誉进行自我约束的营利性医疗机构会主动提高医疗服务不可核实部分的质量，避免过分降低成本的机会主义行为。信誉实际上起到了修正产权的作用。

（三）信誉、溢出效应与所有制差异

在营利医疗机构建立信誉后，非营利医疗机构的医疗服务水平也将被带动提高。竞争压力迫使非营利机构也会考虑建立质量信誉。假设建立"质量信誉"的非营利性医疗机构管理者的效用函数为：

$$d\{Q_1 - m(Q_c - Q_2) - K(Q_1) + C[n(Q_c - Q_2)]\} - n(Q_c - Q_2) \qquad (7-29)$$

Q_2 的一阶条件为 $C'(e^n) = C'[n(Q_c - Q_2^n)] = \dfrac{1}{d} + \dfrac{m}{n}$。来自营利机构的竞争激励非营利机构改变自身的定价策略，综合考虑了成本抑制行为对质量的影响 (n) 以及患者对不可立约质量 Q_2 的偏好程度 (m)。此时，非营利机构对市场的敏感度提升，像营利机构一样对市场作出反应，这与达根（Duggan，2002）对美国加州 1990～1996 年不同所有制医院的实证研究结论吻合。更重要的是，与没有建立信誉的情况相比 $[dC'(e^{**}) = 1]$，信誉下非营利机构也提高了医疗服务的不可核实质量，信誉对非营利机构形成了积极的溢出效应。

在形成了信誉的市场环境中，非营利资本降低成本的努力程度满足 $\left[C'(e^n) = \dfrac{1}{d} + \dfrac{m}{n} \right]$，营利资本降低成本的最优努力程度满足 $\left[C'(e^f) = 1 + \dfrac{m}{n} \right]$。因为 $C'(e) > 0$，所以营利资本的最优努力程度高于非营利资本的最优努力程度，也即营利资本降低成本的激励仍然高于非营利机构，提供的医疗服务的不可核实质量相对较低。但此时营利资本的履约成本 $[K(Q_1) - C(e)]$ 也相应较低。营利机构提供的单位可核实质量的成本 $\dfrac{K(Q_1) - C(e^n)}{Q_1}$ 要低于非营利机构提供的单位可核实质量成本 $\dfrac{K(Q_1) - C(e^f)}{Q_1}$。这样，营利机构有能力提供更低的合约价格，营利机构存在成本优势。尽管非营利机构存在质量优势，营利机构仍然能够凭借自身优势进行发展。而对整个医疗市场而言，引进营利资本，提高市场竞争提高了市场的平均质量，降低了市场的平均成本。

当然，要实现上述改变也要有前提条件。假设医疗机构的存续期限为 $t = 1$，2，3，$\cdots$，T，r 是贴现因子，需有：

$$\frac{1}{1-r}\{d\{Q_1 - m(Q_c - Q_2^n) - K(Q_1) + C[n(Q_c - Q_2^n)]\} - n(Q_c - Q_2^n)\} >$$
$$d\{Q_1 - m(Q_c - Q_2^n) - K(Q_1) + C[n(Q_c - Q_2^{**})]\} - n(Q_c - Q_2^{**}) +$$
$$\frac{r}{1-r}\{d\{p_1 - K(Q_1) + C[n(Q_c - Q_2^{**})]\} - n(Q_c - Q_2^{**})\} \qquad (7-30)$$

当下的医疗市场由公立医院集中掌握医疗资源，具有某种程度的信息以及垄断优势。政府对营利医院实行歧视性政策，营利医院在职称评定、医保定点、政策信息上都不能与公立医院享受"同等待遇"，公立医院资源的优势地位使营利医院难以同公立医院展开规模、服务量的竞争，价格管制又使医院市场几乎难以形成有效的价格竞争。营利医院的发展不足以形成对公立医院的竞争压力，公立医院能够凭借垄断地位攫取患者利益，获得超额利润。这是我国公立医院不愿参与改革，公立医院改革改而不动的重要原因。制度演进的路径将进一步加剧行政权力以及公立医院的垄断，有损公立医院利益的改革措施难以推行。

破除国家所有和控制的垄断，允许不同的所有制形式和协调机制之间的竞争势在必行。引入市场竞争机制，形成医疗市场形成多层次、多样化的医疗服务模式，无疑可以更好地满足患者多元的服务需求。更为重要的是，当营利医院的进入真正形成了公立医院的竞争压力，营利医院的成本、质量能够提供公立医院绩效的市场参照系，将形成医院间的公平竞争，真正发挥所有制的溢出效应。

233

（四）对营利资本在中国医疗服务市场分布现状的解释

从质量不可核实和信誉切入，可以很好地解释营利资本在中国医疗服务市场目前的分布和发展现状。门诊部、村级医疗机构等基层医疗领域，所提供的绝大多数都是门诊、拿药、点滴等非住院医疗服务。这些医疗服务较为简单，质量较为容易确定，不可核实部分所占比例较小，因此核证成本较低，患者不需要担心权益被侵害而无法举证的问题。并且这些医疗服务的群体和范围基本上是固定的。这些医疗机构形成的信誉能够产生良好的正向激励，信誉投资形成的收益能够较为稳定的回收，因此他们也有激励积极投资于信誉建设。尤其在农村，人员流动相对较低，社会关系网络仍然发挥作用，村卫生所的生存与其信誉息息相关。最后营利资本效率高和服务的及时、便捷、便宜，使其成功地在基层医疗服务领域占据了天下。

综合医疗领域，患者流动性较大，不仅较难建立与患者的长期关系，而且医疗服务质量中不可核实部分的比例较高，医疗机构组织形式的信号作用使患者天然对营利医疗机构具有排斥性。一些营利医疗机构的短期行为更是使营利医疗机构的信誉蒙垢，因此在综合医疗领域营利资本发展缓慢。

同样的道理，在医疗专科服务领域，服务品种单一，服务质量较易确定，较容易通过宣传等手段建立信誉，社会营利资本在专科医疗服务领域的发展相对较快。

四、管制对市场机制和质量信誉存在不利影响

我国对医疗服务市场的现有分类管制政策存在不当，不仅不能弥补市场缺陷，还形成了政府失灵，挤压了市场机制作用的发挥，不利于信誉的建立和维护。不当管制是营利资本发展不利的另一个重要原因（张维迎，2006；余晖，2004；李明发，2008；吴奇飞和马丽平，2006；姜福康等，2008）。

市场准入与退出政策不协调，营利医疗机构的进入门槛高。注册资本、床位数、医师资格等方面都有严格要求。营利医疗机构要经过卫生行政主管部门审批、工商部门注册、物价部门定价、税务部门纳税、药监部门监管等多道审批手续后方能设立医疗机构（吴奇飞、马丽平，2006）。并且营利资本即使具备办医条件，达到准入资质，受区域卫生规划的限制，营利医疗机构的内部机构设置也不易通过审批，并非准入条件符合就能开办。严苛的进入管制不但降低了医疗资本进入的积极性，还削弱了市场机制对行业内已有营利资本的约束，降低了市场机制竞争的力量，不利于营利资本建立和维持信誉。

与营利资本进入的严格管制相比，对营利资本的退出管制较为宽松，缺乏优胜劣汰机制。对那些屡教不改、投诉纠纷多的营利医疗机构没有建立淘汰机制（李明发，2008）。这使医疗领域的营利资本没有建立信誉的迫切感。

为数很少的获准开业的营利医疗机构在建设用地审批、资金借贷、引进大型医用设备审批、税收政策和补贴、医疗保险定点、医院等级评审、职称晋升、政策信息等方面也缺少必要的支持与保护。管制政策加大了营利医疗机构的运营难度，提高了营利资本提供既定医疗服务质量的成本水平，延长了营利资本的投资回收期。为了尽快收回投资，营利资本投资构建信誉的倾向下降。更有投机性的营利资本采取机会主义行为以加快投资回收步伐，更加损害了营利资本的信誉。而监督体制多头管理，执法效能的低下加大了营利资本投机取巧不被惩罚的概率，进一步削弱了营利资本建立并保持信誉的外在体制约束。

营利资本进入和发挥作用需要前提条件，并不是不能发挥作用。建立良好信誉并精心维护是营利资本在医疗服务领域生存和发展的关键所在。更为重要的是，营利资本所产生的竞争溢出效应将有效刺激非营利医疗机构的效率提高，从而为"标尺竞争"构成基础。因此，对营利资本的一概否定不利于中国医疗体制改革的深入。调整对营利资本的管制重心，改变"重门槛、轻运行"的管制模式，使管制政策与积极促进营利资本建立和维护信誉相协调是必要的作为。

结 语

医疗领域的营利资本凭借不可核实质量产生机会主义的行为，使其丧失了其在普通商品市场的优势。但随着营利资本进入医疗市场，市场竞争水平的提高以及市场机制的建立可以有效弥补营利资本在医疗市场的自身缺陷，促使营利资本在医疗市场上放弃机会主义行为，建立质量信誉，有效地发送质量信号，确保医疗营利资本的正常发展，并与非营利资本展开竞争，最终提高整个医院市场的绩效。市场机制和多元产权相辅相成，能够形成良好的正循环，提高医院市场的绩效。

在说明非营利医疗机构提供的医疗服务质量高于医疗机构时，我们沿用了格莱泽和施莱费尔（Glaeser and Shleifer，2001）的假设，即在职消费水平低于利润水平，这样非营利医疗机构管理层对医疗成本的挤压水平将低于医疗机构企业家的挤压水平。但是当非营利医疗机构有着严重的内部人控制问题时，由管理层和员工合谋形成的在职消费水平将可能超过利润水平，从而使医疗服务中质量不可核实部分的服务水平大幅度下降。因此，构建医院相关主体，尤其是医务人员的激励约束体系至关重要。而当下尚缺乏一个合适的激励机制，这也是"医改"改而不动的重要原因。将在第八章讨论"竞争"和"呼吁"对建立医生的激励机制的积极作用。

第四节　公立医院横向规模的扩张：
中国医院市场的典型特征二

我国公立医院在医药卫生体制中的定位尚不够明确，对公立医院自身的定位、职能划分也不够清楚（李玲，2010）。这为公立医院横向规模扩张提供了政策空间。在质量竞争的激励下，在医疗服务总量增加较少的情况下，医院通过细化医疗服务的结构，扩大公立医院的横向规模来提高就医病人的服务强度。公立医院提供的医疗服务的种类和数量，即横向规模（孙菁、孙逊、郭强，2009）不断扩大。尽力扩大横向规模，同质化发展成为当前中国医院市场的另一个突出特点和问题。

目前，公立医院已经形成了大而全的医疗产品体系。公立医院所提供的医疗卫生服务既包括公共卫生服务、基本医疗服务，也包括特需医疗服务。有些医院在资金和技术条件尚不具备的情况下，竞相购置大型，昂贵医疗设备开拓医疗服务内容，致使常规的医疗设备得不到及时引进，资源浪费现象严重，医疗成本激增。

如何限制公立医院横向规模的不断扩张？合理的市场结构应该怎样？这是本章尝试回答的问题。根据公立医院的产权性质，本节指出政府补偿有限的情况下，营利医院和公立医院可以形成纵向竞争，展开错位竞争，减小公立医院横向规模。当然，这仅仅是考虑问题的一个角度。

一、公立医院最优横向规模的确定：文献综述

已有的研究尚不足以明确最大化社会福利的公立医院横向规模。孙菁、孙逊、郭强（2009）提出用规模经济和范围经济来研究公立医院的横向规模，认为公立医院的规模边界与医院自身生产能力和医疗市场有关，规模不是静态的，而是逐步优化的动态过程。丁淑娟（2009）强调公立医院供给的医疗服务应该综合考虑宏观、中观和微观情况：宏观层面关注政府对居民健康政策和医疗政策目标的取向；中观层面则看国家的财政结构和承受能力，社会疾病规律和卫生资源配置等；微观层面联系居民可支配收入和医疗费用承担等。

苏红（2008）、陈楚杰（2008）、胡善联（2006）等学者将公立医院提供的

医疗服务的内容与公立医院应承担的社会责任放在一起研究。奚松（2009）从公立医院承担社会责任的角度提出，公立医院服务能力是有限的，不可能承担社会卫生产品和卫生服务无限的供给责任，只能承担基本的医疗保障和公共卫生服务供给的责任。刘肖虹（2009）也以社会责任作为切入点，认为公立医院基本的社会责任是最大限度地满足患者的医疗保健需求，同时也是政府处置突发公共卫生事件的主要依靠力量。

研究医疗服务的供给方式的另一个切入点是医疗服务属性。陈篇辉（2007）认为医疗卫生服务的属性为公共产品（纯公共产品和准公共产品），公立医院应该保证公共卫生产品的足额供给和医疗服务准公共产品的有效供给。张清慧（2009）提出公立医院主要提供公共卫生服务，剩下的医疗服务可以通过市场提供。封进、张涛（2009）认为由公立医院作为基本医疗服务的提供者有利于提高社会福利。莫京梁、翟东华（1997）分析了医疗保健的福利经济特性和公共经济特性，指出我国医疗福利的社会价值判断标准应该是满足大多数人能获得基本的医疗保健服务，政府是获得这一基本医疗服务的必要保证。而对于特需医疗、美容等其他医疗服务，由于它本身就是公众随着收入水平的提高而产生的额外需求，因此其供给就可以完全推向市场。饶克勤（2009）认为政府应该主导公共物品和准公共产品的供给。图 7 – 1 给出了饶克勤对政府和市场功能的区分。

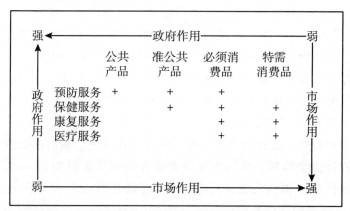

图 7 – 1　政府与市场在卫生服务中作用的示意图

有的研究则主张让市场来确定公立医院的横向规模。社科院课题组（2008）认为：只要有健全的体制和政府监管，公立机构和私立机构就都可以实现社会公益目标。公立机构并不比私立机构具有必然的优越性。白崇恩、汪德华、张琼（2009）在综述已有研究文献的基础上给出了同样的结论。梁鸿和褚亮（2008）比较了发达国家各种模式的医疗制度后指出：利用市场机制配置医疗资源是提高效率的好办法，但是需要政府的调控。

二、医疗服务提供的所有制差异与错位竞争的可能

产权经济学认为：不同的产权配置会影响产权主体的行为选择。不同产权主体生产出来的产品的成本质量组合可能有较大差别，并最终影响社会福利目标的实现（Hart，Shleifer and Vishny，1997）。而社会福利对医疗服务质量和成本组合的最优需求是不一致的。有的医疗服务必须保证一定的投入才能达到社会福利满意的医疗服务质量；而有的医疗服务的质量不会随成本的降低而同比例下降，成本降低不会损害社会福利。

以此为出发点，借鉴哈特、施莱费尔和维什尼（Hart，Shleifer and Vishny，1997）提出的分析思路，给出一个简单的产权模型，分析不同产权主体的医疗服务供给方式，并据此提出不同所有制医疗机构展开错位竞争，促进社会福利的可能性。在这里，公立医院和私立医院都是单一所有权主体，不考虑政府和私人混合所有的形式。

假设政府是中间政府，代表了全体人民的利益。不考虑医疗保险和委托代理问题，医疗服务的供给机构可以为公立医院，政府享有公立医院的剩余所有权。此供给机构也可以是由医院管理者所有的私立机构。限于政府规制，私立机构的管理者对其提供的医疗服务没有定价权。本章没有考虑固定成本，管理者付出努力成本 $C0$ 维持公立医院基本运营获得薪酬 $P0$。$P0$ 为医疗服务的供给价格。此时，整个社会因为医疗机构提供的服务的获益为 $B0$，$P0 < B0$。

管理者除了需要付出必要的努力维持医院的日常运营外，管理者还可以进行创新——付出努力改善医疗服务质量或降低医疗服务的成本。提升质量的努力有时会带来成本的提升，降低管理者的收益。只有此行为能够提升社会净福利，乃至管理者个人利益时，此行为才会出现。因此，在这里，我们在模型中只考虑质量改善增加的社会净福利。我们把管理者改善医疗质量付出的努力记为 Eq，相应的，提高的社会净福利记为 $Bq(Eq)$。私有机构管理者和社会公众平均分配 $Bq(Eq)$；公立医院的管理者和社会公众对 $Bq(Eq)$ 的分配比例分别为 $\alpha/2$，$(1 - \alpha/2)$ 且 $0 \leqslant \alpha < 1$。公立机构的管理者获得的分配比例小于私立机构管理者的分配比例。因为私立机构的管理者获得私立机构的剩余所有权，而公立机构管理者不享有公立机构的剩余所有权。由于契约的不完全，政府可以解雇现在的管理者并另雇其他管理者继续执行原先管理者改进质量或降低成本的措施来侵占原先管理者的利益，因此我们认为公立机构的管理者获得的分配比例小于私立机构管理者的分配比例。

当医院管理者降低医院运营成本时，我们假设管理者因此付出的努力为 Ec，

此努力带来成本降低的同时往往会造成的质量下降，前者会提升社会福利，将此值记为 $Bc(Ec)$，而后者会引起社会福利降低，其绝对值记为 $BQ(Ec)$。两者的程度可能是不一致的。假定对任何的 Ec、Eq 均大于等于 0，$Bq(0) = 0$，Bq 对 Eq 一阶导大于等于 0，二阶导数小于等于 0，$Bq'(\infty) = 0$，$Bq'(0) = \infty$，$Bc(0) = 0$，Bc 对 Ec 的一阶导数和二阶导数均大于 0；$BQ(0) = 0$，一阶导数大于等于 0，二阶导数小于等于 0，$BQ'(0) = \infty$，$BQ'(\infty) = 0$，$Bc' \geqslant BQ'$。由 $Bc' \geqslant 0$ 和 $Bc' \geqslant BQ'$ 可知：降低成本的努力导致的质量下降的损失小于成本下降的好处。

此时，私立医院完全享有降低成本的好处，却只承担因为降低成本而导致的质量下降的部分社会福利的损失，剩下的损失转嫁给社会公众，将私立医院承担的部分损失的比例设定为 1/2；公立医院的管理者和社会公众对社会净福利【$Bc(Ec) - BQ(Ec)$】的分配比例仍为为 $\alpha/2$，$(1 - \alpha/2)$ 且 $0 \leqslant \alpha < 1$。

（一）社会最优的情形

在最优的情况下，我们不考虑医院的所有制，政府和管理者通过选择适当的努力程度来最大化社会总剩余。两者共同的目标函数为：

$$\underset{EQ, \, Ec}{\text{MAX}} \{ B0 - C0 + Bc(Ec) - BQ(Ec) + Bq(EQ) - EQ - Ec \} \qquad (7 - 31)$$

由假设条件可知，该问题存在均衡解 EQ^*，Ec^* 且一阶条件满足：

$$Bq'(EQ^*) = 1$$
$$Bc'(Ec^*) - BQ'(Ec^*) = 1 \qquad (7 - 32)$$

（二）私有机构提供医疗服务的最优情形

管理者的目标是最优化个人利益。管理者和社会公众利益平分质量改善增加的福利的。私立机构完全享有由于成本降低带来的好处，却只承担部分质量降低带来的损失，将一部分损失转嫁给社会公众承担。此时管理者的目标函数为：

$$\underset{EQ, \, Ec}{\text{MAX}} \{ P0 - C0 + 1/2 [Bq(EQ) - BQ(Ec)] + Bc(Ec) - EQ - Ec \} \qquad (7 - 33)$$

其一阶均衡条件为：

$$1/2 Bq'(EQp) = 1$$
$$Bc'(Ecp) - 1/2 BQ'(Ecp) = 1 \qquad (7 - 34)$$

与最优情形相比，私立机构提供最优医疗服务的一阶均衡条件有两点不同：首先，私立机构的管理者一定程度上忽视了降低成本的努力带来的质量的恶化，用于降低成本的努力超过了社会福利最优水平。其次，管理者从质量改善中得到的好处仅是社会总福利上升的一半，因此，私立机构的管理者缺乏足够的激励去推动医疗服务质量的改善。根据假设条件，我们可以推断 $Bc' - BQ'$ 是单调减函数，又由于 $Bc' \geq BQ'$，因此 $EQp < EQ*$，$Ecp > Ec*$。管理者致力于改善医疗服务质量的努力程度低于社会福利最优情况。私有制医院降低成本的激励甚至高于社会福利最优情形。私立医院过分追求成本降低的态度损害了医疗服务的质量。

（三）公立医院提供医疗服务的最优情形

公立医院的管理者根据自己获得的报酬确定自身为改善质量，降低成本而付出的努力程度。在契约不完全的情况下，公立医院管理者最大化其支付的函数为：

$$\mathop{MAX}_{EQ,\ Ec} \{P0 - C0 + \alpha/2 [Bc(Ec) - BQ(Ec) + Bq(EQ)] - EQ - Ec\} \qquad (7-35)$$

由假定可知此问题可求的均衡解 EQG、EcG，并且均衡解满足一阶条件：

$$\alpha/2\ Bq'(EQG) = 1$$
$$\alpha/2 [Bc'(EcG) - BQ'(EcG)] = 1 \qquad (7-36)$$

即：

$$Bq'(EQG)\ = 2/\alpha$$
$$Bc'(EcG) - BQ'(EcG) = 2/\alpha \qquad (7-37)$$

由于 $0 \leq \alpha < 1$，因此 $2/\alpha > 2$，公立医院用于改善质量和降低成本的努力均小于最优情形。这与公立医院管理者只获得部分努力成果相关。与私立医院相比，尽管公立医院在质量改善方面的努力程度较低，但公立医院在降低成本时会考虑此行为对质量的影响，避免了过分注重成本而导致质量受损的情况。

由 $Bc' \geq 0$ 和 $Bc' \geq BQ'$ 和上述结论可得，$EQG < EQp < EQ*$，$Ecp > Ec* > EcG$。无论公有制医院还是私有制医院，管理者致力于改善医疗服务质量的努力程度均低于社会福利最优情况。不过相对于公有医院，私有制医院在质量改善方面的表现相对较好，私立医院着重于生产对质量改善要求较高的医疗产品能够提升社会福利。公立医院的管理者致力于成本降低的努力小于最优情形，也小于私立机构。与私立机构提供医疗服务相比，公立医院的管理者在改善质量和降低医疗成本后所得的支付比例更小，所以公立医院缺乏付出额外努力的激励。私有制医院降低成本的激励高于社会最优情形。由此导致质量减低幅度过大。如果降低成本的措施带来的质量降低对整个社会福利而言意义重大，此时尽管公立医院成本高于私立机构，但公立医院能够更好地平衡质量与成本的关系，因此公立医院提供这种类型的医疗产品有利于实现社会福利目标。

但当减低成本的举措导致的医疗水平的下降对社会福利的影响极小时，我们可能会得出与前述结论不同的观点。我们可以用 $\gamma BQ(Ec)$ 代替 $BQ(Ec)$ 表示医疗服务的提供者降低成本的举措带来的质量下降对整个社会福利的影响程度，当 γ 足够小时，此医疗产品质量的下降对社会福利的影响极小，我们可以忽略不计。代入前述模型，可知私立医院成为这种类型的医疗服务最优提供者。

医疗服务的可及性、成本和质量形成了医疗服务体系的平衡三角，任何一边的缺失都会破坏医疗体系的效率。但社会福利对各种医疗服务的成本和质量的要求是不一致的，我们对成本和质量关注的程度也是不同的。当社会福利目标尤其关注产品质量的改善，且能够接受随之而来的成本上升时，私立机构提供这项医疗服务就是合适的。若需要综合考虑成本和质量以实现社会福利目标，且成本降低时对应的质量下降不容社会福利忽视，此时，公立机构提供这项医疗服务比较合适。但成本下降带来的质量下降对社会福利负面影响极小时，私立机构可成为这项医疗服务的替代提供者。

由于公立医院和营利机构提供不同种类的医疗服务的效果有所差别，因此令公立医院和营利机构有区别地提供医疗服务可以形成两者之间的错位竞争，从而形成互补的医疗服务供给体系。

三、错位竞争的设计

我们把卫生服务简单地划分为特需医疗服务和基本卫生服务。特需医疗，多指医院在保证医疗基本需求的基础上，为满足部分高收入人群对医疗保健高层次的特殊需要而提供的多样化、高层次的全程医疗保健优质服务。特需医疗在诊疗设施条件、医疗人员安排、医疗服务等配置方面的条件都较优，对特殊医疗的需求实际上就是以成本为代价获得高质量服务的私人医疗产品，因此，对最优社会福利而言，私立机构是特需医疗服务合适的提供者。根据 2009 年公布的《医药卫生体制改革近期重点实施方案（2009～2011 年)》，"公立医院提供特需服务的比例不超过全部医疗服务的 10％。"这意味着国家把特需医疗服务的主要提供者设定为私立机构。但这条规定也意味着给公立医院提供特需医疗服务留了口子，允许公立医院搞创收。因而，要警惕可能会出现的"一放就松"的弊病，避免公立医院资源配置失衡，违背公立医院公益性的本质。

"新医改"方案将公立医院视为基本卫生服务的主导供给方。清楚界定基本卫生服务的内容有利于明确公立医院的责任，更好地实现公益性目标。基本卫生服务在保证一定质量的基础上追求成本的最小化。其物化形式就是基本医疗服务包。基本卫生服务包括一揽子的基本预防和医疗服务，分为公共卫生服务和基本医疗服务两部分（WHO，1978）。基本医疗服务包和公共卫生服务包涵盖的医疗服务的边界尚无明确标准。各国确定的服务包的内容差异很大（杨莉、王静、曹志辉等，2009）。在制定服务包时，各国主要根据成本效益、国家服务提供能力、公平性等原则（World Bank，2003）。除此之外，根据产权配置的效率，我们应该确保成本降低对应的质量下降社会福利意义重大的基本医疗产品纳入基本医疗服务包，而成本下降带来的质量下降社会危害极小的基本医疗产品可由私立机构供给，尤其是在财政能力有限的情况下。

只有合理控制公立医院的服务范围，实现营利机构和公立医院的错位竞争，医院市场才能够合理分配资源，更好地服务于社会福利目标。

第五节　我国医疗机构竞争的实证研究：基于省级数据

理论需要实证研究的验证和支持，本节利用我国 2006～2009 年省级层面的医疗数据，实证分析我国医院市场竞争与医疗费用、医疗质量的关系，为前面的理论判断提供现实支持。省级数据可以从整体上了解我国医院市场的情况，具有代表性意义，对其检验有助于理解我国医院市场竞争的效果，为推动我国"医改"提供借鉴意义。本节以下部分的安排是：首先，概述我国医院市场的竞争格局；其次，进行实证分析；最后，总结并提出政策建议。

一、我国医院市场竞争格局

医院是我国医疗体系的主体，为多重产品厂商。医院兼有住院和门诊部门，同时考察门诊和住院服务可以更清晰地描述医院行为。我国的医院体系缺乏完善的转诊制度，患者自由选择医院就医，不受任何限制。医院对患者的竞争形成了医院的外在压力。在我国医院市场上，基本还是患者主导医院竞争。

近年来，我国医疗市场上的显著表现：一是人均医疗费用持续上涨。人均医疗费用持续上涨与医疗保险覆盖面不断扩大，将潜在医疗需求激发出来密切相关，也与医院行为有着直接关系。综合比较营利医院和非营利医院的医疗费用的上涨水平，地区间存在不同。上海营利医院 2007 年的人均住院费用和门诊费用均高于非营利医院（钱篇卉，2009），浙江则与之相反（沈清，2007）。二是医疗质量没有明显的变化。从医疗质量的过程度量来看。近年来，医院总体病床使用率大幅增长，从 2003 年的 58.7% 提高至 2009 年的 84.7%。非营利医院病床使用率高于营利医院的病床使用率，卫生部管辖下综合医院病床使用率达到 104.3%。营利医院病人的平均住院时间往往较短，这可能与病症的复杂性相关。从医疗质量结果度量来看，以急诊病死率、观察室病死率和住院危重病人抢救成功率等指标衡量的医疗质量在某些年度有所反复。比较营利医院和非营利医院的质量，前者并不比后者差，营利医院观察室病死率甚至要低于非营利医院。虽然存在病种因素的影响，但上述指标衡量了急诊或危重病情时的医疗质量，病种因素的影响应该不会太大。

中国的医院市场及其竞争格局主要呈现以下特征：

第一，营利医院已经成为重要的竞争力量。近年来，我国营利医院发展加快，有助于推动竞争的深化。2002 年我国营利医院数量占比仅为 10.4%，到 2010 年增长为 28.2%，营利医院的数量几乎增加了一倍。营利医院已经成为我国医院市场主要竞争主体。

第二，患者主导医院展开质量竞争。我国医院体系缺乏完善的转诊制度，患者自由选择医院就医，不受任何限制。医院对患者的竞争形成了医院的外在压力，患者主导我国医院竞争。我国的医保支付方式主要以成本为基础，患者的价格敏感度低，医院通过质量竞争吸引患者。公立医院已经形成了大而全的体系，其横向规模不断扩大，竞相购置大型、昂贵医疗设备以发送此院医疗质量较高的信号。

第三，价格管制。我国对非营利和营利医疗机构实行不同的价格政策：前者实行政府指导价；后者实行市场调节价，营利机构可自主定价。在实际运行中，营利机构缺乏主动定价的能力，一般都按照非营利机构的价格定价。随着全民基本医疗保障制度的实施，纳入基本医保的基本药物和服务项目，必须依照物价部门统一定价，自主定价政策恐怕难以真正执行。而我国对营利医院税收方面的歧视性政策也压制了营利机构的定价能力，因此我国医院就价格展开竞争的空间有限。

第四，服务数量竞争是主要竞争形态。医院主要通过服务数量的竞争深刻影响人均医疗费用，弥补质量竞争带来的高额投资。我国 CT 的利用中 16.3% 是不必要的，还有一部分是可以用其他收费较低的普通检查来替代而不至于影响诊断质量足以说明这一点（雷海潮、胡善联和李刚，2002）。从服务数量来看，中国医院市场依然是非营利医院主导。2009 年，我国营利医院诊疗人次占比为 12.5%，入院人次占比仅为 3.0%。这与营利医院规模扩张速度远远低于公立医院、规模占比水平仍然较低相关。当前，尽管营利医院在整体上还不足以与非营利医院对抗，但凭借医疗服务本身鲜明的地域垄断和灵活的办医模式，营利医院与非营利医院展开了错位竞争以扩大服务量。北京、天津、广东、福建等省市已形成了具有一定规模的营利医院。营利医院还在专科医疗领域获得较好发展，2009 年营利医院诊疗人次数在美容医院中占比为 42.5%，在整形外科医院中占比为 79.5%，在口腔医院中占比为 29.6%，在骨科医院中占比为 24.0%。[①] 在价格管制下，我国医院围绕服务量和质量依然形成了一定程度的竞争。

总体上看，随着营利医院的进入以及非营利医院的发展，医院市场的竞争正在深入。在患者、医护人员、服务等诸多领域，营利医院、非营利医院及其各自之间都展开了竞争，竞争也在影响着医院的行为和患者的选择。

二、实证分析

（一）计量模型

我国幅员辽阔，仅分析某一个地区难以了解我国医院市场竞争的全貌。各地区以省为单位推行医疗改革，药品政府定价主体也集中在中央以及各省级政府相关部门。因此以省级为单位，研究竞争在全国医疗服务市场的影响十分有必要。

国外的研究主要基于患者的微观数据，研究特定地区的竞争程度对某一疾病治疗水平的影响。主要方法是根据产业组织理论，估计市场竞争程度及效果，或者评价医院进入门槛的设定对医疗水平的影响。事件分析法也是评价医院市场竞争效果的主要方法，例如，比较兼并事件发生或者医疗政策调整前后医疗水平的变化，或者比较出现兼并事件的地区和没有兼并事件地区医疗水平的差异。使用的计量工具范围广泛，多元线性回归、固定效应和随机效应模型、限制因变量模型等皆应用到此领域的研究。由于没有获得我国各省患者的微观数据，我们基于宏观数据分析医院竞争效果。

我国医院市场存在诸多影响医院竞争程度和效果的不可观测因素。为了消除这些不可观测因素的影响，我们考虑使用固定效应模型分析竞争的偏效应。设定如下计量模型：

$$\text{Log}(R_{it}) = \alpha_i + \beta Com_{it} + \gamma X_{it} + \varepsilon_{it} \qquad (7-38)$$

Hausman 检验证实相比随机效应模型而言，固定效应模型更合适分析竞争对医疗费用的影响。[②]

囿于数据不全，医疗质量的检验只使用了省级层面 2007~2009 年的质量数据。近几年，各地每年都有新的政策推行，因此将年份虚拟变量引入模型以控制政策调整的影响。其后对数据的 F - 检验支持混合估计模型回归，并估计了稳健方差。

$$\text{Log}(Q_{it}) = \alpha + \theta_1 year_1 + \theta_2 year_2 + \beta Com_{it} + \gamma X_{it} + e_{it} \qquad (7-39)$$

---

① 《中国卫生统计年鉴》。

② 篇中没有附这两个结果。

其中，$Log(R_{it})$ 是费用指标，Com_{it} 表示竞争程度，$year_1$，$year_2$ 是年份虚拟变量，X_{it} 是其余解释变量，α_i 是地区效应，e_{it}，ε_{it} 是残差。$Log(Q_{it})$ 是质量指标。

（二）指标选择与数据说明

基于医院提供多重产品的特点，被解释变量包含门诊和住院两类指标。将人均门诊/住院医疗费用的对数作为固定效应模型的被解释变量。医疗费用按照居民消费医疗保健价格指数调整到 2006 年的水平，并求对数减少异方差的可能。将门诊观察室病死率作为门诊质量指标，危重病人抢救成功率作为住院质量指标。其对数形式为竞争质量效应模型的被解释变量，这也是以往研究常用指标（李林，刘国恩，2008）。

关键解释变量是竞争程度的测量。由于缺乏微观数据，我们采用传统的方法界定我国医院市场范围，即省级行政区域。营利医院和非营利医院门诊/住院竞争程度的测量是根据营利医院和非营利医院的门诊/住院流量计算各自市场份额的平方和，得到市场集中度，进而用 1 减去市场集中度得到两者在此省门诊/住院市场的竞争程度。

竞争程度的测量可能存在内生性问题。人均医疗费用越高，医疗机构的利润率越高，可能激励新的医院进入，提高医疗市场竞争程度。而质量越高，会吸引更多的患者就医，进而提高此医院的市场占有率，降低市场的竞争程度。在我国严格进入的管制政策下，又受限于医院市场信息不对称的限制，医院的进入和选址更多地服从行政力量，这极大降低了医院竞争存在的反向因果问题。同时，借鉴埃斯坎斯等（Escarce et al.，2006）衡量竞争的方法，计算了医院数目的平方根将其作为第三个衡量竞争的指标，反映市场的总体竞争水平，并且此指标的内生性也较小。

根据梅尔泽和重（Meltzer and Chung，2002），凯斯勒和麦克莱伦（Kessler and McClellan，2000），沈等（Shen et al.，2008）以及马智利等（2010）人的文章，解释变量还包括一个地区 65 岁以上人口比重、城镇职工和居民基本医疗保险覆盖率、人均收入以及收入差异。老年人的身体状况相对较差，社会老龄化程度越高，预估医疗费用会越高，医疗质量有下滑概率。人均收入和社会医保覆盖率增加会降低患者对医疗价格的敏感度，增加医疗服务的利用，可能带来医疗费用的升高和医疗质量变化。人均收入与人均 GDP 呈正相关，将经过价格指数调整的人均 GDP 对数纳入模型。城乡收入差距能显著拉大城乡医疗费用差异，因此将收入结构纳入竞争的费用分析。没有引进有的文献中提到的城市化变量，它是城镇职工、居民医疗保险的覆盖率一个更窄的范围，可以通过后者体现（佟珺，2009）。政策规定三级医院医收费标准最高、设施最好，其次是二级医院，因此三级医院的比重会影响医疗费用和质量，将此比重纳入模型。在分析医院竞争质量效应时，依据贝克尔等（Baker et al. 2002）的研究，又引进了医师日均诊疗人次：医生是医疗消费的实际决策者，医生行为直接影响医疗质量。

数据主要来源于 2007～2010 年《中国卫生统计年鉴》。《中国卫生统计年鉴》包含我国各省市、自治区医疗费用、医疗质量和医院①市场的相关数据。城镇基本医疗保险覆盖率的数据来自《中国劳动和社会保障统计年鉴》；居民消费价格指数、老年人口比重、收入结构差异来自国家统计局网站。

（三）计量结果

1. 数据描述

表 7 - 1 描述了各省区市人均医疗费用、质量指标和相关控制变量的基本情况。医院的人均住院及门诊费用持续上涨。2006～2009 年，门诊观察室死亡率不断下降，危重病人抢救成功率有所波动。在各控制变量中，医生日均诊疗人次、人均 GDP、65 岁以上老年人口比重逐年增加。三级医院数量比重参差不齐，2007 年比重最大，其次是 2009 年，最低值出现在 2008 年。城镇基本医疗保险覆盖率提高过程中，2008 年出现下行波动。城乡收入差别 2007 年最明显，2008 年最小。非营利和营利医院门诊人次数以及出院人次数衡量的竞争水平不稳定，时高时低。随着营利医院持续发展，营利性医院数量比重攀升，门诊人次数以及住院人次数有所增长，有利于提高医院市场的竞争程度。但由于非营利医院的平均规模不断增加，且营利医院的平均规模远远小于非营利医院的规模，营利医院和非营利医院的竞争水平出现了高低起伏的变化。对医疗费用、人均 GDP 的对数进行了单位根检验，证实上述数据为平稳数据，将上述数据直接引入模型不会导致伪回归。

表 7 - 1　　　　　　　　　　相关变量描述

变量 ＼ 年份	2006	2007	2008	2009
Log（人均住院费用）	8.368704 (0.3595153)	8.409204 (0.3501878)	8.480763 (0.3375672)	8.581537 (0.3402133)

---

① 按照《中国卫生统计年鉴》的界定，医院包括综合医院、中医医院、中西医结合医院、民族医院、各类专科医院和护理院，不包括专科疾病防治院、妇幼保健院和疗养院。

变量＼年份	2006	2007	2008	2009
Log（人均门诊费用）	4.735841 （0.3325382）	4.760419 （0.3215063）	4.814953 （0.313943）	4.908856 （0.3180153）
Log（人均国民生产总值）	9.672568 （0.5342098）	9.793026 （0.52319）	9.927037 （0.5046274）	10.03918 （0.4995673）
三级医院数量比重	0.0579649 （0.0294841）	0.0641534 （0.0315365）	0.052685 （0.0255186）	0.0638037 （0.0305698）
城乡收入差别	3.144039 （0.6379369）	3.153125 （0.6273385）	3.119211 （0.5870194）	3.137706 （0.5822754）
65岁以上人口比重	0.08995819 （0.0186259）	0.09006452 （0.0333825）	0.09172512 （0.0179147）	0.0935045 （0.0175487）
门诊服务竞争指标	0.2939549 （0.1064335）	0.2975353 （0.1024321）	0.2928804 （0.09057950）	0.2952986 （0.0875852）
医院数目的平方根	23.86576 （7.151209）	24.20245 （7.347303）	26.51789 （8.061152）	24.52781 （7.34163）
住院服务竞争指标	0.2404173 （0.1038719）	0.2455249 （0.0996897）	0.2425272 （0.087926）	0.2487145 （0.0888212）
Log（危重病人抢救成功率）		−0.139506 （0.0799936）	−0.1406586 （0.0779245）	−0.0993182 （0.0599242）
Log（门诊观察室病死率）		−6.901723 （1.202259）	−7.05447 （1.084649）	−7.17561 （0.9322426）

2. 医院竞争的价格效应

表7-2概括了竞争对医疗费用影响的回归结果。竞争程度的系数均为负值，说明医院竞争程度有利于降低人均医疗费用。在住院服务中，依据非营利和营利医院出院人次数计算的竞争指标系数在0.1置信水平具有统计学显著性。医院绝对数量衡量竞争程度的系数在0.1置信水平不具有统计学显著性。这说明医院在住院医疗服务的竞争中，相对规模、效率的大小是重要的衡量指标，绝对数量影响还较小。此结论与李林、刘国恩（2008）的结论一致。在门诊服务中，依据非营利和营利医院门诊人次数计算的竞争指标系数在0.1置信水平不具有统计学显著性。医院数目平方根的系数具有0.1置信水平的显著性，说明绝对数量增加带

来的竞争在控制门诊服务费用方面更有效。

表 7 – 2 人均医疗费用固定模型回归结果

解释变量	被解释变量			
	Log（人均住院费用）		Log（人均门诊费用）	
依据非营利和营利医院门诊人次数计算的竞争指标			– 0.0224078 (0.0820728)	
依据非营利和营利医院出院人次数计算的竞争指标	– 0.2460982* (0.1535811)			
医院数目的平方根		– 0.0107257 (0.0076022)		– 0.0100196* (0.0053955)
65 岁以上人口比重	2.245723* (1.111149)	1.775253 (1.100911)	0.3490495 (0.766655)	0.0777226 (0.7654938)
Log（人均国民生产总值）	0.1685776* (0.0876924)	0.1591412* (0.0834063)	0.1831213** (0.0750378)	0.1642911** (0.076767)
三级医院数量比重	0.4476278 (0.5233673)	0.0714249 (0.5618847)	0.0131187* (0.1860808)	0.2983115 (0.3984412)
城镇职工和居民医疗保险覆盖率	0.01067 (0.2300336)	– 0.0536381 (0.2364413)	0.0574325 (0.2285737)	– 0.0006951 (0.2234733)
城乡收入差别	0.0787971 (0.0615588)	0.0852564 (0.0566004)	– 0.0171392 (0.0513804)	– 0.014781 (0.0444264)
常数	6.262041*** (0.832093)	6.615217*** (0.801597)	2.934033*** (0.7378941)	3.406127*** (0.751304)
R^2	0.5561	0.2714	0.5128	0.2192

注：括号内为标准误；*** 表示 $p < 0.01$，** 表示 $p < 0.05$，* 表示 $p < 0.1$。

在控制变量中，老年人口比重系数为正。老年人口比重的增加提高了人均医疗费用。人均 GDP 对医疗费用也产生正向影响，且被精确估计，说明随着居民收入的增加，医疗费用呈现出上涨的趋势。在其他条件给定的情况下，经济发达地区的人均医疗费用较高。三级医院数量比重系数也为正，现有的医院评价体系不利于控制医疗费用。城镇基本医保覆盖率的系数方向不一致且统计不显著。当考察医院数目衡量的竞争影响时，医保覆盖率系数为负；当分析医院诊疗人次衡量的竞争影响时，系数大于 0。城乡收入差别提高了人均住院费用，降低了人均门诊费用，但均不具有统计显著性。

3. 医院竞争的质量效应

表7-3概括了我国医院竞争质量效应的实证结果。竞争降低了门诊观察室病死率，提高了危重病人抢救成功率，改善了医疗质量。当因变量为危重病人抢救成功率的对数形式时，依据非营利和营利医院出院人次数以及医院数目的平方根系数计算的竞争指标均不具有统计显著性；当因变量为门诊观察室病死率的对数形式时，依据非营利和营利医院门诊人次数计算的竞争指标在0.05置信水平具有统计显著性。医院数目的平方根系数不具有统计学显著性，说明医院相对规模、效率的竞争才能切实提高门诊质量。

表7-3　　　　　　　　　　**医疗质量回归模型结果**

解释 变量	被解释变量			
	Log（危重病人抢救成功率）		Log（门诊观察室病死率）	
依据非营利和营利医院门诊人次数计算的竞争指标				-3.739161 ** （1.653414）
依据非营利和营利医院出院人次数计算的竞争指标		0.0373585 （0.1191422）		
医院数目的平方根	0.000986 （0.0014513）		-0.0039388 （0.019691）	
65岁以上人口比重	-0.0862615 （0.3388372）	0.0158509 （0.3456903）	-14.86251 * （7.52655）	-12.16057 * （6.516215）
Log（人均国民生产总值）	-0.0148189 （0.0211827）	-0.0055326 （0.0142261）	1.513335 *** （0.3538091）	1.646474 *** （0.2858261）
三级医院数量比重	-0.0292826 （0.3126373）	-0.1023941 （0.2721038）	-6.01557 * （5.243412）	-9.437142 ** （4.392063）
城镇职工和居民医疗保险覆盖率	-0.3551331 *** （0.0908642）	-0.3939127 *** （0.0571877）	1.296904 （1.753038）	1.617518 （1.510636）
医生日均诊疗人次	0.0054886 （0.0033537）	0.0058849 * （0.003327）	-0.1292276 ** （0.0528258）	-0.2429849 *** （0.0580094）
年虚拟变量（参照组：2007）				
2008年	-0.0041397 （0.0156782）	-0.0042211 （0.0156409）	-0.6928803 *** （0.2339367）	-0.4703427 ** （0.2312391）
2009年	0.0641961 *** （0.0132659）	0.064046 *** （0.0132727）	-0.4273507 *** （0.2517097）	-0.7169975 *** （0.2132391）

续表

解释变量	被解释变量			
	Log（危重病人抢救成功率）		Log（门诊观察室病死率）	
常数	0.0281326 （0.163653）	−0.0474293 （0.1308583）	−15.05046 *** （2.797944）	−14.58011 *** （2.476817）
R^2	0.4678	0.4618	0.3743	0.4319

注：括号内为 Huber – White 稳健标准误；*** 表示 $p < 0.01$，** 表示 $p < 0.05$，* 表示 $p < 0.1$。

医疗保险覆盖率的增加并没有促使我国门诊以及住院医疗服务质量有所改善，我国现有的医疗补偿机制缺乏推动医院改善质量的机制。三级医院比重增加切实改善了门诊质量，但不能改善住院服务质量，现有的医院三级体系并没有实现资源配置的初衷。老年人口比重增加并不会给门诊服务带来下行压力，但仍有可能会降低住院服务质量。医师日均诊疗人次数增加改善了质量，这说明行医过程中存在"干中学"效应，而医生的服务供给没有饱和。人均 GDP 增加降低了医疗质量，这可能与收入增加的同时健康生活方式恶化有关。

4. 医院竞争效应的综合判断

在住院服务中，对医疗费用而言，非营利和营利医院相对规模竞争具有显著性，绝对数量的竞争不具有显著性。对质量而言，竞争效果不显著。在门诊服务中，对医疗费用而言，非营利和营利医院相对规模竞争不具有显著性，绝对数量竞争的效果显著。对质量而言，医院相对规模的竞争具有显著性，绝对数量竞争效果不显著。

此结论可以应用前面提到的现存理论予以解释：医院市场竞争效果与医疗服务特点、患者偏好以及营利医院能否建立声誉机制等因素密切相关。格兰杰和谢里夫（Glaeser and Shleifer，2001）指出由于医疗服务不可核实质量的特点，相比非营利医院，营利医院较难获得患者的认可。患者在接受住院服务时，由于住院服务较为复杂以及服务质量较难核实，营利医院只有通过效率以及相对规模的竞争逐步积累声誉（如患者口耳相传），才能获得患者的信任，吸引患者。因此，仅是简单地增加营利医院的绝对数量，竞争效果不显著。

我国医院市场相对规模和效率的竞争在降低住院费用方面已经展现效果；在质量方面，相对规模和效率竞争的效果尚未显现，这可能与医疗价格相比，医疗质量噪声信息更大，营利医院的相对规模和效率需要达到更高的门槛才能迫使非营利医院改善质量以吸引患者有关。目前营利医院的相对规模和效率可能还达不到此要求，住院竞争不能显著改善住院质量。

患者在接受门诊服务时，由于病情较轻，医疗服务的质量容易核实，且严格管制一定程度上确保了就医安全，门诊服务不需要凭借相对规模来建立患者信任，患者更重视就医的便利性（卢瑞芬，3003）。绝对数量增加引致的竞争压力足以分流患者，达到了降低门诊费用的效果。但患者对门诊服务便利性的重视也使绝对数量增加无法有效激励医院改善门诊质量，营利医院相对规模和效率的竞争才能切实提高门诊质量的"标尺"，改善门诊质量。

当然，住院和门诊结果的差异也可能与竞争的内生性以及相比门诊市场，医疗机构在住院市场的竞争水平较低相关，有待于持续研究。

利用我国 2006～2009 年省级层面的数据，我们的实证分析发现：我国医院市场的竞争能够降低医疗费用，改善住院质量。营利医院和非营利医院相对规模和效率的竞争在降低住院费用方面的作用比较显著；医院绝对数目衡量的竞争能有效降低门诊费用，但改善门诊质量仍需相对规模和效率的竞争。这说明竞争在我国医疗服务市场上能够发挥积极作用，同时竞争的层次还比较低，医疗保险机构的作用还不显著。

因此，在政策上：第一，鼓励竞争，利用竞争降低医疗费用，提高质量。科学配置医疗资源，进一步降低民营医院的设立和运营门槛，鼓励更多的民间资本进入医疗领域。同时也鼓励非营利医院之间展开良性竞争。加大医院退出监管力度，建立优胜劣汰机制。第二，提升竞争层次。促进和引导医院竞争根据医疗服务自身特点和政策目标设定竞争形态，使竞争向良性、高层次方向发展。政策制定需要考虑医疗服务性质的差别和患者的偏好，使医院面临的进入门槛、价格机制、资源配置和补偿机制相互协调，促进医院建立并维护自身的声誉，形成有序的竞争机制和竞争方式，严惩营利医院急功近利的不规范医疗行为，形成满足患者多层需求的既竞争又互补的医院体系。第三，在效率提升的基础上实现规模成长。不论是营利医院还是非营利医院都要建立完善的治理结构，全面提高运营效率，有效抑制过度医疗的同时提高医疗质量、降低医疗费用。通过效率的提高实现对患者的吸引和医院规模的扩张。因此，要加快公立医院的改革步伐，使其尽快发展成为独立自主的竞争主体。第四，改善医疗保险的作用机制，使其成为制约医疗价格上升、促进医疗质量提高的重要力量。

从省级层面研究我国医院的竞争效果能够说明我国医院市场的总体情况，在代表性上有较好的说服力，然而用宏观数据来研究这一问题也存在很多不足。首先是对我国医院市场范围的界定存在不足。我们以省级为单位来划定市场边界，忽视了流动人口跨省就医现象。其次竞争指标还比较粗糙。在衡量营利机构和非营利机构的竞争时，可能出现同一个竞争水平下，非营利医院和营利医院市场份额组合相反的问题。且没有找到解决内生性的好办法。上述问题的解决有待于进一步搜集微观数据，采用更科学的计量方法，这也是我们下一步的研究方向。

本章结语

在第四章介绍了我国医院市场竞争现状的基础上，本章从理论层面和实证角度，讨论患者退出在我国医院市场的效果。理论层面，我们沿着从一般到典型的逻辑思路，首先构建理论模型分析了竞争的一般效果。总体来说，市场竞争在我国医院市场上有积极作用的空间，然而市场竞争发挥作用面临条件约束。我国医院市场的外部治理环境存在诸多与市场竞争机制不相协调的地方，需要加以调整。

关于我国医院市场市场竞争，存在两个典型的特点：营利资本发展的极度不平衡和医院横向规模不断扩张。在完成了一般性的分析之后，我们将研究视角转向了这两个典型特征，讨论市场竞争在这两个典型特征演变过程中扮演的角色。医疗服务不可核实的质量特点剥夺了营利资本在医疗领域的竞争优势，形成了发展不平衡的医疗资本分布状态。质量信誉的引进可以扭转营利资本的竞争劣势，使营利资本凭借患者认可的质量和较低廉的价格与公立医院展开竞争，争夺患者。而不同所有制的医疗机构竞争还能带来外部性，激励公立医院提高质量。

我国公立医院定位不清。横向规模不断扩张是医疗机构应对横向质量竞争的副产品。横向规模扩张未必会带来医疗质量的改善，却与医疗费用激增有着若干联系。公立医院和营利资本展开错位竞争可以明确公立医院的定位，解决横向规模扩张问题。

理论分析表明，医院市场竞争效果，毁誉参半。那么，在我国医院市场上，竞争实际在发挥什么样的作用？实证研究与理论分析结论一致：我国医院市场竞争产生了一定的积极效果。但医院市场竞争的效果也存在不利之处。医院外部环境的建设和患者的就医偏好直接影响着竞争作用。

由于患者呼吁是医院外部治理环境的重要方面，也是患者细致表达偏好的重要途径，在第八章围绕患者呼吁将展开细致研究。

第八章

我国医院市场的呼吁及"退出—呼吁"
的交互性：理论与实证

通过第七章对医院市场竞争的研究，发现竞争积极作用的发挥存在条件限制，患者退出在激励医院改善绩效方面的作用不尽如人意。政策运行机制与患者就医偏好直接影响竞争的效果。而患者呼吁是了解患者就医偏好的重要途径，因此患者呼吁存在研究价值。

第一节　"退出—呼吁"理论

本章的理论基础是希尔施曼（Albert O. Hirschman）的"退出—呼吁"理论。希尔施曼于 20 世纪 70 年代提出了"退出—呼吁"框架，认为"退出"和"呼吁"是恢复组织绩效的两种机制。这里，"退出"的含义是指"某些消费者不再购买企业的产品或某些会员退出组织"。"退出"代表了市场和竞争的力量，是消费者"用脚投票"激励组织恢复绩效的方式。"呼吁"则指"消费者或会员或径自向管理者、管理者的上级，或以一般抗议的形式向任何关注他们的人表达自己的不满情绪"。"呼吁"代表了非市场手段，是"用手投票"的方式。在主流经济学家看来，竞争与退出是恢复组织绩效的最好方式。但希尔施曼指出，当市场主体拥有一定的市场力量，或经营主体营利动机不是特别强的话，竞争作为一种绩效恢复机制的作用就会很小。而且，竞争最终发挥的作用也受到条件限制——人人竞相退出不仅于事无补，反而会把组织拉向深渊。希尔施曼主张将市场竞争与呼吁结合起来，促进组织绩效回升。在此理论的指导下，探讨将竞争和呼吁引进医院的外部治理，在激励医院和医生改善医院市场绩效方面发挥作用。

与以前一味关注市场竞争不同，本次"医改"政策开始系统关注患者在推动"医改"方面的角色。在以往的医院市场上，患者作为"医改"的直接利益相关者，也是"医改"的最终评价者，患者却往往是被忽视的一环，患者几乎没有常规渠道传达自身的意愿。而医疗产品存在诸多特殊性，信息不对称严重。经验表明，以往学习国企改革，单纯以"市场化"为方向的公立医院改革存在突出局限，引入新的途径激励医院绩效的改善，如患者呼吁有其必要性。

中共中央、国务院颁布的《医药卫生体制改革近期重点实施方案（2009～2011年)》中提及"探索建立有卫生行政部门、医疗保险机构、社会评估机构、群众代表和专家参与的公立医院质量监管和评价制度"。建立患者投诉管理制度以及便利"呼吁"的医疗信息公开制度、质量安全控制评价体系进入《2011年公立医院试点改革安排》。上述制度无一不有助于提高患者表达意愿的能力。

"医改"任务关系重大，迫在眉睫，又任重道远，不容有失。政策的执行需要坚定地理论基础，政策的深化也需要理论的支撑和引导。只有弄清了政策的理论基础，改革才不会南辕北辙。借助于希尔施曼的"退出—呼吁"理论，尝试为改革政策寻找理论基石。而在希尔施曼的"退出—呼吁"框架中，患者"呼吁"是激励组织改善绩效的另一种途径。因此，本章集中对中国医院市场的患者呼吁的效果以及与竞争的交互作用进行理论分析与解释，并进行实证检验，目的在于更深入理解中国医院市场呼吁的特点以及竞争和呼吁的关系。消除竞争弊端，挖掘呼吁的方向，为医院改革提供支持。

本章具体安排如下：在概述"退出—呼吁"理论的基础上，介绍了我国医院市场呼吁的现状和可能的发展途径，从理论层面研究了竞争对呼吁的反作用和呼吁对竞争的反作用。其后，基于健康险的省级数据，实证研究呼吁和两者的交互作用。考虑到单一指标难以全面衡量医疗绩效，本章在第六节利用DEA分析方法计算医院效率，进而评价"退出—呼吁"对医院效率的影响。

第二节　我国呼吁的现状及渠道

一、呼吁的现状以及与国外的差距

　　我国医院市场已经产生了一些患者的呼吁行为。2004 年，湖北省随州市公民刘飞跃联名 543 名公民上书国家部委，呼吁抑制药价，并提出一些"医改"建议。医院管理过程中也开始有意识地引进患者呼吁。我国医院近年来展开了以患者为中心的医院内部管理改革，进行患者满意度调查；新的"医改"政策纳入了信息披露制度和投诉机制。

　　但我国医院市场上患者的呼吁仍然十分微弱。相比于国外患者，国内患者呼吁的渠道极为狭窄。国内患者不能被选举成为医院的董事，参与医院的管理并进行呼吁。我国有的医院的董事会尽管会给患者留有席位，但这样的安排还只是"走过场"，不能起到代表患者呼吁的应有之义。

　　医保机构还没有成为国内患者呼吁的代言人。而将医疗保险机构作为呼吁的媒介，表达自身意愿已成为国外患者常规的呼吁渠道。特别是随着医疗管理的推行和常规谈判机制的建立，患者呼吁的成本进一步下降，力度有所增强。

　　国内患者目前还不能通过参加俱乐部或协会形式的患者组织进行呼吁，在国外，这些组织，如癌症俱乐部之家，拥有各种基金会的支持，能够有效地组织患者，向政策以及医院施压。我国的患者或病友俱乐部大多数只是促进会员之间健康共享和进行咨询服务，尚未形成共同的利益目标诉求，也很少有向医院和政策制定者进行呼吁的意识和行动，更不用提呼吁的效果了。

　　综上所述，在我国医院市场上，患者呼吁的渠道还很有限。但这一现状有较大的改变空间。许多可以借鉴的呼吁渠道都没有利用起来。本节后半部分将集中讨论我国现存和潜在的呼吁渠道的利用情况和发展态势。

二、呼吁渠道

　　希尔施曼（1970）认为呼吁发挥作用需要满足一定的前提条件：首先，消费者重视组织绩效；其次，消费者能够联合，共同行动或者单个消费者的呼吁也能产生效用。在我国医院市场，前一项是满足的；后一项亟须进一步改善，这与我

255

国呼吁渠道的不健全相关联。

呼吁渠道包括水平呼吁渠道和垂直呼吁渠道。水平呼吁渠道可以降低患者个人的呼吁成本。在医院具体的管理过程中，建立单个患者能有效呼吁的常规渠道，包括激励医院开展市场调查，建立患者的投诉制度，为患者个人的呼吁行为留有余地，并建立、完善与"呼吁"相关的配套制度：仲裁制度、信息公开制度及与呼吁挂钩的医务人员绩效考核制度（Iddo and Doron, 2007）等。

垂直呼吁可以打破集体行动障碍。由于医患间存在严重的信息不对称以及医疗服务的不确定性和不可核实质量的特点，患者在医患关系中处于相对弱势，依靠患者个人的呼吁并非理想选择（Rodwin, 2001）。患者的呼吁与铁板一块的医疗服务供给主体相比较，总是显得势单力薄。高尔和多伦（Iddo and Doron, 2007）对以色列的抽样调查也发现，即使建立了"呼吁"机制，正式"呼吁"比例仍然较低。且"集体行动"进一步限制了患者的个人呼吁行为。因此，有必要借助某些机构将患者组织化，建立以机构为主的垂直呼吁渠道。

医疗市场的第三方——社会医保和商业医保体系，作为医院的重要补偿来源，和患者利益存在趋同，能够更好地获得医疗服务的信息，拥有强有力的手段干预医院市场的供给，在医疗服务市场上具有重大话语权，因此，患者可以将医保体系视作呼吁的载体。现有的医保补偿方式还存在不足，模型分析中也可以看到医保覆盖率的扩大无益于医疗质量的改善。因此有必要调整现有的医保运作方式，使其不仅有利于促进竞争，更能够为患者呼吁提供支持。此外，社会存在的中立第三方力量，以及将患者引进医院理事会于患者呼吁也不无帮助。

（一）水平呼吁

1. 投诉制度

建立投诉机制是患者向医院表达不满的直接途径，西方很多国家已经普遍实行此制度（Charters, 1993；Krajewski and Bell, 1992）。美国还在呼吁制度执行上做出努力，切实保证投诉制度的有效性。例如，雷福德医院建立了一万美元的基金，专门用于奖励正当投诉的病人，年终尚未支付的余额则作为员工的奖励，有效改善了医疗效率。

2005 年，卫生部开展的医院管理年活动以病人作为医疗提供的中心，将主题定为提高医疗服务质量。"以病人为中心"的创新服务模式最终替代了传统的"以疾病为中心"的医疗服务模式，成为医疗行业不可逆的趋势。2009 年 8 月 5 日及其后的 12 月，卫生部又先后公布了《医院投诉管理办法》①的征求意见稿

① http: //www. moh. gov. cn/publicfiles/business/htmlfiles/mohbgt/s10695/200912/44756. htm。

和试行稿，要求医院建立投诉管理责任制度。《医院投诉管理办法》明确规定医院实行"首诉负责制"，要第一时间查明情况，发现错误要立即纠正，并及时反馈给患者。《医院投诉管理办法》还要求医院将投诉管理作为医院质量安全管理体系的一部分，定期归纳分类和研究投诉案例，及时发现医院管理、医疗质量方面的不足之处，进行改进，并逐步建立投诉信息上报系统及处理反馈机制。《医院投诉管理办法》还要求各级卫生行政部门建立起本地区医疗投诉及纠纷的信息系统，收集、分析与反馈相关信息。作为调解医患矛盾的第一关，《医疗事故处理条例》也考虑了投诉机制的作用。

尽管我国投诉机制从无到有，目前正处于发展中，然而，现行的投诉机制的效果并不尽如人意。投诉制度在日趋紧张的医患关系，频频爆发的医患冲突中没有显现明显效果。香港艾力彼医院管理研究中心在广州、天津、武汉选择了5家代表性的三级医院，围绕投诉制度的效果进行了调查①。这5家医院年门诊量平均在130万人次以上，年住院量平均在3万人次以上。受调查患者1 000人，受调查医务人员500人。调查结果表明，绝大多数患者出现不满时并不会进行投诉。仅有5%的不满患者会到医院投诉。当投诉机制无法解决问题时，患者缺乏其他正当呼吁渠道，有的患者可能采取极端行动，或向媒体爆料，或者直接到医院发泄。

患者不进行投诉并非投诉机制的效果差强人意的唯一原因。医务人员没有正确认识其意义是问题的另一面：25%的医务人员认为患者投诉的首要原因是无理取闹，其次才是医疗质量和服务态度的问题。而有的医院盲目追求"零投诉"，一旦出现投诉就扣发相关医务人员薪金的粗暴管理方式也进一步堵塞了投诉渠道。

基于这样的现实，我国的投诉机制还有很长的路要走。首先，要给患者和医务人员树立正当的医疗投诉意识，建立便捷的投诉渠道，并广而告之。投诉成本是阻挠患者投诉的障碍之一。医院可以通过设置举报电话、投诉信箱、到办公室当面投诉、院内意见箱、患者调查问卷表等多种渠道的投诉方式降低患者的投诉成本。其次，要公正、迅速地解决投诉问题。由中立第三方公正、快速仲裁投诉事项，一旦认定责任给予及时处罚，并将处理信息及时公开，保持透明可以有效缓解患者认为投诉没用的心结。最后，还要总结投诉内容，吸取经验教训，由点带面，从根本解决存在的、潜在的问题。

2. 患者满意度调查

患者满意度调查不仅是医院了解医疗服务质量和进行医院考核的重要管理

---

① http：//finance. sina. com. cn/g/20111021/072510663102. shtml。

工具，于患者呼吁而言，也大有裨益。医院主动收集患者及家属对医院各方面的意见和建议，为不满意的患者表达自己的意愿提供了低成本和方便的呼吁路径，有利于加大患者呼吁的意愿和力度；患者满意度调查还能促进患者与医院的沟通，激励医院从患者的视角考查自己的服务质量，为医院进一步提高医疗质量，改善服务态度提供可行的依据。很多医院都已经建立起了患者满意度调查制度。

患者满意度调查的对象包括门诊就诊患者、住院病人或病人家属，以及出院病人。调查内容基本覆盖患者就医环节，对入院出院、诊疗过程、医院环境、工作效率、候诊情况、服务态度等情况均有所涉及。调查方式有发放调查表、召开座谈会、对出院患者进行回访等。医院还规定了患者满意度调查的患者比例，并将患者满意度调查的结果与医院员工的奖惩结合起来：患者满意度测量与科室绩效考核挂钩，向医院各科室通报患者满意度测评结果。

就制度设计层面来讲，患者满意度调查已相对完善；还需要进一步改善制度的执行。很多医院对患者满意度的调查只是应付工作，并不注重实际效果，甚至将其变为文过饰非的手段。在很多医疗机构的工作总结中，患者满意度多半在90%以上，甚至接近100%，与当下层出不穷的医患冲突并不相称。

切实发挥患者满意度调查的作用尚需要在以下几个方面予以改进。首先，医患双方应认真对待患者满意度调查。就患者而言，本着负责的态度接受院方对其的满意度调查，如实提出自己作为医疗服务的接受者的真实感受和体会；就医院管理者而言，应端正管理动机。勿将患者满意度调查变成"走过场，做样子"，应认识到多层次、多渠道和多角度征询患者的意见和建议能够助推医院的发展。

其次，保证调查主体的客观和公正。患者满意度的调查主体主要是医疗机构自身，有时卫生主管部门也会进行一些患者满意度的调查。调查主体的客观、公正直接关系患者满意度调查的效果。而不管是医疗机构，还是医疗主管部门进行的患者满意度调查，结论都可能因为主体偏好而存在偏颇。对此，制度设计方面应有所防范，也可以考虑由"第三方"民意调查机构完成。

最后，医院注重拓展和改善调查的方式方法。患者在医患关系中处于劣势，一般情况下，患者难以直接表达对医院的不满。因此，需要寻求合适的调查方式以期望让患者客观和合理地表达意愿。在发放调查表、召开座谈会、对出院患者进行回访等传统的患者满意度调查方法的基础上，根据我国医院市场以及医院的特点，创新地选择合适的调查方式，如入户调查、街头访问、病房定点面访、电话访问、网络在线调查、焦点座谈会、深度访问等。

（二）垂直呼吁

1. 将患者引进医院理事会

将患者引进理事会是国外推动垂直呼吁的重要手段。重庆公立医院改革进程中，已经开始做类似的尝试，目前，重庆公立医院理事会成员包括患者代表及其他社会公众人士。理事会成员有权对公立医院的公益性、医疗水平、服务水平等方面进行考核。

在其他的呼吁渠道中，患者作为一个医院的外来者，不满意医疗服务结果时才进行呼吁。而将患者引进理事会，患者成为理事会人员，作为医院的管理者，在问题出现端倪时就可以进行干预，节省了亡羊补牢的成本。将患者引进理事会，有助于医院信息的公开和透明，方便患者呼吁。将患者引进理事会还可以推动现有管理方式的变革，建立分权制衡的内部权力机构，有效避免出资者和经营者越位的情况，以及医院过分追求经济利益的动机。伯菲尔德（2007）（Boviard's，2007）和施莱辛格等（Schlesinger et al.，2002）的实证研究表明将患者引入管理层，理事会有利于改善呼吁效果。

在将患者引进理事会的过程中也存在各种各样的困难。一是由于患者席位较少，在理事会中的话语权较弱，其专业知识的缺乏将进一步加剧此问题的严重性；二是患者可能为医院和医生"俘获"，丧失公平性，使患者进入理事会这一呼吁渠道流于形式；三是如果担任医院理事会的收益过少和直接没有收益，患者很难有积极性长期担任理事。对此，可以选择专业性较强的患者担任医院理事，实习轮岗制，并给予担任理事会成员的患者以较高的经济补偿。

2. 社会医保

国外经验表明，适宜的社会医保制度设计不但可以确保医疗服务的可及性，分散风险，降低患者的就医负担，社会保障机构还具备组织患者呼吁的能力。首先，社会医保机构存在的目的是保障患者的基本健康权，医保机构有意愿代表患者利益。其次，医疗保险机构有能力影响医疗机构行为。医疗保险的补偿支付方式深刻影响医院的市场结构和行为结果。对医院而言，结算方式和支付方式直接关系医院的经济激励机制和面临的资金风险，进而影响了医疗服务提供模式和医疗消费结构。医保机构具备将分散的患者组成一个共同利益团体的能力和动机，能够使用各种手段制约医疗服务提供者，满足医疗服务需求方的诉求。

但前面对我国医院市场理论推导和实证研究的结果显示，我国的社会医疗保障制度没有起到改善医院市场绩效的作用。我国的社会医疗保障机构尚不具备扮演患者呼吁的代表者的角色。

以成本为基础的论量计酬制和医保机构事后向单个患者支付的报销支付方式

259

使社保机构没有激励参与到患者的诊治过程并表达患者意愿。我国城市基本医疗保险和新农合的参保者都是自己先行支付医疗费用，获得医疗服务，其后再向医保机构寻求报销；正在试点的城乡医疗救助的运作方式差不多也是这样，因此，我国居民实际上还是作为医疗服务的单个消费者接受医疗服务。以成本为基础的论量计酬制使医疗保险机构实把自己放在了患者的管理者的层面上，医保机构没有激励挖掘患者和社会医疗保险机构的共同利益。医保机构通过设定自付率、起付线、封顶线、可报销药品目录等各种手段，对患者就医行为施加了严格的控制，但是对服务提供者的行为却几乎不闻不问。在这样的制度安排下，患者丧失了医保机构这一呼吁媒介，呼吁行为大打折扣，难以控制医疗费用上涨和减少供给诱导需求。

因此，有必要在扩大医保覆盖面的同时，完善我国医疗保障制度的设计。在提高并稳定城乡三项基本医疗保险参保率，完善全民参保机制、筹资缴费机制，稳步提高保障水平的基础上，合理使用医保基金。加强医保资金的流动性，逐步提高医疗报销封顶线，降低医保基金结余率；结合实际，择优选择支付方式。巩固和扩大按病种付费、按人头付费等支付方式的试点基础和成果；建立与医院统一结算的结算制度，提高患者的呼吁能力；建立与医疗机构的常规谈判机制，参与患者的日常治疗，转达患者呼吁。

3. 商业医保

与社会医疗保障制度不同，商业医保制度具有不同的发展目标：追求自身利润最大化，但实践表明，商业医保仍然可以成为患者呼吁的代言人。首先，商业医保与患者利益存在一致的利益诉求。商业医保需要满足患者的利益以其最大化市场份额，并获取最大收益。这赋予了投保商业险的患者影响健康险机构的能力。而相比其他患者，这部分主动投保商业险的患者对医疗质量的敏感性更高，在出现纠纷时，表达意愿，进行呼吁的意识更为强烈，促使商业医保参与到患者呼吁中来。其次，商业医保作为重要的付费者，有能力通过选择定点医院、谈判、日常管理等方式影响医疗服务的提供。美国的健康保障机构（HMO）在代表患者意愿方面，通过加强与患者沟通，建立与医院常规的谈判机制，将质量引进合约，加强事前预防保健、事中积极参与医疗服务过程、事后介入解决医疗纠纷等方式，做出了不少成绩。

我国的商业健康险机构也有一些维护患者意愿，代表患者呼吁的行为。保险公司通过"理赔奖励"的方式，在治疗过程中积极与院方沟通，协助理赔资料的收集，减少过度医疗和不必要的理赔纠纷，协调医疗服务提供者与医疗服务购买者之间的合同关系。

目前，我国商业医疗保险在患者呼吁方面的工作还极为有限。一是商业医保发展还处于初级层次，市场份额较低，能力有所欠缺。我国商业险机构的健康险业务理赔率过高，在没有明确的质量标准的情况下，健康险机构可能会为了解决赔付率过高的问题采用保证最低质量，降低医疗费用的策略。二是代表患者呼吁的意识和行动不够。我国健康险仍然延续着患者先付费治病其后报销的支付次序，以成本为基础的付费方式，不利于健康险机构开展与患者呼吁相关的工作。鼓励商业医保的发展需要做好以下几方面的工作。

第一，明确商业保险的业务内容，给予相应的政策支持，使社会医保和商业医保相辅相成。随着社会医疗保障的发展，社会医疗保障会在一定程度上替代商业医保。然而即便社会医疗保障形成全覆盖，商业医疗保险仍然可以起到补充社会医保的作用，获得发展空间。

社会医保为居民提供基本的医疗服务保障，社会医保逐步退出补充医疗保险领域，商业保险成为社会医保的补充者，非基本保障部分应当通过商业健康保险等手段来解决。政府应为商业医保的发展提供税收优惠等政策支持，塑造公平竞争的市场环境，为商业保险留有适当的发展空间。

商业保险的业务内容主要非基本医疗服务，并不代表商业保险就完全退出基本医疗服务领域。商业医保可以通过投资公立医院，参与基本医疗服务的提供，还可以托管社会医疗保障，由政府向其购买服务。

第二，加强能力建设，改善补偿机制。我国现阶段商业健康险发展层次还较低，应进一步推动商业健康险提高其专业能力。加强专业人才的培养；注重产品研发，提供多样化、个性化的商业医疗保险产品；逐步建立基础数据库，实现行业数据共享，强化定价能力；建立常规谈判机制和有效的付费方式，与医疗机构建立"风险共担、利益共享"的合作机制。

第三，实施全方位风险管理，由事后管理向事前、事中管理延伸，通过事前、事中的风险管理增加商业健康险与患者利益的契合点。事前管理方面，开展预防保健等各种健康管理服务，维持和改善保险人的健康水平，从源头减少医疗费用；通过投融资等手段涉足医疗机构，参与医疗服务的全过程，实现保险机构与医院优势的互补，促进两者共赢发展。事中管理方面，转变传统报销制的经营方式，探索管理式医疗，提高医疗服务效率和质量，提升服务对象的满意度。

第四，合理引导商业医保机构布局。竞争压力能够迫使医保机构更加关注患者的意愿，激励医保机构为患者代言，但商业医保机构间的竞争也会降低单个商业医保机构对医院的影响力。如何布局商业医保机构，加强医保机构的竞争还是抑制竞争值得关注。我国医保市场的特点与国外有所不同，基本上是社保独霸天下，健康险还处于起步阶段。国外研究的适用性相对较低，我国相关的研究几乎空白，亟待分析商业医保机构竞争的理论和实证研究。不过，医保机构处于起步阶段也为健康险机构的合理布局留下了空间。

4. 第三方中立机构

医疗质量评估机构，发展循证医疗等第三方机构既可以促进信息的流动，还能起到打破集体行动限制，组织患者呼吁的作用。国外许多俱乐部或协会形式的患者机构都扮演着组织患者参加各种呼吁活动的角色。美国医院协会有 31 个消费者调查小组，专门负责收集患者的评价并予以反馈。

我国目前引进的解决医疗纠纷的仲裁机构实际上就是建立中立第三方力量的一种尝试。医疗服务不可核实的性质和医患间信息不对称是医患易产生纠纷的重要原因，同时上述特点也注定了医患双方自行协商、卫生行政机关调解和人民法院诉讼解决纠纷的实际操作过程中存在种种困难。医患双方协商解决虽然程序简单方便，但患者对医院乃至医疗行政部门缺乏信任，不仅难以形成一致意见，反而易将矛盾进一步激化。人民法院诉讼受限于医疗服务不可核实，缺乏医疗专业知识的不足，厘清事实、解决纠纷的成本较高。调解仲裁机构与医院系统没有直接隶属关系，可以赢得患方的信任；中立第三方力量可以邀请医生、法律人士以及社会人士各方力量共同参与仲裁，赋予双方更大的陈述空间，整合了资源，有利于降低人们对不可核实性医疗服务的争论，赢得医患双方的认可。专业、公正的仲裁机构的建立可以促进信息的透明和流动，增强患者呼吁后得到公正对待的机会，既提高了患者呼吁的意愿，也提高了患者呼吁的事件解决的效率，于患者呼吁不无推动。

在我国，第三方力量屈指可数，还十分微弱，循证医疗、质量评估还没有获得推广，更谈不上推动患者呼吁；仅有的仲裁机构多带有政府背景，满足于被动接受仲裁请求的层面；少数患者协会的功能仅仅停留在帮助患者获取疾病信息的层面。发展中立第三力量任重道远。这需要政府的积极倡导，有志人士的敢为天下先和广大民众的积极参与。

第三节　呼吁对竞争的作用

我国医院市场已经形成了一定程度的竞争。根据赫什曼（Hirshman）的"退出—呼吁"理论，竞争和呼吁的效果是相互影响的。在已有竞争的医院市场上，引进呼吁的效果表现是怎样的？这是本节讨论的内容。

一、患者呼吁机制的描述：模型假设

为了分析简便，假设此医疗市场是一个封闭的市场，没有新的医院或患者进入这一市场，且只有两家医院提供医疗服务。两家医院的市场占有率分别为 s_1、s_2，$s_1 + s_2 = 1$。市场上存在 X 名异质患者，每名患者每期购买一单位的医疗产品。假设现有的患者中有一部分患者不满意其享受的医疗服务。不满意的患者比例为 ω。患者的效用函数为一个简单的二元函数。如果患者最终满意医疗服务，本期效用为 1；否则为 0。首先，假定不满意的患者不会向供给主体——医院表达不满，进行"呼吁"，医院也不会对患者的不满意予以解决。当患者对医疗服务不满意时，或"退出"，根据医院本期的投资重新选择下一期医疗服务的供给者——医院，或沉默。当患者满意已接受医疗服务时，患者将继续从该医院中购买此医疗服务。医院之间只能通过相互竞争争取患者。这是分析的基本情形。之后，将"呼吁"引进医院的策略集。先假定市场中的一家医院会对患者的呼吁予以处理，另一家医院则不会对患者的"呼吁"做出反应。然后，考察第三种情形：两家医院都会对患者的"呼吁"做出反应。不满意的患者中有 w 比例的患者会进行"呼吁"，而建立呼吁机制的医院付出的平均处理成本 σ 会使比例为 $W(\sigma)$ 的"呼吁"患者由不满意转为对医疗服务满意，并继续从此医院购买医疗服务——$\dfrac{\partial W}{\partial \sigma} > 0$。

与医院市场竞争的理论模型一致，仍旧假设医院提供的医疗服务的质量与本期投资相关。同时，设备的折旧等也会影响医疗服务的质量，医疗服务质量的改变 $\dot{q}_i(t) = I_i(t) - \delta q_i(t)$，医院 $i = 1$、2，δ 为医疗服务质量水平的折旧程度，$I_i(t)$，$q_i(t)$ 为本期医院的投资和医疗服务的质量。在均衡状态下，$\dot{q}_i(t) = I_i(t) - \delta q_i(t) = 0$，$I_i(t) = \delta q_i(t)$。

假设医院追求利润的最大化。医院的利润函数为 $\pi(I_i) = Xms_i(t)^* - C_i - F$，其中，令 $i = 1$，2，$\pi_i'' < 0$，即利润函数存在最大值；m 为医疗服务的固定平均补偿；$s_i(t)^*$ 为医院 1 的均衡市场占有率；X 是一常数，为医疗服务总的市场需求；F 为固定成本；C_i 为医院 i 提供医疗服务的变动成本。假设此变动成本为 $C_i = \theta I_i^2 + \eta q_i^2$，$C_{I_i} > 0$，$C_{I_i I_i} > 0$，$C_{q_i} \geqslant 0$。

我们讲求解局限于均衡时的纳什均衡解，医院最大化每一期的利润函数，情形 2、情形 3 如下：

$$\pi(I_i) = Xms_i(t)^* - C_i - F \qquad (8-1)$$

二、不同呼吁机制的效果比较

（一）没有"呼吁"

假定两家医院的市场占有率分别为 s_1、s_2，$s_1 + s_2 = 1$。医院1的市场占有率为：

$$s_1(t+1) = (1-\omega)s_1(t) + \omega\left(\frac{I_1(t)}{I_1(t)+I_2(t)}\right) \tag{8-2}$$

在均衡状态下，医院1的市场占有率为：

$$s_1(t)^* = \frac{I_1(t)}{(I_1(t)+I_2(t))} \tag{8-3}$$

求解均衡时的纳什均衡解，医院最大化每一期的利润函数，情形2、情形3如下：

$$\pi(I_i) = Xms_i(t)^* - C_i - F \tag{8-4}$$

可得 $(I_1^*)^2 = (I_2^*)^2 = \dfrac{mX}{8\left(\theta + \dfrac{\eta}{\delta^2}\right)}$，$s_1(I_1^*)^* = s_2(I_2^*)^* = \dfrac{1}{2}$。

两家医院的市场均衡份额各占一半，医院面临的需求、补偿水平以及投资的折旧程度与医院的期初投资正相关，医院的边际成本与投资负相关。

（二）只有一家医院对患者的"呼吁"予以反应

假设当医院1建立处理患者抱怨的"呼吁"应对机制时，医院的成本函数以及质量决定函数等其他条件不变。此时，医院1的市场占有率为：

$$s_1(t+1) = (1-\omega(1-wW(\sigma)))s_1(t) + [\omega(1-wW(\sigma))s_1(t)$$
$$+ \omega(1-s_1(t))]\frac{I_1(t)}{(I_1(t)+I_2(t))} \tag{8-5}$$

医院1的均衡市场占有率为：

$$s_1(I_1,\ \sigma)^* = \frac{I_1(t)}{[I_1(t)+I_2(t)(1-wW(\sigma))]} \tag{8-6}$$

由于 $s_2(I_2,\ \sigma)^* = 1 - s_1(I_2,\ \sigma)^*$，医院2的均衡市场占有率为：

$$s_2(I_2,\ \sigma)^* = \frac{I_2(t)(1-wW(\sigma))}{[I_1(t)+I_2(t)(1-wW(\sigma))]} \tag{8-7}$$

此时，医院2如果要与情形1一样，维持与医院1相等的市场份额，医院

2 需要付出的期初投资是医院 1 投资的 $\dfrac{1}{1 - wW(\sigma)}$ （由假设条件可知，$0 < wW(\sigma) < 1$）倍。不满意患者提出"呼吁"的概率越大，医院处理患者"呼吁"的能力越强，医院可以降低的期初投资程度越高，"呼吁"机制的效果越明显。只要医院 1 凭借低投资获得的成本优势大于处理呼吁的成本 σ，医院 1 也就获得了市场优势。更重要的是：对患者而言，当期有比例为 $\omega wW(\sigma) s_2(I_2, \sigma)^*$ 的患者因为"呼吁"机制从不满意变为满意，这部分患者的效用有所提升，消费者剩余增加了。

（三）两家医院皆建立了"呼吁"机制

当两家医院均建立了"呼吁"机制时，令两家医院的平均处理成本为 σ_i，$i = 1$，2。此时医院 1 的市场份额动态均衡公式为：

$$s_1(t+1) = (1 - \omega(1 - wW(\sigma_1)))s_1(t) + \big[\omega(1 - wW(\sigma_1))s_1(t)$$
$$+ \omega(1 - wW(\sigma_2))(1 - s_1(t))\big] \frac{I_1(t)}{(I_1(t) + I_2(t))} \qquad (8-8)$$

均衡时医院 1 的市场份额为：

$$s_1(I_1, \sigma_1)^* = \frac{I_1(t)(1 - wW(\sigma_1))}{[I_1(t)(1 - wW(\sigma_1)) + I_2(t)(1 - wW(\sigma_2))]} \qquad (8-9)$$

同理可得，医院 2 的均衡市场份额为：

$$s_2(I_2, \sigma_2)^* = \frac{I_2(t)(1 - wW(\sigma_2))}{[I_1(t)(1 - wW(\sigma_1)) + I_2(t)(1 - wW(\sigma_2))]} \qquad (8-10)$$

此时医院的市场份额既取决于医院本身的投资以及处理"呼吁"的能力，也与竞争医院当期的投资以及处理"呼吁"的能力相关。

最大化医院的利润函数：$\text{Max}\pi(I_i) = X(m - \omega w\sigma_i)s_i(t)^* - C_i - F$。假设 $m > \omega w\sigma$，否则医院将不会选择对"呼吁"患者进行补偿。

求 σ_i，I_i 的一阶导数：

$$-\omega + \frac{(m - \omega w\sigma_2^*)I_2^*}{I_1^*(1 - wW(\sigma_2^*)) + I_2^*(1 - wW(\sigma_1^*))} \frac{\partial W(\sigma_2)}{\partial \sigma_2} = 0 \qquad (8-11)$$

$$-\omega + \frac{(m - \omega w\sigma_1^*)I_1^*}{I_1^*(1 - wW(\sigma_1^*)) + I_2^*(1 - wW(\sigma_1^*))} \frac{\partial W(\sigma_1)}{\partial \sigma_1} = 0 \qquad (8-12)$$

$$\frac{(m - \omega w\sigma_2^*)I_2^*(1 - wW(\sigma_1^*))(1 - wW(\sigma_2^*))X}{[I_1^*(1 - wW(\sigma_2^*)) + I_2^*(1 - wW(\sigma_1^*))]^2} - 2\left(\theta + \frac{\eta}{\delta^2}\right)I_1^* = 0 \qquad (8-13)$$

$$\frac{(m - \omega w\sigma_1^*)I_1^*(1 - wW(\sigma_2^*))(1 - wW(\sigma_1^*))X}{[I_1^*(1 - wW(\sigma_2^*)) + I_2^*(1 - wW(\sigma_1^*))]^2} - 2\left(\theta + \frac{\eta}{\delta^2}\right)I_2^* = 0 \qquad (8-14)$$

可得：

$$\sigma_1^* = \sigma_2^* = \frac{m}{w\omega} - \frac{2(1 - wW(\sigma_1^*))}{w\frac{\partial W_1}{\partial \sigma_1}} = \frac{m}{w\omega} - \frac{2(1 - wW(\sigma_2^*))}{w\frac{\partial W_2}{\partial \sigma_2}} \qquad (8-15)$$

$$(I_1^*)^2 = (I_2^*)^2 = \frac{X(m - \omega w\sigma_1^*)}{8\left(\theta + \frac{\eta}{\delta^2}\right)} = \frac{X(m - \omega w\sigma_2^*)}{8\left(\theta + \frac{\eta}{\delta^2}\right)} \qquad (8-16)$$

$$s_1(I_1^*)^* = s_2(I_2^*)^* = \frac{1}{2} \qquad (8-17)$$

医院能够获得平均补偿越高，医院无疑能够为处理呼吁所付出的成本也越多。而不满意患者的比重增加也会迫使医院提高呼吁处理成本。医院在决定其处理呼吁的最优成本时还会考虑到医院处理呼吁的边际收益$\left(\frac{\partial W}{\partial \sigma}\right)$和总收益$(W(\sigma_2^*))$，两者的提高均能够增加医院处理呼吁的意愿成本。

引进"呼吁"机制影响了医院的期初投资金额。医院在决定期初投资时会考虑"呼吁"机制的成本，并据此适当降低医院期初投资。患者中不满意现行医疗服务并进行呼吁的比例越高，医院进行期初大规模投资的冲动得到遏制的可能性越大。尽管与情形1一样，两家医院的市场份额各占一半，但两家医院在引进"呼吁"机制后，均降低了医院的期初投入成本和质量。此后，再根据患者"呼吁"反馈得到的信息进行改进，扭转了管制条件下，医院市场竞争可能导致期初大量投资，甚至过分投资以改善质量争取患者的不足。对患者而言，引进"呼吁"机制后，不满意患者的比例有所下降，从ω下降至$\omega w W(\sigma_i^*)$，患者平均效用增加。若$\frac{X\omega w\sigma}{8\left(\theta + \frac{\eta}{\delta^2}\right)} > \sigma_i^*$，医院的总成本有所下降，在价格不变的情况下，医院的生产者剩余增加。综上所述，在一定条件下，引进"呼吁"机制可以改善社会福利。

由此可以进一步说明竞争的作用是有限的。"呼吁"的存在使医院不必大规模地进行期初投资仍能维持市场份额，改善消费者剩余。当医院处理"呼吁"的费用较低时，生产者剩余也提高了，社会福利改善。因此，建立运行良好的呼吁机制有积极意义。对于医院这种特殊组织而言，"退出"和"呼吁"共同发挥作用才能够得到良好绩效。呼吁机制的建立使医院的决策行为能够真正包含并了解患者的信息，纠正市场机制下医院为了扩大市场份额而一味追求投资规模的迷思。"呼吁"机制可以弥补市场机制在医院市场的不足，保证患者满意度。呼吁能够促进竞争的作用。

当然，呼吁机制的有用性也存在条件限制，不满意患者呼吁的比例和成本会影响"呼吁"机制的效果。因此，要建立的不仅是一个形式上的呼吁机制，还有必要真正做到降低患者的呼吁成本，提高患者的呼吁能力，使患者获得实质、常规的呼吁渠道。

第四节　竞争对呼吁的作用

我们在第三节分析了呼吁机制对市场机制的作用。呼吁机制起到了补充市场机制、纠正市场机制的作用。本节着重讨论退出对呼吁的反作用。

本节建立一个博弈模型，比较博弈均衡状态下存在可置信退出威胁和不可能退出时呼吁的效果，考察竞争对呼吁的反作用。本节将可置信退出威胁简单地定义为患者的退出收益大于退出成本。否则，作为"理性人"的患者，将不会选择退出，即不可能退出。

本节没有将医患间信息不对称明确纳入模型，一是因为信息不对称的假定已经暗含在可置信退出威胁机制中——退出成为患者可置信威胁意味着患者有能力从事信息搜索，并将其获得信息的容量纳入决策过程，患者退出带来的医院市场竞争也有利于信息流动，形成医疗服务的客观标尺，打破信息不对称的障碍；二是对于医院而言，当医院认为患者的退出威胁是可置信时，信息不对称也就不再是医院的屏障。这样的设定简化了推理，也能简单明了地揭示本节的分析目的。

一、不满意患者的选择

建立完美信息下两个局中人三个阶段的动态博弈。两个局中人指的是竞争性的医院和不满意的患者。没有区别患者是否享受医疗保险，也没有考虑医疗保险对患者效用的影响，令 $v = V$。为了便于阐述，我们假设患者要接受连续两期的医疗服务。两个时期的划分是根据患者是否满意医疗服务，人为地将医疗服务划分成了两个时期，并不意味着患者的医治时间一定要延续两期。当患者不满意医院提供的第一期医疗服务的质量时，患者需要考虑的是继续在此医院接受第二期医疗服务并默认此服务，还是表达自己对质量的不满，进行呼吁，或者直接退出此医院，另行选择医院就医，即患者可选择的策略集为默认，退出以及呼吁。

患者对医疗服务的不满意主要有两个方面：对医疗质量不满意、对医疗服务项目不认可。本节分析局限于患者不满意医疗服务的质量，没有详细分析患者对医疗服务项目的不满意。但两者结论接近，出于篇幅考虑，没有列示后者。

当患者默认医院的服务、不采取行动时，将患者第二期的效用定为 $v - \tau$

$|x-l_i|+q_i$，医院的最优利润为 $\pi_i(t)$[①]，博弈结束。

当患者决定退出时，患者重新选择医院就医，此时患者第二期的效用为 $v-\tau$ $|x-l_j|+q_j-C_e$，其中，l_j 为患者第二期就医医院的地理位置，q_j 为获得的医疗服务的质量，C_e 为患者因为退出发生的全部成本；医院丧失了这名患者，第二期从此患者就医中获得的利润为 0，博弈结束。

当患者决定采取呼吁行动时，患者的效用取决于医院的行动。医院的行动可分为两类：一是做出反应，二是不予理会。当医院处理患者的呼吁，并相应地提高患者的医疗服务质量时，患者的效用为：$v-\tau|x-l_i|+q_i+\Delta q_i-C_v$，其中，$\Delta q_i$ 为医院因为患者呼吁而提高的医疗质量，C_v 为患者的呼吁成本。医院因为处理呼吁，提高质量使自身利润有所下降，此时，医院的利润为 $\pi_i'(t)-c_v$，c_v 为医院处理呼吁过程中增加的所有的成本，既包括医院了解患者呼吁的成本，也包括医院满足患者的呼吁要求，改善质量的成本。

当医院的反应是不予理会时，患者又将面临选择，或者默认，或者退出。患者默认的效用为 $v-\tau|x-l_i|+q_i-C_v$，医院的利润为 $\pi_i(t)$。当患者退出时，患者的效用和医院的利润分别为：

$(v-\tau|x-l_j|+q_j-C_v-C_e,\ 0)$。假设患者退出、呼吁成本以及医院处理呼吁的成本均大于 0。

如图 6-1 所示，博弈过程的三个阶段为：第一阶段为第一期的不满意患者做出选择。当患者选择默认或退出时，博弈结束。当患者选择进行呼吁时，博弈进入。第二个阶段，医院应对患者的呼吁行为。若医院接受患者呼吁，解决了患者的不满意，此时，博弈结束。当医院对患者的呼吁不予理会，患者需要重新做出退出或默认的选择，此为博弈的第三个阶段。

二、患者选择的结果

采用逆向归纳法求解博弈的子博弈精炼纳什均衡。第三阶段，若：

$$v-\tau|x-l_i|+q_i-C_v$$
$$<v-\tau|x-l_j|+q_j-C_v-C_e \qquad (8-18)$$

即：
$$C_e>q_j-q_i+\tau(|x-l_j|-|x-l_i|) \qquad (8-19)$$

患者的退出收益小于患者退出的成本，退出不可行，患者选择默认。反之，患者退出收益大于退出成本，患者能够形成可置信退出威胁，患者的退出成本不足以抵消患者更改医院就医增加的效用，$C_e<q_j-q_i+\tau(|x-l_j|-|x-l_i|)$，患

---

① 沿用了第五章第一节的模型假设。

者在第三个阶段会退出。

如果患者在第三阶段选择退出，并且医院处理呼吁的成本不会高到令其利润为0，医院在第二阶段的选择将是对患者的呼吁予以处理；反之，若患者第三阶段选择忍受，医院一定不会处理患者的呼吁。由此可见，医院是否会应对患者呼吁的影响因素有两点：一是患者能否形成可置信退出威胁，患者能够有效执行退出会促使医院对患者呼吁予以反映。可置信退出威胁增强了患者呼吁的效果，两者存在相辅相成的关系。二是医院处理呼吁的成本。医院处理呼吁的成本越高，医院实际处理呼吁的可能越低。

最后，分析患者在第一阶段的行为选择。若第二阶段医院对患者的呼吁置之不理，且患者在第三阶段选择沉默，患者在第一阶段的选择将是沉默。医院不理会患者的呼吁，呼吁了也白呼吁，患者一定不会选择呼吁。患者在呼吁无果后的第三阶段选择默认，而非退出，说明相比沉默，退出净收益较低，这决定了在第一阶段患者在退出和沉默之间选择时也只会默默接受现有的医疗服务，而不做其他选择。患者已经被此医院服务套牢，丧失了选择权，只有忍受医院的服务，那么理性的患者就会停止折腾，与其消耗了退出或呼吁成本后仍然只能接受相同的医疗服务，不如一开始就放弃行动。

当患者在第三阶段应对医院在第二阶段不处理患者呼吁的策略是退出时，患者在第一阶段不会选择呼吁，患者呼吁无果再退出的效用始终小于患者一开始选择退出的效用。由第三阶段患者的选择可知：相比沉默，患者退出效用更高，患者在第一阶段选择退出。

当医院积极应对患者呼吁时，患者在第一阶段的选择与患者呼吁的净收益 $\Delta q_i - C_v$，以及退出的状态 $C_e < q_j - q_i + \tau(|x - l_j| - |x - l_i|)$ 相关。只要患者呼吁净收益大于0或市场处于可置信退出威胁状态时，患者选择退出或呼吁都比忍受要好，患者总不会选择忍受。当呼吁净收益大于退出的净收益时，即：

$$\Delta q_i - C_v > v - \tau|x - l_j| + q_j - C_e \qquad (8-20)$$

患者选择呼吁；反之，患者选择退出。

整理上述博弈的均衡结果：

第一，存在可置信退出威胁，医院处理呼吁的成本不高于利润，相比退出，呼吁净收益大，患者呼吁。

第二，存在可置信退出威胁，医院处理呼吁的成本不高于利润，相比退出，呼吁净收益小，患者退出。

第三，退出威胁可置信，但医院处理呼吁的成本高于利润，医院不处理呼吁，患者退出。

第四，退出威胁不可置信，医院不会处理呼吁，患者默认。

当退出威胁不可置信时，患者总不会退出，医院总不会处理呼吁，退出机制和呼吁机制归于无效；当退出威胁可置信时，医院只要处理呼吁成本不高出可承受范围，都会处理患者的呼吁，呼吁机制有效，退出可置信威胁的存在是呼吁机制有效的重要条件，两者存在共生的关系。

有效的退出机制是患者在与医院博弈中的优势所在，退出能力不仅不会削弱呼吁作用的发挥，退出的潜在性反而强化了患者对呼吁的诉求并增加了成功的可能性。患者的退出和呼吁相辅相成、相互补充。在我国医院市场上，患者具备对医疗市场的退出和呼吁能力有利于医院绩效的改善。

在"退出—呼吁"的框架中，赫什曼（Hirschman）指出，当退出极为容易且容易达到患者目标时，患者面临组织绩效下降的优先选择是退出，不进行呼吁。这种情况在我国医院市场没有出现。医疗市场存在的自然垄断特点，医疗服务功能具有连续性，这限制了患者的自由选择权，令患者难以中途退出。而医疗保险的制度设计进一步加大患者自由选择医院的难度。医疗保险制度设定了定点医疗机构，患者要想获得保险补偿，必须在定点机构就医。医疗服务自身的特点以及医保制度设计使患者退出始终不是一个那么容易的选择。在医院市场，不存在患者因为退出容易，选择退出而替代呼吁的可能。

患者选择博弈树如图 8 – 1 所示。

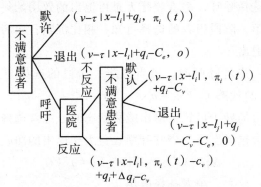

图 8 – 1 患者选择博弈树

第五节 我国医院市场"竞争—呼吁"
交互作用的实证分析

理论研究结果表明，在我国医院市场上，呼吁有利于弥补竞争的不足，竞争和呼吁存在相互补充、相互支持的关系。此结论是否可靠？呼吁到底在我国市场上起到多大的作用？这需要实证研究的进一步支持。

本节以健康险保险深度衡量患者呼吁水平，实证考察竞争和呼吁对我国医院市场医疗质量和费用的影响。尽管市场上有数百种健康险产品，但主要内容为重大疾病定额给付保险、住院医疗费用补偿保险和住院津贴保险等几类。健康险的引进主要影响居民住院医疗费用和医疗质量，因此本节着重实证研究了竞争和呼吁对住院费用和质量的影响。

本节具体安排如下：第一部分分析了以健康险保险深度衡量患者呼吁的科学性和不足；第二部分介绍了实证研究的技术；第三部分概述了实证结果；最后进行简单总结。

一、健康险与患者呼吁

（一）以健康险衡量呼吁的可行性

2006 年，中国保监会颁布《健康保险管理办法》。健康保险专业化经营迈出实质性步伐。健康险的保险标的是被保险人的身体，当被保险人因为疾病或意外事故所致伤害引致相关费用或损失时，保险机构给予补偿。

健康险机构为了争取更大的市场份额，有积极性满足患者的需求，吸引患者。商业保险机构存在代表患者呼吁的可能性。事实上，国外的保险公司不仅承担收取保费和理赔的工作，还成为为病人群体代言、监督规范医院的抗衡力量[①]。

尽管我国的商业健康险还处于起步阶段，保险机构也已经展现出维护患者意愿，代表患者呼吁的特点，提供了预防保健、健康体检、健康咨询、健康维护计划等健康管理服务。早在 2007 年，友邦、平安等保险公司就通过"理赔奖励"的方式，协助事前理赔资料的收集。在治疗过程中负责与院方进行沟通，减少过度医疗的费用以及不必要的理赔纠纷，并协调医疗服务提供者与医疗服务购买者之间合同关系。健康险承保机构有能力代表患者呼吁。在我国患者呼吁渠道极为匮乏的现状下，我们选择这一指标一定程度上可以反映患者的呼吁程度。

（二）以健康险衡量呼吁的不足

此指标还是个粗略的指标，不能全面覆盖我国医院市场上呼吁的渠道。就其

---

① 见第二章呼吁文献介绍。

本身而言，健康险机构在辅助患者呼吁方面也存在种种不足。首先，国内商业健康保险的发展仍处于初级阶段。我国健康险种单一，多依存寿险业务；经营管理的专业化水平较低；缺乏与医疗机构谈判和防范健康风险的能力。

其次，我国健康险的支付手段限制了保险机构代表患者呼吁的能力。欧美很多国家的健康险保险公司都与医院建立了直接结算业务关系，保险公司可以代表患者直接与医院结算医疗费用和办理保险赔付手续。然而对于国内健康险的被保险人先得自付医疗费，患者主要还是以个人的形式面对医疗服务的提供者。

我国健康险以成本为基础的付费方式进一步加剧了患者的道德风险。患者更关注质量，对医疗费用关注度低。尽管有自付比例的约束，但保险机构仍然难以有效控制被保险人的道德风险问题。这无疑加大了我国健康险的赔付风险。

目前，我国各健康险公司都面临赔付率过高这一问题。随着健康险市场力量的增强，在没有明确的质量标准的情况下，健康险机构可能会为了解决赔付率过高的问题采用保证最低质量，降低医疗费用的策略。因而，健康险机构市场力量的提高可能对健康险机构代表患者的能力产生负面影响。健康险机构可能不会一味迎合患者偏好，改善质量，而是调整成本质量的组合保证自身利润。综上所述，健康险进入的早期可能在改善医疗质量方面作用较为突出，而难以控制医疗费用。随着其发展，相对稳定和巩固了市场，为了解决日渐突出的赔付率问题，健康险机构可能倾向于控制质量改善，转而遏制医疗费用的大幅度提高。

概括来说，我国健康险较低的发展阶段以及健康险承保机构与患者的利益冲突都不利于健康险承保机构作为患者呼吁代言人发挥作用。

二、计量模型、指标选择与数据说明

（一）计量模型

在计量模型的选择上，由于健康险保险深度的数据不存在单位根，我们依然沿用了固定效应模型，实证分析呼吁以及竞争和呼吁对医疗费用的影响。其后的hausman 检验也证实固定效应是适合的计量方法。

在评价两者的质量效应时，考虑到 2006 年在报出医疗质量数据时，存在大量缺省值，我们只采用了 2007～2009 年的面板数据。为了避免数据有失客观，我们把相关数据视作横截面数据进行了分析。F - 检验也支持混合模型，并估计了此模型的稳健误。

计量模型为：

$$\ln(R_{it}) = \alpha_i + \beta_1 Com_{it} + \beta_2 hi_{it} + \beta_3 ins_{it} + \beta_4 hi_{it} \times Com_{it}$$

$$+\beta_5 hi_{it} \times ins_{it} + \beta_6 X_{it} + \varepsilon_{it} \qquad (8-21)$$

$$\text{Log}(Q_{it}) = \alpha + \theta_1 year_1 + \theta_2 year_2 + \beta_1 Com_{it} + \beta_2 hi_{it} + \beta_3 ins_{it}$$

$$+\beta_4 hi_{it} \times Com_{it} + \beta_5 hi_{it} \times ins_{it} + \beta_6 X_{it} + \varepsilon_{it} \qquad (8-22)$$

其中，$\ln(R_{it})$ 是住院病人人均医疗费用的对数，$\text{Log}(Q_{it})$ 是危重病人抢救成功率的对数，hi_{it} 是代表呼吁的健康险保险深度，Com_{it} 是表示竞争程度的解释变量，ins_{it} 是社会医保覆盖面，$ins_{it} \times hi_{it} / Com_{it} \times hi_{it}$ 分别表示呼吁和竞争的交互影响以及呼吁和社会保障制度的交互影响，X_{it} 是其余解释变量，α_i 是地区效应，ε_{it} 是残差。

（二）数据来源与变量选择

与竞争效应的实证研究一致，本节费用类解释变量是人均住院费用。人均住院费用以 2006 年为基准，进行了医疗保健价格指数调整，并求对数以控制异方差。住院病人人均医疗费 =（医疗住院收入 + 药品住院收入）/出院人数；质量指标仍然为危重病人抢救成功率的对数。

为了与前面对医院竞争效应的实证结果形成对照，我们仍然沿用了第七章对医院市场竞争水平的衡量办法，即用 1 减去以营利医院和非营利医院的诊疗人次数计算的医院市场集中度和医院数目平方根来表示市场竞争水平。在现阶段，健康险的发展能够影响的主要还是诊疗人次数，对医院数目的影响力还极为薄弱。因此，我们以诊疗人次数衡量的竞争作为主要模型。

我们用健康险的保险深度衡量健康险的水平和代替患者呼吁的能力。健康险的保险深度为健康险的保费收入与此地区国内生产总值的比值。

被解释变量除了包括竞争指标以及衡量呼吁的健康险保险深度外，同样包括一个地区 65 岁以上人口比重（Meltzer and Chung，2002）、城镇职工和居民基本医疗保险覆盖率（Kessler and McClellan，2000）、经过价格指数调整的人均 GDP（Shen et al.，2008）、三级医院数量比重，以及收入结构。在分析医院竞争质量效应时，又引进了医师日均诊疗人次（Baker et al.，2002）和年份虚拟变量。考虑到理论认为竞争和呼吁存在相互影响，我们在设置被解释变量时还引进了两者的交互项。

随着社会医疗保障覆盖面的不断扩大，社会医疗保障可能会对商业健康保险的发展空间形成挤出。然而同时还要看到，社会医疗保险的发展也给商业健康险带来了新的发展机遇。基于我国发展中国家和人口大国的国情，不管是城镇还是农村的社会保险，社会医保只能是"广覆盖，保基本"，为公民提供基本的医疗服务保障。基本线以上的保障为商业健康保险发展留下余地。

不仅如此，商业健康险机构还起到了辅助社会医保机构管理的作用。政府支付一定的管理费用，以委托管理的模式，委托健康险机构提供基本医疗服务保障的管理。保险公司按照政府要求，提供相关服务。2009 年，健康保险机构参与各种社会医疗保障项目的管理，覆盖面达到 1.56 亿人口，增加了 69.6 亿元委托管理资金，共获得了 73.1 亿元的保费收入。赔付方面，赔付与补偿了 1 889.9 万人，总计赔付金额 86.8 亿元[①]。社会医疗保障和健康险之间存在相互作用。我们将两者的交互项也引进了解释变量。

各省健康险保险深度的年度数据来源于中国保监会的统计数据。2006～2009 年各省、市或自治区医疗费用、医疗质量和医院市场[②]的相关数据来自《中国卫生统计年鉴》。我国城镇基本医疗保险覆盖率的数据来自《中国劳动和社会保障统计年鉴》；各年度国内生产总值、居民消费价格指数和商品零售价格指数以及老年人口比重等来自国家统计局网站公布的数据。

三、实证结果

我们首先补充竞争效应实证研究中没有涉及的变量的统计特征。经过单位根检验，危重病人抢救成功率的对数和保险深度皆为平稳数据。健康险的保险深度近年来没有呈现明显的变化趋势，最低值出现在 2007 年，紧接着在 2008 年出现了这四年的最高值，如表 8 - 1 所示。

表 8 - 1 变量的描述性统计

	2006 年	2007 年	2008 年	2009 年
健康险保险深度	0.0015173 （0.0010043）	0.0012983 （0.0008677）	0.001571 （0.0010496）	0.0015113 （0.0008677）
最小值/最大值	0.0004001 0.0046765	0.000335 0.0052682	3.00e－06 0.0043735	0 0.0053673

为了避免可能存在的多重共线性对估计结果的误导，进行变量联合显著的统计检验，发现交互项是联合显著的。表 8 - 2 列示了固定效应模型分析的竞争、呼吁对医疗费用的影响，以及混合横截面模型分析的竞争和呼吁的医疗质量效应。

---

① 梁涛. 商业健康保险发展存在的问题及发展思路：http://www.zgjrw.com/。
② 按照《中国卫生统计年鉴》的界定，医院包括综合医院、中医医院、中西医结合医院、民族医院、各类专科医院和护理院，不包括专科疾病防治院、妇幼保健院和疗养院。

表 8 - 2 实证结果

	模型 1	模型 2	模型 3	模型 4
健康险保险深度	35.79145 (29.23793)	20.76656 (40.81438)	77.98704 * (31.56255)	-1187.43 ** (483.8863)
竞争水平	-0.1845197 (0.20644)	-0.0142759 (0.0109139)	0.2508759 (0.1608681)	0.0175515 (0.0331172)
健康险保险深度和竞争 的交互项	-13.41332 * (72.35518)	1.275477 * (2.118437)	-166.6488 ** (73.52969)	2.053643 * (21.48076)
医保覆盖面	0.1674047 (0.2963382)	0.1519416 ** (0.2792918)	-0.1623645 * (0.0886259)	-2.238303 (2.360907)
健康险保险深度和医保 覆盖面的交互项	-76.8704 (50.05361)	-104.0935 (44.08633)	-109.8216 ** (40.41197)	2 483.582 *** (761.6871)
老年人口比重	2.128245 ** (1.036961)	1.626113 (1.00207)	-0.1326572 (0.3815957)	-18.10914 ** (6.919146)
三级医院数量比重	0.2412281 (0.5979576)	-0.2257642 (0.5781594)	-0.1455678 (0.2787059)	-5.378136 (3.999293)
医师日均诊疗人次			0.0034796 (0.0030562)	-0.1054346 ** (0.05273)
人均收入	0.1589268 * (0.0858551)	0.1416002 *** (0.0830486)	0.0035497 (0.0139292)	1.322263 *** (0.3153413)
城乡收入差别	0.0769923 (0.0613353)	0.0750603 (0.0544671)		
年虚拟变量 (2009)			0.0568237 *** (0.0128837)	-0.4235273 * (0.2293623)
年虚拟变量 (2008)			-0.0084789 (0.0169312)	-0.2553147 (0.2100131)
常数	6.32189 *** (0.8027997)	6.859525 *** (0.8357257)	-0.1210244 (0.1399878)	-16.5776 (2.500298)
R^2	0.5519	0.8860	0.5329	0.5161

注：*** 表示 $p < 0.01$，** 表示 $p < 0.05$，* 表示 $p < 0.1$。方差为稳健误。

模型 1 和模型 2 是对住院费用进行回归，模型 3 和模型 4 是对医疗质量进行回归。

模型 1 和模型 3 的竞争指标是以住院人次数来衡量，模型 2 和模型 4 则以医院数目平方根来衡量。

对各个系数进行中心化处理，得到处理后的系数为 β_i'，计算各变量偏效应的大小。健康险保险深度对人均住院费用对数的偏效应为 $\beta_2 + \beta_4 Com_{it} + \beta_5 ins_{it}$，竞争水平和社会医保覆盖面对人均住院费用的偏效应为 $\beta_1 + \beta_4 hi_{it}$，$\beta_5 hi_{it} + \beta_3$。模型1、模型2健康险保险深度、竞争水平和社会医保覆盖面对人均住院费用的偏效应分别为35.92、−0.1847，0.1641和20.5、−0.014、0.30。

第一，目前为止，健康险保险深度的增加提高了人均医疗住院费用。一方面，这可能与健康险保险深度过小有关，在医院垄断医疗资源的市场上，健康险较低的发展程度使保险公司缺乏与医院谈判的主动权，而我国对医疗服务实行价格管制也降低了健康险承保机构对医疗费用的影响力；另一方面，加入健康险还降低了患者对医疗费用的敏感度，反过来提高了医疗费用。

第二，以人次数衡量的竞争和健康险的交互项系数方向为负，竞争和呼吁在降低医疗费用方面存在互补作用。随着健康险的发展，医院之间对诊疗人次的竞争结果是医院行为开始体现健康险机构的意愿。医院对诊疗人次的竞争的增强提高了保险机构与医院的谈判能力。健康险承保机构可以利用医院之间的竞争，增加话语权，降低医疗费用。

不过，以医院数目平方根衡量的竞争和健康险的交互项系数方向为正。与以人次数衡量的竞争和健康险的交互项系数方向不一致。这可能与国家对医院的进入和退出实行管制，医院数目相对固定相关。以医院数目平方根衡量的医院竞争和健康险交互项主要呈现健康险对医疗费用的影响。

第三，竞争与人均医疗费用成反比。依据人次数计算的竞争系数的绝对值高于数量衡量的竞争程度系数。相比简单地增加医院数量，医院展开相对规模、效率的竞争控制医疗费用的效果更显著。此结论与李林、刘国恩（2008）的结论一致。

第四，城乡收入差别和社会医保覆盖面与人均住院费用成正比。健康险和社会医保覆盖面交互项的系数为负值。不过不具有统计显著性。随着社会保障覆盖面的扩大，社会保障的挤出作用可能促使健康险承保机构提高利润率，增强了健康险机构控制费用的激励。

竞争水平、城乡收入差别和社会医保覆盖面对人均住院费用的偏效应系数方向与前面的实证结果保持一致。

第五，与前面一样，老年人口比重偏效应为正。在模型1和模型2中，三级医院数量比重方向存在不一致，但都不具有统计显著性。

同理，我们计算健康险保险深度，竞争水平和社会医保覆盖面对危重病人抢救成功率对数的偏效应。健康险保险深度对医疗质量的偏效应为 $\beta_2' + \beta_4' Com_{it} + \beta_5' ins_{it}$，竞争水平和社会医保覆盖面对医疗质量的偏效应为 $\beta_1' + \beta_4' hi_{it}$，$\beta_5' hi_{it} + \beta_3'$。取各变量的样本均值后，得到模型 3 和模型 4 健康险保险深度、竞争水平和社会医保覆盖面对医疗质量的偏效应，分别约为 78.25，0.25，-0.185；155.7，0.02，-2.15。

第一，健康险保险深度的提高确实能够改善医疗质量。

第二，在模型 4 中，健康险和医院数衡量的竞争系数为正，体现了竞争和呼吁的互补作用。由于健康险难以影响医院数目的变化，两者的交互项主要体现了健康险对质量的正向作用。

但在模型 3 中，健康险和以人次数衡量的竞争的交互项系数为负，此时竞争和呼吁在改善医疗质量方面存在替代作用。这可能与健康险承保机构对质量的要求较低相关。随着健康险发展，商业保险机构与医院的谈判力提高，此时，医院满足医保机构需求的诉求增强。

联系健康险与竞争交互作用降低医疗费用的实证结果，可知健康险的保险人为了解决赔付率过高这一问题，将利润作为主要追求目标，质量仅为实现目标的手段：保证一定质量的前提下，尽可能扩大利润；在保证一定市场份额的基础上，竭力提高利润率。这使健康险承保机构过多地将其力量用于费用控制，而非改善质量。此外，健康险合同条款限制了患者退出的选择范围，一定程度上抑制了医院通过质量竞争争取患者的作用。

第三，健康险的发展与社保发展的交互作用为负值，进一步表明健康险承保机构在质量控制方面的动力弱于社保机构。健康险的发展挤占社会保障后，医疗质量下降。商业保险机构更注重利润目标，而非医疗质量。

第四，竞争有利于质量改善。即便竞争和呼吁存在替代作用：随着医院竞争增强，医院更倾向于顺从健康险承保机构稳定质量，控制医疗费用的要求，竞争仍然能够带来质量改善。

第五，社会保险覆盖面的提高不能改善医疗质量。老年人口比重和三级医院数量比重对医疗质量的偏效应为负，不具有统计显著性。医师日均诊疗人次在模型 3 和模型 4 的表现不一致。

结　语

本节以 2006～2009 年的省级医疗数据和健康险保险深度数据为研究对象，实证分析呼吁以及竞争和呼吁的交互作用对人均住院费用和危重病人抢救成功率代表的医疗质量的影响。（1）关于医疗质量：引进健康险改善了医疗质量，竞争和呼吁可能呈现出互补性，但同样有可能因为赔付率过高的问题，限制健康险和竞争在质量改善方面的正向交互作用。（2）关于医疗费用：由于对价格的严格管制和成本为基础的支付方式下，患者对医疗费用方面的敏感度低，健康险没有起到控制医疗费用的作用。但随着健康险的发展，上述情况有可能出现逆转。

研究结论基本支持了我们的理论判断，但也揭示出由于健康险的发展阶段，采用健康险深度来衡量呼吁的若干不足。我国医院市场健康险自身的发展阶段和特点，如重利润、轻质量，都可能损害健康险作为患者呼吁代言人的作用。如何提高商业保险机构的管理能力，修正管理模式，使之于有益于保障患者利益，乃至提高医院市场的绩效有待进一步探索。

本节对呼吁以及竞争和呼吁的交互作用还只是一个初步研究，存在不足。尽管在我国，患者个体呼吁极少出现，患者呼吁的机构也几乎不存在，但是患者呼吁仍然不止商业健康险承保机构这一种途径，健康险保险深度不能完全代表患者的呼吁能力。此外，对健康险保险深度和患者的呼吁能力的关系的判断还只是一个定性的分析，有待于量化分析。

第六节　"退出—呼吁"与医院整体效率

——基于 DEA 模型的两阶段分析

前面关于竞争、呼吁对医疗费用和质量影响的研究表明，竞争和呼吁的作用与市场运行环境不无关联。随着竞争的加强，医疗机构会安排资本投资和劳动力投入以最大化效率（Chang et al.，2011），但当国家间展开"医武竞赛"质量竞争时，质量竞争的结果可能局部最优，而全局无效，质量竞争可能引致医院过多投资与高科技医疗产品。在我国现行的医院市场上，质量竞争同样存在类似问题，竞争和呼吁对医疗费用和医疗质量的影响存在不一致。竞争和呼吁在我国医院的整体作用，究竟是正面的影响会占上风，还是相反，需要进一步的讨论。

在评价医院效率时，使用单一的指标存在不足。医疗产品的提供不同于一般产品，具有多投入、多产出的特点，且公立医院还承担着一定的社会责任。因此，本节先利用数据包络法（DEA）对各省医院的整体效率做出综合评价，之后再使用 Tobit 回归模型分析医院竞争和呼吁对医院效率的影响。

本节共分为四部分，第一部分综述应用 DEA 方法评价医院效率的相关文献；第二部分阐述了研究方法、数据和变量；第三部分是实证分析；第四部分简单总结本节内容。

一、应用 DEA 分析医院效率的文献综述

非参数分析法中的数据包络法（DEA）根据投入和产出数据，评价决策单元

的效率。在处理多目标决策和多投入、多产出产品的生产前沿方面具有优势。在评价具有较复杂投入产出关系的组织经营效率方面，如学校、医院、银行及公共部门等，数据包络法（DEA）已经获得了广泛应用。

在卫生系统效率评价方面，此方法主要应用于微观和中观领域，但有的学者也逐步尝试将研究对象放大到区域卫生经济系统。

（一）应用 DEA 方法分析单个医院效率

采用数据包络分析对医疗领域效率的评价多集中于微观领域，评估具体医疗机构或者具体某一项业务的绩效。蔡和莫利内罗（Tsai and Molinero，2002）选取总运营费用作为投入变量，病人住院天数和门诊病人总数作为产出变量，测度和分析了英国 27 家国民健康服务机构的效率。康塔德摩普莱斯等（Kontodimo-poulos et al.，2006）对希腊农村 17 家小规模医院的效率进行评价时选择的投入变量为医生和护士人员数、床位数，产出变量为住院及门诊（包括急诊）病人数量和预防性医疗服务数量。威提康奈等（Vitikainen et al.，2009）在评价芬兰 40 家医院的效率时，采用总运营成本为投入，产出变量采取了患者人数和患者在医院接受检查、手术等治疗活动的总数。（Kirigia et al.，2004）将临床医生和护士、实验室技术人员的数量和床位数等定为投入，将各种疾病的诊疗次数设为产出变量，测度了肯尼亚 32 家公共健康中心的技术效率，结果表明，44% 的公共健康中心低于最优效率。

奥尼尔等（Liam O'Neill et al.，2008）综述了应用 DEA 方法研究各国医院效率的 79 篇论文，涉及 12 个国家。投入指标包括员工的数量、工作时间、提供的服务数量和成本。产出指标包括诊疗人次数、住院天数、住院、出院次数以及教学医院的相关产出指标。相比美国，欧洲的研究倾向于使用更少的数据研究医院的分配效率。美国医院市场的分配效率要弱于欧洲国家。

有的学者应用 DEA 方法，评价了医疗政策的实施效果。章等（Chang et al.，2011）应用 DEA 方法和 Malmquist 系数分析了中国台湾 1998～2004 年 31 个地区医院的数据，评价台湾质量评价项目对质量、生产效率变化的影响。投入指标包含各类医务人员的数量和床位数。产出指标包括诊疗人次数、手术台数、平均住院时间、住院死亡率。此项目在实施一段时间后，即 2000～2004 年，能够改善医院的效率和质量。

章等（Chang et al.，2004）借助中国台湾 1994～1997 年的年度医院调查，收集了 276 家地区医院的数据，应用 DEA 方法评价国家医保计划（National Health Insurance，NHI）的运行效率。投入产出指标分别为：人员数量和床位数；门诊人次数，住院时间，手术数量。平均来说，此计划的执行降低了台湾地区医院的运行效率。

奎莱特和渥斯怀特（Pierre Ouellette and Valeerie Vierstraete，2004）认为医院所处的外在环境可能长期不变，因此他们尝试在 DEA 模型的基础上引进类固定要素，评价蒙特利尔 15 家医院急诊室的技术效率。其投入包括可变要素（设备投入量，非正式员工的工作时间）和固定要素（正式员工数量），产出指标为急诊人次数。宏观管理方面的缺陷可能是医院无效运行的重要原因，如预算约束机制的失效。

马提奈兹（Barrachina – Martínez，2010）利用 DEA 方法研究了东西班牙巴伦西亚（Valencian）地区 22 所医院等待时间最长的三种医疗服务———一般外科手术、创伤骨科手术和眼科手术（Generalsurgery，Ophthalmology and Traumatology Orthopaedic Surgery）的效率。投入指标为医生数量和床位数；产出指标为经过调整的入院数目、初次和再次磋商数量、手术数量。此研究同时指出 DEA 是评价医院效率的一种有用的方法。

应用 DEA 分析方法对中国医疗领域效率的研究也集中在微观层面，如任苒等（2001）对医院效率，黄奕祥等（2004）对卫生院效率的评测。庞瑞芝（2006）利用数据包络分析和 Tobit 回归模型分析我国 249 家城市医院的经营效率及其影响因素。这篇的产出指标为手术例数、门急诊人次、住院人次，投入指标为总病床数、中高级医师数（具有中高级技术职称的医师）、一般卫生技术人员数（包括护理人员）、其他人员数、建筑面积和医疗设备金额。此外，还引入了医疗品质，即人均卫生技术人员、医疗资本投入密度、人均医师门诊量评价医院。医疗品质直接影响着医院的效率；股份制及民营医院的经营效率比部队医院和事业医院的经营效率高。

（二）应用 DEA 方法分析区域卫生系统的效率

有的学者应用 DEA 方法研究了区域公共卫生经济系统的效率。朱诺（Puig – Junoy，1998）使用 DEA 方法评测 OECD 国家的健康生产效率。霍林斯沃茨和瓦德曼（Hollingsworth and Wildman，2003）使用 DEA 方法评测 WHO 成员国的健康生产效率。莱兹拉夫（Retzlaff ，2004）评价了 27 个 OECD 国家卫生资源利用的技术效率。上述研究一般都将婴儿死亡率以及期望寿命作为产出变量，投入变量则考虑了社会环境、生活方式和健康支出。

张宁等（2006），罗良清和胡美玲（2008）等针对我国各地区进行了研究。他们均将各地区人口的平均预期寿命作为产出变量，各地区千人卫生技术人员数、千人卫生机构床位数和人均卫生总费用作为投入变量，后者还将死亡率纳入产出变量。我国健康生产效率比较低下，城乡居民支付能力的提高并没有改善健康生产效率，公共健康投入比例与健康生产效率之间呈现不显著的负相关关系（张宁等，2006）；我国地区差异比较显著，地区人口密度与健康生产效率之间存在显著的负相关关系（张宁等，2006）。不过，中国各地区卫生经济系统技术效率测度显著的差异可能源于死亡率这一"非合意"产出因素（张纯洪和刘海英，2009）。

刘海英、张纯洪（2011）比较了中国城乡医疗机构服务效率。投入变量选择各地区医疗机构的卫生从业人员数量和固定资产存量；产出变量选择城市和农村地区医疗机构的诊疗服务人次数和住院服务入院人数。由于城市地区住院服务效率相对更低，城市医院的服务效率明显低于农村乡镇卫生院和社区卫生服务中心。

二、数据、变量和模型

（一）DEA 模型的设定

我国以省为单位推动医疗领域改革。以省作为医疗系统决策单元有助于评价医疗改革的推动进程和效果，因此，本节将以省作为决策单元，应用数据包络法（DEA）定量分析各个省医疗机构的相对效率。

在评价各省医院总体效率时，考虑到医疗服务自身的生产特点，本节选取了产出导向的 BCC 模型。居民健康和医疗质量改善的规模报酬不可能不变，使用规模报酬改变的 BCC 模型更符合实际情况。同时，由于医疗系统是给定财政预算约束，最大化产出水平，因而模型主要采用产出导向的 BCC 模型。

根据前面的文献综述，我们可以看到，医院的主要投入指标一般有：人员投入、资本投入和医疗费用。本节以每千人口卫生技术人员的数量衡量人员投入；在资本投入变量方面，与绝大多数研究一致，选取了每千人口病床数（Ferrier and Valdmanis，1996）。

关于医疗费用，由于我国医疗机构在提供住院服务的同时还提供大规模的门诊服务，因此投入包含人均住院费用和人均门诊费用。

产出方面也是，不仅包含住院服务方面的入院人数，还包含门诊人次数。在产出指标的选择方面，还纳入了住院和门诊服务的质量指标：即观察室病死率（逆指标）、危重病人抢救成功率。之所以引进质量指标，主要基于以下两点：一是质量对医疗服务的提供而言，意义重大；二是现有文献仍然较少将质量引进医院效率评价。奥尼尔等（O'Neill et al.，2008）在对 79 篇应用 DEA 方法分析医院效率的总结中，发现只有六篇文章涉及质量指标。

(二) 影响因素分析

1. 模型的设定

由于 DEA 方法所估计出的效率值都介于 0 与 1 之间，任何一个省的医疗机构的效率值最大为 1，不可能超过 1，因此本节选择 Tobit 模型回归分析各省医疗机构的效率与若干影响因素之间的关系。

模型为：

$$efficiency = \alpha + \theta_1 year_1 + \theta_2 year_2 + \beta_1 Com_{it} + \beta_2 hi_{it} + \beta_3 ins_{it} + \beta_4 hi_{it} \times Com_{it}$$
$$+ efficiency + \beta_5 hi_{it} \times ins_{it} + \beta_6 X_{it} + \varepsilon_{it} \qquad (8-23)$$

其中，hi_{it}代表呼吁的健康险保险深度，Com_{it}表示竞争程度的解释变量，ins_{it}是社会医保覆盖面，$ins_{it} \times hi_{it} / Com_{it} \times hi_{it}$分别表示呼吁和竞争的交互影响以及呼吁和社会保障制度的交互影响，X_{it}是其余解释变量，ε_{it}是残差。

为了避免可能存在的多重共线性对估计结果的误导，我们其后进行了变量联合显著的统计检验，发现交互项是联合显著的。

2. 变量的选择

（1）竞争和呼吁指标。本节沿用了前面使用的指标来衡量竞争程度，分别根据门诊人次和住院人次以及医院数目平方根计算竞争指标。呼吁指标使用了健康险深度。健康险以及其支付方式会影响医院竞争行为，进而影响医院竞争的效果（Allen，1991）。因此，我们在解释变量中包含竞争指标和健康险指标的交互项。这也是本节主要关注的指标。

（2）医疗服务可及性。社会医保覆盖面扩大、城市化发展意味着更多的人群能够接受更高质量的健康卫生服务（Gerdtam et al.，1992）。城市化变量可以在城镇职工、居民医疗保险的覆盖率上体现出来（佟珺，2009），因此，没有引进城市化水平。

（3）65 岁以上人口比重也会影响到医疗服务的可行性：医疗资源存在稀缺性，而老年人对医疗服务需求较大，随着老年人口比重的上升，势必降低医疗服务的可及性。尤其在我国医院市场上，"看病难"依然是一个困扰。

（4）三级医院的比重。政策规定三级医院收费标准最高，设施最好，其次是二级医院；患者偏好三级医院就医，三级医院占医院总数的比重可能影响医疗效率。而这未必是积极作用，前面的研究表明医院的评价体系并没有达成政策目标，因此不能确定医院评价体系影响效率的方向。

（5）支付能力（Oxley and McFarlan，1994；Puig-Junoy，1998）。将经过价格指数调整的人均 GDP 对数，及其所处地区的收入结构纳入模型。呼吁的测度—健康险会影响患者的支付能力，这是纳入健康险指标的另一重原因。

（6）商业健康险和社会医疗保险也存在交互作用，包括挤出效应（Gruber and Simon，2007）和互补效应。前者为：随着社会医疗保险覆盖率的增加，患者放弃商业健康险，商业健康险被挤出；后者为社会医疗保险和商业医保相辅相成，协调发展。在我国医疗市场中，商业健康险机构可以通过委托管理的模式参与到社会医疗保障经办和管理中。基于商业医保和社会医保的挤出效应和互补效应，我们将商业医保和社会医保的交互项引进解释变量。

（7）年份虚拟变量。考虑到地方卫生政策的变动，将年份虚拟变量引入模型以分析政策调整的影响。

（三）数据来源

数据来源与前面基本一致，主要来源于 2008～2010 年《中国卫生统计年鉴》。《中国卫生统计年鉴》包含我国各省、市、自治区医疗费用、医疗质量和医院市场①的相关数据。城镇基本医疗保险覆盖率的数据来自《中国劳动和社会保障统计年鉴》；居民消费价格指数、老年人口比重、收入结构差异来自国家统计局网站，健康险数据来自保监会网页。

三、结果分析

（一）各年份地区医疗机构效率前沿面分析

全国各地区的医疗机构效率并没有呈现不断上升的趋势。

各年份医疗服务效率较高的省份和效率较低的省份基本一致。尽管北京、天津、海南、宁夏、青海、天津、西藏投入、产出水平高低不一，但它们在 2007～2009 年均为前沿面省份。这说明高效率不一定非要通过高投入、高产出来实现。产出水平较低的地区在有限投入的约束下同样可以达到相对效率的状态。大多数省份出现了规模报酬递减的态势，也证明一味扩大投入未必能够改善效率。不过，西藏、青海、宁夏的效率较高也可能与疑难杂症以及重病患者放弃本地就医，转移就医相关。

随着中国经济的发展，形成了东部、中部和西部地区三个趋同俱乐部，我们对东部、中部和西部的效率差异进行了分析。按照东、中、西部进行区域划分：

---

① 按照《中国卫生统计年鉴》的界定，医院包括综合医院、中医医院、中西医结合医院、民族医院、各类专科医院和护理院，不包括专科疾病防治院、妇幼保健院和疗养院。

东部包括北京、天津、河北、辽宁、上海、江苏、浙江、福建、山东、广东、海南等 11 个省市；中部包括陕西、内蒙古、吉林、黑龙江、安徽、江西、河南、湖北、湖南等 9 个省区；西部包括广西、重庆、四川、贵州、云南、西藏、陕西、甘肃、青海、宁夏、新疆等 11 个省区市。中部地区没有省份处于前沿，东部和中部地区处于生产前沿面的省份数量分别为 3、4。

由于不知区域所属总体的分布，采用非参数检验方法判别区域差异性。两两区域比较使用非参数的两个独立样本检验方法，即 Mann – Whitney 方法：东部和中部，以及中部和西部之间存在显著效率差异，不能拒绝东部和西部之间的效率无显著差异的假设。三者比较使用了 Kruskal – Wallis 检验：区域差异显著（见表 8 – 3 和表 8 – 4 所示）。

表 8 – 3 效率描述

年份	2007	2008	2009
效率	0.6901613 （0.2113722）	0.701129 （0.207433）	0.7057097 （0.2065293）
最小值/最大值	0.337/1	0.361/1	0.389/1
住院效率	0.5324839 （0.2619784）	0.5257097 （0.2388372）	0.5556452 （0.251848）
最小值/最大值	0.248/1	0.277/1	0.294/1

表 8 – 4 2007～2009 年各省医疗效率

年份	2007		2008		2009	
省区市	效率	住院效率	效率	住院效率	效率	住院效率
北京	1	1	1	1	1	1
天津	1	1	1	1	1	1
河北	0.477	0.299	0.505	0.334	0.501	0.342
辽宁	0.676	0.491	0.679	0.493	0.689	0.513
上海	0.840	0.828	0.848	0.81	0.842	0.798
江苏	0.526	0.406	0.557	0.446	0.562	0.441
浙江	0.585	0.459	0.598	0.483	0.594	0.478

续表

年份	2007		2008		2009	
省区市	效率	住院效率	效率	住院效率	效率	住院效率
广东	0.518	0.423	0.480	0.407	0.484	0.409
福建	0.53	0.384	0.553	0.378	0.518	0.369
海南	1	1	1	0.956	1	1
山东	0.495	0.337	0.512	0.390	0.501	0.400
河南	0.337	0.248	0.361	0.277	0.389	0.306
湖北	0.503	0.278	0.496	0.298	0.487	0.322
湖南	0.662	0.291	0.670	0.309	0.665	0.318
江西	0.564	0.300	0.561	0.300	0.580	0.312
山西	0.727	0.505	0.792	0.554	0.814	0.599
内蒙古	0.734	0.542	0.763	0.510	0.846	0.607
吉林	0.765	0.601	0.794	0.593	0.799	0.653
黑龙江	0.780	0.501	0.709	0.465	0.723	0.442
安徽	0.558	0.265	0.559	0.282	0.545	0.294
云南	0.504	0.370	0.524	0.360	0.536	0.380
西藏	1	1	1	1	1	1
甘肃	0.655	0.546	0.675	0.495	0.673	0.574
青海	1	1	1	0.874	1	1
宁夏	1	0.884	1	0.753	1	0.923
新疆	0.991	0.779	1	0.717	1	0.803
陕西	0.619	0.445	0.642	0.448	0.627	0.450
广西	0.394	0.281	0.417	0.294	0.429	0.325
四川	0.362	0.280	0.388	0.318	0.423	0.347
贵州	0.844	0.351	0.859	0.329	0.838	0.366
重庆	0.749	0.413	0.793	0.424	0.812	0.369

（二）各年份地区医疗机构效率影响因素分析

健康险保险深度和竞争的交互项系数均为正值，且具有统计学显著性。竞争和以健康险保险深度衡量的呼吁程度能够促使各省医疗机构提高效率，竞争和呼吁存在相辅相成的作用。随着竞争深化，为了争取以健康险为代表的患者群体，健康险影响医疗机构的能力逐步增强，有利于医院改善投入产出效率。

对系数进行中心化处理，得到处理后的系数为 β'_i，计算各变量偏效应的大小。健康险保险深度对地区医疗机构效的偏效应为 $\beta_2 + \beta_4 Com_{it} + \beta_5 ins_{it}$，竞争水平和社会医保覆盖面对地区医疗机构效率的偏效应为 $\beta_1 + \beta_4 hi_{it}$，$\beta_5 hi_{it} + \beta_3$。

模型1和模型2分别住院人次衡量和门诊人次来衡量竞争水平。模型1和模型2的健康险保险深度、竞争水平和社会医保覆盖面对地区医疗机构效率的偏效应分别是 −394.87，−1.0876，1.15；−862.703，−2.90，−0.52。在模型3中，以医院数目平方根衡量竞争水平，健康险保险深度、医院展开数量竞争和社会医保覆盖面对地区医疗机构效率的偏效应依次为 −126.01、−0.023、1.019。

现阶段，医疗机构竞争，提高健康险保险深度并没有促使各省提高医疗机构整体效率。尽管竞争有利于控制医疗费用，并在一定程度上，能够改善医疗质量，但我国较低水平的竞争以及质量竞争带来的横向规模不断扩张，竞争还没有改善我国医院市场整体的投入产出效率。

引进健康险的效果喜忧参半。如前所述，尽管目前健康险改善了质量，却无益于控制医疗费用。健康险较低的发展程度，不完善的机制，以及利益导向都不利于健康险引导患者呼吁，推动医院绩效的改善。

社会保障覆盖面扩大的效果不一致。在改善门诊方面，发挥了积极作用，而并没有改善住院效率的改善。这与前面研究一致。社会保障的筹资水平，支付结构有待于进一步完善。

在以住院人次衡量/门诊人次衡量竞争水平的模型1和模型2中，健康险和社会医保的交互项为正值，具有统计显著性；在以医院平方根衡量竞争水平的模型3中，健康险和社会医保的交互项为负值，不具有统计显著性。因此，健康险和社会医保的交互作用总体而言是正向的。

与前面结论一致，三级医院比重和老年人口比重的系数为负值。现有的医院评级体系不能带动整个医院效率的改善。患者集中于三级医院就医，挤出了其他医院，造成局部"看病难"的问题。现有的医院评级没有实现政策目的。老年人口比重增加降低了医疗服务可及度，不利于效率提升。

在以住院人次衡量/门诊人次衡量竞争水平的模型1和模型2中，人均收入为负值，不具有统计显著性，城乡收入差别为正值；在以医院平方根衡量竞争水平的模型3中，人均收入为正值，具有统计显著性，城乡收入差别为负值。此矛盾背后的原因可能是：随着人均收入增加，城乡差别缩小，患者支付能力增强，患者就医结构发生变动。偏好大医院就医，挤出中小医院，不利于医院整体效率的改善。另外，患者支付能力增强也增加了就诊患者数目，提高了患者对医疗服务的要求，进而促使医院门槛效率提高。

（三）敏感性分析

模型 4 和模型 5 利用 Tobit 模型，分析了各省住院服务效率的影响因素。对住院效率的评价仍使用每千人口床位数，每千人口卫生人员数量和人均住院费用作为投入指标，入院人次数、手术人次数和危重病人抢救成功率作为产出指标。相应地，对效率影响因素进行回归分析时，我们只采用了根据住院人次数（模型 4）和医院数目平方根（模型 5）衡量的竞争指标。

模型 4 的结论与模型 1 的结论近似，健康险保险深度、竞争和社会医保覆盖面对地区医疗机构效率的偏效应分别约为 – 617.1、– 2.87、0.9768，除了人均收入这一变量以外，其他解释变量也与模型 1 具有相同的系数方向。模型 5 的结论与模型 3 的结论近似：健康险保险深度、竞争水平和社会医保覆盖面对地区医疗效率的偏效应分别约为 – 309、– 0.0462、0.623，其余解释变量系数方向也一致。

各省医疗效率影响因素分析，如表 8 – 5 所示。

表 8 – 5 **各省医疗效率影响因素分析**

	模型 1	模型 2	模型 3	模型 4	模型 5
	效率（住院人次数衡量的竞争指标）	效率（门诊人次数衡量的竞争指标）	效率（医院数平方根衡量的竞争）	住院效率（人次数衡量的竞争指标）	住院效率（医院数衡量的竞争）
健康险深度	– 473.8684 *** (174.5069)	– 1 005.549 *** (232.7869)	– 126.5824 (106.6567)	– 631.1458 *** (163.8271)	– 295.6512 *** (67.69974)
竞争水平	– 1.966327 *** (0.6785521)	– 3.074363 *** (0.7730038)	– 0.0368462 *** (0.0060354)	– 2.840115 *** (0.6203066)	– 0.0451045 *** (0.0044142)
健康险深度和竞争的交互项	1 683.834 *** (580.1615)	2 791.25 *** (622.7598)	8.689776 ** (3.849891)	2 138.85 *** (525.6629)	15.70259 *** (2.777867)
医保覆盖面	1.142338 ** (0.5685529)	0.4243548 *** (0.5416655)	0.7190015 ** (0.3619297)	1.060929 (0.5398256)	0.6220317 ** (0.3102872)
健康险深度和医保覆盖面的交互项	424.6291 * (242.0481)	884.4994 *** (257.3411)	– 105.0797 (117.6604)	559.8607 ** (229.4167)	– 51.66426 (96.39374)
老年人口比重	– 4.984497 *** (1.607896)	– 2.753574 * (1.565385)	– 3.718696 *** (1.098909)	– 5.139382 *** (1.495309)	– 4.459053 *** (0.9350848)

续表

	模型 1	模型 2	模型 3	模型 4	模型 5
	效率（住院人次数衡量的竞争指标）	效率（门诊人次数衡量的竞争指标）	效率（医院数平方根衡量的竞争）	住院效率（人次数衡量的竞争指标）	住院效率（医院数衡量的竞争）
三级医院比重	−0.8109364 (1.008652)	−0.9062934 (0.9730344)	−3.235731*** (0.7441302)	−0.8578543 (0.9555162)	−2.515687*** (0.6107074)
人均收入	−0.0568275 (0.0853261)	−0.0523274 (0.0790015)	0.135358** (0.0630747)	0.0651254 (0.0812384)	0.2730858*** (0.0542292)
城乡收入差别	0.0599597 (0.0584801)	0.0662185 (0.0539377)	−0.0275021 (0.0416267)	0.0737364 (0.05547)	−0.0122298 (0.0358752)
年虚拟变量 (2008)	0.1063612* (0.0587342)	0.1088468** (0.0540732)	0.0549687 (0.0408273)	0.1010049* (0.0551354)	0.0383081 (0.0344923)
年虚拟变量 (2007)	0.0753308 (0.0590247)	0.0688527 (0.0538461)	0.0521087 (0.0407928)	0.1043096* (0.0555254)	0.0877788** (0.0350905)
常数	1.730546* (0.9675797)	2.07483** (0.9220337)	0.6535037 (0.6597618)	0.5611321 (0.9154288)	−0.7243243 (0.574643)

注：括号内为稳健误；*** 表示 $p < 0.01$，** 表示 $p < 0.05$，* 表示 $p < 0.1$。

结 语

基于医疗费用和医疗质量难以全面评价医院的绩效，本节利用卫生年鉴中省级层面的数据，应用数据包络分析方法对我国各省医院的整体效率进行评价。由于医疗质量的重要性，本节特别加入医疗质量项来评价医院效率。在第二阶段，采用 Tobit 回归模型，探讨竞争和呼吁对各省医院整体效率表现的影响。本节的研究结论再一次支撑了前述的理论和实证研究：退出和呼吁相辅相成，对改善医院整体绩效不无裨益。不过，总体上讲，竞争和呼吁的积极作用还比较小。有待于进一步发展。

本章结语

承接第五章对我国医院市场竞争效果的研究，本章将研究视角转向"退出—呼吁"理论的另一层面——呼吁。从第七章的结论来看，竞争效果与患者偏好相关。而呼吁能够促进医院与患者的沟通，更好地揭示患者的偏好，呼吁可能给我国医院市场带来积极的效果。那么呼吁究竟会在我国医院市场扮演什么样的角色？这是本章的核心内容。

本章首先对我国医院市场的呼吁现状进行了描述。在我国医院市场上，患者可资利用的呼吁渠道还十分有限。但存在若干潜在的呼吁渠道。当完善的呼吁渠道体系建立起来之后，我国患者的呼吁成本势必明显降低。

鉴于我国患者有呼吁的可行性，本章进一步从理论和实证方面分析呼吁的效果。理论研究分成两部分，分别是呼吁对竞争的反作用和竞争对呼吁的反作用。医院市场上，竞争和呼吁表现出了互补性，两者相辅相成。

以健康险深度作为呼吁指标，本章进一步实证研究了竞争和呼吁的交互作用。首先分析了两者对医疗质量和医疗费用的影响。考虑到费用和质量在评价医院绩效方面不够全面，本章又应用 DEA 方法计算了各省医院不同年份的效率，研究竞争和呼吁对各省医院效率的影响。上述实证研究基本证实了理论判断：竞争和呼吁体现出互补性。

在医院这个特殊的市场上，竞争和呼吁相互配合，能够有效改善医院的绩效。在深化医药改革的过程中，有必要综合利用患者"退出—呼吁"的力量。

第七节 "退出""呼吁"与医生行为的激励约束机制

本章将以医生为研究对象，分析"退出—呼吁"对医生行为的影响。医生作为患者医疗消费的实际决策人，医生的决策动机是关键因素。医生只有形成正确的决策动机，才会有效利用专业知识，正确收集患者信息，做出有利于患者的治疗决策。

目前，公立医院改革面临的困境之一就是，医生的参与度不高。现有的改革政策尚不能起到激励和约束医生参与以"公益性"为核心的公立医院改革，改变医生决策行为作用。公立医院改革尚需构建一个既能够约束医生欺骗行为，又能调动公立医院和医务工作者参与改革积极性的激励约束机制。建立有效的医生激励机制于深化医药卫生体制改革意义重大（刘学、史录篇，2005）。

基于赫希曼（Hirschman）的"退出—呼吁"理论，我们构建了两阶段博弈模型分析患者"呼吁"对医生约束的影响，并分析了"退出"对医生的激励和约束。本章安排如下：第一节介绍了现有的文献；第二节介绍了我国现行的医生激励约束机制；第三节构建两阶段博弈，分析患者呼吁对医生行为的约束；第四节则分析了引进患者退出，市场机制对医生的激励和约束。

一、市场竞争对医生行为的影响：文献综述

医疗产品作为一种信任商品，医生往往比患者更了解患者病情和适宜的诊治方法。由于医疗商品存在严重的信息不对称，医生能够诱导需求，欺骗患者，向患者推荐更昂贵非患者需要的诊治方案。患者即便能够观察到自己的疾病是否治愈，但鉴于治疗方案的专业性和多样性，也难以了解和验证诊治方案的合理性。我国 CT 的利用中 16.3% 是不必要的，还有一部分是可以用其他收费较低的普通检查来替代而不至于影响诊断质量的（雷海潮、胡善联和李刚，2002）。

很多学者分析了患者退出，即建立市场竞争机制对医生行为的约束。沃林斯基（Wolinsky，1993）指出只要患者的信息搜索成本不太高，患者就可以通过向不同医生征求诊断建议，形成医生之间的竞争来有效减少欺骗行为，改善自身处境。阿尔杰和萨拉尼耶（Alger and Salanie，2006）同样认为：在竞争环境下，消费者能够低成本地搜寻到最低医疗价格能有效消除医生的欺骗行为。因蒙斯（Emons，1997）的模型表明，如果医生因为欺骗需要支付费用，如信誉损失，那么价格机制本身能消除医生的欺骗行为。杜勒斯和克施鲍默（Dulleck and Kerschbamer，2009）指出当医生面临来自只出售医疗产品而不提供医疗服务的供应商（Discounters）竞争时，欺骗行为使医生易被淘汰，而诚实的医生可以依旧在医疗服务市场上持续经营下去。房育辉（Yuk-fai Fong，2005）假设患者不能观察到自己接受的诊疗服务内容，此时患者重复寻求医生意见、医生关心自身声誉以及其他市场力量在抑制医生欺骗行为方面都有积极作用。

李少冬和仲伟俊（2006）认为，在信息非对称的充分竞争市场，竞争时常会起到信号传递、实现分离的均衡的作用。封进、余央央（2008）指出医疗改革的关键在于建立一个能够控制医疗费用和保证医疗服务质量的激励机制，这个激励机制的形成有赖于完善的社会保障制度和竞争性的医疗服务市场。

相比竞争，较少研究分析呼吁对医生行为的影响。黄涛和颜涛（2009）将医疗产品视作信任产品，构建信号博弈模型分析医疗产品的供给效率。若疾病严重的概率超过一定程度，医生会过度医疗，损害社会效率。激励患者搜寻知识以及引进对医生过度医疗行为的合适的惩罚机制可以在一定程度上消除医生过度医疗行为，暗示了呼吁机制之一——投诉可以发挥作用。

二、我国医生的激励约束体系

（一）我国公立医院医生的激励约束体系

诸多学者（蔡江南等，2007；陈钊、刘晓峰和汪汇，2008；封进和余央央，2008）提出我国医疗卫生的组织方式存在二元化混合特征：公立医院筹资市场化和较强行政管理色彩的管理模式并存。这使我国医疗机构的激励约束机制存在扭曲，集中表现为"看病难，看病贵"。

1. 公立医院筹资市场化："被动设租"与公立医院的"求生存、谋发展"

自20世纪80年代，我国希望借助医疗卫生体制的"市场化"来降低财政负担，改善医院绩效。基本医疗产品被认为不具有公共产品的特性，可以通过市场方式提供。政府减少了对医院的相对投入，2009年政府对医院的补助收入仅占医院收入的7%。市场化大幅度提升了医院物力成本和潜在人力成本。为了应对医院运营成本的刚性增加，国家对公立医院"给政策，不给钱"：放开经营自主权，将医院设定为差额财政拨款单位，增加医院的收费项目，实行承包责任制，鼓励公立医院资金自筹，实现创收。医院事实上自负盈亏、自给自足。政策还规定医院可以将增收节支的结余用于集体福利和个人奖励，这刺激了医务人员的逐利动机。医院方面也采取了多种办法充分调动医务人员逐利的积极性，最终形成了院科两级核算，医生、医院一元化的经济利益共同体。医院和医务人员追求创收的激励由此形成。

公立医院的管理者和医务人员将本应无偿或者低价供给的医疗产品作为商品向服务需求者索取报酬，甚至是高报酬，形成了"设租"行为。过度医疗，医疗腐败事件频现。不过，这并不完全是公立医院和医生的问题。在政府财力不足的情况下，公立医院依靠政府赋予的服务换收入的权力，弥补其生产成本是公立医院必然，也是其被动的选择，形成了"被动设租"。

医院具有一定的垄断性，加之其信息优势，被动寻租一旦形成路径依赖，除非能够改变医院和医务人员的逐利动机，即改变激励约束机制之外，很难消除"被动寻租"。政府在整治公立医院大处方、高价药、滥检查、医用试剂和材料浪费等方面的不成功就充分说明了这一点。

2. 医疗机构的行政管理模式：医疗人员积极性受损

医疗服务筹资市场化的同时，医疗机构的管理仍然沿袭了以往的行政管理方式。公立医院受到高度集中的行政管理，并主导了医疗资源，医疗服务本身的市场化并没有实现。

291

在行政管理模式下，公立医院管理者在经营管理方面的权责利不统一，自主权不对称。一方面，院长在重大投资和资产处置的过宽放权使主管部门难以控制公立医院过分追求规模的行为；另一方面，院长在人事制度和分配制度受制于僵化的行政管理，几乎没有自主权。医务人员的技术劳务费用和医院管理费用占医疗费用的比重小，且提升率小。医生的收入主要不是按能力支付，与市场关联度小。这扭曲了医生的行为激励，形成了对医生行为的不必要约束。

首先，医疗服务本身没有实现市场化限制了医生的职业选择，对医生形成了不必要约束。我国的医疗体系是封闭的医疗体系。多数医生作为医院的员工执业，独立行医的医生不能借助医院的医疗设备从事医疗服务。我国医疗市场国有化程度高，民营医院在职称评定方面受到政策歧视也限制了医生的职业选择。公立医院的医生在与医院的讨价还价过程中处于劣势。医院有可能利用医疗服务不可完全核实的特点以及医生职业选择有限，从事机会主义行为，侵占医务人员的利益。

其次，医院为了留住能力较高的医生不得不向医生支付较高的，与能力无关的报酬，导致其他较低能力的医生也被过多支付。公立医院的人事及分配制度改革往往演变成医务人员的利益争夺。"大锅饭"式的医生报酬支付方式降低了员工的从业积极性。

最后，当医疗服务供不应求时，患者不惜通过"红包"等灰色收入的方式尽快获得优质医疗服务，这进一步加剧了患者的就医负担，扭曲了医生的激励机制。

公立医院资金自筹，"给政策，不给钱"形成了公立医院和医生以逐利为核心的激励机制，而行政管理模式不仅不能遏制此趋势，还加剧了激励机制的扭曲，最终形成了公立医院的行为模式——绩效上突出追求利润，发展上以规模扩张为主，管理体系上权责匹配混乱。"社会利益部门化，部门利益单位化，单位利益个人化"成为医疗机构的重要特征，政府职能缺失与错位共存。

在公立医院医生扭曲的激励机制的形成、发展过程中，患者并没有起到纠正医生行为的作用，仅仅是无作为的哑巴受害者。市场机制的不健全没有赋予退出的渠道，而我国处于初级阶段的患者呼吁制度也难以使患者有呼吁的能力和机会。

（二）我国营利医院医生的激励约束体系

营利医院筹资市场化使营利医院医生的收入与医院的市场业绩挂钩。争取病人就医，获得经济收入成为医生的主要工作职责；医疗服务没有实现真正的市场化，使营利医院的医生主要不是通过提高医疗质量，改善医疗服务吸引患者就医，而是通过打广告、过度医疗、夸大病情等行为糊弄患者，获得收入。营利医院医生的激励机制同样存在扭曲。

政策方面对营利医院医生和营利医院的不公平约束进一步加剧了营利医院医生对经济利益的追逐以及行为的扭曲。国家规定，公立医院与营利医院在人才引进，职称评定方面享有一样的标准和待遇。然而，不可否认的是，营利医院始终处于劣势地位。

营利医院的医生在科研条件、科研课题招标及成果鉴定、职称评定和退休后的待遇等方面都与公立医院的医生存在明显差距。现有科研项目的衔接、学术研究的持续，学术地位、学术交流的机会和业内认可度无一不与医生就职的医院密切相关。营利医院的医生因为身处营利医院而丧失继续担任硕士生导师的资格；营利医院的医生难以申请的科研课题，晋升机会被剥夺。这限制了营利医院人才的引进和营利医院医生的职业发展。为了长远发展，营利医院的医生往往放弃营利医院给予的高薪，选择公立医院就职。留在营利医院的医生由于职业发展受限，营利医院医生转而寻求经济的补偿。营利医院的职业道德逐步让位于对经济利益的追逐。

由于营利医院医生流动大，营利医院医生的工作压力相对也较大，营利医院医生的平均行医水平低于公立医院。人才队伍不稳定成为制约营利医院发展的一大障碍，弱化了营利医院与公立医院公平竞争的能力。多点执业制度的不健全进一步加剧了营利医院医生的从业困难，增强了公立医院约束医生的能力。缺乏公平竞争的能力促使营利医院及其医生出于经济激励，寻求非公平的竞争手段增加收入，甚至不惜侵害患者利益。营利医院医生的激励机制扭曲程度加大。

市场竞争机制不健全引致的信息不对称问题使患者难以选择医院，退出医院；营利医院没有设立有效的患者呼吁渠道，或者即使设立了，但也名不副实、形同虚设。营利医院坑害患者的行为层出不穷。

三、患者呼吁与医生行为约束

不考虑医院的所有权差别。假设时间是离散的、无穷的。每一单位时间都有数量标准化为 1 的新患者进入医疗市场。假设患者罹患某种疾病有两种可能性：严重（s）或轻微（m），自然决定两者发生的可能性，前者的概率为 $\alpha \in [0,1]$，后者的为 $1-\alpha$，是公共知识。假设患者治疗的净效用始终大于不治病的效用。患者不确认自己所患疾病的严重程度，医生经过诊断能够确知患者患病的类型并提出诊断方案。本章没有考虑诊断成本。假设有两种治疗方案：大治 E 和小治 C。大治能够治愈严重疾病和轻微疾病；小治只能治愈轻微疾病。患者事后能够观察到自己是否已被治愈。疾病治愈，患者恢复健康能够获得效用 U。令小治的花费为 p_C，且小治的边际成本为 0，医生获得 p_C 加成；大治在此基础上还要多花费 m。$p_C > 0$，$m > 0$。医生对重病患者大治获得的加成仍为 p_C；医生对轻微患者采取大治诊疗方案，患者能够观察到诊治过程，却不能完全验证，医生能够获得 m 额外利润。

将医生的数量标准化为 1，不考虑新医生的进入。医疗市场存在异质医生，患者不能观察到医生的类别。假设比例为 $\beta \in [0, 1]$ 的医生以患者利益为其追求目标，是患者导向型医生；$1 - \beta$ 比例的医生是利益导向型的医生，只追求自身经济利益最大化。利益导向型医生不惜给予轻微症状的患者大治以最大化其自身利益，从事机会主义行为欺骗患者，我们把这种行为的概率定为 $\gamma \in (0, 1)$。而后者始终不会从事机会主义行为。

具体来说，医生的诊治策略有以下四种可能：E/s，E/m，C/s，C/m。"/"前边的字母表示医生推荐的诊治方案，后边的字母表示患者患病的实际情况。C/s 意味着医生向病情严重的患者推荐了小治方案。在患者能够观察到其疾病是否治愈的情况下，上述的诊治策略显然不可行。患者导向型医生只会选取 E/s，C/m 两种诊治策略，而利益导向型医生还可能以 $\gamma \in [0, 1]$ 的可能性选择 E/m。

我们建立一个患者和医生的两阶段博弈。第一阶段，自然选择患者患病的程度。患者前往医生处就医。患者可能会拒绝医生开出的大治诊疗方案。相比于大治方案，医生提出小治方案是患者治愈疾病，获取效用 U 较为合算的方式，患者总不会拒绝小治方案。令患者以随机的概率 $\theta \in (0, 1)$ 拒绝大治诊疗方案并付出呼吁成本 K_v 采取呼吁行动。患者的呼吁将迫使医院更换患者的治疗医生。在第二阶段，医院另行指派医生重新对患者病情进行诊断。不管新任医生是否改变诊疗方案，尽管患者仍然难以确知适合自身的诊疗方案，但假定患者重复呼吁需要承担的机会成本过高且 $U > K_v + p_C + m$，患者在第二阶段总会接受医生的诊疗方案。假设新任医生不清楚患者在前一期是否有过呼吁行为，只能凭借自己的信念做出推断。医生和患者均应用贝叶斯法则更新信息和修正其信念以采取最有利行动。此博弈的时间序列为：

$t = 0$：自然选择两种患者类型；严重症状或是轻微症状。患者不知道自身疾病的严重程度，就医诊断。

$t = 1.1$：医生经过诊断，向患者提出诊治方案，或者大治或者小治。

$t = 1.2$：患者决定是否接受诊治方案，若患者拒绝诊治方案，同时采取呼吁行动。

$t = 2.1$：患者的呼吁行动迫使医院重新指派医生诊治。新任医生不知患者过往呼吁行为。

$t = 2.2$：患者接受新任医生的诊治方案。

求解混合策略的精炼贝叶斯均衡。

命 题 1：当 $K_v < \dfrac{\beta(1-\beta)(1-\alpha)m}{(1-\beta+\alpha\beta)}$ 时，存 在 均 衡 （γ_2^*，θ_2^*）；当

$\dfrac{m(1+\alpha-2\sqrt{\alpha})}{(1-\alpha)} > K_v > \dfrac{\beta(1-\beta)(1-\alpha)m}{(1-\beta+\alpha\beta)} > m(2\beta-1)$ 时，存在三重均衡：γ_1^*，

γ_2^*，1。当 $\dfrac{m(1+\alpha-2\sqrt{\alpha})}{(1-\alpha)} < K_v$ 时，利益导向型医生总是欺骗患者，而患者并不会呼吁。如图 8 - 2 所示。

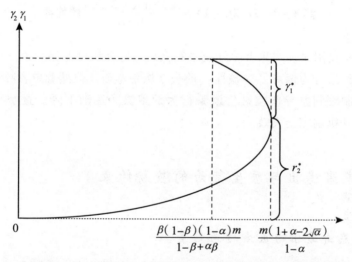

图 8 - 2　$m(2\beta-1) < \dfrac{m(1+\alpha-2\sqrt{\alpha})}{1-\alpha}$ 的均衡

若 $m(2\beta-1) > \dfrac{m(1+\alpha-2\sqrt{\alpha})}{1-\alpha}$，即 $\beta > \dfrac{(1-\sqrt{\alpha})}{1-\alpha}$，

在 $K_v < \dfrac{\beta(1-\beta)(1-\alpha)m}{1-\beta+\alpha\beta}$ 区间可得均衡 γ_2^*，存在唯一的混合战略精炼贝叶斯均衡。当 $K_v > \dfrac{\beta(1-\beta)(1-\alpha)m}{1-\beta+\alpha\beta}$ 时，存在 $\gamma_p^* = 1$，$\theta_p^* = 0$ 的纯战略精炼贝叶斯均衡。如图 8 - 3 所示。

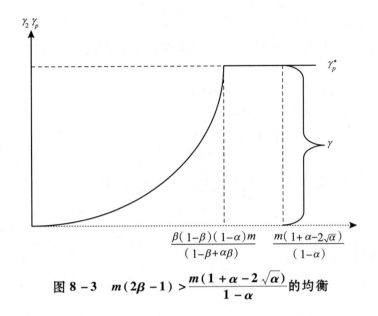

图 8 - 3　$m(2\beta-1)>\dfrac{m(1+\alpha-2\sqrt{\alpha})}{1-\alpha}$ 的均衡

求解过程见附录。当患者呼吁成本较低时，呼吁机制能够约束医生的欺骗行为以及规避医生行为偏离"公益性"的公立医院本质。但随着患者呼吁成本的提高，呼吁机制对利益导向型医生欺骗行为的威慑力逐渐下降，直至呼吁成本过高，此时呼吁机制完全失效。

四、患者退出与医生行为的激励约束

（一）患者退出与医生行为约束

根据赫希曼（Albert. O. Hirschman，1970）的"退出—呼吁理论"，患者可以借助市场力量，通过退出，另行选择医生就医来约束医生的欺骗行为。患者退出成本越低，医生之间的竞争越激烈。我们同样建立一个患者和医生的两阶段博弈来分析患者的退出对医生行为的约束。在第一阶段，自然选择患者患病的严重程度。不知自身疾病程度的患者就医。患者可能会拒绝医生开出的大治诊疗方案，但不会拒绝小治方案。令患者以随机的概率 $\lambda \in (0，1)$ 拒绝大治诊疗方案并退出另行就医，为此，患者需要支付退出成本 K_e。在第二阶段，尽管患者仍然难以确知适合自身的诊疗方案，但患者总会接受医生的诊疗方案。此假设基于患者第二次退出的机会成本过高且 $U > K_e + p_C + m$ 的认定。假设新任医生不清楚患者有退出经历，医生根据自己的信念做出推断，并决定欺骗患者的概率。此博弈的时间序列如下所述：

$t = 0$：自然选择两种患者类型；严重或是轻微。患者不知道自身疾病的严重程度，就医诊断。

$t = 1.1$：医生经过诊断，向患者提出诊治方案，或者大治或者小治。

$t = 1.2$：患者决定是否接受诊治方案。若拒绝，患者退出，另行就医。

$t = 2.1$：患者重新接受新任医生的诊治。

$t = 2.2$：患者接受新任医生的诊治方案。

在这个两阶段的退出博弈中，具体的解题步骤和均衡结果与患者采取呼吁行动的博弈近似。我们只在篇中列示均衡解。

若 $m(2\beta - 1) < \dfrac{m(1 + \alpha - 2\sqrt{\alpha})}{1 - \alpha}$，即 $\beta < \dfrac{(1 - \sqrt{\alpha})}{1 - \alpha}$，

在 $K_e < \dfrac{\beta(1 - \beta)(1 - \alpha)m}{1 - \beta + \alpha\beta}$ 区间存在唯一的混合战略精炼贝叶斯均衡。利益导向型的医生欺骗患者的概率为：

$\dfrac{(m - K_e)}{2m(1 - \beta)} - \dfrac{\sqrt{\phi}}{2m(1 - \beta)(1 - \alpha)}$（$\phi = (1 - \alpha)[(m - K_e)^2 - \alpha(m + K_e)^2]$，且 $\phi \geq 0$）。

患者在第一阶段拒绝大治诊治方案的概率为：

$$\lambda_2^* = \frac{2m(1 - \alpha)}{(1 - \alpha)(2p_C + m + K_e) + \sqrt{\phi}}$$

随着患者退出成本的增加，利益导向型医生欺骗患者的概率也增加。医生市场的竞争越激烈，市场竞争机制抑制医生欺骗行为的效果越明显。

当 $\dfrac{m(1 + \alpha - 2\sqrt{\alpha})}{1 - \alpha} > K_e > \dfrac{\beta(1 - \beta)(1 - \alpha)m}{1 - \beta + \alpha\beta} > m(2\beta - 1)$ 时，如呼吁博弈，存在三重均衡。医生欺骗患者的概率分别为：（1） $\dfrac{(m - K_e)}{2m(1 - \beta)} + \dfrac{\sqrt{\phi}}{2m(1 - \beta)(1 - \alpha)}$ 和 $\dfrac{(m - K_e)}{2m(1 - \beta)} - \dfrac{\sqrt{\phi}}{2m(1 - \beta)(1 - \alpha)}$。当 $\dfrac{m(1 + \alpha - 2\sqrt{\alpha})}{1 - \alpha} < K_e$ 时，存在纯战略精炼贝叶斯均衡，利益导向型医生总是欺骗患者。市场竞争机制的有效性随患者退出成本的提高而降低，直至退出成本很高时，市场机制无效。

若 $m(2\beta - 1) > \dfrac{m(1 + \alpha - 2\sqrt{\alpha})}{1 - \alpha}$，即 $\beta > \dfrac{(1 - \sqrt{\alpha})}{1 - \alpha}$，

在 $K_e < \dfrac{\beta(1 - \beta)(1 - \alpha)m}{1 - \beta + \alpha\beta}$ 区间，存在唯一的混合战略精炼贝叶斯均衡。利益导向型医生欺骗患者的均衡概率为：$\dfrac{(m - K_e)}{2m(1 - \beta)} - \dfrac{\sqrt{\phi}}{2m(1 - \beta)(1 - \alpha)}$

（ $\phi = (1-\alpha)[(m-K_e)^2 - \alpha(m+K_e)^2]$ ，且 $\phi \geqslant 0$ ）。患者在第一阶段拒绝大治诊治方案的均衡概率为：

$$\lambda_2^* = \frac{2m(1-\alpha)}{(1-\alpha)(2p_C + m + K_e) + \sqrt{\phi}}$$

患者退出成本越低，市场机制越能有效威慑医生的不合理医疗行为，利益导向型医生欺骗患者的概率越小。当 $K_e > \dfrac{\beta(1-\beta)(1-\alpha)m}{1-\beta+\alpha\beta}$ 时，存在 $\gamma_p^* = 1$ ， $\theta_p^* = 0$ 的纯战略精炼贝叶斯均衡。此时，患者退出成本过高，市场机制完全不能减少医生的欺骗概率。

（二）患者退出与医生行为激励

赋予患者退出能力，加强市场竞争可以约束医生的欺骗行为。事实上，市场竞争的约束也有利于激励医生主动减少欺骗行为。

首先，在市场机制下，医院之间也会产生竞争。医院不仅作为医疗产品的卖方展开竞争，还会围绕生产要素——医生的人力资本展开竞争。市场机制有利于打破医生进入或退出医院的制度性壁垒，实现医生的自由流动，保障医生与医院自由签订和执行契约的权利。这不仅有助于减少医院剥夺医生收入的机会主义行为，更好保障医生的权益，提高医生的从业积极性，更重要的是，市场揭示了医生服务的客观标尺，医院竞争有利于更好地评价医生的服务，使医生能够根据其所提供的医疗服务的数量与质量获得报酬，减少激励的扭曲。

其次，市场机制还有利于推动医生声誉机制的建立。市场机制将医生的收入、职业发展与其声誉挂钩。欺骗行为的短期获利可能抵不上欺骗行为导致声誉降低带来的长期损失。医生有主动向潜在患者和医院传递高质量与高水平服务的信号、维持声誉的激励，相应地也会减少欺骗行为。综上所述，患者退出和竞争机制在约束医生行为的同时也有利于改变医生的激励机制，使其行为目标与公益性目标不谋而合。

依据赫希曼（Albert. O. Hirschman）提出的"退出—呼吁"理论，建立博弈模型分析引进患者的退出和呼吁对医生行为的激励和约束。现有的文献集中于市场竞争机制对医生行为的约束，除了对此进行了分析外，本书还提出市场竞争机制在调动医生积极性，正向激励医生方面存在积极作用。同时，分析了以往学者尚未关注的患者呼吁对医生行为的影响。研究发现，只要患者的"退出""呼吁"成本低于某一水平，患者的"退出"和"呼吁"能够约束医生欺骗患者行为。市场竞争机制的建立还有利于合理评价医生服务，激励医生建立声誉，合理医疗。

"新医改"方案尚缺乏对医生行为良性激励的安排。医生缺乏足够的激励参与以"公益性"为核心的公立医院改革，这成为公立医院改革的一大"绊脚石"。根据模型推导结论，我们试图围绕降低患者呼吁和退出的成本，重构公立医院的外部治理和内部治理，构建外部治理形成的外在激励和约束能够有效被内部治理承接的激励体系。

1. 外部治理

通过构建信息交流平台，实现医生身份自由化，改进医保补偿方式，合理监管等安排提高患者的退出和呼吁能力，形成合理激励医生行为的外部治理体系。

（1）构建信息交流平台。

医疗信息不对称的基本特征不仅使医生能够凭借绝对信息优势欺骗患者，医患的信息不对称还会提高患者的退出和呼吁成本。医疗服务的专业性和患病的不确定性使患者个人之间很难互相交流医疗信息。设立一个专门收集医疗信息的组织机构，并建立信息发布和交流的平台无疑可以帮助患者更轻易地获取相关信息，降低患者搜索信息的成本，更有力地采取退出和呼吁行为。波普（Pope，2009）对美国老年人医疗数据的研究表明：年度医院排名对医院非急诊就医人数及收入有显著的正向影响。信息披露组织还可以考虑进一步扩展职能，在促进会员共享信息和提供咨询服务的基础上，凝聚患者，形成共同的利益诉求，打破集体行动的障碍，成为患者呼吁的有力媒介。在国外，俱乐部或协会形式的各种患者组织，如癌症俱乐部之家，已经能够有效组织患者，参与呼吁活动。

（2）实现医生身份自由化。

公立医院的医生作为事业编制的单位人，职业选择受限，市场化程度较低。"新医改"方案允许医生多点执业迈出了将医生推向市场的第一步，还需要进一步推动医生社会化，由市场决定医生的劳务价格。医生身份自由化还会使患者面对的医疗服务供给者是个人而非一个机构，减少医患不平等，降低患者呼吁成本。

（3）改进医保支付方式。

作为第三方支付机构，医保部门也是外部治理的重要力量。相比患者，医保部门可以更容易获取关于医院和医生行为的信息，实现信息交流。借助支付政策以及谈判机制，医保机构还能直接激励医院和医生的微观行为，成为患者呼吁的渠道。研究发现，管理医疗及与医院建立常规谈判机制有助于降低患者的呼吁成本（Annendale and Hunt，1998）。我国医保的支付政策尚不具备代替患者呼吁的能力。医保机构扮演了患者的"婆婆"这一角色，控制患者行为，没有挖掘患者和医保机构的共同利益，患者仍然以个人身份面对医院、医生。而同时，保险机构仅仅通过支付政策影响医生和医院的行为，没有配套政策解决某种支付方式的负面影响，也没有细化管理渠道。医保机构还需吸收国外经验，完善支付方式。

（4）合理监管。

由于医疗产品信息不对称的属性，政府部门对医生的监管存在缺陷，实际监管中过分看重硬性指标，忽视了软性指标。政府应加强对医院软性能力的监管，激励声誉机制的建立；将医院是否建立患者自由选择医生、投诉机制和信息披露制度等纳入监管责任范围。

2. 内部治理

外部治理需要内部治理的配合。建立医生良性的激励制度需要整顿内部治理，使其顺利承接外部治理的要求。首先，建立医院与医生之间激励相容的工作考核标准与报酬契约，遏制内部人控制，激励合理医疗。其次，赋予患者代表、医疗保险机构、社区代表院董事会、监事会席位，提供信息共享、集体决策的渠道，促使医院决策更多地维护患者利益。

本章暗含了患者偏好同质，风险中性的假设，并假设诊治边际成本为0，患者拒绝诊治方案的同时一定会呼吁，这可能与现实存在不符，下一步的研究则要放开上述假设。关于竞争正向激励医生行为，还仅是描述分析，有待于理论化。此外，分别讨论了"呼吁"和"退出"对医生行为的影响。根据赫希曼（Hirschman）的"退出—呼吁"理论，"退出"和"呼吁"相互关联，存在互补性和替代性。因此，有待于综合分析"退出"和"呼吁"的交叉影响。

第九章

公立医院产权和治理结构改革

中国的医疗体制改革是一个系统过程。一方面要理顺外部治理环境，改革医疗体系的宏观环境：鼓励竞争，改进管制指导思想和具体方法；另一方面要改革微观主体——医疗机构内部治理机制，使公立医院能够在外界治理环境变化的过程中及时作出反应，搭建桥梁，形成外部治理环境和内部治理结构的良性互动关系，从而达到相互约束，相互激励，改善公立医院体系效率和公平性的目标。

根据赫希曼（Hirshman）的"退出—呼吁"框架，能够有效应对外部治理环境变化的组织具有以下基本特征：组织是一个完整、独立的组织。但中国医院市场的主体却不是一个标准化的市场组织或公益组织。中国的公立医院缺乏承接外部治理环境变化的激励与治理结构，不能对外界环境的变化作出符合预期的反应。本章首先围绕外部治理环境和内部治理结构的关系，明确一个公立医院完善的内部治理结构应该具有的特点；然后，分别研究了能够实现上述特征的公立医院产权和治理模式。

一、外部治理环境与内部治理结构的关系

长期以来，我国公立医院的管理体制存在许多与外部治理环境脱节的地方。医院产权不明晰，国有资产流失和内部人控制问题严重，医政职能错位，医院补偿机制不完善，公立医院运行效率低下，委托代理问题突出、激励约束机制失效，各种体制性、结构性、机制性的矛盾日益凸显。我国传统的政府包办、管办不分、行政化的事业单位治理方式无法适应人民群众的医疗服务要求。

301

公立医院管理是由相辅相成的两方面——外部环境治理和医院组织结构组成的（Preker and Harding，2003）。他们如同公立医院的两条腿，公立医院绩效的改善需要公立医院外部环境和内部治理结构的协调运作（世界银行，2010）。外部治理环境的调整效果要落到实处需要内部治理结构的配合。

首先，外部环境的刺激需要医院内部管理的传导和配合。管理者的权限和自主权；医院保留结余及自负盈亏的程度；问责机制；医院社会功能是否明确、是否有全面资金支持等医院内部治理情况决定着医院对外部环境，对市场的应对能力和速度（Preker and Harding，2003）。身处市场竞争环境的公立医院要在竞争中生存、壮大，就必须按照市场经济的规律，转变为自主经营决策，独立承担风险的法人实体，建立与之相适应的法人治理结构。

就呼吁而言，不管是患者对医院的呼吁，还是对医生行为的呼吁，都需要医院内部构建接受和处理患者呼吁的制度和途径，并配之以相应的问责机制。此制度运行的好坏直接关系到患者呼吁的效果。

其次，公立医院对外部环境又不单单是被动的服从。凭借公立医院的信息优势和垄断地位，公立医院总能够寻找到制度环境的薄弱环节，进而挣脱制度环境的束缚，保证医院和医务人员自身的利益。世界银行在其2010年发布的中国卫生政策报告《如何解决中国公立医院系统存在的问题》中提到一些国家公立医院改革失败。这些国家往往是出于某些政策目的开始局部改革，缺乏配套机制的构建，最终医院利用了政策短板，实现突围，整个改革失败。因此，要确保良性的外部激励的有效性，需要协调外部治理和内部治理，完善公立医院的内部治理机制。

在当前的改革过程中，由于没有摸准外部环境和内部治理的配套关系，亟待进一步完善。

二、公立医院产权和治理改革

一个能够适应外部市场环境变化的医院内部治理结构必须具备起码的条件：首先，医院要有明晰的产权。谁投资，谁受益，谁承担相应的风险。其次，医院应是法律上和经济上独立自主的法人实体。作为市场主体的医院，理应能够自主管理、自我发展、自我约束。最后，医院与其他市场主体之间地位平等。为保证医院独立、自主、平等的经济实体地位，需要重新界定政府的职能。政府部门合理布局和管理公立医院。

（一）公立医院的产权改革——多元所有制形式

理论研究和省级数据的实证研究均表明医疗市场产权结构的多元化能更好地适应外部竞争的市场环境。应确保产权结构的多元化：宏观上，应引进营利资本，确保国有医疗资本的合理布局；微观上，则要求对公立医院的产权结构进行调整。

宏观层面上，引进营利资本不是盲目地放开医疗市场，或者仅仅说要放开就能放开。引进营利资本需要相关政策的支持：一是要科学规划医疗机构的设置，合理安排营利机构和非营利机构的比例，为营利资本的发展留有空间；二是减少对营利医院的歧视政策，为营利医院的发展塑造良好的市场环境。

第一，根据患者的偏好和医疗服务的特点，分步骤、分层次地放开医疗市场，引入营利资本。医疗信息不对称程度、患者偏好直接影响医院市场的竞争效果。门诊部、村级医疗机构等基层医疗领域提供的绝大多数都是不可核实质量比例较小的门诊、拿药、点滴等非住院医疗服务，较低的核证成本使患者不需要担心权益被侵害而无法举证的问题。而这部分医疗机构稳定的患者流也约束了营利资本进行机会主义行为的动机。营利资本进入上述的医疗市场能够凭借高效率和细致便捷的服务成功站稳脚跟；综合医疗领域，患者流动性较大，较难建立与患者的长期关系，而且医疗服务质量中不可核实部分的比例较高，营利资本受到的市场约束较低，容易产生机会主义行为；而介于两者中间的医疗专科服务领域，由于服务品种单一，质量较易确定，营利资本的发展前景要好于综合医疗领域。综上所述，政策应优先鼓励营利资本进入基层医疗领域，其次是专科医疗领域和综合医疗领域。

考虑到我国财政支出有限，而公立医院盲目追求横向规模扩大的行为可能损坏公立医院提供公益服务的效率，在具体的医疗服务科目划分方面，给予营利医疗机构在成本降低无碍于质量的基本医疗产品以及特需医疗产品较大的发展空间，促使能够满足患者需求的多层次医疗服务体系的建立。

第二，降低营利医疗资本进入的整体门槛，并根据医疗服务的特点区别化设计医疗服务的门槛，完善医疗机构的退出机制。对我国省级医疗数据的实证研究结果表明：基于住院服务复杂性以及不可核实质量程度较大的特点，医院间只有效率以及相对规模的竞争才能激励医院维持声誉，提高绩效。而门诊服务的不可核实质量较低，患者更重视就医的便利，绝对数量引致的竞争压力降低门诊费用的效果更明显。因此，在设计医疗资本的进入门槛时应该根据医疗机构提供的医疗服务的特点有差别的设置：从事住院服务的营利资本必须满足一定的规模和效率，而对提供门诊服务的医疗机构采取宽松的态度，由市场决定其生存。

我国以往倾向于设置进入门槛，而对营利资本的退出鲜有考虑。没有优胜劣汰约束的营利资本倾向于短期获利，肆无忌惮地从事机会主义行为。下一步，我国应该建立以患者评价为主的淘汰机制。

第三，减轻运营过程中对营利医院的歧视。我国对营利医院和非营利医院实行分类管理的政策。营利性医疗机构在机构和人员执业标准、医疗机构评审、人员职称评定和晋升、医疗保险定点医疗机构资格、科研课题招标等方面都面临较多不公平待遇。这样的政策待遇限制了营利机构的生存和发展空间，降低了营利医院对非营利医院的竞争压力，也会促使营利医院寻求其他的短期获利途径。这样的歧视政策违背了市场竞争的内涵，削弱了竞争机制的作用，有必要予以调整。

微观层面上，合理安排公立医院的产业结构，鼓励社会资本参与公立医院转制。在医疗资源业已趋于饱和的区域引入新的营利医疗资本无疑为资源的浪费。但这也不意味着就任凭公立医院垄断医疗行业，可以通过社会资本参与公立医院转制的方式调整医疗资源的存量，将活水引入死水潭，增强转制后公立医院对市场的适应能力和改革的自主权（Holmstrom，1994；世界银行，2010），刺激医院以市场为导向，改善效率。

将社会资本引进公立医院不仅对转制医院本身，而且对整个市场而言都大有益处。社会资本参与公立医院改制一方面可以缓解财政压力；另一方面改制医院效率的提高能对整个医院市场产生外部效应。改制医院和公立医院提供相似的服务项目，已经具备了市场基础，积累了一定的质量声誉和人才储备，能够立即形成对其他医院的竞争压力，提高医院市场竞争程度，改善医院市场绩效。

（二）公立医院的法人治理体系——独立法人，理事会模式

1. 我国治理模式的探索

公立医院面临多重所有者，各自目标函数不尽相同，委托代理关系错综复杂，常常存在利益冲突；医疗信息不对称严重，难以确定明确的、可比的绩效评价指标（Tirole，1994）；垂直控制和问责机制过于死板，无法应对卫生服务的复杂性或不确定性，难以适应卫生行业的特点，常常失效。"公立"往往意味着医院缺乏灵活适应外部治理环境的动力以及改革的自主权（Holmstrom，1994；世界银行，2010），处于低效率的运行状态（Wilson，1989；Kikeri，Nellis and Shirley 1992；Schleifer，1998）。

有的学者（Wilson 1989，Kikeri，Nellis and Shirley 1992；Schleifer，1998）主张改变公立医院的所有权，将公立医院改制为私立医院，解决公立医院的内部治理结构难以适应外部环境变化的缺陷。而改制过程中可能产生的过高改革成本

令彻底的私有化改革举步维艰（Florence Eid，2001）。

另外，一些学者提出了实现公立医院的法人治理，弥补公立医院的所有制不足的建议。公立医院的法人治理结构规定了所有者和经营者的权利安排，为实现公立医院出资者目的，平衡所有者、经营者以及利益相关者确立若干制度。法人治理结构有助于明确公立医院权责利，简化委托代理链条，令公立医院真正成为独立、自主决策的市场主体（Moore，1996；Barzelay，1992）。

法人治理结构与公立医院单位事业单位和公益性的特点并不矛盾。公立医院虽然是事业单位，但公立医院具有经营性的特点。公立医院根据消耗的物质资料和劳动力价值获得经济补偿，并为市场规律所约束，法人治理结构与其经营性的特点不谋而合。早在1998年国务院就颁布并实行了《事业单位登记管理暂行条例》，明确规定了事业单位应当具备法人条件，构建真正适应市场的法人治理结构。"新医改"方案提出了"建立和完善医院法人治理结构"的要求，力求"明确所有者和管理者的责权，形成决策、执行、监督相互制衡，有责任、有激励、有约束、有竞争、有活力的机制"。

从20世纪90年代至今，我国试验了不同类型的法人治理结构，如上海仁济医疗的管理公司模式，江苏无锡对市属医院进行了托管改革，山东泰安中心医院转变为国有股份合作制模式，浙江东阳市人民医院的董事会模式，上海瑞金医院进行了集团化改革。根据权力机构、决策机构、监督机构和执行机构的安排，治理模式可归纳为以下四种：

（1）自主经营目标责任制。

这种方式没有改变公立医院传统的内部治理模式，仍然实行行政管理下的院长负责制。政府只是下放了经营管理自主权，来提高公立医院经营的自主权。政府和公立医院通过"合同"确立双方的权责利。设定科学的衡量标准管理和评价医院绩效。围绕目标体系的激励机制和责任机制奖优罚劣，确保出资人目标的实现。此模式在延续了计划经济的管理体制基础上引进了市场经济的运行模式。

此模式并未改变公立医院行政化的治理形式，改革成本较低。但此模式沿袭"管办不分"的治理方式，没有明确医院的法人地位，存在"换汤不换药"的缺陷。政府可能仍会出现缺位、越位的情况，医院经营自主权得不到保障，而医院内部权责利不明晰，依然存在着院长"该管的管不了，不该管的瞎管"的弊端。

（2）管办分离模式。

管办分离模式借鉴了香港特别行政区的公立医院管理方式。进行管办分离的核心目的在于分离政府出资者和监管者的双重身份。从形式上，将"管"与"办"的职能分属到两个政府机构负责：卫生行政部门作为"裁判员"，对医院市场进行全行业监管；医院管理中心作为"运动员"，作为医院的出资者，履行办理医院的职责。管办分离实际上是政府的分权，并没有不涉及医院内部治理结构，仍然是行政化的管理模式。

相对于以往行政机构管办一体的治理模式，管办分离模式是个进步。此模式减少了政府对公立医院日常运行的任意干预；卫生行政部门退出公立医院的直接管理范畴，便于对医院市场进行全行业的监管。

但这种管理模式并没有脱离行政化的窠臼。公立医院还不是一个独立法人。且在政策方面，对医院管理中心的权责利仍然多有模糊，实质上仍然摆脱不了管办一体。

（3）托管模式。

在托管模式下，医院所有者与经营者签订合同，将医院的经营管理权移交给具有较强经营管理能力和风险承担能力的专家，有偿经营。托管模式通过合同明确规定了双方的权责利，简化了公立医院的委托代理链条。实行托管后，政府卫生行政部门不再直接干预医院的管理和经营，只对国有医院的经营方向和国有资产进行宏观监督和管理，提高了医院经营者的自主权。托管保证了政府对公立医院的所有权，还实现了专业化经营，有利于提高公立医院的效率。

此外，托管模式还将公益性目标纳入公立医院的管理范畴，有利于公立医院公益性目标的实现。不同于传统的承包责任制，托管经营不是以利润作为单一指标，而是要建立以资本保值、增值为核心的综合绩效考核机制，在兼顾利润水平的前提下，考核公立医院公益性目标的实现和社会责任的履行。

不过，实践中还缺少相应的法律规范明确托管人的法律地位，外部环境与此治理模式存在脱节。这种模式存在一定的风险。

（4）理事会/董事会模式。

理事会/董事会模式以企业化的管理方式为基础，赋予医院充分的自主权。医院的经营权让渡给公立医院的法人，医院的经营权和所有权进一步分离，公立医院转化为自主决策的独立实体。作为独立的法人实体，公立医院建立和完善法人治理结构，负责公立医院的微观运营。政府仍享有公立医院的所有权，但政府不参与医院的直接管理，只是作为公立医院国有资产的出资人履行出资人责任，起到间接监督的作用。此模式分离了医院决策权和执行权，明确了公立医院的法人地位，既有利于提高公立医院的效率，也更有力地保证了决策的科学性，避免出资者和经营者越位。

理事会/董事会模式的不同之处在于公立医院的产权关系。前者不涉及医院资本结构，不改变公立医院产权关系，而后者通过拍卖和出售转让、股份制、股份合作经营以及内部职工持股的方式，调整了公立医院的资本结构。在转变公立医院产权关系的过程中，董事会模式可能产生内部人控制，存在国有资产流失的弊病。

比较上述模式，理事会模式是较适合我国国情的公立医院治理结构，既能够对市场和患者呼吁有效反应，又能够确保政府有效监管公立医院的国有资产，控制转制后医院过分逐利的倾向。

2. 理事会模式

（1）理事会模式特点及对市场的反应力。

理事会模式实行理事会下的管理者负责制。作为非企业法人，医院法人治理结构的基本构架由理事会、监事会和高级管理者组成。理事会是其权力机构。理事托管医院资产，行使公立医院的发展规划、重大投资确定、院长及医院管理层薪酬制定等职能。公立医院作为法人，公开招聘院长，享有独立的经营管理自主权。由院长等医院管理人员组成的执行机构在理事会的授权范围内，负责医院的经营管理和人事管理。院长受雇于理事会，对理事会负责。院长负责公立医院日常运行的管理，监督与制衡医院内部管理和运行。监事会主要执行内部监督，对董事会、高层经营管理人员进行广泛的监督，对医院的有效运营具有十分重要的意义。

就委托代理关系而言，理事会型法人治理模式完全不同于行政权为依托的委托代理关系。后者的委托人和代理人之间缺乏具体的合约，委托人的目标和代理人的义务都不十分明确。而前者已向以自愿性契约为基础的标准市场化的委托代理关系转型。理事会的法人治理结构是在政府监管下，由医院进行自主管理，政府只是起到监督的作用，并不直接干预医院的经营决策。委托人与代理人之间自愿签订合约，约定双方的职责和权利。

理事会模式制度化出资人、公立医院以及公立医院管理者的权责利和义务，委托人的目标和代理人的权责利更加明确。决策、执行和监督机构权力分配合理、职责明确、利益均衡。理事会模式易于衡量代理人目标实现程度，为绩效管理奠定了基础，有利于激励和约束代理人，也有利于强化公立医院对外界治理环境变化的敏感程度。

理事会模式还设置了相关机制，防范与制约管理者履行职责过程中越权和违规行为，纠正与补救损害投资者合法权益的行为及其后果。监管机构、理事会和管理者有效制衡，管理科学，具备有效承接外部治理环境，诸如竞争、激励、监督和制约机制的安排。

（2）理事会治理模式与患者呼吁。

医院市场是一个特殊的市场，公立医院不仅要实现经营性的目标，还要实现公益目标。单靠市场竞争机制难以确保公立医院的整体效率，可能会出现横向规模过分扩大，以成本为代价提高医疗质量，争取患者的现象。引进患者呼吁可以遏制上述现象。理事会治理结构可以为患者意愿的表达，包括患者的个人呼吁和通过机构进行的患者呼吁，留有余地。

一是在决策层面，将患者利益纳入医院的常规决策。公立医院存在多元利益相关者，承载着不同利益相关者的期望。在诸多利益相关者中，基于医疗服务不可核实的质量特点以及医患间严重的信息不对称，患者拥有的可支配资源较少，对改革的影响力较弱。在理事会模式下，可以将患者引进理事会，直接参与理事会的决策，获得第一手的医院信息。针对单个患者理事可能被医院管理层"俘获"，违背患者利益的现象，可以通过理事会的制度建设，对资格、任期等予以限制，约束患者履行理事的职责。在公立医院理事会型的治理机构设计中，还可以纳入社保机构等相关利益主体，为患者组织化呼吁创造机会。

二是理事会模式将患者呼吁纳入具体制度执行。理事会治理模式以绩效为目标进行管理，明晰了各方的权责利，更容易实施以患者为导向的具体管理制度，接受患者的监督。在支持患者呼吁的具体制度方面，包括为患者个人的呼吁建立简便、快捷的投诉机制，并将医院对患者呼吁的处理纳入医院的绩效体系；建立医院与医保机构的谈判制度，为患者通过医保机构进行呼吁留下空间；针对医患信息不对称不利于患者呼吁有效性的特点发展循证医疗，设立专家委员会。

三、政府职能的改革与调整

公立医院产权和治理改革的成功需要政府职能相应的调整。现行政府对公立医院的管理过程存在着与公立医院产权和治理结构改革不相称的两大问题：（1）卫生行政部门和公立医院之间的权责关系不明确。卫生行政部门既代表着政府的利益，又代表着公立医院的利益；既是"裁判员"又是"运动员"，一身兼两职。政府作为政策的制定者、执行者和监督者，对公立医院进行全行业的宏观管理；还是公立医院的所有者，对公立医院的微观运行进行管理。规制部门与医疗服务机构政事合一、政医不分、管办不分。卫生行政部门实际上是自己管自己，全行业管理往往让位于所有者的利益，管理过程中频频出现"缺位""错位""不到位"等问题，不利于公正评价和改善公立医院的绩效和建立健康的市场机制，实现医疗服务供给的"公平性""可及性""安全性"。（2）中国医疗行业存在多头管制，规制权力分散在各个部门。医院院长面临多个"婆婆"。规制机构职责不清，分工不明，规制效率低下。亟待从多个"婆婆"向一个"婆婆"转变，理顺政府职能部门的"办医保障"职能。

解决这两个问题：（1）要分离政府规制者和所有者的角色。由以往的政府行政管理向政府规制转变，由"办医院"向"管服务"转变，由直接干预向宏观间接调控转变。卫生主管部门的职责集中于全行业的管理者，不再直接控制医院。当然，这不意味着政府要放弃其资产所有权，而是改变资产所有权的管理者。在明晰公立医院产权的基础上，将公立医院的所有权集中到卫生行政机构的非隶属部门，由此部门专门负责医院国有资产的管理。公立医院摆脱卫生行政部门的微观管理，自主经营，成为市场竞争的真正主体。（2）要确保卫生行政部门在全行业管理方面独一无二的角色。卫生行政部门退出公立医院的微观"游戏"后成为纯粹的监管者。有必要将分散在卫生部、发改委、民政部、物价部门、工商管理等部门，与医疗行业相关的规制职能都集中到卫生行政部门。卫生行政部门独立、集中行使规制的权利。确保卫生行政部门在全行业管理方面权责一致，职责分明，保证规制者的中立地位和规制的有效公正，引导卫生行业的健康发展。

其规制的内容主要包含以下三个方面：第一，合理规划医疗资源整体布局。防止市场竞争使医疗资源过分集中于特定地域，实现医疗机构的合理分布，确保非城区公众能够得到及时和便捷的医疗服务。第二，调整医疗服务体系的层级结构和资源集中程度，构建"正三角"的医疗服务体系。在健全初级服务体系的前提下形成多层次服务体系。防止医院盲目追求规模经济，医疗服务体系过度向专业化、大型化方向发展。第三，建立和完善相关法律法规和管理制度，促进医院市场健康运行。对医疗服务要素以及相关的健康产品，建立适宜的准入制度；规范医疗卫生服务行为，加强服务质量监控，规范医疗广告等市场行为，打击非法行医；建立医院和医生的退出制度。

公立医院产权改革和治理结构改革势在必行。但是，"新医改"方案在政府职能的设定方面还存在模糊：一方面提出要"建立和完善医院法人治理结构，明确所有者和管理者的责权"；另一方面又提出要开展"核定收支、以收抵支、超收上缴、差额补助、奖惩分明"等多种管理办法。前者意味着"管办分离"，而后者却意味着卫生行政部门要加强对医疗机构的行政干预，难以实现真正的"管办分离"。为促进医疗机构之间的公平竞争，使医院成为真正独立法人实体，政府需要下决心转变职能，实现"管办分离"，厘清上述矛盾。

四、围绕"退出—呼吁"重构医院市场外部和内部治理

我国医院市场是一个特殊的市场，只有结合患者的"退出—呼吁"塑造医院的外部治理环境，并建立与之相适应的内部治理体系，才能有效提升医院市场的绩效。根据前述，市场机制和患者呼吁形成的外部治理约束对改善医院市场绩效有深刻意义。外部治理环境与内部治理结构相辅相成。我国公立医院的内部治理

结构尚不能有效承接外部治理环境的变化。因此，必须在公立医院建立理事会型的法人治理结构，承接外部治理环境。进一步提出围绕"退出—呼吁"重构医院市场外部和内部治理的政策建议，并针对本章内容的不足，提出进一步研究的方向。

改变医院的外在环境是组织绩效提升的前提条件（Steinfeld，1998）。"新医改"方案的着眼点主要集中于改善医疗机构的外部制度环境，而并非医疗机构本身，说明了外部治理的重要性。公立医院实际上是其所处制度环境的应对者，外部制度环境深刻影响着公立医院的绩效。探究公立医院现存的诸多问题，追根溯源都在于医院的外部治理。因此，改善医院绩效必须要调整外部治理，从实质上突破医疗改革的"瓶颈"。

（一）引进竞争机制是必要的

在我国医院市场上，竞争同样可以发挥积极作用，激励医院改善医疗质量。引进市场竞争有利于打破公立医院的竞争优势地位，激励和约束医生合理医疗，改善我国医院市场绩效。

首先，我国医院间的横向竞争促使医院关注产品质量改善。医院间展开错位竞争还能约束公立医院横向规模不断扩大的态势。营利资本除了可以与公立医院展开横向竞争外，还可以与公立医院形成纵向的、错位竞争，形成互补的医疗服务供给体系，满足患者需求的医疗服务体系。

其次，多种产权并存和竞争存在相辅相成的关系，有利于改善医院市场绩效。当市场竞争环境能够促使医院建立质量信誉时，营利医院可以打破其在医院市场发展的障碍，顺利发展。有效地市场机制盘活了处于"夹缝"的医疗营利资本。反过来，鼓励营利资本进入医疗市场提高了市场竞争程度，促使医疗机构降低医疗服务的供给成本；产权的溢出效应还能够激励公立医院平衡质量和成本的关系，提高运行效率，激励营利医院降低逐利动机，提高质量。我国省级数据的实证研究证实了此观点。

最后，市场竞争机制还有利于约束医生的不合理医疗行为。退出不仅能够有效约束医生的不合理医疗行为。退出还能激励医生主动减少不合理医疗行为，建立自身的声誉。

然而竞争发挥作用是有条件限制的。医院改善质量的边际成本、利润率，医疗保险覆盖率和医保政策都会影响医院竞争效果。在医院筹资市场化的背景下，医疗费用倾向于扩张，医院提供的医疗质量可能超过社会最优水平。打造有效竞争的政策环境需要注意以下几方面：

首先，根据市场规律纠正扭曲的价格体系。我国基本医疗产品的补偿较低，甚至低于边际成本，医疗检查以及高端医疗产品的补偿较高，竞争激励医院提高高端医疗产品和检查的质量，却不能改善基本医疗产品的质量，不利于医院承担公益性责任。设定较低的基本医疗产品价格的本意在于保证公民的基本健康权，然而脱离市场定价却不能摆脱市场规律，伴随较低价格的是较低质量的基本医疗服务。因此，医疗产品价格需要反映市场规律。

其次，改变现有的三六九等医院评价机构，使政策不会成为医院改善质量边际成本差异的原因。在医保支付方式差别不大的情况下，三级医院较高的资源禀赋吸引患者集中于三级医院就医，造成了局部"看病难"的问题。

再次，改进社会医保制度。不论从理论判断还是实证研究的结果，当前我国的医保政策在医院市场上的作用模糊不明。在扩大医保覆盖面的同时，还需要改变传统的医保支付方式和管理模式，缓解医院因患者就医弹性的下降带来的竞争压力弱化的局面。

最后，全面引进市场竞争机制。尽管我国早在 20 世纪 80 年代就引进了市场竞争，但我国医院市场竞争仅停留在部分竞争的层面上，竞争广度、深度有限。我国医院市场存在着竞争机制和行政管理杂糅的问题。我国医院市场已经实现了物化形态生产要素的市场化，而医疗产品和人力资本还未实现市场化。公立医院筹资市场化和行政管理方式并存扭曲了我国医院和医生的激励机制。公立医院一味争取超额利润，推动制度演进的路径偏向公立医院的经济利益，迫使有损公立医院利益的改革措施难以推行。引进全面的市场竞争机制有利于纠正医院和医生扭曲的激励机制，推动医院和医生的合理医疗行为。

（二）竞争和呼吁存在互补关系

呼吁给无法退出的患者提供了替代选择，方便了患者意愿的表达。患者可以凭借呼吁的力量，在一定程度上抗拒医院和医生的机会主义行为。对医院本身而言，患者呼吁也存在积极的方面。患者呼吁促进了医院和患者的沟通，使医院可以在降低投资的同时仍然能够改善患者的效用，保持市场份额。呼吁抑制了医院在竞争压力下一味扩大规模和过分改善质量的倾向，一定程度上缓解了市场的不足。呼吁有利于弥补竞争的不足。

当患者呼吁存在可置信退出威胁时，患者更倾向采取呼吁行动，其呼吁行为也更容易为医院接受并作出回应。竞争反过来，支持了呼吁机制。

本章将健康险的保险深度视作患者呼吁的媒介，衡量患者呼吁的能力，实证研究了我国患者呼吁以及呼吁与竞争的交互作用。研究基本证实了我们的理论判断。与第五章对市场竞争的研究对照，呼吁研究中涉及的竞争的结论与其保持了一致性。研究具有一定解释力。

实证研究也表明：由于自身的特点和发展阶段，健康险作为呼吁手段，还存在的不足。我国患者尚缺乏成熟的表达意愿的渠道。在公立医院的改革进程中，患者一直处于一种比较尴尬的境地。作为医疗服务的需求者，患者的利益与医疗服务的提供水平息息相关。然而，患者又常常被忽视，缺乏有效的常规途径表达意愿。患者呼吁的渠道或者还只限于意向，未落实，或者是已经建立但推广适用度不够。一定程度上只是形式化的书面制度。患者呼吁的制度安排与能力有待于进一步加强。

（三）根据外部治理环境要求建立公立医院法人内部治理结构

在对外部治理环境的研究中，我们发现外治理环境与内部治理结构存在共生关系。外部治理环境的改变需要内部治理机构的传导与落实。缺乏与外部治理环境一致的内部治理结构，外部环境的效果将会大打折扣。

中国医院市场的主体还不是一个标准化的市场组织或公益组织。中国的公立医院缺乏承接外部治理环境变化的相应的激励与治理结构，不能对外界环境的变化作出符合预期的反应。中国的医疗体制改革必须对微观主体——医疗机构进行改革，建立两者的良性互动关系。

对内部治理结构的改革主要有三方面的内容组成。首先要进行产权改革，在所有制层次进行市场化。宏观上，调整公立医院的布局，合理确定公立医院和营利医院的比例，为营利医院的进入留有空白；微观上，允许社会资本参与公立医院的转制过程。

其次要转变治理结构，使公立医院成为独立法人。我国医院已经在此方面进行了诸多尝试。其中，理事会模式与中国现实情况最为契合。在这种模式下，公立医院成为独立的法人，能够迅速应对市场的变化，又可以在制度层面为患者呼吁留有余地，还保障了政府作为国有资产的管理者的权利，可以防止国有资产流失。

最后是政府职能的改革与调整。政府对公立医院现有的管理方式与产权和治理结构改革后的医院管理要求不相适应。政府职能需要根据变革后的公立医院特点，进行相应地调整。作为全行业管理者的政府部门退出微观领域，集中对医院行业进行规制；作为公立医院资产所有者，政府部门以理事的身份，雇佣院长管理医院。院长对公立医院理事会负责。医院管理者和规制者为不相干部门，两者之间不存在隶属关系。

第十章

基本药物制度对乡镇卫生院医疗
服务提供的影响研究

第一节 研究背景与目的

一、基本药物制度发展及各国经验

最早的基本药物概念是世界卫生组织（WHO）于 1975 年提出的，两年后，第一版基本药物目录问世，最早的基本药物是指那些相对于人群健康最重要、最基本、最必不可少的药品（WHO，1977）。1978 年，世界卫生大会通过第 31 号、第 32 号决议，敦促成员建立国家基本药物目录和能满足需要的采购系统，同年的阿拉木图宣言将提供基本药物作为初级卫生保健的 8 个关键要素之一（WHO/UNICEF，1978）。1985 年的内罗毕会议上，世界卫生组织对基本药物策略进行了进一步的发展，从单一地重视基本药物遴选扩展为同时重视基本药物的生产、配送、质量及合理使用（WHO，1987）。2002 年，WHO 对基本药物概念进行了进一步完善并沿用至今，基本药物是指那些满足人群优先健康需要，与公众健康相关，有足够的证据证明安全有效，并具有较好的成本效果的药品，基本药物在任何时候都有足够的数量和剂型，其价格是个人和社区能支付的起的（WHO，2002）。

在发展中国家，孱弱的药品生产与供应体系、医疗服务机构与医务工作人员的短缺、卫生投入不足和高昂的药品花费等因素影响了药品的可获得性，而基本药物目录能够帮助这些国家合理安排药品的采购和配送，减少医疗卫生花费，促进药品的可获得性。1977 年，只有 12 个国家存在基本药物目录或基本药物计划，而随着时间发展，目前世界上已经有 4/5 的国家建立了基本药物目录。

德里是印度唯一实施完整基本药物制度的地区，其 1994 年开始实施的基本药物制度模式取得了巨大成功并被 WHO 所认可推广。它的特色之处在于对基本目录药品的集中招标采购采用"双信封"法，双信封即技术标与价格标，只有技术标过关后价格标才被公开，这样做在保证药品质量的同时有效地降低了药品价格。药品统一采购并送到医院，并通过一体化的计算机管理系统查看医院药品库存情况，促进合理用药（钱丽萍，2003）。此外，印度政府规定医院使用药品的90% 必须来自基本药物目录（专科医院这一比例为80%）（Chaudhruy，2005），结合德里处方委员会处方集的制定和积极推广，加强对医务工作者的培训，有效降低了 15% ~20% 的药品支出。

南非政府自 1995 年开始全面实行国家基本药物制度，由卫生部管辖下的"南非药品行动计划"全面负责。南非卫生部成立了国家基本药物目录委员会，负责基本药物目录的遴选工作，药品目录每两年进行一次调整，对于病人需要的非基本药物目录内的药品，由医疗机构的药物与治疗学委员会制定一个补充目录，公共财政负责基本药物目录内药品，补充目录内药品需申请获得。基本药物的采购由全国公共部门药品采购联合体通过价格谈判与招标方式进行，然后由省级卫生部门直接向药品供应商购买，并建立药品仓库信息系统，预测药品需求，监测药品使用（武瑞雪，2007）。

泰国自 1981 年开始制定国家基本药物目录并定期进行修订，1997 年由于泰铢贬值，泰国遭遇经济危机，隶属国家公共卫生部提供国内 70% ~80% 医疗服务的医院面临破产，药品价格持续上升，不同医院以不同的价格在同一公司购入相同的药品，药品生产厂家通过经济利益刺激医生多开产品，为解决这些问题，泰国政府实行了药品管理改革，制定了限制医院药品存储类型及数量，建立省级药品集中采购计划，设置药品信息库分享信息等一系列措施。2004 年泰国针对基本药物目录的修订创建了对药品进行比较评价的 ISafE 计算机系统，它以药品的四项标准——信息、疗效、安全、易用为基础进行分数评价，计算所得的 ISafE 得分代表药品的效用，利用 WHO 药品日用量（DDD）及泰国实际消费水平指标计算每位病人每天用去的泰铢数作为基本药物指数（EMCI），利用基本药物指数（EMCI）除以 ISafE 得分所得的调整基本药物消费指数作为药品进入基本药物目录的依据，这样具有数据支撑的基本药物遴选方式，有效地保证了基本药物目录的科学性（Chongtrakul，2009）。

澳大利亚虽然没有明确实施基本药物制度，但其通过药品福利计划保证了药品质量，保障了药品可及性（孙静，2009），其做法对各国基本药物政策的制定存在积极的借鉴意义。澳大利亚推行的是强制性全民医疗保险制度，1948 年建立的药品福利计划是其国家药品政策的核心。药品提供方式主要有两种：一是通过药品津贴计划（PBS）向医院以外的就诊患者提供药品；二是向在公立医院以Medicare 持卡人身份住院的患者免费提供药品（石光，2003）。这意味着如果一个药品要在澳大利亚站稳市场，必须进入其 PBS 药品目录。而澳大利亚对 PBS目录的准入要求十分的严格，首先，药厂需向卫生部的药物评价部门（PES）提出进入 PBS 目录的申请并提供药品经济学报告，由 PES 对报告进行详细评价后交由经济学委员会（ESC）对药品的临床效果、数据质量、假设合理性和经济学评价模型等方面进行评估并上报给药品保险定价机构（PBAC），PBAC 根据 ESC意见决定是否可将此药纳入 PBS 目录（赵静，2010）。临床疗效对 PES 确定 PBS目录药物的价格起关键性作用而不是药物的成本价格，PES 通过集中采购优势，同药品供应商谈判占据主动，有力控制药品价格，逐步在欧盟国家中处于较低水平（龚向光，2002）。

就以上四国药品政策总结，在药品目录的制定方面，泰国和澳大利亚两国利用定量数据来遴选药品的做法更具科学性，四国政府通过药品集中采购控制药品价格的方式，应积极借鉴，在药品合理使用方面，德里通过强制使用基本药物的措施配合处方集的推广，有效地促进了合理用药，给我国促进基本药物合理使用指明了方向。

二、我国基本药物制度发展历程

图 10 - 1 展示了我国基本药物制度发展历程，1979 年开始我国就响应并积极参与世界卫生组织基本药物计划，但一直以来，我国仅停留在基本药物目录的制定层面，并没有建立起系统、完善的以基本药物目录为核心的基本药物政策①。1979 ~ 2004 年，我国共制定颁布了 6 版基本药物目录（见表 10 - 1）。第一版基本药物目录遴选原则为临床必需，疗效确切，毒副反应清楚，适合国情，其后第二版基本药物目录的遴选原则调整为临床必须，安全有效，价格合理，使用方便，中西并重，择优遴选，定期调整补充，随后的几版基本药物目录的遴选工作一直遵循这个原则，已经有研究指出，我国此基本药物遴选原则概念模糊，在实

---

① 叶露. 国家基本药物政策研究 ［D］. 复旦大学出版社 2009 年 11 月.

际应用过程中缺乏可操作性（国进，1995；张震巍，2004；孟锐，2007）。随着医疗保障制度的发展，我国先后制定了《国家基本医疗保险、工伤保险和生育保险药品目录》《新型农村合作医疗保险药品目录》《城镇居民基本医疗保险目录》，具有实际"报销"意义的医保目录更为人们所熟知，基本药物目录一直处于名存虚设的尴尬地位（张川，2009）。除药品目录问题外，针对基本药物生产（龚翔，2004；杨莉，2009），流通（叶露，2008；顾昕，2008；刘宝，2008），使用（王静，2004；孟锐，2005；查勇，2009）等方面的研究指出我国以前的基本药物制度还存在以下问题：

第一，药品生产企业不愿生产价格低廉的基本药物，造成市场短缺，影响基本药物的可获得性。

第二，药品流通企业不愿经营价格低廉的基本药物，影响基本药物的可获得性。

第三，基本药物价格低，利润薄，在"以药养医"的格局下，卫生机构不愿配备基本药物，医生不愿使用基本药物。

第四，缺乏与基本药物目录配套的处方集和临床诊疗指南，缺少针对基本药物使用方面的相关培训。

第五，对基本药物的宣传不够，患者对价格相对低廉的基本药物不认可。

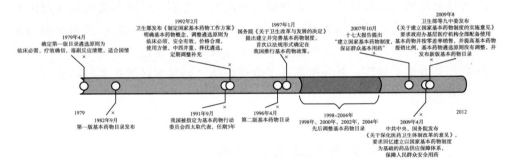

图 10 - 1　我国基本药物制度发展历程

表 10 - 1　　　历年版《国家基本药物目录》药品收录情况

版次	1982 年	1996 年	1998 年	2000 年	2002 年	2004 年	2009 年
西药	278	699	740	770	759	773	205
中成药	未收录	1 699	1 333	1 249	1 242	1 260	102
合计	278	2 398	2 073	2 019	2 001	2 033	307

2009 年 4 月，中共中央、国务院发布《关于深化医药卫生体制改革的意见》，要求加快建立以国家基本药物制度为基础的药品供应保障体系，保障人民群众安全用药。同年 8 月，卫生部、国家发展改革委等九部委联合制定了《关于

建立国家基本药物制度的实施意见》（以下简称《意见》），将基本药物定义为适应基本医疗卫生需求，剂型适宜，价格合理，能够保障供应，公众可公平获得的药品，要求政府举办的基层医疗卫生机构全部配备和使用基本药物，按照零差率销售，并将基本药物纳入医疗保障药品报销目录，报销比例要明显高于非基本药物，其他各类医疗机构也都必须按规定使用基本药物。基本药物的遴选原则没有进行较大调整，国家基本药品目录原则每3年进行一次调整。

乡镇卫生院是我国农村地区医疗卫生服务体系的枢纽，担负着我国农村卫生的基本医疗和预防保健工作，基本药物制度要求乡镇卫生院配备基本药物目录药品并按照零差率销售的规定，势必对乡镇卫生院药品配备及药品价格产生影响，从而影响乡镇卫生院医疗服务开展，进而影响乡镇卫生院筹资水平，《意见》颁布后，各省先后进行了试点，也出现了一些针对基本药物制度实施对乡镇卫生院影响的研究，但这些研究样本量比较小，仅仅为几所乡镇卫生院的前后比较（尹爱田，2011；汪胜，2011；黄杰，2011），不能排除乡镇卫生院随时间变化的自然趋势。

本章研究的主要目的是以山东省基本药物制度试点县和非试点县为研究现场，分析基本药物制度实施对乡镇卫生院服务量及收入的影响，结合现场调查数据分析产生此影响的原因，此外，通过现场处方调查，分析基本药物制度是否促进了合理用药，最后得出结论，为山东省基本药物制度的进一步推进提出政策建议。

具体目标：

（1）研究山东省基本药物对乡镇卫生院服务量及收入的影响并分析原因；

（2）研究山东省基本药物制度实施是否促进合理用药；

（3）为山东省基本药物的进一步推行提供政策建议。

第二节　研究方法

一、技术路线

山东省自2010年3月开始实施基本药物制度试点工作，要求乡镇卫生院全部配备和使用基本药物目录药品并按照零差率销售，利用零差率创造的价格优势，吸引更多的农村患者选择到乡镇卫生院就诊，从而实现引导基本卫生服务下沉的目的，零差率销售势必造成乡镇卫生院药品收入的下降，而医疗收入由于乡镇卫生院服务量的增多会有所上升，此外，基本药物零差率销售会消除了对医生的经济刺激，从而有利于促进合理用药，综上所述，这就形成了本研究的研究假设：第一，基本药物制度实施后乡镇卫生院服务量上升；第二，基本药物制度实施后乡镇卫生院药品收入下降；第三，基本药物制度实施后乡镇卫生院医疗收入上升；第四，基本药物制度实施后，乡镇卫生院合理用药状况改善。

本研究通过分析基本药物制度实施前后乡镇卫生院服务量，收入及医生处方行为的变化，验证研究假设。具体技术路线如图 10 - 2 所示。验证基本药物制度实施是否带来乡镇卫生院服务量上升，药品收入下降，医疗收入上升的资料来源于二手资料，将基本药物制度试点县乡镇卫生院作为干预组，非试点县乡镇卫生院作为对照组，通过倾向指数匹配（PSM）使两组具有可比性，利用双重差分法验证以上假设，利用现场调查的药品价格资料、药品配备资料及关键人物访谈资料分析结果，进行讨论。验证基本药物制度实施是否促进合理用药的资料来源于现场调查资料中的处方数据，通过基本药物制度实施前后处方数据的前后比较进行验证。分析结果，进行讨论，最后得出本研究的结论并提出政策建议。

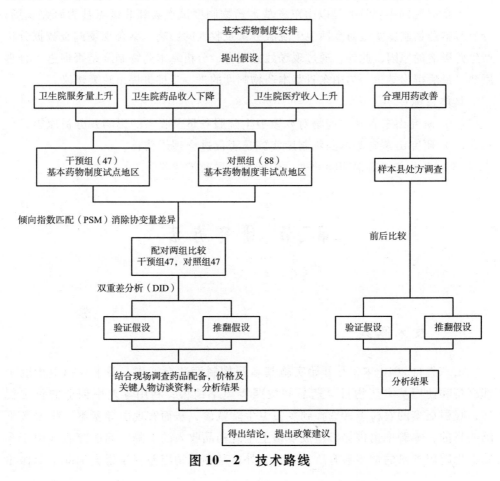

图 10 - 2　技术路线

深化医药卫生体制改革研究

二、资料来源

本研究数据由二手资料与现场调查数据两部分组成。二手资料为山东省基本药物制度实施相关政策文件以及以县为单位的山东省乡镇卫生院 2009 年、2010年两年运行情况数据，现场调查数据包括样本县乡镇卫生院基本药物制度实施前后药品入库单资料、药品价格资料、处方调查数据及关键人物访谈资料。

（一）二手资料收集方法

二手资料中的山东省基本药物制度实施相关政策文件资料主要来源于山东省政府网站、山东省卫生厅网站及百度、谷歌搜索引擎。以县为单位的山东省乡镇卫生院 2009 年、2010 年两年运行情况数据由山东省卫生厅数据库获得。

（二）现场调查资料收集方法

1. 研究现场确定

考虑山东省各试点县区基本药物制度实施情况，根据经济发展水平及地理分布，选取了青岛黄岛区、淄博临淄区及泰安宁阳县作为研究现场，进一步在每县随机选择 3 家乡镇卫生院作为研究对象。共计调查 3 个县，9 家乡镇卫生院（见表 10 - 2 和表 10 - 3）。

表 10 - 2　　　　　　　　　　**样本县基本情况**

指标	黄岛区	临淄县	宁阳县
乡镇数	16	9	12
人口数（人）	837 359	608 246	817 906
其中：农村人口数（人）	647 942	389 842	653 504
财政收入（万元）	261 600	212 200	62 056
财政支出（万元）	327 887	213 800	122 600
其中：卫生事业费（万元）	43 593	4 180	1 018
农村居民年人均纯收入（元）	9 119	8 978	5 770
乡镇卫生院数	16	10	12
其中：中心乡镇卫生院数	6	4	5
开始实施基本药物制度的时间	2010.04	2010.03	2010.04

表 10 - 3 乡镇卫生院选择

地区	乡镇卫生院
黄岛区	黄山乡镇卫生院
	张家楼乡镇卫生院
	大村乡镇卫生院
临淄区	敬仲乡镇卫生院
	南王乡镇卫生院
	凤凰乡镇卫生院
宁阳县	葛石镇乡镇卫生院
	蒋集镇乡镇卫生院
	乡引乡乡镇卫生院

2. 药品入库单资料

为了解基本药物制度实施前后乡镇卫生院药物配备的变化情况，收取了样本乡镇卫生院 2009 年 1 月 1 日至 2011 年 6 月 30 日的药品入库单。药品入库单资料由乡镇卫生院药剂科数据库导出，由分析人员进行整理统计。

3. 药品价格资料

为比较基本药物制度实施前后乡镇卫生院配备药品价格的变化情况，在三地区乡镇卫生院收取了一定数量的药品价格信息，药品纳入标准为：（1）2009 年 6 月与 2011 年 6 月样本乡镇卫生院都配备的国家基本药物；（2）具有相同的通用名、规格、剂型、包装。主要调查内容为药品在基本药物制度实施前后的采购价格、零售价格及生产厂家，其中实施后情况通过山东药品集中采购网获得，实施前情况由乡镇卫生院药剂科工作人员根据实际情况填写获得（见表 10 - 4）。

表 10 - 4 药品抽取情况 单位：个

地区	药品数量
黄岛区	216
临淄区	215
宁阳县	240
合计	671

4. 处方抽取

为了解基本药物制度实施前后药品使用的变化情况，本次调查对样本乡镇卫生院 2009 年 6 ~ 10 月及 2010 年 6 ~ 10 月的处方进行了抽取。黄岛区有两乡镇卫生院实行了处方电子化管理，处方由管理系统直接导出获得，其他乡镇卫生院非电子纸质处方则由数码相机进行拍照收集。处方原则上每月每乡镇卫生院随机抽取 30 张，在实际抽取过程中，由于有样本乡镇卫生院管理不当，造成处方丢失，导致在处方的实际抽取中共抽取宁阳县基本药物制度实施前处方 0 张，实施后处方 346 张，临淄县基本药物制度实施前处方 548 张，实施后处方 536 张，黄岛区基本药物制度实施前处方 299 张，实施后 422 张（见表 10 – 5）。

表 10 – 5 　　　　　　　　　　处方抽取情况 　　　　　　　　单位：张

地区	实施前	实施后
宁阳县	0	346
临淄区	548	536
黄岛区	299	422

5. 关键人物访谈

共计访谈关键人物 35 名，其中包括县卫生局主管基本药物工作的行政人员 3 人，乡镇卫生院院长、药剂科主任及医生计 32 人。卫生局行政人员、乡镇卫生院院长及药剂科主任访谈形式为个人深入访谈，医生访谈形式为焦点小组讨论。访谈由两名访谈人员一组进行，按照设计好的半结构式访谈提纲，一人主问，一人记录并补充提问，并在被访谈人同意的情况下进行录音（见表 10 – 6）。

表 10 – 6 　　　　　　　　　　关键人物访谈情况 　　　　　　　　单位：人

地区	卫生行政人员	乡镇卫生院院长	乡镇卫生院药剂科主任	乡镇卫生院医生	合计
黄岛区	1	3	3	4	11
临淄区	1	3	3	4	11
宁阳县	1	3	3	6	13
合计	3	9	9	14	35

（三）调查内容

1. 二手资料调查内容

二手资料主要为以县为单位的 2009 年、2010 年两年山东省乡镇卫生院规模、服务量、收入情况。乡镇卫生院规模指标主要有服务人口数、固定资产及卫生技术人员数；服务量指标主要为门诊及住院人次数；乡镇卫生院收入情况指标为乡镇卫生院财政补助情况、业务收入情况、其他收入情况。

2. 现场调查内容

机构调查的主要内容为样本乡镇卫生院药品配备及价格变化情况；处方调查的主要内容为单张处方药品数、单张处方费用、抗生素、激素、注射处方比例；关键人物访谈主要涉及基本药物制度实施带来的乡镇卫生院药品配备、服务开展、医生工作积极性、医院收入及合理用药等方面的问题。

（四）调查过程

2011 年 7 月，二手资料通过各相应途径获得并进行了简单处理，2011 年 8 月，由山东大学卫生管理与政策研究中心的老师和研究生完成对 3 县 9 样本乡镇卫生院现场调查资料的收取工作。

三、资料分析方法

（一）有关定义及指标计算方法

1. 合理用药指标

单张处方药品数＝所有样本处方药品数之和/处方样本数

平均处方费用＝所有样本处方费用之和/处方样本数

注射处方比例＝所有使用注射处方数/处方样本数×100%

抗生素处方比例＝所有使用抗生素处方数/处方样本数×100%

激素处方比例＝所有使用激素处方数/处方样本数×100%

基本药物平均使用率＝处方使用基本药物数/处方所有药品数×100%

2. 乡镇卫生院药品配备指标

国家基本药物配备率＝乡镇卫生院配备国家基本药物/307×100%

省补基本药物配备率＝乡镇卫生院配备省补基本药物/210×100%

基本药物配备率＝乡镇卫生院配备基本药物/517×100%

3. 药品价格指标

药品加成率＝（药品零售价价格－药品采购价格）/药品采购价格×100%

药品采购价格变化幅度＝（基本药物制度实施后药品采购价格－基本药物制度实施前药品采购价格）/基本药物制度实施前药品采购价格×100%

药品零售价格变化幅度＝（基本药物制度实施后药品零售价格－基本药物制度实施前药品零售价格）/基本药物制度实施前药品零售价格×100%

（二）资料分析方法

1. 描述性分析

采用均数和中位数对乡镇卫生院服务量相关指标、乡镇卫生院收入相关指标及乡镇卫生院药品采购、零售价格变化幅度等相关指标进行描述性分析，采用率和构成比对注射处方比例、抗生素处方比例、激素处方比例、乡镇卫生院药品配备相关指标进行描述性分析。

2. 单因素分析

对服从正态分布的数值变量资料单张处方药品数等指标的单因素分析采用 t 检验，对不服从正态分布数值变量资料乡镇卫生院规模等指标的单因素分析采用秩和检验，对无序分类变量资料注射处方比例、抗生素处方比例等指标的单因素分析采用卡方检验。

3. 倾向指数匹配（Propensity Score Matching，PSM）

倾向指数是罗斯恩邦格和鲁宾（Rosenbauong and Rubin，1983）提出的，是指在给定一组特征变量（协变量）条件下将观察对象划分到实验组或者对照组的条件概率，其计算方式为：

$$P(z_1, \cdots, z_m \mid x_1, \cdots, x_n) = \overset{N}{\underset{i=1}{\tilde{O}}} e(x_i)^{z_i} \{1 - e(x_i)\}^{1 - z_i} \qquad (10-1)$$

倾向指数匹配是指利用计算所得的倾向指数，从对照组中选出与实验组相近的个体进行匹配，匹配的方式主要有 nearest-neighbor（NN）matching，caliper and radius matching，stratification and interval matching，kernel matching 以及 local linear matching（LLM）。在本研究中，利用 nearest-neighbor（NN）matching 方式。nearest-neighbor（NN）matching 是指从实验组的第一个个体开始，从对照组中选择倾向指数与之最相近的个体进行匹配，这种匹配方式的优点在于匹配集的最大化（王永吉，2011）。在这种匹配方式中，对照组可设置代替或不代替模式及配对数，不代替模式即对照组个体只能使用一次，配对后不能再与实验组其他个体进行配对。设置配对数即可设置与实验组个体匹配的对照组个体数。在本研究中，采用不代替，1∶1 匹配。本研究对二手资料中干预组与对照组的匹配过程如下：

确定需配对变量配对前，服务人口方面，试点地区乡镇卫生院服务人口数为 34 451 人，非试点地区乡镇卫生院服务人口数为 36 311 人，两地区间差异无统计学意义；所在地区方面，试点地区 47 个县，其中东部 19 个、中部 24 个、西部 4 个，非试点地区 88 个县，东部 17 个、中部 40 个、西部 31 个，两样本间差异存在统计学意义（$x^2 = 13.76$，$p = 0.001$）；平均固定资产方面，试点地区乡镇卫生院平均为 332.63 万元，非试点地区乡镇卫生院平均为 227.72 万元，两地区间差异存在统计学意义（$K = 8.07$，$p = 0.005$）；卫生技术人员数方面，试点地区乡镇卫生院平均卫生技术人员数为 44 人，非试点地区乡镇卫生院为 45 人，两地区间差异无统计学意义（见表 10 – 7）。

表 10 – 7　　　　　试点与非试点地区乡镇卫生院基本情况

	试点地区	非试点地区
样本数	47	88
平均服务人口（人）	34 451	36 311
所在地区 *		
东	19	17
中	24	40
西	4	31
平均固定资产（万元）*	332.63	227.72
卫生技术人员数（人）	44	45

注：* 表示 $p < 0.05$。

计算 PS 值，检验是否具备配对条件　通过 SAS 软件 proc logistic 过程计算两组不同观察对象的 PS 值，图 10 – 3 显示，配对前，试点地区的 PS 值均数为 0.41，标准差为 0.14，非试点地区的 PS 值均数为 0.31，标准差为 0.15，两组 PS 曲线有足够的交叉，能够进行较好地配对。

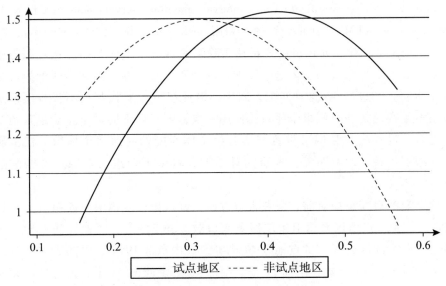

图 10 – 3　配对前试点与非试点地区乡镇卫生院 PS

进行 PS 配对，检验配对效果 利用 SAS 软件进行配对，图 10 - 4 显示，配对后，试点地区的 PS 值中位数为 0.41，标准差为 0.14，非试点地区的 PS 值中位数为 0.40，标准差为 0.14，两组 PS 频数曲线基本重合，配对效果较好。对配对后试点与非试点地区在各指标间差异进行统计学检验发现个指标差异均不存在统计学意义（见表 10 - 8）。

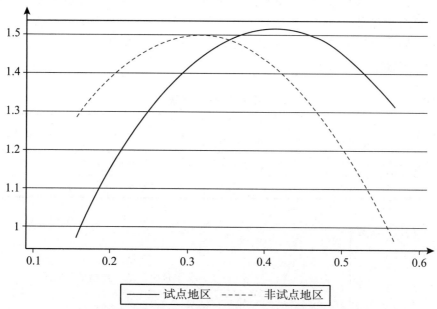

图 10 - 4　配对后试点与非试点地区乡镇卫生院 PS

表 10 - 8　　　　配对后试点与非试点地区乡镇卫生基本情况

	试点地区	非试点地区
样本数	47	47
平均服务人口（人）	34 451	37 448
所在地区		
东	19	17
中	24	26
西	4	4
平均固定资产（万元）	332.63	340.71
卫生技术人员数（人）	44	45

4. 双重差分析

双重差分析（Difference in Difference，DiD）是一种计算干预给作用对象带来的净影响，评价干预效果的计量经济方法（Gertler，2011）。

本研究采用双重差法分析的指标为乡镇卫生院门诊人次数、住院人次数、乡镇卫生院药品收入及医疗收入，以乡镇卫生院门诊人次数为例，基本药物制度实施前，对照与干预两组此指标观察值分别为 Y_1，Y_2，基本药物制度实施后，对照组与干预组的观察指标值分别变化为 Y_3，Y_4，则干预带来的观察指标的净变化值为 $DID = \Delta Y_t - \Delta Y_c = (Y_4 - Y_2) - (Y_3 - Y_1)$，如表 10-9 和图 10-5 所示。同理可得其他三观察指标的双重差分情况。

表 10-9　　　　　　　　　双重差分析示意表

分组	基本药物制度实施前（t_0）	基本药物制度实施后（t_1）	D 值	DID 值
对照组	Y_1	Y_3	$\Delta Y_c = Y_3 - Y_1$	$\Delta Y_t - \Delta Y_c$
干预组	Y_2	Y_4	$\Delta Y_t = Y_4 - Y_2$	

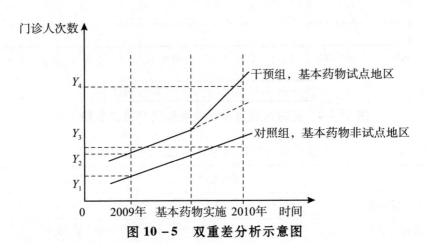

图 10-5　双重差分析示意图

双重差分析的基本模型公式为：

$$Y - \alpha + \beta t + \gamma d + \delta td + \varepsilon \qquad (10-2)$$

其中，α 为常数项，β 为随时间变化的自然变化趋势影响值，γ 为两组样本间的差异影响值，δ 为干预带来的净变化值，ε 为不可观测的影响因素。利用 SAS 9.1 统计学软件 proc glm 过程对进行 PSM 配对后的两组进行分析，计算基本药物制度带来的各观察指标的净变化，检验假设。由于被解释变量乡镇卫生院门诊人次数、住院人次数、乡镇卫生院药品收入及住院收入呈偏态分布，如图 10-6～图 10-9 所示，在进行双重差分析时，通过对数变换对这些变量进行正态性转换。

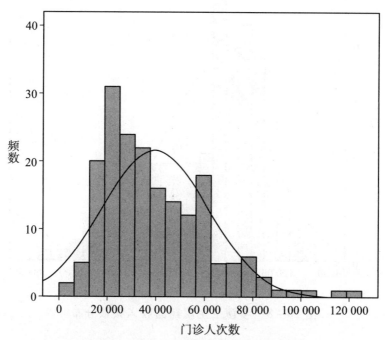

图 10 - 6　乡镇卫生院门诊人次数频数分布

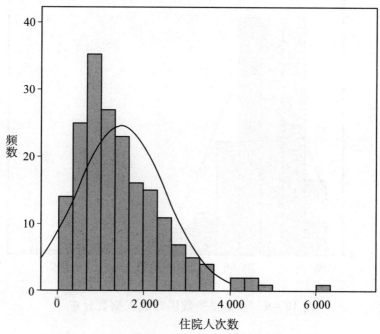

图 10 - 7　乡镇卫生院住院人次数频数分布

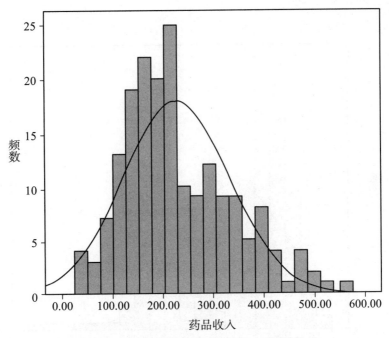

图 10 - 8　乡镇卫生院药品收入频数分布

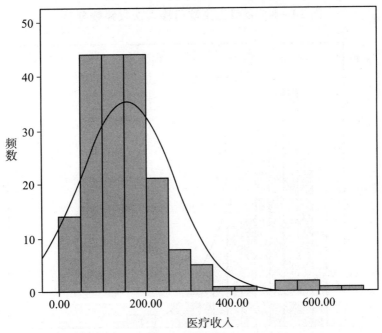

图 10 - 9　乡镇卫生院医疗收入频数分布

（三）定性资料分析

本研究定性资料为关键人物访谈数据。对访谈录音进行反复听取，转化为文本资料，结合现场记录及被访谈人员的神情、语气，根据研究目的，对关键人物访谈资料进行整理、分析、归纳总结，提取利益相关者的主要观点，对定量数据进行补充解释。

四、质量控制

在调查工具设计阶段，课题组多次对调查表进行了讨论修改，并进行了预调查，调整了预调查中出现的问题，保证了调查表的可行性。调查实施前，课题组成员进行了统一培训，假想了调查阶段可能出现的问题，预备了应急措施，保证调查的顺利进行。在现场调查时，每晚对当日调查内容进行审核，并对访谈进行简单整理，保证了调查内容的逻辑性与准确性。在调查资料的整理与数据分析过程中，对发现的问题进一步打电话到现场进行了咨询，对发现的不合逻辑的内容进行核实调整，保证资料真实有效。

第三节　结果与分析

一、基本药物制度实施前后乡镇卫生院服务量变化情况

（一）基本药物制度实施前后乡镇卫生院服务量

对基本药物试点县与非试点县乡镇卫生院服务量变化情况进行比较分析发现，试点地区乡镇卫生院门诊人次数由 33 813 人次增长为 35 624 人次，增长了5.36%，低于非试点地区的 27.73%，住院人次数由 1 030 人次增长为 1 106 人次，增长了 7.38%，低于非试点地区的 10.28%（见表 10 – 10）。

表 10 - 10　　　　　　　　乡镇卫生院服务量情况　　　　　　　单位：人次

服务量	试点地区（47 县）			非试点地区（47 县）		
	2009 年	2010 年	增长率（%）	2009 年	2010 年	增长率（%）
平均门诊人次数	33 813	35 624	5.36	32 179	41 102	27.73
平均住院人次数	1 030	1 106	7.38	1 469	1 620	10.28

（二）基本药物制度带来的乡镇卫生院服务量变化

由于乡镇卫生院门诊人次数及住院人次数不服从正态分布，因此，在进行基本药物制度对乡镇卫生院服务量影响的 DID 分析前，对两指标进行正态性 Log 转化（见表 10 - 11）。

表 10 - 11　　　　　　　　乡镇卫生院服务量情况　　　　　　　单位：人次

服务量	试点地区（47 县）		非试点地区（47 县）	
	2009 年	2010 年	2009 年	2010 年
平均门诊人次数	10.39	10.51	10.34	10.47
平均住院人次数	6.77	6.79	7.13	7.19

注：表中数据为对两指标进行正态性 Log 转化后情况。

表 10 - 12 展示了基本药物制度实施对乡镇卫生院服务量的影响情况，表中被解释变量分别为门诊人次数与住院人次数的对数值，OSL 估计方法被采用。可以看到，基本药物制度实施后，被解释变量门诊人次数对数值为 - 0.01，住院人次数对数值为 - 0.03，基本药物制度带来的两指标变化在 10% 的检验水平下也并不显著，基本药物制度实施后，乡镇卫生院的门诊及住院人次数均无明显增长。

"实现基本药物制度后，部分药物无法购买，需要到县市一级医院购买。实施基药制度初期，这种现象不突出，在基本药物制度实施后 3 ~ 6 个月，以前库存消耗完后，这种现象开始突出。药房及大夫反应出现多次医患纠纷。实现基本药物后大夫的用药习惯及选择性上受到限制"（临淄县乡镇卫生院院长）。

"乡镇卫生院有 200 多种基药，1/3 的药品在最基层的人群中不适合用，而病人需要的药又没有，国家和省补的药加起来不能满足老百姓用药需求，非处方药不够，平时用的比如感冒冲剂都没有，皮肤病用药及儿科用药太少，适合乡镇用的药品品种太少。且影响了医生的用药习惯"（宁阳县乡镇卫生院院长）。

"现在的基药生产厂家选择少，基药品种不齐全，医生用药不习惯，老百姓有时也不认可，有时不能选择最适合病人的药品，如癌症病人康复治疗需要的药乡镇卫生院没有，增加了病人的负担，麻醉药品、妇科流产用药等不在基药目录里，影响了业务的开展"（黄岛区乡镇卫生院院长）。

表 10 – 12   基本药物制度对乡镇卫生院服务量影响分析

	lgmzrcs	lgzyrcs
基本药物制度影响	– 0.01（0.94）	– 0.03（0.92）
常量	10.35 *** （p < 0.001）	7.14 *** （p < 0.001）
样本数	188	188
R^2	0.01	0.04

注：*** 表示在 1% 的水平下显著，** 表示在 5% 的水平下显著，* 表示在 10% 的水平下显著。

二、基本药物制度实施前后乡镇卫生院收入变化情况

（一）基本药物制度实施前后乡镇卫生院收入

对试点地区与非试点地区乡镇卫生院收入变化情况进行对比分析，试点地区乡镇卫生院财政补助由 2009 年的 118.46 万元增长为 2010 年的 201.93 万元，增长了 70.46%，高于非试点地区的 44.97%，业务收入方面，试点地区乡镇卫生院由 2009 年的 332.42 万元下降为 2010 年的 326.13 万元，下降了 1.89%，而非试点地区乡镇卫生院则呈增长趋势，增长了 16.25%，其他收入方面，试点地区由 2009 年的 44.98 万元下降为 2010 年的 38.35 万元，下降了 14.74%，而非试点地区由 33.84 万元上涨为 42.69 万元，上涨了 26.15%（见表 10 – 13）。

表 10 – 13   乡镇卫生院收入情况   单位：万元

收入	试点地区（47 县）			非试点地区（47 县）		
	2009 年	2010 年	增长率（%）	2009 年	2010 年	增长率（%）
总收入	523.57	606.13	15.77	465.63	533.34	14.54
财政补助	118.46	201.93	70.46	53.90	78.14	44.97
业务收入	332.42	326.13	– 1.89	332.12	386.09	16.25
其他收入	44.98	38.35	– 14.74	33.84	42.69	26.15

对试点地区与非试点地区乡镇卫生院收入构成进行分析，财政补助占总收入的比例方面，试点地区由 2009 年的 24.51% 增长为 2010 年的 34.07%，而非试点地区仅仅由 16.43% 增长为 18.34%，业务收入所占比例方面，试点地区业务收

331

入比例由 2009 年的 66.35% 下降为 2010 年的 58.90%，而非试点地区此比例由 73.05% 下降为 72.12%，其他收入方面占总收入的比例方面，试点地区由 2009 年的 9.14% 下降为 2010 年的 7.02%，而非试点地区由 10.52% 下降为 9.54%（见图 10 – 10）。

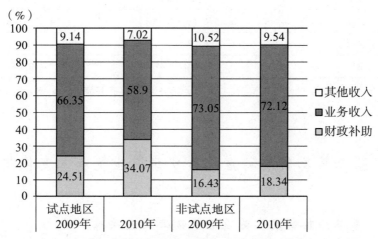

图 10 – 10　基本药物制度实施前后乡镇卫生院收入构成情况

（二）试点地区财政补助

图 10 – 11 对试点地区乡镇卫生院 2010 年财政补助来源进行了分析，乡镇卫生院 94% 的财政补助来自本地财政，仅仅 6% 的财政补助来自上级财政。

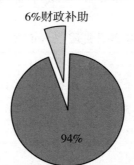

图 10 – 11　基本药物制度实施后试点地区乡镇卫生院财政补助来源

表 10 – 14 展示了样本地区财政补助的不同形式，黄岛区及临淄区财政状况较好，因此，财政补助覆盖了乡镇卫生院在编人员工资；宁阳县财政状况较差，乡镇卫生院人员收入需要乡镇卫生院自己解决。针对基本药物零差率销售的专项

深化医药卫生体制改革研究

补助，黄岛区按照乡镇卫生院的在编在岗人数进行分配，而临淄区及宁阳县则按照基本药物销售额进行分配。

"去年及今年1~4月，11所乡镇卫生院每个月财政补助共80万元。从今年5月开始每月财政补助上调为100万元，每月先补助90万元，剩下10万元年底统一结算。这部分钱上级财政补助了262万元，剩下的钱由县财政配套。基本药物政府补偿主要用于基本药物零差率造成的药品收入损失。县财政负担乡镇卫生院职工工资压力很大，去年由财政仅仅来补贴基本药物制度这一块就感觉很有压力。因此，政府补助不补助乡镇卫生院人员工资，仅补偿基本药物零差率损失"（宁阳县卫生行政人员）。

"临淄区针对乡镇卫生院的财政补助主要包括预算内补助和基本药物专项资金，预算内补助主要用于人员工资、硬件建设及正常办公等方面。县财政补助（人员工资）按月拨款，拨款较及时。政府财政负担80%工资，这是按照2006年的收支确定的，到现在为止没有多大的调整。基本药物财政拨款按照药品差价原则进行拨付，全区拨款一年500~600万元，各乡镇卫生院拨款数额不等，数额少的在3万~4万元，多的40万元左右。临淄区工厂较多，政府财政能力承受能力较好，财政压力不大"（临淄区卫生行政人员）。

"黄岛区对乡镇卫生院的财政补助主要用在人员工资、硬件建设及正常办公等方面，主要有差额补助和基本药物专项资金。现在乡镇卫生院人员工资高于全额事业单位工资。'五险一金'由政府买单，每人每月差不多1 000元。差额补助和基本药物专项资金，全部拨付到乡镇卫生院，由乡镇卫生院进行统筹，基本药物加成的补偿黄岛区市每月110万元，按乡镇卫生院人头补，但每月或每季度都会依据医疗服务质量等进行考核。黄岛区经济发展水平较高，县财政对这几块补助不存在问题"（黄岛区卫生行政人员）。

表 10-14   **样本县财政补助形式情况**

地区	财政补助形式
黄岛区	县财政负责乡镇卫生院在编人员工资的60%，及其"五险一金"；基本药物零差率销售的专项补助按照乡镇卫生院在编在岗人数补给乡镇卫生院
临淄区	区财政负担乡镇卫生院在编人员工资的80%，不负责"五险一金"，对基本药物零差率销售的补偿按照药品销售额进行补偿
宁阳县	县财政不负责乡镇卫生院人员工资，针对基本药物零差率专项补助每月底拨给乡镇卫生院，根据乡镇卫生院服务人口及当月基本药物销售额进行分配

（三） 基本药物制度实施前后乡镇卫生院业务收入

表 10 - 15 对试点地区与非试点地区乡镇卫生院医疗收入与药品收入的变化情况进行对比分析发现，试点地区乡镇卫生院药品收入由 2009 年的 206.66 万元下降为 2010 年的 198.45 万元，下降了 3.97%，而非试点地区乡镇卫生院药品收入则呈增长趋势，由 192.34 万元增长为 246.18 万元，增长了 27.99%，医疗收入方面，两地区均成增长趋势，试点地区由 2009 年的 121.16 万元增长为 2010 年的 148.04 万元，增长了 22.19%，而非试点地区由 141.73 万元增长为 154.72 万元，增长了 9.17%。

"由实施零差率销售造成的损失，还可以通过卫生室的收入弥补一部分。农村卫生一体化改革，卫生室作为乡镇卫生院的运营机构，没有实施零差价，可以增加收入，然后从治疗费这块也可以有所收入。""一是增加妇检项目，彩超等；二是中草药没有实施基药，可以发展中医。""现在医疗服务的成本很高，但是收费水平普遍很低。注射、诊疗费、观察、输液可以收费，挂号费可以恢复收费，但是我们没有收，因为老百姓已经习惯了不交挂号费。我们现在执行的还是 1992年的物价水平，一个床位费是 6 元钱，小儿注射 4 元，成人 2 元，打一瓶加一毛，一直没有变过"（宁阳县乡镇卫生院院长）。

"没有药品收入后，通过收取注射费、化验费、彩超、检查费等来增加收入。""医疗服务收费标准偏低，可以适当提高，这样也可增加基层医院收入"（临淄区乡镇卫生院院长）。

表 10 - 15 乡镇卫生院业务收入情况 单位：万元

业务收入	试点地区 （47 县）			非试点地区 （47 县）		
	2009 年	2010 年	增长率 （%）	2009 年	2010 年	增长率 （%）
药品收入	206.66	198.45	- 3.97	192.34	246.18	27.99
医疗收入	121.16	148.04	22.19	141.73	154.72	9.17

进一步对乡镇卫生院业务收入中药品收入与医疗收入的构成情况进行了分析，与 2009 年相比，2010 年试点地区乡镇卫生院药品收入占业务收入的比例由 62.39% 下降为 58.44%，而医疗收入所占比例则由 37.60% 上升为 41.56%。非试点地区乡镇卫生院药品收入占业务收入的比例由 59.95% 上升为 61.22%，医疗收入所占比例则由 40.05% 下降为 38.78%（见图 10 - 12）。

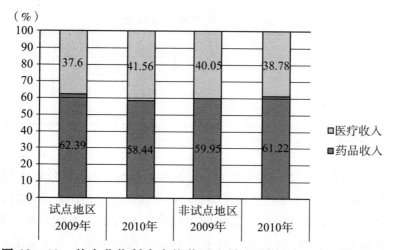

图 10 – 12　基本药物制度实施前后乡镇卫生院业务收入构成情况

　　表 10 – 16 进一步对药品收入及医疗收入进行了分解分析，药品收入方面，试点地区乡镇卫生院门诊药品收入和住院药品收入均呈下降趋势，其中门诊药品收入下降了 3.94%，住院药品收入下降程度较高，达到了 11.52%。非试点地区乡镇卫生院无论门诊药品收入还是住院药品收入均呈上升趋势，上升比例都超过了 24%。医疗收入方面，无论试点地区还是非试点地区的门诊或住院医疗收入，乡镇卫生院均呈上升趋势，且两地区上升比例较为接近。

表 10 – 16　基本药物制度实施前后乡镇卫生院业务收入分解分析 单位：万元

业务收入	试点地区（47 县）			非试点地区（47 县）		
	实施前	实施后	增长率（%）	实施前	实施后	增长率（%）
门诊药品	120.83	116.07	− 3.94	97.49	125.82	29.06
住院药品	89.27	78.99	− 11.52	72.54	90.67	24.99
门诊医疗	57.24	61.70	7.79	63.74	69.74	9.41
住院医疗	64.63	75.05	16.12	72.28	82.83	14.60

（四）基本药物制度对乡镇卫生院业务收入影响

　　由于乡镇卫生院药品与医疗收入不服从正态分布，因此，在进行基本药物制度对乡镇卫生院业务收入影响的 DID 分析前，对两指标进行了正态性 Log 转化（见表 10 – 17）。

表 10 – 17 乡镇卫生院业务收入情况

业务收入	试点地区（47县）		非试点地区（47县）	
	2009 年	2010 年	2009 年	2010 年
药品收入	5.37	5.34	5.15	5.37
医疗收入	4.84	4.96	4.72	4.81

注：表中数据为对两指标进行正态性 Log 转化后情况。

表 10 – 18 分析了基本药物制度对乡镇卫生院药品收入及医疗收入的净影响，OLS 估计方法被采用，基本药物制度实施后，乡镇卫生院药品收入的对数值下降了 0.24，医疗收入的对数值上升了 0.03，药品收入的变化在 10% 的检验水平下存在统计学意义，而医疗收入变化情况在 10% 的检验水平下并不显著。基本药物制度实施造成乡镇卫生院药品收入下降，但医疗收入方面并没有出现增长。

表 10 – 18 基本药物制度对乡镇卫生院业务收入影响分析

	lgypsr	lgylsr
基本药物制度影响	− 0.24 * (0.09)	0.03 (0.86)
常量	5.15 *** (p < 0.0001)	4.72 *** (p < 0.0001)
样本数	188	188
R^2	0.03	0.02

注：* 表示在 10% 的水平下显著，*** 表示在 1% 的水平下显著。

三、基本药物制度实施前后乡镇卫生院合理用药情况

在本部分的分析中，由于宁阳县基本药物制度实施前处方缺失，因此，在分析合理用药变化情况时，只对临淄区及黄岛区进行了分析，对宁阳县基本药物制度实施后合理用药情况进行了简单描述。

（一）基本药物制度实施前后样本乡镇卫生院单张处方药品数

表 10 – 19 显示，临淄县与黄岛区单张处方药品数都出现了下降，其中临淄县单张处方药品数由 3.08 个下降为 2.90 个，黄岛区单张处方药品数由 2.68 个下降为 2.23 个，对两县基本药物制度实施前后单张处方药品数进行 t 检验发现，

黄岛区差异存在统计学意义，临淄县差异不存在统计学意义。

表10-19　基本药物制度实施前后乡镇卫生院单张处方药品数

地区	时期	处方数	单张处方药品数	最小值最大值	标准差	t	P
宁阳	实施前	0	—	—	—	—	—
	实施后	346	2.86	1/12	1.98		
临淄	实施前	548	3.08	1/8	1.59	1.92	0.06
	实施后	536	2.90	1/8	1.52		
黄岛区	实施前	299	2.68	1/6	1.44	4.23	0.00
	实施后	422	2.23	1/8	1.35		

（二）基本药物制度实施前后样本乡镇卫生院单张处方平均费用

表10-20对基本药物制度实施前后单张处方平均费用进行了分析，其中临淄县单张处方平均费用由47.76元下降为40.83元，黄岛区单张处方平均费用由42.11元下降为37.75元。对基本药物制度实施前后两县单张处方费用进行t检验发现，两县基本药物制度实施前后差异均存在统计学意义。

表10-20　基本药物制度实施前后乡镇卫生院单张处方平均费用　　单位：元

地区	时期	处方数	单张处方平均费用	t	P
宁阳	实施前	—	—	—	—
	实施后	346	22.64		
临淄	实施前	548	47.76	-2.53	0.01
	实施后	536	40.83		
黄岛区	实施前	299	42.11	-6.06	0.00
	实施后	422	37.75		

（三）基本药物制度实施前后样本乡镇卫生院注射处方比例

对注射处方比例的研究发现，临淄县注射处方比例由32.85%上升为35.63%，黄岛区注射处方比例由61.87%下降为54.50%。黄岛区基本药物制度前后注射处方比例差异存在统计学意义，临淄县差异不存在统计学意义（见表10-21）。

表 10 – 21　　　　　　　基本药物制度实施前后注射处方比例

地区	时期	处方数	使用注射剂处方张数	注射处方比例%	χ^2	P
宁阳	实施前	0	—	—	—	—
	实施后	346	99	28.61		
临淄	实施前	548	180	32.85	0.94	0.33
	实施后	536	191	35.63		
黄岛区	实施前	299	185	61.87	3.89	0.05
	实施后	422	230	54.50		

（四）基本药物制度实施前后样本乡镇卫生院抗生素处方比例

表 10 – 22 展示了抗生素处方比例的变化情况，临淄县抗生素处方比例基本没有变化，仍维持在 52%，黄岛区抗生素处方比例由 56.52% 下降为 46.68%，对基本药物制度实施前后两县抗生素处方比例差异进行统计学检验发现，黄岛区差异存在统计学意义，临淄县差异无统计学意义。

表 10 – 22　　　　　　　基本药物制度实施前后抗生素处方比例

地区	时期	处方数	使用抗生素张数	抗生素处方比例%	χ^2	P
宁阳	实施前	0	—	—	—	—
	实施后	346	159	45.95		
临淄	实施前	548	290	52.92	0.03	0.87
	实施后	536	281	52.43		
黄岛区	实施前	299	169	56.52	6.78	0.01
	实施后	422	197	46.68		

（五）基本药物制度实施前后样本乡镇卫生院激素处方比例

总的来讲，临淄与黄岛区两县激素处方比例均出现了下降，其中临淄县激素处方比例由 13.32% 下降为 11.75%，黄岛区激素处方比例由 25.42% 下降为 13.74%。对基本药物制度实施前后两县激素处方差异的统计学检验发现，黄岛区差异存在统计学意义，临淄县差异无统计学意义（见表 10 – 23）。

表 10 - 23　　　　　　　　基本药物制度实施前后激素处方比例

地区	时期	处方数	使用激素处方数	激素处方比例%	χ^2	P
宁阳	实施前	0	—	—	—	—
	实施后	346	29	8.38		
临淄	实施前	548	73	13.32	0.61	0.44
	实施后	536	63	11.75		
黄岛区	实施前	299	76	25.42	15.76	0.00
	实施后	422	58	13.74		

（六）基本药物制度实施前后样本乡镇卫生院基本药物平均使用率

表 10 - 24 展示了处方基本药物使用率变化情况，临淄县基本药物平均使用率由 68.20% 上升为 87.24%，黄岛区基本药物平均使用率由 79.90% 上升为 89.81%。对基本药物制度实施前后两县基本药物平均使用率差异进行统计学检验发现，两县差异均存在统计学意义。

表 10 - 24　　　基本药物制度实施前后基本药物平均使用率

地区	时期	处方数	基本药物平均使用率%	χ^2	P
宁阳	实施前	—	—	—	—
	实施后	346	87.78		
临淄	实施前	548	68.20	168.91	0.00
	实施后	536	87.24		
黄岛区	实施前	299	79.90	33.95	0.00
	实施后	422	89.81		

四、基本药物制度实施后样本乡镇卫生院药品配备

（一）乡镇卫生院药品配备

表 10 - 25 展示了基本药物制度实施前后乡镇卫生院药品配备情况，由于黄岛区乡镇卫生院提供的药品出库单不完整，故只分析宁阳县与临淄县的情况，总

的来看，基本药物制度实施后，两县乡镇卫生院药品配备种类数均出现了下降，宁阳县由 804 种下降为 772 种，下降了 3.98%，临淄县则有 346 种下降为 294 种，下降了 15.03%。进一步分析发现，两县配备的基本药物种类数都出现了上升，宁阳县由 237 种上升为 256 种，上升了 8.03%，临淄县则由 177 种上升为 211 种，上升了 19.17%。

表 10 - 25　　　　　　　　　　**乡镇卫生院药品配备情况**

样本县	基本药物			非基本药物			合计		
	实施前	实施后	增长率	实施前	实施后	变化率	实施前	实施后	增长率
宁阳县	237	256	8.03	568	517	-8.99	804	772	-3.98
临淄县	177	211	19.17	169	83	-50.99	346	294	-15.03

（二）乡镇卫生院基本药物配备

表 10 - 26 进一步对实施后乡镇卫生院基本药物的配备情况进行了分析，总的来看，两县乡镇卫生院配备基本药物种类占基本药物目录的比例并不是很高，宁阳县略高一些，为 49.52%，其中国家基本药物 175 种，占国家基本药物目录的 57%，省补基本药物 81 种，占省补基本药物目录的 38.57%，临淄县为 40.81%，其中国家基本药物 138 种，占国家基本药物目录的 44.95%，省补基本药物 73 种，占省补基本药物目录的 34.76%。

"药品可选的厂家太少了。平台上很显著的一点是以价格取货，自古以来药品讲究地道，讲究流程，讲究生产企业的规模和制作工艺程序，这一点很重要。如神威的清开灵、藿香正气软胶囊质优价廉、上海的头孢曲松过敏率低等几种比较好的药品都没有中标。希望基药能多增加一些生产企业，一些名牌产品不能淘汰，虽然广告费用稍高一些，但是效果好，老百姓喜欢用"（宁阳县乡镇卫生院药剂科主任）。

"药品配送太不及时，缺货现象严重。要求一个月下 4 次订单，但是实际得下 20 多次，因为有的药品缺货，需要重复订货。以前没有药可以随时给药材公司打电话，药材公司很快就会把药送过来。齐都药业包了全省的液体，供货压力比较大，现在液体很缺，配送公司缺药，不能配送或配送数量不足"（黄岛区乡镇卫生院药剂科主任）。

表 10 – 26   基本药物制度实施后乡镇卫生院基本药物配备情况

样本县	国家目录		省补目录		合计	
	种类数	配备率	种类数	配备率	种类数	配备率
宁阳县	175	57.00%	81	38.57%	256	49.52%
临淄县	138	44.95%	73	34.76%	211	40.81%

五、基本药物制度实施前后样本乡镇卫生院药品价格

（一）基本药物制度实施前乡镇卫生院药品加成

表 10 – 27 对基本药物制度实施前乡镇卫生院药品加成情况进行了分析，三地纳入分析的 671 个样本中药品加成率在 15% 以下的药品仅仅有 57 个，只占分析药品数的 8.49%，接近 40% 的药品加成比例处于 15% ~ 50%，超过一半的药品加成比例达到了 50% 以上，其中加成率超过 100% 的药品达到了分析样本数的 1/4。

表 10 – 27   样本县药品加成分析情况

地区	0 ~ 15%	15% ~ 50%	50% ~ 100%	> 100%	合计
宁阳	0	44（18.33）	89（37.08）	107（44.58）	240
临淄	17（7.91）	140（65.12）	46（21.40）	12（5.58）	215
黄岛区	40（18.52）	83（38.43）	44（20.37）	49（22.69）	216
合计	57（8.49）	267（39.79）	179（26.68）	168（25.04）	671

注：括号内为构成比。

表 10 – 28 展示了三县药品加成排在前三位的药品，除黄岛区加成排在第三位的药品牛黄解毒片为片剂外，其他药品全部为注射剂。

表 10 – 28   样本县加成前三位药品情况

通用名	地区	剂型	规格	包装	采购价	零售价	加成率
盐酸肾上腺素	宁阳	注射	1ml	1 支/支	0.20	5.00	2 400.00
尼可刹米	宁阳	注射	1.5ml	1 支/支	0.20	5.00	2 400.00
地塞米松磷酸钠	宁阳	注射	1ml	1 支/支	0.02	0.20	1 233.33
地塞米松磷酸钠	宁阳	注射	1ml	1 支/支	0.12	0.35	180.00

续表

通用名	地区	剂型	规格	包装	采购价	零售价	加成率
复方氨基酸	临淄	注射	250ml	1瓶/瓶	2.60	7.00	169.23
胞磷胆碱钠	临淄	注射	2ml	1支/支	0.77	1.80	133.77
丹麦	黄岛区	注射	10ml	1支/支	2.90	19.80	582.76
盐酸左氧氟沙星氯化钠	黄岛区	注射	100ml	1瓶/瓶	1.80	12.20	577.78
牛黄解毒片	黄岛区	片剂	大片	24片/盒	0.30	2.00	566.67

（二）基本药物制度实施前后样本乡镇卫生院药品采购价格变化

表 10-29 对三地乡镇卫生院药品采购价格变化情况进行了分析，在纳入分析的 671 个样本中，采购价格下降的样本有 391 个，占纳入分析样本的 58.27%，价格的 41.73%，价格上涨幅度的中位数为 17.89%。从三地采购价格变化情况比较来看，黄岛区采购价格下降的药品比例最高，为 66.67%，采购价格下降 22.87%，宁阳县采购价格下降的药品比例最低，为 49.17%，采购价格下降 20.78%。

"药品招标采购存在一个问题，原来使用的一些大厂的药品没有中标，中标的是一些小厂的药品，应该引起重视。如某种高血压药品，同一个厂家生产的原先我们卖的是 1 元钱，但这次招标招的是 2.8 元，比以前还贵了。因为有新华制药厂生产的同类药品，成本就 3 元多，大厂成本降不下来，小厂就定 2.8 元，一招就招上，这种情况还比较多。大厂生产的药品质量稳定，小厂药品存在质量波动。老百姓现在一般喜欢品牌药，当能够选择大厂家生产的疗效好的药品时，老百姓并不会选择价格便宜的小厂药品。由于药品集中招标采购，原来进不了市场的小厂药品中标后，价格不仅有所上涨，生产能力还跟不上，造成了药品的缺失，影响临床用药"（宁阳县乡镇卫生院医生）。

表 10-29　　　　　　　　　样本县药品采购价格变化情况

地区	非下降		合计	
	频数	变化幅度中位数%	频数	变化幅度中位数%
宁阳	122（50.83）	23.73	240	0.00
临淄	86（40.00）	11.80	215	-9.60
黄岛区	72（33.33）	23.08	216	-11.88
合计	280（41.73）	17.89	671	-7.81

注：括号内为构成比。

表 10 - 30 显示，宁阳县采购价格上升幅度前三位的药品分别为维生素 K1 注射液、地塞米松磷酸钠注射液及妇科十味片，上升幅度分别为 1 266.6%、766.67% 和 356.9%。临淄区采购价格上升幅度前三位的药品分别为头孢氨苄胶囊、呋喃妥因片及重酒石酸去肾上腺素注射液，上升幅度分别为 229.09%、180.9% 和 146.83%。黄岛区采购价格上升幅度前三位的药品分别为维生素 K1 注射液、盐酸异丙肾上腺素注射液及元胡止痛片，上升幅度分别为 645.45%、449.09% 和 337.14%。

表 10 - 30　　　　　　　样本县采购价格上升前三位药品情况

通用名	地区	剂型	规格	包装	采购价（元）		
					2009 年	2011 年	变化率%
维生素 K1	宁阳	注射	1ml	1 支／支	0.06	0.82	1 266.6
地塞米松磷酸钠	宁阳	注射	1ml	1 支／支	0.02	0.13	766.67
妇科十味片	宁阳	片剂	0.3g	100 片／瓶	1.16	5.30	356.90
头孢氨苄	临淄	胶囊	0.25g	24 粒／盒	1.10	3.62	229.09
呋喃妥因	临淄	片剂	50mg	100 片／瓶	0.89	2.50	180.90
重酒石酸去肾上腺素	临淄	注射	1ml	1 支／支	2.05	5.06	146.83
维生素 K1	黄岛区	注射	1ml	1 支／支	0.11	0.82	645.45
盐酸异丙肾上腺素 *	黄岛区	注射	2ml	1 支／支	0.55	3.02	449.09
元胡止痛片	黄岛区	片剂	复方	24 片／盒	0.35	1.67	337.14

注：* 表示实施前后生产厂商相同。

（三）基本药物制度实施前后样本乡镇卫生院药品零售价格变化

表 10 - 31 对三县乡镇卫生院药品零售价格的变化情况进行了分析，总的来看，药品零售价格呈下降趋势，纳入分析的 671 个样本价格下降幅度达到了 43.75%。对三地药品零售价格的变化情况进一步进行分析发现，三地零售价格下降的药品比例均在 90% 左右，价格下降幅度趋于 41% ~ 55%。

表 10 - 31　　　　　　　样本县药品零售价格变化情况

地区	下降		非下降		合计	
	频数	变化幅度中位数%	频数	变化幅度中位数%	频数	变化幅度中位数%
宁阳	212（88.33）	- 55.00	28（11.67）	17.14	240	- 52.91
临淄	192（89.30）	- 41.74	23（10.70）	33.33	215	- 36.25

续表

地区	下降		非下降		合计	
	频数	变化幅度 中位数%	频数	变化幅度 中位数%	频数	变化幅度 中位数%
黄岛区	196（90.74）	−44.81	20（9.26）	39.07	216	−38.44
合计	600（89.42）	−44.35	71（10.58）	26.74	671	−43.75

表 10−32 展示了三地零售价格上升幅度前三位的药品，宁阳县零售价格上升幅度前三位的药品分别为维生素 K1 注射液、妇科十味片及血塞通注射液，上升幅度分别为 173.33% 、165% 和 75% 。临淄区零售价格上升幅度前三位的药品分别为呋喃妥因片、头孢氨苄胶囊及重酒石酸去肾上腺素注射液，上升幅度分别为 150% 、141.33% 和 102.4% 。黄岛区零售价格上升幅度前三位的药品分别为维生素 K1 注射液、去肾上腺素注射液及血塞通注射液，上升幅度分别为 485.71% 、150% 和 145.61% 。

表 10−32　　　　样本县零售价格上升幅度前三位药品情况

通用名	地区	剂型	规格	包装	零售价（元）		
					2009 年	2011 年	变化率%
维生素 K1	宁阳	注射	1ml	1 支/支	0.30	0.82	173.33
妇科十味片	宁阳	片剂	0.3g	100 片/瓶	2.00	5.30	165.00
血塞通	宁阳	注射	2ml	1 支/支	0.80	1.40	75.00
呋喃妥因	临淄	片剂	50mg	100 片/瓶	1.00	2.50	150.00
头孢氨苄	临淄	胶囊	0.25g	24 粒/盒	1.50	3.62	141.33
重酒石酸去肾上腺素	临淄	注射	1ml	1 支/支	2.50	5.06	102.40
维生素 K1	黄岛区	注射	1ml	1 支/支	0.14	0.82	485.71
盐酸肾上腺素	黄岛区	注射	2ml	1 支/支	0.24	0.60	150.00
血塞通	黄岛区	注射	2ml	1 支/支	0.57	1.40	145.61

注：实施前后表内所有药品生产厂商均不相同。

第四节 讨 论

一、研究方法

乡镇卫生院是我国农村卫生服务体系"三级卫生保健网"的枢纽，负责农村地区的基本医疗及预防保健服务。乡镇卫生院功能的发挥和完善，关系着我国农村地区卫生服务的公平性和可及性，对促进农民健康、社会和谐、经济发展起着至关重要的作用（尹爱田，2007）。2010 年 3 月，山东省开始推行基本药物制度的试点工作，新的基本药物制度要求乡镇卫生院只能配备基本药物目录药品，并按照零差销售，旨在保障群众基本用药，减轻患者医药负担，并利用价格优势吸引患者到乡镇卫生院就诊，引导卫生服务下沉（厉李，2009）。药品零差率销售打破了医院以往"以药养医"的运营模式，对乡镇卫生院的运行与发展产生影响。为验证基本药物制度是否引导农村患者更多地选择到乡镇卫生院就诊，乡镇卫生院药品及医疗收入发生了怎样的变化，不合理用药是否得到了改善，本研究将山东省基本药物制度试点地区乡镇卫生院作为干预组，非试点地区乡镇卫生院作为对照组，评价山东省基本药物实施带来的乡镇卫生院服务量及业务收入的变化情况，并通过对不同经济发展水平地区乡镇卫生院的现场调查，分析基本药物制度带来的乡镇卫生院药品配备、药品价格及药品合理使用方面的变化。由于山东省第一批基本药物试点县并非随机抽取，而是选取的各市经济发展水平较高、卫生事业发展相对较好的县，因此，若直接比较试点县与所有非试点县乡镇卫生院试点前后服务量与收入的变化情况，存在选择性偏倚。为避免此偏倚，采用倾向指数匹配法（PSM）进行了匹配，平衡干预组与对照组之间协变量间存在的差异，并对配对后乡镇卫生院变化情况采用双重差分析法（DID），分析基本药物制度带来的乡镇卫生院服务量及收入的变化情况。

目前针对基本药物制度带来的乡镇卫生院服务量及收入变化情况的研究多采用简单的前后比较，这就不能排除乡镇卫生院随时间变化的自然趋势。本研究通过 PSM 方法配对后，利用 DID 方法进行分析克服了这一不足。

涂彧等（1995）在对乡镇卫生院收入影响因素的调查分析中发现，乡镇卫生院规模、卫生人力资源是影响乡镇卫生院卫生服务开展及其收入的因素；巴比亚尔兹等（Babiarz，2010）在研究新农合制度对乡镇卫生院影响中，对试点地区与非试点地区乡镇卫生院的医生数、医生能力、服务半径及乡镇卫生院所在乡镇收入进行了匹配。由于卫生厅数据库导出数据限制，在本研究 PSM 配对过程中，协变量选择为乡镇卫生院服务人口数、固定资产数、卫生技术人员数及各县所处地区情况，因此，仍然存在其他不可观测影响因素，存在一定的混杂偏倚。此外，山东省自 2010 年 3 月开始进行基本药物制度的试点工作，本研究认为至 2010 年年底，基本药物制度实施已经对此年卫生院医疗服务提供及收入产生了影响，由于至调查日期止，山东省基本药物制度实施时间相对较短，目前观测到的结果具有阶段性，还需要进行持续的监测研究。

二、基本药物制度试点地区乡镇卫生院基本药物配备率不高

本研究通过对样本地区乡镇卫生院基本药物制度实施前后两年药品出库单的收集整理，分析了基本药物制度实施前后乡镇卫生院药品配备的变化情况。由于基本药物制度要求乡镇卫生院只能配备基本药物目录中的药品，乡镇卫生院基本药物配备数量出现了上升，但总体配备率并不高，仅仅占基本药品目录的 40% ~ 50%，非基本药物配备数量下降。马立新等（2011）在对山东省基本药物遴选增补及配备使用情况的分析中发现，在山东省随机抽取的 80 家基层医疗机构平均配备国家基本药物 190 种，增补基本药物 152 种，分别占国家目录与省增补目录的 61.89% 和 70.37%，周余等（2011）对湖北省基层医疗卫生机构实施基本药物制度问题分析的研究中发现，湖北省基层医疗机构国家基本药物配备率为 88.93%。各地区乡镇卫生院并没有达到完全配备基本药物目录药品的要求，分析其可能的原因：一方面，我国幅员辽阔，各地疾病谱不同，基本药物目录针对特定疾病的药品在某些地区并不适用；另一方面，疾病的发生存在季节性，考虑在药品的有效期问题，乡镇卫生院选择性的配备当期药品，不仅有利于药品的保存流通，而且缓解了乡镇卫生院资金压力。

药品配送不及时是另一个影响乡镇卫生院药品配备的因素。赵阳等（2010）在对我国基本药物制度配送环节问题的探讨中指出，基本药物利润低、配送企业动力不足、生产企业生产能力不够等原因是影响基本药物配送的重要因素。在我们的调查中，乡镇卫生院药剂科工作人员表达了同样的观点，乡镇卫生院药品配送不及时影响了业务的开展，不利于引导卫生服务下沉目的的实现。

三、乡镇卫生院部分基本药物采购价格上升

基本药物制度试点前，在乡镇卫生院配备的基本药物中，一半以上的药品加

成率在50%以上，其中超过1/4的药品加成率达到了100%以上，仅仅只有不到10%的药品加成率在15%以下，乡镇卫生院药品加成率较高，"以药养医"现象突出。基本药物制度试点后，乡镇卫生院配备的基本药物实行零差率销售，与实施前相比，90%的基本药物零售价下降，零差率销售创造了乡镇卫生院的价格优势，有利于吸引患者选择到乡镇卫生院就诊。

对基本药物制度实施前后乡镇卫生院配备的基本药物采购价格进行分析，接近60%的基本药物采购价格出现了下降，下降幅度达到20%，而多于40%的基本药物采购价格非但没有下降，反而出现了上升，上升幅度达到7%。何平等（2011）对安徽省乡镇卫生院基本药物制度实施前后药品采购价格分析发现，63.64%的基本药物采购价格出现了下降，36.36%的基本药物采购价格不变或有所上升，与本研究结果相似，分析其产生的原因：一方面可能是因为药品原材料价格上涨，一定程度上造成了药品价格的上涨；另一方面，基本药物试点前，有的地区乡镇卫生院自己负责药品采购，有的地区虽然实行药品集中招标采购，但存在乡镇卫生院二次议价，最大程度上降低药品采购价格，获取药品利润，基本药物制度实施后，药品在全省范围内实行集中招标采购，由于缺乏药品成本的真实数据，存在药品生产企业虚报药价的现象，导致药物中标价格高于基本药物制度试点前的采购价格。

基本药物质量问题是一个需要给予密切关注的问题，贝特等（Bate et al.，2009）和瑞莎等（Risha et al.，2002）分别对印度和坦桑尼亚基本药物质量的研究表明，基本药物质量存在一定瑕疵，需要给予密切关注。我国目前针对基本药物质量的研究较少，在我们的调查中，医务人员指出的小药厂药品通过价格优势挤掉大药厂药品中标的情况，表明现行的基本药物招标过程中可能存在"劣币驱逐良币"的现象，价格较低但质量也相对较差的小药厂药品充斥着基层基本药物流通市场，知名度较高，产品质量也相对较好的大药厂由于成本原因不得不放弃了基层基本药物市场，虽然短期内乡镇卫生院药品价格的下降可能会吸引农村居民更多地选择到乡镇卫生院就诊，但一段时间后，当人们发现乡镇卫生院药品虽然便宜但疗效较差后，可能会选择性地逐渐减少到乡镇卫生院就诊，不利于引导卫生服务下沉目的的实现。

四、基本药物制度引导卫生服务下沉的目的没有实现

尹爱田等（2011）在对山东省基本药物制度对乡镇卫生院门诊服务的影响研究中发现，山东省基本药物制度实施后，崂山区乡镇卫生院门诊量出现了明显增长，莒县地区乡镇卫生院门诊量变化不明显，汪胜等（2011）在浙江省基本药

制度实施后乡镇卫生院服务量的变化研究中指出，基本药物制度实施后，乡镇卫生院诊疗人次数大幅度增加，黄杰等（2011）对陕西省基本药物制度实施后乡镇卫生院服务变化情况的研究发现，基本药物制度实施后，乡镇卫生院服务量出现了下降。这些研究仅仅对乡镇卫生院基本药物制度实施前后的情况进行了简单比较，并没有考虑随时间变化的自然趋势。本研究将山东省非基本药物制度试点县作为对照组，剔除了其他非政策干预因素的影响后发现，基本药物制度实施并没有实现引导卫生服务下沉的目的，反而在一定程度上对乡镇卫生院服务的开展起到抑制作用。

基本药物目录遴选工作是基本药物制度实施的首要环节，关系到制度推行的顺利与否（许强，2011），根据《国家基本药物目录管理办法（暂行）》规定，目前我国基本药物目录的遴选原则为防治必需，安全有效，价格合理，使用方便，中西药并重，基本保障，临床首选，由医学、药学、药物经济学、医疗保险管理、卫生管理和价格管理等不同领域的专家组成专家库，负责基本药物的遴选工作，基本药物目录实行动态管理，每3年进行一次调整。孙利华等（2010）指出目前我国基本药物的遴选工作并不合理，依靠专家经验而非客观数据的遴选方法缺乏科学性，可能会导致与实际的临床使用脱节。在我们的调查中，三县乡镇卫生院医务工作者表达了对基本药物目录的不满，认为基本药物目录中很大一部分药品不适用基层，同时缺少儿科、妇产科等方面的用药，影响了卫生服务的开展。基本药物制度设计只允许乡镇卫生院配备基本目录药品制约了乡镇卫生院服务提供，成为乡镇卫生院服务量下降的一个重要原因，乡镇卫生院库存药品用尽后，乡镇卫生院服务提供受到制约，造成了患者的流失。此外，现行基本药物招标采购制度中存在的"劣币驱逐良币"现象，被群众广为认可，价格略高的药品被排除在基层基本药物市场外，群众认可的药品在乡镇卫生院无法获得只能转投零售药店或其他医疗机构。基本药物中标生产企业负责全省此中标药品的供应，生产能力不足，造成了药品供应的紧缺，药品配送环节存在问题，目前没有找到完善的配送设计，这些原因共同造成了乡镇卫生院基本药物的紧缺，影响了业务的开展。

卫生部门绩效很大程度上取决于对其员工的激励，激励关系到卫生服务提供的质量、效率及公平性，直接影响卫生人员卫生服务提供意愿（Franco，2002）。孙全胜（2005）及侯志远等（2010）的研究指出收入是卫生人员工作激励的重要影响因素。徐恒秋（2011）在安徽省基层卫生综合改革的进展、挑战与展望的研究中指出安徽省基本药物制度实施后业务骨干积极性下降，基层医疗卫生单位效率下滑，何平等（2011）对安徽省基本药物制度改革前后新农合住院病人流向的分析也反映了同样的问题，他们的分析都认为除药品目录原因外，此现象还跟安徽省为推进基本药物制度实施而配套的乡镇卫生院财政上实行收支两条线，由财政负担乡镇卫生院工作人员收入这一措施有关，由于由卫生局专门账户给乡镇卫生院员工发放工资，医生收入不再与业务开展挂钩，医生缺乏经济激励，工作积极性下降，造成了乡镇卫生院服务量的下降。山东省基本药物制度实施后，虽然有的地区由财政补助乡镇卫生院医生工资，但此补助均为直接拨付给乡镇卫生院，由乡镇卫生院根据对医生工作的考核结果进行发放，医生工作积极性目前并没有受到影响。随着安徽模式在全国范围内的推广，如何破解"以药养医"模式改变背景下医务人员激励难题应该得到重视，进行深入的研究和探讨。

五、乡镇卫生院业务收入下降

双重差分析方法显示基本药物制度带来的试点地区乡镇卫生院药品收入对数值净变化 -0.24，且在 10% 的检验水平下存在统计学意义，基本药物制度零差率销售的政策，导致试点地区乡镇卫生院药品收入下降。医疗收入方面，汪胜等（2011）及黄杰等（2011）的研究指出存在医生有倾向的多开医疗服务来补偿药品零差率损失的现象，这在本研究中也得到了体现，在试点地区乡镇卫生院服务量增速低于非试点地区的情况下，其医疗收入增长速度达到了 22.19%，远远超过了非试点地区，院长访谈也反映了此现象，这显然有违基本药物减轻患者疾病负担的初衷。

财政补助是基本药物制度顺利推行的重要保证，基本药物制度实施后，试点地区乡镇卫生院财政补助收入上升了 70.46%，远远超过非试点地区的 44.97%，财政补助收入占总收入的比例由 24.51% 上升为 34.07%，远远高于非试点地区的 18.34%。基本药物零差率销售的规定，改变了乡镇卫生院以往"以药养医"的经营模式，政府需要增加财政补助，补偿乡镇卫生院损失的药品加成收入。宁博等（2011）在对山东省基本药物制度及配套制度实施过程中政府投入分析的研究中指出基本药物制度实施几个月来，存在的主要问题之一就是资金的投入。本研究针对财政补助的研究发现，乡镇卫生院 94% 的财政补助来源于本地财政，而仅仅 6% 来源于上级财政，这给经济发展水平较差地区的财政造成了压力，若财政补助不能持续，势必会影响基本药物制度的推行。不同形式的财政补偿方式，会导致乡镇卫生院采取不同的行为应对（左根永，2011），黄岛区针对基本药物的财政补偿按照乡镇卫生院在编人数进行分配，此种分配方式一定程度上缺乏公平性，不利于乡镇卫生院工作人员工作积极性的调动，而临淄区及宁阳县针对基本药物零差率销售的财政补偿按照基本药物销售额进行分配的补偿方式，可能会使乡镇卫生院医生多开药品以谋取更多补助，从而导致不合理用药。因此，在保证财政补助按时到位的同时，采取何种财政补偿形式，需要进行进一步研究和探讨。

　　基本药物制度零差率销售的政策，减少了乡镇卫生院的业务收入，这就需要持续稳定财政补助，维持乡镇卫生院的运营，目前的财政补助已经给财政较差地区财政造成了压力，这就需要探索其他可持续的乡镇卫生院筹资途径。院长访谈中反映到目前医疗服务收费水平较低，医生的劳动价值并没有得到真实的体现，于凤华等（2010）指出提高医疗服务收费水平是补偿基本药物零差率销售损失的有效途径，其他研究（宁博，2011）也存在相同观点。本研究认为，虽然目前的医疗服务价格偏低，但在基本药物制度实施初期并不适于立即调整，这种"朝三暮四"的做法容易引起患者的反感，有损基本药物制度公信力。于凤华等（2010）的研究指出目前新农合筹资水平较低，应通过提高新农合筹资水平，充分发挥新农合基金对乡镇卫生院补偿主渠道作用。本研究也认为充分发挥新农合资金的补偿作用是行之有效的乡镇卫生院筹资途径，通过进一步扩大乡镇卫生院新农合报销范围，提高新农合报销比例，吸引更多的患者选择到乡镇卫生院就诊，通过服务量的增长，带动收入增长，形成可持续的乡镇卫生院筹资形式。

六、乡镇卫生院用药仍属于不合理范畴

　　药品不合理使用已经成为全球面临的重大卫生问题之一，其主要表现形式为药物选择不合理、用法用量不合理、配伍不合理、大输液、抗生素激素滥用等，促进合理用药对控制卫生费用，增强公众健康极为重要（Grand，1999）。实施基本药物制度的目的之一即促进合理用药。赫格兹等（Hogerzeil et al.，1989）在也门的研究及乔杜里等（Chaudhury et al.，2005）在印度德里的研究都证明基本药物制度确实能够促进药品的合理使用。

　　为了解山东省基本药物制度实施前后乡镇卫生院医生用药行为的变化，验证基本药物制度实施是否达到了促进合理用药的目的，本研究对样本地区乡镇卫生院处方进行了抽取。在处方的抽取过程中发现，由于乡镇卫生院管理不当，部分乡镇卫生院处方出现了大量的丢失，在调查的 9 所乡镇卫生院中，只有 2 所乡镇卫生院采用了电子处方，处方的丢失很大程度上影响了基本药物制度在促进合理用药方面的政策评价，凸显乡镇卫生院在处方电子化建设及管理规范性方面亟须加强。

　　根据世界卫生组织（WHO）推荐的药品合理使用评价指标体系[①]，本研究采

---

　　① WHO. How to investigate drug use in health facilities：Selected drug use indicator［R］. Geneva，1993.

用的主要指标为：（1）单张处方药品数；（2）单张处方费用；（3）使用注射，抗生素及激素的处方比例；（4）基本药物平均使用率。李新泰等（2011）采用相同指标对山东省崂山区及莒县基本药物制度实施前后合理用药情况的比较分析发现，基本药物制度实施后，两地区单张处方药品数有所下降，但抗生素、注射处方比例并没有有效改善，汪胜等（2011）对浙江省三县区基本药物制度实施前后合理用药改善情况的比较发现，虽部分指标有所改善，但仍属于不合理用药范畴。本研究结果与两人研究相似，根据 WHO 推荐，发展中国家注射剂使用标准为 13.4% ~ 24.1%，抗生素适用范围为 20% ~ 26.8%，基本药物平均使用率为100%（阴佳，2009），基本药物制度实施后，虽黄岛区合理用药状况有所改善，但三样本地区注射处方比例分别为 28.61%、35.63% 和 54.50%，抗生素处方比例分别为 45.95%、52.43% 和 46.68%，基本药物平均使用率分别为 87.78%、87.24% 和 89.81%，仍属于不合理用药范畴，乡镇卫生院不合理用药情况并没有得到有效缓解。目前来看，山东省基本药物制度并没有采取促进合理用药的有效措施，虽存在国家基本药物使用手册，但缺乏针对临床医生的相关培训。合理用药作为基本药物制度实施的核心目的之一，在下一步的工作中应该引起重视。

第五节　结论与建议

本研究对山东省基本药物制度实施前后乡镇卫生院医疗服务提供及收入的变化情况进行了分析，研究发现，基本药物制度实施后，试点地区乡镇卫生院药品配备数量下降，药品采购价格有升有降，零售价格下降。目前的基本药物目录一定程度上并不适用于基层医疗，只允许配备基本药物的规定，制约了部分卫生服务的开展，现行基本药物招标采购配送制度没有较好解决乡镇卫生院药品供应保障问题，基本药物制度引导卫生服务下沉的目的没有得到实现。基本药物零差率销售的政策改变了乡镇卫生院"以药养医"的运行模式，过分依靠当地财政的补偿形式给经济发展水平不好地区的财政造成了压力，医生倾向性增加医疗服务项目来弥补药品零差率销售的损失，有违基本药物减轻患者疾病负担的初衷。部分地区乡镇卫生院合理用药状况有所改善，但总体仍属于不合理范畴，虽存在国家基本药物使用手册，但缺少有效的促进合理用药措施。为进一步推行基本药物制度的实施，本研究提出以下政策建议：

第一，短期内，根据前期经验完善基本药物目录，优化基本药物品种，增加儿科、妇产科等用药。长期来看，应借鉴国外先进基本药物遴选经验，制定标准化的基本药物遴选程序，重视药物经济学评价在基本药物遴选中的作用，充分考虑一线卫生服务人员建议，保证基本药物目录的适用性。

第二，完善基本药物招标采购配送体系，在招标过程中对大药厂生产的老百姓较为认可的好药给予适当倾斜，借鉴德里经验，建立一体化计算机管理系统，对配送企业药品库存，配送，乡镇卫生院药品库存，使用进行实时监测，保证乡镇卫生院药品供应，对配送过程中出现的问题及时分析解决，对主要责任人进行相应的处罚。

第三，持续的财政补助是基本药物制度顺利推行的关键因素，在确保财政补助按时按需到位的前提下，建立多渠道补偿机制，充分发挥医保基金对乡镇卫生院的补偿作用，探索高效补偿形式，完善绩效考核与激励机制，尽可能减少诱导需求。

第四，加强乡镇卫生院电子处方及管理规范化建设，配套促进合理用药政策，积极推行基本药物使用指南及临床处方集，有针对性开展药品使用规范化培训，不定时开展合理用药评价，促进合理用药。

第十一章

基于数据包络分析法的乡镇卫生院效率研究

—— 以安徽省为例

第一节 研究背景与目的

一、研究背景

农村卫生工作关系农村生产力、振兴农村经济、维护农村社会的发展和稳定，是我国卫生工作的重点。20世纪50年代后期到60年代初，我国的医疗卫生事业取得了举世瞩目的成就，逐步建立起了覆盖城乡的医药卫生体系，医疗保障人口的覆盖面也逐步扩大，明显地改善了我国居民的健康水平，基层医疗机构在全国逐步建立起来。其中，乡镇卫生院作为保健网络的枢纽和我国农村卫生服务提供系统中的重要环节，是农村公共卫生服务体系、基本医疗服务及药品供应体系的重要组成部分，与县级卫生机构和村卫生所相互配合，组成了有效的农村"三级医疗服务网"，在改善农村卫生环境、提高国民健康水平上起到了重要作用。但随着80年代后期实行的市场经济体制改革，我国的医疗卫生服务体系出现了一系列的问题：一方面，卫生资源配置不合理、城乡和区域卫生事业发展不平衡、医疗保障制度不健全、医药费用过快上涨等；另一方面，政府对基层医疗机构财政投入大量削减，导致大量的乡镇卫生院陷入了生存危机，部分乡镇卫生院名存实亡（侯天慧，2008）。

为改善卫生服务体系遇到的上述问题，我国在2009年启动了"新医改"，并将健全基层医疗服务体系列为我国医药卫生体制五项重点改革任务，其中《中共中央国务院关于深化医药卫生体制改革的意见》强调要大力发展农村医疗卫生服务体系，健全以县级医院为龙头、乡镇卫生院和村卫生室为基础的农村医疗卫生服务网络，新增财政卫生投入以"基本、基层、基础"为原则，完善医疗卫生服务体系。后来颁布的《实施方案》中也指出要加强基层医疗卫生机构建设，完善农村三级医疗卫生服务网络建设。

对医疗机构进行效率评估具有极其重要的意义。医疗卫生服务效率作为各国政府追求的重要政策目标，也是卫生经济学评价的重要内容，能够有效地衡量卫生经济政策合理与否。通过对乡镇卫生院规模经济效率的证实和适宜规模的界定，不仅可以为医院发展提供理论支持，帮助医院管理者了解医院运行状况，合理调整医院运行，提高有限医疗资源的利用效率，更能够为政府和卫生行政部门提供医疗资源的配置的政策依据，及时调整对策措施，避免卫生资源的浪费，提供资源利用率，医院的管理者可以从评价的结果中找出哪些因素对医院的效率产生影响，从而对医院的资源进行科学合理的配置。

我国目前正处于医疗卫生体制改革（以下简称"医改"）的进程之中，虽然促进公平是"医改"的首要目标，但效率仍然是不可忽视的重要方面，其次卫生资源的有限性也要求要注重效率的提高。如果能够证明"医改"在促进公平性的同时，效率并没有明显降低，就可以更加坚定"医改"的政策方向和信心；如果"医改"虽然提高了公平性，但严重地损害了医疗效率，就需要对"医改"政策进行审慎的反思，因此效率的评价对于"医改"政策的评估具有重要意义。而医院要提高运营效率，既需要科学的理论作为指导，也需要相应的管理运行机制和评价技术方法作为保障。根据"新医改"方案，我国将逐步提高政府卫生投入占卫生总费用的比重，未来三年，各级财政预计投入8 500亿元，其中中央政府投入3 318亿元以支持"医改"五项重点改革[①]，并且财政投入将更多地倾向于医疗服务薄弱的农村和社区，这些投入表明我国农村乡镇卫生服务发展将迎来一个机遇，但如果缺乏有效的监督和评价，难以保证投入的有效性，提高农民的健康水平。在此背景下，乡镇卫生院是否实现了资源的合理配置和产出的最大化，如何能够在有限的财力资源下保证农村医疗卫生服务的健康和谐发展，实现经济效益和社会效益最佳是摆在我们面前的重要问题。研究表明，虽然经过各级人民政

---

① 温家宝. 政府工作报告 [R]. 人民出版社，2009 - 03 - 15.

府和全体农村卫生工作者多年的不懈努力，但农村基层卫生工作仍然是中国卫生整体工作中的一个薄弱环节（宁岩，2003）。张朝阳在对我国乡镇卫生院发展现状及其影响因素分析中指出在我国相当数量的乡镇卫生院都存在着卫生资源利用效率低下、预防保健工作滑坡、功能逐步下滑的现象（张朝阳，2005），另外，随着部分地区医院规模不断扩大、医务人员和医疗设备不断增加，也产生了医疗服务效率低下的后果（王绍光，2003）。服务效率低下严重地困扰着乡镇卫生院在农村卫生服务提供中的功能发挥，陆璐（陆璐，2008）等人研究表明，在广西仍有大多数乡镇卫生院存在效率较低的问题。

不同的研究者对于效率的理解和定义不同。萨缪尔森认为效率即意味着不存在浪费，而意大利经济学和社会学家帕累托指出，效率就是最有效地使用社会资源以满足人类的愿望和需要，也称为"帕累托最优"[①]。约翰等人认为效率就是指资源配置效率，资源配置效率意味着在资源和技术条件限制下尽可能满足人类需要的运行状况[②]。而医疗服务效率是指在有限的卫生资源下，通过对卫生服务各项目、成果同花费的人力、物力、财力及时间之间进行比较分析，并通过探究卫生服务相关制度与卫生服务运行各要素之间的适应程度，以实现卫生服务系统产出的最优化（于景艳，2008）。

现阶段，国内外对于医疗机构与卫生服务产出效率的研究，主要包括两类：一类为传统的基于生产函数的参数类方法；另一类为非参数的数据包络分析法（Data Envelopment Analysis，DEA）。DEA 是非参数技术效率评价方法，对于分析多投入、多产出的问题具有明显优势，自查恩斯等（Charnes et al.，1978）创立此方法以来，此后，在卫生领域的应用越来越多，由于医疗服务行业具有多投入多产出的特点，数据包络分析法不仅能计算出各医院相对效率的得分，而且还能为非 DEA 有效的医院指出哪些方面投入过剩或产出不足，使医院管理者在调整结构、改善运行时有据可依。

谢尔曼（Sherman，1984）对马萨诸塞州教学医院进行多变量产出的测量与效率评价，是第一次将 DEA 方法应用于卫生领域。格劳斯库帕等（Grosskopf et al.，1987）利用 DEA 法比较了加利福尼亚市 22 家公立医院与 60 家私人非营利医院经营效率。奥兹坎等（Ozcan et al.，1992）在研究弗吉尼亚州不同所有权类型的城市医院技术效率的问题上利用了此方法。在我国，DEA 方法最早由魏权龄教授正式提出并开展了应用研究（魏权龄，1987），随后，上海第二医科大学的陈志兴等人（陈志兴，1994）于 1994 年率先应用此方法评价了上海市 10 所综合

---

① 帕累托. 普通社会学纲要［M］. 北京：生活・读书・新知三联书店，2001：1 - 37.
② 约翰・伊特韦尔等. 新帕尔格雷夫经济学大辞典（二）［M］. 北京：经济科学出版社，1999.

性市级医院的运行效率。随后应用 DEA 方法评价医院效率的相关研究日益增多，张友发等（1995）利用 DEA 方法对北京医科大学第一医院 16 个临床科室的效率水平进行评价。庄宁等（2000）利用卫生部成本测算的相关数据，应用 DEA 方法评价了全国 12 个省市 34 家医院的技术效率；徐金耀等（1995）人采用医院相对效率评价的 DEA 方法对上海市 16 所区中心医院进行评价；2002 年，左娅佳等（2001）利用 DEA 对医院床位利用情况进行回顾性评价；严春香等（2005）共收集武汉市 8 家二级投入产出资料，进行 DEA 效率分析。2005 年，上海复旦大学的李春芳等（2005）应用 CCR 模型对山东省某中等经济发展水平的地区级市内的 21 个乡镇卫生院进行效率评价。张光鹏等（2005）利用 CCR 模型对研究了 DEA 法在医院配置效率中的应用。王涵等（2006）在 2006 年运用 DEA 方法评价哈尔滨市 20 家三级医院效率。

以上的研究中表明，应用数据包络分析法能够对医院效率进行有效的评价，完善了医院组织绩效的评价体系，但同时，由于大多数研究只局限在利用横截面数据对乡镇卫生院运行相对效率的评价测量，但对于跨年度、动态的乡镇卫生院运行效率的研究并不多，在本研究中，通过面板资料和横截面资料的收集，综合运用数据包络分析法中的 CCR 模型、BCC 模型，并与 Malmqusit 指数模型相结合，构造出样本乡镇卫生院的卫生服务产出前沿，评估样本地区整体、样本乡镇卫生院的卫生服务效率水平和实际的卫生资源利用情况，并根据现有技术水平和卫生资源配置条件下，预测样本乡镇卫生院的潜在卫生服务提供量和改进值，为我国农村地区实行区域规划和卫生资源的优化配置提供必要的数据支持和"新医改"政策的优化提供了建议和事实依据。

二、研究意义

2010 年安徽省在 32 个地区进行了"新医改"的试点工作，根据"新医改"政策规定，对于一些欠发达地区，"基本要有保障、基础要快夯实、机制要去健全"的要求，在每一个乡镇一级人民政府，必须要由公共财政保障，全力建设举办好一家卫生院（社区卫生服务中心），实施药品零差价销售。对于"医改"制度实施前后乡镇卫生院运行情况如何，是否达到了产出的最大化，通过分析基层医疗机构运行效率变化，了解"医改"前后乡镇卫生院的运行状况，探讨影响乡镇卫生院服务产出的因素，为农村卫生资源的优化配置提供可参考依据，并对"新医改"政策调整和后期的乡镇卫生院资源投入利用提供政策建议，促进基层医疗机构的进一步发展。

三、研究目的

本研究的目的是评价"新医改"政策实施前后（2009～2011 年）三年内乡镇卫生院的运行效率，为进一步在"新医改"政策背景下促进乡镇卫生院的发展提高科学的证据和政策建议。

具体目标是：

（1）分析 2009～2011 年三年度安徽省试点地区基层医疗机构运行效率；

（2）分析安徽省 45 家乡镇卫生院的投入产出状况及运行效率；

（3）根据分析结果，提出进一步提高乡镇卫生院运行效率的政策建议。

第二节　研究方法

一、资料来源

本研究数据由二手资料与现场调查数据两部分组成。

（一）样本地区的选择

安徽省在 2010 年 1 月在全省 32 个地区开始基本药物制度试点，安徽省实施基本药物制度试点的全部 32 个地区全部纳入本次调查中，并根据地理位置和试点地区基本药物制度实施情况，选择歙县、肥西两县作为研究现场。按照地理位置和经济发展水平，在两个试点县各随机选择 3 所乡镇卫生院进行现场资料收集和访谈资料调查。在实际分析中，由于部分试点地区资料缺失，最终纳入分析的有 29 个试点地区资料，以及 45 所乡镇卫生院。

（二）二手资料

二手资料包括两部分，第一部分为安徽省基本药物制度实施相关政策文件以及试点地区以县为单位的安徽省乡镇卫生院 2009～2011 年三年的运行情况数据，主要包括服务量指标：卫生院门急诊及出院人数；卫生院规模指标：在职职工人员数量、年末固定资产总值；卫生院收支情况指标：财政补助收入、业务收入、总支出等。第二部分为歙县、肥西两县以卫生院为单位 2009～2011 年内三年运行情况数据，调查指标同上，另外收集了两地区的新农合运行情况资料。

二手资料的收集主要是通过安徽省卫生厅数据库获得。

（三）现场调查资料

现场调查资料主要涉及样本地区卫生院部分数据资料的核实补充以及关键知情者访谈资料的收集。在本次调查中，访谈对象包括卫生行政部分负责人以及乡镇卫生院负责人，其中省级卫生行政部分人员 5 人，样本县行政人员 4 人，乡镇卫生院负责人 7 人，共计 16 人，如表 11－1 所示。

表 11－1 　　　　　　　　关键知情者访谈人数

地区	卫生行政人员	乡镇卫生院院长	合计
省卫生厅	5	—	5
肥西县	2	3	5
歙县	2	4	6
合计	9	7	16

（四）资料收集

由中国医学科学院和山东大学的老师和研究生担任调查员，并在调查前期对调查员进行了系统培训。在正式调研时，由安徽省卫生厅和县卫生局协调现场。在调研过程中，机构问卷由机构专门人员负责填写，调查员负责解释、回收问卷；由调查员核对并逻辑校对后收回问卷。

（五）质量控制

（1）调查工具设计。由于各地对基层卫生综合改革相关政策的理解和落实存在一定差异。为提高调查工具的针对性和有效性，调查工具设计之前赴样本地区进行了考察，召开专家咨询会完善调查工具，并开展了预调查。

（2）减少抽样偏倚。为了减少抽样偏倚，本研究只在抽样乡镇卫生院开展了卫生人员和患者调查，样本县乡镇卫生院运行数据用的是县里所有乡镇卫生院数据，医疗服务 DEA 效率分析用的是全省以县为单位所有乡镇卫生院数据。

（3）数据录入与整理。对收集到的数据资料利用 Excel2007 建立数据库进行逻辑校对；对数据有逻辑问题或不完整，课题组又进行了电话回访，补充完善数据；访谈资料由调查员根据录音文件进行录入整理。

二、资料分析方法

利用数据包络分析法（Data Envelopment Analysis，DEA）对基层医疗机构运行效率开展评价分析。

（一）数据包络分析

数据包络分析运用最优化技术，能够对多投入、多产出的具有同质性的评价对象，即决策单元（Decision Making Units，DMU）进行效率评价，是一种多目标决策方法。此方法是由美国运筹学家查恩斯等（Charns et al.）于 1978 年提出的，它不仅能够计算出决策单元之间的相对效率，而且也能为低效率单元指出投入过剩或产出不足的指标（吕坤政，1999），可以直接使用不同计量单位的指标，对决策单元进行排序，其自诞生之日起，便受到了管理学和运筹学领域的关注。在 1981 年，谢尔曼（Sherman）首先将 DEA 应用于医院效率评价（Sherman H. D.，1981），并对该方法在 DEA 医疗领域的适用性做出了相应探讨，谢尔曼等（Sherman、Alavrez et al.）一致认为 DEA 是识别效率低的根源和数量方面的出众方法（Hollings Worth B.，1995）。随着近年来此方法在理论、方法及应用上的较快发展，DEA 已逐渐成为国内外卫生领域评价相对效率的主要方法之一，在各领域得到了广泛的应用（A. Emrouznejad，2008）。

（二）数据包络分析法原理

DEA 方法作为一种非参数统计方法，从帕累托最优的概念出发，借鉴计量经济学的边际效益理论和线性规划模型，通过对决策单元的投入和产出的综合分析，利用 DMU 各个投入和产出指标的权重构建分段线性生产前沿面，并根据决策单元与有效生产前沿面的距离，判断决策单元是否 DEA 有效。若决策单元观察值落在有效生产前沿面上，则认为 DMU 为完全有效，效率值为 1；若观察值没有落在效率边界上，则认为 DMU 相对无效，效率值在 0~1 之间。

DEA 方法主要从投入导向（Input - Oriented）与产出导向（Output - Oriented）两种不同角度出发考察医院效率前沿及其相对效率。投入导向 DEA 模型的基本思路是在保持产出水平不变的情况下，通过按比例的减少投入量来测算技术无效性。产出导向 DEA 模型的基本思路是在保持投入不变情况下，通过按比例的增加产出来测算技术无效性（蒂莫西·J. 科埃利，2008）。

（三） 理论模型

在本章中，利用 CCR 模型、BCC 模型以及 DEA – Malmquist 指数模型对试点地区乡镇卫生院运行效率进行分析。

1. CCR 模型和 BCC 模型

DEA 法中用于衡量相对效率的方法有多种，最基本的模型有 CCR 模型、BCC 模型，这两种模型一般用于对同一时期生产前沿面下生产要素配置效率进行分析。

DEA – CCR 模型作为 DEA 模型中的基本模型，在实际研究中具有较多的应用。CCR 模型主要用于评价决策单元的技术有效性和规模有效性，判断"技术有效"和"规模有效"是否同时发生，即总体效率（Overall Efficiency，OE），其利用决策单元的输入输出数据，直接建立 DEA 模型，结合线性规划的对偶理论和非阿基米德无穷小的原理，计算判别决策单元的 DEA 有效性。CCR 模型是一种理想的模型，适用于 DMU 最优规模运行的情况，因此此模型测定的技术效率是在规模报酬不变假设下的相对效率，但在实际情况中，并非每一个 DMU 都能够在固定规模报酬下生产，也可能是处于规模报酬递增或递减的状态，DMU 的无效率除了可能来自本身的投入、产出配置不合理外，也可能是由于自身规模不当造成的。因此，班克、查恩斯、库伯等（Banker，Charnes and Cooper et al. ）在 CCR 模型的基础上增加了一个凸性假设，即：

$$\sum_{j=1}^{n} \lambda_j = 1 \qquad\qquad (11-1)$$

在此模型中设立了规模报酬可变的假设，从而将 CCR 模型修正为 BCC 模型（段永瑞，2006），此模型剔除掉了规模报酬不变这一限制条件，并且将总体效率分解为纯技术效率（Pure Technical Efficiency，PTE）和规模效率（Scales Efficiency，SE）。主要用于研究现有决策单元的单纯技术效率，指的是在既定的条件下，现有的资源投入所能获得的最大产出的能力，如果医院是 DEA 有效的，那么在现有参评医院中这个医院的投入资源被充分利用，生产处于理想状态，或在给定产出量的前提下，卫生院使用了最少的人力、物力和设备资源（J. L. Ehreth，1994）。

总体效率对应 CCR 模型中效率得分，指的是决策单元的技术效率和规模效率是否同时有效，即在投入不变的情况下，实际产出同最大产出之比（马战新，2010），整体效率的取值介于 0 和 1 之间，效率值越接近 1，说明越接近总体有效，若医院为 DEA 有效，说明此医院技术效率和规模效率同时有效，在现有参评医院中处于最佳生产状态。

总体效率可分为单纯技术效率和规模效率（Wan TTH，1995），其中，单纯技术效率指的是在现有的资源投入下，能够获得的最大产出的能力；规模效率指医院处于规模收益不变的阶段，即当各种投入资源增加 K 倍时，产出也相应地增加 K 倍，通过规模收益分析可为卫生管理者提供乡镇卫生院资源配置规模方面的信息，了解乡镇卫生院的各项投入规模是否过大或过小。

两种模型的表现形式如下所示：

$$(CCR)\begin{cases} \min\theta \\ \sum_{j=1}^{n} x_j\lambda_j \leqslant \theta x_0, \\ \sum_{j=1}^{n} y_j\lambda_j \leqslant y_0, \\ \lambda_j \geqslant 0, j = 1, 2, L, n, \theta \in E^1. \end{cases} \qquad \begin{cases} \min\theta \\ s.t. \sum_{j=1}^{n} X_j\lambda_j \leqslant \theta X_k \\ s.t. \sum_{j=1}^{n} Y_j\lambda_j \geqslant Y_k \\ s.t. \sum_{j=1}^{n} \lambda_j = 1 \\ \lambda_j \geqslant 0, j = 1, 2, \cdots, n \end{cases}$$

$$(11-2)$$

2. DEA – Malmquist 指数模型

上述两个模型能够对横断面的数据资料进行分析处理，但对于面板数据，评价决策单元效率在一定时期内的变动情况，无法运用上述两个模型进行分析，需借用 Malmquist 指数模型。

Malmqusit 生产率指数最早是由曼奎斯特（Sten Malmquist）提出的，后来卡夫等（Caves et al.）将其与距离函数结合后，建立起能够通过使用面板数据，衡量不同时期各 DMU 的全要素生产率变化。全要素生产率变化指数是指与上期相比，本期全要素生产率变化情况，若全要素生产率取值大于 1，表示与 t 期相比，$t+1$ 期全要素生产率提高；反之，全要素生产率下降；等于 1 则不变。

DEA – Malmquist 指数模型作为数据包络分析法的拓展和补充，其核心是通过效率函数与距离函数的倒数关系，将基于距离函数定义的 Malmquist 指数转换为基于效率函数定义的 DEA – Malmquist 指数，用于效率变化研究，并将效率变化指数分解出技术变化指数（Technical change，TEC）和效率变化指数（Efficiency change，EC）的乘积。其中，TEC 代表技术进步，技术进步是指新的知识、新的技能、发明创造以及新的组织结构在经济活动中的应用而形成的人们经济活动水平的提高，反映被评价对象对新技术的模仿，若 TEC > 1，代表技术进步，反之则为技术退步。EC 代表技术效率变化，是指在给定一组投入要素不变的情况下，一个被评价对象的实际产出与假设同样投入情况下的最大产出之比，反映在给定投入的情况下被评价对象获取最大产出的能力，若 EC > 1，代表技术效率的改善，反之则为技术效率降低。而放宽规模报酬不变的假设后，在可变规模报酬下，效率变化指数又可以进一步分解为纯技术效率变化（Pure Efficiency Change，PEC）和规模效率变化指数（Scale Efficiency Change，SEC）两部分，PEC 反映在技术和规模不变的情况下，两个时期相对生产效率的变化，表示纯技术效率变化，反映被评价对象技术运用水平变化所产生的效果，若 PEC > 1，代表技术运用水平的提高，反之则为下降；SEC 表示规模效率变化，反映被评价对象是否在最合适的投资规模下进行经营的规模效应，若 SEC > 1，代表第 $t+1$ 期相对于第 t 期而言，接近固定规模报酬，规模优化，反之，表示第 $t+1$ 期相对于第 t 期而言，偏离固定规模报酬，规模恶化。

从 t 时期到 $t+1$ 时期，基于产出角度的 Malmquist 指数可以表示为：

$$M_0(x_{t+1},\ y_{t+1},\ x_t,\ y_t) = \left[\frac{d_0^t(x_{t+1},\ y_{t+1})}{d_0^t(x_t,\ y_t)} \times \frac{d_0^{t+1}(x_{t+1},\ y_{t+1})}{d_0^{t+1}(x_t,\ y_t)}\right]^{1/2} \qquad (11-3)$$

其中，$(X_{t+1},\ Y_{t+1})$ 和 $(X_t,\ Y_t)$ 分别表示 $(t+1)$ 时期和 t 时期的投入和产出向量；d_0^t 和 d_0^{t+1} 分别表示以 t 时期技术 T^t 为参照，时期 t 和时期 $(t+1)$ 的距离函数。

以 t 时期技术 T^t 为参照，基于产出角度的 Malmquist 指数可以表示为：

$$M_0^t(x_{t+1},\ y_{t+1},\ x_t,\ y_t) = d_0^t(x_{t+1},\ y_{t+1})/d_0^t(x_t,\ y_t) \qquad (11-4)$$

同理，以 $t+1$ 时期技术 T^{t+1} 为参照，基于产出角度的 Malmquist 指数可以表示为：

$$M_0^{t+1}(x_{t+1},\ y_{t+1},\ x_t,\ y_t) = d_0^{t+1}(x_{t+1},\ y_{t+1})/d_0^{t+1}(x_t,\ y_t) \qquad (11-5)$$

（四）数据包络分析法投入产出指标的确定原则

DEA 用投入和产出两种标准评价决策单元的效率（M. Rosko，1990），并且投入产出指标数量和样本数量严重影响 DEA 分析结果（W. W. Cooper，2006 and J. Ruggiero，2005）。有研究表明，在 DEA 模型中，投入产出指标数量越多，分析结果的区分度越低；投入或产出指标之间的相关度越低，指标数量对区分度的影响越大（石义全，2012）。选择的指标应能够充分反映医院运行信息，具有一定的代表性、确定性和独立性，能够充分反映医院运行过程中人、财、物等方面的投入以及社会效益和经济效益方面的产出，排除与产出无关联性或贡献度较小的投入变量。

对于医院效率评价的指标来说，不同研究者对其提出不同的要求，研究者根据需要选取了不同的投入产出指标。宋桂荣等（2007）评价铁路系统医院效率时，将住院病人总成本作为投入指标，医院级别、手术人次、病床数、出院人数以及综合指数作为产出指标。徐金耀等（1995）运用 DEA 方法评价上海 16 所区中心医院时采用职工人数、期末固定床位数和全年经费总支出 3 项作为输入指标；全年门急诊总人次、全年出院病人数 × 诊断符合率 × 治疗有效率、年业务总收入 3 项作为输出指标。侯文等运用 DEA 分析 1996～1997 年 10 个国家级贫困县医院时,将职工人数、床位数、固定资产、专用设备作为输入指标,医疗收入、年工作量作为输出指标(任苒,2001)。王爱英等(2008)在研究中将投入资金、卫生技术人员数、固定资产、专用设备值、开放床位、业务支出作为投入指标,卫生服务提供总量、业务收入作为产出指标。庄宁、孟庆跃等研究全国 12 省(市)34 家样本医院中采用:职工总人数、实际开放床位数、固定资产总额、业务总支出作为投入指标,门诊人次数、急诊人次数、出院人次数、业务总收入作为投入指标(庄宁,2000)。格劳斯库帕等(S. Grosskopf et al.,1987)研究加利福尼亚州 82 所医院采用,医生数、非医生全日制劳动力数、住院病人数、医院净资产作为投入指标;急诊服务天数、监护天数、手术病人数、门诊服务人次数作为产出指标。布莱恩等(C. R Bitran et al.,1987)研究 160 所美国医院采用全日制人员数、直接工资支出、其他直接支出作为投入指标;15 个主要诊断病种的出院人数作为产出指标。

无论将何种要素纳入研究指标中,医疗机构作为具备公益性、福利性和一定经营性的单位,在指标的选择过程中要遵循以下原则:绝对指标与相对指标的搭配要合理,主要以绝对指标为主;投入产出指标的总数要小于决策单元数量的一半,必要时需将同类指标进行合并或摒弃某些指标;指标能够量化并具备相同的性质,能够充分反映医院信息,可获得性强。王敏等(1999)提出投入产出指标的确定要具有"核心性、代表性、确定性、独立性和敏感性",能够反映医院运行过程中人、财、物的投入和社会效益、经济效益方面的产出。林江亮等(2007)认为应用 DEA 评估效率时,投入产出指标的选择必须遵循完整性、明确性、可数量化和同向性等原则;刘宏韬(2003)认为指标的选取要兼顾经济效益和社会效益。不管采取何种指标,医院效率评价指标体系的设计思路首先应当符合《医院管理评价指南》原则(中华人民共和国卫生部,2008),投入指标能够反映出决策单元绝大部分的投入信息,而产出指标能反映决策单元的绝大部分产出信息;评价医院的投入产出效率时要尽量排除与产出无关联性或者贡献度较小的投入变量。

本研究利用文献优选法(孙振球,2008),通过文献资料汇聚相关指标,并结合实际情况,在咨询本领域专家后,依据 DEA 方法对投入产出指标的筛选原则确定了本研究的投入产出指标。其中,投入指标包括年末固定资产总值、在职职工人数、床位数、总支出;产出指标包括医疗业务收入、门急诊人次数、出院人次数。

各个指标的相关定义解释如下:

年末固定资产总值:医院所有的预计使用年限超过 1 年,单位价值达到一定标准并且在使用过程中基本保持原有物质形态的有形资产,主要包括医用大型设备、房屋、病床等固定资产总值。

在职职工人数：支付年底工资的在职职工，包括各类聘任人员及返聘本单位本年以上人员，不包括临时工、临退休人员、退职人员。

床位数：年底固定实有床位数。

总支出：一年内卫生院开展业务及其他活动中发生的资金消耗和损失，主要包括医疗支出、药品支出、财政专项支出和其他支出。

医疗业务收入：一年内卫生院的医疗收入和药品收入。

门急诊人次数：一年内各科室门诊和急诊人数总和。

出院人次数：卫生院一年内出院的人次数。

（五）资料处理方法

对于定量资料采取描述性分析和数据包络分析对数据资料进行处理。

（1）描述性分析。对于数值变量，主要采用均数和标准误分析；对于分类变量，主要采用率、构成比进行描述。

（2）数据包络分析。对于医疗机构运行效率值的分析，通过构建理论模型，采用 Deap2.1 软件分析。

对于定性资料将由访谈人员将录音资料整理成文本资料，根据研究目的和主题，对资料进行整理、归纳，建立完善分析提纲，对主要问题和观点进行提炼。

三、技术路线图

本研究的技术路线如图 11－1 所示。

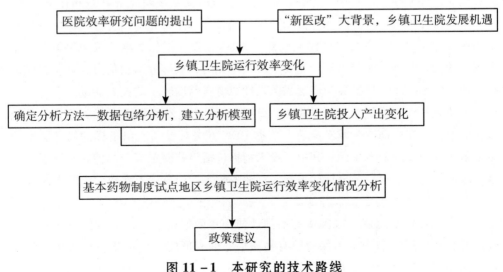

图 11－1　本研究的技术路线

第三节　结果与分析

一、安徽省试点地区乡镇卫生院整体效率

（一）安徽省试点乡镇卫生院以县为单位全要素生产率变化

选取以投入为导向的 DEA – Malmquist 指数模型，对全省各县区乡镇卫生院运行效率进行分析，以全要素生产效率指数作为衡量医院运行情况（全要素生产率 > 1 表示比上一年有进步，全要素生产率 < 1 则比上一年有退步）。研究表明，从整体来看，2009 ~ 2010 年在全省推行基本药物制度的 29 个地区乡镇卫生院的平均生产效率有所下降，全要素生产率均值为 0.866，与上一期相比下降了17.4%，而效率变化（0.989）和技术变化（0.876）两个指标分别下降了 3.8%和 14.1%。全要素生产效率下降的地区达到了 23 个，只有 6 个地区与 2009 年相比全要素生产效率值有所提高，仅占试点地区的 21%，如表 11 – 2 所示。

表 11 – 2　　2009 ~ 2010 年安徽省 30 个基本药物制度试点地区
全要素生产率变化情况及其分解

DMU	效率变化	技术变化	全要素生产率	DMU	效率变化	技术变化	全要素生产率
1	1.243	0.932	1.159	16	0.946	0.85	0.804
2	0.84	0.968	0.813	17	1.213	0.829	1.006
3	1	1.106	1.106	18	1.053	0.819	0.863
4	0.828	0.864	0.715	19	1.052	0.763	0.803
5	1	0.777	0.777	20	0.893	1.597	1.426
6	1.081	0.709	0.766	21	1.169	0.805	0.942
7	0.945	0.899	0.85	22	1.214	0.783	0.951
8	0.835	0.907	0.757	23	1.101	0.683	0.753
9	1	0.735	0.735	24	0.759	0.751	0.57
10	0.667	0.871	0.581	25	0.834	0.914	0.762
11	1	3.454	3.454	26	1.006	0.858	0.863

DMU	效率变化	技术变化	全要素生产率	DMU	效率变化	技术变化	全要素生产率
12	0.894	0.849	0.759	27	0.881	0.773	0.681
13	1.573	0.684	1.076	28	1	0.564	0.564
14	1	0.833	0.833	29	0.963	0.756	0.728
15	1.084	0.889	0.963	均值	0.989	0.876	0.866

注：各指数等于1表示不变，大于1表示进步，小于1为减退，下同。

在实施基本药物制度1年后，2010～2011年试点地区绝大多数乡镇卫生院平均生产率与去年相比有所提升，全要素生产率均值为1.024，与上期相比提升了2.4%，效率变化值（1.053）提高了5.3%，但技术变化值（0.973）下降了2.7%。全要素生产效率提高地区达到了19个，占总试点地区的65.5%，如表11-3所示。

表11-3   2010～2011年安徽省30个基本药物制度试点地区全要素生产率变化情况及其分解

DMU	效率变化	技术变化	全要素生产率	DMU	效率变化	技术变化	全要素生产率
1	1.489	0.956	1.423	16	0.988	1.565	1.546
2	1.3	1.088	1.414	17	1.033	0.969	1.001
3	1	0.902	0.902	18	1.118	0.945	1.058
4	1.03	1.009	1.04	19	1.06	0.982	1.041
5	1	1.29	1.29	20	1.262	0.685	0.864
6	1.253	0.955	1.196	21	1.303	0.838	1.092
7	0.72	1.484	1.068	22	1.028	1.096	1.128
8	1.215	1.11	1.349	23	0.402	0.923	0.371
9	0.942	0.867	0.817	24	0.983	0.916	0.901
10	1.691	1.012	1.711	25	1.144	1.343	1.536
11	1	0.264	0.264	26	0.855	1.09	0.932
12	1.15	1.301	1.496	27	1.254	0.989	1.24
13	1.066	1.383	1.454	28	1	0.562	0.562
14	0.959	0.845	0.812	29	0.846	1.149	0.972
15	1.314	0.943	1.239	均值	1.053	0.973	1.024

（二） 按年度全要素生产率的变化

总体来看，安徽省 29 个基本药物制度试点地区的乡镇卫生院 2009～2011 年度平均全要素生产率呈现下降趋势。其中 2010 年全要素生产率的变化得分为 0.866，2011 年全要素生产率变化得分为 1.024，这说明安徽省自 2010 年实施医疗改革后，基层乡镇卫生院的生产率出现了明显的下降；而在实施基本药物制度改革一年之后，乡镇卫生院的生产率整体得到了改进，与上期相比，全要素生产率仅提高了 2.4%，变化并不明显，如表 11－4 所示。

表 11－4　　　　　　　　2009～2011 年安徽全省乡镇卫生院
每年全要素生产率及其分解

年份	效率变化	技术变化	纯技术效率（%）	规模效率（%）	全要素生产率（%）
2009～2010 年	0.989	0.876	1.023	0.967	0.866
2010～2011 年	1.053	0.973	1.041	1.011	1.024
均值	1.020	0.923	1.032	0.989	0.942

注：各指数等于 1 表示不变，大于 1 表示进步，小于 1 为减退。

对全要素生产率进行分解，在 2010 年效率变化和技术变化的平均得分分别为 0.989 和 0.876，这两方面的因素导致了生产率的下降，而对效率变化值进一步分解发现主要由规模效率的下降导致的；2011 年的效率变化和技术变化的平均得分分别为 1.053 和 0.973，效率变化有一定程度的提升，但技术变化值仍处于下降状态，其中纯技术效率和规模效率与上年度相比有所提升，分别为 1.041 和 1.011。

二、样本地区 45 所乡镇卫生院运行情况

（一） 样本地区基本情况描述

本研究选择了安徽省在 2010 年 1 月开始的 32 个实施基本药物制度试点其中两个地区作为调研现场，即肥西和歙县两地，由于调研现场部分卫生院因撤销或合并，并在删除卫生院数据资料缺失的卫生院后，实际纳入本研究项目的卫生院共计 45 所，其中肥西 20 所、歙县 25 所。两地的经济和社会发展情况如表 11－5 所示。2009～2011 年三年内两地区的经济和社会发展情况并没有明显的变化。

367

表 11 - 5　　　　　　　　　　　样本地区基本情况描述

指标	肥西县基本情况			歙县基本情况		
	2009 年	2010 年	2011 年	2009 年	2010 年	2011 年
乡镇数	14	14	14	28	28	28
行政村数	332	332	332	288	288	183
人口数（人）	897 127	900 200	901 107	490 623	485 798	482 937
财政收入（万元）	201 630	290 300	400 300	85 127	140 819	82 612
财政支出（万元）	206 220	251 000	325 756	162 322	208 310	173 000
乡镇卫生院数（家）	28	28	27	28	28	28
其中：中心卫生院数（家）	8	8	8	7	7	7
乡级卫生技术人员数（人）	863	877	935	499	494	516
其中防保人员数	45	108	105	118	118	118
实际纳入研究卫生院数量	20	20	20	25	25	25

　　但调查中发现，肥西县从事预防保健工作的医务人员数量从 2009 年的 45 人增长到 2010 年的 108 人，变化较为明显。访谈中当地医务人员表示，2010 年改革刚开始阶段，存在部分地区卫生院医生转岗至防保的现象："改革以后，医生与防保的收入差距减小了，医生有医疗风险，一些技术水平一般的医生转岗做公共卫生，去防保科做事。"

（二）样本地区乡镇卫生院 2009~2011 年基本投入情况

　　样本地区乡镇卫生院基本投入情况如表 11 - 6 所示，乡镇卫生院的固定资产总值逐年增多，但卫生院开放床位数的变化并不明显。

表 11 - 6　　　　　　样本地区乡镇卫生院基本投入情况

年份	年末固定资产总值（万元）	年末实际开放床位（张）
2009 年	9 438	810
2010 年	10 663	813
2011 年	12 425	797

　　大多数乡镇卫生院负责人表示"医改"后政府加大对卫生院的投入力度，对于医院的基础设施建设投入增多。

　　肥西柿树岗卫生院院长表示"现在资产（如办公用品、网络、电脑等）主要是政府统一采购，可以报销"。

（三）样本地区乡镇卫生院职工在职情况

2009 年，部分地区卫生院都存在卫生院人员"在岗超编"的现象，但 2010 年安徽省实施"新医改"后，对乡镇卫生院人员编制进行重新核定，样本县乡镇卫生院的编制人数都大于在职人员数量，说明改革以后解决了过去乡镇卫生院"在岗超编"的现象，但又出现了"空编"现象；另外，出现了卫生院医务人员数量大幅度下降的现象，2010 年年末在职职工人数较 2009 年减少了 9.6% 左右，虽然 2011 年有一定程度的上升，但并没有恢复到 2009 年水平，如表 11 - 7 所示。

表 11 - 7　　　　样本地区卫生院职工数量与编制人数变化

年份	年末在职职工人数	编制人员数量
2009 年	984	938
2010 年	890	1 074
2011 年	915	1 102

在访谈中，肥西紫蓬卫生院院长指出："定编定岗需要分流一部分人员，出现了 40~45 岁的业务骨干提前退休的情况"。

（四）样本地区收支变化情况

政府对样本地区财政投入量逐年增多，财政投入额度从 2009 年的 2 794 万元增长到 2010 年的 5 168 万元，投入量增多近一倍，2011 年财政投入量仍进一步增长；虽然样本地区卫生院总支出费用也呈现出逐年增多的趋势，2011 年总支出与 2010 年相比，增长幅度较高，如表 11 -8 所示。

表 11 -8　　　　　　　　样本地区收支变化情况

年份	总收入（万元）				总支出（万元）
	财政补助	医疗收入	药品收入	其他收入	
2009 年	2 794	3 832	4 733	130	11 349
2010 年	5 168	2 680	3 158	461	11 170
2011 年	6 728	7 559	4 031	189	14 279

2010 年医疗收入和药品收入与 2009 年相比均有不同程度的下降，但在 2011

年两者均提高，其中医疗收入的提高更加明显，从 2010 年的 2 680 万元提高到了 2011 年的 7 559 万元。

从图 11-2 可以看出，在 2010 年实行基本药物制度改革以后，乡镇卫生院财政补助收入占总支出比例逐年持续增长，歙县和肥西两地分别从 2009 年的 29.58%、21.59% 提升到 2011 年的 41.43% 和 50.63%。

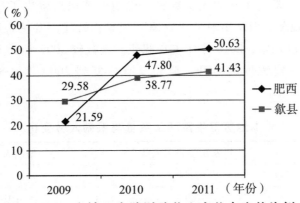

图 11-2 乡镇卫生院财政收入占总支出的比例

乡镇卫生院药品收入总收入的比例逐年持续降低，2009～2011 年，肥西和歙县卫生院药品收入占总收入的比例分别从 45.75%、38.36%，下降至 24.60% 和 19.95%，如图 11-3 所示。这说明乡镇卫生院"以药补医"的现象逐渐缓解。

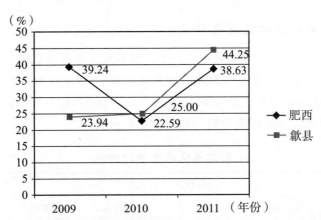

图 11-3 2009～2011 年乡镇卫生院医疗收入占总收入的比例

乡镇卫生院的医疗收入占总收入的比例在 2010 年出现了明显的下降，但在 2011 年，两地医疗收入占总收入的比例较高，分别占 38.63% 和 44.25%，如图 11-4 所示。

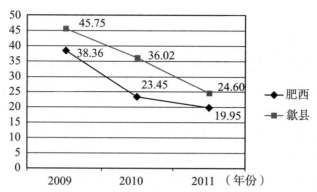

图 11 -4　2009 ~ 2011 年乡镇卫生院药品收入占总收入的比例

(五) 样本地区乡镇卫生院服务量变化情况

从表 11 -9 可以看出，样本地区卫生院门急诊人次数 2009 ~ 2011 年呈现逐年上升的趋势，改革初期门诊服务量增长较明显，达到了 13% 左右，"新医改"推行了一年后门诊量增长幅度有所降低，在 5.5% 左右；但住院服务变化较明显，在改革开始后，乡镇卫生院出院人次数大幅度下降，2010 年较 2009 年下降了近一半水平，但随着改革的进行，出院人次数逐渐回升。

表 11 -9　　　　　　样本地区卫生院基本医疗服务变化情况

年份	门急诊人次数（人次）	变化率	出院人次数（人次）	变化率
2009 年	696 993	—	28 020	—
2010 年	790 673	13.4%	16 241	- 42.0%
2011 年	834 215	5.5%	25 051	54.3%

访谈中也证实改革以后门诊服务量出现了先上涨后下降的现象："改革以后，（总体上）到卫生院卫生室看病的门诊上有所增加，（药品零差率）刚实施的时候门诊量增长率很高，慢慢地就恢复到原来的情况"（肥西县卫生局局长）。

"'医改'开始歙县（乡镇卫生院）一直运行平稳，门诊人次平稳上升"（歙县卫生行政人员）；

"住院方面，服务量总体上大幅度下降，原因是卫生院的功能定位后，不允许做手术了，卫生院以前主要是外科和妇产科手术挣钱，现在对卫生院医生的激励机制缺乏，创收与否与卫生院的盈利情况关系不大，并且还存在医疗风险，所以很多业务卫生院一般都不开展了"（肥西县卫生局局长）。

乡镇卫生院院长也坦言，改革前期对住院服务影响很大："2010 年 1 ~ 4 月，外科（病房）一个病人都没有，（整个病房）就两个外科手术"（肥西县紫蓬镇

371

卫生院院长）。

（六） 样本地区新农合补偿人次数及住院构成情况

通过对样本地区新农合数据的调查分析，发现随着时间的推移，乡镇卫生院新农合住院补偿人数也在 2010 年出现了大幅度的降低，这与新农合病人在乡镇卫生院住院的比例降低相对应，如图 11－5 所示，而相应的县级及县级以上医疗机构新农合补偿人次数逐年增加，如表 11－10 所示，两地区的新农合住院补偿人次也体现出患者逐渐向县级及以上医疗机构转移的态势，出现这种现象的原因一方面可能是由于病人的就医需求，另一方面可能与卫生院医务人员的工作积极性相关，由于在实行基本药物制度初期，医生绩效工资平均分配，导致医生工作积极性降低，出现了推诿病人的情况。

表 11－10　　　　　试点地区新农合补偿人数及住院构成

地区	住院补偿人次数								
	乡镇医疗机构			县级医疗机构			县级以上医疗机构		
	2009 年	2010 年	2011 年	2009 年	2010 年	2011 年	2009 年	2010 年	2011 年
肥西县	192 016	8 903	10 999	9 128	9 682	11 379	13 965	18 787	23 812
歙县	13 513	4 434	9 770	10 500	13 553	15 210	5 757	6 152	8 711
合计	205 529	13 337	20 769	19 628	23 235	26 589	19 722	24 939	32 523

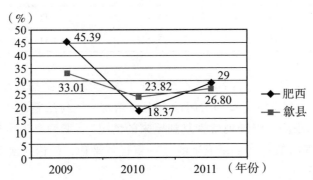

图 11－5　2009～2011 年新农合病人乡镇卫生院住院比例

同时，访谈表明，导致乡镇卫生院病人上流的原因主要有：居民收入提高导致其医疗服务需求提高、大医院地理可及性提高、基本药物品种限制等。

"肥西县在合肥附近，大部分（住院）病人流向县以外医疗机构（省城三级医院）"（肥西县卫生行政人员）。

"'医改'以前，乡镇卫生院住院病人大概能占50%左右，在实行'医改'以后，最低谷的时候只有18%，2011年有所好转。病人往上流，最主要的可能跟乡镇卫生院积极性有关系，但是也不排除病人有就医需求吧"（安徽省卫生厅人员）。

随着基本药物制度的推行，2011年乡镇卫生院新农合病人住院比例比2010年增加，主要是由于新农合住院病人补偿比例的增加和医生积极性的恢复有关。

"2010年年初，刚刚实行500多种基本药物，住院的基本上往县医院去，那个时候住院患者有流失，但是随着基本药物制度的宣传，并且住院病人报销比例的增大，慢慢地就又恢复了"（歙县卫生行政人员）。

（七）样本地区乡镇卫生院全要素生产率变化情况

1. 安徽省样本地区乡镇卫生院全要素生产率变化

在调研现场中，纳入研究的45所乡镇卫生院，其中中心卫生院10所，普通卫生院35所。选择以投入为导向的 DEA – Malmquist 指数模型，分析样本卫生院2009~2011年三年的全要素生产率变化情况，结果如表11 – 11、表11 – 12所示。

表11 – 11　　　　2009~2010年安徽省45所乡镇卫生院

全要素生产率及其分解

DMU	效率变化	技术变化	全要素生产率	DMU	效率变化	技术变化	全要素生产率
1	0.851	0.829	0.706	14	0.942	0.709	0.668
2	0.891	0.809	0.721	15	0.933	0.9	0.84
3	0.907	0.802	0.728	16	0.948	0.817	0.775
4	0.819	0.756	0.619	17	0.934	0.772	0.721
5	1.016	0.788	0.8	18	0.925	0.806	0.746
6	0.798	0.769	0.614	19	1	1.031	1.031
7	0.816	0.904	0.737	20	0.666	0.953	0.635
8	0.88	0.848	0.747	21	0.798	0.794	0.634
9	1	0.811	0.811	22	1.211	0.764	0.926
10	0.716	0.753	0.539	23	1.268	0.805	1.02
11	0.801	0.918	0.735	24	0.967	0.702	0.679
12	0.52	0.779	0.405	25	1.13	1.029	1.163
13	0.504	0.722	0.364	26	1.014	0.743	0.754

373

DMU	效率变化	技术变化	全要素生产率	DMU	效率变化	技术变化	全要素生产率
27	1.207	0.762	0.92	37	1	0.583	0.583
28	1	0.811	0.811	38	0.746	0.8	0.597
29	0.863	0.486	0.42	39	1.277	0.797	1.018
30	1	0.661	0.661	40	1	0.739	0.739
31	0.916	0.84	0.77	41	1.057	0.798	0.844
32	0.927	0.789	0.732	42	0.86	0.781	0.672
33	0.838	0.727	0.609	43	1.247	0.761	0.949
34	1.652	0.902	1.489	44	1.025	1.137	1.166
35	0.925	0.891	0.824	45	0.935	0.746	0.697
36	1.501	1.506	2.259	均值	0.938	0.807	0.757

注：各指数等于 1 表示不变，大于 1 表示进步，小于 1 为减退。

表 11 - 12 　　　　2010～2011 年安徽省 45 所乡镇卫生院
全要素生产率及其分解

DMU	效率变化	技术变化	全要素生产率	DMU	效率变化	技术变化	全要素生产率
1	1.085	1.09	1.183	17	1.029	1.121	1.153
2	0.912	1.039	0.947	18	1.042	1.098	1.144
3	1	1.289	1.289	19	1	0.963	0.963
4	0.962	1.314	1.263	20	0.983	0.994	0.977
5	0.929	1.364	1.267	21	0.989	1.337	1.323
6	1.144	1.165	1.333	22	1	1.265	1.265
7	1.296	0.988	1.281	23	1.028	1.108	1.139
8	1.554	1.074	1.669	24	1.034	1.746	1.806
9	0.871	1.2	1.046	25	0.901	0.778	0.701
10	1.412	1.158	1.635	26	0.951	1.337	1.271
11	1.283	1.01	1.296	27	0.99	1.39	1.375
12	1.445	1.323	1.911	28	1	1.405	1.405
13	1.311	1.036	1.359	29	0.992	1.228	1.218
14	0.921	1.571	1.447	30	1	1.841	1.841
15	1.065	1.245	1.326	31	1.091	1.397	1.525
16	1.094	1.166	1.276	32	1.053	1.229	1.294

DMU	效率变化	技术变化	全要素生产率	DMU	效率变化	技术变化	全要素生产率
33	1.148	1.272	1.46	40	1	1.282	1.282
34	1	1.067	1.067	41	0.792	1.076	0.852
35	1.199	1.117	1.34	42	0.835	1.17	0.977
36	1	1.228	1.228	43	1.302	1.489	1.939
37	0.924	1.608	1.487	44	1	1.17	1.17
38	1.544	1.172	1.81	45	0.959	1.398	1.341
39	1	1.024	1.024	均值	1.056	1.214	1.281

2009~2010 年样本地区卫生院的平均全要素生产率得分为 0.757，效率变化值（0.938）和技术变化值（0.807）均呈现不同程度的下降；2010~2011 年全要素生产率 1.281，比上年度提高了 28.1%，效率变化（1.056）和技术变化（1.214）也有所提高，其中以技术变化的提高为主。

进一步地将 45 所乡镇卫生院全要素生产效率的变化进行分组，并将全要素生产率分解为技术效率和技术变化。结果表明，在 2010 年全要素生产率降低的卫生院中，27 所卫生院因效率变化和技术变化同时降低，效率变化未变或提高，而技术变化降低的卫生院有 11 所，如表 11－13 所示；2011 年全要素生产率提升的卫生院中，20 所卫生院技术效率和技术变化同时提高，效率变化降低，而技术变化提高的卫生院有 10 所，如表 11－14 所示。

表 11－13 　　　　**2009~2010 年 45 所乡镇卫生院**
全要素生产效率变化原因分析

全要素生产效率变化	效率变化	技术变化	数量
>1	—	—	7
	>1	<1	3
	>1	>1	4
<1	—	—	38
	>1	<1	6
	=1	<1	5
	<1	<1	27

注：>1、=1 和 <1 分别表示上升、不变和下降，下同。

表 11 –14   2010～2011 年 45 所乡镇卫生院
全要素生产效率变化原因分析

全要素生产效率变化	效率变化	技术变化	数量
>1	—	—	39
	>1	>1	20
	=1	>1	9
	<1	>1	10
<1	—	—	6
	<1	<1	2
	<1	>1	3
	=1	<1	1

2. 45 所乡镇卫生院综合效率得分

在基本药物制度实施一年后，财政补偿机制趋于完善，医务人员及农村居民对制度的认识逐步加深，分析 2011 年乡镇卫生院效率更能够反映乡镇卫生院在现有的资源投入下，能否实现了最大产出。

综合效率用以衡量乡镇卫生院的总体运行情况，相对效率最高者综合效率值为 1。从表 11 –15 可以看出，2011 年有 14 所乡镇卫生院综合效率得分为 1（即 DEA 有效），表明以上卫生院在现有的投入要素下，达到了技术和规模上的最佳产出。31 家乡镇卫生院的综合效率得分小于 1，说明这些卫生院并没有在现有的投入要素下实现最佳产出，卫生资源未得到充分的利用。2011 年总体有效的乡镇卫生院数量仅占到 31.1% 左右，有效率较低。

表 11 –15   2011 年 45 所乡镇卫生院综合效率得分

DMU	综合效率	DMU	综合效率	DMU	综合效率
1	0.852	9	0.871	17	0.905
2	0.718	10	0.941	18	0.831
3	0.669	11	0.978	19	1
4	0.714	12	0.69	20	0.608
5	0.791	13	0.661	21	0.713
6	0.661	14	0.675	22	0.575
7	1	15	0.876	23	0.716
8	0.953	16	1	24	1

DMU	综合效率	DMU	综合效率	DMU	综合效率
25	0.901	32	0.933	39	1
26	0.929	33	0.851	40	1
27	0.703	34	1	41	0.785
28	1	35	0.698	42	0.588
29	0.856	36	1	43	1
30	1	37	0.924	44	1
31	1	38	1	45	0.733

如表 11 - 16 所示，按照 DEA 得分，将 45 所卫生院分为总体有效组和非总体有效组，总体有效组包括 14 家卫生院，非总体有效组 31 家卫生院，对比这两组的投入产出指标情况发现，在现有的各项投入指标中，非总体有效组的各投入指标量均大于总体有效组，并且差异具有统计学意义（$P = 0.019$；0.029；0.022；0.03）。

表 11 - 16 **不同效率得分组投入指标分析**

组别	投入指标							
	年末在职职工人数（人）	P	开放床位数（张）	P	年末固定资产总值（万元）	P	总支出（万元）	P
总体有效组	13.43 ± 15.3	0.019	11.21 ± 10.7	0.029	159 ± 109	0.022	248 ± 244	0.03
总体无效组	23.45 ± 23.5		20.65 ± 16.3		329 ± 319		349 ± 302	

如表 11 - 17 所示，而对于产出指标，在现有的资源投入下，两组之间的产出指标并没有明显的统计学意义，P 值均大于 0.05（$P = 0.303$；0.650；0.492）。

表 11 - 17 **不同效率组产出指标分析**

组别	产出指标					
	门急诊人次数（人）	P	出院人数（人）	P	医疗业务收入（万元）	P
总体有效组	135 ± 69.4	0.303	555.8 ± 580.2	0.650	146 ± 175	0.492
总体无效组	208 ± 193.1		557.06 ± 602.49		178 ± 179	

3. 45 所乡镇卫生院技术效率得分

利用 DEA – BCC 模型在不考虑乡镇卫生院规模变化的前提下，计算乡镇卫生院的单纯技术效率，技术效率为 1 代表此卫生院在现有规模下，各项投入都得到了充分利用，称为"纯技术有效"。

在本研究中技术效率为 1 的乡镇卫生院有 18 家，占总体的 40%，技术有效率较低。从技术角度而言，2011 年 27 家乡镇卫生院的资源投入并没有获得充分利用，未实现产出的最大化，大部分的乡镇卫生院在目前的规模下所投入的资源没有得到有效利用，需进一步提高卫生院的技术水平，如表 11 – 18 所示。

表 11 – 18 45 所乡镇卫生院技术效率得分情况

DMU	技术效率	DMU	技术效率	DMU	技术效率
1	0.858	16	1	31	1
2	0.765	17	1	32	0.992
3	0.671	18	1	33	0.872
4	0.783	19	0.894	34	1
5	0.908	20	1	35	1
6	0.74	21	0.626	36	1
7	1	22	0.715	37	0.992
8	0.953	23	0.581	38	1
9	0.925	24	0.835	39	1
10	0.975	25	1	40	1
11	1	26	0.901	41	0.808
12	0.76	27	0.974	42	0.677
13	0.985	28	0.704	43	1
14	0.887	29	1	44	1
15	1	30	0.862	45	0.756

4. 45 所乡镇卫生院规模效率得分

规模效率值 = 综合效率/规模效率，用于衡量决策单元是否出于最佳生产规模状态。规模效率（Scale Efficiency，SE）值等于 1，表示卫生院在最适当的生产规模下，有最理想的经营绩效（即产出）。规模效率小于 1 者，均为规模无效。

规模报酬递增，指产出的增加幅度小于投入的增加幅度，表示医院规模相对偏小，应扩大规模，增加投入；当规模效率得分为 1 时，规模报酬最佳，即目前医院的相对规模适当；规模效益递减，指此医院相对规模偏大，应适当缩小规模，减少投入。

在这 45 家乡镇卫生院中，共有 15 家乡镇卫生院为规模有效（规模效率值 = 1），表明这些卫生院的规模报酬不变，当增加乡镇卫生院的投入时，产出也会相应地增加，这说明在当前的技术水平下，乡镇卫生院的规模已处于理想状态，应通过提高卫生院医疗技术水平来促进卫生院总体效益提高。在其余 30 家非规模有效的卫生院中，有 16 家乡镇卫生院处于规模报酬递减状态，这些卫生院现有的投入规模偏大，产出增长速度小于投入增长速度，需通过合理的配置卫生资源，适当地控制卫生院规模；14 家乡镇卫生院出于规模报酬递增状态，这些卫生院可采取适度扩大卫生院规模，增加投入的方式，优化资源配置，如表 11 – 19 所示。

表 11 – 19　　　　　　45 所乡镇卫生院规模效率得分

DMU	规模效率	规模报酬	DMU	规模效率	规模报酬	DMU	规模效率	规模报酬
1	0.993	递增	16	1	不变	31	1	不变
2	0.938	递减	17	0.905	递减	32	0.94	递减
3	0.997	递增	18	0.929	递减	33	0.975	递增
4	0.912	递减	19	1	不变	34	1	不变
5	0.872	递减	20	0.971	递减	35	0.698	递增
6	0.893	递减	21	0.997	递增	36	1	不变
7	1	不变	22	0.99	递增	37	0.932	递减
8	0.999	递增	23	0.858	递增	38	1	不变
9	0.942	递减	24	1	不变	39	1	不变
10	0.965	递增	25	1	不变	40	1	不变
11	0.978	递减	26	0.953	递减	41	0.972	递增
12	0.909	递减	27	0.998	递增	42	0.869	递增
13	0.671	递增	28	1	不变	43	1	不变
14	0.761	递减	29	0.993	递增	44	1	不变
15	0.876	递减	30	1	不变	45	0.97	递增

5. 不同类型乡镇卫生院效率得分分析

对于中心卫生院和一般卫生院，两种类型卫生院的综合效率及技术效率得分并没有明显的统计学意义（$P = 0.118$，0.262），但规模效率得分上，两种类型的卫生院之间存在统计学差异（$P = 0.016$），中心卫生院的规模效率得分低于一般卫生院，如表 11 – 20 所示。

表 11 - 20　　　　　　　　不同类型乡镇卫生院效率值得分

卫生院类型	综合效率	P	技术效率	P	规模效率	P
中心卫生院	0.79 ± 0.14	0.118	0.86 ± 0.14	0.262	0.92 ± 0.06	0.016
一般卫生院	0.87 ± 0.3		0.90 ± 0.12		0.95 ± 0.08	

6. 非 DEA 有效的决策单元投影值分析

利用 DEA - CCR 模型计算非 DEA 有效单元的投入、产出的投影值（理想值），能够明确量化出非有效决策单元投入产出指标与有效单元相比较，投入指标过大数量或者不足，以及每个非 DEA 有效决策单元经过改进后达到 DEA 有效所需要的改进量。将非 DEA 有效单元的投入过剩及不足消除后，此决策单元将达到 DEA 有效。31 所非 DEA 有效乡镇卫生院的投入、产出指标的实际值和投影值如表 11 - 21 所示。

（1）非有效决策单元投入指标投影值分析。

从表 11 - 21 可以看出，非 DEA 有效的 31 家乡镇卫生院各项投入指标均存在较大的改进空间，这些指标可能存在较大程度上的过剩和浪费。以 DMU1 为例，在职职工人数投入量过剩比例为 15.38%，床位数投入过剩比例为 28.57%，年末固定资产投入过剩 53.40%，总支出没有过度，在目前的产出水平下，相对于总体有效的卫生院，在职职工人数可减少 2 人，床位数可减少 4 张，固定资产投入可减少 173 万元；DMU3 在职职工人数投入量并没过度，床位数投入量过剩比例为 18.75%，年固定资产投入过剩比例为 6.64%，总支出过量比例为 24.72%，相对于总体有效的卫生院，DMU3 的床位数可减少 3 张，固定资产投入可减少 16 万元，而总支出可以减少 88 万元，若通过适当地调整非 DEA 有效的卫生院规模，能够实现资源的充分利用，从而取得更大的经济效益和社会效益。

表 11 - 21　　　　　　2011 年乡镇卫生院投入要素投影值分析

决策单元（DMU）	投影值和实际值	投入指标			
		年末在职职工人数	年末实际开放床位数	年末固定资产总值（万元）	支出总计（万元）
1	实际值	13	14	324	201
	投影值	11	10	151	201
	过剩比例	15.38%	28.57%	53.40%	0
2	实际值	34	25	365	477
	投影值	28	25	341	477
	过剩比例	17.65%	0.00%	6.58%	0

决策单元（DMU）	投影值和实际值	投入指标			
		年末在职职工人数	年末实际开放床位数	年末固定资产总值（万元）	支出总计（万元）
3	实际值	13	16	241	356
	投影值	13	13	225	268
	过剩比例	0	18.75%	6.64%	24.72%
4	实际值	54	40	855	715
	投影值	39	37	539	715
	过剩比例	27.78%	7.50%	36.96%	0
5	实际值	64	45	1214	857
	投影值	46	45	855	857
	过剩比例	28.13%	0	29.57%	0
6	实际值	80	50	88	89
	投影值	47	43	68	89
	过剩比例	41.25%	14.00%	22.73%	0
8	实际值	9	10	206	203
	投影值	9	10	129	183
	过剩比例	0	0.00%	37.38%	9.85%
9	实际值	7	10	76	171
	投影值	7	9	76	138
	过剩比例	0	10.00%	0	19.30%
10	实际值	9	12	295	145
	投影值	8	9	106	145
	过剩比例	11.11%	25.00%	64.07%	0.00%
11	实际值	10	15	148	218
	投影值	10	15	92	218
	过剩比例	0	0	37.84%	0
12	实际值	14	30	124	246
	投影值	12	15	124	246
	过剩比例	14.29%	50.00%	0	0

续表

决策单元（DMU）	投影值和实际值	投入指标			
		年末在职职工人数	年末实际开放床位数	年末固定资产总值（万元）	支出总计（万元）
13	实际值	31	30	294	466
	投影值	26	22	294	466
	过剩比例	16.13%	26.67%	0	0
14	实际值	58	60	672	1 106
	投影值	58	51	672	1 106
	过剩比例	0	15.00%	0	0
15	实际值	11	11	81	231
	投影值	9	10	81	182
	过剩比例	18.18%	9.09%	0	21.21%
17	实际值	88	60	1 097	1 138
	投影值	64	60	948	1 138
	过剩比例	27.27%	0	13.58%	0
18	实际值	22	30	634	315
	投影值	19	15	238	315
	过剩比例	13.64%	50.00%	62.46%	0
20	实际值	15	25	632	313
	投影值	15	18	169	313
	过剩比例	0	28.00%	73.26%	0
21	实际值	21	13	215	285
	投影值	14	13	215	285
	过剩比例	33.33%	0	0	0
22	实际值	19	22	298	234
	投影值	12	12	267	234
	过剩比例	36.84%	45.45%	10.40%	0
23	实际值	6	5	108	79
	投影值	5	5	59	79
	过剩比例	16.67%	0	45.37%	0

决策单元 （DMU）	投影值和 实际值	投入指标			
		年末在职 职工人数	年末实际 开放床位数	年末固定资产 总值（万元）	支出总计 （万元）
25	实际值	14	7	187	220
	投影值	11	7	187	200
	过剩比例	21.43%	0	0	9.09%
26	实际值	17	14	160	256
	投影值	14	14	160	256
	过剩比例	17.65%	0	0	0
27	实际值	8	10	167	178
	投影值	8	8	167	170
	过剩比例	0	20.00%	0	4.49%
29	实际值	8	10	446	88
	投影值	4	5	446	88
	过剩比例	50.00%	50.00%	0	0
32	实际值	8	8	92	176
	投影值	8	8	92	159
	过剩比例	0	0	0	9.66%
33	实际值	9	10	72	132
	投影值	7	7	72	132
	过剩比例	22.22%	30.00%	0	0
35	实际值	2	2	20	32
	投影值	2	2	20	32
	过剩比例	0.00%	0	0	0
37	实际值	60	37	333	707
	投影值	41	33	333	707
	过剩比例	31.67%	10.81%	0	0
41	实际值	5	5	98	109
	投影值	5	5	93	109
	过剩比例	0	0	5.10%	0

续表

决策单元 （DMU）	投影值和 实际值	投入指标			
		年末在职 职工人数	年末实际 开放床位数	年末固定资产 总值（万元）	支出总计 （万元）
42	实际值	7	6	117	99
	投影值	5	4	75	99
	过剩比例	28.57%	33.33%	35.90%	0
45	实际值	11	9	150	170
	投影值	9	8	129	170
	过剩比例	18.18%	11.11%	14.00%	0

（2）DMU 产出指标投影值分析。

如表 11-22 所示，根据 DEA-CCR 模型，非 DEA-CCR 有效的 31 所乡镇卫生院产出指标的分析发现，各项产出指标均存在严重的产出不足情况：门急诊人次数、出院人数这两个指标，仅一所卫生院的门急诊人次数达到了理想状态，其余 30 所卫生院两指标均未达到相应的理想水平，这也反映出乡镇卫生院在现有的投入规模下，服务量的产出并没有实现产出的最大化。同样，乡镇卫生院的业务收入也没有实现产出的最大化，均达到理想水平。以 DMU3 为例，现有的产出实际值与理想值差距较大，其中业务收入差距达到 49.76%，门急诊人次数差距达到 49.55%，出院人次数差距达到了 60% 左右。

表 11-22 　　　　　　2011 年乡镇卫生院产出指标的投影值分析

决策单元 （DMU）	投影值和 实际值	产出指标		
		业务收入（万元）	门急诊人次数	出院人数
1	实际值	176	16 102	395
	投影值	207	18 895	463
	差距比例	17.61%	17.35%	17.22%
2	实际值	305	29 108	975
	投影值	445	40 556	1 358
	差距比例	45.90%	39.33%	39.28%
3	实际值	205	13 523	343
	投影值	307	20 224	549
	差距比例	49.76%	49.55%	60.06%

续表

决策单元（DMU）	投影值和实际值	产出指标		
		业务收入（万元）	门急诊人次数	出院人数
4	实际值	540	46 284	1 137
	投影值	756	64 839	1 592
	差距比例	40.00%	40.09%	40.02%
5	实际值	738	48 014	1 865
	投影值	933	60 684	2 357
	差距比例	26.42%	26.39%	26.38%
6	实际值	630	52 786	1 173
	投影值	953	79 866	1 774
	差距比例	51.27%	51.30%	51.24%
8	实际值	178	14 123	402
	投影值	187	14 825	421
	差距比例	5.06%	4.97%	4.73%
9	实际值	116	11 163	278
	投影值	133	12 810	319
	差距比例	14.66%	14.75%	14.75%
10	实际值	120	9 192	457
	投影值	127	11 560	485
	差距比例	5.83%	25.76%	6.13%
11	实际值	180	20 497	325
	投影值	189	20 965	332
	差距比例	5.00%	2.28%	2.15%
12	实际值	173	12 982	298
	投影值	250	18 802	431
	差距比例	44.51%	44.83%	44.63%
13	实际值	246	32 034	229
	投影值	429	48 491	347
	差距比例	74.39%	51.37%	51.53%
14	实际值	806	40 671	1 600
	投影值	1 193	64 889	2 369
	差距比例	48.01%	59.55%	48.06%

续表

决策单元 （DMU）	投影值和 实际值	产出指标		
		业务收入（万元）	门急诊人次数	出院人数
15	实际值	141	14 026	81
	投影值	161	16 017	182
	差距比例	14.18%	14.20%	124.69%
17	实际值	102	95 811	2 583
	投影值	113	105 882	2 854
	差距比例	10.78%	10.51%	10.49%
18	实际值	252	26 313	495
	投影值	309	31 652	595
	差距比例	22.62%	20.29%	20.20%
20	实际值	186	17 817	208
	投影值	305	29 284	384
	差距比例	63.98%	64.36%	84.62%
21	实际值	220	16 663	367
	投影值	309	23 370	514
	差距比例	40.45%	40.25%	40.05%
22	实际值	150	7 661	416
	投影值	262	13 329	723
	差距比例	74.67%	73.99%	73.80%
23	实际值	58	5 259	156
	投影值	82	7 344	218
	差距比例	41.38%	39.65%	39.74%
25	实际值	152	12 422	350
	投影值	169	13 789	388
	差距比例	11.18%	11.00%	10.86%
26	实际值	247	19 179	492
	投影值	265	20 648	529
	差距比例	7.29%	7.66%	7.52%
27	实际值	126	5 755	312
	投影值	180	8 188	443
	差距比例	42.86%	42.28%	41.99%

决策单元 （DMU）	投影值和 实际值	产出指标		
		业务收入（万元）	门急诊人次数	出院人数
29	实际值	72	7 055	62
	投影值	85	8 238	108
	差距比例	18.06%	16.77%	74.19%
32	实际值	139	13 144	208
	投影值	149	14 085	223
	差距比例	7.19%	7.16%	7.21%
33	实际值	117	7 748	236
	投影值	138	9 108	277
	差距比例	17.95%	17.55%	17.37%
35	实际值	20	1 529	68
	投影值	29	2 190	97
	差距比例	45.00%	43.23%	42.65%
37	实际值	706	25 214	1 398
	投影值	764	27 279	1 512
	差距比例	8.22%	8.19%	8.15%
41	实际值	78	7 704	53
	投影值	100	9 815	105
	差距比例	28.21%	27.40%	98.11%
42	实际值	63	5 072	78
	投影值	108	5 072	150
	差距比例	71.43%	0.00%	92.31%
45	实际值	136	10 824	229
	投影值	185	14 773	312
	差距比例	36.03%	36.48%	36.24%

第四节 讨 论

随着"医改"政策的推行，安徽省按照"基本要有保障、基础要快夯实、机制要去健全"的要求，要求乡镇卫生院政府以公共财政为保障，全力建设举办好一家卫生院（社区卫生服务中心），实施药品零差价销售，并加大乡镇卫生院投入，使乡镇卫生院在工作用房、基本医疗设备等方面得到进一步改善，乡镇卫生院的基础建设、功能趋于完善。但研究发现，在政策实施初期，乡镇卫生院的整体效率有所下降，随着制度的运行和调整，乡镇卫生院运行整体效率有所提高；另外，在政府投入增多的前提下，部分乡镇卫生院并没有实现产出的最大化，部分卫生院运行效率低下，效率较低。

一、效率分析方法的选择

现阶段有多种研究方法可以用于评价乡镇卫生院的效率：随机前沿生产函数分析法、比率分析法、数据包络分析法等，但数据包络分析法作为目前乡镇卫生院效率分析的主流方法，能够直接比较多些投入和多项产出指标。

作为非参数检验方法，数据包络分析法不需要特定的函数形式，以及并不要求数据满足特定分布要求，从最有利于决策单元的角度出发，根据实际的数据自动确定投入产出指标的权重系数，避免了用主观标准确定效率，具有较强的客观性；利用线性代数中的线性规划方程，构建 CCR 模型和 BCC 模型以确定多目标规划的帕累托最优解[1]；同时，由于医疗服务的特殊性，要建立医院生产函数形式是比较复杂和困难的，卫生机构系统的复杂性导致很难寻找合适的回归模型用于效率分析，DEA 方法中投入与产出之间不需要多元回归所要求的函数模型适用于卫生机构的特点予以效率评价；并且通过适当选用 DEA 模型并合理确定投入产出指标，即可方便测量医院运营的相对效率，为非有效的决策单元的投入产出指标进行投影分析，找出各低效卫生院的实际值与理想值的差异，定量地测量各决策单元投入产出指标改进的方向和程度，为效率改善提供借鉴。

而 DEA – Malmquist 指数模型作为数据包络分析法的扩展，除具有 DEA 的特点外，还具备其他特点：（1）不需要投入、产出指标的价格信息。（2）不需要预先假设决策单元的行为模式。（3）能够在一定程度上识别数据的异常情况。（4）可用来评价决策单元的全要素生产率、技术效率和规模效率的变化情况。

但数据包络法也存在一定的缺点：由于数据包络分析法属于非参数法，不能排除随机误差的干扰，对数据的误差十分敏感，不允许数据有零和负数，这提高了对数据的调查的难度；决策单元须具有同质性，决策单元的同质性越高，解释力越强；为避免有效决策单元过多的现象出现，决策单元数量最好大于或等于投

---

① 魏权龄. 数据包络分析（DEA）[J]. 科学通报，2000，45（17）：1793 ~ 1808。

入产出指标的两倍；另外，通过数据包络法计算得出的效率是相对效率而非绝对效率，即相对有效的决策单元不一定达到了实际的最优状态，相对效率为1的卫生院也不一定真正处于最佳状态，只能说明其他DMU的线性组合无法构成一个比此DMU更有效的决策单元（潘志明，2007），也就是说，用DEA方法进行乡镇卫生院的效率评价，它只能判断一个DMU的相对有效性，并不能确定它是否绝对有效。

二、乡镇卫生院动态效率分析

本研究结果显示，从总体来看，3年间安徽省29个试点地区所有乡镇卫生院的全要素生产率得分降低，整体降低了5.8%，虽然效率变化值有所提升，但技术变化的下降导致了总体效率值的下降。2009~2010年试点地区全要素生产率的下降与效率变化和技术变化两者均相关，而2010~2011年技术变化仍处于下降状态，但整体上全要素生产率提高，技术进步对于促进整体效率的提高仍有较大空间。实施基本药物制度后，由于对于制度的理解不全面，激励制度等方面的原因，导致乡镇卫生院的医务人员工作积极性受到了一定程度的影响，部分业务骨干的流失导致了技术变化的下降，在关注医疗机构规模的同时，更应该对人员的工作积极性和人才引进工作予以重视，应用科学的管理方法调动医务人员的工作积极性，提高地区的技术水平。

而样本地区乡镇卫生院2009~2011年的运行效率整体变化趋势与29个试点地区的变化趋势一致，在一定程度上验证了DEA方法分析医疗机构效率的正确性，但样本地区卫生院2010~2011年全要素的变化中，与上年度相比，效率变化和技术变化均有所提升。

三、乡镇卫生院投入、产出分析

（一）乡镇卫生院投入分析

研究表明（燕虹，2003），随着医疗改革的推进，乡镇卫生院发展主要制约因素是财政对农村卫生的投入总量不足及资源配置不合理。安徽省在"医改"实施之后，对乡镇卫生院的投入规模逐步扩大，设备条件进一步完善，财政投入逐年增多，占卫生院总支出的比例也逐年增大，但乡镇卫生院的运行效率并没有明显的提高，相反形成了资源的浪费。有研究表明，解决农村机构效率低下的原因并非单纯地增加经济投入，更重要的是提高其效率①。而在安徽省采取的核定编制，虽然一定程度上解决了乡镇卫生院的编制缺口，为部分非在编医务人员解决了后顾之忧，但由于在政策的实行初期，乡镇卫生院人员工资收入按照财政全额拨款的方式予以发放，乡镇卫生院工作人员的积极性受到打击，另外，由于乡镇卫生院部分药品的缺乏以及乡镇卫生院功能逐渐转向防保，导致乡镇卫生院住院服务量大幅度下降。

（二）乡镇卫生院产出分析

合理的投入会增加产出，但过度投入未必能相应增加产出。在现有的资源投入规模下，乡镇卫生院的产出并没有实现最大化，乡镇卫生院的出院人数、门急诊人次数等指标均存在较大的产出不足现象。

医疗改革初期，样本地区卫生院住院服务量出现了不同程度的下降，住院病人出现了向上一级医院流动的趋势，这主要是由于新"医改"实施前期，财政拨款方式和药品配备的变化导致的。2010年医疗改革以后，安徽省乡镇卫生院由"自主盈亏"单位转变为全额预算单位，实行收支两条线，工资由财政全额发放，这种治理模式转变导致乡镇卫生院服务效率下降，加上实施基本药物制度后药品种类的减少和医生用药习惯，造成了住院服务量严重萎缩。2011年在允许乡镇卫生院收支结余部分按一定比例进行分配后，并增加院长一定的自主管理权，允许中心卫生院使用部分非基本药物，部分医疗服务项目逐渐恢复开展，在这样的政策影响下，2011年乡镇卫生院的医疗服务量特别是住院服务量回升明显。

另外，也要关注到2011年医疗服务收入大幅度增长，但出院人次数的增长量并没有达到相应的数量，在实行药品零差率的前提下，医疗服务收入大幅度增长提示是否存在医疗服务的过程中检查项目收费过多，是否出现了诱导需求的现象。有研究表明，在没有了药品的加成后，部分医疗机构通过增加检查项目收费以增加医疗机构的收入，因而要防止从"以药养医"的机制向"以技养医"的机制演变。

四、样本地区乡镇卫生院静态效率分析

医疗服务生产效率作为衡量卫生经济政策合理性的重要指标，能够有效地评价政策的实施效果。参与评价的45家乡镇卫生院，总体有效的乡镇卫生院仅占到31.1%，虽然与以往乡镇卫生院21.26%（陆璐，2008）的总体有效率相比有

---

① 王红漫．大国卫生之论——农村卫生枢纽与农民的选择 ［M］．北京大学出版社，2006。

了一定程度的改善，但改善幅度并不大。虽然"医改"资金和政策支持为乡镇卫生院的发展提高了机遇，但在提高乡镇卫生院运行效率上的工作仍需要进一步加强。

乡镇卫生院的技术效率得分较低，仅 18 家卫生院达到了技术有效，在现有的投入规模下，乡镇卫生院并没有达到产出的最大化，在合理控制卫生院规模的前提下，应进一步对乡镇卫生院进行规范调整，提高其技术效率。

（一）不同效率组乡镇卫生院投入产出指标分析

在本研究中发现，总体效率有效的卫生院与非总体效率有效的卫生院相比，虽然非总体有效组的各项投入量均高于总体有效组，但两组之间的产出指标并没有明显的差异，非总体有效组的产出没有达到最大化。这说明非总体有效组的乡镇卫生院可能存在规模过大，卫生资源利用不充分及资源浪费的现象，这就要求非总体有效的卫生院应加强资源的合理利用，适当地扩大卫生院规模，增加服务产出，以提高资源利用效率。

另外，政府投入的增多体现了国家对基层医疗机构和农村卫生的支持，在本研究中，非总体有效组的政府投入明显多于总体有效组，但政府财政投入相对较大的卫生院运行效率并没有达到 DEA 有效，反而与其他卫生院相比更低。合理的投入能够增加产出，但不合理的投入可能会导致产出的下降，卞鹰等（2001）指出，医院对政府的依赖将导致医院发展惰性的产生，导致生产率的下降。

（二）不同类型乡镇卫生院综合效率分析

乡镇卫生院分为中心卫生院和普通卫生院。普通卫生院主要负责公共卫生工作和提高基本的医疗服务，而中心卫生院除具有一般卫生院的功能外，还作为一定区域范围内的医疗服务技术指导中心，政府对中心卫生院的各项投入高于一般卫生院，但中心卫生院与普通卫生院相比，其综合效率、技术效率两方面的得分并无明显的差异，这说明中心卫生院没有能够很好地发挥出自身的资源和技术优势，仍需提高医院运行效率，以达到投入产出的最佳状态；而规模效率的差异提示部分中心卫生院需要合理地控制自身规模，避免因盲目扩大规模导致资源浪费。

非 DEA 有效的中心卫生院处于规模效益递减的有 8 家，非 DEA 有效的一般卫生院处于规模效益递减的有 8 家，处于规模效益递增的有 13 家。对于处于规模效益递减的卫生院导致其效率低下的原因是规模相对过大，应进一步加强医院管理水平，适当控制医院规模，而对于规模效益递减的卫生院，应加大资金和政策支持力度，提高其规模收益。

（三） 非总体有效单元投影值分析

非 DEA 有效单元投影值为卫生院投入过剩或产出不足提供了事实依据，为卫生院效率改进提供了决策依据。非总体有效的卫生院在现有的资源投入下，未能实现产出的最大化。我国的医疗机构作为非营利机构，在保证自身发展需要的前提下，应更加注意基本医疗服务方面的提供。"医改"政策的推行为乡镇卫生院的发展提供了资金和政策支持，乡镇卫生院本身和当地的卫生行政部门可能并未结合当地卫生服务需求，而盲目地对卫生院设备、资金等投入扩大，不注重对卫生院本身管理水平和人员素质等方面的提高，加之农村居民对医疗卫生服务需求的提高，乡镇卫生院提供的医疗服务不能满足居民的多层次需求，导致病人流失，使促进医疗服务下沉的政策目标无法实现，因此，乡镇卫生院应加强卫生服务质量和功能建设和提高（张朝阳，2004），提高自身的管理水平，优化资源的配置，提高乡镇卫生院运行效率，实现产出的最大化。

第五节 结论与建议

本研究对安徽省试点地区乡镇卫生院的运行效率进行了分析，利用数据包络分析和 Malmuqusit 指数对乡镇卫生院运行效率进行了综合分析。研究发现，在实施基本药物制度的初期，乡镇卫生院的运行效率出现了不同程度的下降，但随着基本药物制度的推行，乡镇卫生院运行效率逐渐提升。同时，研究也发现，在现有的投入规模下，乡镇卫生院的产出并没有达到最大化，存在很大程度的资源浪费现象，提出以下建议。

一、合理配置卫生资源，提高资源利用效率

卫生资源的有限性要求要对卫生资源进行合理的配置，乡镇卫生院作为为农村居民提供基本卫生服务的机构，对于卫生资源的配置，要注重市场作用和政府指导的相结合。以居民的健康需求为导向，优先满足资源配置薄弱乡镇卫生院资源需求，适度规范卫生院不合理的发展，控制卫生院规模在合理的范围内，并通过提高乡镇卫生院自身建设、卫生院院长管理能力的提高，促进卫生院资源实现效益产出最大化。

二、加强人才队伍建设，提高卫生技术人员素质

人力资源的发展关系到医院技术效率和规模效率的改善，政府在加大对乡镇卫生院硬件投入的同时，应采取多种方式促进卫生技术人员队伍的发展。卫生技术人员作为影响乡镇卫生院发展的重要人力资源，其工作积极性关系到卫生院的运行和发展，应根据实际，在合理的范围内提高医务人员待遇，并通过继续教育、进修培训等方式提高卫生技术人员素质，为人才的引进创建绿色通道。

三、关注乡镇卫生院公共卫生服务的提供

在本研究中，由于并没有收集到相关的卫生院公共卫生方面的数据，不能判定卫生院在提高公共卫生服务方面的作用变化，但随着乡镇卫生院职能逐渐从提高医疗服务为主转变为医防并重，并且政府财政投入对基层医疗机构防保工作的逐步倾斜，今后应在研究中增加对乡镇卫生院公共卫生服务方面的研究，促进乡镇卫生院预防保健网作用的真正体现。

第十二章

山东省农村地区基本药物的可及性研究

第一节　研究背景与目的

1975 年 28 届世界卫生大会上通过 WHA28.66 号决议，要求世界卫生组织（WHO）协助其成员制定国家药物政策，会上首次提出了"基本药物"（Essential Drugs）的概念（WHO，1988），经过多年发展至今第 14 版基本药物的"基本药物是那些满足大部分群众的卫生保健需要，在任何时候均有足够的数量和适宜的剂型，其价格是个人和社区能够承受得起的药品"（WHO，2006）。1978年，由世界卫生组织和联合国儿童基金会（WHO/UNICEF）在阿拉木图召开的初级卫生保健大会上，将基本药物列入初级卫生保健的 8 个主要内容之一（胡善连，2009）。药品作为一种治病救人的特殊商品，其可及性直接关系到公民的健康权与生命权，关系到一个地区或国家的公共健康水平（席晓宇，2010），因此对基本药物可及性的研究具有重要意义。从基本药物的概念可以看出，只有对于政府、卫生服务提供者、卫生服务采购者和个人而言，基本药物可以获得（Available）并且其价格可以承受（Affordable），基本药物的可及才是可能的（陈曦，2008）。WHO 将基本药物的可及性定义为：患者或消费者能够在合理的距离内方便地在医疗机构获得基本药物，并在经济上可负担基本药物（龚时薇，2011）。龚时薇等人（2009）认为药品可及性代表可获得、有供应与可负担的含义。刘莹等人（2007）将药品可及性定义为：人人能够承担的价格，安全地、实际地获得适当、高质量以及文化上可接受的药品，并方便地获得合理使用药品的相关信息。基本药物在可获得、可负担并且合理使用的基础上可以解决很多卫生问题，然而世界上许多国家存在药品短缺、药品质量差和不合理用药等问题，基本药物并没有发挥它的最大潜能。

目前，基本药物的不可及是全球面临的最紧迫的卫生问题之一（DFID，2004）。据2000年世界卫生组织报告，目前世界上有1/3的人口不能获得所需的药品。在非洲和亚洲的一些更贫穷的国家不能获得必需药品的人口比例高达50%（WHO/WTO，2001）。世界卫生组织2008～2013年药物战略报告（WHO，2012）中提到，大约每天有3万名儿童因为缺乏基本药物的治疗而死亡；联合国人口活动基金会（UNFPA）的一项调查显示，世界上使用的符合工业化国家质量要求的口服避孕药仅仅不到1/3。基本药物可获得、可负担并且被合理使用的前提下才会达到治病救人、促进健康的目的，可见基本药物的合理使用也是基本药物可及性的一个关键方面。世界卫生组织将合理用药定义为：患者所接受的药物治疗方案符合其临床需求，药物剂量满足其个体化需求，在足够长的时间内具有最低的成本（WHO，2002）。目前，世界范围内药物不合理使用现象严重。世界卫生组织（WHO）2010年6月的公告称，全球有超过50%的药品在处方、配发或销售过程中存在不合理性，有50%的患者不能正确地使用药物[①]。世界上很多地方高达80%的疾病是通过自我医疗的方式治疗（Daphne，1997），全球的病人有1/3是死于不合理用药，而不是疾病本身（杨文展，1999）。亚洲有一个国家，治疗疟疾的青蒿素，超过一半的联合用药是错误的。基本药物的不可及问题普遍存在，影响人们健康水平的提高，是各国亟待解决的一个卫生问题。

20世纪70年代以来，世界卫生组织一直致力于提高基本药物的可及性，2001年，世界卫生组织/国际健康行动机构（WHO/HAI）启动了药品价格和可获得性计划，目的是建立一套可靠的方法测量药品的价格、可获得性、可负担性及其构成，为政策的制定提供依据并监测政策的效果和影响（罗莎，2010）。2003年，第一版WHO/HAI药品价格调查手册（指南）发行，全球多个国家按照此手册进行了多项调查研究。马来西亚（Babar ZUD，2007）于2006年开展了对药品的价格、可获得性、可负担性以及药品价格组成的相关调查研究，结果显示马来西亚的药品的采购价格与国际参考价格相比差距不大，但是药品的可获得性比较低，而且还存在药品的负担过重的问题；2006年泰国

---

① 全国合理用药监测办公室. 国外合理用药概述［J］. 中国执业药师，2011，8（2）：14～16.

（Cha-oncin Sooksriwong，2009）按照 WHO/HAI 价格手册提供的方法，在泰国首都曼谷和泰国北部、东北部和南部随机挑选一个地区进行调查，结果显示泰国公立医疗机构的药品零售价格比国家参考价格高很多，药品的可获得性和可负担性仍需要改善；A. Cameron 等人（2009）将 36 个发展中国家和中等收入的国家对药品价格的相关调查的 45 项研究结果进行二次分析，结果显示，公立医疗机构的政府采购价在美洲、地中海东部和东南亚的一些国家接近或低于国际参考价格，在非洲、欧洲和西太平洋地区平均高出国际参考价格的 34% ~ 44%，同时这些药品的 MPR 值在世界银行所划分的不同收入组中的变化范围也不同。公立医疗机构提供免费药品的国家的药品的可获得性通常很低，不提供免费药品的国家即使很便宜的药品，其价格也会高出国际参考价格的很多倍。

中国作为世界上药品出口大国，同样存在基本药物不可及的问题。基本药物制度实施以前，许多报道和调查都反映基本药物不可及的现象。广州军区总医院药剂科主任反映（龚翔，2004），氨茶碱片、卡马西平片、硝酸甘油片等，甚至连急救药地高辛、西地兰也反复缺货，严重影响了医院对病人的及时抢救，同时，替代药物带来的疗效风险、费用上涨等问题，让病人苦不堪言。2008 年北京市药品监督管理局的一组调查数据显示：在 1 500 多种基本药物中，北京市场上缺货的就达到 500 种，而在这 500 种中又有近 1/3 的品种完全没有生产。曾雁冰等（2009）对陕西省 20 所乡镇卫生院的基本药物制度运行情况进行调查，结果显示，在农村医疗机构中，用药主要是低价药，价廉的药物短缺情况不明显，但一些急救药品、特殊性疾病的药品出现缺失，主要因为其平时用量小且突发性强，存货的风险性大。我国第四次卫生服务调查结果显示，在未就诊病例中，70% 的患者采取药店购药、自我医疗方式进行治疗。不合理医疗和用药的现象比较普遍。

对于基本药物的可获得性和可负担性，国内很多学者也都进行过相关研究。刘宝等（2007）将基本药物的可获得性归于供方范畴，指卫生服务的存在性；将可及性归于需方范畴，指卫生服务需方实际获取或利用卫生服务的能力（如经济能力）。李海涛（2009）从供方的角度研究了基本药物可及性的影响因素，主要包括到卫生服务机构的距离、市场的药品拥有程度、医疗机构的采购状况和医生的处方行为；从需方的角度（李海涛，2009）对药品可及性进行研究，认为影响患者药品可及性的因素有药品价格、药品费用水平、居民收入水平、筹资结构和社会保障状况以及医生和患者的知识、文化状况。徐兴祥（2009）从药品知识产权保护、政府参与研发、药品企业协作、降低药品流通环节成本以及建立基本药物制度等方面，多角度分析了影响药物可及性的因素。叶露（2008）、李萍等

（2010）利用 WHO/HAI 药品价格调查手册提供的方法分别对上海和湖北两地区的基本药物的可负担性进行相关调查研究显示，基本药物的可负担性还有待改善。2004 年，孙强等（2008）利用 WHO/HAI 制定的标准化价格调查法对山东省一个市和三个县进行了相关调查，发现山东省药物的可获得性不论在公立医疗机构还是私立机构都非常低，部分药品如双氯芬酸钠等的可负担性情况并不理想。

2009 年 8 月 18 日我国发布了《关于建立国家基本药物制度的实施意见》，这标志着我国建立国家基本药物制度工作正式实施。国家基本药物制度的核心就是确保人民群众在经济能承受的前提下获得最基本的药物治疗，维护全民用药权益（彭婧，2011）。基本药物制度实施以后，基本药物的可获得性状况有所改善，但是基本药物不可及的呼声依然存在。有人对北京市社区卫生服务中心的基本药物供应情况（刘晓慧，2010）进行调查发现，从基本药物目录中所甄选的 47 种药品无一家社区医院全部有储备供应，而且，部分基本药物目录内的药品在多家基层医疗机构中不同程度的缺少供应，成为医院的"稀缺品"。程斌等（2011）对基本药物制度试点省的农村地区的基本药物制度的实施情况进行调查发现，村卫生室和乡镇卫生院普遍反映国家基本药物目录与农村基层实际用药需求或习惯有所不同，村卫生室普遍反映缺少一些安全方便的常用药。张新平等（2010）对社区卫生服务机构的基本药物的可获得性进行研究发现，我国社区卫生服务机构基本药物可获得性很低，卫生资源的配置和利用的公平性和效率偏低，社区卫生服务机构推行全部使用基本药物任重道远。唐任伍等（2010）从政策研究的角度对新"医改"背景下我国农村地区基本药物的可及性进行研究，认为目前我国农村地区基本药物的可获得性和可负担性都不高，不合理用药现象普遍，这种可及性问题的产生主要归因于基本药物的配送、销售和处方三个环节，并且建议通过丰富和活跃农村药品市场，加强基本药物制度和新农合的衔接，规范和监督乡村医生的处方行为，完善农村基本药物供应保障体系来提高农村地区基本药物的可及性。

山东省于 2010 年 3 月在部分地区开始试点实施基本药物制度（具体实施流程见图 12 - 1），实行公开招标采购、统一定价、统一配送，确保基本药物及时供应，减轻患者用药负担。本研究就基本药物制度实施以后，对山东省农村地区基本药物的获得、负担和使用情况进行调查研究，为提高农村地区基本药物的可及性，为进一步完善和推广实施基本药物制度提供借鉴。

具体的目标包括：

（1）分析山东省基本药物的可获得情况，包括基本药物的中标、配送情况，乡镇卫生院配备等情况；

（2）分析部分药品的中位价格比值（MPR）并且测量山东省农村地区几种常见病的药品费用的可负担性，同时对处方的费用进行分析；

（3）分析山东省农村地区基本药物的使用现状；

（4）为提高山东省农村地区基本药物的可获得性和可负担性，促进合理用药提出相关政策建议。

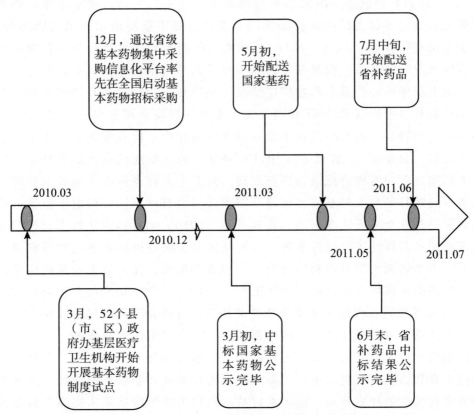

图 12 - 1　山东省基本药物制度实施流程

山东省农村地区基本药物可及性研究结构及资料来源，如图 12 - 2 所示。

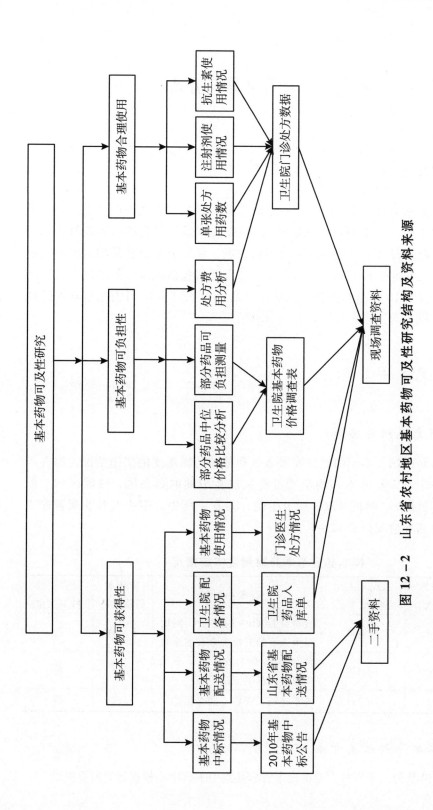

图 12 - 2 山东省农村地区基本药物可及性研究结构及资料来源

第二节　资料来源与方法

一、资料来源

研究资料来源于教育部哲学社会科学研究重大课题"深化医药卫生体制改革研究"的子课题四"基本药物制度研究"，调查的数据包括现场调查资料和二手资料，现场调查的资料主要包括药品价格调查表、乡镇卫生院药品的入库单、乡镇卫生院门诊处方数据和关键人物访谈等，二手资料包括山东省集中网上采购政策文件、山东省 2010 年基本药物中标情况以及 2011 年 5～10 月山东省基本药物交易订单数据等。

二、研究方法

（一）研究现场的选择

该项目根据山东省不同的经济发展水平和基本药物制度的实施情况，综合考虑地理分布等条件，从基本药物制度首批试点县中抽取黄岛区、临淄区和宁阳县，每个县（区/市）随机抽取 3 所卫生院，共有 4 所中心卫生院和 5 所普通卫生院。各县的基本情况见表 12－1。

表 12－1　　　　　　　样本县区基本药物制度实施情况

县区	人口数（万人）	农民年人均纯收入（元）	财政补助	非基本药物配备	是否覆盖村卫生室
黄岛区	83.92	10 400	政府补助 60％ 的工资，同时卫生人员的五险一金政府全包	不允许	是
临淄区	61.01	10 320	政府补助 80％ 的工资，不购买卫生人员的五险一金	允许	否
宁阳县	82.21	6 751	既不补助工资也不购买保险	允许	否

（二）二手资料收集方法

本研究所涉及的二手资料主要由山东省药品集中采购中心根据研究需要提供。

（三）现场调查资料收集方法

现场资料主要由课题组成员依据研究目的，根据设计好的调查表和半结构式访谈提纲或数据收集方法进行现场收集。

1. 药品价格调查表

为研究基本药物制度实施以后乡镇卫生院常用的基本药物的价格水平，课题组成员根据研究目的和研究内容设计了药品价格调查表，主要包括药品通用名、品种规格、价格、用量和生产厂家等信息，现场调查前由课题组成员发给现场，要求填写尽可能多的药品并且各项信息填写完整，现场审核收回。

2. 卫生院药品入库单

为了解基本药物制度实施后乡镇卫生院药物配备的变化情况，收取了样本乡镇卫生院 2009 年 1 月 1 日至 2011 年 6 月 30 日的药品入库单。药品入库单数据由卫生院药剂科数据库导出，分析人员进行整理统计。

3. 门诊处方

为研究农村地区基本药物的使用情况以及是否合理利用，本研究对样本地区的卫生院的部分门诊处方进行抽样研究。

处方抽样方法：为了避免疾病的季节性差异和库存药品对基本药物制度实施的后续影响效应，保证处方的代表性，经过专家讨论建议，抽取 2010 年 7～12 月及 2011 年 1～6 月的处方，共 12 个月。采用随机抽样的方法，每个月抽取 30 张，如果当月的处方少于 30 张则全部抽取。最终共录入了 3 189 张处方。

处方的纳入标准：本研究对处方数据的分析主要用到处方的药品数量、药品的名称、所在的目录、处方的费用相关信息，据此制定处方的纳入标准：（1）必须是卫生院的门诊处方；（2）处方中的各项药品名称清晰并且其所在药品目录归类准确无误；（3）处方的费用记录比较清晰完整。根据处方的纳入标准，共有 3 097 张处方纳入分析，其中宁阳县共有 740 张，临淄区共有 1 408 张，黄岛区共有 949 张。

4. 关键人物访谈

本研究的访谈主要包括县级卫生行政人员、卫生院负责人、卫生院医生、药剂科医生和配送企业的访谈。

为从不同的角度了解基本药物制度实施过程中基本药物的招标配送和定价过程中存在的问题，本研究对样本地区的主管基本药物制度相关工作的县卫生行政人员、乡镇卫生院的负责人、药剂科主任和配送企业进行半结构式访谈。根据 2011 年 5 月以来基本药物的配送情况，选择泰安市容大医药公司、淄博市众生医药公司、黄岛区医药公司三家药品配送企业相关负责人、业务人员进行半结构式访谈，获取配送企业配送基本药物过程中的制度和技术层面的问题及相关调整建议。3 个试点地区共访谈 35 人。

5. 现场调查

山东大学卫生管理与政策研究中心的 2 名老师、6 名研究生以及 2 名本科生参与了现场资料的收集工作。现场调查时基本药物制度在试点地区实行了近一年半的时间，课题组事先与试点地区的卫生行政人员取得联系，并由当地县级卫生行政机构派人负责协助课题组与下面乡镇卫生院进行沟通协调，确保调查工作按照课题组的行程安排进行，并统筹安排关键人物访谈和相关调查表的填写审核工作。

调查表是事先由课题组人员邮件发送给样本乡镇卫生院，要求现场调查之前填写完整，调查当日由经过系统培训的 2 名调查员进行审核，审核有问题需要当场改正并查明原因，审核无误直接收回。

每位关键人物访谈由 2 名课题组成员负责，一名负责提出问题和引导访谈的进行，另外一位负责观察和记录，保证访谈内容记录准确无误、没有遗漏。同时，在征得被访谈者同意的情况下使用录音笔记录访谈内容。访谈完毕后在当天及时根据记录和录音将访谈内容整理成文，并在课题组内部相互检查。访谈时间一般在 30~60 分钟之间，每次访谈都安排在独立、舒适的房间进行。

三、质量控制

现场调查准备阶段：课题组各位专家对调查工具反复讨论修改，确保调查工具的可行性和有效性；由课题组对调查员进行系统培训，统一调查口径、填写方式等。

现场调查阶段：在现场调查过程中，每半天调查完成后，调查员相互检查完成的调查表，发现遗漏或不符合逻辑的问题及时更正或联系被调查者进行补充；对于关键人物访谈，访谈者利用主持人的身份控制访谈主题，提高访谈质量。

资料录入阶段：在资料录入过程中，由参与现场调查的学生对收集的资料进行录入备用，对处方数据的录入同样由熟悉调查内容和要求的学生负责，并由负责处方抽取的同学监督指导，以保证录入资料的准确性。

四、资料分析

(一) 主要指标的界定和测量

本研究主要的研究内容，所用的分析指标、每个指标的测量方法以及参照标准均一一列出（见表 12-2）。

表 12 - 2   本研究涉及的分析指标、测量方法和参照标准

	分析内容	分析指标	测量方法	参照标准
可获得性	基本药物中标情况	中标药品数量占基本药物目录的比例	中标药品数量/目录药品数量×100%	以基本药物目录作对照
	基本药物配送情况	总到货率	到货药品数量/发货数量×100%	与政策要求对比
		三日到货率	三日内到货药品数量/发货数量×100%	
	基本药物配备情况	卫生院基本药物配备率	卫生院药品配备数量/目录数量×100%	
	基本药物使用情况	基本药物使用率	基本药物数量/药品总数×100%	与《基于 WHO 一级和二级监测指标的国家药品状况调研资料手册》比较
		单张处方基本药物平均个数	基本药物数/处方总数×100%	
可负担性	部分药品的价格、可负担性和处方费用变化	药品 MPR 值分析	MPR = 某药品中位价格/该国际参考价格	与《国际药品价格指标指南》中的参考价格比较
		部分药品可负担性测量	WHO/HAI 标准价格调查法	比值大于 1 不具有可负担性
		处方费用	对费用分段统计并测量单张处方平均费用	与《2010 年山东省卫生事业发展情况统计公报》中乡镇卫生院门诊病人次均医药费用比较
药物使用	门诊处方中基本药物的合理使用情况	单张处方药品数量	药品总数/处方总数	与《处方管理办法》和《基于 WHO 一级和二级监测指标的国家药品状况调研资料手册》比较
		抗生素处方比例	抗生素处方数/处方总数×100%	
		注射剂处方比例	注射剂处方数/处方总数×100%	
		激素处方比例	激素处方数/处方总数×100%	

（二）资料分析方法

1. 数据整理

基本药物招标配送的数据主要采用 excel 进行归类整理，用 SPSS 进行统计分析。

门诊处方数据：将处方信息录入 Excel 表格中，并对处方的每项信息赋予变量值，然后进行相关统计分析。

关键人物访谈：将所有的关键人物访谈的资料由访谈人员根据笔记和录音并根据现场被访谈人员的反映进行判断整理，然后根据需要的内容提炼出相关主题，并将访谈内容按照主题进行归类整理。

2. 描述性分析

用中位数、四分位数间距以及极大值极小值对药品中位数价格比值（MPR）进行描述性分析。用率和构成比对基本药物的中标种类、中标价格、中标企业层次、基本药物的配备、基本药物使用和处方费用等内容进行描述性分析。

3. 单因素统计分析

单因素统计分析主要用于分析不同的经济发展地区和配送金额的配送企业的配送及时性的现状。由于分析的数据主要是药品的订单金额、发货率、到货率和三日到货率等连续变量数据，呈正态分布，主要采用方差分析。

各类检验的检验水准均取 $\alpha = 0.05$。

4. WHO/HAI 标准化价格调查法

（1）药品中位价格比值分析。

药品目录的选择：依据 2008 年 WHO/HAI 价格调查手册提供的全球核心目录药品和区域核心目录药品，从卫生院提供的价格调查表中进行筛选，将与目录中通用名、规格一样的药品筛选出来作为核心目录药品，将规格不一致的作为补充目录药品，共筛选出 21 种药品并进行了编码，其中核心目录 13 种，补充目录 8 种，且补充目录药品的规格均是手册中规定的规格的一半（见表 12 - 3、表 12 - 4）。

表 12 - 3　　　　　　　　　　核心药物目录

药品编号	药品通用名	规格	剂型
1	阿苯达唑	200mg	胶囊/片剂
2	阿米替林	25mg	胶囊/片剂
3	阿莫西林	500mg	胶囊/片剂

药品编号	药品通用名	规格	剂型
4	奥美拉唑	20mg	胶囊/片剂
5	丙戊酸	200mg	胶囊/片剂
6	甲硝唑	200mg	胶囊/片剂
7	卡托普利	25mg	胶囊/片剂
8	雷尼替丁	150mg	胶囊/片剂
9	氢氯噻嗪	25mg	胶囊/片剂
10	双氯芬酸	50mg	胶囊/片剂
11	头孢氨苄	250mg	胶囊/片剂
12	头孢曲松	1g	瓶
13	依那普利	10mg	胶囊/片剂

表 12 - 4 　　　　　　　　　　　**补充药物目录**

药品编号	药品通用名	规格	剂型
14	阿替洛尔	50mg	胶囊/片剂
15	布洛芬	200mg	胶囊/片剂
16	地西泮	5mg	胶囊/片剂
17	二甲双胍	500mg	胶囊/片剂
18	格列本脲	5mg	胶囊/片剂
19	环丙沙星	250mg	胶囊/片剂
20	硝苯地平	10mg	片剂
21	辛伐他汀	20mg	胶囊/片剂

　　药品中位价格：由于实施基本药物制度以后，所有药品统一定价，并实行零差率销售，所以，药品的采购价和零售价一样，不存在中位数价格。

　　国际参考价格：药品的国际参考价格是 WHO/HAI 指南推荐的，采用 2010 年最新卫生管理科学（Management Sciences for Health，MSH）《国际药品价格指标指南》（International Drug Price Indicator Guide，MSH）中的数据，由一些非营利的供应商提供给中低等收入国家的药品最近价格的中位值，是最常用的国际参考价格，被视为最重要的标准。本书将山东省实施基本药物制度以后基本药物的中标价格与国际参考价格进行比较，为基本药物的可负担性研究提供一定的基础。药品的国际参考价格全部以美元计，在进行价格对比的时候需要将美元换算成人民币，以 2011 年 7 月 1 日当天的汇率为准，查询可知，当日的汇率为 6.4685。对于《国际药品价格指标指南》中没有相应规格的药品的价格，按照《药品差比价规格（试行）》进行转换（见表 12 - 5）。

表 12 - 5 药品价格转换情况

编号	药品通用名	实际规格	国际参考规格	单位价格	备注
14	阿替洛尔	25mg	50mg	0.0255	单位价格 ×1.9
16	地西泮	2.5mg	5mg	0.0140	单位价格 ×1.9
17	二甲双胍	250mg	500mg	0.0202	单位价格 ×1.9
18	格列本脲	2.5mg	5mg	0.0130	单位价格 ×1.9
21	辛伐他汀	10mg	20mg	0.0720	单位价格 ×1.9

注：《药品差比价规则（试行）》中装（重）量比价为 2 倍时，比价系数为 1.9。

中位价格比值（Median Price Ratio，MPR）：即用所调查的药品的中位价格和国际参考价格的比值来反映药品价格的高低。计算公式为：

如果 MPR > 1 则表示药品的价格高于国际参考价格，MPR < 1 则表示药品的价格低于国际参考价格

（2）部分药品可负担性测量。

可负担性（Affordability）：是反映基本药物经济可及性的指标，也是一个相对数。它是指按照标准诊疗指南，在一定疗程内，使用药品标准剂量治疗某一疾病所花费的药品总费用，相当于政府部门中非技术人员最低日薪标准的倍数。依照 WHO/HAI 标准化价格调查法，药品总费用低于最低日薪标准 1 倍，则该药物治疗方案可以被认为具有经济可负担性。主要涉及疾病种类、治疗方案、药品价格和非技术人员最低日薪标准等数据。

由于我国农村地区情况存在一些差异，本研究中对这一指标进行了一定的修改：

● 根据山东省三县卫生院的门诊处方的诊断进行排名，按照处方数量的多少进行筛选，共筛选出数量较多的 8 种常见病，其中 1 种急性病和 7 种慢性病。急性病的治疗期为 7 天，慢性病的治疗期为 30 天，参照 WHO 药品示范目录和我国的临床诊疗规范进行用量，计算治疗期内的药品费用，以衡量药物治疗方案的可负担性。

● 政府中非技术人员的最低日薪标准不易确定，而且我国城乡居民收入和购买能力差异较大，为了能更准确的代表山东省农村地区的实际水平，故以山东省农村最低生活补助标准和山东省农村地区人均纯收入作为购买力划分的标准，

分别代表低收入人群水平和农村地区一般居民收入水平。经过查询山东省 2010 年的统计数据，山东省农村地区人均纯收入为 6 990 元/年（即 19.15 元/天），山东省农村最低生活补助标准 1 200 元/年（即 3.29 元/天）。

第三节　结果与分析

一、基本药物的可获得性研究

（一）基本药物的中标情况分析

1. 基本药物中标数量分析

山东省 2010 年中标的基本药物共有 463 种，其中国家基本药物有 280 种，山东省增补药物有 183 种，与《国家基本药物目录（基层医疗卫生机构配备使用部分）》（2009 版）和《山东省增补药物目录（2010 年版农村基层部分和社区部分）》相比，国家基本药物的中标率为 91.21%，省增补药物的可获得性略低，中标率为 87.14%，具体来说，国家基本药物化学药品和生物制品的可获得性高于山东省增补的化学药品和生物制品（前者中标品种占目录的比例为 89.27%，后者为 83.10%），而中成药则是省增补药品的可获得性大于国家基本药物（前者中标品种占目录的比例为 95.59%，后者占目录的比例为 95.10%）。（见表 12-6）未中标药品品种主要集中在（1）抗麻风病药、抗艾滋病药、抗疟药；（2）麻醉药、镇痛药、神经系统的化学药品和生物制品，共 21 种，中成药仅有 5 种，包括内科、外科和骨科的个别用药尚未中标。访谈时有乡镇卫生院反映目录中缺少一些老百姓常用的药品，如宁阳县蒋集镇卫生院院长反映："国家和省补的药加起来不能满足老百姓用药需求，非处方药不够，平时用的比如感冒冲剂都没有，皮肤病用药及儿科用药太少，适合乡镇用的药品品种太少。"黄岛区黄山卫生院院长反映："现在的基药生产厂家选择少，基药品种不齐全，有时不能选择最适合病人的药品。如癌症病人康复治疗需要的药卫生院没有，增加了病人的负担。"[1]

---

[1]　来自调研数据。

表 12 - 6　　　　　　2010 年山东省基本药物中标的种类数　　　　单位：%

指标	国家基本药物	省增补药物
化学药品和生物制品	89.27（183/205）	83.10（118/142）
中成药	95.10（97/102）	95.59（65/68）
合计	91.21（280/307）	87.14（183/210）

　　注：表内数据为中标药品种类数占药物目录种类数的比例。占目录的比例 = 中标国家（省补）基本药物通用名数/国家（省补）基本药物通用名数。

　　基本药物品种的可获得性并不代表该药物的可获得性比较高，每种基本药物中标的品规数也可以某种程度上反映基本药物的可获得性。表内数据可以看出，国家基本药物中标的品规数共有 626 个，平均每通用名中标 2.24 个品规，山东省增补药品中标的品规数共有 365 个，平均每通用名中标品规数为 1.99，品规的可获得性低于国家基本药物。就内部构成来看，国家基本药物的化学药品和生物制品每通用名中标品规数为 2.26，高于省增补药品的 2.00，而中成药则相反（国家基本药物中成药每通用名中标品规数为 1.19，省增补药品为 1.98），如表 12 - 7 所示。

表 12 - 7　　　　　　2010 年山东省基本药物的中标品规数

指标	国家基本药物	省增补药品
化学药品和生物制品	2.26（414/183）	2.00（236/118）
中成药	1.19（212/97）	1.98（129/65）
合计	2.24（626/280）	1.99（365/183）

　　注：表内数据为每通用名中标品规数。每通用名中标品规 = 中标药品品规数/中标药品通用名数。

2. 基本药物中标价格分析

　　为研究不同类型基本药物中标的价格水平，将山东省 2010 年中标的基本药物分为国家基本药物和省增补药物两类，结果显示，无论是国家基本药物还是省增补药物，处于 0 ~ 3 元价格段的基本药物所占的比重最大，分别为 52.72% 和 32.88%，其次是 3 ~ 10 元价格段，国家基本药物达到了 28.59%，省增补药物为 28.22%，40 元以上（含 40 元）的药品数量较少，国家基本药物仅有 4 种，省增补药物有 19 种。整体来说，中标的基本药物的价格大部分处于较低水平，高价格药品数量较少，但是价格水平较低不一定会提高基本药物的可及性，济南利民的总经理反映"有些常用药如 VC、VB6 注射液连续多次缺货，主要的原因是这两种药品在中标时，原料价格比较低，现在原料价格上涨了很多，导致生产企业无法供货"（见表12-8）。

表12-8　　　山东省2010年基本药物中标价格分布构成　　单位：%

中标价格区间（元）	国家基本药物	省增补药物
0~3	52.72（330）	32.88（120）
3~10	28.59（179）	28.22（103）
10~20	11.34（71）	18.36（67）
20~30	4.79（30）	12.33（45）
30~40	1.92（12）	3.01（11）
40以上	0.64（4）	5.21（19）

3. 中标企业层次结构分析

参照2009年工业和信息化部按主营业务收入对化学药品工业企业法人单位的排序，将2010年山东省中标的生产企业进行分类整理，数据显示（见图12-3），不论是国家基本药物还是省增补药品，生产企业排名在400名以后的企业占绝大部分，比例高达65%以上，前100名的生产企业国家基本药物仅有63家（21.14%），省增补药品有50家（21.19%），有的配送企业反映"许多生产厂家因为生产能力、配送能力不足，导致许多基本药物无法正常供应"（见表12-9）。

**表12-9　　　山东省国家基本药物和省增补药品中标
企业质量层次比较**　　单位：%

排名分段	国家基本药物	省增补药品
1~100	21.14（63）	21.19（50）
101~200	6.71（20）	4.66（11）
201~300	3.69（11）	2.54（6）
301~400	3.36（10）	2.97（7）
401及其以后	65.10（194）	68.64（162）

注：企业排名根据工业和信息化部.2009年中国医药统计年报，化学制药分册.化学药品工业企业法人单位按主营业务收入排序（前400家）。

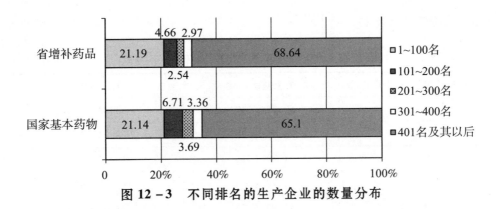

图 12 - 3　不同排名的生产企业的数量分布

从山东省基本药物的中标品规分布情况看，前 100 名生产企业国家基本药物中标品规数为 212 个（33.87%），省增补药品为 115 个品规（31.15%），400 名以后的生产企业国家基本药物中标 340 个品规（54.31%），省增补药品的中标品规数为 215 个（58.90%），可见绝大部分中标的基本药物是由 400 名以后的生产企业提供，基本药物的质量层次偏低（见表 12 - 10 和图 12 - 4）。

表 12 - 10　　　　　　山东省基本药物中标品规的质量层次比较　　　　单位：%

排名分段	国家基本药物	省增补药品
1 ~ 100	33.87（212）	31.51（115）
101 ~ 200	5.59（35）	3.84（14）
201 ~ 300	3.67（23）	2.19（8）
301 ~ 400	2.56（16）	3.56（13）
401 及其以后	54.31（340）	58.90（215）

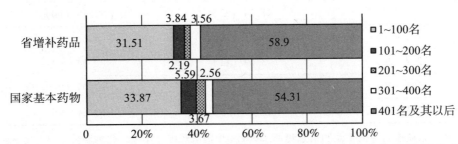

图 12 - 4　不同排名生产企业生产的国家基本药物和省增补药物的数量分布

（二）基本药物的配送情况分析

1. 配送模式分析

基本药物的配送体系涉及六个相关部门，主要包括乡镇卫生院、省药品采购中心、配送企业、生产企业、县卫生行政部门和生产企业（图 12－5 所示），县卫生行政部门和省药品集中采购中心分别设立专用账户，用于基本药物货款的收缴和支付。基本药物从下订单到配送再到签收，具体的操作过程如下：

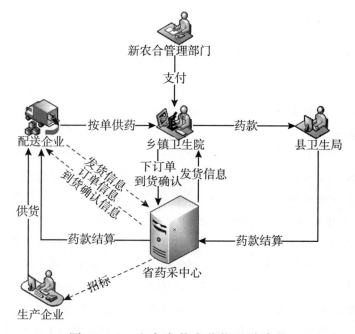

图 12－5　山东省基本药物配送流程

基层医疗卫生机构根据实际需要合理确定基本药物的采购计划，通过省药品集中采购平台发送到药品供货企业，药品供货企业按照订单将药品配送到基层医疗卫生机构，同时还要提供给基层医疗卫生机构同批次所配送药品发票，基层医疗卫生机构根据订单验收药品，验收合格后在省药品集中采购平台签收确认并汇总当月所有签收单形成结算单，报县（市、区）卫生行政部门汇总形成县级结算单。基层医疗卫生机构在网上签收确认后 20 个工作日内将当月结算单的基本药物货款上缴至县（市、区）卫生行政部门专用账户，县（市、区）卫生行政部门在收到基层医疗卫生机构货款后 5 个工作日内将基本药物货款上缴至省药采中心专用账户。省药采中心汇总当月所有签收单形成省级结算单，原则上在基层医疗卫生机构网上签收确认后 30 个工作日内向供货企业支付基本药物货款。县

（市、区）社会保障和卫生行政部门要加强医疗保险和新农合统筹基金管理，原则上在 30 个工作日内与基层医疗卫生机构结算医药费用，确保基层医疗卫生机构基本药物货款及时上缴。

本研究调查的三个样本中，宁阳县新农合资金是预付制，临淄区和黄岛区均是后付制，由于卫生院要垫付报销医疗费用，资金压力比较大，会影响基本药物的回款速度，访谈时有人（临淄区凤凰中心卫生院）提到"卫生院运行情况较差，主要靠上级拨款，新农合资金垫付较多时，会影响卫生院基本药物的回款，本卫生院有时能压款 10 万元左右。为了避免汇款不及时，卫生院采取减少计划量的方式，但这样又会导致配送企业配送不及时，量多则导致没有钱支付货款"。还有人（黄岛区黄山卫生院）指出"现在基本药物加成补偿不能弥补零差率损失而且新农合报销资金由卫生院垫付，导致卫生院资金周转困难，影响回款速度"。宁阳县葛石镇卫生院院长反映"回款没有问题。新农合资金的报销费用是每月返还一次，有提前支付一定的金额，比如我们医院，一开始实行新农合时，在没报销之前就先给了一批流动资金，然后再按月给予结算返还。政府基本药物差价补偿都是下个月补上个月的，会考察业务量，资金到位很及时。"汇款不及时，会影响配送企业的资金周转，进而影响基本药物供应，形成恶性循环，影响基本药物的整个配送环节的正常运转。

2. 山东省基本药物配送的整体状况

山东省药品集中采购中心提供的 2011 年 5~10 月基本药物交易订单中涉及的生产企业共有 451 家，配送企业有 416 家，总订单金额达 9.5 亿元，全省总到货率平均水平为 98.2%，三日到货率平均为 58.28%，目前许多卫生院反映基本药物采购比以前方便许多，但是基本药物的配送不及时现象严重。泊里镇卫生院药剂科反映"有些生产企业生产能力低，不能满足市场需要，配送公司缺药，有时不能配送或配送数量不足"。葛石镇卫生院药剂科反映"现在的配送企业中新企业多，配送都不怎么及时，有时候有些急用的药品只能从外面购入。网上缺货的现象很突出，曾多次向卫生局反映。"基本药物的种类共有 458 种，占山东省基本药物中标种类的 98.92%，基本药物的品规数占山东省基本药物中标的品规数的 97.68%（968/991），涉及山东省中标的绝大部分基本药物（见表 12-11）。

表 12-11　山东省 17 地市 2011 年 5~10 月基本药物配送情况

项　目	数量或比例
基本药物种类	458
占中标种类数百分比（%）	98.92（458/463）
基本药物品规	968

项　　目	数量或比例
占中标品规数百分比（%）	97.68（968/991）
生产企业数量（家）	451
配送企业数量（家）	416*
配送金额（亿元）	9.5
配送总到货率（%）	98.20
配送总三日到货率（%）	58.28

注：*表示配送企业共有416家，由于部分企业信息不完整，后面分析只纳入了397家。

3. 不同经济发展地区的基本药物配送现状

为了观察不同经济发展地区的配送企业的配送情况，本研究将山东省划分为经济发达地区，经济中等发达地区和经济落后地区。表12－12中数据显示，经济中等发达地区的配送企业有218家，数量最多，其次是经济发达地区，经济落后地区配送企业最少，基本药物订单金额的分布亦是如此。对基本药物的到货率进行分析发现，经济发达地区和经济中等发达地区的总到货率和三日到货率高于经济落后地区，而经济发达和中等发达地区相比，经济中等发达地区的总到货率（98.49%）和三日到货率（60.84%）均高于经济发达地区，同时也高于整体的平均水平。对基本药物到货率进行统计学检验发现，不同经济发展地区的配送企业的基本药物的总到货率（$F=4.152$，$P=0.017$）存在显著差异。

表 12－12　　　　　不同经济发展地区的基本药物配送情况

地区	覆盖配送企业数	平均总订单金额（万元）	平均总到货率（%）*	平均总三日到货率（%）
经济发达	160	522.93 ± 556.94	97.62 ± 5.19	59.26 ± 20.67
经济中等发达	218	678.19 ± 576.82	98.49 ± 2.03	60.84 ± 17.28
经济落后	140	443.27 ± 402.01	96.01 ± 6.46	57.31 ± 20.61
合计	397	575.59 ± 539.19	97.63 ± 4.54	59.51 ± 19.07

注：依据牟芳华. 山东省经济区域划分及区域经济差距的测度分析进行划分（*表示方差分析，$\alpha=0.05$）。

4. 不同类型配送企业的配送现状分析

按照企业属地分类，其中省内配送企业384家，省外配送仅13家，数量相差悬殊，因此，配送企业的订单金额也相差较大，省内配送企业的平均订单金额为119.43万元，省外的仅48.73万元，远低于所有配送企业的平均订单金额

413

116.64 万元。就基本药物到货情况来说，配送企业的总到货率和三日到货率整体水平较低，分别为 79.11% 和 43.53%，其中，省内配送企业的总到货率为80.13%，高于省外配送企业的 48.73%，省内配送企业的平均三日到货率为44.29%，省外的为 21.17%，可见，无论是总到货率还是三日到货率，省外的配送企业均远低于省内配送企业（见表 12-13）。

表 12-13　　　　　　不同属地配送企业的配送情况

配送属地	个数	平均覆盖县区数	平均订单金额（万元）	平均总到货率（%）	平均三日到货率（%）
省内配送企业	384	8.30 ± 15.85	119.43 ± 199.71	80.13 ± 34.91	44.29 ± 28.03
省外配送企业	13	3.15 ± 2.04	34.36 ± 111.42	48.73 ± 46.74	21.17 ± 28.29
合计	397	8.13 ± 15.61	116.64 ± 197.94	79.11 ± 35.72	43.53 ± 28.30

为了分析基本药物的订单金额对配送及时性的影响，本研究将订单金额以 5 万元、100 万元为分界点，划分为 3 个阶段，数据显示，订单金额越大，配送企业数量越多，平均覆盖的县区数量也越多；就总到货率和三日到货率来说，随着订单金额的增加，总到货率和三日到货率也呈递增趋势，订单金额小于 5 万元的配送企业，平均总到货率为 38.32%，平均三日到货率则更低，仅为 14.01%，订单金额 100 万元以上的配送企业的总到货率为 97.89%，三日到货率为60.32%，远远高于订单金额小于 5 万元的配送企业的总到货率和三日到货率。基本药物的总到货率（$F = 211.60$，$P = 0.00$）和三日到货率（$F = 163.38$，$P = 0.00$）因配送金额的不同而存在差异，配送金额越高，基本药物的总到货率和三日到货率越高（见表 12-14）。

表 12-14　　　　　　不同配送金额的配送企业的配送情况

配送金额（万元）	样本数	平均覆盖县区数	平均总到货率(%)*	平均三日到货率(%)*
<5	112	3.02 ± 2.64	38.32 ± 43.29	14.01 ± 24.61
5~100	141	5.08 ± 7.70	92.31 ± 15.45	49.85 ± 22.62
>100	144	15.16 ± 23.21	97.89 ± 3.83	60.32 ± 15.53
合计	397	8.13 ± 15.61	79.11 ± 35.72	43.53 ± 28.30

注：* 表示方差分析，$\alpha = 0.05$。

5. 不同价格的基本药物配送现状

为分析不同价格的基本药物的配送情况，将基本药物的价格划分为 5 个价格区间进行对比分析发现，基本药物的整体到货率和三日到货率分别为 98.05% 和

58.12%，价格水平高的基本药物的到货率高于价格低的到货率，其中30元以上的药品的到货率最高（98.40%），其次是10～30元（98.08%），5～10元的到货率最低，仅有97.78%；就三日到货率来说，10～30元价格段的基本药物三日到货率最高，为60.62%，其次是30元以上的药品，三日到货率为60.52%，三日到货率最低的是1～5元，为55.46%（见表12－15）。访谈中有配送企业反映"有些基本药物低于成本，生产企业不愿生产，不愿发货，或者限量发货。有些价格高（省增补216种药品中50～60个，307种国家基本药物中约有20多个价格偏高），属于临床药，这些药品配送不是问题，但是卫生院要求返利"。

表12－15　　　　2011年5～10月不同价格的药品配送情况

价格区间（元）	平均订单金额（万元）	平均总到货率	平均三日到货率
0～1	686.40±655.39	97.91±1.26	56.07±10.87
1～5	1 578.2±1 318.96	98.07±1.43	55.46±10.57
5～10	578.04±456.68	97.78±1.60	57.93±12.30
10～30	1 655.9±1 013.36	98.08±1.81	60.62±11.72
30以上	1 088.2±704.04	98.40±1.41	60.52±11.43
合计	1 117.3±970.16	98.05±1.49	58.12±11.33

（三）基本药物的配备现状

本研究对基本药物制度实施以后样本地区的乡镇卫生院的药品配备情况进行调查分析，发现国家基本药物和省增补药物的配备率均比较低，其中国家基本药物的配备率要略高于省增补药物，前者配备率是48.86%，后者是34.76%（见表12－16）。三个样本地区中，宁阳县国家基本药物和省增补药物的配备率均高于其他两个地区，但访谈中宁阳县葛石卫生院院长反映："本卫生院有200多种基药，1/3的药品在最基层的人群中不适合用，而病人需要的药又没有，所以这一块就是要求要进一步扩大用药目录，增加品种"。

表12－16　　　　山东省样本县基本药物配备种类数

县区	国家基本药物（%）	省增补药品（%）
宁阳县	57.00（175/307）	38.57（81/210）
临淄区	44.95（138/307）	34.76（73/210）
黄岛区	46.91（144/307）	31.90（67/210）
合计	48.86（150/307）	34.76（73/210）

注：表内数据为配备药品占目录的比例。占目录的比例＝配备的国家（省补）基本药物通用名数/国家（省补）基本药物目录通用名数。

　　进一步对基本药物配备的品规数进行分析，配备的每药品通用名中标的品规数国家基本药物为 1.55 个，省增补药物为 1.47 个，差异较小。宁阳县国家基本药物和省增补药物每通用名中标的品规数最多，分别为 1.70 个和 1.57 个，其次是临淄区，黄岛区最少（见表 12－17）。

表 12－17　　　　　山东省样本县基本药物配备品规数

县区	国家基本药物	省增补药品
宁阳县	1.70（297/175）	1.57（127/81）
临淄区	1.54（212/138）	1.48（108/73）
黄岛区	1.37（197/144）	1.30（87/67）
合计	1.55（232/150）	1.47（107/73）

　　注：表内数据为配备的每药品通用名中标品规数。每通用名中标品规＝配备药品品规数/配备药品通用。

（四）基本药物的使用现状

　　医生的处方行为是反映基本药物的使用情况的一个主要途径。本研究主要采用基本药物的使用率和单张处方基本药物平均个数两个指标，来反映基层医疗机构对国家基本药物和省增补药品的使用情况。实施基本药物制度以后，要求基层医疗机构配备使用国家基本药物和省增补药物目录的药品。从研究结果来看，相对省增补药品来看，国家基本药物的使用率比较高，三县整体平均水平为 70.22％，省增补药物的平均使用率只有 16.92％，远远低于 WHO 推荐的理想值 100％。单张处方国家基本药物平均个数是省增补药品的 4 倍多，前者为 1.91 个，后者为 0.46 个，省增补药物的利用率偏低。访谈中有些医生反映"很多患者点名买药，如果没有就去别的地方买，卫生院因此也丢失了很多患者。"

　　就不同县区来说，黄岛区国家基本药物的使用率最高，宁阳县国家基本药物的使用率最低，分别为 79.00％ 和 63.39％；省增补药物的使用率则相反，宁阳县的使用率最高，黄岛区最低（见表 12－18）。

表 12－18　　　山东省部分县（市）国家基本药物的使用情况

指标	宁阳县	临淄区	黄岛区	平均
国家基本药物使用率（％）	63.39（1 257/1 983）	68.77（2 882/4 191）	79.00（1 768/2 238）	70.22（5 907/8 412）
省增补药物使用率（％）	19.36（384/1 983）	17.16（719/4 191）	14.30（320/2 238）	16.92（1 423/8 412）

指标	宁阳县	临淄区	黄岛区	平均
单张处方国家基本药物平均个数	1.70 （1 257/740）	2.05 （2 882/1 408）	1.86 （1 768/949）	1.91 （5 907/3 097）
单张处方省增补药物平均个数	0.52 （384/740）	0.51 （719/1 408）	0.34 （320/949）	0.46 （1 423/3 097）

二、基本药物的可负担性研究

（一）基本药物价格的 MPR 值比较分析

1. 总体情况

21 种仿制药品的采购价格的 MPR 值的中位数是 0.7928，低于国际参考价格（1.0000），基本药物制度实施以后，大部分药品的价格下降，基本药物的整体价格水平低于国际参考价格，但是仍存在部分药品的价格过高，如双氯芬酸的 MPR 值为 16.0241，是国际参考价格的 16 倍多，依那普利的价格是国际参考价格的 5 倍多（见表 12 – 19）。

表 12 – 19　　　　21 种药品的采购价格的 MPR 值分布

	药品数量	MPR 中位数	Q25	Q75	最小值	最大值
核心目录	13	0.9441	0.4283	2.7975	0.1556	16.0241
补充目录	8	0.7661	0.5154	0.9212	0.0598	1.0270
合计	21	0.7928	0.4374	1.2025	0.0598	16.0241

2. 单个药品的采购价格的 MPR 值分布

为了能更直观地了解单个药品的采购价格是否理想，将 21 种药品的 MPR 值分布绘制成图 12 – 6 和图 12 – 7 所示（其中核心目录的双氯芬酸和依那普利的 MPR 值分别为 16.0241 和 5.6818，为了便于观察，未将其列入图中）。

从表 12 – 20 中可以看出，核心目录中有 7 种药品的采购价格低于对应的国际参考价格，数量超过总体的 1/2，其中卡托普利和雷尼替丁的采购价格最低，仅为国际参考价格的 15.56% 和 32.54%；阿苯达唑、阿米替林等 6 种药品的采购价格高于对应的国际参考价格，其中双氯芬酸、依那普利等共 4 种药品的采购价格超过国际参考价格的两倍多，访谈中也发现，有些药品集中招标采购后价格

417

不但没有下降，反而上升，临淄区敬仲镇卫生院的医生反映"某种高血压药品，同一个厂家生产的原先我们卖的是1块钱，但这次招标招的是2.8元，比以前还贵了。"

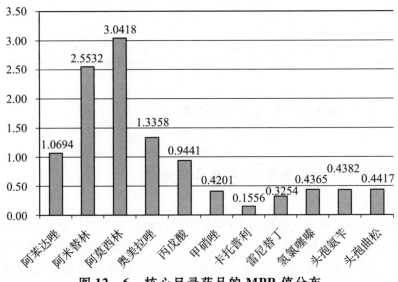

图 12－6　核心目录药品的 MPR 值分布

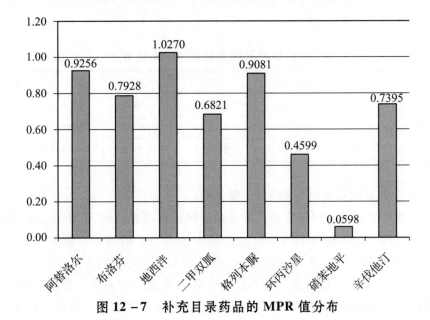

图 12－7　补充目录药品的 MPR 值分布

表 12 - 20　　　　　　　　核心目录药品的中位价格比值

药品编号	通用名	规格	剂型	单位药品国际参考价格（元）	实施后单位中位价格	实施后 MPR
1	阿苯达唑	200mg	胶囊/片剂	0.1384	0.1480	1.0694
2	阿米替林	25mg	胶囊/片剂	0.0517	0.1320	2.5532
3	阿莫西林	500mg	胶囊/片剂	0.0789	0.2400	3.0418
4	奥美拉唑	20mg	胶囊/片剂	0.0679	0.0907	1.3358
5	丙戊酸	200mg	胶囊/片剂	0.0931	0.0879	0.9441
6	甲硝唑	200mg	胶囊/片剂	0.0388	0.0163	0.4201
7	卡托普利	25mg	胶囊/片剂	0.1022	0.0159	0.1556
8	雷尼替丁	150mg	胶囊/片剂	0.1352	0.0440	0.3254
9	氢氯噻嗪	25mg	胶囊/片剂	0.0181	0.0079	0.4365
10	双氯芬酸	50mg	胶囊/片剂	0.0291	0.4663	16.0241
11	头孢氨苄	250mg	胶囊/片剂	0.3441	0.1508	0.4382
12	头孢曲松	1g	瓶	2.7620	1.2200	0.4417
13	依那普利	10mg	胶囊/片剂	0.0550	0.3125	5.6818

就补充目录中的 8 种药品来看（见表 12 - 21），仅有地西泮一种药品的采购价格高于其国际参考价格，采购价格占国际采购价格的 102.7%，其余 7 种均低于对应的国际参考价格，超过了总数的 2/3，分布相对比较均匀，MPR 值在 0.8上下进行浮动，其中硝苯地平的采购价格最低，仅为国际采购价格的 5.98%，总体来说，补充目录的几种药品的采购价格相对比较合理。

表 12 - 21　　　　　　　　补充目录的中位价格比值

药品编号	通用名	规格	剂型	单位药品国际参考价格（元）	实施后单位中位价格	实施后 MPR
14	阿替洛尔	50mg	胶囊/片剂	0.0524	0.0485	0.9256
15	布洛芬	200mg	胶囊/片剂	0.0362	0.0287	0.7928
16	地西泮	5mg	胶囊/片剂	0.0259	0.0266	1.0270
17	二甲双胍	500mg	胶囊/片剂	0.0563	0.0384	0.6821
18	格列本脲	5mg	胶囊/片剂	0.0272	0.0247	0.9081
19	环丙沙星	250mg	胶囊/片剂	0.1546	0.0711	0.4599
20	硝苯地平	10mg	片剂	0.1138	0.0068	0.0598
21	辛伐他汀	20mg	胶囊/片剂	0.1850	0.1368	0.7395

（二）基本药物的可负担性测量

表 12 - 22　　　　常见疾病标准治疗药品费用的可负担性

药品	规格 × 每日次数 × 疗程（天）（mg×次×天）	治疗疾病	药品单价（元）	药品费用（元）	药品费用可负担性	
					相当于人均收入日标准 A（天）	相当于最低生活补助日标准 B（天）
阿莫西林	250mg×3×7	呼吸系统感染	0.07	1.47	0.08	0.45
双氯芬酸	25mg×2×30	关节炎	0.44	26.40	1.38	8.02
卡托普利	25mg×1×30	高血压	0.02	0.60	0.03	0.18
氢氯噻嗪	25mg×1×30	高血压	0.01	0.30	0.02	0.09
硝苯地平	10mg×2×30	高血压	0.01	0.60	0.03	0.18
二甲双胍	250mg×2×30	糖尿病	0.02	1.20	0.06	0.36
格列吡嗪	2.5mg×1×30	糖尿病	0.17	5.10	0.27	1.55
奥美拉唑	20mg×1×30	胃溃疡	0.09	2.70	0.14	0.82
雷尼替丁	150mg×2×30	胃溃疡	0.04	2.40	0.13	0.73
氨茶碱	100mg×3×30	哮喘	0.01	0.90	0.05	0.27
苯妥英钠	100mg×3×30	癫痫	0.02	1.80	0.09	0.55
卡马西平	100mg×3×30	癫痫	0.03	2.70	0.14	0.82
美托洛尔	25mg×1×30	冠心病	0.23	6.90	0.36	2.10
硝酸甘油	0.5mg×1×30	冠心病	0.02	0.60	0.03	0.18
辛伐他汀	20mg×2×30	冠心病	0.12	7.20	0.38	2.19
阿司匹林	25mg×5×30	冠心病	0.01	1.50	0.08	0.46

　　本研究对 8 种疾病标准疗法下一个疗程的治疗费用进行可负担性测量发现（见表 12 - 22），相对于山东省农村居民人均纯收入来说大部分药品都具有经济可负担性，只有治疗关节炎的双氯芬酸标准疗法下的药品费用相当于山东省农民人均纯收入日标准的 1.38 天的费用，超过了日标准费用，不具有经济可负担性，其他药物在标准疗法下的药品费用均低于山东省农民人均纯收入的日标准 19.15 元，可负担性比较理想。

　　对于山东省农村地区的低收入人群来说，基本药物负担相对较重。表 12 - 22 中数据显示，16 种药品中有治疗关节炎的双氯芬酸、治疗冠心病的辛伐他汀和美托洛尔以及治疗糖尿病的格列吡嗪4种药品在标准疗程内的药品费用超过了山东省最低生活补助日标准（3.29元）的1倍，其中双氯芬酸高达8倍多，辛伐他汀和美托洛尔也高出了日标准的2倍多，可负担性比较差。

（三）门诊处方费用分析

乡镇卫生院门诊患者的医药费用主要通过门诊处方来体现，本研究将纳入分析的3 097张处方的费用进行分段，从0元开始，100元以内的处方每隔10元为一个费用段，100元以上的为一个费用段（见表12－23、图12－8）。从表12－23中可以看出，随着处方费用的上升，处方的数量呈递减趋势。大部分处方的费用集中在0~50价格段，共有2 480张，所占的比例为80.08%，100以上的数量较少，仅占4.20%。

单张处方费用最高的是615元，最低的是0.05元，处方费用中位数是23.5元。《2010年山东省卫生事业发展情况统计公报》显示，2010年乡镇卫生院门诊人次药费是30.29元，高于本研究所得出的处方中位数费用23.5元。

表12－23 **处方费用分段及构成**

费用分段（元）	处方数	构成比（%）
0 ~	827	26.70
10 ~	512	16.53
20 ~	479	15.47
30 ~	347	11.20
40 ~	315	10.17
50 ~	196	6.33
60 ~	120	3.87
70 ~	94	3.04
80 ~	41	1.32
90 ~	36	1.16
100 及其以上	130	4.20
合计	3 097	100.00

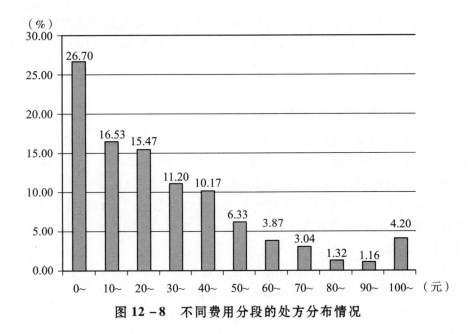

图 12 - 8　不同费用分段的处方分布情况

三、基本药物合理使用情况

(一) 处方整体情况

本研究根据处方纳入标准共纳入 3 097 张处方, 其中注射 (包括肌肉注射和静脉输液) 处方共有 1 155 张, 抗生素处方共有 1 535 张, 激素处方共有 336 张, 涉及药品总数量为 8 412 个, 其中国家基本药物和省增补药物的数量分别是 5 907 个和 1 423 个, 处方费用之和高达 10 万元多, 单张处方的平均费用为 33.28 元 (见表 12 - 24)。

表 12 - 24　　　　　　　　山东省三地区处方总体情况

指标	宁阳县	临淄区	黄岛区	合计
处方总数	740	1 408	949	3 097
药品总数	1 983	4 191	2 238	8 412
处方总费用 (元)	19 649.78	60 038.82	23 374.75	103 063.35
国家基本药物数	1 257	2 882	1 768	5 907
省增补药物数	384	719	320	1 423
注射处方数	165	487	503	1 155

指标	宁阳县	临淄区	黄岛区	合计
抗生素处方数	295	772	468	1 535
激素处方数	58	154	124	336
单张处方平均费用（元）	26.55	42.64	24.63	33.28

（二）处方药品数量分析

将各县区的处方按照每张处方的药品数进行归类整理，发现大部分处方药品数量都在 5 种以下，小部分处方药品数量在 5 种及以上，整体上单张处方的平均用药数为 2.72 个。药品数量在 5 种以下的处方共有 2 646 张，比例为 85.44%，药品数量是 5 种的处方有 317 张（10.24%），大于 5 种的处方有 134 张，比例为 4.33%。其中宁阳县和临淄区药品数量 5 种以上的处方数量大于黄岛区（见表 12－25、图 12－9）。

表 12－25　　　　　　　　山东省三县处方用药数量分析

地区	单张处方平均用药数	单张处方用药品数≤4 种		单张处方药品数有 5 种		单张处方药品数 >5 种	
		处方数	比例（%）	处方数	比例（%）	处方数	比例（%）
宁阳县	2.68	651	87.97	45	6.08	44	5.95
临淄区	2.98	1 144	81.25	190	13.49	74	5.26
黄岛区	2.36	851	89.67	82	8.64	16	1.69
合计	2.72	2 646	85.44	317	10.24	134	4.33

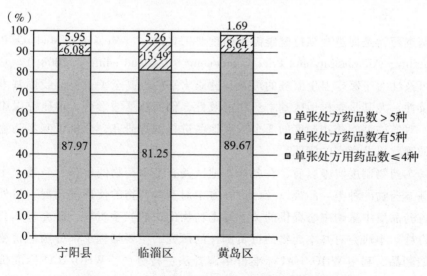

图 12－9　山东省三县处方单张药品数量分布

（三） 合理用药分析

为了研究山东省农村地区基本药物的合理使用情况，本研究选择了注射剂处方比例、抗生素处方比例和激素处方比例三个指标进行分析，数据显示，乡镇卫生院门诊注射处方比例平均为 37.29%，抗生素处方比例平均为 49.56%，激素处方比例较低 （10.85%）。其中黄岛区注射剂处方比例三县中最高，比例高达 53%，临淄区抗生素处方比例高于其他两县，比例为 54.83%，宁阳县注射剂处方比例、抗生素处方比例和激素处方比例均是三地区中最低 （见表 12 – 26）。

表 12 – 26　　　山东省三县卫生院处方合理用药指标分析　　　单位：%

地区	注射处方比例	抗生素处方比例	激素处方比例
宁阳县	22.30	39.86	7.84
临淄区	34.59	54.83	10.94
黄岛区	53.00	49.32	13.07
平均	37.29	49.56	10.85

第四节　讨　　论

基本药物是促进和维持健康需要的重要工具之一 （Measuring Medcine Prices, Availability, Affordability and Price Components ［R］. 2nd edition, 2008.）。基本药物的可及性对于医疗卫生服务的可及和健康水平的提高至关重要。我国基本药物的可及性，尤其是农村地区基本药物可及性，仍面临严峻形势。本研究以山东省为例，对实施基本药物制度的 3 个试点地区进行调查研究，分析了基本药物的可及性的现状以及存在的问题。

基本药物制度实施以后，在各样本地区调查基本药物的价格、乡镇卫生院配备的基本药物的种类、品规以及门诊处方中对基本药物的使用等情况，另外还由山东省药品集中采购中心提供的关于基本药物配送的二手资料，研究基本药物的可获得性。本研究对基本药物的可负担性的研究，主要筛选了部分药品价格调查表中的药品，利用 WHO/HAI 标准价格调查法进行分析。WHO/HAI 标准价格调查法是世界卫生组织/国际健康行动机构共同研究建立的测量药品的价格、可获得性、可负担性和药品价格构成的一套可靠的方法。由于本研究没有严格按照WHO/HAI 标准化价格调查法进行一系列的规范化设计调查，只是从药品价格调查表中筛选部分药品进行分析，可能会弱化其代表性。本研究将基本药物的合理使用作为基本药物可及性的一个方面，主要通过分析卫生院门诊处方中药品数量、抗生素、注射剂和激素的使用情况来反映。

山东省基本药物制度刚刚起步，各项工作都处于探索阶段，仍然存在很多问题。通过对山东省农村地区基本药物可获得、可负担和使用现状进行分析发现，现有基本药物制度设计能够保障基本药物的获得，但是基本药物的质量难以保证；部分药品价格仍有压缩的空间，低收入人群的药品可负担性相对较差，不合理用药现象严重等都阻碍着农村地区公平的获得优质的基本药物，基本药物的可及性工作任重道远。

1. 基本药物招标制度保证了基本药物可获得性，但基本药物的质量层次有待提高

基本药物的可获得性取决于其供应链的各个环节，任何一个环节出现问题，都可能导致消费者最终无法获得基本药物（袁泉，2010）。2009 年我国实施基本药物制度以后，由政府统一组织采购，以招采合一、单一货源承诺的方式保证企业的利润（左根永，2011），签订购销合同，以确保基本药物的生产供应。本研究对山东省农村地区基本药物的中标情况进行分析发现，国家基本药物的中标率达到了 91.21%，省增补药物的中标率为 87.14%，均属于较高水平，而且中标的基本药物绝大部分处于较低价位，高价位药品中标种类较少，较好地保证了农村地区基本药物的生产供应。对中标的生产企业的资质进行分析发现，无论是国家基本药物还是省增补药物，400 名以后的生产企业均占到 60% 以上，前 100 名的生产企业仅 20% 多，而且半数以上的药品是由 400 名以后的生产企业提供，前100 名生产企业提供的药品仅有三成多，造成中标药品的质量普遍偏低的原因可能是制度设计的问题。我国基本药物招标要求坚持"质量优先，价格合理"的原则，世界卫生组织专家将其解读为"质量第一、价格第二、服务第三"，是一个低标准的药品质量保障政策（李宪法，2009），在实际操作中往往被演变为"唯低价是取"，过分看重生产企业的商务标，轻视技术标，几乎所有省均设置了投标药品的入选价格门槛，使得部分低水平、低质量的生产企业获得竞争优势，正规或优良质量管理企业的优质药品难以入围（徐战英，2011），出现了所谓的"劣药驱逐良药"和"差企业驱除好企业"的现象（宋瑞霖，2010），使得中标的基本药物的整体质量水平偏低，可能会使不安全事件的发生率增加，危害患者健康；而且小企业的生产能力和配送能力有限，中标种类较多的企业往往不能足量及时生产供应基本药物，引起市场上基本药物缺货，影响基本药物的可及性。

　　基本药物是适应基本医疗需求，剂型适宜，价格合理，能够保障供应，公众可公平获得的药品，要求政府举办的基层医疗卫生机构全部配备和使用基本药物，调查结果显示，山东省农村地区卫生院基本药物的配备率较低，国家基本药物和省增补药物的配备率分别为 48.86% 和 34.76%，远远低于国家要求"全部配备使用"的目标，基本药物的使用率也低于 WHO 制定的发展中国家基本药物使用标准的 86%～88%（李川，2011），访谈中许多声音也反映基本药物数量不能满足基层医疗机构的需求，原因可能有以下几个方面：

　　（1）与各县区基本药物的配套政策不一致有关。山东省基本药物制度实施初期，医疗机构可以使用原来剩余的库存药品，而且基本药物制度过渡期（基本药物制度实施之日起到 2011 年 7 月 31 日）内，按照"限定过渡时间、限定品种数量、限定零差率销售、限定使用条件"的原则，允许实施国家基本药物制度的基层医疗卫生机构在基本药物制度实施初期配备使用少量非基本药物。调查的三个样本地区中，临淄区和宁阳县允许卫生院配备使用非基本药物，限制了基本药物的使用，基本药物的使用率相对较低，但两地区之间存在较大差异，主要原因可能是激励机制不同，临淄区政府补助 80% 的人员工资，宁阳县对医务人员没有任何补助，激励机制缺失，不利于基本药物的推广使用。黄岛区基本药物制度覆盖了村卫生室，村卫生室的基本药物由乡镇卫生院代购分发，且不收取任何管理费用，并且政府不允许卫生院配备非基本药物，医生只能选择目录内的基本药物，因此黄岛区基本药物使用率在三地区中最高。

　　（2）市场上存在部分药品短缺的现象，一方面与基本药物目录的制定有关，国家基本药物的遴选按照防治必需、安全有效、价格合理、使用方便、中西药并重、基本保障、临床首选和基层能够配备的原则，结合我国用药特点，参照国际经验，合理确定品种（剂型）和数量。由于我国人口众多，疆域辽阔，不同地区实际情况差异显著，在一个大国内部制定的国家基本药物目录也难以替代各个层次的医疗保险目录，缺乏广泛代表性（董朝晖，2009）和权威性，很难满足各地多样化的医疗卫生服务需求。另一个方面是有些药品中标未生产，由于生产企业作为一种市场主体，其本质特征就是追求利润的最大化，为了尽可能多的占领市场，基本药物招标时多数都以成本价投标，现在市场上原材料价格上涨，企业按照投标价生产无利可图，就会停止生产或者生产价格高一些的可替代的药品，出现所谓的"降价死"的现象。据报道（张铁鹰，2010），在北京、辽宁、山东、上海的医院、药店和基层医疗卫生机构很难找到红霉素。价格低廉的中标药品供应不及时或者绝迹会影响基层地区医疗卫生服务的开展，阻碍患者及时的获得所需的能够负担得起的基本药物。

　　（3）可能与医生和患者的认知和用药习惯有关。基本药物制度实施初期，基层医护人员和患者对基本药物的可能还存在认识和实践上的空白（陈飞虎，2010），对基本药物的理解接受需要一个过程；还有一个原因是医生用药习惯难以改变，对基本药物制度不学习，不研究，不愿使用基本药物（彭婧，2011），访谈中也发现患者的用药习惯一时难以改变，对基本药物的接受需要一个过程。

2. 基本药物总到货率较高，三日到货率较低，配送及时性有待提高

世界卫生组织（WHO）基本药物和药物政策司的官员理查德（Richard Laing）博士称"基本上，多层次供应链成本的增加必然意味着患者无法获得基本药物"（Elizabeth Finney，2008）。随着我国基本药物制度的实施，基本药物的配送模式逐渐成为人们探讨的热点问题，国家相关部门也针对基本药物的配送制定了相关政策（马金华，2011）。2009 年 8 月我国颁布了《关于建立国家基本药物制度的实施意见》中规定基本药物配送企业"由招标选择的药品生产企业、具有现代物流能力的药品经营企业或具备条件的其他企业统一配送"。山东省自实施基本药物制度以来，基本药物统一招标，统一配送，使药品采购配送更加规范，基本药物的到货率有所提升。对山东省三样本地区基本药物的到货率进行研究发现，中标的基本药物生产企业共有 451 家，涉及配送企业共有 416 家，较好地保证了基本药物到货率，总到货率达到了 98.20%，处于较高水平。

本研究从不同纬度对山东省基本药物的配送及时性进行分析，结果显示，基本药物的总到货率和三日到货率（58.28%）相差悬殊。主要与基本药物回款机制有关，通过对山东省基本药物配送模式分析可知，卫生院收到基本药物验收合格后，需要在省药品集中采购平台签收确认，并在确认后的 20 个工作日内将货款上缴至县卫生行政部门专用账户，新农合管理部门 30 个工作日内与基层医疗卫生机构结算医药费用，本研究三个样本地区中临淄区和黄岛区新农合资金是后付制，卫生院不仅面临基本药物货款的压力，还要垫付新农合报销费用，资金压力比较大。为了避免资金周转困难，维持卫生院的正常运行，卫生院采取延迟点确认的方式拖延货款上缴时间，人为降低了基本药物配送三日到货率，访谈中也发现，新农合资金后付制的两个地区的卫生院普遍反映基本药物的回款有困难，而预付制的宁阳县则反映回款没有问题，进一步印证了基本药物回款机制对基本药物配送及时性的影响。同时对药品配送企业来讲，货款不能及时回收，增加了他们的资金压力与经营成本，也影响了他们配送的积极性（张丽青，2011）。

从基本药物的配送模式可以看出，基本药物到货率除了与回款机制相关，还与配送企业、生产企业和卫生院等部门有关。首先是配送企业自身的原因，基本药物制度实施初期，配送企业对其负责辖区内的基层医疗卫生机构的情况缺乏了解，一方面对基本药物需求量缺乏准确的预期，可能导致配送企业的库存不足以满足各医疗机构的采购量，出现配送企业缺货或者延迟供货的状况；另一方面对辖区内的基层医疗卫生机构的运营情况、财力状况等缺乏了解，对其能否及时支付货款心存疑虑，通常不足量配送，造成基本药物三日到货率较低。其次是卫生院的原因，对于同一订单分批次配送的基本药物，卫生院会在所有药品配送齐全之后才到网上采购平台点击确认，降低了基本药物的三日到货率。山东省药采中心规定乡镇卫生院采购基本药物的频次为每个月 4 次，基本药物制度实施初期，乡镇卫生院对本院的药品消耗量缺少计划性，同时为了缓解来自药款和新农合报销资金的双重压力，增加采购次数，分散采购量，每个月的采购次数不定，有时多达十几次，配送企业为了降低配送成本，通常会将小规模订单积攒到一定数量后再进行配送，降低了基本药物的三日到货率，本研究也发现，配送金额为 100 万元以上的基本药物的总到货率和三日到货率大于其他两个组（见表 12 - 14），基本药物配送金额越大，总到货率和三日到货率越高。最后就是生产企业的原因，生产企业为了追逐利润，对于无利可图的低价药品停止生产供应，造成一些中标的低价药品断货，配送企业没有货源，造成药品的配送及时性较差。

3. 基本药物价格降低，可负担性提高，但低收入人群的可负担性依然较差

基本药物制度的实施有望降低群众药费负担，提高基本药物的可获得性，同时有助于转变医疗机构"以药养医"的机制和"大处方"的激励方式，从而使广大人民群众获得实惠（覃正碧，2010），提高农村地区基本药物的可及性。确保基本药物的可及性的关键就是保证价格的可承受性，合理的价格是保障基本药物供应的经济基础（张丽芳，2011）。为降低基本药物价格，在基本药物的招标采购环节，政府对纳入集中采购目录的药品，实行公开招标、网上竞价、集中议价和直接挂网（包括直接执行政府定价）采购，中标的基本药物实行零差率销售；基本药物流通环节，药品集中采购由配送企业投标改为药品生产企业直接投标，由生产企业或委托具有现代物流能力的药品经营企业向医疗机构直接配送，减少流通环节，降低基本药物配送成本，从而降低药品价格。这一系列措施使基本药物的价格有所下降，本研究对山东省三样本地区门诊处方的费用进行分析发现，基本药物制度实施以后，处方的费用有所下降，同时对 21 种基本药物的中位价格比值进行分析，大部分基本药物的价格低于其相应规格的国际参考价格，但也有部分药品的价格高于其国际参考价格（见表 12 - 20、表 12 - 21）。这一方面与我国基本药物的定价体系有关，我国基本药物由政府统一定价，采用典型的成本定价模式，存在企业虚报成本的弊端，而且政府作为定价主体存在的弊端是政府与药品生产企业之间的信息不对称使得政府完全靠自身的力量很难把握好企业真实的生产成本，而且现在物价部门人员大多数为非药品生产和管理方面的专业人员，更是不可能准确审核药品的生产成本（汤涵，2009），部分企业为了追求更大的利润，对投标药品进行"虚高定价"，使部分药品中标价格高于基本药物制度实施之前，访谈中也发现此类问题。另一方面，集中招标采购之前，基层地区的药品采购方式通常是医疗机构独立采购，直接与药品生产厂家协商定价，药品价格越低，医疗成本越低，医疗机构获得利润越大，这样医疗机构有足够的动力去压低药品价格，从医疗机构利益角度出发采购药品的决定因素会偏向药品价格，轻视药品的质量；药品集中招标采购以后，选择生产企业不仅考虑药品的价格，还顾及到药品的质量问题，而且部分药品只招到一个生产商，即存在"独家品种"的问题（何平，2011），所以有些药品的定价可能会高于基本药物制度实施以前。还有一个原因是物价水平上涨，药品的原料价格随之上涨，尤其是中成药，药材相对比较稀少，市场价格比较高，中成药的价格下降的空间相对较小，基本药物制度实施以后，存在部分药品的价格上升的现象。

随着"新医改"政策的出台，政府的卫生投入向农村卫生事业发展倾斜，对基层卫生机构能力建设和需方的补偿力度加大补偿力度，继续落实和完善农村新型农村合作医疗补助政策，提高需方医疗卫生服务的购买能力（李璐，2010）。山东省实施基本药物制度以后，将基本药物全部纳入新农合药品报销目录，报销比例提高10%，本研究对山东省农村地区常见的8种疾病标准疗程内的医药费用进行可负担性测量发现，相对于山东省农村居民人均纯收入来说，大部分药品标准疗程内的费用都低于山东省农民人均纯收入的日标准，可负担性比较理想（见表12－22）。基本药物制度实施以后，山东省农村居民基本药物的经济可及性获得一定的保障。相对于山东省农村最低生活保障补助标准来说，16种药品中有4种药品标准疗程内的药品费用高于最低生活补助的日标准（3.29元/天），有的甚至相当于最低生活补助日标准的8倍多，可负担性不容乐观。一方面是因为低收入人群的医疗卫生服务支付能力比较差。低保人群大部分年老体弱、丧失劳动能力或生存条件恶劣，没有任何收入来源或家庭年人均纯收入低于当地农村低保标准，属于弱势群体，经济能力弱，无力负担医疗费用；据世界卫生组织相关研究报告，发展中国家贫困人群的药品费用通常是个人支付，大约占其家庭医疗总支出的60%～90%。《关于完善政府卫生投入政策的意见》中指出，对城乡医疗救助所需资金，由市、县级财政负担，中央财政和省级财政给予补助。对于具体的补助标准，补助方式都没有做出详细说明，低收入人群的医疗保障制度并没有获得强有力的政府支持，操作性比较差，不利于低收入人群医药费用负担的减轻。另一方面也反映了实施基本药物制度以后，仍有部分基本药物的价格过高，超过了低收入人群甚至是农村居民的负担能力；同时还反映了基本药物制度的设计存在一些漏洞，制度设计主要针对社会的主要群体，对于弱势群体欠缺考虑，基本药物制度实施以来尚未制定针对低收入人群的一些特殊的补助政策。

4. 医生处方行为监管缺失，不合理用药现象严重

一直以来，卫生服务提供者的不合理用药行为受到了国内外研究者的广泛关

注（阴佳，2010），由于医学科学的特殊专业性，医生和患者之间信息高度不对称，而医生具有很大的信息优势，在患者就医的过程中，医生和患者之间就建立了一种隐性契约的委托代理关系，医务人员对不合理用药负有重要责任。医生的处方行为最能客观地反映患者获得基本药物的情况（阳昊，2009）。为规范处方管理，提高处方质量，促进合理用药，保障医疗安全，2007年卫生部颁布了《处方管理办法》，对处方开具、调剂、保管制定了一系列条款。处方中的药品数量、注射类药物和抗生素的使用是合理用药的评判标准。WHO制定的有效的门诊处方合理用药的标准是每张处方平均药品数量小于2种，抗生素和注射剂的处方比例分别低于30%和20%（Using indicators to measure country pharmaceutical situations，Fact Book on WHO Level I and Level II monitoring indicators. WHO/TCM，2006）。对样本乡镇卫生院门诊处方进行分析发现，乡镇卫生院门诊处方药品数在2.36~2.98之间，平均为2.72种，抗生素处方比例平均为49.56%，注射处方比例平均为37.29%，均远远高于WHO制定的医疗机构门诊药品合理使用的标准。目前山东省基层医疗卫生机构门诊处方中抗生素和注射剂在处方药品中占绝大多数，不合理用药现象严重。

抗生素滥用的根源有以下几个：（1）国家缺乏针对抗生素的控制政策。到目前为止，政府没有一部针对抗生素使用的法律法规，忽视了对抗生素应用的行政干预，人们随便就可以从药店或者医疗机构买到抗生素，导致抗生素过度、错误的使用现象十分广泛，有些方面已经到了滥用的程度。（2）医生治疗中的不良用药习惯（郑英丽，2007）。有炎症就要用消炎药这种观念根深蒂固的存在于医生和患者中（阴佳，2009）。基层医疗机构的医生缺乏合理用药的科学知识，只是凭经验使用抗生素，未充分运用抗生素的药动学与药效学知识指导合理用药；临床上抗生素的使用趋向于联合用药，希望从不同的作用机制提高疗效或扩大抗菌范围，其有效性尚待讨论，但其后果不仅增加了患者经济负担，而且使细菌对多种抗生素产生了耐药性；此外，医生对广谱抗生素的使用过多并且依据不充分（廖玮，2011）。（3）患者缺乏药物使用的宣传教育。由于得不到抗生素相关知识的宣传教育，患者对抗生素的认识存在误区，认为所有的感染都需要抗生素治疗，对自限性疾病不合理地使用抗生素，患者症状的消除可能与治疗过程的偶然性有关（付燕霞，2011），患者误以为是抗生素起作用，下次凭经验还会使用抗生素，所谓"久病成良医"盲目使用抗生素，助长了抗生素的滥用。（4）经济利益的驱使。由于我国医疗保健系统的不完善，为了保持良好的医患关系，当门诊患者经常点名要抗生素的时候，医生会迎合患者而使用大量价格昂贵的抗生素，另一方面，不恰当的药品推销及经济利益的诱惑也会驱使医生开出不合理的抗生素处方。

注射剂的滥用主要是因为人们认识的误区，认为注射剂比口服药有效，在口服药物足以治疗的情况下会过多地使用注射剂；另一个原因是，基本药物制度实施以后，基本药物实行零差率销售，为了弥补药品零差率销售带来的损失，政府要求适当的提高其他医疗卫生服务项目的价格，医生为最大程度的弥补药品收入损失，会尽可能多地使用注射类药物。

5. 本研究的特点和局限性

本研究的特点：第一，运用定量与定性相结合的研究方法分析山东省农村地区基本药物的可及性现状，定量资料主要来源于山东省药品集中采购中心和调查现场收集两个方面。第二，本研究将基本药物的合理使用作为基本药物可及性的一个方面，从药物的获得到使用这样一个完整的环节对山东省农村地区基本药物的可及性进行分析。第三，采用 WHO/HAI 提供的标准化价格调查法并结合山东省农村地区实际情况对基本药物的价格和可负担性进行测量分析。

本研究的局限性：第一，调查时间是基本药物制度实施初期，之前药品招标配送的旧体系的后续效应可能会有残留，影响研究结果的代表性。第二，本研究对基本药物可及性的调查仅从供方的生产、配送、卫生院储备和医生的处方进行了相关调查，没有从需方的角度对基本药物的可及性进行相关问卷调查，因此得出的结论及提出的建议可能存在不全面之处。第三，本研究对基本药物价格的分析主要是从收集的价格表中依据 WHO 制定的核心目录挑选出来的，药品种类比较少，可能会弱化研究结果的代表性。

第五节　结论与建议

实施基本药物制度以后，山东省农村地区在基本药物的招标环节，中标率比较高，保证了基本药物的可获得性，但由于基本药物制度处于初级阶段，各部门利益和各项政策没有高度协调一致，中标药物的整体质量层次偏低；在基本药物配送环节，基本药物的三日到货率远远低于总到货率，主要与新农合资金的支付机制和基本药物回款制度没有协调一致给卫生院造成双重压力，影响各项配送工作的顺利开展；基本药物对于大部分农村居民来说可负担性良好，但是对于低收入人群来说并不理想；相对国际标准来说，医生患者对基本药物的利用率不仅低而且不合理用药的现象普遍存在。针对本次山东省农村地区基本药物的可及性现状的调查研究，为了更好地促进基本药物制度的实施，提高基层地区患者基本药物的可及性、保障其健康权，提出以下建议：

（1）充分发挥政府的主导性的作用，加强对基本药物的招标、采购、配送和合理用药的监督管理，制定相应法律法规；同时要加大对基本药物制度的财政投入，促进基本药物制度的推广实施和完善。

（2）在现有基本药物招标配送体系的基础上，要着重考虑技术标，提高基本药物的质量层次水平；同时注意各相关政策的协调一致，保证基本药物配送的及时性；加强对基层地区基本药物的宣传教育，促进基本药物的使用。

（3）建立科学的药品定价方法，科学测算，合理加价；同时加强对农村地区低收入人群的关注和财政补助，提高低收入人群的药品可负担性，保护其公平的获得基本药物和享受医疗卫生服务的权利。

（4）强化基层医护人员和群众合理用药知识的宣传教育，树立合理用药的理念，促进其对基本药物的认可和接受，同时加强对处方的监督管理，并制定相应的奖惩措施，规范处方用药，减少药品的不良反应，促进合理用药。

附录

国际卫生改革

典型国家卫生改革

英国国家卫生服务制度（NHS）改革

英国医疗保障制度，又称为国家卫生服务制度（National Health Service，NHS），是典型的全民医疗制度，是英国社会福利的一个重要组成部分，也是欧洲福利国家社会保障制度的代表之一。英国的 NHS 建立于 1948 年，被英国民众评为政府在 20 世纪所做的影响英国人生活的最大业绩，被世界卫生组织评为世界上最公平的卫生保健系统之一，是世界全民医疗保障的典范。

NHS 的宗旨是按公众医疗需要而不是支付能力为所有人提供平等的免费医疗服务。NHS 由国家提供医疗服务，由医院、保健中心、计划生育机构、学校保健、区域护理、助产士、智残者健康中心、老年人之家、儿童之家、戒毒治疗中心和戒酒中心等机构组成服务网络。全科医生（General Practitioner，GP）是 NHS 服务提供的主体，大约 90% 的健康问题是由全科医生处理的。

一、NHS 特点和服务体系

英国采用的是公立医疗服务体系与私营医疗服务共存，以公立医疗服务体系

433

为主导的卫生政策。公立医疗服务体系又称国民健康服务，是国家用税收来为全体人民购买医疗服务；私营医疗服务是公立医疗服务体系的补充，主要服务于那些收入较高、对医疗服务要求也较高的人群。

NHS 有如下特点：（1）覆盖面广。由于政府承担了绝大部分医疗费用，患者就医时不需要支付医疗费用或者只需要支付很低的医疗费用，NHS 基本能覆盖所有的人口。（2）体现了较好的公平性。NHS 的宗旨是按患者的实际需要而不是支付能力提供医疗服务，体现了人人就医平等的原则。（3）服务体系的层次性。NHS 服务分为初级卫生保健、二级医院服务和三级专科服务。（4）成本较低，效率较高。

初级卫生保健主要是全科医生提供的服务。全科医生不隶属于政府部门，政府部门从全科医生那里为大众购买初级保健服务，并通过合同的方式对全科医生提供的医疗服务进行补偿和管理。政府部门规定包括人员配备在内的全科诊所最低标准。全科诊所一般由全科医生、护士、接待员和诊所经理等组成。NHS 规定每位居民必须指定一位全科医生作为自己的家庭医生，因此，全科医生充当着 NHS 守门人（gatekeeper）的角色。患者只有持有全科医生的转诊单，才能到二级医院免费就诊。

二级医疗服务的提供者是医院。医院根据区域管理设立，由政府的医院管理部门管理，规模由政府根据本地区人口的数量决定。患者出院时医师会把出院后注意事项交代给患者的全科医生。如某专科疾病患者病情较重或者属于疑难病症，该专科医师会请在本专科某一领域内的专家帮助，即三级医疗服务。

三级医疗服务是指临床某专业内用来解决疑难和复杂病症问题的特殊服务，主要是专科医院服务，并不是按规模划分，也不负责一般诊疗。有些较大规模的医院也设有三级医疗专家服务，这些医院被称为综合医院。

英国的三级医疗服务网络呈金字塔形，底部是全科医疗，中间是二级全科医疗，塔顶是三级专科医疗服务。由于 NHS 规定患者需通过初级保健方能转诊至二级医疗服务，然后才能享受三级医疗服务，因此，患者从塔底向塔尖，然后再从塔尖向底部方向流动。这个网络赋予全科医生守门人的角色，使得大部分健康问题在这个层面上得以处理或者分流，并通过健康教育等预防手段得以控制，能够充分合理的利用医疗资源。

二、NHS 重要改革

NHS 历史上经历了以下几次大的改革。

1. 1982 年改革

1979 年撒彻尔政府上台，NHS 面临着很多问题。英国公众对 NHS 期望增加、医疗技术迅速发展、人口老龄化等，导致卫生费用迅速上涨。与此同时，NHS 组织官僚作风盛行、办事效率低下，不能有效地处理管理中的问题。撒彻尔政府从以下几个方面做了改革：政府推出总额预算制，将 NHS 的支出冻结在国民生产总值 6% 左右；机构重组，撤销地方卫生局编制，代之以区域卫生局；国家建立"国家加速发展计划"，专门培养卫生管理人才；提倡疾病预防，缩短住院等待时间，降低服务成本，鼓励病人更多的使用私立医院等。

2. 1991 年改革

NHS 缺乏效率一直是社会关注的焦点，也是卫生改革的核心。1989 年，NHS 发表了两个白皮书"为病人而工作"（Working for Patients）和"关心人民"（Caring for people），让全科医生持有基金，成为病人的代理人，病人可以选择全科医生，而全科医生可以选择医院，全科医生之间以及医院之间必须相互竞争，获得病人才能取得经费。1990 年通过了"国家卫生服务和社区医疗法案"（National Health Service and Community Care Act），为引入内部市场奠定了法律基础。1990 年底，梅杰政府延续了撒彻尔政府的医疗保障改革理念及改革措施，并于 1991 年 4 月，正式引入了内部市场。这次改革选择的方法是，坚持"以一般税收为基础，政府分配预算，向全社会国民提供免费医疗服务"，同时在 NHS 中引入竞争原则，引入导入内部市场机制，实现医疗服务中"钱跟着病人走"的思想。医疗服务的购买者和提供者分离，要求大型医院以及其他的医疗机构和卫生管理部门脱钩，变成自我管理、自我经营的 NHS 医疗组织。要求卫生部门进行职能转换，从管理者变成购买者，在对比价格和服务质量的基础上，通过合同方式，从公立或者私利医疗组织购买服务。对全科医生的措施有：NHS 对全科医生实行按人头付费，将注册居民人头费在全科医生总经济收入中的比重从原来的 40% 提高到 60%，给予在贫困地区开业的全科医生特殊补贴；引进全科医生资金保留计划，一些注册人数较多的全科医生可以直接从卫生管理部门获得预算。

3. 2000 年改革

由于 NHS 制度不断受到批评，投入不足，现有医疗资源不能满足民众的健康需求，2000 年 7 月英国政府出台了旨在增加全民医疗卫生保健体系投资的 NHS 改革白皮书："The NHS Plan：a plan for investment，a plan for reform"（国家卫生服务制度计划：投资和改革），决定在五年内，把 500 亿英镑的 NHS 预算增加到 690 亿英镑；通过合同管理方式，将身份为自我雇佣者的全科医生融入国民医疗服务体系当中，强化全科医生医疗服务提供者职能。按照每 10 万人口约 50 名全科医生的比例进行卫生人力配置，在全国范围内设立拥有经营管理自主权的初级医疗保健基金（Primary Care Trust，PCTs），全科医生作为独立签约人被纳入所在地区的初级医疗保健基金。NHS 拨出专款，计划在五年内建立国民电子就诊预约系统。加强对医护质量的检测、评估，加强对医疗机构的监控。加大对基础设施的投资和对工作人员的投入，计划到 2010 年，建立 100 家医院，新增 500 所初级卫生服务中心，至少增加 3 000 个全科诊所。

4. 2008 年改革

进入 21 世纪以来，由于人口结构变化、信息系统快速发展、疾病谱变化，以及对 NHS 更高的预期，NHS 发展面临着新的挑战。2008 年 6 月，英国卫生部提出一个新的方案："High quality care for all：NHS Next Stage Review"（人人享有优质服务：NHS 下阶段工作回顾）。新方案提出的主要改革措施如下：真正做到以病人为中心，给病人以更多的权利和其对自身健康和治疗的诉求；给予民众更广泛的信息和其对全科医生自由选择的空间。新方案的主体是提高医疗服务质量，NHS 赋予国家临床质量研究所（NICE）更多对质量监控的权力，建立测量和发布医疗服务质量的信息系统，通过网络系统，NHS 卫生服务人员更容易获取信息以提高服务质量。

5. NHS 存在的问题和挑战

公平与效率一直是卫生服务体系中的关键问题，目前世界上没有哪一个卫生服务体系能同时满足公平与效率的最大化，英国 NHS 也不例外。

NHS 从成立之初，其宗旨就是为所有英国公民提供免费的医疗服务。经过几十年的发展，虽然中间有多次变革，但这个宗旨一直都没有改变过。可以说，英国 NHS 实现了卫生服务公平的最大化。

在实现公平最大化的同时，不可避免地要影响效率，效率低下最突出的表现就是英国人就诊等待的时间特别长。长期以来，如何缩短候诊时间成为 NHS 需要解决的关键问题。几乎每一届政府在上台前都会提出 NHS 改革方案，其中最重要的是如何有效地缩短候诊时间。经过几次改革，虽然实施了一些提高效率、缩短候诊时间的办法，但是怎样进一步缩短候诊时间、增加民众对 NHS 体系的满意度，仍然需要新的不断地变革。

德国社会医疗保险改革

德国是世界上第一个按照福利国家理论建立起社会保障制度的国家，自俾斯麦于 1883 年首创社会医疗保险制度以来，距今已有 100 余年的历史。德国医疗保障制度以其比较健全的医疗体系和较好的服务层次成为社会医疗保险模式的典型代表。

一、德国医疗保险体系

德国的医疗保险体系主要是由社会医疗保险（Statutory Health Insurance）和私人医疗保险两大体系组成。国民基本医疗经济负担主要通过社会医疗保险承担，覆盖人口约占全国总人口的 85% 左右；私人医疗保险作为补充，主要满足高收入人群的医疗保险需求，覆盖人口大约占全国总人口的 10% 左右；剩余的5% 左右的人群主要是军人和警察，有相应的特殊医疗保障制度。

（一）社会医疗保险

德国的社会医疗保险是医疗保险体系的主体，属于不以风险因素（如性别、年龄、身体健康差异和家庭状况等）计算保费的强制性的社会疾病保险，目的是为国民提供基本社会医疗保障。根据德国有关法律的规定，所有月收入在一定水平（2009 年规定月收入低于 4 050 欧元或年收入低于 48 600 欧元）以下的公民必须参加社会医疗保险。参加了医疗保险的雇员，其家庭成员中的无业配偶和未成年子女可免缴保险费享受同等的社会医疗保险待遇。社会医疗保险筹资按社会保障专用税制，作为一种"专用税"征收，并由企业（单位）主动缴纳。参保人的缴费率为工资收入的 14%，税负原则上由雇主与雇员双方共同承担。对于月收入低于一定限度的雇员，其保险费用全部由雇主承担。对于退休人员及失业人员，其保险费由养老基金和失业保险金承担。由此可见，德国社会医疗保险投保人缴纳的保险费不依据健康状况，主要取决于经济收入，高收入多缴纳、低收入者少缴纳，不同缴费水平的投保人享受同等医疗保险待遇，这是德国"富人帮穷人、团结互助、社会共济、体现公平"的社会医疗保险制度的宗旨。

1. 受益范围

德国社会医疗保险的服务范围、项目和内容覆盖面非常广泛，提供的服务包括各种预防保健服务、门诊和住院医疗服务、处方药品和辅助医疗品、牙科诊疗、康复治疗、就诊交通费用、患病期间的工资和病假补贴等。

2. 管理体制

联邦政府设立医疗保险局，该局隶属于国家卫生部，主要职责包括负责拟定医疗保险立法草案、法律、法规，制定医疗保险相关政策与规定；负责审批关于保险经办机构（疾病基金会）等事宜，并监管各经办机构的公平竞争与合法经营，但不直接介入经办机构的运营；负责社会医疗保险专用税金即保险基金的分配和调整。保险基金的分配首先是根据专用税率和各经办机构的投保人数，同时根据各经办机构投保人的年龄结构、健康状况、疾病构成及提供保险项目等因素进行调整，最后确定各经办机构的年度基金总额。

德国社会医疗保险经办机构是几百个以上的疾病基金会，经联邦医疗保险局批准成立，是非盈利性组织，具有独立法人地位，实行自主经营。疾病基金会是按区域或行业组建，基金会最初约 2 000 多个，后逐步合并为 1999 年的 453 个，目前已合并为 180 个疾病基金会。各个疾病基金会设有自己的理事会，由专家、投保单位雇主和工会方面代表组成。理事会在规定范围内可根据各自的具体情况自主确定保险费率标准，并报请卫生主管部门批准后实施。自 1996 年以来，为了鼓励竞争，要求疾病基金会对社会开放，投保人或单位可以在各基金会之间自主选择投保，希望通过竞争减少基金会之间费率的差别。

3. 支付方式

德国医疗服务体系严格将门诊和住院分开，社会医疗保险门诊医疗服务主要由私人开业医生诊所提供，社会医疗保险对门诊医疗服务费用的支付可分为两个环节：第一个环节是医疗保险疾病基金会对医师协会支付实行的是按人头总额预付。具体做法是各疾病基金会按照被保险人数乘以人均年门诊基金标准计算得出的年度基金总额，并提出门诊服务内容及服务质量要求，与医师协会签订门诊医疗服务合同，实行包干使用，超支不补，结余留用。第二个环节是医师协会对诊所医生的劳务报酬支付采取总额预付下的服务项目积分法。具体做法是：每个诊所医生在向被保险病人进行门诊诊疗服务过程中，要根据"诊疗服务目录及其计分标准"对实际提供的每个服务项目记录分数，并按要求报告周期向医师协会填报服务项目及其积分情况，诊所医生每人每年的最高分数也有限制。各医师协会将基金会确定的基金总额/所管辖诊所医生服务总积分，得出每分的分值金额。每个诊所医生的服务量总积分乘以每分分值金额，就是医师协会应该支付给某诊所医生的劳务报酬。

德国社会医疗保险对住院支付实行"总额预算，超支分担，节余奖励"制度下的按病种付费（DRG）、按床日付费和特殊项目付费等三种方式。三种支付方式构成了总额预算的全部。如果执行结果超出了预算，超出部分将由医院和基金会按不同比例分担。如果实际执行结果低于预算，医院可以得到差额 40% 的奖励金。

（二）私人医疗保险

私人医疗保险属于具有盈利性的商业医疗保险，自愿参加。根据规定连续三年工资年收入超过 48 600 欧元者可自愿选择参加社会医疗保险或者购买私人医疗保险。参加私人医疗保险是谁缴费、谁受益，多子女雇员要参加私人医疗保险，费用非常昂贵。参加私人医疗保险者大多是社会高薪阶层，绝大部分为公务员和个体经营者。

二、德国医疗保险制度改革

为解决德国统一后出现的参保人数大幅度上升、保险费入不敷出的矛盾，德国自 20 世纪 90 年代起多次进行医疗保险制度改革，目的是将医疗保险支出和保险费率控制在合理范围内。

（一）20 世纪 90 年代医疗保险制度改革

1992 年实施的《医疗保险结构法》，对全额报销的医疗保险制度作了重要调整，保险公司、参保人需要按比例共同承担医疗费用。1996 年实施的《健康保险费豁免条例》主要针对住院和康复治疗的保险内容进行改革，提高其自费比例。

（二）2003 年医疗保险制度改革

2004 年年初，德国政府实施《社会医疗保险现代化法》改革方案，该项改革被认为是二战后德国社会保障制度的一次较大规模的改革。改革的目标主要是控制医药费用的快速增长，增加参保人责任，要求参保人为医疗诊治服务支付更多的费用。改革的主要举措包括：降低缴费率，保费从 2003 年工资额的 14.3% 降至 2006 年的 13%；减少社会医疗保险覆盖的项目，包括镶牙、购买非处方药等不再作为保险项目，并取消了每四年申请一次的为期三个星期的疗养计划；取消病假补贴；参保人必须支付如挂号费等费用；强制实施按病种分类收费制度。

（三）2006 年的医疗保险制度改革

2006 年 7 月，德国政府就医疗保险改革达成一致，其中最核心的内容是设立健康基金。该基金成为医疗保险制度主要资金来源。自 2008 年起，德国公民每人每月所应缴纳的保险金将由法律做出规定，雇主和雇员维持现有的缴费比例。所有保险机构从该基金中获得相同的金额。从现收现付制度过渡到基金积累制度是一个复杂的过程，各医疗机构间的协调及基金的增值任务使这项改革困难重重。同时，该计划还遭到了 65% 的德国公民的反对，该项改革推迟实施。总之，21 世纪初德国医疗保险体制改革的主要目的在于降低保险费用支出、控制保险成本、稳定保险收入。

三、德国医疗保险制度面临的问题和挑战

德国医疗保险制度面临最突出的问题是基金赤字，医疗保险收入入不敷出。造成赤字的主要原因包括人口老龄化以及新医疗技术带来的医疗费用不断上升；高失业导致缴费人群减少，保费收入下降；经济增长迟缓；病人就诊缺少"守门人"制度，造成了资源浪费。德国医疗服务提供体系存在着条块分割、缺乏协调合作、效率较低的问题。

美国医疗改革

2010年3月23日，美国总统奥巴马签署了"病人保护及可负担保健法案（Patient Protection and Affordable Care Act）"，至此，历时一年多的经过民主党人艰苦斗争的医疗改革终于走完了立法程序。

一、美国医疗改革简史

近100年来，医疗改革一直是美国政治生活中的一件大事，多位美国总统、政府官员和多个州为医疗改革的发展做出了重要努力。1965年，林登·约翰逊总统颁布了引进老年医疗保险计划（Medicare）法律，专为老年人提供医疗保险服务，由联邦就业税提供资金支持。同时建立针对穷人的医疗救助项目，即医疗补助计划（Medicaid），该项目由各州进行管理，由各州和联邦政府共同资助。医疗保险改革也是克林顿政府关注的一件大事，由当时第一夫人希拉里·克林顿领导起草了1992年克林顿医疗保险计划（1993 Clinton health care plan），虽然改革计划最后没有得到法律认可，但对美国"医改"产生了重要影响，包括1996年实施的医疗保险可携带性与责任法案（Health Insurance Portability and Accountability Act，HIPAA），使工人保持医疗保险的覆盖变得更加容易，特别是当他们改变工作时。

二、奥巴马医疗改革的背景

支付能力和保险覆盖面已经成为美国卫生系统的一个重要问题。美国医疗保

健的支出大约占其国内生产总值的 16.5%，医疗保健费用上涨的速度要超过工资和通货膨胀，并且医疗费用占国内生产总值的比重预计有继续升高的趋势，预计到 2017 年将达到国内生产总值的 19.5%。美国花在医疗保健上的费用要高于任何一个大国。2007 年美国人均医疗费用是 7 290 美元，人均医疗花费比法国、德国和瑞典高出 2 倍多。

美国是世界上唯一的高收入、工业化但是医疗保险却没有覆盖所有公民的国家。美国 2007 年所有个人破产中，62% 是由于没有能力支付医疗费，而在其他富裕国家基本没有听说过因病致贫。美国人口统计局估计，在 2009 年，有 4 700 万美国人根本没有任何医疗保险，而在 2007 年，这个数字是 4 570 万，说明美国没有医疗保险的人口正在增加。美国的预期寿命在世界上排 38 位，排在大部分发达国家后面。

三、奥巴马医疗改革的主要内容

病人保护及可负担保健法案（PPACA），是联邦的一项法规，包括一些日后将要生效的与医疗有关的内容，包括扩大医疗补助计划资格，补贴医疗保险费用，为提供医疗保健福利的企业提供奖励，禁止由于参保人过往病史而拒绝提供保险服务，建立医疗保险服务场所以及支持医疗研究。该法案分成 10 个主题，内容包括颁布以后立刻生效的部分、在 2010 年 6 月 21 日生效的部分（颁布以后90 天）、在 2010 年 9 月 23 日生效的部分（颁布以后 6 个月）和在 2014 年生效的部分等。这项法案主要聚焦在扩大医疗保险覆盖面、控制医疗保健费用和改善医疗保健提供系统，主要措施可概括为以下几个方面：对适合参保但没有医疗保险的个人及雇主进行惩戒性征税；政府通过税额抵免的方式来帮助个人和企业支付保费；建立以州为基础的医疗福利服务机构，加强医疗保险的竞争性；建立费用调整机制；加强对保险公司的约束；对大额保单征收消费税等。

四、奥巴马"医改"面临的挑战

虽然病人保护及可负担保健法案获得了通过，但是仍然面对来自很多方面的反对。就在法案被写进法律不到一个小时的时间里，13 个州，其中佛罗里达州最先，在彭萨科拉美国地方法院提起一项反对议案的诉讼。随后，另外 5 个州也加入了佛罗里达州的诉讼。因此，奥巴马"医改"能否顺利推进还需要时间的验证。

韩国社会医疗保险改革

自 1963 年通过医疗保险法案，到 1989 年社会医疗保险覆盖所有人口，韩国用了接近 30 年的时间实现了医疗保险全民覆盖。

一、韩国医疗保险改革历程

1963 年，韩国通过医疗保险法案，鼓励自愿参与的保险计划。但是，由于参保者人数有限，以自愿为基础的医疗保险计划并没有得到发展。1976 年韩国对医疗保险法进行了修订，规定大的公司（超过 500 个员工）被强制要求为所有的员工提供医疗保险。1979 年，强制性医疗保险范围扩大到拥有 300 个员工及以上的公司，1981 年扩大到 100 个员工及以上的公司，1983 年扩大到拥有 16 个员工的公司。

医疗保险由独立的医疗保险组织提供，这些组织依托规模不等的公司或者工会组织，收入来自员工和雇主的保费。政府规定所有组织必须提供最低的福利水平。所有的组织都是自收自支，所以当一个保险组织出现赤字的时候，在来年通过增加保费水平能够实现平衡。

政府同时建立医疗救助项目。这个项目使用政府基金为最贫穷的民众提供免费的住院和门诊服务，为稍高于贫困线的民众提供费用减免的医疗服务。大约 10% 的韩国人被医疗救助项目覆盖。

为了将社会医疗保险的覆盖面扩大到农民、个体经营者和小公司雇员，政府在 1981 年三个地区发起了区域医疗保险项目试点，在此基础上，政府决定为区域医疗保险项目补贴 50% 的保险费。到 1988 年初，所有农村居民都覆盖了社会医疗保险；到 1989 年中，所有城镇居民也实现了医疗保险的覆盖。附录表 1 是韩国医疗保险改革历程。

附录表 1   **1963 ~ 1989 年韩国医疗保险的发展**

1963 年	颁布医疗保险法律，允许自愿的医疗保险
1965 ~ 1966 年	两个公司为他们的员工建立自愿的医疗保险组织
1968 ~ 1976 年	发现在经济上对个体经营者来说，自愿的保险运动是不可行的
1977 年	对大公司（超过 500 个员工）的员工和家属实施强制的医疗保险

1977 年	政府对低收入者、贫穷的人、残疾人和老年人提供医疗保险（医疗救助项目）
1979 年	对政府员工、教师和私人机构的工作人员实施强制的医疗保险
1979 年	对拥有 300 个员工及以上的公司的产业工人实施强制的医疗保险
1981 年	对拥有 100 个员工以上的公司的产业工人实施强制的医疗保险
1981 年	在三个地区的示范基地开始区域医疗保险项目试点
1982 年	除了试点基地，区域医疗保险项目扩大到另外的三个地区
1983 年	对拥有 16 个员工以上的公司的产业工人实施强制的医疗保险
1988 年	对农村居民强制实施区域医疗保险项目
1989 年	对城镇居民强制实施区域医疗保险项目

二、韩国医疗保险改革主要内容

（一）保险组织的合并

到 1998 年，主要有三种医疗保险方案：政府员工、教师以及他们的家属，由单一的保险组织管理；产业工人和他们的家属，是由大约 142 个保险组织管理；个体经营者，是由大约 227 个保险组织管理。

1998 年 10 月，覆盖个体经营者和覆盖政府雇员及教师的医疗保险组织合并成全国医疗保险公司。在 2000 年 7 月，覆盖产业工人的医疗保险组织合并进全国医疗保险公司，这样所有的医疗保险组织合并成一个单一的全国医疗保险公司。

医疗筹资的不公平，以及覆盖个体经营者的许多医疗保险组织财务上的困境，是这场改革的主要推动力。在合并之前，贫穷地区加入保险组织的个体经营者，所负担的医疗保险费占他们收入的比例，要高于富有地区个体经营者的负担。水平上的不平等，由于被强制加入的保险组织的不同，相同收入的人们要支付不同的医疗保险费。此外，由于人口数量减少、疾病谱变化和人口老龄化，导致农村地区个体经营者支付能力下降，许多在农村地区覆盖个体经营者的医疗保险组织也出现了财务上的困境。医疗保险单一组织作为垄断性购买者，增加了与医疗服务提供者讨价还价的能力。

（二） 支付方式的改革

从全民医疗保险开始，医疗服务提供者按照服务项目收费，导致医疗服务数量和强度增加，费用上升很快。即使保险福利范围扩大了，由于很多服务不在保险范围内，病人自费支出占总的医疗支出的比例下降不是很明显。韩国政府采取按病种付费改革，力图控制费用的快速上涨。1997 年，政府在自愿参加的 54 个医疗机构中开展按病种付费试点项目，并在 1998 年扩大到 132 个医疗机构，在试点项目的第三年，参加的医疗机构达到 798 家。该试点项目在规范医疗服务提供者行为方面有积极的影响。例如，减少了住院时间，降低了医疗花费，以及减少了抗生素的使用。由于该项目遭到医疗服务提供者的反对，按病种付费并没有扩大到所有医疗服务机构。

（三） 医疗机构和药房的分离

2000 年以前，医生和药师都可以销售药物，并从中获利。由于实行按项目付费，医疗服务提供者开的药越多，其利润也越大，造成了药物不合理销售。为了解决这个问题，韩国政府实施药物处方和销售分离，医生专门负责开处方，而药师则专门负责配药。此外，韩国政府还采取措施，促进门诊服务医疗机构和药房的分离。实施该政策后，禁止所有医疗机构雇佣药师来门诊服务，禁止在医疗机构经营场所内建药房。

三、存在的问题及挑战

虽然韩国用于医疗保健的支出占国内生产总值的比例低于经济合作与发展组织国家的平均水平，但是，人口老龄化、医疗服务提供的低效率、医疗需求增加已经导致医疗费用快速上涨。1999～2004 年间，卫生支出以平均年 8.9% 的速度增长，远远高于经济合作与发展组织平均年 5.2% 的增长率。韩国的社会医疗保险面临的挑战还包括，私营机构之间的竞争，造成成本上涨，医疗服务质量却没有显著改善。在医疗服务提供系统中私营机构的主导地位，给政府控制医药费用过快增长带来了很大的困难。

新加坡医疗保险改革

新加坡刚独立之初，居民医疗服务全部由公立医疗机构提供，筹资以税收为主，类似于英国国家卫生服务体系，居民在公立医院就医完全免费。为了控制卫生费用增长，建立可持续发展的卫生筹资体系，政府从 20 世纪 80 年代中期开始进行医疗筹资改革。

一、医疗保险体系

1984 年，新加坡开始推行保健储蓄计划（Medisave），建立个人保健储蓄账户，作为中央公积金的一种延伸。个人储蓄医疗账户是依据法律规定，强制性地以家庭为单位建立医疗储蓄基金，并逐步积累，用以支付日后家庭成员患病所需要的医疗费用。个人账户强调了在医疗保险中的个人责任，鼓励居民合理利用医疗服务，减少浪费。此外，由于个人账户是一种强制性的终生储蓄，老年人的医疗费用由自己年轻时的储蓄承担，不会转移到未来居民头上，这可以防止人口老龄化给劳动力人口带来的经济负担。新加坡所有在职的工作人员，包括个体业主，都需要按法律要求参加医疗储蓄。参加医疗储蓄的每一个人都有自己的账户。每个人可以用自己的医疗储蓄支付个人或直系家属的住院费用及部分高额的门诊费用。住院费用是由国家补贴、个人医疗账户支付和个人自付三方承担，而不是全额由个人账户支付。

1990 年，新加坡政府开始实施健保双全计划（Medishield），又称大病统筹计划，由于保健储蓄没有抵御大病和慢病风险的能力，健保双全计划作为补充，对象是所有个人账户的投保者及其直系亲属，属于自愿性的。大病统筹保险金从个人账户中扣除。1994 年，政府还引入了增值健保双全 AB 计划（Medishield Plus），以适应保健储蓄成员更高的医疗需求。

1993 年 4 月新加坡政府推出了穷人医疗救助计划（Medifund），也称保健基金计划，保健基金是新加坡政府为帮助贫困居民支付医疗保险费用而建立的捐赠基金，其目的是保障所有居民都将能得到良好的、基本的医疗保健服务。1993 年，新加坡政府拨款 2 亿新元，作为创立保健基金的起始基金，并承诺国家经济条件允许的情况下每年追加 1 亿新元。此外，保健基金也接受社会各界的捐款，这些捐赠基金的利息收入可以用于支付穷人的住院费用。那些不能支付住院费用的居民可以申请医疗基金的帮助。

2000 年，新加坡政府建立老年人护理基金（Eldercare Fund），资助那些为老年人提供护理的志愿者组织。2002 年，实行乐龄保健计划（Eldershield），为那些严重残疾需要长期护理的人提供可负担得起的医疗保险计划。乐龄保健计划初期每月缴纳 300 新元，连续缴纳 60 个月可以获得一生的护理，现在为每月缴纳 400 新元，缴纳 72 个月。

二、资金筹集

保健储蓄筹资由雇主和雇员共同缴纳。根据年龄不同，缴纳保健储蓄的费用占工资总额的 6%～8%，由雇主和雇员均摊。自雇人员的保费完全由自己缴纳。保健储蓄账户有存款限额规定，超出部分将自动转入会员普通账户，供会员灵活使用，用作购屋、教育及投资等方面。当保健储蓄账户的所有者超过 55 岁时，可以提取一定的医疗储蓄金。但在账户上要保存一个最低的累计额，这是为了保障账户所有者在年老时，有足够的储蓄支付其住院费用。保健储蓄金可以作为遗产，并不缴纳遗产税。健保双全筹资主要由参加人员每人每月缴纳一定的费用。

三、费用支付

保健储蓄用于支付本人及家庭成员住院的基本费用，原则上不支付门诊费用，但部分昂贵的门诊检查及治疗费用可例外，如化疗的门诊费用。政府对公立医院实行经费补助，床位分为 4 等：A 级（房内 1～2 个床位）、B1 级（房内 3～4 个床位）、B2＋级病房（房内 5 个床位）、B2 级（房内 6 个床位）和 C 级（房内 6 个以上床位）。各级床位的医疗服务水平一样，只是生活设施有差异，政府对 A 级不给补贴，B1 级补贴 20%，B2 级补贴 65%，C 级补贴 80%。政府补贴体现了质量—价格对称的原则，即病人如果需要高质量、高水平的服务，就需要支付更高的费用。

四、面临的挑战

尽管健保双全和穷人医疗救助计划提供了新加坡保险制度的"安全网"，但是，失业者等弱势人群不会像其他社会成员那样享有优质的医疗服务。由于新加坡整体国民生活水平较高，即使在公立医院，病人住院的等级越来越高。同时，越来越多的病人到私立医院住院，这一方面与私立医院的管理水平、医疗质量有关，另一方面也由于私立医院医生收入相对较高，公立医院很难留住高水平的医生。

泰国全民医保

2002 年泰国建成了覆盖几乎所有泰国民众的医疗保障制度。广为人知的是其"30 铢计划"。

一、泰国医疗保障改革

在 2002 年之前，泰国医疗保险大约覆盖了 70% 左右的人口，包括公务员医疗保障计划，这是为政府雇员所设计的，提供了包括公务员及其父母、配偶和多达三个未满 18 岁孩子在内的福利计划；医疗福利计划，这一计划覆盖了低收入家庭、残疾人、老年人和小学生；1983 年实行的自愿医疗保障计划，主要针对没有参加其他医疗保险和福利计划的人群，包括健康卡计划，该计划覆盖大多数在贫困线以上，但收入不太高的居民，尤其是农民，他们可以决定是否愿意购买此卡，持有这种健康医疗卡可以获得相应的税收补贴，每卡家庭自费 500 泰铢，政府补助 500 泰铢，持卡者可在健康中心或社区医院就诊。1990 年政府又推行了社会保障计划（Social Security Scheme），由政府、雇主和员工三方筹资，覆盖雇员在 10 人以上民营企业的正式员工，这个计划为雇员由于工作而导致的疾病、残疾以及死亡提供保障。

二、三十铢计划

尽管政府竭力扩大医疗保险的覆盖人群，到 2001 年大约仍有 30% 的人口没有参加任何医疗保险。2001 年他信总理执政后提出了全民健康保险计划或"30 铢治疗所有疾病计划"，向全民承诺建立一个新的全民医疗保险制度，简称"30 铢计划"。在试点的基础上，2002 年泰国政府颁发《国民健康保险法》，"30 铢计划"在全国推行。这一计划的实施使得泰国医疗保障覆盖率达 95% 以上，成为中低收入国家中为数不多的、为全体居民提供基本卫生服务保障的国家之一。

"30 铢计划"是指在泰国所有未被列入职工社会保障计划、公务员医疗保健计划以及尚未获得福利性医疗待遇的居民，只需持身份证到政府指定的医疗部门注册办理相关手续就可以领到一张全民医疗保险卡，当你到医院看病时，只需出示医疗保险卡及交纳 30 泰铢挂号费，就可以享受医院提供的一切诊疗服务，包括医药、住院甚至手术费用。

（一）"30 铢计划" 的主要内容

"30 铢计划"服务内容有：免费的预防保健服务和健康促进服务；门诊和住院服务；两次以下的分娩服务；正常住院食宿；拔牙等常见的口腔疾病治疗等。美容手术、器官移植、肾透析等不在"30 铢计划"的免费服务范围内。

在行政组织和管理方面，根据《国家健康保险法》，有三个主要机构负责法律的执行：国家健康保障委员会、卫生服务标准和质量控制委员会和国家健康保障办公室。在筹资与支付方式方面，"30 铢计划"的基金主要是通过调整国家卫生支出的结构筹资。国家将过去用于卫生的财政拨款扣除基础设施建设、大型医疗设备购置、教学科研以及艾滋病等疾病防治的专项经费后，全部用于"30 铢计划"。另外，新增的近 10% 的卫生经费也纳入了该基金。无论私立还是公立医疗机构，只要与政府签约，服务提供者都可以得到政府的财政补助。对医疗机构一般采用两种支付制度，门诊服务和住院服务都实行按人头支付制度或者门诊采用按人头支付、住院实行总额预算下的按病种付费制度，政府据此对签约的医院进行财政补贴。泰国政府建立了 8 000 亿泰铢的专项基金，基金主要来源于一般税收和受益人两部分。人头费根据保险受益者的年龄结构、疾病负担，以及各省特点进行调整，以反映各省卫生服务需要情况。

（二）加强初级卫生保健

"30 铢计划"通过按人头付费和加强初级卫生保健来控制医疗费用的增长。每个省设立 5~7 个初级卫生保健网，负责为居民提供初级卫生保健，并且负责转诊服务。

（三）"30 铢计划" 的影响

在卫生服务的公平性方面，泰国全民健康保险是利贫的筹资系统，最贫困家庭从该计划中可以获得最大比例的利益。在全民医保改革之前，泰国的卫生保健公平性很差，公共支出大多用于中产阶级，而低收入者相对利用较少。实行全民医保改革后，社区医院用于穷人的支出要大于省级医院和高校的附属医院。在费用控制方面，"30 铢计划"实施后，由于加强了初级卫生保健在卫生服务利用中的作用，只有 17.8% 的居民在综合医院就诊，82.2% 的居民在保健中心和社区医院就诊，并且通过转诊制度，有效控制了卫生费用的不合理增长。

（四）"30 铢计划"面临的挑战

"30 铢计划"只是泰国政府一个过渡性医疗保障政策，它的最终目的是要把所有泰国公民纳入到保险制度和医疗福利制度中，实现所有泰国公民加入到社会保险中。"30 铢计划"无论从对供方支付和对需方的补偿上都还存有很多问题。一方面，由于供方支付方式改变，使得医生和医院的行为发生了变化，从而可能导致医疗服务质量的降低；另一方面，受益人因对该项制度期望过高，可能引发民众对服务质量等方面的不满。

墨西哥医疗改革

墨西哥自 2000 年起在医疗保障、服务提供和管理体制等方面进行了一系列改革，其目标是在 2010 年实现健康保险全民覆盖、保护全体居民免受疾病经济风险的威胁。2004 年 1 月，墨西哥卫生基本法颁布实施，提出建立社会医疗保障体系，大众健康保险（Seguro Popular）制度的建立是其中最重要的组成部分。

一、大众健康保险制度

大众健康保险制度包括以下几个方面的内容。

（一）覆盖人群和服务内容

大众健康保险主要是为未被正规社会保障制度覆盖的人群提供健康保障，主要针对最贫穷的人群，参保的基本单位是家庭。服务的内容包括两部分，向参保家庭免费提供。第一部分是基本卫生服务包，该服务包在 2006 年包括 9 大类 249 项服务，以及 265 种基本药物。这 9 类基本卫生服务包括预防性措施；门诊服务；牙科服务；生殖健康；孕期、生产和新生儿服务；康复服务；急救服务；住院服务；手术服务。第二部分是部分三级专科医疗服务。

（二）筹资来源及分配

大众健康保险的筹资来源模仿社会保障制度的三方筹资结构。一是联邦社会资助资金。这部分资金相当于联邦政府对参加社会保障制度职工家庭的补助资金，目的是均衡政府对正规就业人员和其他人员的资助。其数额设定为联邦区（即墨西哥城）法定最低工资额的15%。二是类似于雇主缴费。由于这部分人群实际不存在雇主，因此其资金由联邦政府和州政府联合承担。联邦政府投入的部分称为联邦互助资金（The Federal Solidarity Contribution，ASF），相当于联邦社会资助资金的1.5倍。三是家庭缴费。根据规定，参保家庭根据其收入水平分为十个等级，收入最低的两个等级家庭可以豁免缴费，收入第三低的家庭中如果至少有一名低于5岁的儿童也可以豁免缴费；其他7个收入等级的家庭按照收入从低到高要分别缴纳从57到910美元的年费。家庭缴费不是大众健康保险的重要筹资来源，即使是对于收入最高等级的家庭，联邦与州政府的补助也达到了50%左右。

在资金分配方面，主要划分为三个基金：（1）基本卫生服务基金，包括第一方面和第二方面资金来源的89%以及第三方面资金的全部，由各州卫生部使用，用以提供基本卫生服务；（2）大病基金，包括第一方面和第二方面资金来源的8%，由联邦卫生部使用，用于提供选定的大病专科医疗服务；（3）调节基金，包括第一方面和第二方面资金来源的3%，这部分资金用于调节各州的支出以及支持基本卫生服务提供能力不足的地区建设基础设施。

（三）服务组织与提供者

理论上，大众健康保险可以向卫生部系统、社会保障系统和私人部门的医疗机构购买服务。但在现阶段，参与提供服务的仅限于联邦和州卫生部系统的医疗机构。卫生部系统的医疗机构包括三级卫生服务体系：第一层是基层健康中心（或初级保健诊所），主要提供初级保健服务，包括牙科、计划生育和配药，每个健康中心约为300~500个家庭提供服务；第二层是综合医院，其服务还包括急救、产科服务以及少量基本的专科服务；第三层是专科服务，包括各州的专科医院以及国家卫生研究院中的专科医院，联邦转诊医院等。大众健康保险对卫生部系统医疗机构的支付方式根据提供的服务而有所不同。对于基本卫生服务包，按人头付费；对于大病按照病种付费。大众健康保险采取一系列措施提高卫生服务质量，主要措施包括加强基础设施、更新医疗设备和加强人力资源投资。

（四）药品采购、使用与管理

大众健康保险特别增加了提供基本药品的内容。为了保证向大众提供安全、有效和经济的基本药品和控制医药费用，大众医疗保险制度采取了特殊的药品采购和配送制度：（1）疫苗和基本药物由联邦卫生部统一采购，非基本药物由各州卫生部采购；（2）卫生部不通过分销商而直接向国内外药品生产厂家采购药品；（3）通过集中招标采购，药品价格大幅度下降；（4）卫生部在配送和发放药品时也利用私人分销商的配送和零售网络，并为配送和发放每个药品提供固定的报酬；（5）卫生部系统使用的药品采用最简易的包装，并在包装盒上注明卫生部独家使用；（6）大众医疗保险的参保者可以凭处方在卫生部系统医疗机构或委托的私人零售药店免费或以很低的费用获得基本药物。

（五）管理和运作

大众健康保险由卫生部下属的国家卫生社会保障委员会负责管理与运作。该委员会设有总部以及 32 个州（包括联邦区）办公室。国家卫生社会保障委员会十分重视大众健康保险实施情况的监测和评估，自 2001 年试点以来，每年都收集、比较和分析各州大众健康保险实施情况，并发表绩效分析报告，这些资料对于调整和完善政策，争取公众支持发挥了重要作用。该委员会也十分重视将信息和通信技术用于大众健康保险注册管理、就诊信息管理和基本药物发放，提高了效率，为调整政策积累了丰富的数据。

二、墨西哥卫生改革进展与效果

自 2001 年开始试点以来，特别是 2004 年在全国正式实施后，墨西哥大众健康保险制度进展顺利，公共卫生投入明显增加，资金分配公平性明显改善，贫困人群卫生保障水平得到迅速提高。

（一）大众健康保险覆盖面大大增加

大众健康保险制度在 2001 年试点时，只有 5 个州参与，当年有 89 960 个家庭加入；2004 年正式实施时，迅速扩展到 29 个州，156.3 万个家庭参与；2005年，全部 31 个州和联邦区（墨西哥城）都加入了该制度，有 355.6 万个家庭参与，约占全部没有社会保障家庭的 29.9%，占没有社会保障人口的 19.8%，其中有 5 个州实现了全民覆盖。参加家庭主要集中在收入最低两个等级的家庭，占参保家庭的 94.9%。

（二）公共支出明显增加，资金分配的公平性明显加强

实施大众健康保险后，2005 年卫生部的预算比 2001 年增加了 59.6%。从 2001 年到 2006 年，卫生部的预算增加了 69%，而且主要是公共支出增加，初步解决了筹资水平低和公共财政投入低的问题。同时，公共资金投入的公平性也有明显改善。政府对有保障人群的投入与无保障人群的投入比重从原来的 2.3∶1 下降到 2∶1。

（三）增强了低收入者抵御疾病风险的能力

实施大众健康保险制度后，从 2000 年到 2005 年，收入最低的家庭中遭受灾难性卫生支出或因病致贫的比例从 2000 年的 19.6% 下降到 2004 年的 9.7%。

三、墨西哥卫生改革面临的挑战

由于大多数的参保者属于低收入人群，大众健康保险很难长久维持下去。因此，首要的任务是如何吸引高收入人群加入保险，实现经济风险的共担。另外一个挑战是如何整合现有的各种医疗保险制度。此外，大众健康保险需要增加参保人和服务提供者的信任度，需要在卫生服务技术水平、药物可得性、就诊单位选择性、医疗服务等待时间等方面不断改善。

加纳社会医疗保险改革

对于正式部门的员工，全民健康保险计划是强制性加入，除非其能证明加入了另外的私人医疗保险。对于占人口大多数的非正式部门的员工，全民健康保险计划的加入是选择性的。全民健康保险计划人口覆盖率从 2005 年的 7%，提高到了 2009 年的 55%。

加纳的全民医疗保险计划包括社会医疗保险和互助医疗保险两个概念。在社会医疗保险部分，对于正式部门的员工，2.5% 的工薪扣款直接转化成全民医疗保险基金，作为社会保障和全民保险信托基金的一部分；对非正式部门的员工征收与收入相关的保费，其中对最低收入群体，征收的保费约 8 美元，对最高收入群体，保费大约是 53 美元。在互助医疗保险部分，全民医疗保险法案规定在加纳建立和实施三种类型的保险计划：（1）地区互助医疗保险计划（district mutual health insurance scheme，DMHIS），每个地区都要建立一个，最少参保人员是2 000人；（2）私有的商业医疗保险计划；（3）私有的互助医疗保险计划。

服务包包括门诊和住院服务、口腔卫生、眼保健、急诊和母亲保健，但艾滋病病毒药物治疗、辅助生殖和癌症治疗不包括在内。所提供的药物基本上来自于全民医疗保险药物目录。服务包基本上涵盖了95%左右的健康问题。如何扩大保险覆盖面是加纳社会医疗保险面临的最大的挑战。

苏东地区国家卫生改革

20世纪90年代初期，伴随苏联解体和东欧剧变，28个苏东地区国家的政治体制、经济制度和社会性质发生了根本性改变，由斯大林模式的社会主义制度演化为西方的资本主义制度。转型期间，这些国家在许多公共领域采取了一系列改革措施，其中也包括卫生领域。转型前，苏东地区国家采取的是基于苏联的Semashko卫生模式，实行全面免费医疗，但这种模式由于过度集权而产生诸多弊端，使这些国家在转型初期面临卫生费用严重匮乏、卫生资源分配不均、卫生机构效率低下、人口健康状况恶化等问题。针对这些问题，苏东地区国家进行了卫生体制改革，旨在提高卫生体系运行效率、改善人口健康状况。

一、苏东地区国家卫生改革概论

苏东地区国家在进行卫生体制改革时，由于社会环境和卫生体系存在诸多相似点，所以改革措施也呈现出一些共性，主要体现在以下六个方面（见附录表2）：

附录表2　　　　　　　　苏东地区国家改革的共同措施

改革方面	共同措施
法律法规	出台多部卫生改革相关法律，起到强制、规范和引导的作用。
行政分权	权力由中央向地方转移，一些卫生机构被赋予更多自主权。
医疗机构	部分医疗机构进行私有化改革，引入市场化运行机制。
筹资方式	拓宽筹资渠道，引入医疗保险制度，政府角色有所改变。
支付方式	发展按病种付费、按人头付费、DRGs、总额预付等多种支付方式。
初级卫生	强调社区卫生服务"守门人"角色，实行社区首诊制和双向转诊制，培训全科医生。

453

（一）法律法规

完善的法律体系是开展其他改革工作的前提，许多国家出台了涉及卫生筹资与支付、医疗保险制度、药品质量、公立医院改革等若干法律，通过法律的强制作用明确改革的方向，协调部门利益和职能，保证改革的有序进行。如保加利亚在 20 世纪 90 年代初通过了允许私人提供卫生服务的法律，作为医疗机构私有化的改革依据；波兰在 1997 年制定了全民健康保险法，以此来推动由免费医疗向全民医保的过渡；格鲁吉亚在改革的 5 年时间内相继出台了 15 部相关法律，明确规定了卫生费用的拨付额等若干重要问题；亚美尼亚于 1996 年颁布了医疗筹资和公众卫生服务法律。

（二）行政分权

转型前，苏东地区国家由政府公共部门提供医疗卫生服务，由于过度中央集权，缺乏有效的激励措施和权力监督，导致服务效率低下、腐败现象严重。转型后，很多权力实现了由中央政府向地方政府的转移，一些卫生机构被赋予更多的自主权，如人事任命权和部分服务的定价权。以波兰为例，1999 年改革规定地方自治政府成为医疗卫生机构的主要所有者，履行卫生机构的管理、投资和监督责任。许多医院成为独立的组织，成立管理委员会对医院重大事项进行决策和管理，管理委员会成员由不同的利益集团代表共同组成，以此实现权责利的平衡。

（三）医疗机构

随着经济制度的改革，许多国家的卫生领域也进行了市场化尝试。改革前绝大多数医院均为公立医院，改革后许多国家放宽了私立医疗机构市场准入，以盈利为目的的私立医疗机构数量明显增多。如哈萨克斯坦把医院分为国有机构与医疗企业，罗马尼亚把一部分公立医院改为私人经营，斯洛伐克、阿尔巴尼亚等国家对所有药店和牙科实现了私有化。此外，针对医疗机构服务效率低、质量差等问题，许多国家在医疗机构规模控制、质量管理和药品处方规范等方面采取了一系列措施。比如保加利亚、波兰、匈牙利和亚美尼亚等国家均大量减少了住院病床数量；爱沙尼亚建立了临床指导方针、医院质量控制体系和评估体系，匈牙利开发出"最佳病人流程"，均是用来提高医疗机构服务质量；斯洛伐克出台了医院药品目录，用来规范医疗机构处方行为。人员方面，一些国家允许医院采用合同聘用制，加强了医院之间的人才竞争。

（四） 筹资方式

转型前苏东地区国家的卫生筹资都是通过中央政府征税进行预算拨款的方式，实行全民免费医疗。转型后大多数国家建立起了筹资体系，拓宽投资渠道，鼓励社会资金的进入。引入了医疗保险，和财政预算共同成为卫生筹资的主要来源，并增加了一定程度的自付比例。大部分国家成立了专门的医疗保险机构，如波兰的健康保险基金会、格鲁吉亚的国家医疗保险公司、哈萨克斯坦的强制医疗保险公司、克罗地亚的医疗保险协会等，大都是独立的法人实体，并有专门的机构对其进行监督。大部分国家实行的是强制保险，一些国家辅以补充医疗保险或商业医疗保险，保险金大都靠工资进行征收，雇主和雇员各自承担一定的比例，每个国家的比例规定有所不同。引入医疗保险制度后，国家税收部分的资金主要用于保障弱势群体的卫生需求、基层预防保健和基础设施建设等。

（五） 支付方式

许多国家都进行了支付方式的改革探索，发展多种卫生服务支付机制，旨在控制卫生费用的过快增长。支付方一般为政府或保险机构，对医院的支付方式有按项目付费、按病种付费、DRGs、总额预付等，对社区卫生服务和家庭医生的支付方式多为按人头付费。如爱沙尼亚的卫生服务费用支付体系建立在"价格表"基础上，根据住院时间、出诊费用等指标向卫生服务提供者付费，改革后期又引入了 DRGs 为基础的支付体系；格鲁吉亚政府对卫生机构的补助方式改为按项目补助，与医疗机构按合同根据工作量进行支付，并制定了 2 000 多个病种支付标准，对各种所有制医院实行相同的支付方式；哈萨克斯坦对初级医疗服务实行按人头付费，住院按病种付费；斯洛伐克和匈牙利都曾尝试德国服务计费的"点"系统。

（六） 初级卫生

在分级医疗体系中，初级卫生机构提供常见病和多发病的诊疗工作。改革后许多国家特别注重社区卫生服务的"守门人"角色，实行社区首诊制。由家庭医生提供基本的医疗服务，并通过支付机制保证服务效率和持续性，病人想去更高一级的医院就诊需要有家庭医生开具的转诊单。大部分国家都开展了对家庭医生的培训和再教育，以提升家庭医生的诊疗技能。一些国家还进行了其他尝试，比如波兰在初级卫生保健领域大力发展私立机构，到

455

2003 年已有 58% 的初级卫生保健服务由私立部门提供；格鲁吉亚强调初级卫生机构要承担公共卫生责任，成立基层卫生站负责监控疾病、保证用药和定期体检等工作。

二、7 个典型国家的卫生改革措施

7 个典型国家的卫生改革措施如附录表 3 所示。

附录表 3   **7 个典型苏东国家的改革措施简述**

国家	改革的主要措施
匈牙利	1. 医疗机构分为三级，各尽其责，出现了以提供二级专科服务为主的私立医院。 2. 削减了全国 12% 的床位。 3. 实施强制医疗保险，成立医疗保险局对保险基金进行管理。 4. 居民自主选择家庭医生为其提供初级卫生服务，政府为家庭医生提供房屋设备，并扩大了家庭医生可使用药品的范围。 5. 制定区域卫生资源重组计划。
格鲁吉亚	1. 5 年内出台了 15 部卫生改革相关法律。 2. 下放卫生管理权限，实行行业许可证制度，引入人员合同聘用制。 3. 对全部药店和牙医以及大部分医院实行私有化改造。 4. 成立国家医疗保险公司，与医院签订服务合同，按照不同病种进行支付。 5. 出台基本药物目录。
波兰	1. 建立以家庭为单位、广覆盖的强制医疗保险。 2. 不同地区参加医保的人员得到同等待遇的医疗服务，病人到异地专科就诊或住院不需任何批准手续，18 岁以下的青少年及孕妇，即使没有加入医疗保险，也能得到专门的医疗服务。 3. 减少急性病医院床位数，增加长期护理医院病床数、老年医院病床与观察床数、精神病医院床位数。 4. 私立医院数量增加，政府鼓励公立医院把清洁、伙食等后勤事务外包给社会力量。 5. 实行医药分开管理。

国家	改革的主要措施
亚美尼亚	1. 出台一系列法规政策着重进行卫生筹资改革。 2. 削减和转换卫生部职能，对 200 多个国有卫生机构实行私有化改革。 3. 减少卫生资源的重复配置，合并了一些地理位置和功能相似的卫生机构。 4. 在激励人员方面做了一些尝试，如社会转型项目和试点报酬制度模式等。
爱沙尼亚	1. 完善卫生服务筹资和增加卫生系统的反应性，着重于健康保险制度、卫生保健规划权下放及药品市场的调控。 2. 提高卫生服务效率，加强监管，保护公共利益。 3. 每年制定一次非住院专科和住院治疗的候诊时间。 4. 通过制定临床指导方针、建立医院质量控制体系、进行年度评估等措施来提高卫生服务质量。 5. 建立起以"价格表"为基础的卫生服务支付体系。
哈萨克斯坦	1. 建立医疗服务支付中心，将保费纳入政府社会税收之中。 2. 削减了将近一半的医院数量和 1/4 的病床数量，把原本由医院提供的卫生服务转移到低一级的卫生机构。 3. 把部分国有医疗机构改为医疗企业，成为法律和财政上的自治机构。
克罗地亚	1. 成立医疗保险协会，统一负责卫生基金的筹集、管理和分配，引入私人医疗保险和补充医疗保险。 2. 通过控制服务配给、限制服务提供、罚款或通报大处方医生、限制药品目录、削减卫生预算等措施控制卫生费用过快增长。 3. 重新建立起初级卫生保健体系，并对大部分初级卫生提供者和机构进行了私有化改革。 4. 医疗保险系统实施信息化改革。

（一） 匈牙利

1990 年，匈牙利在国民生产总值低、国家外债多和失业率日益增长的情况下开始进行政治制度和经济制度改革。当时全国人均卫生总费用为 160 美元，卫生总费用不足 GDP 的 5%，卫生领域存在基层卫生薄弱、卫生经费使用效率低、卫生设施陈旧老化、医疗服务中塞"红包"现象普遍等问题，为解决这些问题，匈牙利着手进行卫生体制改革。

457

转型前，匈牙利所有医院均为公立医院。转型后，匈牙利出现了一些以提供专科服务为主的私立医院，约占医院总数的 10%。全国共分三级医疗机构，家庭医生负责初级医疗卫生保健，居民可自由选择家庭医生，并免费得到服务，专科诊所提供更高一级的医疗服务，医院只提供住院服务。支付制度方面，匈牙利开发了自己的付费系统：对家庭医生按照服务人口付费，对专科诊所实行按服务项目付费，对医院实行美国式的疾病诊断组分类支付方式（DRGs）。此外，1996年开始国家通过法律和行政手段来缩小医院规模，对各医院所能拥有的服务能力和床位数等做了明确规定，当年即削减了全国 12% 的床位，旨在控制卫生费用的过快增长。

匈牙利实施强制性的社会医疗保险，雇主和雇员分别支付工资总额的 11% 和 5%。医疗保险服务的覆盖范围包括支付保险费者及其家属、退休者、失业者和享受社会福利者，医疗保险基金支付的范围包括家庭医生、家庭护理、住院服务、大病医疗、慢性病治疗等。成立了医疗保险局，并在 1993 年通过选举形成了以工会为主要代表的社会保险自治政府对各地医疗保险局进行管理，但在实践中发现自治政府与中央政府充满矛盾与冲突，1998 年取消了自治政府，医疗保险局直接受中央政府领导。

在家庭医生的管理上，匈牙利地方自治政府为家庭医生提供房屋和设备，偏远地区的家庭医生还会得到"地区补充金"，保持不同地区间家庭医生收入不至于拉开太大。居民可以自由选择不同的家庭医生，被选择的家庭医生必须为居民提供服务。为充分体现家庭医生"守门人"的作用，政府扩大了家庭医生可使用药品的范围，并通过政策安排激励家庭医生早发现和治疗糖尿病、高血压等慢性疾病。此外，2000 年政府引入了全新的家庭医生系统，规定新入行的家庭医生需要从即将离任或退休的全科医生那里购买到"行医权"，方可提供医疗服务。此举的目的在于补偿从医多年的家庭医生，为他们提供一笔可观的养老金。

此外，匈牙利的卫生改革措施还包括：允许公立医院与社会上的私人医生签约；开展对全科医生和家庭医生的培训；制定法律保护病人的选择权和隐私权；1997 年初期制订了区域卫生资源重组计划，具体策略包括为住院替代服务如家庭护理提供资金支持，开发最佳的"病人流程"以促进连续性卫生保健，以及采取各种措施改善医院服务的质量和效率。

（二）格鲁吉亚

自 1989 年以来，连续 10 年的动荡，使格鲁吉亚的经济和社会发展遭到了巨大影响。人口健康状况恶化，人均卫生费用从苏联时期的 500 美元下降到转型后的 80 美分，卫生服务可及性降低，卫生系统面临崩溃。为此，格鲁吉亚从 1995

年 8 月正式展开卫生体制改革，在 5 年时间内制定了 15 部相关法律作为改革的法律基础。

下放卫生管理权限，实行行业许可证制度。医院获得了完全的自由，成为自负盈亏的独立法人实体，政府只负责对医院和医生发放许可证：医疗机构需要在人力和学科能力等方面符合国家制定的营业最低标准，医学生需攻读研究生或有助理医生的实习经验后方可通过考试获得职业资格。国有医院由政府任命 1 名院长，医院的人事权完全交由院长负责，院长与医务人员采用合同聘用制，可随时取消劳动合同。

医疗机构私有化。先后对全国所有的药店和牙科医院实行了私有化，而后又着力于医院产权的改革：除保留一些关系到国计民生的医院外，其余医院将全部进行私有化改造，力图控制公立医院数量在 20% 左右。医院只能卖给医院职工，被卖掉的医院分为 A、B、C 三类，不同类别的医院就其资产专用性做了明确规定：A 类医院不得改作他用，B 类医院卖掉 10 年后方可改作他用，C 类医院可以立即改为他用。同时允许私人开设医院。

医疗保险制度改革。格鲁吉亚在 1995 年开始了由免费医疗制度向医疗保险制度的过渡。成立了国家医疗保险公司，作为独立的法人实体对保险基金和相关事务进行管理运作，并受到专门的管理委员会的监督。设立了医疗保险支付项目和支付标准，其中国家支付项目主要为弱势群体的医疗服务和一些特殊的医疗项目，地方政府支付项目主要为医疗急救服务。设立了 2 000 多个病种的支付标准，国家医疗保险公司与医院签订服务合同，根据"病种费用支付标准 × 治疗的病人数量"确定向医院支付的费用数额。

此外，格鲁吉亚的卫生改革措施还包括：为促进合理用药，在 1995 年出台了基本药物目录；完善医务人员的基本社会保障，以提高医务人员工作积极性；对医务人员每 5 年进行一次考试，不合格者禁止继续从医；确定了 15 项完全由政府承担的公共卫生服务，并在基层设置卫生中心和卫生站负责服务落实。

（三） 波兰

相比苏东地区其他国家，波兰的卫生体制改革步伐相对平缓。改革的主要目标是改善人口健康状况，确保卫生服务的可及性、效率和质量，建立稳定的卫生筹资系统，以及控制医疗费用的过快增长。

波兰卫生体制的改革重点在于医疗保险制度的改革。1997 年右翼政府上台，制定了《全民健康保险法》，规定实行全民强制医疗保险，依靠国家财政和医疗保险结合共同进行卫生筹资，并于 1999 年开始实施。成立了国家医疗保险基金。

459

建立了一个全国性的健康保险疾病基金会负责司法和军警人员的医疗保险，在16个自治省内分别成立了16个区域性的健康保险疾病基金会，负责保险基金的管理和运作，从而实现了卫生服务提供者和购买者的分离。投保人可以选择一家保险机构，缴纳保费是其收入的7.5%，然后自由选择与此家保险机构签订合同的医疗机构。波兰医疗保险的特点：一是以家庭为单位，只要有一人购买了保险，其家庭成员都可享受医保服务；二是保险覆盖项目广，除少数项目如整形医疗、保健医疗等，绝大多数医疗服务都涵盖在内。

2003年左翼政府上台，对保险体制进行了变革，重点向健全医疗保险机制转移。撤销了全部医疗保险管理局，成立国家健康基金会，对卫生筹资和支付进行统一管理。通过《国民医疗基金普遍保险法》，把医疗保险分为义务保险和自愿保险，覆盖不同的人群。职工的医疗保险费用比例2003年为月收入的8%，以后每年递增0.25%，2007年达到9%，以后保持不变。农民的保险金按照其所拥有的耕地面积计算。参加医疗保险的病人可以选择专科医生和医院，但必须有家庭医生开具的转院证明，某些特殊的专科如眼科、妇科等除外。新医疗保险体制的特点是：不同地区参加医保的人员得到同等待遇的医疗服务，病人到异地专科就诊或住院不需任何批准手续，18岁以下的青少年及孕妇，即使没有加入医疗保险，也能得到专门的医疗服务。

此外，波兰的卫生改革措施还包括：减少急性病医院床位数，增加长期护理医院病床数、老年医院病床与观察床数、精神病医院床位数；医院所有权逐渐由中央移交至地方政府，到1998年下半年几乎所有卫生机构均转制为自治卫生机构；私立医院的数量缓慢增加，2000年达到38所，虽然国家不鼓励公立医院私有化，但鼓励公立医院把清洁、伙食等后勤事务外包给社会力量；在初级卫生保健领域大力发展私立部门，大力推广家庭医生；疾病基金会从医院购买特定的医疗服务，包括门诊项目和住院项目的服务上百种，根据不同分类的标准对医院定额支付，一些疾病基金会也采取了按病种付费等支付方式；实行医药分开管理，公立医院不靠药品赢利，只对住院病人提供药品，门诊不出售药品。

（四）亚美尼亚

1991年亚美尼亚宣布独立，开始"休克疗法"进行经济改革以渡过严重的经济危机。受经济形势的影响，卫生系统急需寻找合理的筹资方式和有效利用资源的方法，以解决卫生经费严重不足带来的诸多问题。

亚美尼亚的卫生改革的重点在于筹资机制的改革，主要进程如下：1992～1997年在持续性改革的同时引入组织和法律的变化；1998年战略性的计划文件

"卫生及医师卫生保健融资发展法"生效，其构建了基本服务包（BBP）的框架，重点是把国家筹资用来支持弱势人群，并引入了正式使用者付费制度，2002年政府通过了进一步发展BBP计划的法令；1998年建立国家卫生机构（SHA），负责公共资金的筹集和分配；2000年，政府采用了"在亚美尼亚共和国引入医疗保险的概念"；2002年起草了强制卫生保险法，但未获实行。亚美尼亚筹资来源主要为国家预算、保险、个人自付和国际援助，其中个人自付占65%左右，医院健康保险的推广受到限制。

在分权与私有化上，格鲁吉亚也进行了一些尝试。改革后卫生部的职能大大缩减，主要负责卫生政策的制定与执行监督，以及机构和人员从业许可证的发放。通过服务提供责任的变更和设施的私有化实现权力与责任从中央向地方转移，地方政府拥有了大部分医疗机构的管理权和提供服务的责任。为改善卫生服务的效率和质量，2000年政府采用了"卫生保健设施私有化的战略"，200多个国有卫生保健机构被私有化，私有病床数占到了近10%。

此外，亚美尼亚的卫生改革措施还包括：为优化和提高卫生服务系统的动力，亚美尼亚减少了资源的超额生产和再分配，消除了一些无效的结构单元，合并了一些地理位置和功能相似的卫生机构，医院容量、设置和病床数在数量上降低了约30%；整合了初级卫生保健机构，引入家庭医生系统，病人有自由选择家庭医生的权力，但想去更高一级的医院需有家庭医生开具的转诊单；对卫生服务人员的偿付机制方面，国家工作人员按2001年《报酬法》发工资，其他则以雇佣合同为依据；在激励人员积极性方面进行了一些尝试，如2003年的亚美尼亚社会转型项目和2004年的试点报酬制度模式。

（五）爱沙尼亚

类似于其他苏东地区国家，爱沙尼亚在独立初期面临二级和三级卫生机构资源过剩、初级卫生保健被长期忽视，卫生费用过快增长等问题，为提高卫生服务的效率和质量、建立稳定的筹资渠道、增强民众对卫生保健的参与意识，爱沙尼亚分别进行了两次卫生改革。

1989～1995年进行了第一次卫生改革，重点是完善卫生服务筹资和增加卫生系统的反应性，改革侧重于健康保险制度的建立、卫生保健规划权下放及药品市场的调控。20世纪90年代初期，政府分别建立了卫生服务筹资系统、社会健康保险制度和买方—供方分离制度，并把卫生规划权下放到地方政府。此外，政府还针对药品质量、安全性和有效性进行立法。

1996～2004年进行了第二次卫生改革，重点是提高卫生服务效率，加强监管，保护公共利益。改革侧重卫生服务提供者的改革。21世纪初，通过立法确立了卫生服务提供者的私营实体地位，通过增加管理的决定范围权刺激效率的提高。设立了健康保险基金会，负责全国的卫生筹资。此外还在药品保险领域引入了参考价格，强化药品的审批许可，限制药品支出过快增长。

此外，爱沙尼亚的卫生改革措施还包括：每年制定一次非住院专科和住院治疗的候诊时间，并对候诊时间的执行进行监督，以保证服务的可及性；通过制定临床指导方针，建立医院质量控制体系，进行年度评估等措施，提高卫生服务质量；发展多种卫生服务支付机制，卫生服务费用支付体系建立在"价格表"基础上，根据住院时间、出诊费用等指标向卫生服务提供者付费，改革后期又引入了DRGs 为基础的支付体系；进行了以家庭医生为依托的初级保健改革，引入了"守门人"制度，并通过支付机制保证服务效率和持续性；对卫生人力资源结构进行调整，通过经济诱因鼓励家庭医生到农村工作，控制住院医生数量的同时增加护理人员的配置，并不断提高护理人员的长期护理能力。

（六）哈萨克斯坦

哈萨克斯坦长期实行高度集中的医疗卫生体制，管理过死、机构臃肿、医务人员责任心差等问题长期存在。20 世纪90 年代初期国家陷入经济危机财政困难，对医疗机构拨款减少，直接导致医疗卫生形势恶化。为保持卫生保健预算的平衡、改善人民的健康状况、提高卫生保健资源的效率、恢复公众对卫生保健系统的信心，哈萨克斯坦着手进行卫生体制改革。

同许多苏东地区国家一样，哈萨克斯坦在1996 年引入了强制医疗保险制度，覆盖除军人以外的所有公民。但因为面临赤字困境，强制医疗保险制度仅仅持续了四年就宣告失败。1998 年将保险基金更名为医疗服务支付中心，将保费纳入政府社会税收之中，每年制定预算，而不再作为预算外基金。目前的筹资来源主要为政府财政拨款、个人自付、各个州自留税款、国际援助项目。

优化卫生设施，大规模缩减医院和病床数量。1990 ~ 1997 年间，医院数量减少了将近一半，病床数量减少了1/4 以上。为把原本由医院提供的卫生服务转移到低一级的卫生机构，哈萨克斯坦采取了以下几种策略：减少住院床数和住院床日，把医院的门诊服务转移到专科诊所，建立社区卫生首诊制，对医生进行全科培训。

哈萨克斯坦把医疗机构划分为国有机构与企业机构两类，专科医院和农村初级卫生机构为国有，而大量的州级、区级和市级综合性医院以及城市联合诊所改为医疗企业。国有医疗机构由国家预算拨款，医疗企业是在财政和法律上均独立的自治机构，与支付者签订医疗服务合同。

（七）克罗地亚

不同于很多苏东地区国家，独立初期克罗地亚的卫生服务由 113 个部门分别负责提供，每个部门可自行制订规定，很多部门缺乏管理能力和技术支持，权力过于分散阻碍了卫生系统的运行效率。此外，克罗地亚也面临卫生资金短缺、初级卫生保健薄弱、人员和设施过剩等问题，而 1990～1995 年的内战给国民健康和卫生体系均造成了严重损害。战后，克罗地亚迅速着手进行改革。

卫生筹资方面，国家成立了医疗保险协会，结束了之前分散部门各自为政的混乱局面，统一负责卫生基金的筹集、管理和分配。基金来源有三个部分：医疗保险、国家税收和地方税收，主要用于服务提供和基础建设。强制医疗保险主要靠工资征收，为个人收入的 15%，政府承担对未成年人、退休人员和失业人员等特殊人群的筹资责任。为拓展筹资渠道，1993 年引入了私人医疗保险，2002年引入了补充医疗保险，但仍处于边缘地位。

克罗地亚卫生系统面临的首要问题是卫生费用增长过快，为了控制费用政府先后采取了控制服务配给、限制服务提供、罚款或通报大处方医生、限制药品目录、削减卫生预算等。2002 年推出《卫生保健法》，提出了新的共付方案，提高住院服务、专科服务、诊断检查和药品的共付比例。此举虽然控制了医疗费用，但却增加了患者的经济负担，降低了卫生服务的利用。

重新建立起初级卫生保健体系，并对大部分初级卫生提供者和机构进行了私有化改革。初级卫生保健主要由家庭医生提供，负责解决民众 75% 的健康问题，医院和专科诊所只负责疑难杂症的诊疗。实施私有化改革后，医疗保险协会和家庭医生签订合同，为其提供必要的卫生设施和设备，实施按人头支付。家庭医生可通过开展补充医疗服务、拓展诊疗疾病范围等方法吸引更多病人、获得额外收入。

此外，克罗地亚的卫生改革措施还包括：医疗保险系统实施信息化，提高了各类收入和支出的透明度；在世界银行的资助下开展了初级卫生保健设备、紧急救护设备、新生儿设备、重症监护病房设备的更新。

三、对苏东地区国家卫生改革的评价

（一）改革取得的成效

通过改革，大部分国家建立起了新的卫生体系，通过分权明确各部门的职责和权力，给医疗机构一定的自主权，改善了以往过度集权体制导致的腐败和混乱。放宽私立卫生机构的市场准入，允许医院采用合同聘用制，病人被赋予更多自由选择权，这些卫生领域的市场化尝试起到了提升服务质量、改善医院管理的积极作用。通过引入保险制度来拓宽筹资渠道，分离卫生服务的提供者和购买者，配合对卫生机构支付方式的改革，对控制过快增长的卫生费用取得了一定成效。大部分国家对医疗资源进行了优化整合，缩减医院数量和病床数量，降低平均住院床日，扩展了卫生服务项目，同时强调初级卫生保健的守门人作用，通过家庭医生的普及和转诊制的确立促成病人分流，提高了卫生资源利用效率。

（二）改革存在的不足

虽然苏东地区国家的卫生改革取得了一定成效，但仍存在很多问题，总体说来可以大致归纳为以下三个方面：

国家卫生筹资困难，卫生服务可及性下降。受制于本国经济发展水平，大部分苏东国家在卫生财政投入上十分有限，制度不完善等原因导致了一些国家医保筹资面临困境，比如哈萨克斯坦的强制医疗保险体制由于企业负债、失业率高、逃避缴费等原因仅维持四年就宣告失败，匈牙利的"黑工"问题导致高工资、低报税现象严重。由此导致保险基金的支付和医疗机构实际需求之间往往存在较大缺口，许多医院负债经营，医务人员工资低，抗议活动频繁，人才流失严重。在财政投入和医保筹资有限的情况下，病人自付比例升高，一些国家的自付比例甚至达到80%左右。免费医疗的传统观念使人们对较高的自付比例产生不满，人们对卫生改革的认可度不高。再加上很多国家大规模缩减医院数量和住院病床数，卫生服务的可及性下降，一些医院出现了长时间排队现象。

过度分权化影响了运行效率，利益集团的博弈阻碍改革的快速推进和持续深化。分权的初衷是提高政府和卫生部门的运行效率，但有些国家的地方政府由于缺乏必要的管理能力和资金支持，对中央政府移交的权力不能有效运用，一些卫生机构还出现了多头管理，反而降低了卫生系统的运行效率。此外，在改革的过程中，不同部门和团体之间往往存在利益冲突，协调这些利益集团需要耗费大量时间和金钱成本，而一些体制的既得利益者会想方设法反对和阻挠改革的进行，使政策在执行过程中产生扭曲变形，不能实现其原本目的。例如匈牙利在进行医院改革时，财政部、国务院和福利部在一些重大决策上存在严重分歧，健康保险基金会和医院内部也存在诸多利益冲突。还有一些国家政治上的不稳定性和政府人员的频繁变更使得改革方向和重点常常被调整，例如亚美尼亚在10年内卫生部长换了4人，阻碍了长期改革政策的贯彻执行。

制度缺陷和管理漏洞导致了机会主义和腐败行为。尤其体现在初级卫生保健领域，很多国家对家庭医生采取根据其服务人数定额支付的方式，这使得家庭医生为经济利益和规避风险常把病人推诿到上一级医疗机构，且不注重疾病的预防保健工作，不仅不利于费用控制，还弱化了社区卫生的功能。一些国家对医院实行按住院床日付费的方式，导致医生拖延病人出院时间，以此来增加医疗收入。医院管理方面也存在诸多问题：匈牙利曾尝试学习美国对医院采取 DRGs 支付方式，但医院为获得更多的资金补偿，在进行编码时将越来越多的病人归入相对严重的疾病类别，再加上医院缺乏有力的外部和内部监督，这项改革并未实现控制医院成本的初衷；波兰的许多医院不能合理使用资金，热衷于购买办公用品和高昂药品设备；格鲁吉亚的医院内部腐败行为严重，由于管理漏洞使得病人自付的医疗费用被医生私下截留，没有转化为医院的收入；斯洛伐克在药品使用规范上过于宽松，使得医生开大处方的行为严重，导致医疗保险公司支出快速增长。

以上三点是苏东地区国家在"医改"过程中比较集中和普遍的问题，除此之外在一些国家还存在如下问题：医疗保险存在搭便车和逆向选择从而影响了效率、地区和城乡之间卫生资源配置差距过大、对公共卫生和预防保健不够重视等。

四、苏东地区国家卫生改革对我国的启示

（1）改革要以立法为先导。把政府的改革意图通过法律呈现出来，有利于保证卫生改革同国家经济建设的一致性，避免人为因素干预改革进程，容易获得民众的支持，保证了改革的稳定性与合法性。

（2）保持政策之间的协调和相对稳定。出台政策时应从全局出发、系统考量，避免出现政策之间的矛盾冲突，削弱改革的效力。政策应尽量协调好供方、需方和第三方的利益，避免偏向特定的利益集团。医疗保障水平要符合本国经济发展水平，避免出现保障与需求、供给的不匹配。

（3）正确处理政府和市场的关系。政府在卫生筹资和行业监管等方面应担负主要责任，把卫生服务提供适当交给市场机制，只在市场出现失灵时再进行适当干预，避免政府依靠行政垄断过度干预造成低效率。医院和保险部门应成立由各方利益组成的理事会，实现管理的去行政化。

（4）注重基层卫生建设。合理界定基本医疗，明确社区卫生的功能定位，发挥社区卫生的"守门人"作用，通过转诊制实现大医院和社区卫生中心的纵向联合。财政上要加大对基层的卫生投入，政策上要引导卫生资源向基层流动。

（5）加强对医务人员的工作激励。提高医务人员的工作待遇，保障医务人员的合理利益，采取保健因素和激励因素相结合的激励方式，避免因待遇过低和缺乏激励导致医务人员士气低落、人才外流。

图 表 一 览

参 考 文 献

第二章参考文献

[1] 乔俊峰. 公共卫生服务均等化与政府责任：基于我国分权化改革的思考 [J]. 中国卫生经济，2009，28（7）：5－7.

[2] 于风华. 公共财政框架下基本公共卫生服务均等化探讨 [J]. 中国卫生资源，2009，12（3）：101－102.

[3] 沈楠. 从均等化角度探析公共卫生支出结构问题 [J]. 社会与政治，2008，1，98－99.

[4] 刘琼莲. 论基本公共卫生服务均等化及其判断标准 [J]. 学习论坛，2009，9，54－57.

[5] 兰迎春，王敏等. 基本卫生服务均等化的伦理思考 [J]. 中国医学伦理学，2009，22（1）：138－139.

[6] 罗鸣令，储德银. 基本公共医疗卫生服务均等化的约束条件与公共财政支出 [J]. 当代经济管理，2009，31（8）：44－48.

[7] 陈蓓蓓. 我国基本公共卫生服务城乡差距与均等化探析 [J]. 西安社会科学，2009，27（5）：63－65.

[8] 庄琴. 上海市嘉定区公共卫生服务均等化实践与探索 [J]. 中国公共卫生管理，2009，25（3）：294－296.

[9] 冯显威. 促进基本公共卫生服务逐步均等化政策分析 [J]. 医学与社会，2009，22（7）：9－17.

[10] 蒲川. 促进基本公共卫生服务均等化的实施策略研究——以重庆市为例 [J]. 软科学，2010，24（5）：73－77.

[11] 庇古. 福利经济学 [M]. 北京，商务印书馆，2006.

[12] 解垩. 城乡卫生医疗服务均等化的经济学理论要略 [J]. 中国卫生经济，2008，27（10）：5－8.

[13] 2010 年国民经济和社会发展统计公报. 中华人民共和国国家统计局，

2011 - 02 - 28.

[14] 卫生部.2009 年中国卫生统计年鉴.中国协和大学出版社,北京,2009.

[15] 胡勇军,胡声军.福利经济学及其理论演进 [J].江西青年职业学院学报,2005,15（4）: 53 - 55.

[16] 刘钧.西方福利经济学发展浅探 [J].中央财经大学学报,2001（3）: 6 - 11.

[17] 公共服务均等化问题研究 [J].中国财政学会"公共服务均等化问题研究"课题组,经济研究参考,2007,（58）: 2 - 36.

[18] 刘晓倩.罗尔斯的正义理论及其启示 [J].河南社会科学,2006,14（2）: 100 - 102.

[19] 于树一.公共服务均等化的理论基础探析 [J].财政研究,2007,（7）: 27 - 29.

[20] 井润生.西方福利经济学的发展演变 [J].学术研究,2002,（8）: 12 - 15.

[21] 肖林生,温修春.阿玛蒂亚·森的福利观及其启示 [J].经济研究导刊,2008,（11）: 16 - 17.

[22] 黄敏姿.关于公共产品的文献综述 [J].政策研究,2009,（4）: 43 - 44.

[23] 谢标.武汉市城乡基本公共服务均等化研究——以公共卫生和基本医疗为例 [J].长江论坛,2009,5,27 - 31.

[24] 杨宜勇,刘永涛.我国省际公共卫生和基本医疗服务均等化问题研究 [J].经济与管理研究.2008,（5）: 11 - 17.

[25] 赵云旗,申学锋.促进城乡基本公共服务均等化的财政政策研究 [J].经济研究参考,2010,16,42 - 63.

[26] 荆丽梅,徐海霞.国内公共卫生服务均等化的理论探讨及现状研究 [J].中国卫生政策研究,2009,2（6）: 8 - 12.

[27] 柳劲松.民族地区乡镇公共卫生服务能力非均等化研究 [J].贵州师范大学学报（社会科学版）,2009,（5）: 15 - 19.

[28] 刘钟明,徐盛鑫等.浙江省基本公共卫生服务均等化财政保障体制机制研究 [J].卫生经济研究,2009,4,5 - 9.

[29] 和立道.我国公共卫生服务供给均等化现状分析 [J].石家庄经济学院学报,2009,32（4）: 73 - 77.

[30] 俞卫.医疗卫生服务均等化与地区经济发展 [J].中国卫生政策研究,2009,2（6）: 1 - 7.

［31］管仲军，黄恒学．公共卫生服务均等化：问题与原因分析［J］．中国行政管理：公共经济，2010，（6）：56－60．

［32］Liu Guisheng，Zhang Tuohong and Wang Zhifeng. Primary Health Care in Various Contexts. Medicine and Philosophy，2008，（8）．

［33］汤胜蓝．初级卫生保健发展与保障机制的国际经验［R］．初级卫生保健工作的快速政策咨询任务报告［C］．卫生部人才交流中心，2007：42－60．

［34］楼继伟．完善转移支付制度 推进基本公共服务均等化［J］．中国财政，2006，（3）．

［35］安体富，任强．政府间财政转移支付与基本公共服务均等化［J］．公共经济评论，2010，（6）：1－24．

［36］常修泽．中国现阶段基本公共服务均等化研究［J］．中共天津市委党校学报，2007，（2）：67－71．

［37］陈昌盛，蔡跃洲．中国政府公共服务综合评估报告［R］．国务院发展研究中心信息网．http：//www. drcnet. com. cn/02/05/2007．

［38］刘新建，刘彦超．论城乡公共服务平等与和谐社会建设［J］．燕山大学学报：哲学社会科学版，2007，8（1）：40－44．

［39］刘宝，胡善联，徐海霞，等．基本公共卫生服务均等化指标体系研究［J］．中国卫生政策研究，2009，2（6）：15．

［40］王雍君．中国的财政均等化与转移支付体制改革［J］．北京：中央财经大学学报，2006，（3）：2．

［41］王芳，刘晓曦，邱五七等．加拿大与澳大利亚公共卫生服务均等化经验与启示［J］．中国卫生政策研究，2010，3（5）：57－62．

［42］雷海潮．对中国公共卫生体制建设和有关改革的反思与建议［J］．中国发展评论，2005，（7）Aol 期：47－62．

［43］于保荣，刘兴柱，袁蓓蓓等．公共卫生服务的支付方式理论及国际经验研究［J］．中国卫生经济，2007，26（9）：37－40．

［44］杨焕族．关于构建公共卫生财政财务保障体系的研究［J］．河北财会，2003，（8）：8－10．

［45］James W. Buehler，David R. Holtgrave. Who Gets How Much：Funding Formulas in Federal Public Health Programs［J］. Public Health Management Practice. 2007，13（2）：151－155．

［46］杨亚婷．省级基本公共卫生服务包设计［J］．中国优秀硕士学位论文全文数据库，2007．

［47］徐凌中，王兴洲等．母婴保健保偿服务包及预付金的确定［J］．中国

卫生经济，2001，12（20）：37－39．

［48］刘远立，程晓明等．贫弱人群医疗救助基本服务包的设计［J］．中国卫生经济，2003，6（22）：14－15．

［49］王丽，陈小伟．"基本卫生服务包"简述［J］．理论管理论坛，2007，11：41．

［50］马安宁，郑文贵，王培承等．"国民基本卫生服务包研究"概述［J］．卫生经济研究，2008，4：8－10．

［51］蔡伟芹，马安宁，郑文贵．国外基本卫生服务包的实践［J］．卫生经济研究，2008，4：13－14．

［52］Holly Wong，Ricardo Bitran. Designing a benefits package. World Bank Institute，1999，10：11－12．

［53］罗乐宣，林汉城．国内外基本卫生服务包的研究及其对制定社区公共卫生服务包的启示［R］．中国全科医学，2008，11（12A）：2195－2197．

［54］卫生部举行《首次中国居民健康素养调查》发布会［EB/OL］．（2009－12－18）．www.gov.cn.

［55］肖文涛．基本公共服务均等化：共享改革发展成果的关键［EB/OL］．（2008－12－02）．http：//politics.people.com.cn/GB/8198/140124/40126/8444709.htm.

［56］孙逊，张寓景，汤明新等．基本公共卫生服务均等化界定——评价及衡量方法［J］．卫生软科学，2009，23（4）：424－427．

［57］夏芹，尹爱田，尹畅等．农民参合意愿考证新型农村合作医疗制度建设［J］．中国卫生经济，2010，29（3）：53－56．

［58］谢娟，阿依古丽·木拉提汗，方鹏骞等．我国农村贫困地区乡镇卫生院与乡级教育机构人力状况的对比分析［J］．中国卫生经济，2009，28（3）：51－52．

［59］韩咏梅．促进实现基本公共卫生服务均等化［J］．医院管理，2009，4（18）：108－109．

第三章参考文献

［60］陈丽，舒展，姚岚．基本公共卫生服务均等化的难点与对策［J］．中国卫生经济，2011，8（342）：23－25．

［61］中华人民共和国卫生部．中国卫生统计年鉴2011［M］．北京：中国协和医科大学出版社，2011．

［62］吴玲娟．向基本公共卫生服务均等化目标迈进［N］．保健时报，2009－6－11（3）．

［63］董建荣．我国 21 世纪的公共卫生问题与对策［J］．中国初级卫生保健，2000，14（2）：4－5．

［64］袁长海，贾莉英，毕四岭等．我国公共卫生面临的问题及发展重点［J］．科学中国人，2006，（1）：56－58．

［65］李琼芬，许燕，常利涛．云南省公共卫生事业存在的问题、挑战及对策［J］．卫生软科学，2002，15（6）：19－21．

［66］S. Griffiths. One country，two systems：Public health in China［J］．Public Health，200，122：754－761．

［67］Gong huan Yang；Ling zhi Kong；Wen hua Zhao. Emergence of chronic non-communicable diseases in China［J］．The Lancet，2008，372：1679－1705．

［68］Shenglan Tang；Qingyue Meng；Lincoln Chen. Tackling the challenges to health equity in China［J］．The Lancet，2008，372：1493－1501．

［69］代会侠．农村公共卫生服务体系功能现状及其优化策略研究［D］．湖北：华中科技大学，2008：1－86．

［70］冯显威．促进基本公共卫生服务逐步均等化政策分析［J］．医学与社会，2009，22（7）：9－17．

［71］陈蓓蓓．我国基本公共卫生服务城乡差距与均等化探析［D］．西安社会科学，2009，27（5）：63－65．

［72］蒲川．促进基本公共卫生服务均等化的实施策略研究——以重庆市为例［J］．软科学，2010，24（5）：73－77．

［73］周巍．基层卫生人才队伍的现状、问题与建议［J］．中国全科医学，2010，13（3A）：685－688．

［74］段孝建，樊立华，于玺文等．城市基本公共卫生服务项目实施过程情况分析［J］．中国公共卫生，2012，28（2）：212－213．

［75］李永斌，卢祖洵，王芳等．社区卫生服务机构促进基本公共卫生服务均等化调查分析［J］．中国卫生事业管理，2011，（5）：332－333．

［76］梅崇敬，韩树萍，蔡晓辉等．农村基本公共卫生服务项目的实践与思考［J］．江苏卫生保健，2009，11（2）：21－22．

［77］蔡玉胜．我国农村基本公共卫生服务的均等化发展［J］．社会工作，2010，（4）：47－48．

［78］胡雪影，王继平．宿州市促进基本公共卫生服务均等化相关问题思考［J］．安徽预防医学杂志，2011，17（6）：449－450．

［79］池思晓．实现基本公共卫生服务均等化的人力资源思考［J］．现代医院管理，2010，39（6）：11－12．

[80] 李善鹏，林永峰．社区卫生服务机构基本公共卫生服务能力分析 [J]．中国公共卫生，2011，27（12）：1551－1552.

[81] 仇爱红，杨树圣．姜堰市促进基本公共卫生服务均等化的实践与思考 [J]．中国初级卫生保健，2011，24（11）：3－5.

[82] 耿引红．白家庄社区卫生服务中心基本公共卫生服务工作实践与思考 [J]．社区医学杂志，2010，8（8）：3－5.

[83] 江启成，王丽丹，方桂霞等．安徽省基本公共卫生服务均等化的进展与建议 [J]．中国农村卫生事业管理，2010，30（7）：522－523.

[84] 王惠．基本公共卫生服务现状思考及改进建议 [J]．中国当代医药，2011，28（34）：158－159.

[85] 安徽省财政厅课题组，基本公共卫生服务均等化有关问题研究 [J]．卫生经济研究，2011，（12）：3－6.

[86] 杨小林，崔丽，刘志敏．云南省5个社区卫生服务中心基本公共卫生服务项目实施情况分析 [J]．卫生软科学，2011，25（3）：153－155.

[87] 梁娴，曾伟，叶庆临等．成都市促进城乡基本公共卫生服务均等化的实施策略研究 [J]．中国公共卫生管理，2011，27（2）：114－116.

[88] 刘毅俊．武汉市社区公共卫生服务绩效评价研究 [D]．武汉：华中科技大学，2008.

[89] Justin Oliver Parkhurst；Loveday Penn-Kekana；& Duane Blaauw. Health systems factors influencing maternal health services：a four-country compa [J]. Health Policy, 2005, 73 (2)：127－138.

[90] 胡晓，周典，吴丹等．新医改背景下我国乡镇卫生院人力资源配置现状研究 [J]．卫生经济研究，2011，（11）：25－27.

[91] 徐立柱，李士雪，曹勇等．卫生人力资源投资及其存在的问题 [J]．中国卫生经济，2006，25（3）：30－33.

[92] 闫凤茹，王盟，覃凯等．山西省基本公共卫生服务均等化的现状评析 [J]．山西医药杂志，2011，40（11）：1089－1090.

[93] 胡晓，周典，吴丹等．新医改背景下我国乡镇卫生院人力资源配置现状研究 [J]．卫生经济研究，2011，（11）：25－27.

[94] 姜晓明，王薇，宋宝良等．乡镇卫生院卫生人力素质综合评价指标及其检验 [J]．中国卫生资源，2001，4（2）：73－75.

[95] 刘国祥，朱孔东，徐小雪等．黑龙江卫生人力资源发展研究 [J]．中国卫生经济，2007，26（8）：53－55.

[96] 张晓凤，曹志辉，陶四海等．河北省村卫生室卫生人力资源调查与分

析 [J]. 中国农村卫生事业管理, 2012, 32 (2): 117 – 118.

[97] 周伟, 袁兆康等. 江西省农村卫生室人力资源状况追踪调查 [J]. 南昌大学学报 (医学版), 2011, 51 (7): 1 – 6.

[98] 曲江斌, 张西凡等. 山东省农村卫生室现状抽样调查——村卫生室一般概况调查分析. 中国卫生经济, 2006, 25 (1): 29 – 31.

[99] 杜倩等. 宁夏地区村卫生室服务能力现况研究 [J]. 乡镇卫生院管理, 2011, 25 (12): 38 – 39.

[100] 朱晓丽. 基本公共卫生服务均等化的实施进展和对策研究 [J]. 北京: 北京协和医学院, 2011: 5.

[101] G. Howse. Formulating a model public health law for the Pacific: programme methods [J]. Public Health, 2009, 123 (3): 237 – 241.

[102] 梁鸿, 余兴, 仇育彬. 新医改背景下社区卫生服务若干政策问题的探讨 [J]. 中国卫生政策研究, 2010, 3 (7): 2 – 8.

[103] 刑聪艳, 张文昌. 福州市社区居民健康档案管理存在的问题与对策 [J]. 中华全科医学, 2011, 8 (11): 1459 – 1460.

[104] 从卫春. 信息化推动社区居民健康档案管理方法探讨 [J]. 中国医学装备, 2010, 7 (6): 26 – 28.

[105] 蓝剑楠, 许亮文, 刘婷婕等. 浙江省部分基层卫生服务机构信息化建设现状的调查与分析 [J]. 健康研究, 2010, 30 (5): 339 – 342.

[106] 高斌, 马海燕. 居民健康档案管理存在的问题与对策 [J]. 中国卫生事业管理, 2010, (4): 281 – 282.

[107] 贾先文, 黄正泉. 建立农村社区居民健康档案探讨 [J]. 河北农业科学, 2009, 13 (3) 132 – 133.

[108] 文育锋, 张有刚, 姚应水等. 社区居民健康档案管理现状分析 [J]. 中国公共卫生管理, 2011, 27 (5): 470 – 472.

[109] 马才辉, 何莎莎, 冯占春. 基本公共卫生服务项目实施现状及评价 [J]. 中国公共卫生, 2012, 28 (3): 385 – 386.

[110] 孟庆跃. 卫生人员行为与激励机制 [J]. 中国卫生政策研究, 2010, 3 (10): 1 – 2.

[111] 吉俊敏. 常州市农村基本公共卫生服务研究 [J]. 中国农村卫生事业管理, 2010, 30 (11): 914 – 916.

[112] 吉林省扎实推进基本公共卫生服务均等化. 2011. 3. http://www.moh.gov.cn/publicfiles/business/htmlfiles/wsb/pdfgzdt/201103/50812.htm.

[113] 娄二鹏. 中国基本公共卫生服务建设中的政府职责——以均等化为分

析视角 [D]. 郑州：河南大学，2010：5.

第四章参考文献

[114] 孟庆跃，侯志远，袁莎莎等. 改善卫生服务绩效：政策和行动 [M]. 北京：人民卫生出版社，2012：1.

[115] 管仲军，黄恒学. 公共卫生服务均等化 [J]. 中国行政管理，2010，(6)：56 - 60.

[116] 娄二鹏. 中国基本公共卫生服务建设中的政府职责——以均等化为分析视角 [D]. 开封：河南大学，2010：16 - 21.

[117] 荆丽梅，徐海霞，刘宝等. 国内公共卫生服务均等化的理论探讨及现状研究 [J]. 中国卫生政策研究，2009，2 (6)：8 - 12.

[118] 韩俊，罗丹等. 中国卫生调查 [R]. 北京：中国卫生出版社，2007：10.

[119] Winslow CE. Man and epidemics. Princeton，New Jersey，1952：33 - 51.

[120] Harris，Beatty. Methods in Public Health Services and Systems Research：A Systematic Review [J]. American Journal of Preventive Medicine，2012，42 (5S1)：S42 - S57.

[121] 许敏兰，罗建兵. 我国公共卫生服务的区域均等化分析——基于公共卫生经费和公共卫生资源的视角 [J]. 经济论坛，2010，(12)：5 - 9.

[122] 黎国庆，袁兆康，周伟等. 江西省卫生服务能力建设工程对乡镇卫生院服务功能开展的影响 [J]. 南昌大学学报 (医学版)，2011，51 (7)：7 - 11.

[123] 娄二鹏. 中国基本公共卫生服务建设中的政府职责——以均等化为分析视角 [D]. 郑州：河南大学，2010：1 - 42.

[124] 何寒青. 浙江省农村公共卫生服务项目的成本测算和分类界定 [D]. 杭州：浙江大学，2006：1 - 74.

[125] 刘延伟. 山东两县基本公共卫生服务项目实施现状与绩效考核研究 [D]. 济南：山东大学，2012，1 - 63.

[126] 苗壮. 宁夏回族自治区农村基本公共卫生服务筹资实证分析 [D]. 济南：山东大学，2012：1 - 57.

[127] 李林贵，张俊华. 对宁夏开展人人享有基本医疗卫生服务的探索和思考 [J]. 中国初级卫生保健，2010，24 (1)：5 - 6.

[128] 张文礼，谢芳. 西北民族地区基本公共卫生服务均等化研究——基于宁夏基本医疗卫生服务均等化的实证分析 [J]. 西北师大学报 (社会科学版)，2012，49 (3)：121 - 127.

[129] 张泽勤，冯峰，王巧玲等. 1999～2009 年宁夏妇女儿童健康水平现状研究 [J]. 宁夏医科大学学报，2009，31 (6)：800 - 802.

［130］郝玉刚，肖力，连洁等．2009 年徐州市基本公共卫生服务项目实施效果分析［J］．中国医学装备，2010，7（12）：1-6.

［131］肖力，陈昌锋．2009 年某市基本公共卫生服务项目实施效果分析［J］．现代临床医学，2010，36（6）：462-463.

［132］梁娴，曾伟，魏咏兰等．成都基层医疗卫生机构基本公共卫生服务现况分析［J］．中国公共卫生，2012，28（1）：127-128.

［133］王芳，刘利群，朱晓丽等．不同地区间基本公共卫生服务公平性分析［J］．中国社会医学杂志，2011，28（6）：421-423.

［134］尹栾玉，田苗苗．城乡基本公共卫生服务非均等化成因分析——一个公共支出的视角［J］．学术交流，2011，（8）：130-133.

［135］李晓红．成都市统筹城乡发展背景下的基本公共卫生服务均等化问题研究［D］．成都：西南交通大学，2011：1-48.

［136］朱成明，周奇，陆建明．福利经济学视角下基本公共卫生服务均等化研究［J］．国外医学卫生经济分册，2011，28（3）：127-130.

［137］宁夏卫生资源配置标准及重点配置规划（2010~2015 年）．

［138］McLellan E，MacQueen MK，Neidig LJ. Beyond the qualitative interview：data preparation and transcription. Field Methods. 2003；15（1）：63-84.

［139］Grounded theory in public health research，［91-44-02179-8］Dellve，Lottaår：2002.

［140］Pandit，N. The Creation of Theory：A Recent Application of the Grounded Theory Method［J］. The Qualitative Report，1996，2（4）.

［141］杨素娟，刘选．扎根理论指导下的远程教育教师能力要素研究［J］．中国电化教育，2009，（10）：34-38.

［142］李军文，马月红，黄慧等．扎根理论研究方法在护理研究中的应用［J］．护士进修杂志，2008，23（21）：1939-1941.

［143］何雨，石德生．社会调查中的扎根理论研究方法探讨［J］．调研世界，2009，（5）：46-48.

［144］朱敏．田野研究的扎根与扩展［J］．理论界，2009，（1）：189-190.

［145］孟娟．心理学扎根理论研究方法［J］．吉首大学学报（社会科学版），2008，29（3）：170-174，176.

［146］张婕，刘丹，陈向一等．扎根理论程序化版本在心理咨询培训研究中的应用［J］．中国心理卫生杂志，2012，26（9）：648-652.

［147］刘海燕，郭晶晶．基于扎根理论的大学生心理安全感结构特点探究［J］．中国特殊教育，2012，（4）：75-79.

[148] 张敬伟，马东俊．扎根理论研究法与管理学研究 [J]．现代管理科学，2009，（2）：115－117．

[149] 谢震铨．扎根理论在管理类访谈中的应用初探——以马来西亚中医医疗机构发展状况研究为例 [D]．北京中医药大学，2010．

[150] 杨飞，司红玉，桑向来等．扎根理论在健康教育领域中的应用探讨 [J]．中国社会医学杂志，2008，25（2）：71－72．

[151] 周三多，陈传明，鲁明泓．管理学——原理与方法（第四版）[M]．上海：复旦大学出版社，2006：238－240．

[152] 赵红，王小合，高建民．基本公共卫生服务均等化研究综述 [J]．中国卫生事业管理，2010，27（11）：780－783．

[153] 戴玺文．戴维·伊斯顿政治体系理论对公共政策有效执行的启示 [J]．法制与社会，2009，4（35）：195－196．

[154] 潘明星，韩丽华．政府经济学（第二版）[M]．北京：中国人民大学出版社，2008：31．

[155] 吕雪丽．成都市乡镇卫生院基本公共卫生服务项目及绩效评价指标体系研究 [D]．成都：成都中医药大学，2004：37．

[156] 周作卿．当前实施免疫规划工作探讨 [J]．浙江预防医学，2007，19（6）：83．

[157] 封苏琴，郝超，吕军等．常州市居民对基本公共卫生服务均等化政策的认知与态度分析 [J]．医学与社会，2012，25（2）：36－42．

[158] 彭梅．坚持以人为本　全力推进公共卫生服务均等化 [J]．中国疗养医学，2011，20（10）：957－958．

[159] 陈昌锋，胡传峰，吴宪．城市社区基本公共卫生服务项目实施结果分析报告 [J]．中国卫生事业管理，2008，（1）：37－39．

[160] "2009年全国十大最具影响力医改新举措"评选揭晓 [N]．健康报，2010－01－11 http：//www. jkb. com. cn/document. jsp?docid＝109579．

[161] 陈丽，姚岚，舒展．中国基本公共卫生服务均等化现状、问题及对策 [J]．中国公共卫生，2012，28（2）：206－209．

[162] 人民网宁夏频道．宁夏基本公共卫生服务均等化经费落实不到位. http：//nx. people. com. cn/n/2012/0731/c192482－17300480. html.

[163] 中央社会治安综合治理委员会．社会治安综合治理实务全书 [M]．北京：法律出版社，1999：895．

[164] 许峰华，汪垂章，夏时畅等．浙江省流动人口公共卫生服务与管理现状研究 [J]．浙江预防医学，2010，22（1）：8－11．

［165］PEAN-PIERRE P，PATRICIA H，KEI K，et al. Patterns of global health expenditures：results for 191 counties ［C］. EIP/HFS/FAR Discussion Paper No. 51. New York：World Health Organization，2002：8.

［166］肖焕波，袁作雄，王增权等. 北京市郊区公共卫生人力资源现况调查［J］. 中国公共卫生，2007，31（6）：58 - 60.

第七章参考文献

［167］雷海潮，胡善联和李刚. CT 检查中的过度使用研究［J］. 中国卫生经济，2002，10：23 - 33.

［168］李玲，陈秋霖，张维等. 公立医院的公益性及保障措施［J］. 中国卫生政策研究，2010，3（5）：7 - 11.

［169］李玲，江宇，王敏瑶等. 我国公立医院管理与考核的现状、问题及政策建议［J］. 中国卫生政策研究，2010，3（5）：12 - 16.

［170］李林，刘国恩. 我国营利性医院发展与医疗费用研究：基于省级数据的实证分析［J］. 管理世界，2008，10：53 - 63.

［171］李明发. 浅谈营利性医院的监管［J］. 中国医院管理，2008，8：88 - 89.

［172］卢瑞芬. 台湾医院产业的市场结构与发展趋势分析［J］. 经济论篇丛刊，2003，31：107 - 153.

［173］姜福康，杨栎，高录涛和窦刚. 营利医院的现状分析和对策［J］. 解放军医院管理杂志，2008，11：57 - 59.

［174］沈清，徐素艳，黄潘彩和陈定湾. 浙江省民营医院的运行情况调查［J］. 中国卫生经济，2007，8：48 - 59.

［175］孙菁，孙逊，郭强. 医院规模的理论分析［J］. 解放军医院管理杂志. 2009，16（8）：763 - 766.

［176］吴奇飞和马丽. 对医院机构分类管理政策的回顾与反思.［J］. 中国医院管理，2006，2：16 - 18.

［177］杨莉，王静，曹志辉等. 国外基本卫生服务内涵、服务包与遴选原则研究［J］. 中国循证医学杂志，2009，9（6）：599 - 609.

［178］余晖. 探索建立中国的医疗管制体系［J］. 医院管理论坛，2004，1：54 - 57.

［179］张维迎. 医疗体制的主要问题在于政府垄断［J］. 医药产业资讯，2006，13：12 - 17.

［180］Arrow. Uncertainty and the Welfare Economics of Medical Care ［J］. American Economic Review，1963，Vol. 53，Dec.，pp. 941 - 973.

［181］Culyer D.，M.. The normative economies of health care finance and provision［J］. Oxford Review of Economic Policy, 1989, Vol. 5, P34 – 58.

［182］Culyer D. M., Horwitz J. R., 1998, Converting hospital from not-for-profit to for-profit status: why and what effects［J］. NBER working paper NO. 6672.

［183］Duggan M., 2000, Hospital ownership and public medical spending［J］. The Quarterly Journal of Economics, Vol. 115, pp. 1343 – 1372.

［184］Eggleston K., Schmid C., Lau J., Shen Y., 2008. Systematic review of hospital ownership and quality of care: What explains the different results in the literature?［J］. Health Economics, Vol. 17, pp. 1345 – 1362.

［185］Escarce, José J., Arvind K. Jain and Jeannette Rogowski, 2006, Hospital Competition.

［186］Ettner, Hermann, 2001. The role of profit status under imperfect information: evidence from treatment pattern of elderly Medicare beneficiaries hospitalized for psychiatric diagnosis［J］. LA. Working Paper, California.

［187］Evans, 1974, Supplier—induced demand: some empirical evidence and implications//Perlman, M., The Economics of Health and Medical Care, pp. 162 – 173.

［188］Feldstein P., Wickizer T., Wheeler J.. 1988, The effects of utilization review programs on health care use and expenditures［J］. New England Journal of Medicine, 318: 1310 – 1314.

［189］Fuchs. 1978, The supply of surgeons and the demand for operations［J］. The Journal of Human Resources. 13: 35 – 56.

［190］Glaeser E., Shleifer A.. 2001, Not-for profit Entrepreneurs［J］. Journal of Public Economics, 81: 99 – 115.

［191］Grossman, Hart. The Costs and Benefits of Ownership: A Theory of Vertical and Lateral Integration［J］. Journal of Political Economy, 1986, Vol. 94, pp. 691 – 719.

［192］Hart, Oliver. Corporate. Economic［J］. Royal Economic Society, 1995, Vol. 105 (430), pp. 678 – 689.

［193］Hart, Shleifer, Vishny. The Proper Scope of Government: Theory and an Application to Prisons［J］. The Quarterly Journal of Economics, 1997, Vol. 112 (4), pp. 1127 – 1161.

［194］Holmström. Moral Hazard in Teams［J］. The Bell Journal of Economics, 1982, Vol. 13 (2), pp. 324 – 340.

［195］Holtmn, A. G., Ullman, S. G., 1993, Transaction Costs, Uncertainty, and Not-for-Profit Organizations: The Case of Nursing Homes// Benner, Gui., The Nonprofit Sector in the Mixed Economy. Michigan: University of Michigan, pp. 149 – 162.

［196］Kessler, D. P. and M. B. McClellan. Is hospital competition socially wasteful? ［J］. Quarterly Journal of Economics. 2000, 115 (2): 577 – 615.

［197］Kessler, Mcclellan. The effects of hospital ownership on medical productivity ［J］. The Rand Journal of Economics, 2002, Vol. 33 (3), pp. 488 – 506.

［198］Lewin, L. S., Aderzon R., Marguiles R.. Investor-Owned and Nonprofits Differ ［J］. Economic Performance, 1981, Vol. 55, pp. 52 – 58.

［199］Lien H., Chou S., Liu, J.. The role of hospital ownership: evidence from stroke treatment in Taiwan ［J］. Journal of Health Economics, 2008, Vol. 27 (5), pp. 1208 – 1223.

［200］Luft H. S., Maerki S. C.. Competitive Potential of Hospitals and their Neighbors ［J］. Contemporary Policy Issues, 1985, Vol. 3, pp. 89 – 102.

［201］Mark T. L.. Psychiatric hospital ownership and performance ［J］. Journal of Human Resources, 1996, Vol. 1 (3) pp. 631 – 649.

［202］Meltzer, David and Jeanette Chung. Effects of Competition Under Prospective Payment on Hospital Costs Among High-and Low-Cost Admissions: Evidence from California, 1983 and 1993 ［J］. In name of Frontiers in Health Policy Research, eds. By Garber. Alan, 2002, 645 – 678.

［203］Picone G., CHOU S., SLOAN F.. Are for-profit hospital conversions harmful to patients and to Medicare? ［J］. RAND Journal of Economics, 2002, Vol. 33 (3), pp. 507 – 523.

［204］Rose-Ackeran S.. Altruism, nonprofits, and economic theory ［J］. Journal of Economic Literature, 1996, Vol. 34 (2), pp. 701 – 728.

［205］Rosenau P., Linder S.. Two decades of research comparing for profit versus non-profit performance ［J］. Social Science Quarterly, 2003, Vol. 84 (2), pp. 219 – 241.

［206］Shain M., Roemer M. Hospital costs related to the supply of beds ［J］. Modern Hospital, 1959, Vol. 92, pp. 71 – 73.

［207］Shen Y., Eggleston K., Lau J., Schmin C., 2006, Hospital Ownership and Financial Performance: A Quantitative Research Review ［J］. Working Paper No. 11662.

［208］Silerman E., M., Skinner J., S.. Are for-profit hospitals really different? Medicare up coding and market structure ［J］. NBER Working Paper, 2001.

［209］Sloan F., Picone G., Taylor, Chou. Hospital ownership and cost and quality of care [J]. Journal of Health Economics, 2001, Vol. 20, pp. 1 – 21.

[210] Weisbrod, 1988, The Nonprofit Economy. Cambridge, Harvard University.

[211] WHO. Primary health care: report of the International Conference on Primary Health Care, Alma-Ata 1978 [C]. Geneva, WHO, 1978.

[212] World Bank. Investing in health: world development report 2003 [M]. New York: Oxford University Press, 2003.

[213] Zuckerman S., Hadley, J., Iezzoni, L. Measuring hospital efficiency with frontier cost functions [J]. Journal of Health Economics, 1994, 13 (3): 255 – 280.

第八章参考文献

[214] 佟珺和石磊. 价格规制，激励扭曲与医疗费用上涨 [J]. 南方经济，2010，1：38 – 46.

[215] 黄奕祥，胡正路. 数据包络分析在评价乡镇卫生院投入产出效率中的应用研究 [J]. 中国卫生经济，2004，4：61 – 65.

[216] 刘海英，张纯洪. 中国农村地区医疗机构的服务效率真的比城市低吗？——基于三阶段 DEA 调整后产出非径向扩张测度效率的新证据 [J]. 中国农村观察，2011.4：86 – 96.

[217] 罗良清，胡美玲. 中国各地区医疗卫生服务的生产效率分析 [J]. 统计与信息论坛，2008，23（2）：47 – 52.

[218] 李林，刘国恩. 我国营利性医院发展与医疗费用研究：基于省级数据的实证分析 [J]. 管理世界，2008，10：53 – 63.

[219] 庞瑞芝. 我国城市医院经营效率实证研究——基于 DEA 模型的两阶段分析 [J]. 南开经济研究，2006，4，71 – 82.

[220] 任苒，侯篇，宁岩，陈俊峰. 中国贫困农村合作医疗试点地区县乡卫生机构服务效率分析 [J]. 中国卫生经济 2001，2：398 – 402.

[221] 张宁，胡鞍钢，郑京海. 应用 DEA 方法评测中国各地区健康生产效率 [J]. 经济研究，2006，7：92 – 106.

[222] Allen, R. and Gertler, P. J.. Regulation and the provision of quality to heterogeneousconsumers [J]. Journal of Regulatory Economics. 1991, 3: 60 – 75.

[223] Baker, L. C. and C. S. Phibbs. Managed care, technology adoption, and health care: the adoption of neonatal intensive care [J]. RAND Journal of Economics, 2002, 33 (3), pp. 524 – 548.

[224] Charters, M. A. The Patient Representative Role and Sources of Power [J]. Hospital & Health Services Administration, 1993, 38 (3): 429 – 442.

［225］ David Meltzer. Jeanette Chung Effects of Competition Under Prospective Paymenton Hospital Costs Among High-and Low-Cost Admissions: Evidence from California, 1983 and 1993 ［M］//Alan M. Garber. Frontiers in Health Policy Research, 2002.

［226］ Eggleston K. , Schmid C. , Lau J. , Shen Y. , 2008. Systematic review of hospital ownership and quality of care: What explains the different results in the literature? ［J］. Health Economics, Vol. 17, pp. 1345 – 1362.

［227］ Ferrier, G. D. and V. Valdmanis. Rural Hospital Performance and Its Correlates ［J］. Journal of Productivity Analysis, 1996, 7 （1）: 63 – 80.

［228］ Gerdtam, U. -G. , J. Sogaard, F. Andersson, and B. Jonsson. An Econometric Analysis of Health Care Expenditure: A Cross-section Study of the OECD Countries ［J］. Journal of Health Economics. 1992, 11, 63 – 84.

［229］ Hirschman, Albert. O. . Exit, voice, loylty: response to decline in firms, organization and states, Cambridge ［M］. MA: Harvard University Press. , 1970.

［230］ Hsihui Chang, Wen-Jing Chang, Somnath Das, Shu-Hsing Li. Health care regulation and the operating efficiency of hospitals: Evidence from Taiwan ［J］. Journal of Accounting and Public Policy, 2004, 23: 483 – 510.

［231］ Hollingsworth, B. and J. Wildman, The Efficiency of Health Production: Re-estimating the WHO Panel Data using Parametric and Non-parametric Approaches to Provide Additional Information ［J］. Health Economics, 2003, 12: 493 – 504.

［232］ Iddo Gall Doron. Informal complaints on health services: hidden patterns, hidden potentials ［J］. Sociology of health & illness. 2007, 10 （3）: 262 – 281.

［233］ Krajewski, T. F. , and C. Bell. . A System of Patients' Rights Advocacy in State Psychiatric Inpatient Facilities in Maryland ［J］. Hospitals and Community Psychiatry, 1992, 43 （2）: 127 – 131.

［234］ Kessler, D. P. and M. B. McClellan. Is hospital competition socially wasteful? ［J］. Quarterly Journal of Economics. 2000, 115 （2）: 577 – 615.

［235］ Liam O'Neill, Marion Rauner, Kurt Heidenberger, Markus Kraus. A cross-national comparison and taxonomy of DEA-based hospital efficiency studies ［J］. Socio-Economic Planning Sciences, 2008, 42: 158 – 189.

［236］ Pierre Ouellette, Valeerie Vierstraete. Technological change and efficiency in the presence of quasi-fixed inputs: A DEA application to the hospital sector ［J］. European Journal of Operational Research, 2004, 154: 755 – 763.

［237］ Puig-Junoy, J. . Measuring Health Production Performance in the OECD

［J］. Applied Economics Letters, 1998, 5：255 - 259.

［238］Rodwin, M. . Consumer Voice and Representation in Managed Healthcare
［J］. Journal of Health Law 2001, Spring：223 - 276.

［239］Retzlaff-Roberts, D. , C. F. Chang, and R. M. Rubin. Technical Efficien-
cy in the Use of Health Care Resources：A Comparison of OECD Countries ［J］.
Health Policy, 2004, 69：55 - 72.

［240］Schlesinger, Shannon Mitchell and Brian Elbel. Voices Unheard：Barriers
to Expressing Dissatisfaction to Health Plans Mark ［J］. The Milbank Quarterly, 2002,
80（4）：709 - 756.

［241］Shyr-Juh Chang, Hsing-Chin Hsiao, Li-Hua Huang, Hsihui Chang. Tai-
wan quality indicator project and hospital productivity growth ［J］. Omega, 2011, 39：
14 - 22.

［242］Shen, Y. , K. Eggleston, K. , Lau, J. and Schmid, C. Hospital Owner-
ship and Financial Performance：A Quantitative Research Review. ［J］. National Bu-
reau of Economic Research, Working Paper, 2006, No. 11662.

［243］Yu-Chu Shen, Vivian Wu, and Glenn Melnick. The Changing Effect of
HMO Market Structure：An Analysis of Penetration, Concentration, and Ownership
Between1994 - 2005 ［J］. NBER Working Paper No. 13775, 2008.

第九章参考文献

［244］蔡江南, 胡素云, 黄丞和张录法. 社会市场合作模式：中国医疗卫生
体制改革的新思路 ［J］. 世界经济篇汇, 2007, 1：5 - 13.

［245］陈钊, 刘晓峰和汪汇. 服务价格市场化：中国医疗卫生体制改革的未
尽之路 ［J］. 管理世界, 2008, 8：58 - 64.

［246］封进, 余央央. 医疗卫生体制改革：市场化、激励机制与政府作用
［J］. 世界经济篇. 2008, 1：5 - 17.

［247］黄涛, 颜涛. 医疗信任商品的信号博弈分析经济研究 ［J］. 经济研
究, 2009, 8：126 - 135.

［248］雷海潮, 胡善联和李刚. CT检查中的过度使用研究 ［J］. 中国卫生经
济, 2002, 10：23 - 33.

［249］李少冬和仲伟俊. 中国医疗服务公平与效率问题的实证研究 ［J］. 管
理世界, 2006, 5：154 - 155.

［250］刘学和史录篇. 医疗费用上涨与医德医风下降：组织架构变革角度的
解释 ［J］. 管理世界. 2005, 10：41 - 45.

［251］Alger I. , Salanie F. . A Theory of Fraud and Over-treatment in Experts

Market [J]. Journal of Economics and Management Strategy, 2006, 15: 853 – 881.

[252] Dulleck, U. and Kerschbamer, R., 2009, Experts vs. Discounters: Competition and Market Unraveling and Consumers Do Not Know What They Need [J]. International Journal of Industrial Organization 27, 15 – 23.

[253] Emons W.. Credence Goods and Fraudulent Experts [J]. RAND Journal of Economics, 1997, 28: 107 – 119.

[254] Fong Y. F.. 2005, When Do Experts Cheat And Whom Do They Target? [J]. RAND Journal of Economics, 36: 113 – 130.

[255] Hirschman, Albert. O.. Exit, voice, loyalty: response to decline in firms, organization and states, Cambridge [M]. MA: Harvard University Press., 1970.

[256] Steinfeld, Edwards S.. Forging Reform in China: The Fate of State-Owned Industry. Cambridge: Cambridge University Press, 1998.

第十章参考文献

[257] WHO. The selection of essential drugs: report of a WHO expert committee. Technical Report Series No. 615. World Health Organization, Geneva, 1977.

[258] WHO/UNICEF. Primary health care: report of the International Conference on Primary Health Care, Alma – Alta, USSR, Sept 6 – 12, 1978. Health for all, series 1. Geneva: World Health Organization, 1978.

[259] WHO. The rational use of drugs: report. Geneva: World Health Organization, 1987.

[260] WHO. The selection and use of essential medicines (includes the WHO Model List of Essential Medicines) [R]. Technical Report Series No. 914, Geneva: World Health Organization, 2002.

[261] 10 facts on essential medicines [EB/OL]. http://www. who. int/features/factfiles/essential_medicines/essential_medicines_facts/en/index. html.

[262] 钱丽萍, 刘佳, 张新平. 中印基本药物和合理用药政策比较 [J]. 中国卫生事业管理, 2003 (6): 381 – 383.

[263] Chaudhruy, R., Parameswra, R., Gupta, U. Quality medicines for the poor: experience of the Delhi programmed on rational use of drug [J]. Health Policy and Planning, 2005, 20 (2): 1241.

[264] The India – WHO programme in essential drugs and the Delhi society for the promotion of rational use of drugs [EB/OL]. http://www. essentialdrugs. org.

[265] national drug policy for South Africa [R/OL]. http://apps. who. int/

medicinedocs/documents/s17744en/s17744en. pdf.

[266] 武瑞雪，刘宝，丁静芳等．基本药物制度实施的国际经验 ［J］．中国药房，2007，18 （17）：1283 – 1285.

[267] Thailand a county case study: good governance and preventing corruption ［EB/OL］. http：//www. who. int/features/2010/medicines_thailand/en/index. html.

[268] Chongtrakul, P. , Sum, N. , Yoongthong, P. W. . 泰国选择基本药物的循证方法和 ISafE ［J］．中国执业医师，2009，6 （4）：46 – 48.

[269] 孙静．WHO 基本药物概念与国家实践 ［J］．中国卫生政策研究，2009，2 （1）：38 – 42.

[270] 石光，赵树理．澳大利亚的药品消费与管理 ［J］．中国全科医学，2003，6 （2）：174 – 176.

[271] 赵静，邱家学．国外基本药物制度解析及借鉴 ［J］．中国药业，2010，19 （12）：1 – 2.

[272] 龚向光，胡善联．澳大利亚经验对我国药品价格管制的启示 ［J］．中国卫生经济，2002，11 （21）：47 – 50.

[273] 叶露，国家基本药物政策研究 ［D］．复旦大学．

[274] 国进，王振纲．我国基本药物遴选概述．中国药房 ［J］.1995，6 （2）：4 – 6.

[275] 张震巍，陈飞虎．我国制定与实施《国家基本药物目录》的进展．中国药房 ［J］.2004，15 （10）：585 – 587.

[276] 孟锐，李颖．国家基本药物遴选与药物经济学．中国药房 ［J］.2007，18 （35）：2721 – 2722.

[277] 张川，王莉，袁强等，我国基本药物目录、基本医疗保险药物目录和WHO 基本药物目录比较 ［J］．中国循证医学杂志，2009，9 （7）：765 – 773.

[278] 龚翔．利润薄、认知度低、遴选机制不健全——基本药物市场缺货谁之过．中国医药报 ［N］.2004 – 10 – 14 （A1）.

[279] 杨莉．基本药物生产存在问题分析和政策建议．中国卫生政策研究 ［J］.2009，2 （1）：44 – 46.

[280] 叶露，陈文，应晓华等．我国基本药物生产流通使用中存在的问题和成因分析．中国卫生资源 ［J］.2008，11 （2）：51 – 53.

[281] 顾昕，余晖，冯立果．基本药物供给保障的制度建设．国家行政学院学报 ［N］.2008，6：21 – 24.

[282] 刘宝，叶露．基本药物可获得性障碍的原因探讨．中国卫生事业管理 ［J］.2008，1：7 – 8.

深化医药卫生体制改革研究

［283］王静，张亮，冯占春．基本药物及合理用药政策对农村用药情况的影响分析．医学与社会［J］.2004，17（1）：63－65.

［284］孟锐，唐冬蕾，陈凤龙．国家基本药物政策推行与药品可获得性及合理用药关系探讨．中国药师［J］.2005，8（7）：604－605.

［285］查勇，赵燕，覃正碧．我国基本药物的地位与合理用药．药事管理［J］.2009，16（5）：95－97.

［286］尹爱田，李新泰．山东省基本药物对乡镇卫生院门诊服务的影响研究［J］.中国卫生经济，2011，30（4）：20－22.

［287］汪胜，黄仙红，王小合．浙江省乡镇卫生院基本药物制度实施现状与对策研究［J］.中国卫生政策研究，2011，4（6）：30－34.

［288］黄杰，杨洪伟，杨莉等．陕西省基本药物制度对基层卫生机构的影响——基于两市（县）4所基层医疗机构的抽样调查［J］.中国卫生政策研究，2011，4（11）：1－6.

［289］Rosenbaum，P. R.，Rubin，D. B.．The central role of the propensity score in observational studies for causal effects［J］.Biometrika，1983，70（1）：41－55.

［290］王永吉，蔡宏伟，夏结来等．倾向指数匹配法与Logistic回归分析方法对比研究．现代预防医学［J］.2011，38（12）：2217－2219.

［291］Gertler P. J.，Sebastian M. Impact evaluation in practice［R］.The World Bank，2011：96.

［292］尹爱田，俞水，杨百团等．基层卫生机构功能定位和财政投入机制［J］.中国卫生经济，2007，12（26）：86－88.

［293］厉李．我国药品费用的影响因素与控制机制研究［D］.沈阳药科大学，2009.

［294］涂彧，刘广德．农村乡镇卫生院收入影响因素的调查分析．中国初级卫生保健，1995，9（12）：15－17.

［295］Babiarz，K. Z.，Miller，G.，Yi，H.，et al. New evidence on the impact of China's New Rural Cooperative Medical Scheme and its implications for rural primary healthcare: multivariate difference-in-difference analysis［J］.British Medical Journal，2010，21（341）：c5617.

［296］马立新，闫根全，谢峰．山东省基本药物遴选增补及配备使用情况分析［J］.中国职业药师，2011，8（9）：44－48.

［297］周余，张新平．基层医疗卫生机构实施基本药物制度问题分析［J］.医学与社会，2011，24（6）：55－57.

［298］赵阳，孟锐，杨奔．国家基本药物制度配送环节相关为题探讨［J］.

中国药房，2010，21（8）：701 - 703.

［299］何平，刘博，孙强等. 基本药物制度改革前后乡镇卫生院药品价格比较——基于安徽省三县的抽样调查［J］. 中国卫生政策研究，2011，4（7）：11 - 16.

［300］Bate，R.，Tren，R.，Mooney，L.，etal. Pilot Study of essential Drug quality in two major cities in India［J］. PLos one，2009，4（6）：e6003.

［301］Risha，P. G.，Shewiyo，D.，Msami，A.，et al. In Vitro evaluation of quality of essential drug on Tanzanian market［J］. Tropic Medicine & International Health，2002，7（8）：701 - 707.

［302］许强. 基本药物遴选的方法研究［D］. 华中科技大学，2011.

［303］孙利华，孙倩，刘江秋. 国外基本药物遴选的成功经验及对我国的启示［J］. 中国药房，2010，21（48）：4513 - 4516.

［304］Franco，L. M.，Bennett，S.，Kanfer，R. Health sector reform and public sector health worker motivation：a conceptual framework［J］. Social Science&Medicine，2002，54（8）：1255 - 1266.

［305］孙全胜，张华平，牛玉存. 卫生人员工作激励影响因素的调查与分析［J］. 中国卫生经济，24（10）：46 - 47.

［306］侯志远，孟庆跃，袁蓓蓓等. 农村基层卫生人员激励偏好研究［J］. 中国卫生政策研究，2010，3（10）：18 - 22.

［307］徐恒秋. 安徽省基层卫生综合改革的进展、挑战与展望［J］. 中国卫生政策研究，2011，4（7）：1 - 3.

［308］何平，刘博，孙强等. 安徽省基本药物改革前后新农合住院病人流向与医疗费用比较［J］. 中国卫生政策研究，2011，4（11）：19 - 24.

［309］宁博，马立新，耿林等. 对山东省基本药物制度及配套制度实施过程中政府投入政策的思考［J］. 中国卫生经济，2011，30（5）：5 - 7.

［310］左根永，孙强，李凯等. 山东省基本药物筹资政策对乡镇卫生院行为的影响研究［J］. 中国卫生政策研究，2011，4（11）：13 - 18.

［311］于凤华，孟庆跃，王健等. 国家基本药物制度框架下的乡镇卫生院筹资测算方法研究：以 S 县为案例［J］. 中国卫生政策研究，2010. 3（10）：29 - 33.

［312］Grand，A. L.，Hogerzeil，H. V.，Haaijer - Ruskamp，F. M.. Intervention Research in Rational Use of Drugs：A Review［J］. Health Policy and Planning，1999，14（2）：89 - 102.

［313］Hogerzeil，H. V.，Salami，A.，Walker，G. J.，et al. Impact of an essential drugs programme on availability and rational use of drugs［J］. Lancte，1989，333（8630）：141 - 142.

［314］Chaudhury，R. R. ，Parmeswar，R. ，Gupta，U. ，et al. Qualitu medicines for the poor：experience of the Delhi programme on rational use of drugs［J］. Health Policy and Planning，2005，20（2）：124－136.

［315］WHO. How to investigate drug use in health facilities：Selected drug use indicator［R］. Geneva，1993.

［316］李新泰，王文华，尹爱田. 山东省基本药物制度对乡镇卫生院合理用药的影响［J］. 中国卫生经济，2011，30（4）：22－23.

［317］汪胜，黄仙红，郭清. 浙江省基本药物制度对社区卫生服务中心合理用药的影响［J］. 中国农村卫生事业管理，2011，31（10）：1003－1005.

［318］阴佳. 山东、宁夏两省农村地区药品使用的评价研究［D］. 山东大学，2009.

第十一章参考文献

［319］侯天慧. 乡镇卫生院的功能定位实证研究［J］. 医学与社会，2008，22（4）.

［320］温家宝. 政府工作报告［R］. 人民出版社，2009－03－15.

［321］宁岩. 农村乡镇卫生院服务效率分析［C］. 大连医科大学，2003.

［322］张朝阳. 我国乡镇卫生院发展现状及其影响因素分析［J］. 中华医院管理，2004，21（6）：362－365.

［323］王绍光. 中国公共卫生的危机与转机. 经济管理文摘［J］. 2003（19）38－42.

［324］陆璐，王烈，程莉莉. 基于数据包络分析的乡镇卫生院经营效率评价［J］. 中国卫生统计，2008，25（2）：165－166.

［325］帕累托. 普通社会学纲要［M］. 北京：生活·读书·新知三联书店，2001：1－37.

［326］约翰·伊特韦尔等. 新帕尔格雷夫经济学大辞典（二）［M］. 北京：经济科学出版社，1999.

［327］于景艳，李树森，于淼. 卫生经济学视阈中卫生服务公平与效率的关系研究［J］. 中国卫生经济，2008，27（9）：70－71.

［328］Charnes A. ，Cooper W. W. ，Rhodes E. Measuring the efficiency of decision making units［J］. European Journal of Operational Research，1978，2（4）：429－444.

［329］刘宏韬. 房耘耘. 应用 DEA 方法评价医院效率的研究进展. 中华医院管理. 2004；20（7）：420.421.

［330］Sherman HD. Hospital efficiency measurement and evaluation：Empirical test of a new technique［J］. Medical Care，1984，22（10）：922－935.

［331］Grosskopf Shawna, Vivian Grace Valdmanis Measuring hospital perform-ance: A non-parametric approach ［J］. Journal Health Economics, 1987, 6: 87 – 92.

［332］Ozcan YA, Roice D Luke, Cengiz Hak sever. Ownership and organiza-tional performance ［J］. A comparison of technical efficiency across hospital types, Medical Care, 1992, 30 (9): 781 – 794.

［333］魏权龄. 评价相对有效性的方法——运筹学的新领域 ［M］. 北京: 中国人民大学出版社, 1987. 1 – 100.

［334］陈志兴, 沈晓初, 王萍等. 评价医院经济效益的力点 ［J］. 中华医院管理, 1994, 10: 710 – 713.

［335］张友发, 宋虹. 数据包络分析在医院临床科室效益评价中的应用性研究 ［J］. 中华医院管理杂志, 1995, 11 (9): 570 – 572.

［336］庄宁, 孟庆跃. 利用 DEA 方法评价我国 34 家医院的技术效率 ［J］. 中国卫生经济, 2000. 9 (19): 49 – 51.

［337］徐金耀, 崔益萍, 韩士荣等. 医院相对效率评价的 DEA 方法 ［J］. 中华医院管理杂志, 1995 (11).

［338］左娅佳, 初元章, 陈勇等. 23 所军队中小医院为兵服务效益评价和资源配置的思考——数据包络分析的应用 ［J］. 中国医院管理, 2001 (6): 25 – 27.

［339］严春香, 董时富. 武汉市医院投入产出效率分析 ［J］. 医学与社会, 2005, 18 (7): 55 – 58.

［340］李春芳, 陈宁姗, 尹爱田等. 数据包络分析在乡镇卫生院效率评价中的应用 ［J］. 中华医院管理杂志, 2005, 21 (3): 190 – 193.

［341］张光鹏, 王伟成, 邴媛媛等. 数据包络分析在中医院配置效率研究中的应用 ［J］. 中华医院管理杂志, 2005, 21 (5): 336 – 338.

［342］王涵, 马燕, 李斌等. 数据包络分析在哈尔滨市三级医院效率评价中的应用 ［J］. 中国医院统计, 2006, 13 (4): 289 – 292.

［343］吕坤政等. 医院效率测量方法国外医学卫生经济学分册 ［M］. 1999, 1: 25 – 28.

［344］Sherman H D. Measurement of hospital technical efficiency: A comparative evaluation of data envelopment analysis and other efficiency measurement techniques for measuring and locating inefficiency in health care organizations ［D］. United States Mas-sachusetts: Harvard University, 1981.

［345］Hollings worth B, Parkin D. The efficiency of Scottish acute hospital: an application of data envelopment analysis ［J］. TMA – J – Math – App – Med – Biol, 1995, 3 – 4: 161 – 173.

［346］Emrouznejad A. , Parker B. R. , Tavares G. Evaluation of research in efficiency and productivity: A survey and analysis of the first 30 years of scholarly literature in DEA ［J］. Socio – Economic Planning Sciences, 2008, 42 (3): 151 – 157.

［347］蒂莫西 J·科埃利. 效率与生产率分析引论 ［M］. 王忠玉译. 2 版. 北京: 中国人民大学出版社, 2008: 180.

［348］段永瑞. 数据包络分析——理论和应用 ［M］. 上海: 上海科学普及出版社, 2006.

［349］Ehreth JL. The development and evaluation of hospital performance measures for policy analysis ［J］. Medical care, 1994 (6): 568 – 587.

［350］马战新. 数据包络分析模型与方法 ［M］. 北京: 科学出版社, 2010: 40 – 42.

［351］Wan TTH. Analysis and evaluation of health care systems ［M］. New York: Health Professions. Press Inc, 1995.

［352］Farrell M. The Measurement of Productive Efficiency ［J］. Journal of the Royal Statistical Society, 1957. 120 (3): 253 – 290.

［353］Rosko M. D. Measuring Technical Efficiency in Health Care Organizations. J. Med. Syst. 1990. 14 (5): 307 – 322.

［354］Cooper W. W. , Seiford L. M. , Tone K. Introduction to data envelopment analysis and its uses: with DEA-solver software and references ［M］. Springer, 2006.

［355］Ruggiero J. Impact assessment of input omission on DEA ［J］. International Journal of Information Technology and Decision Making, 2005, 4 (3): 359 – 368.

［356］石义全, 钱振华, 成刚. 指标选择对医院效率评价的影响——以 2010 年省级数据 DEA 模型为例 ［J］. 中国卫生政策研究, 2012, 5 (3): 67 – 72.

［357］宋桂荣等, 医院效率评价方法的研究 ［J］. 中国医院统计, 2007, 14 (2): 137 – 145.

［358］任苒, 侯文, 宁岩, 陈俊峰. 中国贫困农村合作医疗试点地区县乡卫生机构服务效率分析 ［J］. 中国卫生经济. 2001. 20 (2): 15 – 19.

［359］王爱英, 李海超, 吴建等. 数据包络分析法评价河南乡镇卫生院建设项目的效率 ［J］. 中国组织工程研究与临床康复, 2008, 12 (4): 675 – 678.

［360］Grosskopf S. et al. Measuring Hospital Performance: A Non – Parametric Approach, Journal of Health Economics 1987. 6 (2): 89 – 107.

［361］Bitran C. R. et. al. Some Mathematical Programming Based Measures of Efficiency in Health Care Institutions. Advan Math Program Finan Plan. 1987, 1: 61 – 84.

［362］王敏, 王燕燕. 军队医院医疗资源利用效益综合评价的 DEA 方法

[J]. 中国卫生经济，1999，18（8）：56－58.

　　[363] 林江亮等. 台湾公立医院经营效率之实证研究 [J]. 现代会计与审计，2007，3（5）：45－52.

　　[364] 刘宏韬. 数据包络分析在医院效率评价中的应用 [D]. 北京中医药大学硕士学位论文，2003.5：14.

　　[365] 中华人民共和国卫生部. 医院管理评价指南 [R]. 北京：中国法制出版社，2008.

　　[366] 孙振球主编. 医学统计学 [M].3 版. 北京：人民卫生出版社，2007.

　　[367] 魏权龄. 数据包络分析（DEA）[J]. 科学通报，2000，45（17）：1793－1808.

　　[368] 潘志明，郑振恰，王喜瑛. 应用 DEA 方法评价社区卫生服务中心相对效率的探讨 [J]. 中国卫生统计，2007，24（4）：383－385.

　　[369] 燕虹，何绍斌，邱辉等. "九五"期间湖北省乡镇卫生院卫生资源利用状况分析. 中华医院管理杂志，2003，19：107－109.

　　[370] 王红漫. 大国卫生之论——农村卫生枢纽与农民的选择 [M]. 北京大学出版社，2006.

　　[371] 金江. "新医改"启动后新型农村合作医疗病人流向情况分析，中国初级卫生保健 [J].2012.5（26）.

　　[372] 卞鹰. 经济改革对医院经济效率影响研究 [J]. 中国卫生资源，2001，4（4）：154－156.

　　[373] 郑兵云. 多指标面板数据的聚类分析及其应用 [J]. 数理统计与管理，2008（2）：265－270.

第十二章参考文献

　　[374] World Health Organization. How to develop and implement a national drug policy [R]. 2nd. Geneva，1988.

　　[375] World Health Organization. The selection and use of essential medicines：report of the WHO expert committee（including the 14th model list of essential medicines）[R]. Geneva：World Health Organization，2006.

　　[376] 胡善连. 基本药物政策的难点分析 [J]. 中国卫生政策研究，2009，2（4）：1－3.

　　[377] 席晓宇，胡晨希，褚淑贞. 制药企业对我国药品可及性工作作用研究 [J]. 药品评价，2010，7（22）：9－13.

　　[378] 陈曦，冯冬，马爱霞. 国际卫生行动组织对基本药物可及性研究的贡

献［J］．上海医药，2008，29（9）：400－402．

［379］龚时薇，许燚，张亮．药品可及性评价指标体系研究［J］．中国卫生经济，2011，30（5）：72－74．

［380］龚时薇，詹学锋．国家药物政策体系与类型分析［J］．中国药事，2009，23（1）：37－42．

［381］刘莹，梁毅．论药品可及性与药品专利保护［J］．中国药房，2007，18（13）：966－968．

［382］Department for International Development. Increasing access to essential medicines in the developing world：UK Government policy and plans［R］. DFID, June, 2004.

［383］Medicine prices-a new approach to measurement［R］. WHO/HAI, Feb, 2003.

［384］World Health Organization. WHO Medicines Strategy 2008－2013, Draft8［EB/OL］. WHO website. http：//www. who. int/medicines/publications/Medicines_Strategy_draft08－13. pdf. 2008－06－13/2012－3－21.

［385］WHO. Promoting rational use of medicines：core components－WHO Policy Perspectives on Medicines［R］. Geneva, 2002.

［386］全国合理用药监测办公室．国外合理用药概述［J］．中国执业药师，2011，8（2）：14－16．

［387］Daphne A. Fresle, Cathy Wolfheim. Public Education in Rational Drug Use：a Global Survey［J］. Geneva, Mar, 1997.

［388］杨文展，杨丽，马萍等．加强药品使用的监督治理［J］．中国药房，1999，10（2）：88－89．

［389］罗莎，马爱霞．WHO/HAI 药品价格的评价及应用介绍［J］．中国药物经济学，2010，（5）：73－80．

［390］Measuring medicine prices, availability, affordability and price components. 2nd Edition［R］. WHO/PSM/PAR, Mar, 2008.

［391］Babar ZUD, Ibrahim MIM, Singh H. , etal. Evaluating drug prices, availability, affordability, and price components：implications for access to drugs in Malaysia［J］. PLoS Medicine, 2007, 4（3）：0466－0474.

［392］Cha-oncin Sooksriwong, Worasuda Yoongthong, Siriwat Suwattanapreeda, etal. Medicine prices in Thailand：A result of no medicine pricing policy［J］. Southern Med Review, 2009, 2（2）：10－14.

［393］A. Cameron, M. Ewen, D. Ross－Degnan, et al. Medicine prices, availability, and affordability in 36 developing and middle-income countries: a secondary analysis [J]. the lancet, 2009, 373: 240 – 249.

[394] 龚翔. 利润薄, 认知度低, 遴选机制不健全——基本药物市场缺货, 谁之过? [N] 中国医药报. 2004. 10. 14 (2004 年 10 月 14 日).

[395] 中国经济体制改革研究会医改课题组. 基本药物供应的市场保障体系 [R]. 中国医改评论, 2008 (9): 1 – 17.

[396] 曾雁冰, 杨世民. 20 所乡镇卫生院国家基本药物供应状况的抽样调查 [J]. 中国药事, 2009, 23 (2): 144 – 148.

[397] 中华人民共和国卫生部. 卫生部公布第四次国家卫生服务调查主要结果. [EB/OL]. http://www. moh. gov. cn/publicfiles/business/htmlfiles/mohbgt/s3582/200902/39201. htm, 2009 – 2 – 27/2012 – 3 – 21.

[398] 刘宝, 武瑞雪, 叶露. 论基本药物的可获得性和可及性障碍 [J]. 中国药房, 2007, 18 (14): 1041 – 1043.

[399] 李海涛. 从供方角度探讨我国药品可及性问题 [J]. 中国药物经济学, 2009, (5): 73 – 76.

[400] 李海涛. 关于我国药品可及性问题的探讨 [J]. 中国卫生事业管理, 2009, (9): 612 – 613.

[401] 徐兴祥. 论影响药物可及性的因素 [J]. 法治研究, 2009, (6): 27 – 31.

[402] 叶露, 胡善连, M. argaret E. wen 等. 上海市基本药物可负担性实证研究 [J]. 中国卫生资源, 2008, 11 (4): 195 – 196.

[403] 李萍, 吕景睿, 阳昊 等. 湖北省农村居民基本药物可负担性研究 [J]. 医学与社会, 2010, 23 (2): 18 – 20.

[404] SunQiang. A Survey of Medicine Prices, Availability, Affordability and Price Components in Shandong Province, China. http://www. haiweb. org/medicineprices/surveys/200411CN/survey_report. pdf, 2008 – 1 – 10/2012 – 3 – 21.

[405] 彭婧, 江启成. 国家基本药物目录合理性分析 [J]. 中国卫生事业管理, 2011, (1): 38 – 39.

[406] 刘晓慧. 基本药物目录中部分药品供应缺失——北京市社区卫生服务中心基本药物供应情况调查 [J]. 首都医药, 2010, (1): 27 – 28.

[407] 程斌, 应亚珍, 陈凯. 农村基层实施国家基本药物制度试点的现状分析 [J]. 中国农村卫生事业管理, 2011, 31 (4): 340 – 342.

[408] 张新平, 郑双江, 田昕. 社区卫生服务机构基本药物可获得性研究 [J]. 中国卫生政策研究, 2010, 3 (6): 14 – 17.

[409] 唐任伍, 赵国钦. 新医改背景下农村基本药物可及性问题研究 [J].

新视野，2010，（1）：18－20．

［410］Measuring Medcine Prices，Availability，Affordability and Price Components［R］. 2nd edition，2008．

［411］袁泉，邵蓉．基本药物可获得性障碍研究［J］．上海医药，2010，31（3）：116－118．

［412］左根永，孙强，何平．安徽省基本药物供应保障模式的政策分析［J］．中国卫生政策研究，2011，4（7）：4－9．

［413］李宪法．探索具有中国特色的基本药物获取制度［J］．中国卫生，2009，（5）：59－60．

［414］徐战英，孙利华．基层医疗卫生机构实施国家基本药物制度存在的主要问题及对策［J］．中国药房，2011，22（16）：1521－1523．

［415］宋瑞霖，张正光，丁淑娟．消除制度成本应该成为化解"药价虚高"难题的关键点［J］．中国新药杂志，2010，19（13）：1103－1107．

［416］李川，李素华，杨悦．WHO医疗机构合理用药评价方法研究［J］．中国执业药师，2011，8（12）：37－39．

［417］董朝晖，李大魁，吴晶等．基本药物制度理论与实践［J］．中国药学杂志，2009，44（1）：1－2．

［418］张铁鹰．为何难觅红霉素［N］．医药经济报，2010－08－25．

［419］陈飞虎，解雪峰，吴繁荣．安徽省基本药物供应保障体系的建立与思考［J］．中国农村卫生事业管理，2010，30（7）：529－531．

［420］Elizabeth Finney．多数人无法获得基本药物（2008）［N/OL］．WHO. http：//www. who. int/mediacentre/news/releases/2008/pr45/zh/．2011－2－11．

［421］马金华，席晓宇，谢小燕等．基本药物和非基本药物的配送衔接探析［J］．上海医药，2011，32（8）：406－408．

［422］张丽青，黄术生．基本药物配送中的问题与对策［J］．中医药管理杂志，2011，19（6）：556－557．

［423］覃正碧，邱健珉，李明等．实施基本药物制度的热点问题分析［J］．中国药房，2010，21（32）：2990－2993．

［424］张丽芳，肖月，赵琨．西部农村基层医疗卫生机构实施国家基本药物制度初期面临的问题和建议［J］．中国药房，2011，22（20）：1828－1830．

［425］汤涵，杨悦．我国基本药物定价体系分析与建议［J］．中国新药杂志，2009，18（15）：1383－1386．

［426］何平，刘博，孙强等．基本药物制度改革前后乡镇卫生院药品价格比较——基于安徽省三县的抽样调查［J］．中国卫生政策研究，2011，4（7）：

11 – 16.

[427] 李璐，方鹏骞．医疗卫生服务多渠道筹资的可行性分析 [J]．中国卫生经济，2010，29（4）：31 – 32.

[428] 阴佳，孙强，闫赟等．山东、宁夏农村居民药品知识及用药行为研究 [J]．中国社会医学杂志，2010，27（3）：152 – 154.

[429] 阳昊．湖北省农村地区县乡两级基本药物可获得性研究 [D]．华中科技大学，2009.

[430] Using indicators to measure country pharmaceutical situations, Fact Book on WHO Level Ⅰ and Level Ⅱ monitoring indicators. WHO/TCM, 2006.

[431] 郑英丽，周子君．抗生素滥用的根源、危害及合理使用的策略 [J]．医院管理论坛，2007，1（123）：23 – 27.

[432] 阴佳，孙强．国内外药品不合理使用的类型、程度及原因分析 [J]．医学与哲学（临床决策论坛），2009，30（1）：64 – 65.

[433] 廖玮．关于抗生素不合理使用的原因和对策思考 [J]．健康必读杂志，2011，（3）：334.

[434] 付燕霞，李连新．滥用抗生素的危害及应用措施 [J]．中国医药导刊，2011，13（5）：866.

附录参考文献

[435] 陈叶盛．英国医疗保障制度现状、问题及改革．社会学研究，2007，8：73 – 75.

[436] 汤晓莉．英国国家卫生服务制度的起源及几次重大改革．中国卫生资源，2001，4（6）：280 – 282.

[437] 雷晓康，关昕，王泠，张恒．英国 NHS 近年来改革的思路．国外医学卫生经济分册，2009，26：49 – 55.

[438] 关昕．英国国家卫生服务体系今年改革对我国的提示．中国卫生资源，2010，13（1）：48 – 50.

[439] Markus Worz *. Reinhard Busse *Analysing the impact of health-care system change in the EU member states – Germany*. HEALTH ECONOMICS 2005；14（133 – 149）.

[440] *Health Care Reform Series：The German health care system* 2009.

[441] 于广军，乔荟兹，马强．德国医疗保险制度改革及趋势分析 [J]．卫生经济研究 2007（3）：45 – 46.

[442] Wikipedia. Health care reform in the United States.

[443] Michael E. Porter. A Strategy for Health Care Reform——Toward a Value – Based System. The New England Journal of Medicine，July 9，2009.

［444］ Soonman Kwon. Thirty years of national health insurance in South Korea：lessons for achieving universal health care coverage. Health Policy and Planning，2009，（24）：63 -71.

［445］ Seung - Hum Yu，Gerard F. Aderson. Achieving universal health insurance in Korea：A model for other developing countries? Health Policy，1992，（20）：289 -299.

［446］ Adrian Towse，Anne Mills，Viroj Tangcharoensathien. Learning from Thailand's health reforms ［J］ BMJ. 2004：328 -104.

［447］ Julio Frenk，Eduardo González - Pier，Octavio Gómez - Dantés，Miguel A Lezana，Felicia Marie Knaul，*Health System Reform in Mexico* 1：*Comprehensive reform to improve health system performance in Mexico* ［J］. *Lancet*，2006（368）：1524 -1534.

［448］ Emmanuela Gakidou，Rafael Lozano，Eduardo González - Pier，Jesse Abbott - Klafter，Jeremy T Barofsky，Chloe Bryson - Cahn，Dennis M Feehan，Diana K Lee，Hector Hernández - Llamas，Christopher J L Murray. *Health System Reform in Mexico* 5 *Assessing the effect of the* 2001 - 06 *Mexican health reform*：*an interim report card* ［J］*Lancet*，2006（368）；1920 -1935.

［449］ Agar Brugiavini，Noemi Pace. Extending Health Insurance：Effects Of The National Health Insurance Scheme In Scheme. European Report On Development，2010，6.

［450］ 刘俊，张钢，艾晓金. 匈牙利、保加利亚医疗卫生改革述评（上）［J］. 中国卫生资源，2005，8（5）：234 -235.

［451］ 卫Ⅷ项目考察团. 1989 ~ 2001 年格鲁吉亚的卫生改革及对中国的启示——经济转型国家卫生改革经验报告（一）［J］. 中国卫生经济，2005，6（24）：72 -74.

［452］ 黄佳玮，侯建林，雷海潮. 波兰的医院改革 ［J］. 《国外医学》卫生经济分册，2003，20（1）：1 -4.

［453］ 于广军，马强. 处于转型中的波兰医疗卫生制度 ［J］. 中国卫生资源，2007，10（3）：153 -156.

［454］ 马丽娜，吴妮娜，李倩等. 爱沙尼亚卫生体制改革 ［J］. 中国社会医学，2008，25（1）：20 -21.

［455］ 周淼. 克罗地亚卫生筹资改革 ［J］. 《国外医学》卫生经济分册，2008，25（3）：107 -111.

［456］ 刘术，蒋铭敏. 哈萨克斯坦医疗卫生制度改革 ［J］. 《国外医学》卫生经济分册，2005，22（2）：60 -63.

［457］ 胡丹丹，隋丹，黄丽佳等. 亚美尼亚卫生体制改革概况 ［J］. 中国社

会医学，2008，25（4）：219 – 221.

　　[458] 曲清 . 匈牙利的医院改革 [J]. 医院领导决策参考，2005（7）：
44 – 49.

　　[459] 刘冰，李小芳，卢祖洵 . 斯洛伐克转型期的医疗保健体系 [J]. 医学
与社会，2006，19（7）：62 – 65.

　　[460] 熊继平，马丽娜，卢祖洵 . 保加利亚卫生体制改革概述 [J]. 中国社
会医学，2008，25（3）：150 – 151.

　　[461] 齐佳，王小万 . 东欧经济转型国家医疗费用支付方式改革与发展趋势
[J].《国外医学》卫生经济分册，2003，20（2）：49 – 53.

　　[462] 张养志 . 俄罗斯社会保障体制改革评析——以医疗保障制度为视角
[J]. 东欧中亚市场研究，2002（6）：13 – 20.

　　[463] 刘秀平 . 中欧、东欧国家进行医疗卫生改革的经验 [J]. 药物流行病
学，2007，16（2）：115 – 117.

教育部哲学社會科学研究重大課題攻關項目
成果出版列表

序号	书　名	首席专家
1	《马克思主义基础理论若干重大问题研究》	陈先达
2	《马克思主义理论学科体系建构与建设研究》	张雷声
3	《马克思主义整体性研究》	逄锦聚
4	《改革开放以来马克思主义在中国的发展》	顾钰民
5	《新时期　新探索　新征程 ——当代资本主义国家共产党的理论与实践研究》	聂运麟
6	《坚持马克思主义在意识形态领域指导地位研究》	陈先达
7	《当代资本主义新变化的批判性解读》	唐正东
8	《当代中国人精神生活研究》	童世骏
9	《弘扬与培育民族精神研究》	杨叔子
10	《当代科学哲学的发展趋势》	郭贵春
11	《服务型政府建设规律研究》	朱光磊
12	《地方政府改革与深化行政管理体制改革研究》	沈荣华
13	《面向知识表示与推理的自然语言逻辑》	鞠实儿
14	《当代宗教冲突与对话研究》	张志刚
15	《马克思主义文艺理论中国化研究》	朱立元
16	《历史题材文学创作重大问题研究》	童庆炳
17	《现代中西高校公共艺术教育比较研究》	曾繁仁
18	《西方文论中国化与中国文论建设》	王一川
19	《中华民族音乐文化的国际传播与推广》	王耀华
20	《楚地出土戰國簡册［十四種］》	陈　偉
21	《近代中国的知识与制度转型》	桑　兵
22	《中国抗战在世界反法西斯战争中的历史地位》	胡德坤
23	《近代以来日本对华认识及其行动选择研究》	杨栋梁
24	《京津冀都市圈的崛起与中国经济发展》	周立群
25	《金融市场全球化下的中国监管体系研究》	曹凤岐
26	《中国市场经济发展研究》	刘　伟
27	《全球经济调整中的中国经济增长与宏观调控体系研究》	黄　达
28	《中国特大都市圈与世界制造业中心研究》	李廉水

序号	书 名	首席专家
60	《我国货币政策体系与传导机制研究》	刘 伟
61	《我国民法典体系问题研究》	王利明
62	《中国司法制度的基础理论问题研究》	陈光中
63	《多元化纠纷解决机制与和谐社会的构建》	范 愉
64	《中国和平发展的重大前沿国际法律问题研究》	曾令良
65	《中国法制现代化的理论与实践》	徐显明
66	《农村土地问题立法研究》	陈小君
67	《知识产权制度变革与发展研究》	吴汉东
68	《中国能源安全若干法律与政策问题研究》	黄 进
69	《城乡统筹视角下我国城乡双向商贸流通体系研究》	任保平
70	《产权强度、土地流转与农民权益保护》	罗必良
71	《我国建设用地总量控制与差别化管理政策研究》	欧名豪
72	《矿产资源有偿使用制度与生态补偿机制》	李国平
73	《巨灾风险管理制度创新研究》	卓 志
74	《国有资产法律保护机制研究》	李曙光
75	《中国与全球油气资源重点区域合作研究》	王 震
76	《可持续发展的中国新型农村社会养老保险制度研究》	邓大松
77	《农民工权益保护理论与实践研究》	刘林平
78	《大学生就业创业教育研究》	杨晓慧
79	《新能源与可再生能源法律与政策研究》	李艳芳
80	《中国海外投资的风险防范与管控体系研究》	陈菲琼
81	《生活质量的指标构建与现状评价》	周长城
82	《中国公民人文素质研究》	石亚军
83	《城市化进程中的重大社会问题及其对策研究》	李 强
84	《中国农村与农民问题前沿研究》	徐 勇
85	《西部开发中的人口流动与族际交往研究》	马 戎
86	《现代农业发展战略研究》	周应恒
87	《综合交通运输体系研究——认知与建构》	荣朝和
88	《中国独生子女问题研究》	风笑天
89	《我国粮食安全保障体系研究》	胡小平
90	《我国食品安全风险防控研究》	王 硕

序号	书 名	首席专家
121	《农民工子女问题研究》	袁振国
122	《当代大学生诚信制度建设及加强大学生思想政治工作研究》	黄蓉生
123	《从失衡走向平衡：素质教育课程评价体系研究》	钟启泉 崔允漷
124	《构建城乡一体化的教育体制机制研究》	李 玲
125	《高校思想政治理论课教育教学质量监测体系研究》	张耀灿
126	《处境不利儿童的心理发展现状与教育对策研究》	申继亮
127	《学习过程与机制研究》	莫 雷
128	《青少年心理健康素质调查研究》	沈德立
129	《灾后中小学生心理疏导研究》	林崇德
130	《民族地区教育优先发展研究》	张诗亚
131	《WTO 主要成员贸易政策体系与对策研究》	张汉林
132	《中国和平发展的国际环境分析》	叶自成
133	《冷战时期美国重大外交政策案例研究》	沈志华
134	《新时期中非合作关系研究》	刘鸿武
135	《我国的地缘政治及其战略研究》	倪世雄
136	《中国海洋发展战略研究》	徐祥民
137	《深化医药卫生体制改革研究》	孟庆跃
138	《华侨华人在中国软实力建设中的作用研究》	黄 平
139	《我国地方法制建设理论与实践研究》	葛洪义
140	《城市化理论重构与城市化战略研究》	张鸿雁
141	《境外宗教渗透论》	段德智
142	《中部崛起过程中的新型工业化研究》	陈晓红
143	《农村社会保障制度研究》	赵 曼
144	《中国艺术学学科体系建设研究》	黄会林
145	《我国碳排放交易市场研究》	赵忠秀
146	《人工耳蜗术后儿童康复教育的原理与方法》	黄昭鸣
147	《我国少数民族音乐资源的保护与开发研究》	樊祖荫
148	《中国道德文化的传统理念与现代践行研究》	李建华
149	《低碳经济转型下的中国排放权交易体系》	齐绍洲
150	《中国东北亚战略与政策研究》	刘清才
	......